IMPRIMERIE DE H. FOURNIER,
RUE DE SEINE, N° 14.

RECUEIL GÉNÉRAL

DES

ANCIENNES LOIS FRANÇAISES,

DEPUIS L'AN 420 JUSQU'A LA RÉVOLUTION DE 1789.

PAR MM.

JOURDAN, Docteur en droit, Avocat à la Cour royale de Paris ;
ISAMBERT, Avocat aux Conseils du Roi et à la Cour de Cassation ;
DECRUSY, ancien Avocat à la Cour royale de Paris.

> « Voulons et Ordonnons qu'en chacune Chambre de nos Cours
> » de Parlement, et semblablement ès Auditoires de nos Baillis et
> » Sénéchaux y ait un livre des Ordonnances, afin que si aucune
> » difficulté y survenoit, on ait promptement recours à icelles. »
>
> (Art. 79 de l'ord. Louis XII, mars 1498, 1er de Blois.)

DU 3 MARS 1781 AU 1ᵉʳ JANVIER 1785.

PARIS,

BELIN-LEPRIEUR, LIBRAIRE-ÉDITEUR,
QUAI DES AUGUSTINS, N° 55 ;

VERDIÈRE, LIBRAIRE,
QUAI DES AUGUSTINS, N° 25.

—

AOUT 1827.

TROISIÈME RACE.

BRANCHE DES BOURBONS.

RÈGNE DE LOUIS XVI.

TOME V DU RÈGNE.

DU 3 MARS 1781 AU 1ᵉʳ JANVIER 1785.

ERRATA.

Pag. 5, n° 1471, à supprimer en entier; V. n° 1513, lig. 17, au lieu de *de porteur*, lisez : *départeurs*.
15, lig. 6, lisez : *qui défend la sortie à l'étranger*.
44, 19, lisez : *ressort* au lieu de *report*.
56, 32, au lieu de *bien clos*, lisez : *non clos*.
62, 38, *adde*, dans l'île de Corse.
76, 1re, au lieu de *en vertu de laquelle*, lisez : *portant que*.
136, n° 1597, à supprimer en entier.
138, lig. 31, lisez : 1516 au lieu de 1316.
169, 13, *adde* : V. pag. 347, n° 1860.
179, 9, au lieu de 3200,00, lisez : 320,000.
204, à la note, *adde* 3 juillet 1778, 10 juin 1780, 11 juillet 1782, 16 février 1784.
276, lig. 5, *adde* : V. pag. 349, n° 1865.
330, 27, au lieu de *grenadins*, lisez : *Grenadines*.
423, 12, au lieu de 30, lisez : 300.
470, 13, après *lettres patentes*, lisez : *qui accordent aux états de la Flandre maritime la régie et perception de différents droits, et l'autorisation d'emprunter* 10,000,000 *remboursables en 10 ans*.
475, 34, après le mot *concernant*, lisez : *les fiefs bursaux dans la coutume du Grand-Perche*.

L'un des éditeurs du *Recueil des anciennes Lois françaises*, Athanase-Jean-Léger Jourdan, docteur en droit et avocat à la Cour royale de Paris, né le 29 juin 1791, à Chalvron, dans l'ancien Nivernois, et issu d'une famille distinguée de cette province, est décédé en Angleterre, à Deal, près Douvres, le 27 août 1826, enlevé par une fièvre aiguë à la science, à sa famille et à ses amis. Un travail assidu avoit donné à son talent une précoce maturité. De bonne heure il s'étoit voué à l'étude du droit qui a rempli sa vie; il y avoit apporté les qualités qui assurent de solides succès. Son esprit étoit à la fois juste et vif, étendu et méthodique; son caractère élevé, son discours précis; une excellente mémoire lui fournissoit de suite tous les textes des lois romaines et de nos lois. L'histoire et le droit public tant français qu'étranger lui étoient familiers. Une philosophie saine et modérée dirigeoit son instruction. Son commerce privé étoit aussi facile, agréable et modeste, qu'instructif; aussi acquit-il de nombreux et d'illustres amis, dont il ne perdit jamais un seul. Il avoit formé avec de célèbres professeurs une intime liaison qui a produit des fruits précieux, et il correspondoit activement avec les plus savants jurisconsultes de l'Allemagne, de l'Italie, de l'Angleterre, de l'Écosse et de la Belgique.

Déjà les vastes connoissances de Jourdan avoient, dans un âge aussi peu avancé, étendu sa réputation. Plusieurs missions en Angleterre pour étudier sa législation coloniale et celle de ses justices de paix, l'adjonction à une commission composée d'éminens personnages et chargée de préparer un projet d'organisation judiciaire pour nos colonies, témoignent l'estime que son mérite lui avoit acquise. Il avoit même été désigné pour de hautes fonctions dans la magistrature, mais le projet conçu par lui et deux professeurs ses amis, d'un important ouvrage auquel il désiroit se consacrer tout entier, l'avoit empêché d'accepter les fonctions de procureur-général dans les colonies; il avoit en vue un commentaire de tout le Code civil, suivant un plan nouveau, où l'analyse et l'histoire se seroient prêté un mutuel secours (1).

Jourdan a publié : 1° la *Relation du Concours ouvert à la faculté de Droit de Paris en 1819, pour la chaire du droit romain*, Paris, 1819, in-8°; 2° *La Thémis*, ou *Bibliothèque du Jurisconsulte*, avec MM. Blondeau, Demante, Ducaurroy et Varnkœnig, 1819 à 1826, Paris, in-8°; 3° *Juris civilis Ecloga*, avec MM. Blondeau et Ducaurroy, in-12, Paris, 1822; 4° les *Tables chronologiques de V. C. Haubold*, avec des changements et additions, in-f°, Paris, 1823; 5° le *Recueil général des anciennes Lois françaises, depuis l'an 420 jusqu'à la révolution de 1789*, dont les huit premiers volumes avec MM. Decrusy et Isambert, et seul les quatre premiers volumes du règne de Louis XVI, 1822 à 1825, Paris, in-8°.

Sa mort laissoit imparfaite la collection des lois du règne de Louis XVI, dont il s'étoit seul chargé. J'ai essayé de compléter cette partie du recueil, aux premiers siècles duquel j'avois précédemment apporté quelque tribut de recherches et de travaux.

Je me fais un plaisir de reconnoître le concours de M. SAU-TAYRA, docteur en droit et avocat à la Cour royale de Paris, élève de Jourdan, à ces deux derniers volumes du règne de Louis XVI. En même temps je sens le besoin de solliciter l'indulgence des lecteurs pour les erreurs et omissions qui ont pu nous échapper. Je profiterai avec reconnoissance des avis que l'on voudra bien me donner, pour rectifier ces erreurs et omissions dans un supplément.

ARMET,
Avocat à la Cour Royale de Paris.

---

(1) *Thémis*, tom. 8, pag. 157.

ORDONNANCES
DES
BOURBONS.

SUITE DU RÈGNE DE
LOUIS XVI.

N° 1461. — ARRÊT *du conseil portant que les armateurs des corsaires déposeront au greffe de l'amirauté du parlement une expédition de chaque liquidation des prises, au plus tard dans le mois de leur date, et les comptes de dépenses et de relâches* (1).

Versailles, 4 mars 1781. (R. S.)

S. M. étant informée que les armateurs des corsaires négligent de remplir la disposition de l'art. 57 de la déclaration sur la course, du 24 juin 1778, par lequel il leur seroit ordonné de déposer aux greffes des amirautés du port de l'armement desdits corsaires, une expédition de la liquidation particulière des prises qui auront été conduites dans d'autres ports, aussitôt que ces liquidations leur auront été adressées par leurs commissionnaires, ou au plus tard dans un mois de leur date; qu'il résulte de cette négligence un abus qui n'est pas moins préjudiciable aux équipages qu'aux invalides de la marine et aux actionnaires, attendu qu'il retarde la liquidation générale qui peut seule assurer leurs remboursements; à quoi S. M. voulant pourvoir ; ouï le rapport; le roi étant en son conseil, a ordonné et ordonne : Que les armateurs des corsaires seront tenus de se conformer à l'art. 57 de sa déclaration sur la course; et en conséquence de déposer au greffe de l'amirauté du lieu de l'armement desdits corsaires, une expédition de chaque liquidation particulière des prises qui auront été conduites

---

(1) V. n° 896, tom. 3 du règne, pag. 314, a. d. c. 15 décembre 1782, 11 janvier 1784, loi du 3 brumaire an IV.

TOM. V DU RÈGNE.

dans d'autres ports que celui de l'armement, aussitôt qu'elle leur sera parvenue, et au plus tard dans un mois de leur date; de déposer pareillement au même greffe, dans le mois après la course finie, ou que la perte du corsaire sera connue ou présumée, les comptes de dépenses de relâches et du désarmement, afin qu'il puisse être procédé sans délai à la liquidation générale du produit de la course; le tout à peine contre lesdits armateurs, d'être privés des droits de commission qui leur sont attribués par l'art. 20 de ladite déclaration du 24 juin 1778. Mande, etc.

N° 1462. — INSTRUCTION *concernant les officiers de la marine et ceux des détachements des troupes de terre embarqués sur les vaisseaux de S. M.* (1).

Versailles, 7 mars 1781. (Archives du ministère de la marine.)

N° 1463. — ARRÊT *du parlement qui enjoint aux syndics des paroisses situées dans le ressort du bailliage de Salers, de veiller à l'exécution de l'arrêt du 7 septembre 1778* (2), *sur l'enterrement des bêtes mortes, aussitôt qu'elles sont exposées le long des chemins ou ruisseaux, à peine d'être garans et responsables en leur propre et privé nom, des amendes que prononce l'arrêt; et en outre fait défenses à toutes personnes de quelque état, qualité et condition qu'elles soient, de mener paître dans les pâturages publics, sur les montagnes et autres lieux, boire dans les ruisseaux et fontaines publiques et particulières, aucunes bêtes malades, de quelque maladie que ce soit; leur enjoint de tenir lesdites bêtes malades dans des écuries ou parcs séparés des autres bestiaux, à peine, contre les contrevenants, de 20 livres d'amende, du double en cas de récidive, et même d'être poursuivis extraordinairement.*

Paris, 8 mars 1781. (R. S.)

N° 1464. — ARRÊT *du conseil portant qu'il sera apposé une marque sur toutes les étoffes de fabrique nationale* (3).

Versailles, 12 mars 1781. (R. S. C.)

---

(1) V. ord. du 4 février 1782, tit. 1ᵉʳ, art. 23; 10 juillet 1784, art. 19.
(2) V. n° 949, tom. 3 du règne, p. 410.
(3) V. let. pat. 5 mai 1779, n° 1092, tom. 4 du règne, p. 77.
Le même jour, un arrêt a été rendu pour déterminer la manière dont les gardes jurés et autres préposés compteront du produit des droits de marque, amendes et confiscations.
Par arrêt du 19 du même mois, un délai de grace fut accordé aux marchands dont les étoffes n'étaient point revêtues de marques lors de la publication de l'arrêt susrelaté.

13 MARS 1781.

N° 1465. — ÉDIT *portant création de trois millions de rentes viagères.*

Versailles, mars 1781. Reg. en parlement le 13 mars. (R. S.)

N° 1466. — ARRÊT *du parlement qui fait défenses à toutes personnes, de quelque qualité et condition qu'elles soient, de jeter aucunes boules de cuir le jour de Noël, ni aucun autre jour; de s'attrouper pour courir la boule sous quelque prétexte que ce soit, à peine de 50 liv. d'amende contre chaque contrevenant, même d'être poursuivi extraordinairement; ordonne que les pères et mères, à l'égard de leurs enfants, les maîtres et maîtresses à l'égard de leurs domestiques, demeureront civilement responsables de l'amende; fait en outre défense aux aubergistes et cabaretiers de donner à boire les dimanches et fêtes pendant le service divin, ni en tous temps après huit heures du soir en hiver, et après dix heures en été, à peine de 20 liv. d'amende contre les cabaretiers et aubergistes, et de 5 liv. contre chacun de ceux qui seront trouvés à boire chez eux, du double en cas de récidive, même d'être poursuivis extraordinairement* (1).

Paris, 15 mars 1781. (R. S.)

---

(1) Sous le règne de Louis XVI le parlement rendit un grand nombre d'arrêts du même genre que celui-ci; afin de n'avoir plus à en parler dans la suite, nous relatons ici ceux qui se trouvent dans la collection de *Simon*. Jeu de *Belle* défendu 12 décembre 1777, n° 794, tom. 3 du règne, p. 158; fête du mardi gras supprimée à Regny; les garçons forçoient les gens mariés de s'atteler à une charrette chargée de bois coupé dans une forêt voisine, dont ils fesoient une pyramide et y mettoient le feu. Ceux des gens mariés qui s'enfuyoient étoient liés au bord d'un puits et inondés d'eau, 20 février; foires et marchés renvoyés au lendemain à cause des dimanches ou fêtes solennelles, 14 août; associations et attroupements défendus; arrivants tenus de faire leur déclaration; défenses aux cabaretiers, etc., de donner à jouer; billards fermés à dix heures en été et neuf en hiver, 7 septembre; association de *devoir*, de *gavotage*, défendus 12 novembre; confréries supprimés dans les communautés, 12 novembre; fêtes avec travestissements défendues à Moulins, 12 novembre; jeux défendus à Ruffes, où l'on se proposoit de vider plusieurs barriq. de vin, 12 novembre 1778; jeux de hasard défendus de même que les paris au billard, 4 janvier; fête supprimée dans laquelle on promenoit un homme sur un âne sous prétexte qu'il s'étoit laissé battre par sa femme, 1er février; homologation d'ordonnance de police pour Macigny et pour la Rochelle, 9 mars; défenses de boire et danser pendant le service divin, surtout le jour de la Pentecôte, 7 mai; défenses de s'attrouper sous prétexte de fête, 1er juin; homologation d'une ordonnance de police pour la Rochelle, concernant les domestiques, 2 juin; jeu de *clef* ou *esse*, défendu 16 juin; foires et marchés changés pour cause de l'observation des dimanches et fêtes, 13 juillet; fête du *patron* supprimée 7 septembre 1779; foires et marchés échangés; défenses aux marchands de tenir leurs boutiques ouvertes pendant le service divin, les jours de fêtes annuelles et solennelles, 8, 10 avril, 10 juin, 12 août; homologation d'une ordonnance pour Laon,

N° 1467. — LETTRES PATENTES *portant suppression de la communauté des maîtres lapidaires, et leur réunion au corps des maîtres orfèvres, joailliers, tireurs et batteurs* (1).

Versailles, 17 mars 1781. Reg. en parlement le 25 mai. (R. S.)

sur les ouvriers au temps de la moisson, 7 août; jeux de hasard défendus, 30 décembre 1780; défenses de jeter une boule de cuir le jour de Noël, 15 mars; aumône suspendue, 21 mars, 9 avril; observation des dimanches et fêtes aux sénéchaussées de Fontenai-le-Comte, d'Angoulême et de Château-Gontier, 27 avril; défenses aux traiteurs, limonadiers, etc., d'avoir des billards; ils sont réduits à un nombre certain; défenses d'y parier; les maîtres de billard ne doivent souffrir qu'il soit joué aux cartes; défenses aux maîtres de danse de tenir aucune assemblée sans permission, 28 avril; défenses de s'assembler les jours de fêtes, 4 mai; observation des dimanches et fêtes, 28 mai; défenses aux marchands de tenir leurs boutiques ouvertes les dimanches et fêtes, 1ᵉʳ juin; jeux de clef ou esse défendus, 4 juillet; foires et marchés échangés, 14 juillet, 21 août; associations défendues, 3 décembre 1781; défenses de former attroupements avec masques et tambour, 29 janvier; défenses de s'attrouper sous prétexte de mariage, 19 février; défenses de donner à boire pendant le service divin les dimanches et fêtes, 18 juillet; foires et marchés remis au lendemain à cause des dimanches et fêtes, 19 juillet; défenses de s'assembler les dimanches et fêtes, si ce n'est pour louer des gens de service et hors les heures du service divin, 11 décembre 1782; défenses de promener par les rues l'effigie des personnes qui ont donné prise à quelque ridicule, et de les brûler, 6 février; défenses de s'attrouper les jours de dimanches ou fêtes, 16 mai; homologation d'une sentence de police pour Bagnolet, 19 mai; défenses de s'assembler les dimanches ou fêtes, si ce n'est pour louer des domestiques, 26 mai 1783; charivaris défendus; observation de l'abstinence les jours prescrits, 31 janvier; défenses de tenir foires et marchés dans les sénéchaussées de Civray, de Poitiers, de Saumur et de la Rochelle, 14, 21, 25 mai, 12 août; défenses de s'attrouper le mercredi des Cendres et d'exiger des nouveaux mariés un pot-de-vin, 18 septembre 1784; homologation d'ordonnance de police pour Clermont-Ferrand, Moulins, Vrecourt, Chauni, Argenteuil, Billy et Saint-Gérard-le-Puy, Saumur, Saint-Germain-Mont, Jarnage, la Ferté-sous-Jouarre, 27 janvier, 21 et 23 février, 9 mai, 1ᵉʳ et 30 juin, 16 juillet, 23 août, 26 octobre; défenses de s'attrouper sous quelque prétexte que ce soit, à Crépi en Valois, à Montmorillon, à Poitiers et à Saint-Maixent, 11 et 19 avril, 12 août, 28 décembre 1785; défenses de s'attrouper et de troubler le service divin à l'occasion des mariages, de faire charivari, de présenter une quenouille aux mariés, de leur offrir des bouquets et à boire, d'allumer des feux et tirer des artifices, de chanter, composer ou débiter des chansons, placards ou libelles diffamatoires, de jouer aux jeux appelés blanquet-plombières, à Lyon et Villefranche, à Igny, à Jouarre, à Mâcon, à Montpipau, à Ramer, à Soissons, 9 janvier, 2 et 20 mars, 24 juillet, 30 septembre, 22 décembre; défenses aux garçons maréchaux de s'assembler, 23 février; foires et marchés échangés, 2 mars; défenses de courir dans les rues la nuit, de sonner et frapper aux portes, 9 mars; police des jeux de billard à la Rochelle, 24 mars; à Niort, 12 mai; à Poitiers, 2 juin; jeux de hasard défendus à Bourges, 28 mars; à Clermont-Ferrand, 26 avril; défenses de faire sauter les nouveaux mariés dans aucuns trous, et à ceux-ci de se présenter pour faire le saut, 10 juillet; homologation d'une sentence de police pour Corbeil, 27 novembre 1786; homologation d'ordonnances de po-

(1) V. édit d'août 1776, décl. 7 mai 1777, et 5 août 1784.

N° 1468. — LETTRES PATENTES *qui, à raison de la modicité des revenus du collège de la ville de Laon, confient l'enseignement à la congrégation de Saint-Maur.*

Versailles, 17 mars 1781. Reg. en parlement le 6 avril. (R. S.)

N° 1469. — ARRÊT *du conseil suivi de lettres patentes qui ordonnent le transport au greffe de la monnoie de Pau, des titres, registres, papiers, comptes des directeurs, et autres documents qui sont au greffe du parlement de Pau* (1).

Versailles, 17 mars 1781. Reg. à la cour des monnaies le 10 mai. (R. S.)

N° 1470. — ARRÊT *du conseil portant création de quatre inspecteurs des mines.*

Versailles, 21 mars 1781. (R. S. C.)

N° 1471. — LETTRES PATENTES *relatives à la coutume de Péronne.*

Versailles, 27 mars 1781. (Merlin, v° coutume.)

N° 1472. — LETTRES PATENTES *qui commettent aux fonctions des offices d'affineurs et de porteur d'or et d'argent à Paris et à Lyon, jusqu'à ce qu'il en soit autrement ordonné* (2)

Versailles, 28 mars 1781. Reg. en la cour des monnaies, le 10 mai. (R. S.)

N° 1473. — ÉDIT *concernant la prévôté d'Issoire et les justices royales d'Usson et de Nonette* (3).

Versailles, mars 1781. Reg. en parlement le 30 mars. (R. S.)

---

lice pour Richebourg-le-Toureil, St.-Dizier et Testmilon, 25 janvier, 15 février, 14 août; défenses de tenir à Tours des jeux de billard et de boules sans permission, 25 mai; défenses de tirer des fusées ou feux d'artifices, 3 octobre, 9 novembre 1787; homologation d'ordonnances de police pour Nemours, Fleurs, Perthes, Ste.-Menehould, 11 février, 11 et 22 avril, 3 décembre; défenses de tirer des fusées ou artifices, 24 et 29 sept. 1788; jeux prohibés, 9 janvier; homologation d'ordonnances de police pour Angers, Chatellerault, Louviers et Orvilles, 16 et 20 février, 13 mars; défenses de s'attrouper, 28 avril 1789.

V. ord. de police 30 avril, du bailliage de Versailles, 5 juin 1778; let. pat. février 1778; décl. 9 mars 1780, 1er mars 1781, ord. 19 mars, décl. du 28 avril, ord. 11 mai 1789.

(1) V. édit d'octobre 1775.
(2) V. édit d'août 1757, décembre 1760.
(3) V. édit de juillet 1770.

N° 1474. — ÉDIT *concernant les prévôtés des duchés de Mercœur et comté de Saint-Ilpise* (1).

Versailles, mars 1781. Reg. en parlement le 30 mars. (R. S.)

N° 1475. — LETTRES PATENTES *portant règlement pour le collège Mazarin* (2).

Versailles, 30 mars 1781. Reg. en parlement le 28 août. (R. S.)

N° 1476. — ARRÊT *du conseil qui supprime un imprimé intitulé :* Pièces justificatives, *comme contenant des notes, des noms et des énonciations fausses, injurieuses et calomnieuses.*

Versailles, 30 mars 1781. (R. S.)

N° 1477 — LETTRES PATENTES *qui permettent à M. l'abbé d'Espagnac d'établir une maison de charité au village de Coulombs.*

Versailles, mars 1781. Reg. en parlement le 3 avril. (R. S.)

N° 1478. — LETTRES PATENTES *portant règlement sur les contestations d'entre les officiers du parquet du sénéchal et présidial de Béziers, au sujet des fonctions, droits et prérogatives de leurs charges* (3).

Versailles, 29 mars 1781. Reg. au parlement de Toulouse le 27 juin. (R. du parl. de Toulouse. Dupleix, 1785.)

N° 1479. — ARRÊT *du conseil qui confirme l'adjudicataire de la ferme générale du tabac dans la préférence pour les tabacs provenant des prises amenées dans les ports de France* (4).

Versailles, 30 mars 1781. (Lebeau, Code des prises.)

N° 1480. — ÉDIT *ordonnant une réformation dans la monnoie de Paris de 60 mille marcs d'espèces de billon de la fabrication de 1738, pour être transportées aux îles de France, de Bourbon et aux colonies d'Amérique, et la suppression de tous papiers-monnaies et bons de caisse aux îles de France et de Bourbon, et leur conversion en récépissé des trésoriers desdites îles, payables en quatre années par le trésorier général de la marine à Paris* (5).

Versailles, mars 1781. (Code des îles de France et de Bourbon.)

---

(1) V. l. p. du 7 février 1554, édit de novembre 1778.
(2) Fondé le 6 mars 1661; V. let. pat. de juin 1665; mars 1688, décl. du 8 avril 1724.
(3) V. a. d. p. 19 avril 1741.
(4) V. ord. de 1681, art. 28; décl. du 1ᵉʳ août 1721; lett. de Neker, 10 juillet 1780, a. d. c. 15 octobre 1781.
(5) V. édit de janvier 1782; a. d. c. du 8 août 1784.

N° 1481. — Ordonnance *qui règle le rang que doivent tenir les mestres-de-camp en second des régiments de hussards.*

Versailles, 4 avril 1781. (R. S.)

N° 1482. — Règlement *sur le service des régiments dont les détachements font le service de mer.*

Versailles, 4 avril 1781. (R. S.)

S. M. voulant établir l'uniformité dans la manière de commander le tour du service pour la mer, elle a ordonné et ordonne ce qui suit :

1. Il sera établi dans chaque régiment d'infanterie, trois colonnes de service pour celui de mer.

La première sera composée des capitaines-commandants et des capitaines en second.

La seconde, des premiers lieutenants et lieutenants en second.

La troisième, des sous-lieutenants.

2. Ces différents grades seront inscrits chacun par ancienneté de commission pour les capitaines, et par ancienneté de lettres pour les lieutenants et sous-lieutenants.

3. Les grades inscrits dans chacune de ces trois colonnes, rouleront entre eux pour ce service, et aucun officier ne pourra marcher qu'après que celui qui le précédera aura marché.

4. Lorsqu'un régiment sera dans le cas de fournir un détachement pour la mer, le nombre d'hommes sera fixé, ainsi que celui des capitaines, lieutenants et sous-lieutenants qui devront le commander.

5. Les officiers qui passeront d'un grade à un autre, n'y porteront pas le tour qu'ils avoient dans le grade qu'ils quittent : ils prendront leur tour dans le nouveau grade sans avoir égard aux détachements qu'ils pourroient avoir faits dans l'ancien.

6. Quand un détachement commandé aura été embarqué sur les vaisseaux, et aura couché à bord en rade, le tour sera passé, suivant l'article 23 du titre VIII de l'ordonnance du 1ᵉʳ mars 1768, qui décide que les détachements sont censés faits, lorsqu'ils auront passé les dernières barrières des places et les grandes gardes de l'armée; mais l'intention de S. M. est que cette disposition n'ait lieu que pour les détachements dont

les régiments se trouveront dans les ports ou dans les provinces où lesdits ports seront situés.

7. Entend S. M. que l'art précédent ne soit point appliqué aux détachements tirés de l'infanterie et destinés aux garnisons des vaisseaux, et dont les régiments seront éloignés du port où l'embarquement devra se faire. Ces détachements marcheront toutes les fois qu'ils seront commandés, quand même ils auroient déjà été en mer, et cela jusqu'à ce que S. M. ait donné ses ordres pour les faire relever.

8. Rien ne pourra être changé à ces détachements pendant le temps qu'ils seront séparés de leurs régiments, à moins d'un ordre exprès de S. M.

9. Il en sera usé de même à l'égard des officiers qui, pendant leur embarquement, auroient passé d'un grade à un autre, par les mutations arrivées dans leurs corps; l'intention de S. M. étant qu'ils continuent de servir dans le grade qu'ils avoient lorsqu'ils ont été commandés pour marcher.

10. Quand un détachement commandé pour aller en mer, n'aura pas été embarqué et n'aura pas couché à bord, le tour ne sera pas passé, quand même il auroit été cantonné aux environs du port.

11. Les officiers absents par semestre ou par congé de S. M., pour recrues ou pour maladie, ne seront pas obligés de rejoindre pour marcher à leur tour de service de détachement de mer; mais après leur arrivée au corps, ils le reprendront dans le détachement qui sera commandé ensuite.

12. Les détachements une fois embarqués, les officiers ne pourront être relevés que pour cause de maladie bien constatée; et dans ce cas, leur tour à marcher sera passé.

Mandant, etc.

N° 1483. — Arrêt *du parlement concernant les huissiers de la cour* (1).

Paris, 6 avril 1781. (R. S.)

La cour ordonne que les arrêts de règlement, concernant les significations qui sont attribuées spécialement par lesdits arrêts aux huissiers de la cour, seront exécutés selon leur

---

(1) Arrêt du 4 mars 1583, 26 mars 1605, 29 mars 1616, 2 décembre 1620, 9 avril 1639, 10 mai 1640, 13 mai 1656, 23 août 1668, 27 mars 1751, 23 avril 1763, 18 janvier 1769, 3 mars 1770 et 29 juillet 1778.

forme et teneur; en conséquence fait défenses à tous huissiers de signifier, dans la ville, faubourgs et banlieue de Paris, aucuns arrêts de la cour, interlocutoires ou définitifs, les requêtes répondues par la cour, les ordonnances des conseillers-commissaires d'icelle, ni les autres actes servant à l'instruction des procès et instances pendants en la cour; de faire aucuns commandements, dans la ville, faubourgs et banlieue de Paris, en vertu d'arrêts; d'exécuter les commissions pour assigner les parties en la cour, les commissions, les compulsoires; d'apposer ni publier aucunes enchères et affiches dépendantes de l'instruction des décrets et baux judiciaires pendants en la cour, encore que lesdits arrêts définitifs ou interlocutoires fussent en forme ou qu'il y eût commission prise sur iceux et sur lesdites requêtes, ordonnances, enchères et affiches, ou qu'icelles requêtes ou ordonnances fussent adressées au premier huissier ou sergent; fait en outre défenses à tous huissiers, autres que ceux de la cour, de donner aucunes assignations en référé par-devant les conseillers de la cour, le tout à peine de nullité des exploits et des procès-verbaux, d'amende, et même d'interdiction contre les huissiers qui contreviendront au présent arrêt; ordonne en outre que les procureurs de la cour ne pourront occuper, sur les exploits et intimations qui auroient été donnés par les huissiers, autres que ceux de la cour, à peine de nullité de leurs procédures; fait pareillement défenses à tous huissiers d'assister aux procès-verbaux de saisie-exécution qui se feront ou continueront par les huissiers de la cour, en vertu des ordonnances de référé qui sont rendues par les conseillers de la cour, ni d'assister à la vente desdits meubles et effets, ni de répéter contre les parties aucuns droits ni vacations, pour raisons desdits procès-verbaux de saisie et de vente; ordonne pareillement que, s'il survenoit des contestations dans le cours des procès-verbaux de saisie-exécution, récolement, transport des choses saisies, faits en exécution d'arrêts ou ordonnances des conseillers de la cour qui donnassent lieu à des référés, les assignations ne pourront être données que par les huissiers de la cour, le tout à peine de nullité, restitution, même d'amende et d'interdiction; ordonne que le présent arrêt sera lu et publié à la communauté des avocats et procureurs de la cour, signifié à qui il appartiendra, et notamment à la communauté des huissiers-priseurs, à celle des huissiers à cheval et à verge, et imprimé, publié et affiché partout où besoin sera.

N° 1484. — LETTRES PATENTES *sur arrêts*, *concernant le recouvrement du rachat des boues et lanternes* (1).

Versailles, 8 avril 1781. Reg. en la cour des comptes le 1ᵉʳ septembre.
(R. S.)

N° 1485. — ARRÊT *du parlement concernant l'achat et vente des bestiaux dans les foires qui se tiennent dans la ville de Gueret et dans les bourgs et lieux situés dans l'étendue du ressort de la sénéchaussée de ladite ville.*

Paris, 9 avril 1781. (R. S.)

La cour ordonne que les particuliers inconnus qui achèteront des bestiaux dans les foires qui se tiennent dans la ville de Gueret, et dans les bourgs et lieux situés dans l'étendue du ressort de la sénéchaussée de Gueret, seront tenus de les payer comptant, à moins qu'il n'en eût été convenu autrement, lors de la vente, par un écrit signé des vendeurs, et dans le cas où les vendeurs ne sauroient écrire ni signer, en présence de témoins connus et domiciliés; fait défenses auxdits particuliers, sous peine d'être poursuivis extraordinairement, d'emmener les bestiaux, sans auparavant en avoir payé le prix, ni de forcer les vendeurs d'accepter en paiement aucuns billets ni autres effets, à moins que ce ne soit du consentement des vendeurs. Ordonne que le présent arrêt sera imprimé, lu, publié et affiché partout où besoin sera, notamment dans la ville de Gueret et dans les bourgs et lieux situés dans l'étendue du ressort de la sénéchaussée de ladite ville, où il se tient des foires; enjoint, etc.

N° 1486. — ARRÊT *du conseil qui ordonne que les travaux des grandes routes, qui s'exécutoient ci-devant par la corvée dans la généralité de Berri, le seront à l'avenir à prix d'argent* (2).

Versailles, 13 avril 1781. (R. S.)

---

(1) A. d. c du 19 avril 1771, 2¼ octobre 1777, 25 mars 1781. Le 1ᵉʳ juillet, de nouvelles lett. pat. furent expédiées pour faire enregistrer celles du 15 novembre 1770.
V. édit de décembre 1757, janvier 1775; let. pat. 15 novembre 1780.
(2) V. édit de février 1776, n° 390, tom. 1ᵉʳ du règne, pag. 358.

N° 1487. — ARRÊT *du conseil qui ordonne l'exécution de l'arrêt du conseil du 30 août 1777, concernant les contrefaçons, et condamne le sieur Raget, imprimeur à Toulouse, en six mille livres d'amende* (1).

Versailles, 20 avril 1781. (R. S.)

N° 1488. — LETTRES PATENTES *concernant l'Hôtel-Dieu de Paris.*

Versailles, 22 avril 1781. Reg. au parlement le 11 mai. (R. S. C.)

Louis, etc. Instruits de l'état de l'Hôtel-Dieu, et frappés de la nécessité où l'on a été jusqu'à présent d'y réunir souvent, dans un même lit, des personnes attaquées d'infirmités différentes, et des malades avec des mourans, nous avons partagé le sentiment de compassion dont ce triste spectacle pénètre depuis long-temps tous ceux qui en sont les témoins. Après avoir pris connoissance de différents projets, et nous être fait rendre compte des obstacles qui traversoient leur exécution, nous avons reconnu combien il étoit difficile de remplir entièrement nos vues; mais ne voulant pas que le vain désir de la perfection arrête l'exécution d'un très-grand bien, surtout quand ce bien intéresse aussi essentiellement la partie de nos sujets la plus infortunée, nous nous sommes déterminés à adopter un plan qui a réuni les opinions, et qui, en satisfaisant aux principales vues d'humanité, n'oblige, ni a de grands édifices, ni à des dépenses considérables, ni à une longue attente, ni au sacrifice enfin de toutes les convenances attachées à la situation de l'Hôtel-Dieu; nous nous sommes donc bornés à faire disposer cet hôpital, de manière qu'il pût contenir au moins 3,000 malades, seuls dans un lit, et placés dans des salles séparées, suivant les principaux genres de maladies, et en observant encore que les hommes et les femmes soient mis dans des corps de logis distincts, et qu'il y ait des promenades et des salles particulières pour les convalescents : et nous avons vu, avec satisfaction, à la suite d'un travail que nous avions ordonné, que toutes ces dispositions pouvoient être parfaitement remplies; mais notre intention est qu'on ne procède que graduellement à leur exécution, afin de ne point gêner ni arrêter le service.

Nous avons vu que le nombre commun des malades qui étoient réunis annuellement à l'Hôtel-Dieu et à l'hôpital Saint-

---

(1) V. n° 755, tom. 3 du règne, pag. 108.

Louis, n'étoit que de 2,400 à 2,500; nous ne nous dissimulons pas cependant que ce nombre pourra augmenter à mesure qu'on ne sera pas repoussé de ces lieux de secours par le sentiment des maux qu'on y craignoit; mais d'un autre côté nous avons diminué la quantité des malheureux qui sont dans le cas d'y chercher un asile, en préparant des infirmeries dans tous les hôpitaux destinés aux valides, et en formant quelques hospices assignés particulièrement à des paroisses. D'ailleurs, le plus grand ordre qui résultera des nouveaux plans, rendra les maladies moins longues, et permettra par conséquent de soulager un plus grand nombre de pauvres avec la même quantité de lits. Enfin, les nouveaux réglements dont on s'occupe et qui seront conformes aux principes que nous avons indiqués, arrêteront l'abus et l'usurpation que le vice ou la paresse ont souvent fait des secours destinés aux véritables malades; cependant, pour subvenir à la possibilité d'une trop grande foule excitée par le meilleur traitement, nous faisons ménager, dans le plan que nous adoptons, un espace qui pourra contenir 1000 malades de plus, mais placés comme ils le sont actuellement; et l'hôpital Saint-Louis sera toujours réservé pour les maladies susceptibles de contagion, ou pour servir de supplément dans des circonstances extraordinaires.

Après avoir donné notre première attention à la nature et à l'étendue des secours qu'on pouvoit assurer aux malades, il étoit de notre sagesse d'examiner attentivement quelle seroit la dépense des nouveaux arrangements que nous avions dessein d'ordonner, et quels étoient les moyens que nous pouvions y destiner, sans nous priver d'aucune des ressources que nous devions aux besoins présents et aux grands intérêts de notre État. Nous avons d'abord vu qu'en supposant la dépense de de chaque journée de malade sur le pied de 20 s., ce qu'il est si facile d'établir, l'Hôtel-Dieu avoit des revenus suffisans pour subvenir à peu près à 3,600 journées de malades, et que ces revenus pouvoient être augmentés par la vente des immeubles de cette maison, et le placement avantageux que nous lui avons ouvert; nous sommes d'ailleurs persuadés que les administrateurs de l'Hôtel-Dieu, dont nous connoissons les sentimens charitables, redoubleront de soins et d'attention pour seconder nos vues, et pour faire servir les fonds dont ils disposent au soulagement d'un plus grand nombre d'infortunés; et, afin de ménager à ces administrateurs le tribut d'opinion qui doit être une de leurs principales récompenses, notre intention est que les comptes de la recette et de la dépense soient imprimés annuellement; nous ne doutons point qu'une pareille connoissance, donnée à tous les citoyens, n'excite les dons de la charité; et, la voix publique devenant alors auprès de nous un nouveau garant de la bonne et sage gestion de cet hôpital, nous serons d'autant plus encouragés à donner les secours qui paroîtroient nécessaires.

Portant ensuite notre attention sur la dépense extraordinaire et momentanée qu'exigeroient l'exécution des dispositions intérieures et l'achat de tous les nouveaux lits, nous avons vu avec satisfaction que cette dépense n'excéderait pas 600,000 livres, et que nous pourrions y pourvoir, ainsi que l'avons fait aux frais des nouvelles prisons, sans rien détourner de notre trésor royal; mais en destinant, tant à cet objet qu'à la dépense des nouvelles prisons, un fonds qui nous est particulier, et de plus les droits que notre cousin l'archevêque de Paris avoit acquis sur la ville de Paris, mais qu'il nous a cédés en partie pour être employés à un établissement d'utilité publique, et enfin le montant des offres que les fermiers généraux, les administrateurs des domaines et les régisseurs généraux nous ont faites d'eux-mêmes, après la signature de leurs derniers traités, avec l'intention pareillement que ces offres fussent employées à quelque objet charitable.

De cette manière nos dispositions bienfaisantes seront remplies avec sagesse, et nous pourrons jouir, sans trouble, de la douce satisfaction que nous occasione l'espérance de remédier bientôt à des maux dont nous étions si justement affectés; et, en réformant ainsi des abus que le temps avoit entraînés, nous restituerons à l'Hôtel-Dieu tout le respect que l'excellence et la pureté de sa fondation doivent lui conserver d'âge en âge. A ces causes, etc.

1. Il sera incessamment procédé aux distributions du local actuel de l'Hôtel-Dieu de notre bonne ville de Paris, et aux nouvelles constructions que nous avons jugées nécessaires, conformément aux plans que nous avons approuvés, et qui demeurent annexés sous le contre-scel de nos présentes lettres; ordonnons néanmoins que ces améliorations ne seront faites que par degré, afin de ne point interrompre, ni même gêner le service. Ordonnons en outre que les nouvelles constructions seulement seront adjugées publiquement au rabais, et d'après des affiches et publications, ainsi qu'il est d'usage en pareil cas.

2. Au moyen desdites distributions et nouvelles constructions, les malades dudit hôpital, jusqu'à concurrence de 3,000 au moins, seront couchés seuls; savoir, 2,500 chacun dans un

lit, et les autres deux à deux dans un grand lit, séparé dans sa longueur par une cloison, de manière que les deux malades auront chacun leur coucher particulier, sans pouvoir se voir ni se toucher ; et, quoique la quantité de 3,000 personnes, couchées seules, excèderoit le nombre ordinaire de malades de l'Hôtel-Dieu et de l'hôpital Saint-Louis, nous avons ordonné, cependant, la disposition de plusieurs emplacements, pour y recevoir, en cas de foule, 1,000 malades de plus.

3. A mesure que les salles seront disposées, ou construites suivant les nouveaux plans, il y sera établi des lits seuls, ou de grands lits à cloison, pour deux, ainsi qu'il est dit en l'article précédent, dont les couchers seront garnis de matelas de laine et de crin, au lieu de lits de plume, et les malades y seront aussitôt placés.

4. La dépense de ces améliorations dont nous voulons faire jouir les pauvres, sans qu'il en coûte rien à l'Hôtel-Dieu, sera entièrement à notre charge; en conséquence nous y destinons, dès à présent, les objets particuliers que nous avons désignés, et, en cas d'insuffisance, nous y pourvoirons des fonds de notre trésor royal.

5. Aussitôt que les distributions et constructions énoncées aux plans le permettront, voulons que les délibérations faites au bureau de l'Hôtel-Dieu et au grand bureau les 10, 17 et 21 mars dernier, d'après la communication desdits plans et des dispositions y relatives, aient leur pleine et entière exécution.

6. Voulons qu'il soit incessamment procédé, par les administrateurs dudit Hôtel-Dieu, aux réglements de service et de discipline à faire en conformité des changements et améliorations par nous ordonnés, et des principes par nous indiqués, lesquels réglements seront homologués en la forme ordinaire.

7. Les états de situation de l'Hôtel-Dieu seront imprimés tous les ans à notre imprimerie royale, et à nos frais. Ces états contiendront, 1° le nombre de journées des malades reçus et traités pendant l'année, ainsi que la quantité des personnes attachées et employées au service dudit hôpital; 2° les recettes et dépenses de toute nature, avec des observations sur tous les objets qui en seront susceptibles.

Si donnons en mandement, etc.

N° 1489. — ARRÊT *du conseil portant défense aux curés du diocèse de Nancy, de s'assembler, sans permission expresse de S. M., et évocation de diverses demandes formées au bailliage et au parlement de Nancy* (1).

Versailles, 23 avril 1781. (R. S.)

N° 1490. — ARRÊT *du conseil qui fait défendre la sortie à l'entrage, et l'entrepôt, dans les quatre lieues frontières, des cendres, salins et potasse* (2).

Marly, 26 avril 1781. (R. S.)

N° 1491. — ARRÊT *de la cour des monnaies qui ordonne que l'information commencée contre ceux qui refusent en paiement les pièces de deux sous non effacées, pour leur véritable valeur, sera continuée, et fait défenses de les refuser lorsqu'elles auront, de l'un ou de l'autre côté, des vestiges de l'empreinte qu'elles ont reçue; à peine, contre les contrevenants, d'être poursuivis extraordinairement et punis comme billonneurs.*

Paris, 28 avril 1781. (R. S. Merlin, v° paiement.)

Vu par la cour l'arrêt du 15 février dernier, qui a donné acte au procureur général du roi, de la plainte qu'il rendoit contre les auteurs, participes et adhérents des bruits d'une prétendue refonte prochaine ou diminution sur les pièces qui ont cours pour deux sous, et contre ceux qui les donnent ou reçoivent en paiement au-dessous de leur véritable valeur, lui a permis d'en informer par-devant le conseiller-rapporteur, pour, ladite information faite et communiquée audit procureur général du roi, être par lui requis, et par la cour ordonné ce qu'il appartiendroit; l'information faite en conséquence, par-devant le conseiller-rapporteur, le 14 avril présent mois, conclusions du procureur général du roi : ouï le rapport de M° Antoine-Jean-Baptiste-Abraham Dorigny, conseiller à ce commis : tout considéré; la cour ordonne que l'information encommencée sera continuée par-devant le conseiller-rapporteur, pour, ladite continuation d'information faite et communiquée au procureur général du roi, être par lui requis, et par la cour ordonné ce qu'il appartiendra ; et cependant ordonne que l'édit du mois d'octobre 1738, ensemble les arrêts de la cour des 3 septembre 1757, 31 juillet 1771 et 15 février dernier, seront exé-

---

(1) V. let. pat. de janvier 1778.
(2) V. a. d. c. du 10 février 1780, 9 juillet 1785.

cutés selon leur forme et teneur : en conséquence, fait défenses à toutes personnes de quelque qualité et condition qu'elles soient, de refuser en paiement, et de donner et recevoir, sous quelque prétexte que ce puisse être, les pièces de deux sous pour une moindre valeur que celle portée par l'édit susdaté, lorsqu'il paraîtra sur icelle de l'un ou de l'autre côté des vestiges de l'empreinte qu'elles ont reçue, à peine, contre les contrevenants, d'être poursuivis extraordinairement et punis comme billonneurs, suivant la rigueur des ordonnances : ordonne que le présent arrêt sera imprimé, publié et affiché partout où besoin sera, et que copies collationnées d'icelui seront envoyées ès-sièges des monnoies, pour y être pareillement publié et registré : enjoint, etc.

N° 1492. — ARRÊT *du conseil qui évoque au conseil l'appel interjeté au parlement de Rouen par les armateurs du corsaire l'Américain, d'une sentence de l'amirauté de Granville sur les avances promises à l'équipage.*

Versailles, 29 avril 1781. (Lebeau, Code des prises.)

N° 1493. — ARRÊT *du parlement relatif à la pâture des bestiaux* (1).

Paris, 30 avril 1781. (R. S.)

La cour ordonne que l'arrêt du 12 novembre 1778 sera exécuté selon sa forme et teneur : enjoint aux officiers des justices des lieux de tenir la main à l'exécution dudit arrêt, et de poursuivre les contrevenants par les voies de droit, ainsi qu'il appartiendra : enjoint pareillement aux syndics et gardes-messiers des paroisses de dénoncer les contrevenants aux substituts du procureur-général du roi dans les sièges royaux, et aux procureurs fiscaux des justices subalternes : ordonne que, faute par les syndics et gardes-messiers de faire lesdites dénonciations, ils demeureront garants et responsables en leur propre et privé nom de la peine de l'amende : ordonne pareillement que, faute par les officiers des justices subalternes de faire les poursuites convenables contre les contrevenants, il y sera pourvu à la requête des substituts du procureur général du roi des sièges royaux où lesdites justices relèvent, et aux frais et dépens du domaine desdites justices. Autorise les substituts du procureur général du roi, et les procureurs fiscaux, à envoyer dans les campagnes des huissiers pour y constater les

---

(1) V. n° 979, tom. 3 du règne, pag. 453.

contraventions : fait défenses aux habitants des campagnes, et à tous autres, d'insulter ni de maltraiter lesdits huissiers, sous peine d'être poursuivis extraordinairement. Ordonne que le présent arrêt sera imprimé, publié et affiché partout où besoin sera, et que lecture en sera faite au moins une fois chaque année, à la porte des églises des paroisses, un jour de dimanche ou de fête, à l'issue de la messe paroissiale, etc.

N° 1494. — LETTRES PATENTES *portant que les exploits d'opposition formées dans les mains des commissaires-priseurs à la remise des deniers, sont sujets au visa* (1).

Marly, avril 1781. Reg. au parlement le 25 mai. (R. S.)

N° 1495. — CONVENTION *entre la France et les états-généraux touchant les prises et les reprises que leurs sujets pourront faire sur ceux de la Grande-Bretagne* (2).

Versailles, 1er mai 1781. (Martens.)

N° 1496. — ORDONNANCE *portant règlement général sur les hôpitaux militaires* (3).

Versailles, 2 mai 1781. (Rec. d'ord. mil., tom. 11. Metz, 1781.)

N° 1497. — ARRÊT *du conseil sur la distribution des remèdes* (4).

Marly, 5 mai 1781. (R. S. Merlin, v° remèdes.)

Le roi s'étant fait représenter, en son conseil, les lettres patentes du mois d'août 1778, portant établissement de la Société royale de Médecine, par les art. 10 et 11, desquels S. M. auroit attribué à ladite société l'examen des remèdes nouveaux, tant internes qu'externes; et désirant faire connaître plus particulièrement ses intentions sur ce qui doit être observé pour l'examen et l'approbation desdits remèdes : le roi étant en son conseil, interprétant et expliquant en tant que de besoin lesdites lettres patentes du mois d'août 1778, a ordonné et ordonne ce qui suit :

1. La société royale de médecine examinera non-seulement tous les remèdes pour la distribution desquels on sollicitera des brevets ou des lettres patentes auprès du secrétaire d'état ayant

---

(1) V. édits de février 1705, septembre 1708, août 1712, et décl. du 18 juin 1758; let. pat. du 17 août 1779, n° 1165, tom. 4 du règne, pag. 142.
(2) V. 18 juin 1779, a. d. c. 22 juillet, règl. du 30 septembre 1781.
(3) V. circulaire du 30 messidor an X.
(4) V. let. pat. d'août 1778, art. 4, n° 913, tom. 3 du règne, pag. 399, décret du 25 prairial an XIII.

le département de la maison de S. M., mais encore les préparations, soit cosmétiques ou autres qui peuvent influer sur la santé.

2. Lorsque la société sera requise d'examiner un remède ou une préparation quelconque, elle nommera au moins deux commissaires pour en faire un rapport, d'après la lecture duquel elle délibérera si le remède présenté méritera son approbation.

3. La société ne portera aucun jugement sur les remèdes qui lui seront présentés, à moins que les commissaires nommés pour en faire l'examen ne soient instruits de leur préparation, laquelle doit être faite en leur présence. Lesdits commissaires garderont le secret sur ces différents procédés, jusqu'à ce que leurs auteurs consentent à ce qu'ils soient rendus publics.

4. Lorsque la société aura approuvé un remède soumis à son examen, elle déterminera elle-même sous quelle dénomination particulière il devra être annoncé et distribué; elle en indiquera les doses, et dans son rapport elle exposera les principales circonstances où ledit remède pourra être utile, et celles où il pourra nuire. Les commissaires nommés rechercheront surtout avec beaucoup de soin si des remèdes énoncés comme nouveaux ne se trouvent pas prescrits dans quelque dispensaire.

5. Les remèdes qui seront jugés pouvoir être d'une grande efficacité, seront autorisés par un brevet, lequel sera expédié d'après une délibération de la société, conformément à l'art. 10 des lettres patentes du mois d'août 1778, par le secrétaire d'état ayant le département de la maison de S. M.; mais les préparations cosmétiques ou autres, dont la société croira que la vente pourra être tolérée, ne seront distribuées que par une simple permission tacite.

6. Le secrétaire de la société ne donnera aux possesseurs des remèdes qui auront été présentés, que l'extrait du rapport lu et approuvé dans une des séances de la société. Lesdits possesseurs de remèdes ne pourront imprimer que cet extrait, sans y faire aucune addition ni changement: il ne leur sera permis d'y ajouter que leur adresse; ils seront tenus, avant de le rendre public, d'en fournir plusieurs exemplaires à la société, et il leur sera défendu de le faire insérer dans aucuns journaux ou papiers publics, sans son aveu, et sans que l'annonce ait été visée par le secrétaire de ladite société.

7. L'approbation de la société ne devant jamais servir de prétexte au possesseur d'un remède pour le vendre plus qu'il ne vaut; cette compagnie, dans le jugement qu'elle en portera

et dans son rapport, fixera elle-même le prix au-dessus duquel ledit remède ne pourra être vendu, sous peine de prohibition.

8. Nulle permission, brevet ou privilège ne seront accordés que pour trois années, passé lequel temps ils ne seront d'aucune valeur, à moins que, d'après une nouvelle délibération de la société, ils ne soient renouvelés suivant la manière énoncée dans l'art. 5 ci-dessus.

9. Lesdites permissions, brevets ou privilèges seront toujours expédiés *gratis*, sans qu'il en coûte aucuns frais ni dépense quelconques aux possesseurs desdits remèdes.

10. Aussitôt que la société aura approuvé un remède, et qu'il aura été autorisé par un brevet suivant la forme ordinaire, elle en donnera connoissance, par une lettre circulaire, aux facultés et collèges de médecine dans toutes les provinces du royaume.

11. Les possesseurs de remèdes approuvés par la société, et auxquels, d'après la délibération de cette compagnie, il aura été expédié un brevet par le secrétaire d'état ayant le département de la maison de S. M., ne pourront les distribuer dans aucun endroit, sans en avoir auparavant prévenu la société, et en même temps les doyens des facultés, collèges ou agrégations de médecine établis dans les lieux même où ils se proposeront de les distribuer, et s'il n'y en a pas, dans les lieux les plus voisins où il y en aura, afin que la société, par le moyen des chefs des différents corps de médecine avec lesquels elle correspond, de ses associés ou correspondants, puisse s'assurer que lesdits remèdes, dont l'inspection leur sera confiée, auront les qualités nécessaires pour être livrés au public, et qu'ils seront distribués suivant la forme prescrite par ce règlement : les médecins ou chirurgiens informeront exactement la société des effets de ces différentes préparations. Seront d'ailleurs tenus, les possesseurs desdits remèdes approuvés et autorisés, comme il vient d'être dit, en arrivant dans un lieu où ils se proposeront de les vendre, de présenter aux magistrats, ainsi qu'aux chefs des facultés et collèges de médecine avec lesquels elle correspond, ou, à leur défaut, à ceux qu'il lui plaira commettre à cet effet, leurs privilèges ou brevets et l'approbation de la société royale de médecine, sans laquelle la vente et distribution de leurs remèdes sera absolument prohibée; l'intention de S. M. étant que toutes autres lettres patentes, privilèges ou brevets quelconques, concernant la distribution des remèdes, soient abolis, conformément à l'art. 10 des lettres patentes du mois d'août 1778, registrées au parlement le 1er septembre audit an. Enjoint en conséquence S. M. à tous possesseurs ou distribu-

teurs de remèdes, munis de lettres patentes, brevets ou autres permissions, de les représenter à ladite société sous trois mois, à compter de la date du présent arrêt, afin que d'après son examen il soit de nouveau statué à cet égard.

12. Enjoint S. M. à toutes les facultés, collèges et agrégations de médecine du royaume, ainsi qu'à tous les lieutenants de son premier chirurgien et autres, de dénoncer à ladite société tous distributeurs de remèdes, colporteurs ou soi-disant apothicaires qui débiteront des remèdes secrets ou les administreront dans les maladies, sans avoir une permission telle qu'elle a été ci-dessus prescrite : enjoint S. M. aux officiers de police de faire saisir et confisquer à leur requête les chevaux, équipages, ustensiles et instruments des contrevenants; iceux faire emprisonner et poursuivre, selon la rigueur de l'ordonnance, à la première réquisition qui en sera faite par les médecins ou chirurgiens des lieux où se fera la contravention.

13. Les particuliers auxquels il aura été accordé des brevets ou permissions, même ceux qui auront obtenu des lettres patentes, ne pourront établir des dépôts de leurs remèdes à Paris ou dans quelque ville de province, sans avoir auparavant donné à la société royale de médecine les noms et demeures de leurs correspondants : ne pourront également lesdits particuliers transporter ou communiquer leurs droits à d'autres personnes, ni établir des commissionnaires pour la distribution de leurs remèdes, sans avoir fait enregistrer au secrétariat de ladite société leur cession ou transport, dans lequel enregistrement il sera fait mention de la délibération et du brevet qui en auront autorisé la distribution, et du tout il sera délivré gratuitement, et sans aucun frais quelconque, une expédition collationnée pour demeurer ès mains desdits commissionnaires, à l'effet de leur servir de titre ; ne pourra d'ailleurs aucun particulier être chargé de semblables commissions, sans que la société, d'après les informations qu'elle aura faites, y ait donné son agrément.

14. Fait S. M. très-expresses inhibitions et défenses à tous ceux qui auront obtenu des brevets ou permissions, de visiter aucun malade, ni d'en recevoir chez eux pour des consultations; de se charger du traitement d'aucune maladie, et d'entreprendre aucune opération de chirurgie; de vendre aucune drogue officinale et pharmaceutique quelconque, autre que les remèdes pour lesquels ils seront autorisés; de changer de noms, de prendre des habits étrangers, ni aucun autre déguisement quelconque; d'élever des théâtres, de s'associer à des troupes de baladins ou farceurs, d'en jouer eux-mêmes les

rôles; le tout à peine de 1,000 livres d'amende, applicables au profit de l'hôpital des lieux où ils résideront, et d'être poursuivis extraordinairement.

15. Tout possesseur de remèdes approuvés par la société, sera privé de la permission, brevet ou privilège qui lui auront été accordés, s'il manque de se conformer en tout point au rapport fait et avoué par ladite société, d'après lequel lesdites permission, brevet ou privilège lui auroient été expédiés. Veut et ordonne S. M. que le présent arrêt soit imprimé, lu, publié et affiché partout où besoin sera, à ce que personne n'en ignore.

N° 1498. — ARRÊT *du conseil concernant l'examen des eaux minérales et médicinales* (1).

Marly, 5 mai 1781. (R. S.)

Le roi s'étant fait représenter, en son conseil, les lettres patentes du mois d'août 1778, portant établissement de la Société royale de Médecine, par l'article 12 desquelles S. M. en confirmant les lettres patentes du 19 août 1779, et icelles interprétant et expliquant en tant que de besoin, elle auroit ordonné que tout ce qui concerne la distribution des eaux minérales et médicinales du royaume, mentionnées esdites lettres patentes, sera soumis à l'examen de ladite société ; que le premier médecin continueroit de se dire et qualifier surintendant des eaux minérales et médicinales du royaume ; qu'il nommeroit les intendans particuliers de ces eaux, auxquels les brevets seroient expédiés *gratis*; que lesdits intendans seroient tenus d'instruire de tout ce qui pourroit être relatif à leurs fonctions ladite société, qui choisiroit parmi ses membres des commissaires pour faire les analyses nécessaires et se transporter sur les lieux où leur présence seroit jugée utile. Et S. M. désirant faire connoître plus particulièrement ses intentions sur l'administration, l'examen et la vente et distribution des eaux minérales et médicinales, elle a ordonné et ordonne ce qui suit :

1. Le premier médecin aura, conformément à l'art. 12 des lettres patentes du mois d'août 1778, le droit de nommer les intendans desdites eaux dans les provinces; il les choisira de

---

(1) En vigueur. V. ord. du 18 juin 1823.
V. a. d. c. 12 mai 1775, n° 196, tom. 1ᵉʳ du règne, pag. 168; et let. pat. d'août 1778, n° 943, tom. 3 du règne, pag. 395.

préférence parmi les médecins les plus habiles et d'une réputation intègre; il aura pareillement le droit de leur retirer ce titre et de leur substituer un autre intendant, en cas de plaintes portées, de monopole, ou de tout autre délit grave qui aura été constaté: ces différents intendants particuliers seront soumis à l'inspection dudit premier médecin, et leurs travaux seront mis sous ses yeux et sous ceux de la société, dont tous les membres s'occuperont de concert avec ledit surintendant, à rendre cette administration utile au public.

2. Sur la nomination faite par le surintendant, et présentée par lui directement au secrétaire d'état ayant le département de la maison de S. M., il sera expédié à l'intendant nommé, un brevet pour l'autoriser à faire ses fonctions : lorsque le premier médecin aura nommé un des intendants particuliers, il en donnera connoissance à la société, afin qu'il y ait dans le bureau de cette compagnie un état exact des médecins chargés du soin des eaux minérales dans les provinces.

3. Lesdits intendants rendront compte chaque année au surintendant et à la société de l'état actuel des sources minérales, des fontaines ou bassins; ils veilleront avec soin à leur entretien, à leur propreté et à leur conservation, et ils donneront leurs avis sur les réparations et les changements qu'ils jugeront utiles ou nécessaires. (*V. art. 1er de l'arrêté du 29 floréal an VII.*)

4. Les malades qui se proposeront de faire usage des eaux minérales, soit en boisson, soit sous la forme de bains ou sous celle de douches, préviendront les médecins-intendants desdites eaux, afin qu'ils puissent indiquer à chacun desdits malades l'heure à laquelle ces remèdes pourront leur être administrés. Lesdits intendants auront soin que les malades soient servis avec la plus grande exactitude.

5. Les douches et autres opérations propres à favoriser les succès des eaux minérales, dans le traitement des différentes maladies, seront dirigées par les intendants des eaux, qui en fixeront la méthode et la durée; mais afin que la confiance des malades ne soit gênée en aucune manière, leurs médecins ordinaires y seront admis lorsque lesdits malades témoigneront le désirer. (*V.* id. art. 4.)

6. Lesdits intendants choisiront et nommeront les baigneurs et autres personnes destinées au service des eaux minérales, parmi lesquels ils entretiendront le bon ordre (*V.* id. art. 1er.)

7. Ils tiendront un état exact des traitements qui auront été faits chaque année avec ou sans succès; ils en enverront les

résultats à la Société royale de Médecine, qui en fera part au surintendant. (*V.* id. *art.* 1er.)

8. Lesdits intendants seront toujours présents, lorsque les eaux destinées à quelque envoi seront puisées à leur source; ils indiqueront l'heure du jour la plus convenable, et ils certifieront par écrit leur présence. (*V.* id. *art.* 11.)

9. Immédiatement après que les bouteilles auront été remplies à la source, elles seront exactement bouchées, et les intendans particuliers auront soin que l'on y appose l'empreinte d'un cachet qui leur aura été envoyé par la Société royale de Médecine, laquelle en fera remettre un pareil aux différents commissaires inspecteurs chargés de vérifier l'état des bouteilles, soit à Paris, soit dans les provinces. (*V.* id. *art.* 12.)

10. Toutes les fois qu'il sera fait un envoi quelconque d'eaux minérales, soit à Paris, soit dans les provinces, pour être distribuées dans les bureaux ou pour l'usage des particuliers, les intendants auront soin que la société soit instruite du jour où elles arriveront; ils lui enverront en même temps une facture exacte, indiquant le nombre et la forme des bouteilles, avec la date de l'année, du mois et du jour où ces eaux auront été puisées; le tout signé d'eux. (*V.* id. *art.* 13.)

11. Le directeur du bureau des eaux minérales à Paris, sera tenu, aussitôt qu'il aura reçu une certaine quantité de bouteilles d'eaux minérales, d'avertir la société avant l'ouverture des caisses, afin qu'elle députe des commissaires pour en faire l'examen. (*V.* id. *art.* 9 et 14.)

12. Lesdits commissaires seront au nombre de deux; la société les élira chaque année au scrutin, dans la première assemblée du mois de janvier.

13. Les fonctions de ces commissaires seront de constater l'état des eaux minérales arrivées au bureau, et de vérifier les certificats de l'intendant et les lettres de voiture relatives à l'envoi desdites eaux; ils seront également tenus d'examiner les eaux de même espèce qui resteroient encore au bureau, pour s'assurer si elles sont en état d'être livrées au public; dans le cas où elles seroient altérées, lesdits commissaires seront autorisés à les faire jeter, après en avoir prévenu la société, qui pourra, si elle le juge à propos, ajouter un ou plusieurs commissaires à ceux qu'elle auroit déjà nommés pour faire cet examen. (*V.* id. *art.* 15.)

14. Toutes les eaux minérales qui se vendront à Paris seront sujettes à l'inspection desdits commissaires; ils feront, au moins

une fois chaque année, l'examen général de toutes les bouteilles déposées au bureau, et ils constateront, soit en les goûtant, soit par l'analyse ou autrement, si les eaux minérales, restées des différents envois, auront conservé leurs propriétés; ils visiteront surtout, avec la plus grande attention, les bouteilles contenant les eaux gazeuses dont les principes se dissipent facilement. Il sera dressé un procès verbal de cette visite, qui sera signé par les commissaires, et par eux communiqué à la société, qui les autorisera à jeter les eaux minérales avariées. (*V. id. art.* 16.)

15. Le directeur du bureau tiendra un compte exact des bouteilles d'eaux minérales qu'il aura reçues, de celles qu'il aura vendues, et de celles qui seront encore au dépôt, et qui auront été jugées en assez bon état pour être livrées au public. Le directeur arrêtera chaque mois ledit compte avec les commissaires de la société qui le justifieront et le parapheront; il en sera fait deux copies, l'une desquelles sera présentée à la société et conservée dans son secrétariat, l'autre restera au bureau des eaux minérales; elle sera ostensible et elle attestera à chacun l'exactitude des visites faites dans ledit bureau. (*V. id. art.* 16.)

16. Les bureaux destinés à la distribution des eaux minérales dans les provinces, seront soumis à l'examen des inspecteurs que la société nommera à cet effet, lesquels seront chargés de constater le bon état des eaux minérales qui seront distribuées; en conséquence, ils seront prévenus par les directeurs des bureaux du jour où arriveront les caisses des eaux minérales, lesquelles caisses ne pourront être ouvertes qu'en leur présence. Ils prendront d'ailleurs pour les bureaux établis dans les provinces toutes les précautions ordonnées dans les art. 13, 14, et 15 ci-dessus, pour le bureau de Paris. (*V. id. art.* 9.)

17. Si les circonstances requièrent qu'un ou plusieurs commissaires soient envoyés en quelques lieux où seront des sources d'eaux minérales, soit pour en faire l'analyse, soit pour examiner la manière dont elles seront administrées, lesdits commissaires seront élus au scrutin, soit parmi ses membres résidant à Paris, soit parmi ses associés régnicoles ou correspondants, et leur nom sera présenté à S. M. par le secrétaire d'état, ayant le département de sa maison, afin que S. M. les nomme et leur donne les pouvoirs nécessaires au succès de leur mission. Seront en conséquence et demeureront supprimées, à compter de la date du présent arrêt, les places d'inspecteurs d'eaux minérales d'une province ou d'un canton,

l'intention de S. M. étant qu'il n'y ait de commissaires chargés de fonctions relatives à l'administration desdites eaux, que les intendants des eaux minérales, et les inspecteurs des bureaux où elles se distribuent.

18. Tout propriétaire qui découvrira dans son terrain une source d'eaux minérales et médicinales, sera tenu d'en instruire la société pour qu'elle en fasse l'examen, et que d'après le rapport des commissaires qu'elle aura nommés, la distribution en soit permise ou prohibée, suivant le jugement qui en aura été porté par elle. (*V.* id. *art.* 3 et 17).

19. Les propriétaires des eaux minérales, approuvées par la société, ne pourront les vendre eux-mêmes qu'à la source, au prix qui aura été fixé par elle. Lesdites eaux pourront être vendues dans les bureaux établis par la société, où elles seront soumises à l'inspection des commissaires qu'elle aura nommés, sans qu'il soit permis auxdits propriétaires d'établir aucun dépôt ni bureau particulier; seront d'ailleurs nommés, par le surintendant des eaux minérales, des intendants chargés de veiller à ce que les sources d'eaux minérales soient entretenues en bon état.

20. Aucun apothicaire, aucune communauté ou maison religieuse, aucun particulier, à moins qu'il ne soit muni d'une permission accordée sur des motifs bien spécifiés, ne pourront en aucun temps faire venir des eaux minérales pour en faire le commerce; dans le cas de fraude, le directeur ou régisseur du bureau général sera autorisé à faire saisir l'envoi, et la personne à laquelle un tel envoi aura été fait et adressé, sera condamnée à une amende de 1000 livres, applicable aux hôpitaux, ou à une plus forte somme suivant l'exigence des cas.

21. Mais tout particulier, de quelque état et condition qu'il soit, pourra faire venir, par la voie qui lui conviendra le mieux, toute espèce d'eaux minérales dont il aura besoin pour sa santé, pourvu qu'en écrivant à l'intendant de l'eau minérale, il certifie que la quantité d'eau demandée est destinée pour son usage. L'intendant de la fontaine d'où l'envoi aura été fait en tiendra note sur son registre; il conservera soigneusement la lettre qui lui aura été écrite à ce sujet, pour être en état de la produire s'il en étoit besoin, et il sera tenu d'en instruire sur-le-champ le surintendant et la société. (*V.* id. *art.* 11.)

22. Tout ce qui sera relatif, soit à la taxe des eaux minérales, soit à la nomination des inspecteurs et directeurs des bureaux, soit à la distribution des eaux minérales, sera traité

dans un comité composé du surintendant des eaux minérales, des officiers de la société, du trésorier et des deux commissaires-inspecteurs pour le bureau de Paris, lequel comité référera à la société assemblée (*V*. id. *art.* 7 *et* 18.)

23. Tout ce qui concernera les revenus des eaux minérales sera traité dans le comité de trésorerie de la société. Lesdits revenus seront perçus par le trésorier de la société, qui en rendra compte au comité et à la société assemblée, ainsi qu'il est porté dans l'art. 22 du réglement concernant les assemblées et le régime intérieur de ladite société. (*V*. id. *art.* 7. *et* 18.)

24. Si quelque particulier a des plaintes à faire au sujet de l'administration des sources minérales, bains ou douches confiés aux intendants, soit au sujet des eaux minérales qui auroient été vendues dans les bureaux, à Paris ou dans les provinces, il sera invité à déférer sa plainte à la Société royale de Médecine, qui en examinera les motifs et fera tous ses efforts pour maintenir le bon ordre dans cette distribution et administration. Veut et ordonne S. M. que le présent arrêt soit imprimé, lu, publié et affiché partout où besoin sera, à ce que personne n'en ignore. (*V*. id. *art.* 5, *et art.* 1ᵉʳ *du* 23 *vendémiaire an VI*.)

N° 1499. — Lettre *du ministre à MM. le baron de Bessner et Préville.*

16 mai 1781. (Col. m. m. Code Cayenne, pag. 631.)

Vous savez, MM., que le traité d'Utrecht a fixé les limites de la Guiane française et de la Guiane portugaise à la baie de Vincent Pinçon, à 15 lieues de l'embouchure de la rivière des Amazones, sur les deux degrés nord; cependant les Portugais ont étendu leurs limites bien au-delà de cette ligne, et pour faire cesser cet empiétement, M. de Sartine avait marqué à MM. de Fiedmond et Malouet, le 28 septembre 1776, d'établir un poste aux environs de la même baie de Vincent Pinçon. Cette dépêche est restée sans réponse. Sur le compte que j'ai rendu au roi des différents mémoires qui m'ont été remis à ce sujet, S. M. m'a chargé de vous faire connoître ses intentions.

Il sera formé un poste sur la rive gauche de la rivière de Vincent Pinçon, après qu'il aura été vérifié que cette rivière se trouve vers le deuxième degré nord, ou au moins qu'elle est distante de 15 lieues portugaises de l'embouchure de la rivière des Amazones.

16 mai 1781.

Cette reconnoissance faite on pourra occuper les deux îles qui se trouvent devant la baie de Vincent Pinçon, ou seulement la plus grande, qui est, dans toute son étendue, vis-à-vis du territoire français, et, pour en constater la possession, il y sera fait un abatis et établi un carbet. Le poste sera entouré d'une simple palissade et d'une fraise, pour le mettre à l'abri des insultes des sauvages, et sera muni de deux pièces de canon.

La garnison sera composée d'un officier, un sergent, un caporal et 12 soldats, auxquels seront joints un boulanger, un forgeron et un chirurgien, qui fera en même temps les fonctions de garde-magasin. Pour composer le détachement, S. M. a bien voulu, ainsi que M. de Bessner l'a proposé, faire grace à quelques soldats déserteurs de Cayenne, sous les conditions qu'ils serviront dans le même poste pendant 16 ans; ces déserteurs seront embarqués à la première occasion.

Les diverses constructions nécessaires seront faites en bois seulement, et cette dépense ne devra pas excéder mille écus.

Sur les deux îlots ou sur l'un des deux, il sera formé un défriché, où sera édifié une case pour loger un gardien, qui sera chargé du soin de quelques pièces de bétail qu'il conviendra de jeter dans ces îles.

Le commandant du poste évitera, avec la plus grande attention, de donner aucun sujet de plainte à la colonie portugaise, il n'enverra personne, sous quelque prétexte que ce puisse être, à la rive droite de la rivière de Vincent Pinçon, et ne permettra pas que qui que ce soit de son détachement y passe.

S'il arrive au poste quelque transfuge portugais blanc ou esclave, le commandant s'en assurera et le renverra au gouverneur du pays, ainsi qu'il en a toujours été usé entre les deux colonies.

L'extradition des transfuges ne s'étendra pas aux Indiens, qui sont des peuples libres; et le commandant du poste veillera avec soin à ce que les Portugais n'enlèvent pas de force ceux qui sont établis dans le territoire français; il ménagera les Indiens autant qu'il lui sera possible, et se conciliera leur amitié par de petits présents. Il sera remis à cet effet à sa disposition, des haches, houes, serpes, quincailleries, verroteries, et quelques toiles. Cette dépense n'excèdera cependant pas la somme de 600 liv. chaque année.

Il sera établi un petit magasin qui sera censé être un magasin marchand. Les marchandises de traite seront troquées contre des denrées et productions quelconques, d'après un tarif constant que vous dresserez à cet effet. Cet établissement cessera dès que le commerce pourra le remplacer. Les traités qui s'y feront seront pour le compte du magasin, et le commandant du poste n'en fera aucun à son profit. Vous me rendrez compte tous les ans du montant des traites.

En considération des soins que ces différents détails occasioneront au commandant, le roi veut bien lui accorder une gratification annuelle de 1,200 liv. S. M. vous autorise également à employer, la première année de l'établissement, une somme de 4,000 liv. pour les frais extraordinaires qu'il pourra coûter, en y comprenant ceux de l'hôpital, mais elle entend qu'ils soient réduits à 2,000 pour les années suivantes.

Si le commandant du poste venoit à être attaqué par les Portugais, il se défendra autant qu'il sera nécessaire pour caractériser la violence qui lui seroit faite, et se repliera sur le poste le plus voisin. Vous vous bornerez en ce cas à rendre compte de l'événement, et vous attendrez les ordres de S. M.

Il n'est pas à présumer que les Portugais s'opposent à un établissement sur des limites qui ont été fixées par le traité d'Utrecht; mais il seroit possible que la ligne à tirer du point indiqué donne lieu par la suite à des difficultés. Pour prévenir tout sujet de discussion à cet égard, et faciliter les arrangements qui devront être pris avec la cour de Portugal, vous ferez dresser, le plus promptement qu'il sera possible, une carte de ligne de démarcation qui doit exister d'après les termes du traité d'Utrecht. Cette ligne devra courir parallèlement de la rivière des Amazones à 15 lieues de distance de la rive gauche de cette rivière, à partir de l'embouchure de celle de Vincent Pinçon. Cependant les ingénieurs qui seront chargés de cette opération devront s'écarter de la parallèle prescrite autant de fois qu'ils pourront lui substituer des points plus remarquables, tels que des chaînes de montagnes, des lacs, des ruisseaux, etc. Vous aurez soin de m'adresser par triplicata la carte qu'ils auront dressée.

Tels sont les objets que S. M. confie à votre zèle et à votre prudence. Elle s'en rapporte à vous pour les détails qui pourroient n'être pas prévus par cette dépêche.

P. S. L'intention du roi est que l'établissement du poste de Vincent Pinçon se fasse sans éclat.

N° 1500. — RÈGLEMENT *portant que nul ne pourra être proposé à des sous-lieutenances s'il n'a fait preuve de quatre générations de noblesse.*

22 mai 1781. (R. S.)

Le roi a décidé que tous les sujets qui seroient proposés pour être nommés à des sous-lieutenances, dans ses régiments d'infanterie française, de cavalerie, de chevau-légers, de dragons et de chasseurs à cheval, seroient tenus de faire les mêmes preuves que ceux qui lui sont présentés pour être admis et élevés à son école royale militaire, et que S. M. ne les agréeroit que sur le certificat du sieur Cherin, généalogiste.

S. M. a décidé en même temps qu'elle agréeroit les fils de chevaliers de Saint-Louis.

L'édit du roi, portant création d'une école royale militaire, donné à Versailles au mois de janvier 1751, porte, art. 16, qu'il ne sera admis aucun élève dans ladite école, qu'il n'ait fait preuve de quatre générations de noblesse de père.

Et la déclaration du roi, concernant ladite école royale militaire, donnée à Versailles le 24 août 1760, porte, art. 9, que la preuve de quatre degrés de noblesse de père, y compris le produisant, sera faite par titres originaux, et non par simples copies collationnées.

A l'effet de quoi les parents desdits sujets que l'on destinera à entrer au service militaire, doivent commencer par adresser au sieur Cherin, généalogiste, les faits généalogiques de leur naissance et les titres originaux justificatifs d'iceux.

Et après que ledit sieur Cherin aura examiné et reconnu pour véritables les titres qui lui auront été adressés, il remettra son certificat auxdits parents, qui le feront passer au mestre-de-camp-commandant du régiment dans lequel ils désireront que le sujet soit placé, et le certificat du généalogiste sera joint au mémoire de proposition du mestre-de-camp-commandant.

N° 1501. — MÉMOIRE *sur la forme des preuves nécessaires pour être reçu sous-lieutenant dans les régiments d'infanterie française, de cavalerie, de chevau-légers, de dragons et de chasseurs à cheval.*

(R. S.)

Le roi ayant réglé dans ses dispositions arrêtées le 22 mai

1781, que tous ceux qui seroient proposés pour être nommés à ces places, seroient tenus de prouver au moins quatre degrés de noblesse paternelle, y compris le produisant, à l'instar des élèves de l'école royale militaire;

Pour y satisfaire, ceux qui seront désignés par les mestres-de-camp-commandants des régiments auxquels ils seront destinés, produiront :

1° Leurs extraits baptistères, délivrés sur papier timbré, et légalisés, s'ils sont nés en province;

2° Les contrats de mariage de leurs pères, aïeux et bisaïeux, prouvant filiation et qualification caractéristique de noblesse dans les lieux où ils seront passés, c'est-à-dire celles de *chevalier* et d'*écuyer*, qui le sont dans tout le royaume; celle de *noble* dans les provinces de Flandre, Hainaut, Artois, Franche-Comté, Lyonnais, Dauphiné, Provence, Languedoc et Roussillon, et dans les ressorts des parlements de Toulouse, de Bordeaux et de Pau; et celle de *noble-homme*, en Normandie seulement;

3° Deux actes civils à l'appui de chacun de ces contrats, portant aussi tous deux pareille qualification, et l'un des deux, au moins, prouvant filiation; c'est-à-dire que chacun des degrés de leurs pères, aïeux et bisaïeux, sera prouvé par trois actes : les actes civils, ainsi nommés pour les distinguer de ceux d'église (qui sont les extraits de baptême, de mariage et de mort, qu'on n'admet point en preuves de noblesse, mais de filiation seulement), sont les création de tutèle et de curatèle, gardes-nobles, partages, transactions, hommages, aveux, dénombrements de fiefs, ventes, échanges, testaments, inventaires après décès, procès-verbaux de preuves de noblesse pour des ordres de chevalerie et chapitres nobles, etc. Et dans le cas où il n'y auroit pas eu de contrat de mariage, un autre acte de l'espèce qu'on vient de désigner, passé par le mari et la femme qui n'ont point fait de contrat;

4° Les arrêts, soit du conseil d'état, soit des commissaires généraux du conseil; et les jugements ou ordonnances des commissaires départis dans les généralités du royaume pour la recherche des usurpateurs de noblesse, commencée en 1666, interrompue en 1674, et continuée en 1696 et années suivantes; lesquels arrêts et jugements ont maintenu leurs familles dans leur noblesse.

Ceux dont les familles ont été anoblies aux degrés de leurs bisaïeux, ou à ceux au-dessus, par lettres ou par l'exercice de charges attributives de noblesse, et qui n'ont obtenu d'arrêts ni de jugements qui les aient maintenus, produiront ces lettres et les provisions de ces charges, ensemble les actes qui en prouveront l'exercice pendant les termes prescrits par les ordonnances, ou les lettres d'honneur; et se conformeront pour le reste, à ce qui est rapporté ci-devant.

Il sera convenable pour la décoration des preuves de joindre à ces divers actes les lettres, commissions et brevets des grades militaires, les lettres de nomination à l'ordre de Saint-Louis, les certificats de réception dans cet ordre, les brevets de pension, ou les lettres portant expectative de ces graces, les provisions de charges, etc.

5° Des extraits des rôles des tailles ou autres impositions roturières des paroisses des domiciles de leurs familles, dans lesquelles elles seront comprises depuis trente ans, aux chapitres des exemptés comme nobles;

6° Enfin l'inventaire de tous ces actes par ordre de date.

Tous ces actes doivent être originaux, et on n'admettra aucune copie de quelque formalité qu'elle puisse être revêtue.

On nomme actes originaux; savoir, pour ceux passés devant notaire, les premières grosses délivrées sur les minutes par ceux même qui les auront reçues; et pour les procès-verbaux de preuves de noblesse, les arrêts et jugements de noblesse, les lettres, commissions et brevets de grades militaires, nominations et réceptions dans l'ordre de Saint-Louis, brevets et lettres de pension et provisions de charge, les expéditions délivrées par les greffiers et autres personnes publiques à ce préposées.

Tous ces divers actes seront envoyés au ministre de la guerre, sous une double enveloppe, dont la seconde sera à l'adresse de M. Cherin, généalogiste et historiographe des ordres du roi, que S. M. a nommé pour certifier lesdites preuves, et qui les renverra aux familles avec son certificat sous le contre-seing du ministre.

N° 1502. — LETTRES *par lesquelles M. Joly de Fleury est nommé contrôleur général des finances* (1).

Versailles, 25 mai 1781. (Goujon.)

---

(1) M. Necker avoit demandé sa démission de directeur-général.

N° 1503. — **Lettres patentes** *portant union des biens de l'hôpital Saint-Jacques à celui des Enfants-Trouvés, et permission aux administrateurs de cette maison d'acquérir un terrain et bâtiment, pour y recevoir les enfants nouveau-nés atteints de maladies communicables* (1).

Marly, mai 1781. Reg. en parlement le 25 mai. (R. S.)

N° 1504. — **Arrêt** *du parlement qui ordonne que l'histoire philosophique et politique des deux Indes, de Raynal, soit lacérée et brûlée.*

Paris, 25 mai 1781. (R. S.)

N° 1505. — **Arrêt** *du conseil qui interdit un libraire-imprimeur, pour avoir, sans la permission du lieutenant-général de police, imprimé une affiche annonçant la vente d'une bibliothèque* (2).

Versailles, 25 mai 1781. (R. S.)

N° 1506. — **Arrêt** *du parlement qui enjoint aux officiers de police de rendre gratuitement et sans frais des ordonnances pour inhumer ceux à qui la sépulture ecclésiastique n'est pas accordée, dans lesquelles sera fait mention du jour du décès, du nom et de la qualité de la personne décédée; et aux greffiers de les inscrire sur un registre coté et paraphé par le premier officier des sièges de justice, pour en être par eux délivré des extraits aux parties intéressées, en percevant le salaire prescrit par l'art. 19 de la déclaration d'avril 1736; ordonne en outre qu'en cas de réquisition de la part des parties intéressées, il pourra être commis un commissaire de police, ou un huissier, pour assister aux inhumations, auxquels il sera payé 6 liv. pour tous droits, y compris le coût du procès-verbal.*

Paris, 29 mai 1781. (R. S.)

N° 1507. — **Arrêt** *du parlement qui fait défenses aux juges inférieurs de décréter au corps quand il n'échoit pas peine afflictive ou infamante.*

Toulouse, 31 mai 1781. (R. du parl. de Toulouse. Dupleix, 1785.)

---

(1) V. édit d'avril 1722; let. pat. du 15 avril 1734. et d'août 1785.
(2) V. régl. de 1723, art. 116, et a. d. c. du 30 avril 1777, art. 15 16 et 17, n° 756, tom. 3 du règne, pag. 115.
Un arrêt du même jour interdit aussi des libraires qui, après avoir rempli les formalités prescrites pour parvenir à la maîtrise, s'étoient annoncés, dans un prospectus imprimé, comme distributeurs d'un ouvrage défendu.
V. aussi le n° 755, tom. 3 du règne, pag 108.

N° 1508. — ARRÊT *du conseil qui interdit un huissier-priseur pour avoir procédé à la vente publique après décès, d'une bibliothèque particulière, sans que préalablement la visite en eût été faite par les syndics et adjoints de la chambre syndicale des libraires et imprimeurs* (1).

Versailles, 1er juin 1781. (R. S.)

N° 1509. — ARRÊT *du parlement qui fait défense de vendre à l'avance les prises à faire, sous peine de confiscation* (2).

Rennes, 2 juin 1781. (Lebeau, Code des prises.—Merlin, v° prises.)

N° 1510. — DÉCLARATION *sur la comptabilité du payeur-général de la guerre* (3).

Versailles, 12 juin 1781. Reg. en la chambre des comptes le 3 juillet.
(R. S. C.)

Louis, etc. Par notre édit donné à Versailles au mois de novembre 1778, nous avons entre autres supprimé, à compter du 1er janvier 1779, tous les offices de trésoriers-généraux de l'ordinaire et de l'extraordinaire des guerres, de l'artillerie et du génie, des maréchaussées, du quatrième denier et des contrôleurs attachés auxdits trésoriers; et pour remplir les fonctions de tous lesdits trésoriers, nous avons créé et institué un office unique de trésorier-payeur-général des dépenses du département de la guerre, dont nous avons depuis pourvu le sieur de Sérilly qui a fait l'exercice 1779 et les suivants; et par le dernier article de cet édit, nous nous sommes réservé de pourvoir par des réglements particuliers à la comptabilité générale dudit trésorier, et autres objets sur lesquels nous ne nous sommes pas expliqués par ledit édit.

Voulant établir une nouvelle forme dans la comptabilité dudit trérosier-général, nous nous sommes fait rendre compte de celle dans laquelle les comptes de ses prédécesseurs et les siens ont été rendus jusqu'à présent; nous avons reconnu que les formes observées pour la reddition des comptes particuliers, dans les provinces, aux commissaires départis, entraînoient nécessairement, par leur lenteur, le retard du compte général, nous avons pensé qu'en supprimant les comptes gé-

---

(1) V. a. d. c. 28 février 1723, 24 mars 1744, et 30 août 1777, art. 15, n° 756, tom. 3 du règne, pag. 115.
(2) V. a. d. c. 12 juin 1781.
(3) V. n° 985, tom. 3 du règne, pag. 459, édit de décembre 1783.

3

néraux des provinces, nous pouvions, sans trop nous écarter des anciennes formes, adopter un nouveau plan de comptabilité, qui, par sa clarté et sa simplicité, réduirait infiniment les détails trop multipliés de cette partie, et mettrait l'administration de nos finances à portée de connaître presqu'au fur et à mesure de la distribution des fonds, quand et comment les paiements ordonnés par elles auroient été effectués, et la véritable situation des trésoriers particuliers des provinces; et, comme toutes les comptabilités du département de la guerre se trouvent actuellement réunies entre les mains d'un seul trésorier, nous avons trouvé juste de diminuer la quantité de volumes des comptes, en subordonnant le nombre des volumes à celui des états au vrai que ledit trésorier sera tenu de former. A ces causes, etc.

1. Le trésorier-payeur-général des dépenses de la guerre, créé par notre édit du mois de novembre 1778, recevra, à compter du 1er janvier 1781, directement du garde de notre trésor royal en exercice, dans la même année dont ledit trésorier fera l'exercice, la totalité des fonds destinés au paiement desdites dépenses. Voulons que pour la justification de ses recettes, il rapporte seulement les ampliations, signées de lui, des quittances qu'il aura fournies au garde de notre trésor royal.

2. Ledit trésorier comptera annuellement, et à compter dudit jour 1er janvier 1781, par état au vrai en notre conseil, et ensuite en notre chambre des Comptes, par trois comptes distincts et séparés, dont le premier comprendra l'ordinaire des guerres, les dépenses assignées sur l'imposition du taillon, et les dépenses des maréchaussées qui anciennement faisoient partie dudit ordinaire des guerres; le second compte, toutes les dépenses de l'extraordinaire des guerres, tant de de-là que de de-çà les monts; et le troisième, les dépenses de l'artillerie, du génie et des fortifications. Voulons en conséquence que les fonds nécessaires pour l'acquittement des dépenses, tant ordinaires qu'extraordinaires de chacun des départements compris auxdits comptes, lui soient délivrés distinctement et séparément.

3. Enjoignons audit trésorier-général de former les états au vrai, et de rendre les comptes de l'extraordinaire des guerres en trois parties, pour ne former cependant qu'un seul et même compte; la première partie, qui comprendra toutes les dépenses qui se paient d'après nos ordonnances et sur les revues des commissaires des guerres, sera divisée par autant de chapitres

qu'il y aura de nature de dépenses : le premier chapitre sera composé de l'infanterie française par ordre alphabétique, et commencera par le régiment d'Agénois, à l'article duquel tout ce qui aura été payé à ce régiment, pour appointements, soldes et masses, sera compris ; cet article sera terminé par une addition du total, afin de connoître la dépense de ce même régiment pour toute l'année ; il en sera usé de même pour chacun des 77 autres régiments de l'infanterie française, dont la composition est uniforme, et ensuite une récapitulation pour connoître le montant de la dépense de l'année de ces 78 régiments : le deuxième chapitre sera composé de notre régiment d'infanterie : le troisième chapitre comprendra l'infanterie allemande, le quatrième l'infanterie irlandaise, le cinquième l'infanterie italienne et corse, le sixième l'infanterie suisse ; et successivement un chapitre séparé pour chaque nature de troupes de cavalerie, dragons, hussards, chevau-légers, chasseurs, grenadiers-royaux, régiments de l'état-major et bataillons de garnison, lorsqu'il nous plaira de les faire assembler, régiment provincial de l'île de Corse, compagnie de Castellane, compagnies d'invalides détachées, invalides pensionnes, récompenses militaires, solde et demi-solde ; un autre pour les officiers des états-majors des régiments des grenadiers-royaux-provinciaux, de l'état-major et des bataillons de garnison, solde des canonniers-garde-côtes, et un autre chapitre pour les officiers attachés à la suite des places, et assujettis aux revues, dont les appointements, soldes et masses sont réglés par nos ordonnances, mais dont la composition, l'existence et la présence ne peuvent être constatées que par lesdites revues. La deuxième partie dudit compte, qui comprendra les appointements et traitements qui se paieront, tant à Paris que dans nos provinces, sera divisée en autant de chapitres qu'il y aura de nature de dépenses, telles que les appointements des états-majors de l'infanterie, cavalerie, dragons et hussards ; des officiers généraux, du secrétaire d'état ayant le département de la guerre et des commis de ses bureaux ; des gouverneurs et officiers-majors des places frontières, et des garnisons ordinaires ; des commissaires des guerres, des médecins, chirurgiens et employés dans les hôpitaux ; des différents employés dans les places, suppléments d'appointements et autres divers traitements qui se paieront, tant à Paris que dans nos provinces, sur des états arrêtés par nous. Et la troisième partie dudit compte qui comprendra les dépenses extraordinaires de toute nature, sera divisée également en différents chapitres; savoir, un pour les vivres et plus value du pain, un pour les fourrages, un pour les hôpitaux, un pour les bois et lumières, un pour les lits militaires, un pour les constructions et réparations, un pour les loyers de magasin et autres emplacements, un pour les frais de gîtes et geôlages, frais de bureaux des intendants, d'impression et frais de courses; et le dernier comprendra toutes les autres natures de dépenses diverses; toutes lesquelles dépenses extraordinaires se paient à Paris, sur nos ordonnances en commandements; et dans nos provinces sur des états ordonnancés par les sieurs intendants et commissaires départis : il sera fait une récapitulation à la fin de chacune des trois parties des différents chapitres, et enfin une récapitulation générale, qui réunira les objets isolés de chaque partie, afin de connoître exactement la dépense de la totalité.

4. Dans l'année où il y aura une ou plusieurs armées assemblées, voulons que les appointements, la solde et la masse ordinaires soient compris dans chacun des chapitres de l'infanterie, cavalerie, dragons, etc.; mais qu'il soit formé un chapitre séparé de toutes les dépenses extraordinaires relatives à chacune des armées.

5. Le compte de l'ordinaire des guerres sera formé en quatre parties : la première comprendra la solde et masse des troupes de notre maison et des maréchaussées; la deuxième, les appointements, gages ou traitement; la troisième, les dépenses extraordinaires; et la quatrième, les dépenses du taillon, en observant ce qui est prescrit par l'article 3 pour la division des chapitres.

6. Le compte de l'artillerie sera également formé en quatre parties : la première, comprendra la solde et masse des objets qui se paient sur des revues; la deuxième, les appointements et traitements; la troisième, les autres dépenses qui concernent l'artillerie; et la quatrième comprendra les dépenses du génie et des fortifications, en distinguant chacune des quatre parties par autant de chapitres qu'il y aura de différentes natures de dépenses, ainsi qu'il est expliqué à l'art. 3.

7. Les dépenses desdits trois comptes, seront passées et allouées, en rapportant par le trésorier-général à l'appui de chacun d'eux, 1° l'état au vrai arrêté en notre conseil; 2° l'état sommaire que nous arrêterons des dépenses dont nous aurons ordonné le paiement, lequel état sera contre-signé par le secrétaire d'état ayant le département de la guerre, après avoir été

comparé aux projets de fonds arrêtés en notre conseil, et aux différentes décisions que nous aurons données dans le courant de chaque exercice; 3° des revues en bonne forme pour les dépenses mentionnées aux articles 3, 5 et 6, pour la première partie de chaque compte; 4° des états arrêtés par nous des appointements par relief qu'il nous aura plu accorder aux officiers qui se seront absentés de leurs corps; 5° de pareils états arrêtés par nous des traitements et appointements mentionnés auxdits articles 3, 5 et 6, pour la seconde partie desdits trois comptes; 6° de nos ordonnances en commandement ou états ordonnancés par nous pour les dépenses extraordinaires qui se paient à Paris, tant pour l'ordinaire des guerres et l'extraordinaire des guerres, que pour l'artillerie, le génie et les maréchaussées; 7° des états certifiés des parties prenantes, vérifiés et signés par un commissaire des guerres, et ordonnancés par les sieurs commissaires départis dans nos provinces, pour les dépenses mentionnées auxdits articles 3, 5 et 6 à la troisième partie; 8° et enfin des quittances des parties prenantes dans la forme prescrite par nos anciennes ordonnances et telles qu'il a été d'usage de les fournir jusqu'à présent.

8. Voulons que pour tous les ouvrages ordonnés pour nos bâtiments et fortifications de nos villes et châteaux, il soit fait des devis et adjudications, actes de cautionnements et procès-verbaux de réception d'ouvrages, autant que faire se pourra, lesquels seront rapportés au soutien de la dépense d'iceux; mais comme de simples réparations ou des additions et continuations d'ouvrages ne permettent pas toujours d'observer lesdites formalités, nous voulons, dans ce cas, que les ordonnances des paiements contiennent certificats qu'il n'y a point eu de devis et adjudication, et énoncent les motifs qui ont déterminé à dispenser desdites formalités; à la charge néanmoins audit cas, qu'il sera rapporté des mémoires desdits ouvrages, dûment réglés et arrêtés par les officiers préposés à cet effet.

9. Lorsqu'il sera fait des acquisitions de terrains pour les fortifications des villes et châteaux de notre royaume, ou pour des magasins ou casernes pour nos troupes, voulons que les formalités prescrites par notre édit du mois de juillet 1693, pour la sûreté des créanciers, ayant hypothèque sur les terrains, soient observées, ainsi que nous l'avons ordonné pour nos bâtiments, par notre déclaration du 27 mai 1770, et que conformément à ladite déclaration, lesdites formalités ne puis-

sent être exigées pour des acquisitions faites en notre nom, dont le capital se trouvera de la somme de 6,000 livres et au-dessous; dérogeant à cet effet audit édit du mois de juillet 1693. Voulons néanmoins audit cas, que pour mettre les créanciers du vendeur à portée de faire valoir leurs droits, le prix desdites acquisitions ne puisse être payé que six mois après la date du contrat d'acquisition; et que sur l'ordonnance des commissaires qui auront fait en notre nom lesdites acquisitions, il soit apposé des affiches dans le principal lieu de la situation des biens acquis, à deux jours de marché, de mois en mois, par un huissier ou sergent royal, qui en dressera procès-verbal; lesquelles affiches contiendront un énoncé sommaire du contrat d'acquisition, avec le prix et les principales conditions de la vente; et ne pourra ledit trésorier général faire aucuns paiements aux vendeurs, que dans le cas où il n'y auroit entre ses mains aucune opposition auxdits paiements, ou en lui rapportant main-levée desdites oppositions, et seront toutes lesdites pièces par lui rapportées lors du jugement de son compte.

10. Ordonnons audit trésorier général de se faire remettre tous les deux mois, par les trésoriers des provinces, les acquits et autres pièces justificatives des dépenses qu'ils auront payées sur son autorisation et d'après nos ordres, afin que ledit trésorier général soit en état de faire travailler de bonne heure à la reddition de ses comptes.

11. Dispensons en conséquence ledit trésorier général, à compter de l'exercice 1781, de former les deux comptes pour l'extraordinaire des guerres sous la dénomination de compte de de-là et de de-çà les monts, et de remettre chaque année au greffe de notre chambre des comptes, le compte de ses recettes et dépenses, ainsi qu'il y étoit assujetti par l'art. 3 de l'arrêt de notre conseil du 18 octobre 1778 (1), auquel article seulement nous dérogeons par ces présentes. Voulons aussi qu'il soit dispensé de rapporter à l'appui de ses comptes de l'extraordinaire des guerres et de l'artillerie, les états et ordonnances de décharge signés par les sieurs intendants et commissaires départis dans les provinces, que les trésoriers servants près d'eux étoient dans l'usage de joindre à l'appui des pièces justificatives qu'ils adressoient au trésorier général. Dispensons également lesdits trésoriers des provinces, tant de l'extraordinaire des

---

(1) V. n° 968, tom. 3 du règne, pag. 440.

guerres que de l'artillerie, de rendre à l'avenir les comptes de leurs recettes et dépenses par-devant les sieurs intendants, et d'en envoyer des doubles au secrétaire d'état ayant le département de la guerre.

12. La multiplicité des écritures ne faisant qu'empêcher la clarté dans la comptabilité, nous dispensons ledit trésorier général de détailler dans lesdits états au vrai, et dans ses comptes, le nom et la composition des compagnies de chaque régiment d'infanterie, cavalerie, dragons, hussards, chevau-légers, chasseurs et autres, la composition et le nom des compagnies se trouvant dans les revues, et les sommes revenant à chacune desdites compagnies, se trouvant énoncées dans les quittances en parchemin; mais voulant conserver aux officiers de nos troupes la facilité de retrouver dans les dépôts de notre chambre des comptes, les certificats de leurs services, nous ordonnons que lesdites revues seront écrites d'une manière lisible, et contiendront les noms de baptême et de famille des officiers.

13. Défendons très-expressément audit trésorier général, de comprendre dans ses états au vrai et dans ses comptes, aucune autre dépense que celles qu'il aura payées réellement, et dont il pourra justifier par des acquits et pièces justificatives en bonne forme. Quant aux parties d'appointements de gages ou autres objets quelconques employés dans nos états, et dont le paiement n'auroit point été fait, faute par les parties prenantes de s'être présentées six mois avant les époques fixées par l'art. 15, pour la remise des états au vrai au conseil, ou pour tout autre empêchement, le tout sera reporté au garde du trésor royal en exercice pour l'année dont sera compté; et il en sera par lui délivré audit trésorier général une quittance comptable, qui contiendra le détail de toutes les parties non réclamées, et d'après laquelle il sera fait de remplacements qui seront ordonnés sur les états des exercices des années suivantes, ainsi qu'il est d'usage; et seront lesdites parties non réclamées tirées seulement pour *mémoire*.

14. Ordonnons audit trésorier général, de remettre au secrétaire d'état ayant le département de la guerre, un bref état certifié de lui, de ses recettes et dépenses, contenues en chacun des comptes qu'il rendra, et d'en fournir un pareil à l'administration générale de nos finances, et ce au moment de la présentation desdits comptes au conseil.

15. Enjoignons audit trésorier général de remettre au conseil le compte de l'ordinaire des guerres, de l'exercice 1781, avant

le dernier décembre 1783; celui de l'artillerie, même exercice, avant le dernier juin 1784; et celui de l'extraordinaire des guerres, avant le dernier décembre 1784. Voulons que chacun desdits trois comptes soit présenté à notre chambre des comptes aussitôt après l'arrêté de l'état au vrai en notre conseil. Entendons que la même proportion de temps soit suivie pour l'exercice 1782 et suivants; mais dans le cas où des dépenses de guerre se feroient en pays étrangers ou par-delà les mers, et que par les distances des lieux ou autres raisons imprévues ledit trésorier général ne pourroit comprendre ces dépenses particulières dans son compte général, nous nous réservons de lui accorder les délais nécessaires pour rendre particulièrement ces comptes, et ce que chacune des années pendant lesquelles ces dépenses auront eu lieu.

16. Les différentes recettes, telles que l'imposition du taillon, celles des fourrages, des fortifications, communément appelées *fonds de ville*, celles pour le paiement des intérêts de divers terrains que nous aurions acquis pour nos fortifications, et celles pour les maréchaussées, qui étoient ci-devant faites par les trésoriers généraux de l'ordinaire et de l'extraordinaire des guerres, de l'artillerie et du génie, et des maréchaussées, seront à l'avenir, et à compter dudit jour 1ᵉʳ janvier 1781, payées et versées en notre trésor royal. Ordonnons en conséquence à tous trésoriers, receveurs ou préposés à la recette de ces divers objets, d'en payer et vider leurs mains en celles du garde de notre trésor royal en exercice. Voulons que les quittances qu'il en fournira, opèrent la même décharge que celle que lesdits trésoriers généraux étoient dans l'usage de fournir; nous réservant de faire remettre audit trésorier-payeur général de la guerre, les sommes nécessaires à l'acquittement des dépenses qui étoient à la charge desdites impositions.

17. Ledit trésorier général fera les recettes extraordinaires, telles que ventes d'effets, denrées ou autres objets de la guerre, qui se feront à notre profit dans nos provinces; mais il sera tenu de les verser au trésor royal, conformément à notre déclaration du 17 octobre 1779 (1).

18. Les revues des commissaires des guerres servant à justifier de la composition et de l'existence des troupes et autres officiers, et de base pour les paiements qui sont faits en con-

---

(1) V. n° 1220, tom. 4 du règne, pag. 185.

séquence, les mêmes commissaires des guerres devant vérifier et certifier les états de dépenses qui sont dans le cas d'être ordonnancés par les sieurs intendants et commissaires départis, et ces fonctions nécessitant la connoissance par notre chambre des comptes de la signature de chacun desdits commissaires des guerres; nous ordonnons qu'à compter du 1er janvier 1782, les provisions ou commissions desdits commissaires des guerres y soient registrées, et que chacun de ceux qui en rempliront les fonctions soit immatriculé au greffe de notredite chambre des comptes de Paris, par le dépôt de sa signature, et sur un registre qui y sera tenu à cet effet; à laquelle immatricule il ne pourra être procédé que sur le vu de la prestation de serment faite par lesdits commissaires des guerres : et attendu que plusieurs d'iceux peuvent, soit par leur éloignement, soit par maladie, ou pour tout autre empêchement, se trouver dans l'impossibilité de satisfaire assez promptement au dépôt de leur signature prescrit par cet article, voulons qu'il y soit suppléé par un acte de comparution chez un notaire, dans lequel sera insérée la signature desdits commissaires des guerres; et ledit acte, après avoir été légalisé par le juge royal le plus à portée, sera ensuite déposé au greffe de notredite chambre des comptes.

19. Dispensons lesdits commissaires des guerres, dont les provisions ont déjà été registrées en notre chambre des comptes, de payer aucune somme, soit pour épices, droits, vacations ou autres, pour raison de l'enregistrement et de l'immatricule prescrit par l'art. 18, réservant à notredite chambre, de régler ce qui sera payé par les nouveaux pourvus de pareilles charges, pour raison desdits enregistrements et immatricules.

20. Voulons et entendons qu'indépendamment des états arrêtés par nous, et des quittances des gages des commissaires des guerres, et que le trésorier général rapportera à l'appui de ses comptes, il rapporte également, et pour une fois seulement, la justification qu'ils auront satisfait à ce qui est prescrit par ledit art. 18; défendons en conséquence audit trésorier général de payer, à compter du 1er janvier 1782, les appointements de ceux desdits commissaires des guerres qui n'auront point satisfait à cette disposition.

21. Le trésorier général comptera de la retenue de la capitation qu'il aura exercée sur le pied complet des troupes, conformément à nos ordonnances, et sur l'effectif des états que nous arrêterons des appointements et traitements que nous aurons accordés aux officiers généraux, officiers-majors,

commissaires des guerres et autres employés, d'après le rôle sommaire qui sera arrêté en notre conseil; il sera formé par ledit trésorier général, un chapitre de reprise pour la capitation qui n'aura point été retenue, en rapportant à l'appui des certificats en bonne forme, qui justifieront de la part des officiers et autres, qu'ils ont payé le tout ou partie de leur capitation ailleurs, ou qu'ils en sont exempts, soit comme chevaliers de Malte, soit comme ambassadeurs ou sujets des treize cantons Suisses. Le montant du chapitre de reprise, sera déduit sur le total de la retenue, le net de laquelle le trésorier-payeur général justifiera avoir versé par des quittances en bonne forme, des gardes de notre trésor royal; savoir, un tiers dans les six derniers mois de l'année dans laquelle la retenue aura été faite, un autre tiers dans les six mois qui suivront, et enfin le dernier tiers dans le courant des six mois qui précèderont la remise au conseil de chacun des trois comptes de capitation; laquelle remise ainsi que la présentation à la chambre, se feront aux époques fixées par l'art. 15, pour chacun des comptes de dépense des trois départements.

22. A compter du 1er janvier 1781, il ne sera fait fonds au trésorier général, dans les états que nous arrêterons, des parties d'appointements assujettis à la retenue du dixième, qu'à la déduction de cette même retenue; laquelle, au moyen de la présente disposition, n'ayant plus lieu, dispensera le trésorier général d'en rendre aucun compte.

23. Pour accélérer la reddition des comptes dudit trésorier général de la guerre, voulons que ledit trésorier puisse rédiger par lui-même ou par ses commis, ses états au vrai en minute, et les présenter en notre conseil, dans les termes qui seront par nous prescrits; et pour diminuer d'autant la quantité de volumes qui ne fait que surcharger inutilement le dépôt de notre chambre des comptes, entendons que les comptes originaux et les doubles d'iceux qui seront formés d'après lesdits états au vrai, et qui continueront d'être faits et rendus par le ministère du procureur des comptes, dont ledit trésorier général aura fait choix, soient également rédigés en minutes, de manière que la quotité des rôles desdits comptes ne puisse excéder de plus d'un quart le nombre des feuillets que contiendront les états au vrai; nous réservant de fixer particulièrement le prix des façons et vacations que nous attribuerons audit procureur.

24. A l'égard des comptes à rendre par le trésorier-payeur général des dépenses de la guerre, pour les exercices 1779 et

1780, il en formera cinq pour chacun de ses exercices; savoir, deux pour l'extraordinaire des guerres, dont un pour le département de de-là, et l'autre pour le département de de-çà les monts; un autre compte pour l'ordinaire des guerres, ainsi que pour les dépenses assignées sur l'imposition du taillon; un autre pour l'artillerie et le génie, et le cinquième pour les maréchaussées. Voulons que lesdits cinq comptes soient rendus et présentés aux époques, ainsi et de la même manière que par le passé, et que les dépenses en soient passées et allouées, en rapportant les acquits et décharges valables, ainsi que les anciens trésoriers généraux de ces différents départements étoient dans l'usage de les fournir.

25. Dispensons ledit trésorier général, à compter de son exercice de 1779, de compter en notredite chambre des comptes, du quatrième denier retenu sur les dépenses de la guerre, et destiné en gratification aux officiers de nos troupes, comme le faisoit le trésorier supprimé dudit quatrième denier. Voulons que ledit trésorier général rende ledit compte en notre conseil seulement, de la même manière qu'il y rend celui des trois premiers deniers de retenue destinés à l'entretien des invalides; à l'effet de quoi nous avons imposé silence à notre procureur général en ladite cour.

26. Nous avons dérogé et dérogeons à tous édits, déclarations, ordonnances et réglements contraires à ce qui est porté par notre présente déclaration. Voulons au surplus que lesdits édits, déclarations, ordonnances et réglements, en ce qui ne s'y trouvera contraire, soient gardés, observés et exécutés selon leur forme et teneur.

Si donnons en mandement, etc.

N° 1511. — ARRÊT *du conseil qui défend les ventes et marchés faits avec des gens de mer pour des parts de prises.*

Versailles, 12 juin 1781. (R. S. C. Merlin, v° prises. Lebeau, Code des prises.)

Le roi étant informé qu'il se fait journellement dans les ports des marchés usuraires pour les parts des prises faites par les vaisseaux de S. M.; que des agioteurs, profitant de l'empressement que les gens de mer ont de recevoir de l'argent comptant, achètent à l'avance leurs parts de prises à des prix fort au-dessous de ce qu'elles auroient produit par le résultat de la liquidation : et S. M. voulant faire cesser un abus aussi préjudiciable pour les équipages de ses vaisseaux, et même pour leurs familles, qui sont frustrées par cet agiotage du bien-être que leur auroient procuré leurs parts de prises, si elles avoient reçu la totalité de leur montant. A quoi voulant pourvoir : ouï le rapport, et tout considéré; le roi étant en son conseil, a fait très-expresses inhibitions et défenses à tous officiers-mariniers et matelots des équipages de ses vaisseaux, de vendre à l'avance leurs parts de prises; et à toutes personnes de les acheter ou de faire aucun marché qui y soit relatif, pour quelque cause ni sous quelque prétexte que ce puisse être; à peine d'être punis sévèrement : déclare S. M. de nul effet tous les marchés ou autres actes de ventes, et cessions desdites parts de prises faits jusqu'au jour de la publication du présent arrêt, sauf à ceux qui auroient quelques répétitions à former contre lesdits officiers-mariniers ou matelots, à se pourvoir par-devant l'intendant de la marine ou ordonnateur du département, pour y être par lui statué conformément aux ordonnances. Mande, etc.

N° 1512. — ARRÊT *du conseil qui détermine les formalités qui doivent être observées par les propriétaires ou locataires des scieries situées dans le report de la maîtrise de Saint-Dié.*

Versailles, 23 juin 1781. (Baudrillart.)

Sur la requête présentée au roi en son conseil, par le procureur de S. M., en la maîtrise particulière de Saint-Dié, contenant, etc.

Le roi en son conseil, ayant égard à la requête, a ordonné et ordonne que l'arrêt du conseil, rendu pour raison du fait dont il s'agit, le 20 mai 1777, sera exécuté selon sa forme et teneur, et déclaré commun pour les dix-huit scieries qui ne sont point comprises dans ledit arrêt, et dont est question et pour toutes autres qui pourroient être construites à l'avenir; en conséquence, fait S. M. très-expresses inhibitions et défenses aux propriétaires et locataires desdites scieries, de sortir des forêts aucuns troncs avant de les avoir fait reconnoître par les gardes du canton, à chacun desquels il sera remis à cet effet, aux frais desdits propriétaires et locataires, et à la diligence du procureur de S. M., en la maîtrise particulière de Saint-Dié, un marteau destiné à cet ouvrage, et auxquels gardes il sera payé un sou par chaque tronc, sans néanmoins qu'il puisse en marquer aucun provenant d'arbre de construction ou autres délivrés aux usagers, à moins qu'il ne leur apparoisse d'une permission en bonne forme donnée par les officiers de ladite maîtrise, et en marge de laquelle lesdits gardes seront tenus de faire mention de la quantité de troncs qu'ils auront marqués, à peine de 100 liv. d'amende et de destitution de leurs fonctions; fait pareillement S. M. très-expresses inhibitions et défenses auxdits propriétaires ou locataires desdites scieries, d'y recevoir et d'y débiter aucuns troncs, soit qu'ils leur appartiennent ou à des particuliers, qu'ils n'aient été marqués ainsi qu'il est ci-dessus prescrit, à peine de 500 fr. d'amende, qui sera encourue par le seul fait de l'existence des arbres non marqués, ou des marchandises dans lesquelles ils auront été convertis, et qui se trouveront dans les chantiers établis près desdites scieries, et en outre de confiscation desdits arbres et marchandises, et de suppression desdites scieries, laquelle sera effectuée aux frais des contrevenants, en conséquence de la sentence qui interviendra sur le procès-verbal par lequel la contravention aura été constatée; lesquelles contraventions ne pourront être modérées sous quelque prétexte que ce soit. Ordonne S. M. que les propriétaires des scieries qui seront supprimées pour raison de ladite contravention, seront déchargés des cens dont ils pourront être tenus, à cause desdites scieries, et pourront exercer contre les locataires des scieries qui seront supprimées par leur fait, leur action en indemnité de ladite suppression, et sera, le présent arrêt, imprimé et affiché partout où besoin sera, et enregistré au greffe desdites maîtrises pour y avoir recours en cas de besoin.

N° 1513. — Lettres patentes *concernant les baux à cens dans le ressort de la coutume de Péronne, de Montdidier et de Roye* (1).

Versailles, le 24 juin 1781. Reg. en parlement le 28 août 1781. (R. S.)

Louis, etc. Notre cour de parlement ayant, par ses arrêts des 14 juillet 1775 et 25 juillet 1780, fixé le véritable sens de l'art. 7 du chapitre premier de la coutume d'Orléans, relativement aux baux à cens, nous aurions ordonné, par nos lettres patentes du 18 novembre dernier, registrées le 27 mars suivant, que les héritages aliénés par baux à cens, même avec deniers d'entrée, dans le ressort de la coutume d'Orléans, antérieurement auxdits arrêts, seroient réputés censuels dans les mains des preneurs, qu'ils seroient tenus par eux en roture, et partagés comme tels dans leurs successions, sans que lesdits baux à cens pussent donner ouverture ni à nos droits ni à ceux

---

(1) V. 4 mars 1786.

des seigneurs particuliers; et comme nous sommes informé que notredite cour, par ses arrêts des 22 juillet 1777 et 15 avril 1778, auroient également fixé le véritable sens des articles 62 et 65 de la coutume de Péronne, de Montdidier et de Roye, dont les dispositions, relativement aux baux à cens, sont semblables à celles de la coutume d'Orléans, nous avons cru qu'il étoit de notre justice de faire jouir ceux de nos sujets dont les biens sont situés dans l'étendue de la coutume de Péronne, de Montdidier et de Roye, du même avantage que nous avons accordé à ceux de nos sujets dont les biens sont situés dans la coutume d'Orléans. A ces causes, etc., voulons et nous plaît que tous les héritages aliénés par baux à cens, même avec deniers d'entrée dans le ressort de la coutume de Péronne, de Montdidier et de Roye, antérieurement à l'époque de l'arrêt de notre parlement du 22 juillet 1777, et pour raison desquels il n'auroit été formé aucune demande antérieurement audit arrêt, soient réputés censuels dans les mains des preneurs, qu'ils soient tenus par eux en roture, et partagés comme tels dans leurs successions, sans que lesdits baux puissent donner ouverture ni à nos droits ni à ceux des seigneurs particuliers.

Si donnons en mandement, etc.

N° 1514. — ARRÊT *du parlement qui fait défense d'envoyer dépaître les bestiaux dans les prairies, si le droit de compascuité est établi, jusqu'à ce que les propriétaires aient entièrement fait enlever les foins*(1)*.*

Toulouse, 25 juin 1781. (*......... de Toulouse. Dupleix 1781.*)

N° 1515. — ÉDIT *portant suppression de plusieurs charges en la grande et en la petite écurie.*

Versailles, juin 1781. Reg. en la chambre des comptes le 20 juillet. (R. S.)

N° 1516. — DÉCLARATION *qui proroge pendant dix années, à compter du 12 août 1782, l'exécution de celle du 14 août 1776, concernant la répartition de la taille dans la généralité de Paris.*

Versailles, 4 juillet 1781. Reg. en la cour des aides le 27 juillet. (R. S.)

---

(1) V. a. d. p. 7 mai 1738, 25 juin 1779.

N° 1517. — **Arrêt** *du parlement concernant le glanage* (1).

Paris, 4 juillet 1781. (R. S.)

Vu par la cour la requête présentée par le procureur-général du roi, contenant que, par les différents arrêts que ladite cour a rendus, il est défendu à toutes personnes, soit hommes, soit femmes, qui sont en état de travailler pendant le temps de la moisson, et de s'occuper aux ouvrages de la moisson, de glaner; que cette faculté n'est accordée qu'aux vieillards, aux estropiés, aux enfants et autres personnes qui sont hors d'état de travailler; qu'il a été fait défenses de glaner avant le soleil levé et après le soleil couché, et aux bergers, garde-troupeaux et autres personnes, de mener paître les vaches, moutons, chevaux et autres animaux, avant le troisième jour de l'enlèvement des récoltes; que le procureur-général du roi a été informé que, dans l'étendue du ressort du bailliage d'Amiens, des personnes de tout état et de toutes conditions, et en état de gagner leur vie, vont glaner dans les champs à la suite des scieurs et des faucheurs, sans attendre que les blés aient été mis en gerbes ou enlevés; et qu'avant l'enlèvement des gerbes, on mène les bestiaux paître dans les champs; que ceux qui vont glaner l'herbe dans les prés et terres ensemencées en luzernes, trèfles, sainfoins et autres herbes de cette nature, se servent de râteaux de fer, dont les dents longues, courbes et aiguës, déracinent et détruisent l'herbe, d'où il s'ensuit un dommage considérable pour les prairies; que le procureur général du roi est encore informé que, dans le ressort du bailliage d'Amiens, ainsi que dans plusieurs paroisses situées dans la Picardie, les deux tiers de chaumes sont destinés pour les pauvres qui ont la faculté de l'arracher ou de le faucher, pour s'en servir à couvrir leur maison ou s'en chauffer pendant l'hiver; qu'il n'est pas permis de l'arracher ou de le faucher avant le 1er octobre, afin de donner le temps d'achever la moisson; et que, nonobstant cet usage, il est plusieurs paroisses qui sont privées de l'avantage d'avoir du chaume; et, comme il est important de renouveler les dispositions des ordonnances et arrêts de réglements pour l'étendue du ressort du bailliage d'Amiens. A ces causes requéroit le procu-

---

(1) V. a. d. p. du 3 juillet 1778, n° 905, tom. 3 du règne, pag. 353; 10 juin 1780, n° 1332, tom. 4 du règne, pag. 345.

reur-général du roi, qu'il plût à la cour faire défenses à toutes personnes demeurant dans l'étendue du ressort du bailliage d'Amiens, en état de travailler et de gagner leur vie pendant le temps de la moisson, de glaner, sous peine de 10 livres d'amende, et de plus grande peine en cas de récidive : ordonner qu'il ne sera permis qu'aux vieillards, estropiés, petits enfants et autres personnes invalides, de glaner; qu'on ne pourra glaner dans les champs qu'après que les gerbes en auront été entièrement levées : faire défenses de glaner avant le soleil levé et après le soleil couché, sous pareille peine d'amende, et même d'être procédé extraordinairement contre les contrevenants : faire défenses aux propriétaires et fermiers, à tous bergers, garde-troupeaux et autres personnes, d'envoyer ou mener paître leurs vaches, chevaux, moutons et autres animaux dans les champs, sinon après trois jours que la dernière gerbe aura été enlevée desdits champs, sous peine de 20 liv. d'amende contre les contrevenants, et même d'être procédé contre eux extraordinairement suivant l'exigence des cas : faire défenses à ceux à qui il est permis et toléré de glaner, de se servir, pour glaner dans les prairies et dans les terres ensemencées en luzernes, trèfles, bourgognes, sainfoins, et autres herbes de cette nature, de râteaux ayant des dents de fer, ni d'aucuns autres instruments semblables, où il peut y avoir du fer, sous pareille peine de 20 livres d'amende contre les contrevenants, et d'être aussi procédé extraordinairement contre eux, suivant l'exigence des cas; faire défenses d'arracher ou faucher le chaume avant le 1ᵉʳ octobre; ordonner que les deux tiers desdits chaumes seront destinés et appartiendront, suivant l'usage, aux pauvres de chaque paroisse, qui auront la faculté de l'arracher et de le faucher après le 1ᵉʳ octobre; faire défenses à toutes personnes d'enlever ou d'apporter aucun dommage aux chaumes destinés pour les pauvres, sous telles peines qu'il appartiendra; ordonner que l'arrêt qui interviendra, sera imprimé, publié et affiché partout où besoin sera, notamment dans la ville d'Amiens, et dans toutes les paroisses situées dans l'étendue du ressort dudit bailliage, et lu chaque année au sortir des messes paroissiales, à la requête du substitut du procureur-général du roi au bailliage d'Amiens, et des procureurs fiscaux des justices des lieux; enjoindre au substitut du procureur-général du roi au bailliage d'Amiens, et aux officiers des justices qui ressortissent audit bailliage, de tenir la main à l'exécution dudit arrêt; aux syndics des paroisses de dénoncer au substitut du procureur-général du roi au bailliage d'Amiens les contrevenants, pour être fait contre eux, à sa requête, les poursuites qu'il conviendra ; et aux cavaliers et officiers de maréchaussée de prêter main-forte, en cas de besoin, pour l'exécution dudit arrêt ; ladite requête signée du procureur-général du roi. Ouï le rapport de M⁰ François-Emmanuel Pommyer, conseiller. Tout considéré.

La cour fait défenses à toutes personnes demeurant dans l'étendue du ressort du bailliage d'Amiens, en état de travailler ou gagner leur vie pendant le temps de la moisson, de glaner, sous peine de 10 liv. d'amende, et de plus grande peine en cas de récidive ; ordonne que les vieillards, estropiés, petits enfants, et autres personnes invalides, seulement, auront la faculté de glaner ; qu'on ne pourra glaner dans les champs qu'après que les gerbes en auront été entièrement levées ; fait défenses de glaner avant le soleil levé et après le soleil couché, sous pareille peine d'amende, et même d'être procédé extraordinairement contre les contrevenants ; fait défenses aux propriétaires et fermiers, à tous bergers, garde-troupeaux, et autres personnes, d'envoyer ou mener paître leurs vaches, chevaux, moutons et autres animaux dans les champs, sinon après trois jours que la dernière gerbe aura été enlevée desdits champs, sous peine de 20 liv. d'amende contre les contrevenants, même d'être procédé extraordinairement contre eux, suivant l'exigence des cas ; fait défenses à ceux à qui il est permis et toléré de glaner de se servir, pour glaner dans les prairies et dans les terres ensemencées en luzernes, trèfles, bourgognes, sainfoins et autres herbes de cette nature, de râteaux ayant des dents de fer, ni d'aucuns autres instruments semblables où il peut y avoir du fer, sous pareille peine de 20 liv. d'amende contre les contrevenants, et d'être aussi procédé extraordinairement contre eux, suivant l'exigence des cas ; fait défenses d'arracher ou faucher le chaume avant le 1ᵉʳ octobre. Ordonne que les deux tiers desdits chaumes seront destinés et appartiendront, suivant l'usage, aux pauvres de chaque paroisse, qui auront la faculté de l'arracher et de le faucher après le 1ᵉʳ octobre ; fait défenses à toutes personnes d'enlever ou d'apporter aucun dommage aux chaumes destinés pour les pauvres, sous telles peines qu'il appartiendra ; ordonne que le présent arrêt sera imprimé, publié et affiché partout où besoin sera, notamment dans la ville d'Amiens et dans toutes les paroisses situées dans l'étendue du ressort dudit bailliage, et lu chaque année au sortir des messes paroissiales, à la requête du substitut du procureur-général du roi au bailliage d'Amiens, et des procureurs fiscaux des justices des lieux; enjoint au substitut du procureur-général du roi au bailliage d'Amiens, et aux officiers des justices qui ressortissent audit bailliage, de tenir la main à l'exécution dudit arrêt; aux syndics des paroisses de dénoncer au substitut du procureur-général du roi au bailliage d'Amiens les contrevenants, pour être fait contre eux, à sa requête, les poursuites qu'il conviendra, et aux officiers et cavaliers de maréchaussée, de prêter main-forte, en cas de besoin, pour l'exécution dudit arrêt.

N° 1518. — DÉCLARATION *concernant les receveurs et les contrôleurs municipaux des villes tarifées* (1).

Versailles, 5 juillet 1781. Reg. en la chambre des comptes le 1ᵉʳ septembre. (R. S. C.)

N° 1519. — LETTRES *du ministre concernant la présentation des candidats pour le conseil supérieur de la Martinique.*

7 juillet 1781. (Code de la Martinique, tom. 3, pag. 436.)

N° 1520. — ARRÊT *du parlement qui maintient les avocats du bailliage de Troyes dans le droit de plaider, seuls et privativement, les causes d'appel et celles en matière de droit et de coutume, comme aussi de faire toutes les écritures dans les procès et instances intitulés :* Griefs, causes, et moyens d'appel, avertissements, contredits, salvations, *et généralement toutes les écritures du ministère des avocats; fait défenses aux procureurs de les troubler, et de retirer d'entre les mains des avocats les pièces et procédures des causes, lorsque les qualités auront été posées par les avocats à l'audience.*

Paris, 10 juillet 1781. (R. S.)

N° 1521. — DÉCISION *portant que les soldats, quoique n'étant embarqués que comme passagers, auront part aux prises lorsqu'ils auront eu part au combat.*

13 juillet 1781. (Coll. m. m. Code Cayenne, pag. 647.)

N° 1522. — ORDONNANCE *du bureau des finances concernant la police des chemins dans l'étendue de la généralité de Paris* (2).

Paris, 17 juillet 1781. (R. S. C. Mars, 2—498.)

Sur ce qui a été remontré par le procureur du roi, que la

---

(1) V. édit de juin 1725, novembre 1771, 28 juillet 1786.
(2) En vigueur en plusieurs de ses dispositions. Ord. du 24 déc. 1823, décret du 29 septembre 1810.

fréquence des contraventions qui se commettent depuis quelque temps aux réglements concernant la conservation de la police générale des routes, chaussées, chemins et traverses des villes, bourgs et villages de cette généralité, annoncent le besoin d'en renouveler la publication, et qu'il la croit d'autant plus nécessaire, qu'en rappelant les contrevenants à l'exécution de ces réglements, ce sera leur ôter jusqu'au prétexte de feindre de les ignorer. Nous, faisant droit sur ledit réquisitoire; vu les édits, arrêts et réglements sur le fait de la police de la voirie, nos ordonnances rendues en conformité, et notamment celle du 29 mars 1754, étendue à tout le royaume par l'arrêt du conseil du 27 février 1765. Ouï le rapport de M° Hebert de Hauteclair, trésorier de France en ce bureau, commissaire de S. M. pour les ponts et chaussées, et tout considéré, avons ordonné et ordonnons ce qui suit:

1. Les grandes routes et autres chemins publics seront conservés dans les largeurs prescrites par les art. 1er et 2 du réglement du conseil du 3 mai 1720; lesdites largeurs pourront néanmoins être restreintes suivant la position des lieux et autres circonstances, s'il en est ainsi par nous ordonné en connoissance de cause, ou porté par les adjudications qui seront faites par-devant nous; en conséquence, faisons expresses inhibitions et défenses à tous seigneurs, propriétaires, locataires ou fermiers de terres labourables, prés, bois, vignes et autres héritages aboutissants auxdites grandes routes et chemins, de faire aucunes entreprises ou anticipations sur leur largeur par des labours ou autrement, et pour en prévenir la dégradation, ordonnons qu'ils seront tenus de les border de fossés hors les largeurs fixées, lesquels fossés auront six pieds de largeur dans le haut, deux pieds dans le bas, et trois pieds de profondeur, en observant les talus et pentes nécessaires pour l'écoulement des eaux. Ces fossés seront annuellement nettoyés à l'approche de l'hiver, sinon et faute de ce faire, ordonnons qu'il y sera mis ouvriers; savoir: pour les chemins entretenus aux frais du roi, par les entrepreneurs chargés de leur entretien; et quant aux autres, par les syndics des paroisses, auxquels seront délivrés exécutoires contre lesdits propriétaires ou fermiers des héritages riverains, d'après les estimations qui seront faites par les ingénieurs des ponts et chaussées ou par tels autres experts que nous nommerons d'office; le tout conformément aux anciennes ordonnances, et notamment à celles de Blois de 1579, et du mois d'août 1669; et aux réglements du conseil des 17 décembre

1686, 3 mai 1720, 17 juin 1721 et 6 février 1776; et aux ordonnances des 29 mars 1754 et 15 juillet 1766.

2. Défendons à toutes personnes, même à tous seigneurs, sous prétexte de droit de justice ou de voirie, de faire aucune suppression ou translation de chemins publics, sinon en vertu de nos ordonnances rendues sur rapports et procès verbaux qui constateront l'utilité ou les inconvénients desdites translations, à peine de rétablissement desdits chemins, de tous dommages et intérêts, s'il y a lieu, et de 50 livres d'amende, suivant les lettres patentes du roi du mois de juillet 1638, et les réglements du conseil des 26 mai 1705, 17 juin 1721 et 4 août 1731.

3. Défendons à tous propriétaires, locataires, maçons, charpentiers et autres personnes de quelque qualité et condition qu'elles soient, d'entreprendre aucunes constructions ou reconstructions de maisons, bâtiments, murs de clôtures et édifices quelconques, ni de poser échoppes, travaux de maréchaux, embatoires ou autres choses saillantes sur et le long de toutes les routes et chaussées construites par ordre du roi, soit en plaine campagne, soit dans la traverse des villes, bourgs et villages, quand même la dépense de l'entretien desdites traverses seroit prise sur les revenus des villes, ainsi que le long des grands chemins vulgairement appelés *chemins royaux*, sans, au préalable, avoir obtenu les alignements et permissions des sieurs trésoriers de France, commissaires du conseil aux départements du pavé de Paris et des ponts et chaussées, chacun dans leur département, ou en leur absence par un autre de nous, conformément aux plans levés, arrêtés et déposés au greffe du bureau, ou qui le seront dans la suite, à peine de démolition des ouvrages, confiscation des matériaux, et de 300 liv. d'amende solidairement contre chacun desdits contrevenants, même de plus grande peine en cas de récidive, conformément aux ordonnances et aux arrêts de réglement du conseil des 19 novembre 1666, 12 et 17 mars 1739, 27 février et 2 avril 1765, et 26 février 1778; et seront toutes les ordonnances qui auront été données par lesdits sieurs commissaires, déposées au greffe du bureau; et toutes lesdites permissions et alignements continueront à être donnés sans frais.

4. En conséquence, faisons expresses inhibitions et défenses à tous officiers de justice et autres, se disant voyers, de s'immiscer esdits cas et sous quelque prétexte que ce soit, dans la connoissance desdits alignements et permissions, à

peine d'être responsables, en leur propre et privé nom, des condamnations qui pourroient être prononcées contre les propriétaires et entrepreneurs, aux termes de l'arrêt du conseil du 27 février 1765, sauf aux seigneurs hauts-justiciers ayant droit et possession valable de la voirie, à la faire exercer par leurs officiers dans les rues et chemins particuliers de leur haute-justice, dont le pavé n'a point été ordonné par le roi ou n'est point entretenu aux frais de S. M., conformément à l'arrêt du conseil du 26 février 1778.

5. Tous les propriétaires d'héritages tenants et aboutissants aux routes, grands chemins et branches d'iceux, pourront les planter de tels arbres qu'ils jugeront propres au terrain, en observant toutefois de laisser 30 pieds au plus, et 18 pieds au moins de distance d'un arbre à l'autre, et 6 pieds d'intervalle entre la ligne des arbres et le bord extérieur des fossés ou berges étant le long desdits chemins, et faute par lesdits propriétaires de faire ladite plantation dans le délai d'un an, à compter du jour où les chemins auront été entièrement tracés et les fossés ouverts, pourront les seigneurs ayant droit de voirie, faire faire ladite plantation, chacun dans l'étendue de sa seigneurie; le tout aux termes des arrêts de réglement du conseil des 3 mai 1720 et 17 avril 1776, et aux ordonnances des 29 mars 1754 et 30 avril 1772.

6. Les propriétaires des arbres plantés conformément à l'article précédent, seront tenus de les entretenir avec soin de labours et élagages, en observant de leur former une tête proportionnée à leur grosseur, et de remplacer ceux qui périront avant le 15 décembre de chaque année, par d'autres arbres bien droits et de bonne qualité, desquels remplacements ou entretiens les fermiers ou locataires répondront pour leurs maîtres absents, sauf à répéter contre les propriétaires les sommes qu'ils auront payées; et faute par lesdits propriétaires, leurs fermiers ou locataires d'y satisfaire, sera procédé audit entretien par l'entrepreneur de la route, auquel sera délivré exécutoire proportionné au prix qui lui est alloué par son bail, pour l'entretien desdits arbres; et à défaut par les propriétaires d'acquitter cet exécutoire dans les trois mois du jour de la signification qui en sera faite, ils seront et demeureront déchus de la propriété desdits arbres qui seront mis à l'entretien du roi; le tout en conformité des réglements des 17 décembre 1686, 3 mai 1720, 17 juin 1721 et 4 août 1731. Ne pourront les propriétaires desdits arbres, en faire couper ni arracher aucun, sous quelque prétexte que ce

soit, sans auparavant en avoir obtenu la permission expresse et par écrit du trésorier de France, commissaire du conseil en cette partie, à peine de telle amende qu'il appartiendra.

7. Défendons à tous propriétaires, fermiers et locataires de terres et héritages aboutissants aux routes et grands chemins, et à tous bergers et conducteurs de troupeaux, d'endommager par leurs labours, leurs bestiaux ou autrement, les arbres, charmilles, haies vives ou sèches plantés le long desdites routes et chemins, sous peine de tous dommages et intérêts, et de 50 liv. d'amende, dont les maîtres seront responsables pour leurs domestiques; défendons pareillement, et sous les mêmes peines, à tous blanchisseurs et manufacturiers, d'attacher des cordeaux auxdits arbres pour y étendre leurs linges ou étoffes; ordonnons en outre que tous ceux qui auront arraché lesdits arbres ou les auront coupés, écorchés ou cernés clandestinement entre deux terres, seront poursuivis suivant la rigueur des ordonnances, et condamnés en outre en 500 liv. d'amende, dont moitié appartiendra aux dénonciateurs.

8. Enjoignons à tous propriétaires de maisons ou héritages, de la banlieue de cette ville et des bourgs et villages de cette généralité, de réparer et entretenir, chacun en droit soi, les revers de pavé et les accottements de chaussées faits entre leurs maisons et héritages et la chaussée du milieu, combler les trous qui s'y trouveront, de manière que les eaux n'y puissent séjourner, suivant les pentes qui leur en seront désignées par un état signé de l'un des sieurs commissaires des ponts et chaussées, chacun dans leurs départements; faisons défenses à tous propriétaires dont les héritages sont plus bas que le chemin, et en recevoient les eaux, d'en interrompre le cours, soit par l'exhaussement, soit par la clôture de leurs terrains; leur enjoignons de rendre libre le passage des eaux qu'ils auront intercepté, si mieux n'aiment construire et entretenir à leurs dépens les aqueducs, gargouilles et fossés nécessaires à cet usage, conformément aux dimensions qui leur se- ront données; le tout sous peine de 50 liv. d'amende, et d'y être mis des ouvriers à leurs frais et dépens, suivant les ordonnances des 3 février 1741, 22 juin 1751, 29 mars 1754 et 30 avril 1772.

9. Faisons défenses à tous carriers, gravatiers, sculpteurs, laboureurs, vignerons et tous autres, de poser aucuns matériaux, gravois, décombres, fumiers, terres, immondices, sur aucune partie des grandes routes et chemins; comme aussi de faire aucuns trous et fouilles sur les côtés des chaussées et ac-

cottements, ni sur les glacis, sous quelque prétexte que ce soit, même d'y prendre du sable, de la pierre ou autres matériaux, ou d'y faire aucune culture; faisons pareillement défenses à tous rouliers, voituriers, charrons, marchands, cabaretiers et aubergistes, d'y laisser séjourner aucunes voitures, trains, roues et bois de charronnage et autres, à peine de confiscation desdits objets et de 100 liv. d'amende; ordonnons même qu'en cas d'ignorance des auteurs desdits dépôts de fumiers, voitures et encombrements, les propriétaires ou locataires des héritages, au droit desquels lesdits encombrements seront trouvés, puissent être réputés garants et responsables de la contravention, faute par eux d'en indiquer les véritables auteurs, en conformité des réglements des 28 mai 1714, 4 août 1731, 17 mars 1739, 25 août 1743 et 18 juin 1765.

10. Défendons pareillement de transporter et de poser sur les grands chemins et plus près que 100 toises d'iceux, aucunes charognes et bêtes mortes, sous peine de 10 livres d'amende contre les contrevenants, et même contre les propriétaires et fermiers des héritages où lesdites bêtes mortes seront déposées en contravention, suivant notre ordonnance du 20 août 1774.

11. Défendons à tous rouliers, voituriers et charretiers, d'abandonner leurs chariots et charrettes le long des chemins, d'affecter de tenir toujours le milieu du pavé à la rencontre des voitures des voyageurs, au risque de les heurter et d'occasioner des accidents, et de s'attrouper aux portes des auberges et cabarets, en laissant leurs voitures arrêtées cà et là sur la voie publique, et de manière à en intercepter le passage; enjoignons au contraire auxdits voituriers et charretiers de veiller incessamment à la conduite de leurs chevaux et voitures, de les ranger soigneusement lorsqu'ils s'arrêteront aux auberges et maisons de la route, sous peine de 50 liv. d'amende; enjoignons pareillement aux aubergistes et cabaretiers, d'entretenir une lumière au-devant de leurs maisons lorsqu'il s'y arrêtera des voitures pendant la nuit, afin de prévenir les accidents, sous la même peine de 50 liv. d'amende.

12. Et d'autant que, par le poids excessif de la charge actuelle des charrettes et chariots, les chaussées de toutes espèces les plus solidement construites, sont tellement rompues et bouleversées, que leur entretien devient infiniment dispendieux, et pourroit même devenir impossible par la suite, fai-

sons défenses à tous rouliers, voituriers, carriers, plâtriers et tous autres, d'atteler à leurs voitures à deux roues plus de trois chevaux, depuis le 1ᵉʳ avril jusqu'au 1ᵉʳ octobre, et plus de quatre chevaux, depuis le 1ᵉʳ octobre jusqu'au 1ᵉʳ avril, conformément à l'ordonnance du 23 mai 1718, à la déclaration du roi du 14 novembre 1724, et aux arrêts du conseil des 1ᵉʳ avril 1723, 8 juillet 1727 et 1771.

13. Défendons à toutes personnes de troubler les paveurs dans leurs ateliers, d'arracher les pieux mis pour la sûreté de leurs ouvrages, les bornes placées pour empêcher le passage des voitures sur les accottements des chaussées, celles qui défendent les parapets des ponts, les bornes milliaires grandes et petites, non plus que les parapets et anneaux de fer attachés auxdits ponts, sous peine de 300 liv. d'amende, d'enlever aucuns pavés neufs ou vieux, des rues, chaussées ou ateliers, ou les fers, bois, pierres et autres matériaux destinés aux ouvrages publics ou mis en œuvre, à peine contre les contrevenants d'être, pour la première fois, attachés au carcan, et, en cas de récidive, condamnés aux galères. Faisons défenses à toutes personnes de quelque qualité et condition qu'elles puissent être, de recevoir et receler en leurs maisons, même d'acheter aucuns desdits pavés ou autres matériaux volés, à peine de 1,000 liv. d'amende; le tout ainsi qu'il est ordonné par les réglements des 4 août 1731, 19 juillet 1757 et 14 novembre 1760.

14. Défendons à tous seigneurs, propriétaires, leurs fermiers ou autres personnes quelconques, d'empêcher les entrepreneurs chargés de la construction, réparation et entretien des ponts, grandes routes, chemins royaux, de prendre les pierres, grès, sables, terres et autres matériaux nécessaires à la construction des ouvrages dont ils sont adjudicataires, dans tous les lieux bien clos de murs, qui leur seront indiqués par les devis et adjudications desdits ouvrages, sauf à eux à se pourvoir par-devant nous, en cas de contestation, sur les indemnités qui pourroient leur être dues. Faisons pareillement défenses à tous receveurs des droits de traites, entrées et sorties, même de ceux dépendants des fermes et aides, domaine et barrage, droits d'octrois, péages, pontonnages et tous autres généralement quelconques appartenants à S. M., aliénés ou concédés, soit aux villes et communautés, soit aux particuliers à quelque titre que ce soit, d'exiger aucuns droits, et sous ce prétexte d'arrêter le transport des bois, pierres, grès, sables, fers, outils et équipages que les susdits entrepreneurs feront

transporter pour l'exécution de leurs ouvrages, suivant le certificat qu'ils représenteront de leur destination, donné par l'ingénieur, et visé de ceux de nos commissaires du pavé de Paris et des ponts et chaussées, chacun dans leur département; le tout conformément aux anciens réglements, et notamment à l'arrêt du conseil du 7 septembre 1755.

15. Les carrières de pierres de taille, moellons, glaises, marnes et autres, ne pourront être ouvertes qu'à trente toises de distance du pied des arbres plantés le long des routes et grands chemins, et à trente-deux toises du bord ou extrémité des chemins non plantés d'arbres, conformément au réglement du 14 mars 1741. Défendons expressément d'en ouvrir aucunes à moindre distance, sans une permission expresse et par écrit desdits sieurs commissaires du pavé de Paris et des ponts et chaussées, chacun dans leur département, dans le cas où il sera constaté n'en pouvoir résulter aucuns inconvénients: ne pourront les rameaux ou rues de toutes carrières, être poussés du côté des chemins; le tout sous les peines portées par les réglements des 14 mars 1741, 5 avril 1772 et 15 septembre 1776, et par nos ordonnances des 24 mars 1754, 30 avril 1772 et 22 juillet 1777.

16. Pour prévenir et empêcher les dégradations que les voitures chargées de pierres, moellons ou autres matériaux occasionent sur les bornes ou accottements, aux fossés et arbres des grandes routes au débouché des chemins qui conduisent aux carrières et fouilles, nous ordonnons que, conformément à l'arrêt du conseil du 5 avril 1772, il sera construit dans la largeur desdits chemins, par l'entrepreneur de la route et aux frais des propriétaires des carrières ou fouilles, un bout de chaussée en pavé de grès, de pierre ou de caillou, lequel commencera joignant la bordure de la chaussée de la route, et sera prolongé jusqu'à six pieds au-delà des arbres, avec un cassis ou aqueduc sur le fossé, le tout ainsi qu'il sera réglé et jugé nécessaire par les sieurs commissaires du pavé de Paris et des ponts et chaussées, chacun dans leur département, d'après les rapports des ingénieurs; sera aussi posée aux frais desdits propriétaires une forte borne de chaque côté desdits bouts de chemins, et à leur extrémité du côté de la campagne, pour empêcher que les arbres qui bordent les routes ne soient endommagés par les voitures.

17. S'il se commet dans la suite de nouvelles contraventions aux réglements et à la présente ordonnance, les contrevenants seront assignés sur-le-champ à la requête du procureur

du roi, pour être statué sur lesdites contraventions suivant l'exigence des cas : à cet effet, mandons expressément aux maires et échevins des villes, aux syndics des paroisses; et aux entrepreneurs du pavé de Paris et des ponts et chaussées, d'informer exactement l'un desdits commissaires, chacun dans leur département, ou le procureur du roi, des contraventions, et des noms, domiciles et qualités des contrevenants, à peine de demeurer garants et responsables, en leur propre et privé nom, desdites contraventions et des amendes dues pour icelles; le tout, ainsi qu'il est prescrit par le réglement du 17 juin 1721. Autorisons en outre tous propriétaires ou locataires des maisons et héritages aboutissants sur les chaussées et chemins, à faire assigner par-devant nous aux fins qu'il appartiendra, les contrevenants aux art. 9 et 10 ci-dessus, ainsi qu'il est porté par les ordonnances des 28 mai 1743, 29 mars 1754 et arrêt du conseil du 27 février 1765.

18. Pour assurer l'exécution de la présente ordonnance, autorisons tous lieutenants, brigadiers, officiers et cavaliers de maréchaussée, tous huissiers et sergents, et tous autres qu'il appartiendra, à vérifier les contraventions au présent réglement général; s'informer exactement des noms et domiciles des contrevenants, les dénoncer, soit à l'un desdits sieurs commissaires, soit au procureur du roi, soit à l'ingénieur du département, pour, sur lesdites dénonciations, être assignés par-devant nous à la requête du procureur du roi : autorisons en outre lesdits lieutenants, officiers ou cavaliers de maréchaussées à saisir et arrêter les voitures, outils et équipages, et autres choses dont la confiscation est prononcée par l'un des articles ci-dessus, même à arrêter et emprisonner les délinquants et contrevenants à l'art. 13 qui seront pris sur le fait, et ainsi qu'il est prescrit par les ordonnances pour les cas de flagrant délit; à la charge par eux d'en dresser leur procès-verbal sommaire, de le remettre ou adresser dans le jour auxdits sieurs commissaires, chacun dans leur département, et de faire assigner sur-le-champ par-devant nous les contrevenants et délinquants à la requête du procureur du roi. Ordonnons que conformément aux anciennes ordonnances, et notamment aux réglements des 3 mai 1720, 4 août 1731 et 23 août 1743, il appartiendra auxdits officiers et cavaliers de maréchaussée et autres, pour chaque saisie ou déclaration par eux faites, ou par chaque assignation qu'ils feront donner à la requête du procureur du roi, le tiers des amendes qui seront prononcées par les jugements qui interviendront sur lesdites saisies, déclara-

tions ou assignations, dont ils seront payés par celui qui fera le recouvrement des amendes, sur un simple certificat donné par le commissaire du département et sur la simple quittance de l'officier dénommé audit certificat.

19. Afin que personne ne puisse prétendre cause d'ignorance du présent réglement général, ordonnons qu'il sera imprimé, lu, publié et affiché partout où besoin sera, notamment dans cette ville, faubourgs et banlieue de cette capitale, et dans les villes, bourgs et villages, grands chemins et autres endroits de cette généralité, même publié dans les villes à la diligence des maires et échevins, et dans les bourgs et villages, par les syndics des paroisses, le dimanche le plus prochain, au sortir de la messe paroissiale, dont ils seront tenus de certifier dans le mois l'un desdits commissaires, chacun dans leur département, et signifié au greffe des justices seigneuriales, à ce que personne n'en ignore : Et sera la présente ordonnance exécutée nonobstant opposition ou empêchements quelconques, pour lesquels ne sera différé, sauf l'appel au conseil.

N° 1523. — ORDONNANCE *de police concernant la discipline des garçons perruquiers* (1).

Paris, 18 juillet 1781. (Mars, 2—404.)

Faisons très-expresses inhibitions et défenses à tous logeurs et logeuses de garçons perruquiers, soit que lesdits garçons se trouvent sans place, ou qu'ils soient nouvellement arrivés de province, et à toutes personnes généralement quelconques, de s'immiscer, en quelque sorte et de quelque manière que ce soit, de placer aucun garçon, notamment en qualité d'aides, chez les maîtres perruquiers, perruquiers privilégiés ou autres, et aux maîtres perruquiers ou locataires de priviléges, de se pourvoir de garçons ou d'aides chez les logeurs, logeuses, ou ailleurs qu'au bureau de la communauté, à peine, contre chacun des contrevenants, de 200 livres d'amende, et de plus forte en cas de récidive.

---

(1) V. ord. de police du 12 germinal an XII.

LOUIS XVI.

N° 1524. — Arrêt du conseil qui ordonne que les propriétaires riverains des rivières...... et du Cher, seront tenus d'arracher les arbres qui se trouvent dans la distance de 24 pieds desdites rivières du côté où se fait le tirage des bateaux, et de représenter, par-devant le grand maître, les titres en vertu desquels ils ont fait bâtir ; leur fait défenses de planter arbres ni clôtures ou haies, plus près que de 30 pieds, à peine de 500 liv. d'amende, etc. ; de construire, à l'avenir, moulins, batardeaux, écluses, gares, pertuis, avec des pierres sur les rivages, à peine d'amende arbitraire, le tout en exécution des art. 35 du tit. 3, 6 des tit. 4, 41, 42, 43, et 44 du tit. 27, et 7 du tit. 28 de l'ordonnance de 1669, et des arrêts et réglements intervenus depuis.

Versailles, 19 juill. 1781. (Reg. des arr., déposé au m. des fin. Baudrillart.)

N° 1525. — Arrêt du conseil qui enjoint aux officiers de l'amirauté de Brest de se conformer plus exactement aux arrêts et ordonnances relatifs aux interrogatoires (1) des prisonniers des prises.

Versailles, 22 juillet 1781. (Lebeau, Code des prises.)

N° 1526. — Arrêt du conseil sur l'approvisionnement de verres à vitres de Normandie (2).

Versailles, 22 juillet 1781. (R. S.)

N° 1527. — Arrêt du conseil qui ordonne que les coupons d'étoffes et toiles de six aunes et au-dessous pourront circuler et être exposés en vente sans être revêtus de marques.

Versailles, 25 juillet 1781. (R. S.)

N° 1528. — Arrêt du conseil qui fait défense aux amidonniers de se servir de hausses de plus de 8 pouces de hauteur (3).

Versailles, 25 juillet 1781. (R. S.)

N° 1528 bis. — Arrêt du conseil qui fait défense à toutes personnes faisant le commerce de blés, de fabriquer de l'amidon, soit par eux-mêmes, soit par leurs femmes et leurs enfants demeurant avec eux (4).

Versailles, 25 juillet 1781. (R. S.)

---

(1) Le 10, M. de Castries avoit écrit aux officiers sur le lieu où ils doivent se faire.
V. décl. 24 juin 1778, art. 42.
(2) V. 16 et 26 octobre 1742, 19 août 1743, 10 juin 1753.
(3) V. a. d. c. 10 décembre 1778.
(4) Idem.

N° 1529. — ARRÊT *du conseil concernant l'administration de la généralité de Moulins.*

Versailles, 29 juillet 1781. (R. S.)

Le roi s'étant fait représenter l'arrêt de son conseil du 19 mars 1780, par lequel S. M. a ordonné qu'il se tiendroit à Moulins, le 1ᵉʳ mai suivant, une assemblée de seize propriétaires, pris dans les différents ordres, pour procéder au choix de trente-six autres, et former une assemblée provinciale de cinquante-deux personnes, dont dix de l'ordre du clergé, seize de celui de la noblesse, vingt-six de celui du tiers-état, tant députés des villes, que propriétaires, habitants des campagnes; le procès verbal de ladite assemblée, en date du 1ᵉʳ mai, dans laquelle lesdits vingt-six députés ont été choisis à la pluralité des suffrages; les lettres patentes du 13 mars dernier, par lesquelles S. M. auroit ordonné que l'assemblée provinciale du Bourbonnois seroit convoquée, par ses ordres, tous les deux ans, et qu'il seroit établi une commission intermédiaire, composée des députés de ladite administration, pour veiller à l'exécution des délibérations de l'assemblée provinciale, qui auroient été approuvées par S. M., et pour vaquer à la répartition, assiette et recouvrement des impositions, aux objets relatifs aux réparations des églises et presbytères et autres charges locales, ainsi qu'à la confection et entretien des chemins et canaux, avec réserve de donner à ladite administration tel règlement qu'il appartiendroit pour les élections des députés, leur renouvellement, leur nombre respectif et la durée de leurs pouvoirs. Et S. M. étant informée que, malgré les preuves du zèle et d'amour pour le bien public, que les membres de ces deux assemblées ont données jusqu'à présent, différentes circonstances n'ont pas encore permis de déterminer l'exercice de leurs pouvoirs, ni la forme de leurs assemblées; S. M. a jugé nécessaire de surseoir à l'exécution de ses lettres patentes, concernant l'assemblée provinciale du Bourbonnois, jusqu'après la publication des règlements qu'elle se propose de donner à celles du Berry et de la haute Guienne; mais, comme S. M. ne veut pas que les habitants de sadite province soient privés de l'effet de ses bontés, elle a bien voulu autoriser ladite assemblée à nommer des syndics pour assister à l'assiette des impositions, avec pouvoir de représenter, tant par rapport à la répartition des impositions qu'en toute autre matière, ce qu'ils estimeront convenable pour l'intérêt général de la province, ou celui de leurs ordres respectifs en particulier. A quoi voulant pourvoir : ouï le rapport du sieur Joly de Fleury, conseiller d'état ordinaire et au conseil royal des finances; le roi étant en son conseil, a autorisé et autorise les cinquante-deux députés de la généralité de Moulins, qui ont été nommés en l'assemblée du 1er mai de l'année dernière, de se rassembler aux jour et lieu qui leur sera indiqué par S. M., à l'effet de nommer neuf syndics et procureurs-fondés; savoir, trois ecclésiastiques-bénéficiers, trois gentilshommes, et trois dans le nombre des bourgeois notables, dont trois du Bourbonnois, trois du Nivernois et trois de la Marche : autorise S. M. les syndics ainsi choisis à s'assembler à Moulins, aussitôt après l'assemblée générale, à l'effet de nommer l'un d'entre eux, de chaque ordre, pour assister, en leur nom, à la répartition des impositions; laquelle sera faite par l'intendant et commissaire départi en la manière accoutumée, suivant les commissions que S. M. fera expédier à cet effet. Veut et entend S. M. que l'intendant et commissaire départi ne puisse statuer sur les objets et affaires qui pourront intéresser le général de la province, ou l'un des trois ordres en particulier, sans avoir préalablement entendu les syndics des trois ordres, ou ceux de l'ordre qui y sera intéressé. Permet en conséquence S. M. auxdits neuf syndics de s'assembler pour délibérer entre eux sur ce qui pourra concerner l'intérêt commun de la province; à la charge toutefois que, dans lesdites délibérations, les voix seront comptées par ordre et non par tête, en sorte que chaque ordre n'aura qu'une voix; et, en cas de diversité d'avis, les syndics de l'ordre qui sera resté seul, pourront donner séparément leur avis au commissaire départi. A l'égard des affaires qui n'intéresseront qu'un ordre en particulier, elles ne pourront être traitées que par les syndics dudit ordre, entre lesquels les avis passeront à la pluralité des suffrages. Se réserve S. M. de pourvoir incessamment, par un réglement général, à tout ce qui pourra concerner l'exercice des pouvoirs desdits syndics, et la forme de leurs assemblées.

N° 1530. — Arrêt *du conseil suivi de lettres patentes concernant les confrairies ou associations de pénitents, etc.*

Versailles, 4 août 1781. (Code Corse, tom. 5, pag. 250.)

Le roi étant informé qu'il y a, dans son île de Corse, différentes associations ou confrairies de pénitents qui n'ont obtenu jusqu'ici, de sa part, aucune autorisation; et le bien de la religion et de l'Etat exigeant qu'il n'y ait aucune corporation ou association religieuse ou civile qui ne soit autorisée par la puissance législative, S. M. auroit jugé nécessaire de prendre une connoissance particulière des titres en vertu desquels ces établissements ont été faits, d'examiner en quoi consistent leurs statuts et réglements, leurs revenus et leurs charges, à quoi voulant pourvoir, ouï le rapport, S. M. étant en son conseil, a ordonné et ordonne que dans un an pour tout délai, à compter de la date du présent arrêt, les associations ou confrairies des pénitents établis dans l'île de Corse, sous quelque dénomination que ce soit, remettront au premier intendant et commissaire départi dans ladite île, les titres de leur institution, leurs statuts et réglements, l'état des personnes qui les composent, celui de leurs revenus et de leurs charges, et généralement tous les titres et renseignements qui peuvent avoir rapport à leur établissement et régime; pour sur le compte qui lui en sera rendu, être ordonné ce qu'il appartiendra. Mande, etc.

N° 1531. — ORDONNANCE *portant attribution aux intendants et ordonnateurs de la marine, des ventes et autres opérations relatives aux prises faites par les vaisseaux du roi* (1).

Versailles, 4 août 1781. (R. S. C. Lebeau, Code des prises.)

S. M. s'étant fait représenter les ordonnances et réglements concernant les procédures des prises, elle a reconnu que celles faites par ses vaisseaux, n'étoient pas susceptibles des mêmes formalités, que les prises faites par les corsaires; les intérêts des actionnaires et ceux des armateurs, exigeant une instruction juridique, au lieu que les prises faites par les vaisseaux de S. M. n'intéressent qu'elle, les officiers de la marine royale, et les équipages, pour la part qu'elle leur a abandonnée par l'ordonnance du 28 mars 1778. Elle a jugé en conséquence, qu'il seroit plus avantageux que les opérations qui suivent le jugement du conseil des prises, se fissent à l'avenir par les intendants de la marine, et en leur absence, par les commissaires-généraux ou autres ordonnateurs, en présence des officiers et équipages preneurs, et à la requête

---

(1) V. régl. 17 juillet 1778, instr. 30 septemb. a. d. c. 30 septembre 1781, 14 floréal an XIII.

des contrôleurs de la marine. Les équipages recueilleront de ces nouvelles dispositions, l'avantage de l'économie dans les opérations, et de la célérité dans la répartition des prises; en conséquence, S. M. a ordonné et ordonne ce qui suit:

1. Les procédures pour les prises faites par les vaisseaux de S. M., continueront, comme ci-devant, d'être instruites par les amirautés, jusqu'au jugement du conseil des prises inclusivement.

2. Huit jours après que le jugement du conseil des prises aura été rendu, le greffier dudit conseil sera tenu d'en envoyer deux expéditions, l'une aux officiers de l'amirauté, lesquels dans les vingt-quatre heures la feront enregistrer au greffe de leur siège, et l'autre sera adressée à l'intendant du port où la prise aura été conduite, pour être ensuite procédé par lui à la vente, ainsi qu'il sera dit ci-après.

3. Les officiers des amirautés remettront aux intendants ou ordonnateurs de la marine, dans les vingt-quatre heures de l'enregistrement porté par l'article précédent, les vaisseaux avec leur cargaison, ensemble l'expédition des procédures sur lesquels le jugement du conseil des prises sera intervenu, après toutefois que lesdits officiers des amirautés, auront reconnu et levé les scellés par eux apposés; et dans le cas où il aurait été procédé par lesdits officiers de l'amirauté à l'inventaire de la prise, le garde-magasin en donnera son reçu en suite de la minute dudit inventaire; mais s'il n'avoit pas été fait d'inventaire, il y sera procédé par l'intendant, ou, en son absence, par le commissaire-général ou autre ordonnateur.

4. Il sera procédé au déchargement de la prise, à la vente et livraison d'icelle par l'intendant de la marine, et, en son absence, par le commissaire-général ou autre ordonnateur, à la requête du contrôleur et en présence du major de la marine, ainsi que des officiers et des équipages preneurs ou de leur fondé de pouvoirs.

5. La vente des prises se fera dans la même forme que celles des marchandises et munitions provenantes des magasins de S. M., et dans l'arsenal de la marine.

6. N'entend néanmoins S. M. rien innover aux dispositions de l'art. 45 de la déclaration du 24 juin 1778, qui donne pouvoir aux officiers des amirautés, lorsque les prises sont constamment ennemies, d'après les pièces de bord et les interrogatoires des prisonniers, de permettre, sur la requête du contrôleur de la marine, la vente desdites prises et de leur

cargaison, sans attendre le jugement du conseil des prises; laquelle vente sera faite par l'intendant ou ordonnateur dans la forme prescrite par l'art. 4.

7. Il sera procédé à la liquidation des frais qui auront lieu jusqu'à l'enregistrement du jugement du conseil des prises inclusivement, ainsi que de ceux de reconnoissance, levée des scellés et remise du navire et de la cargaison, par le sieur Chardon, commissaire départi pour la visite des ports et la liquidation des prises faites par les vaisseaux de S. M., conformément à l'art. 17 de l'instruction du 9 janvier 1780, et au modèle qui y est annexé; laquelle instruction continuera d'être exécutée selon sa forme et teneur, dans toutes les dispositions auxquelles il n'est pas dérogé par la présente ordonnance (1).

8. Se réserve au surplus S. M. d'accorder aux officiers des amirautés, une indemnité pour les salaires attribués aux fonctions qu'ils remplissoient ci-devant pour les prises faites par ses vaisseaux; laquelle indemnité sera fixée sur le pied d'un demi pour 100 du montant du produit net de la prise, déduction faite des frais de justice et d'administration, suivant la liquidation portée par l'article précédent (2).

9. Toutes les contestations qui pourroient survenir relativement auxdites prises, d'après la remise ordonnée par l'art. 3 de la présente ordonnance, se porteront devant l'intendant ou ordonnateur du département, qui les jugera avec les formalités ordinaires, sauf l'appel au conseil royal des finances pour les prises (3).

10. A l'égard des prises qui seront conduites dans les colonies ou autres possessions françaises, les officiers des amirautés, ou autres tribunaux compétents, rempliront seuls les formalités prescrites par l'art. 1er; mais ils ne procéderont au déchargement, vente et livraison des prises, à la requête du contrôleur de la marine, ou de celui qui en remplira les fonctions, qu'en présence des gouverneurs généraux ou commandants particuliers des colonies, et des intendants ou ordonnateurs, et aussi qu'en présence des officiers preneurs, ou de leurs chargés de pouvoirs. Ils se conformeront au surplus à l'art. 7 de la présente ordonnance et aux dispositions du réglement du 17 juillet 1778 (4).

---

(1) V. instr. du 30 septembre 1781, art. 24, 35.
(2) *Ibid.* art. 25.
(3) *Ibid.* art. 26.
(4) Lettre de M. de Castries, du 5 octobre 1781.

11. Enjoint S. M. aux commandants de ses vaisseaux et autres officiers de sa marine, de se conformer exactement à tout ce qui est prescrit par les différentes ordonnances, arrêts et règlements sur le fait des prises, en tout ce qui ne sera pas contraire à la présente ordonnance.

N° 1532. — ARRÊT *du parlement qui supprime un imprimé ayant pour titre :* Réponse du comte de Lally-Tolendal, etc., *comme contraire aux règlements de la librairie.*

Paris, 7 août 1781. (R. S.)

N° 1533. — ARRÊT *du conseil qui attribue aux régisseurs des diligences, messageries royales et du roulage, à compter du 1ᵉʳ octobre prochain, le privilège exclusif du transport, tant par eau que par terre, des marchandises qui jouissent de la faveur du transit* (1).

Versailles, 9 août 1781. (R. S.)

N° 1534. — ORDONNANCE *concernant la compagnie des cadets gentilshommes des troupes des colonies* (2).

Versailles, 10 août 1781. (R. S. C.)

S. M. voulant donner une constitution plus simple et plus économique à l'établissement des cadets-gentilshommes des troupes des colonies, a ordonné et ordonne ce qui suit :

1. La compagnie des cadets-gentilshommes, établie à l'île de Ré, par l'ordonnance du 13 décembre 1779, demeurera supprimée. Se réserve S. M. de pourvoir au traitement ou au remplacement des officiers qui la commandent.

2. Le nombre des cadets-gentilshommes se trouvant diminué par la nomination que S. M. vient de faire à des sous-lieutenances dans les troupes des colonies, ceux qui restent à l'île de Ré passeront incessamment à Lorient, pour être attachés aux cinq compagnies du bataillon auxiliaire des troupes des colonies; et S. M. ayant fixé à six par compagnie le nombre des cadets-gentilshommes, qui seront à l'avenir attachés à ce bataillon auxiliaire, il ne sera point fait de remplacement aux places des cadets qui deviendront vacantes, jusqu'à ce que leur nombre soit réduit au-dessous de celui de trente, auquel S. M. a fixé ce corps.

---

(1) V. a. d. c. 15 juin 1688, 14 juin 1689, 15 octobre 1704, l. p. d'avril 1717, 14 février et 22 mai 1730, 2 février 1734, 14 août 1744, 7 août 1775, n° 234, tom. 1ᵉʳ du règne, pag. 216.
(2) V. n° 1233, tom. 4 du règne, pag. 218, 13 juillet 1788.

3. S. M. ne nommera aux places de cadets-gentilshommes que des sujets âgés de quinze à vingt ans révolus, gentilshommes ou fils d'officiers décorés de la croix de Saint-Louis, tués ou morts de leurs blessures au service; lesdits cadets-gentilshommes seront tenus de fournir pour justifier leur état, leur extrait de baptême et les attestations de service de leur père; lesquelles pièces seront adressées en bonne forme au sieur Chérin, généalogiste, qui sera chargé de la vérification des titres.

4. Les cadets seront tenus d'adresser au secrétaire d'état ayant le département de la marine, avant l'expédition de leurs lettres, l'assurance d'une pension de 300 liv. de la part de leur famille, pour être payée d'avance, de six mois en six mois. Le commandant du bataillon sera tenu d'y tenir la main, et de rendre compte de ceux qui ne satisferont pas à cette obligation, afin que les cadets dont la pension ne sera pas acquittée puissent être renvoyés à leur famille.

5. L'intention de S. M. étant que les sujets nommés aux places de cadets-gentilshommes joignent sans délai, elle ordonne que le rang d'ancienneté ne sera compté que du jour où les cadets auront joint le bataillon auxiliaire, dont il sera fait mention sur leurs lettres.

6. Les services des cadets-gentilshommes seront comptés en entier, pour la croix et les graces militaires, du jour qu'ils auront joint la compagnie, où ils feront le service de soldats, sauf les corvées et les détachements dont ils seront exempts; ils seront également subordonnés aux officiers de leur compagnie et à tous ceux du bataillon, dans tout ce qui concerne le service et la discipline. Veut cependant S. M. que les officiers supérieurs, les capitaines de chaque compagnie et l'aide-major, qui est particulièrement affecté aux cadets, aient seuls le droit de les punir en les mettant aux arrêts ou en prison, dans un lieu toujours séparé des bas officiers et soldats. Les officiers subalternes et les bas officiers qui les trouveront en faute sur quelque objet relatif au service, en rendront compte aux officiers supérieurs, et au capitaine s'ils sont de la même compagnie, ou en instruiront les autres capitaines. Les officiers auront en toute occasion, pour les cadets, les égards convenables envers des jeunes gens de la même classe qu'eux. A l'égard des soldats, il restera toujours entre les cadets-gentilshommes et eux la distance qu'y met leur destination. Ordonne en conséquence S. M., que si un bas officier ou soldat manquoit à un cadet gentilhomme, au point de l'insulter de

parole ou de le menacer, il soit sur-le-champ arrêté et puni par les ordres du commandant du bataillon, et que si l'offense est de nature plus grave, il soit mis alors au conseil de guerre, suivant l'exigence des cas.

7. Le major-commandant en second du bataillon auxiliaire, indépendamment de ses autres fonctions, sera particulièrement chargé, sous les ordres du commandant, du détail des cadets-gentilshommes de toutes les compagnies; il aura sous ses ordres, pour surveiller particulièrement l'ordre et l'instruction desdits cadets, un aide-major et un adjudant, que S. M. a créés pour cet effet par la présente ordonnance, et qui, sans être chargés d'aucun autre service, rouleront avec ceux du bataillon auxiliaire.

8. S. M. voulant pourvoir à l'instruction des cadets-gentilshommes, et faire surveiller leurs mœurs, a ordonné qu'il sera ajouté à la formation du bataillon auxiliaire un aumônier, et qu'il sera attaché aux cadets un professeur de mathématiques et un professeur de dessin de fortifications.

9. Déclare S. M. qu'il ne pourra être nommé aux sous-lieutenances des troupes des colonies, que des sujets choisis entre les cadets-gentilshommes, sauf les emplois réservés aux bas officiers.

10. Lesdits cadets seront tenus de passer successivement, avant d'être faits officiers, par les grades de caporal et de sergent, d'en porter alors les marques distinctives, et d'en faire le service dans les compagnies, comme surnuméraires, sans que le nombre des bas officiers desdites compagnies en soit diminué.

11. S. M. n'entend suivre l'ancienneté pour la nomination aux emplois, que lorsque les anciens cadets réuniront les qualités nécessaires pour faire un bon officier. Pour mieux assurer son choix, elle veut que le commandant du bataillon auxiliaire assemble tous les trois mois le major, les trois aides-majors, les capitaines des cinq compagnies, et les professeurs, pour recevoir et rédiger leur avis sur la conduite, l'application et la capacité de chacun des sujets. Il joindra son avis particulier à ces notes, et il les adressera au secrétaire d'état ayant le département de la marine, lequel prendra les ordres de S. M. pour exclure des premières nominations ceux qui auront démérité, et pour renvoyer à leurs familles ceux qui auront subi une troisième exclusion.

12. Les cadets-gentilshommes qui annonceront des dispositions plus particulières au service de l'artillerie, seront atta-

chés par préférence à la compagnie d'artillerie du bataillon auxiliaire, à la suite de laquelle ils pourront être employés en qualité d'officiers, avec le traitement qui sera réglé par S. M., lorsqu'aux connoissances nécessaires ils joindront l'ancienneté de service, avant qu'il vaque des emplois dans les compagnies de canonniers-bombardiers des colonies.

13. Veut S. M. qu'il soit payé net, savoir :

	Par jour.			Par mois.			Par an.
A l'aide-major créé par la présente ordonnance, s'il est capitaine, ci	5 l.	11 s.	1 d. ½	000 l.	0 s.	0 d.	2000 l.
S'il n'est que lieutenant,	3	6	8	100	0	0	1200
A l'adjudant,	1	2	2 ¼	33	6	8	400
A l'aumônier,	2	0	0	60	0	0	720
Au profess. de mathématiques,	6	13	4	200	0	0	2400
Au profess. de dessin,	5	0	0	150	0	0	1800
A chaque cadet sans augmentation, lorsqu'ils seront bas officiers,	1	0	0	30	0	0	360

14. L'uniforme des cadets-gentilshommes sera semblable à celui des soldats du bataillon auxiliaire, à l'exception de la qualité du drap, qui sera pareil à celui des bas officiers, des boutons, qui seront argentés, et de l'épaulette, qui sera en galon d'argent. Ils seront tenus de se fournir l'habillement, et de s'entretenir à leurs frais.

15. L'aide-major, l'adjudant, l'aumônier et les professeurs attachés à l'instruction, surveilleront leur conduite, ainsi qu'il leur sera prescrit par un réglement particulier.

16. Les cadets-gentilshommes de chaque compagnie seront logés ensemble, autant que faire se pourra, ainsi que le second sous-lieutenant; ils mangeront également ensemble, et formeront un ou plusieurs ordinaires, dont le second sous-lieutenant de chaque compagnie sera chef.

17. Il sera pris deux salles dans les casernes, ou en toute autre maison, pour les leçons que les professeurs de mathématiques et de dessin auront à donner aux cadets-gentilshommes.

Toutes dépenses extraordinaires des écoles seront faites par les soins du conseil d'administration, qui se conformera aux règles établies par l'ordonnance de création du bataillon auxiliaire du 25 juillet dernier.

N° 1535. — Édit *portant augmentation, établissement, suppression et modération de différents droits* (1).

Versailles, août 1781. Reg. au parlement de Paris, le 10 août, de Toulouse, le 3 janvier 1782. (R. S. Toulouse. Dupleix, 1784.)

N° 1536. — Règlement *des maréchaux de France, relatif à la présentation et communication des requêtes, à la signification et exécution des ordonnances tant dans la ville, faubourg et banlieue de Paris, que hors d'icelle pour leur juridiction* (2).

Paris, 13 août 1781. (Recueil sur les maréchaux, par Beaufort.)

N° 1537. — Déclaration *qui ordonne la continuation de la perception de trente sols par muid de vin entrant dans la ville et faubourgs de Paris, pendant cinq années trois mois, à commencer du 1ᵉʳ octobre 1781, en faveur de l'Hôtel-Dieu et de l'hôpital général* (3).

Versailles, 15 août 1781. Reg. en parlement le 28 août. R. S.)

N° 1538. — Ordonnance *de police concernant les garçons boulangers* (4).

Paris, 17 août 1781. (Mars, 2—333.)

N° 1539. — Arrêt *du parlement en vertu duquel il est enjoint à tous propriétaires de maisons situées dans les ville et faubourgs de Laon, de se pourvoir d'un seau d'osier, enduit de poix en dedans, de manière à contenir l'eau, et de déposer ces seaux aux endroits qui seront indiqués, pour y avoir recours en cas d'incendie.*

Paris, 18 août 1781. (R. S.)

---

(1) V. édit d'avril 1768, de juin 1771, de février 1780; a. d. c. 5 septembre 1781, 31 mars, 29 avril 1784, 21 juillet 1785, 28 septemb. 7 déc. 1786.

(2) V. sur la juridiction et compétence de la connétablie et maréchaussée de France, ord. donnée à Moulins en 1566, édit de juin 1609, de février 1626, 29 mai 1634, juin 1643, déclaration du 13 mars 1645, édit de septembre 1651, déclaration de mai 1653, règlement des maréchaux du 7 septembre 1651, édit portant règlement général sur les duels, août 1679, règlement des maréchaux, 22 août 1679, déclaration du 14 décembre 1679, édit de décembre 1704, déclaration du 28 octobre 1711, edit de février 1723, déclaration du 12 avril 1723, règlement des maréchaux du 26 février 1748, ord. des maréchaux, 6 mai 1760, ord. du 19 avril 1742, délibération des mêmes du 7 janvier 1782.

La connétablie et maréchaussée forment la première des trois juridictions comprises sous le titre général de siège de la Table de Marbre, supprimée par l'art. 13 de la loi du 7 septembre 1790.

(3) V. décl. 28 janvier 1690, 20 septembre 1780, n° 1396, tom. 4 du règne, pag. 383.

(4) V. ord. de police 19 janvier 1769.

N° 1540. — ARRÊT *du conseil sur la consignation des amendes préalables à toutes appellations dans toutes les juridictions du royaume, à peine de nullité des procédures, restitution du quadruple et 500 liv. d'amende* (1).

Versailles, 21 août 1781. (Merlin, v° amende.)

N° 1541. — RÉGLEMENT *des administrateurs de Cayenne, concernant les arbres à épiceries (gérofliers, muscadiers et canneliers), portant défenses de les exporter hors de la colonie.*

Cayenne, 21 août 1781. Reg. au conseil le même jour. (Coll. m. m. Code Cayenne, tom. 6, pag. 657, tom. 7, pag. 147.)

N° 1542. — ARRÊT *du conseil qui renouvelle les défenses portées par l'ordonnance de 1669, aux marchands de bois de faire entre eux des associations illicites.*

Versailles, 23 août 1781. (R. S. C. Dupin, Code des charbons. Beaudrillard, 1 – 453.)

Le roi étant informé que, nonobstant les défenses portées par l'art. 25 du titre 15 de l'ordonnance des eaux et forêts du mois d'août 1669, pour prévenir entre les particuliers et marchands adjudicataires des bois de S. M. et autres, qui se présentent aux adjudications qui se font aux sièges des maîtrises, tous traités et associations secrets et illicites qui pourroient empêcher que les ventes ne fussent portées à leur juste valeur, il arrive cependant souvent lors des adjudications faites en plusieurs maîtrises, que les marchands qui s'y présentent sont convenus d'avance entre eux de n'enchérir les uns sur les autres que pour la forme, et de ne porter les ventes qu'à des prix beaucoup au-dessous de leur véritable valeur; ce qui a plusieurs fois obligé les sieurs grands-maîtres des eaux et forêts de remettre les adjudications. Que dans d'autres endroits plusieurs particuliers ne se présentent aux adjudications que pour exiger de ceux qui se rendent adjudicataires différentes sommes, sous prétexte de ne point enchérir sur eux : que lorsque les adjudications sont faites, d'autres trouvent encore le moyen de rançonner les adjudicataires en les menaçant de tiercer les ventes. S. M. ayant reconnu combien de pareils monopoles sont préjudiciables à ses intérêts et à ceux des gens de main-

---

(1) V. 28 novembre 1781.

morte, et voulant y pourvoir : ouï le rapport du sieur Joly de Fleury, conseiller d'état ordinaire et au conseil royal des finances; le roi étant en son conseil, a ordonné et ordonne, que l'art. 23 du titre 15 de l'ordonnance des eaux et forêts du mois d'août 1669, sera exécuté selon sa forme et teneur; en conséquence, fait S. M. très-expresses inhibitions et défenses à tous marchands ou autres particuliers qui se présentent aux adjudications qui se font aux sièges des maîtrises, de faire entre eux aucunes associations secrètes et illicites pour empêcher que les ventes ne soient portées à leur véritable valeur; leur fait pareillement défenses d'exiger ou de recevoir de ceux qui se seront rendus adjudicataires aucune somme sous quelque prétexte que ce puisse être, et aux adjudicataires de payer à qui que ce soit aucune somme pour raison de leurs adjudications, autres que celles portées par les cahiers des charges desdites adjudications. Ordonne S. M., qu'à la diligence de ses procureurs aux sièges des maîtrises, il sera informé contre les marchands ou particuliers, qui seroient contrevenus aux défenses portées par le présent arrêt, qui seront condamnés en une amende arbitraire, qui ne pourra être au-dessous de 1000 liv., outre la confiscation des ventes et le bannissement des forêts, ainsi qu'il est porté par ladite ordonnance de 1669. Enjoint S. M. aux sieurs grands-maîtres des eaux et forêts et aux officiers des maîtrises, de veiller et tenir exactement la main, chacun en droit soi, à l'exécution du présent arrêt, etc.

N° 1543. — Arrêt *du conseil concernant le droit d'entrée à Paris sur le gibier et volailles.*

Versailles, 24 août 1781. (R. S.)

Le roi étant en son conseil, a ordonné et ordonne, que tous ceux qui amèneront et feront entrer à Paris, pour y être vendus, des volailles, gibier, cochons de lait, agneaux ou chevreaux, seront tenus de les faire conduire au carreau de la Vallée pour y être vendus, et les droits acquittés conformément aux réglements, et sur le pied de la modération ordonnée par l'édit du présent mois, avec les sous pour livre, sans pouvoir les descendre ailleurs, ni mener pour vendre, soit ès-hôtelleries ou autre part; le tout sous les peines portées par lesdits réglements, pour l'exécution desquels le sieur lieutenant-général de police pourra rendre telles ordonnances qu'il appartiendra, lesquelles seront exécutoires par provision, sauf toutefois l'appel tel que de droit. Dispense cependant S. M. ceux qui feront entrer desdites marchandises pour leur consommation personnelle, de les faire conduire au carreau de la Vallée, et leur permet d'en acquitter les droits aux portes et barrières, sur le prix des ventes de la semaine précédente, suivant l'état qui sera arrêté et signé par le sieur lieutenant-général de police, imprimé et affiché chaque semaine, auxdites portes et barrières; lequel état contiendra, tant lesdits prix de vente que le montant des droits acquittés par lesdites marchandises, tant en principal que sous pour livre, à raison du prix de leur vente, conformément aux réglements; sauf toutefois, en cas de difficulté de la part des conducteurs d'acquitter les droits aux barrières, suivant ledit état, à être lesdites marchandises portées sur le carreau de la Vallée, pour y être lesdits droits payés, tant en principal que sous pour livre, à raison du prix de la vente des marchandises de même qualité; le tout sans préjudice des droits, privilèges et exemptions des bourgeois de Paris, pour les denrées de leur cru, auxquels S. M. n'entend déroger par le présent arrêt : Enjoint, etc.

N° 1544. — ARRÊT *du conseil portant que les livres étrangers seront portés, à leur introduction, à la chambre syndicale la plus prochaine* (1).

Versailles, 25 août 1781. (R. S. C.)

Le roi étant informé que malgré toutes les précautions qui ont été prises pour arrêter les abus que font de leur commerce les imprimeurs et libraires d'Avignon, ils parviennent cependant à tromper la vigilance des inspecteurs de la librairie, S. M. a cru devoir prendre de nouvelles mesures à cet égard. A quoi voulant pourvoir; le roi étant en son conseil, de l'avis de M. le garde des sceaux, a ordonné et ordonne ce qui suit :

1. Les réglements rendus sur l'entrée des livres étrangers dans le royaume, seront exécutés suivant leur forme et teneur; en conséquence, les libraires étrangers seront tenus d'envoyer à la chambre syndicale la plus prochaine de la frontière, les balles, caisses, ballots et paquets de livres, estampes, cartes, musique, etc., qu'ils voudront introduire en France, pour y être lesdites balles, caisses, ballots et paquets, visités en la

---

(1) V. a. d. c. 23 août 1775, n° 179, tom. 1ᵉʳ du règne, pag. 154.

manière accoutumée par l'inspecteur de la librairie, assisté des syndics et adjoints de ladite chambre, à peine de confiscation des marchandises.

2. Enjoint S. M. à tous rouliers, voituriers et autres qui seront chargés des balles de librairie venant de l'étranger, de les porter directement et par le plus court chemin, à la chambre syndicale la plus prochaine de la frontière par laquelle ils entreront, à peine de 500 liv. d'amende, et de confiscation des chevaux, voitures, harnois, etc, et de plus forte peine en cas de récidive.

3. Veut S. M. que les marchandises confisquées en vertu du présent arrêt soient vendues, et le produit déposé avec celui des amendes, entre les mains des syndic et adjoints des chambres syndicales, pour en être fait tel emploi qui sera fixé par S. M.

4. Les employés des fermes qui trouveront des rouliers, voituriers, etc., en contravention à l'art. 2 du présent arrêt, ou des balles, caisses, ballots et paquets de librairie, entreposés dans l'intention d'éviter la visite prescrite par l'art. 1er, seront tenus de dresser procès verbal desdites contraventions, et d'envoyer lesdites balles, caisses, ballots ou paquets, à la chambre syndicale la plus prochaine.

5. Veut S. M. qu'il soit accordé aux employés des fermes qui auront constaté une contravention, la moitié dans le produit de la confiscation et de l'amende.

N° 1545. — RÈGLES *à observer par ordre du roi, pour la nomination aux places de chevalier dans l'ordre royal et militaire de St.-Louis, à l'égard des officiers employés au département des colonies.*

Versailles, 27 août 1781. (Code de la Martinique, tom. 3, pag. 439.)

N° 1546. — DÉCLARATION *concernant les appels comme d'abus et les demandes en régale* (1).

Versailles, 28 août 1781. Reg. en parlement le 5 septembre. (R. S.)

---

(1) V. 24 août 1775, 12 mai 1776, n°s 268 et 458, tom. 1er du règne, pag. 232 et 559.

N° 1547. — Déclaration *en vertu de laquelle toutes les requêtes civiles qui ont été mises aux grands rôles depuis et compris celui de la St.-Jean 1780, jusques et compris ceux de la présente année, soient et demeurent appointées à la fin desdits rôles* (1).

Versailles, 28 août 1781. Reg. en parlement le 5 septembre. (R. S.)

N° 1548. — Déclaration *concernant la perception des droits d'inspecteurs aux boissons, et portant attribution de la connoissance des contestations relatives à la perception de ces droits aux élections et juges des traites, et par appel aux cours des aides* (2).

Versailles, 1er septembre 1781. Reg. en la cour des aides le 5. (R. S.)

N° 1549. — Déclaration *portant qu'à l'avenir la pénitencerie de l'église métropolitaine de Reims sera affranchie de toutes expectatives royales, et qu'elle ne pourra être impétrée en la cour de Rome, par prévention ni transmise par résignation ou par mutation* (3).

Versailles, 1er septembre 1781. Reg. en parlement le 7 septembre. (R. S.)

N° 1550. — Déclaration *qui autorise les prévôts des marchands et échevins de la ville de Paris, à faire un emprunt de 750 mille liv. en rentes perpétuelles* (4).

Versailles, 3 septembre 1781. Reg. en parlement le 7 septembre. (R. S.)

Louis, etc. Par nos lettres en forme d'édit, du mois d'août 1777, nous avons autorisé les prévôt des marchands et échevins de notre bonne ville de Paris, à emprunter 600,000 liv. de rentes perpétuelles ou viagères, dont le produit seroit versé en notre trésor royal. L'extinction successive d'une portion des rentes viagères constituées en vertu de notredit édit, jointe aux économies qui ont été faites sur les dépenses de notredite ville, laissant libre une partie des fonds qui étoient destinés au paiement des arrérages de cet emprunt; les prévôts des marchands et échevins nous ont offert d'ouvrir un nouvel emprunt

___

(1) V. 16 juillet 1780, n° 1349, tom. 4 du règne, pag. 362.
(2) V. l. p. 9 mars 1777; édit d'octobre 1705, novembre 1771, février 1780, et août 1781; décl. 10 avril 1717; a. d. c. du 22 octobre 1780.
(3) V. bulle du pape Paul III, du 8 janvier 1547; lett. pat. de Henri II, du 19 avril 1548, a. d. p. 14 février 1650; décl. 13 mars 1780, n° 1278, tom. 4 du règne, pag. 292.
(4) V. l. p. d'août 1777, n° 752, tom. 3 du règne, pag. 105.

au 1er octobre prochain, et de le porter jusqu'à 750,000 liv. de rentes perpétuelles, s'il nous plaisoit leur assurer un fonds proportionné au montant des intérêts, et prendre des engagements pour contribuer au remboursement des capitaux.

Et comme la durée de la guerre nous oblige à des dépenses extraordinaires, nous nous sommes déterminé à accepter une proposition qui ne sera pas moins avantageuse à nos finances, qu'à ceux de nos sujets qui auront des fonds à placer. A ces causes, etc.

1. Les prévôt des marchands et échevins de notre bonne ville de Paris, seront et demeureront autorisés, par notre présente déclaration, à constituer jusqu'à concurrence de 750,000 l. par an, en rentes perpétuelles à cinq pour cent; desquelles rentes lesdits prévôt des marchands et échevins pourront stipuler dans les contrats de jouissance, à compter du premier jour du quartier dans lequel les capitaux auront été fournis, avec exemption des deux vingtièmes et quatre sous pour livre du premier, et généralement de toute imposition présente et à venir.

2. Autorisons pareillement lesdits prévôt des marchands et échevins, à affecter et hypothéquer, jusqu'à due concurrence, au paiement desdites rentes, la partie libre des revenus du domaine de la ville et les différents octrois à elle concédés; comme aussi spécialement et par privilège et préférence, le fonds annuel ci-après fixé, que nous ferons verser à la caisse de notredite ville, pour fournir auxdits paiements.

3. Tous les étrangers non naturalisés, même ceux sujets des puissances avec lesquelles nous pourrions être en guerre, soit qu'ils demeurent ou non dans les pays de notre obéissance, pourront acquérir lesdites rentes et en jouir, ainsi que nos propres sujets, pour en disposer entre-vifs ou par testament, en principaux ou arrérages; et, en cas qu'ils n'en eussent pas disposé de leur vivant, voulons que leurs héritiers, donataires, légataires, ou autres représentants, leur succèdent dans la propriété desdites rentes, pour en jouir de même que ceux au profit desquels elles auront été constituées. En conséquence, voulons également que lesdites rentes soient exemptes de toutes lettres de marque et de représailles, droits d'aubaine, bâtardise, confiscation, ou autres qui pourroient nous appartenir, et auxquels nous avons renoncé et renonçons.

4. Permettons également aux communautés séculières et régulières, hôpitaux, fabriques, et autres gens de mainmorte,

d'acquérir lesdites rentes, sans être tenus de payer, pour raison d'icelles, aucuns droits d'amortissement ni autres.

5. L'emprunt, auquel lesdits prévôt des marchands et échevins sont autorisés par notre présente déclaration, sera ouvert à compter du 1ᵉʳ octobre prochain; et les capitaux, dont les moindres parties ne pourront être au-dessous de 1,000 liv. de principal, seront fournis en deniers comptants, entre les mains du sieur Buffault, receveur-général des domaines, deniers patrimoniaux et communs de notredite ville, qui en expédiera les récépissés en la forme usitée, pour sur iceux être les contrats de constitution passés par les prévôt des marchands et échevins, soit sur la tête des acquéreurs, soit sur celle des personnes qu'ils auront fait désigner dans lesdits récépissés, et par-devant tels notaires au Châtelet de Paris que lesdits acquéreurs choisiront, auxquels les grosses desdits contrats seront délivrées *gratis*, nous chargeant de pourvoir aux frais d'iceux.

6. Les arrérages desdites rentes seront payés en deux termes égaux, de six en six mois, par ledit receveur général de notredite ville, dans le même ordre et en la même forme et manière que ceux des autres rentes dues par notredite ville.

7. Permettons aux propriétaires desdites rentes, d'en transmettre la propriété par la voie de la reconstitution; en conséquence autorisons lesdits prévôt des marchands et échevins, ainsi que ledit receveur général de notredite ville, à recevoir de ceux qui se présenteront pour être subrogés aux premiers et subséquents acquéreurs desdites rentes, les deniers comptants qui leur seront offerts, pour en être constitué de nouvelles et pareilles en remplacement de celles qui seront remboursées avec les deniers fournis par les nouveaux acquéreurs; lesquels contrats de reconstitution seront numérotés des mêmes numéros que ceux des contrats remboursés.

8. Ledit sieur Buffault remettra entre les mains du sieur Micault d'Harvelay, garde de notre trésor royal, qui lui en expédiera, à sa décharge, quittance libellée et contrôlée, la somme qui sera produite par ledit emprunt, pour en être par ledit sieur Micault d'Harvelay, respectivement fait recette envers nous en la forme ordinaire.

9. Et pour mettre les prévôt des marchands et échevins en état de subvenir au paiement des arrérages desdites rentes, sans prendre sur les revenus ordinaires de ladite ville, nous leur avons par ces présentes attribué et attribuons un fonds annuel de 750,000 liv., à compter du 1ᵉʳ octobre prochain; auquel fonds nous avons affecté et hypothéqué par privilège

et préférence, même à la partie de notre trésor royal, les produits libres de notre ferme générale des aides, entrées de Paris et droits y joints; sur laquelle, en tant que de besoin, nous avons auxdits prévôt des marchands et échevins, fait et faisons par ces présentes toutes délégations nécessaires.

10. Le fonds déterminé et délégué par l'article précédent, sera versé annuellement par l'adjudicataire de nos fermes générales, à la caisse de notredite ville, sur les quittances ou récépissés de son receveur général.

11. Autorisons lesdits prévôt des marchands et échevins, à rembourser des deniers appartenants à notredite ville les capitaux desdites rentes, au moyen de quoi elles appartiendront à notredite ville : et au défaut de fonds libres de leur part, voulons qu'à commencer de la seconde année qui suivra la publication de la paix, il soit versé de notre trésor royal dans la caisse de ladite ville, une somme annuelle de 300,000 liv., pour, avec les sommes qui proviendront de l'extinction successive des rentes viagères créées par notre édit de 1777, être employée auxdits remboursements, lesquels, en ce cas, auront lieu à notre profit. Si donnons en mandement, etc.

N° 1551. — DÉCLARATION *qui ordonne que les demoiselles âgées de dix ans accomplis ne pourront plus être présentées pour l'admission à la maison royale de St.-Louis, à St.-Cyr* (1).

La Muette, 8 septembre 1781. Reg. en parlement le 8 janvier 1782 (R.S.)

N° 1552. — LETTRES PATENTES *pour entretenir la subordination parmi les ouvriers dans les pays manufacturiers* (2).

Versailles, 12 septembre 1781. Reg. en parlement le 8 janvier 1782.
(R. S. Mars, 1—604.)

Louis, etc. Persuadé que rien n'est plus capable de faire fleurir les manufactures que de maintenir le bon ordre entre les fabricants et leurs ouvriers, nous avons jugé nécessaire de renouveler les dispositions des lettres patentes du 2 janvier 1749, et d'y ajouter les précautions qui nous ont paru capables d'entretenir la police et la subordination parmi les ouvriers. A ces causes, de l'avis de notre conseil, et de notre certaine science, pleine puissance et autorité royale, nous avons dit, déclaré et ordonné, voulons et nous plaît ce qui suit :

---

(1) V. édit d'août 1776, n° 521, tom. 2 du règne, pag. 90.
(2) En vigueur. V. loi du 22 germinal an XI, arrêté du 9 frimaire an XII.

1. Tout ouvrier qui voudra travailler dans une ville dans laquelle il existe des manufactures, ou dans laquelle il a été ou sera créé des communautés d'arts et métiers, sera tenu, lors de son arrivée dans ladite ville, de se faire enregistrer par nom et surnom au greffe de la police, et sera ledit enregistrement fait sans frais.

2. Les conventions qui auront été faites entre les maîtres et les ouvriers seront fidèlement exécutées, et, en conséquence, lesdits maîtres ne pourront renvoyer leurs ouvriers, et réciproquement les ouvriers ne pourront quitter leurs maîtres, avant le terme fixé par lesdits engagements, s'il n'y a cause légitime.

3. Dans le cas où lesdits engagements n'auront pas de terme fixe, les ouvriers ne pourront quitter les maîtres chez lesquels ils travailleront, qu'après avoir achevé les ouvrages qu'ils auront commencés, avoir remboursé les avances qui auront pu leur être faites, et avoir averti lesdits maîtres huit jours auparavant.

4. Lorsque les ouvriers auront rempli le terme de leur engagement, et qu'à défaut de terme convenu entre eux et leurs maîtres, ils se seront conformés à ce qui est prescrit par l'article précédent, les maîtres seront tenus de leur délivrer un billet de congé, dont le modèle demeurera annexé à nos présentes lettres ; et, si le maître ne sait pas signer, le billet de congé sera délivré à l'ouvrier, du consentement du maître, par le juge de police. Voulons que lesdits ouvriers aient un livre, ou cahier, sur lequel seront portés successivement les différents certificats qui leur seront délivrés par les maîtres chez lesquels ils auront travaillé, ou par le juge de police, qui ne pourront audit cas exiger aucuns honoraires, ni frais d'expédition.

5. Dans le cas où le maître refuseroit de donner à son ouvrier un billet de congé, comme aussi dans le cas où, pour cause de mauvaise conduite de la part de l'ouvrier, ou de mauvais traitements de la part du maître, il s'élèveroit quelques contestations entre eux, ils se retireront par-devers le juge de police, auquel nous enjoignons d'y pourvoir sans délai et sans frais. Autorisons auxdits cas le juge de police à délivrer les billets de congé à l'ouvrier s'il y échoit.

6. Faisons très-expresses inhibitions et défenses à tous entrepreneurs des manufactures, fabricants, contre-maîtres de fabrique ou maîtres-ouvriers tenant boutique, de débaucher directement ou indirectement aucun ouvrier forain ou do-

micilié, et même de lui donner de l'ouvrage qu'il n'ait préalablement représenté le billet de congé ou certificat ordonné par l'art. 4 ci-dessus; et ce, à peine contre les contrevenants de 100 liv. d'amende, et de tous dommages-intérêts envers le maître qui réclamera l'ouvrier.

7. Et dans le cas où quelques ouvriers ou apprentifs auroient diverti les métiers, outils ou matières servants à la fabrique, les maîtres seront tenus de requérir le lieutenant de police de constater ledit délit, et d'en dresser procès-verbal, dont leur sera délivré expédition, laquelle expédition ils remettront à l'officier chargé du ministère public, pour être à sa requête les délinquants poursuivis ainsi qu'il appartiendra.

8. Faisons défenses à tous ouvriers de s'assembler, même sous prétexte de confrérie, de cabaler entre eux pour se placer les uns les autres chez des maîtres ou pour en sortir, et d'exiger des ouvriers, soit français, soit étrangers, qui auront été choisis par les maîtres, aucune rétribution de quelque nature que ce puisse être, à peine d'être poursuivis extraordinairement.

9. Les dispositions de nos présentes lettres seront exécutées, en ce qui les concerne, par tous les marchands, artisans, apprentifs, compagnons, garçons de boutique et ouvriers résidants dans toutes les villes et lieux de notre royaume, et notamment dans les villes où il a été ou sera par la suite établi de nouvelles communautés. Si vous mandons, etc.

N° 1553. — TRAITÉ *de limites et d'échange entre la France et le comte de la Leyen.*

Versailles, 22 septembre 1781. Ratifié par le roi le 1er septembre, et par le comte de la Leyen le 15 août 1782. (Martens.)

Comme il s'était élevé différentes contestations entre le roi et le comte de la Leyen, touchant les limites de la Lorraine d'une part, et celles de la seigneurie libre et immédiate de Bluscastel, que ledit comte possède sous la suprématie de l'empire de l'autre part, ainsi que par rapport à l'étendue des droits que le comte de la Leyen pourroit exercer sur plusieurs de ses villages, qui relevoient féodalement du duché de Lorraine, et dans quelques autres enclaves dans cette province, S. M. et le comte de la Leyen sont convenus de terminer ces différends par des échanges et des cessions réciproques de territoires, conformément à l'article du traité de Vienne 1738.

En conséquence, les deux parties contractantes ont nommé,

savoir : le roi, le sieur Gérard son conseiller d'état, préteur royal de la ville de Strasbourg, et commissaire général des limites de son royaume, et le comte de la Leyen, autorisé pour cet effet par la comtesse douairière de la Leyen, sa mère, tutrice et régente, ainsi que par ses deux oncles les comtes de la Leyen, chanoines capitulaires des grands chapitres de Mayence, Trèves, Cologne, Bamberg et Wurybourg, en qualité d'agnats et cotuteurs, le sieur de Doreng, conseiller intime et respectivement aulique de LL. AA. SS. électorales de Trèves et de Cologne, et de directeur de chancellerie de la maison de la Leyen.

Lesquels, après s'être communiqué leurs pleins pouvoirs respectifs, ont arrêté les articles suivants :

1. Le comte de la Leyen cède et transporte au roi et à la couronne de France les droits et rentes de souveraineté qui lui appartiennent dans le village de Welfferding, situé sur la Sarre, près de Sarguemines, avec le péage par terre et par eau, ainsi que tout le lit de la rivière de Sarre, tel qu'il se comporte et s'étend entre le territoire dudit Welfferding d'une part, et celui des villages de Rülching et de Hanwecler de l'autre part, pour que, du jour de l'exécution de la présente convention, le roi et la couronne de France en puissent jouir pleinement et entièrement en toute souveraineté, ainsi que ledit comte et ses tuteurs en ont joui ou dû jouir sous la suprématie de l'empire.

2. Le comte de la Leyen cède pareillement au roi et à la couronne de France, les droits et rentes de souveraineté, ensemble le péage par terre qui lui appartiennent au village de Woustwecler, contigu au précédent.

3. Il cède également au roi les droits et les rentes de souveraineté qu'il a possédés jusqu'ici sous la suprématie de l'empire, au village de Freymengen, enclavé dans la Lorraine, près de Saint-Avold, et sur la cense de Dutzweiler.

4. Il cède pareillement à la France le village de Schweigen et son territoire, enclavé dans la Lorraine, au-dessus de Sarguemines, et situé sur la rivière de la Blièse, avec la partie du lit de cette rivière qui en dépend.

5. En échange, le roi cède au comte de la Leyen, pour être unis et incorporés à la seigneurie de Bliescastel, sous la suprématie de l'empire, les villages de Petit-Bliderdorf d'Auersmacher, situé sur la rive droite de la Sarre, avec tous les droits et rentes de souveraineté et autres, en toute justice haute, moyenne et basse, cens et rentes seigneuriales, domaines, bois et tous droits quelconques, à la réserve de la souveraineté sur la rivière de

la Sarre, dont le lit entier, tel qu'il se comporte et s'étend entre les deux rives, appartiendra à S. M., excepté aussi la souveraineté du lit entier de la rivière de Blièse, ainsi qu'il se comporte et s'étend entre les deux rives, qui restera pareillement au roi et à la couronne de France; bien entendu que le moulin Guerswecler, avec tous les bâtiments et terrains qui en dépendent sur la rive droite de la Blièse, demeureront sous la domination de S. M.

6. Le roi cède pareillement au comte de la Leyen, sous la suprématie de l'empire, le village d'Altheim avec le hameau de Neuf-Altheim, et toutes leurs appartenances, dépendances et annexes, en tous droits de souveraineté, haute, moyenne et basse justice, ensemble les cens et rentes seigneuriales, domaines et droits domaniaux qui, jusqu'ici, ont appartenu ou dû appartenir au roi et à la couronne de France dans lesdits village et hameau.

7. Le roi cède encore au comte de la Leyen, sous la suprématie de l'empire, le village de Nudergaibach, avec le canton litigieux d'Ertzenthal et le village d'Outweiler, avec tous droits et rentes de souveraineté, justice haute, moyenne et basse, mouvance et souveraineté sur le fief situé audit lieu, cens et rentes seigneuriales, domaines, bois et droits domaniaux, sans exception quelconque.

8. Le roi cède aussi au comte de la Leyen la souveraineté et les droits d'avocatie suprême, qui ont appartenu jusqu'ici à la couronne de France, sur le prieuré de Graefindhal; bien entendu que ledit comte sera tenu et obligé de conserver à ce prieuré, tant dans l'enclos de la maison principale que dans les maisons, fermes et terrains adjacents, tous et chacun les droits, privilèges, exemptions et prérogatives dont il a joui jusqu'ici, soit en vertu d'une ancienne possession, soit en conséquence de titres particuliers, et nommément des arrêts de 1726, 1740, 1759, 1780, et de la transaction de 1748, sans que, sous aucun prétexte, le comte de la Leyen et ses héritiers et successeurs à perpétuité puissent prétendre ou exercer sur ledit prieuré, son enclos, ses maisons, fermes et terrains adjacents, d'autres, ni de plus grands droits que ceux que le roi y a exercés jusqu'ici, ou dont le comte de la Leyen a joui à l'encontre dudit prieuré, tant qu'il a resté sous la domination de la France.

9. Quant aux terres dont la souveraineté a été jusqu'à présent contentieuse entre la Lorraine et la seigneurie de Bliescastel, il a été convenu que le comte de la Leyen reconnoîtra

purement et simplement la souveraineté et domination du roi et de la couronne de France sur le village de Blisbrücken, ses dépendances et appartenances de l'un et l'autre côté de la Bliese, et qu'il cèdera et abandonnera à S. M. l'exercice et la jouissance de tous les droits, rentes et revenus de souveraineté, nommément la subvention, et généralement tous les droits régaliens quelconques dont il a joui et qu'il a exercés jusqu'ici, soit en vertu de concessions particulières, soit par une simple possession.

10. Le comte de la Leyen renonce pareillement aux prétentions qui ont été formées de sa part à la souveraineté, indépendance et jouissance des rentes de souveraineté quelconque au village de Heckenransbach, promettant de posséder désormais la partie dudit village qui lui appartient, sous la mouvance directe et souveraineté du roi, et de n'y lever et prétendre que les simples droits et revenus seigneuriaux, y compris l'exercice de la haute, moyenne et basse justice.

11. En échange, le roi renonce, en faveur du comte de la Leyen, sous la suprématie de l'empire, à tous les droits de souveraineté et de féodalité qui ont été exercés ou prétendus de sa part, sur les deux villages de Bliesmegen et de Bliesbolchen, situés l'un et l'autre sur la rive droite de la Bliese; bien entendu que la souveraineté du lit entier de la rivière de la Bliese, près de ces deux villages, ainsi qu'il se comporte et s'étend entre les deux rives, demeurera réservée et appartiendra, à perpétuité, au roi et à la couronne de France.

12. Le roi voulant traiter favorablement le comte de la Leyen et lui donner une marque de sa bienveillance, ajoute aux renonciations et cessions ci-dessus, la cession des droits et rentes de souveraineté et de ressort qui appartiennent à S. M. et à la couronne de France, sur la seigneurie et mairie d'Oberkirch, composée des villages d'Oberkirch et de Hopertweiler et des hameaux de Krugelbronn, Seitzweiler, Herichweiler, et la cense de Bleisbach; bien entendu, qu'il ne pourra y prétendre d'autres ni de plus grands droits que ceux que le roi y a exercés jusqu'ici; et qu'il laissera jouir les héritiers du comte de Linange-Heidesheim, seigneur de cette mairie, de tous les droits, rentes et revenus qui lui appartiennent par une ancienne possession confirmée par le traité de 1751.

13. Les prieur et religieux de la maison de Graefinthal conserveront, invariablement et à perpétuité, la jouissance et l'exercice entier et parfait de tous les droits qui leur appartiennent en qualité de seigneurs hauts et bas justiciers, pour

le premier sixième des villages de Bliesmengen et de Bliesbolchen, avec tous les cens, rentes, revenus, redevances, droits de chasse et de pêche, dîmes, corvées, portion dans les tailles, subvention et autres droits, tant honorifiques qu'utiles, dont ils ont joui, et qu'ils ont possédés jusqu'ici en vertu des titres de leur aquisition, du plaid annal de 1706, différents arrêts, et d'un usage immémorial. La désignation desdits droits sera revêtue de la signature des commissaires, que les deux parties nommeront pour l'exécution des présents articles. Elle sera annexée à leurs procès-verbaux, et sera censée faire partie de cette convention.

14. La seigneurie et les propriétés foncières, les droits de haute, moyenne et basse justice, et généralement parlant toutes les rentes seigneuriales, qui ont appartenu jusqu'ici au comte de la Leyen, dans les villages de Welfferding, Wustweiler, Schweyen, Heckeranbasch, Freymengen, cense de Dietzweiler, et village de Bliesbrucken continueront de lui appartenir et d'être à sa libre disposition; de manière qu'il lui soit loisible de les garder et posséder sous la souveraineté du roi, en payant les vingtièmes, et acquittant les autres droits et charges usités en Lorraine; ainsi que les autres seigneurs hauts justiciers de cette province sont tenus de les acquitter ou de les céder, vendre et aliéner, dans la forme et aux conditions qu'il jugera à propos; cependant, dans le terme de deux ans, à telles personnes sujettes de S. M. qu'il voudra, sans que, pour raison desdites ventes, cessions et aliénations, ledit comte ni ses acquéreurs, puissent être tenus à payer soit le droit de sceau, soit aucuns autres droits ou redevances quelconques envers le roi ni envers son domaine, lesdites ventes, cessions et aliénations devant en tous points avoir le même effet et valeur, et être célébrée avec les mêmes immunités et franchises, que si elles eussent été faites et consommées avant la conclusion du présent traité, dans le temps que lesdits villages, seigneurie, droits, rentes et revenus, appartenoient encore en propriété et en souveraineté au comte de la Leyen.

15. En conséquence, lesdits villages de Welfferding, Woustweiler, Schweyen, Heckenransbach, Freymengen, cense de Dietzweiler, et village de Blisbrucken, lors de l'exécution de la présente convention, passeront immédiatement sous la souveraineté absolue du roi, et acquitteront envers S. M. toutes les rentes et revenus de souveraineté, droits du domaine et droits domaniaux usités en Lorraine. Mais le comte de la Leyen y conservera, pour en jouir et disposer à son gré, tout

le domaine utile et foncier desdits villages et territoires, avec tous les droits de haute, moyenne et basse justice, forêts, cens, rentes, fermages, et notamment du droit de schafft, du frohngeld en argent, ainsi que les corvées en nature, lesquelles seront et demeureront limitées à huit par an; dîmes, droit d'habitation des juifs, droit de chasse, droit de pêche dans les eaux de la Blièse et de la Sarre, ainsi que dans les autres eaux; droit de tabellionnage, sceau et contrôle; droit de faire des règlements pour les arts et métiers; droit de mines, minéraux, charbon de terre, etc.; droit d'abzug et de dixième denier, et généralement tous droits utiles et honorifiques qui forment la seigneurie et le domaine seigneurial desdits villages et territoire, ainsi que ledit comte de la Leyen en a joui ou dû jouir; comme aussi de tous autres droits, biens et rentes portés par les états arrêtés et certifiés par les commissaires respectifs du 3 juin 1778. Voulant au surplus S. M. que le comte de la Leyen ou ses ayant cause, conservent dans les forêts seigneuriales toute juridiction et droits de gruerie, à l'exclusion des maîtrises royales; et que, pour cet effet, ils aient le droit de nommer et constituer un juge-gruyer, ainsi que tous juges et officiers de justice conformément aux ordonnances, us et coutumes de la province de Lorraine, dont les appels ressortiront nuement à la cour souveraine de ladite province.

Les villages, justices, territoires, rentes et droits ci-dessus spécifiés, formeront désormais une seule et même seigneurie, avec le titre les honneurs et les prérogatives de baronnie, sous le nom de baronnie de Welfferding, dont le siège sera et se tiendra audit lieu de Welfferding; et le comte de la Leyen ou ses ayant cause, reprendront ledit fief de S. M. comme propre et patrimonial, conformément aux us et coutumes de la province de Lorraine.

Toutes les dispositions et stipulations contenues au présent article, seront exécutées selon leur forme et teneur, sans avoir besoin d'autre confirmation : seront néanmoins toutes lettres-patentes expédiées à la demande dudit comte de la Leyen, ou de ses ayant cause.

16. Le roi confirme dès à présent en tant que de besoin, et sans qu'il soit besoin de confirmation ultérieure, tous les actes que le comte de la Leyen ou ses officiers de son autorité pourront passer et conclure en exécution et conformité des articles précédents.

17. Les personnes nobles et privilégiées qui demeurent dans les territoires respectivement cédés, ou qui y possèdent des

biens-fonds, conserveront leurs droits, franchises et immunités personnelles; et comme les arrangements contenus dans le présent traité, ne concernent que les parties contractantes, ils ne pourront jamais être allégués au préjudice des communautés et des particuliers de l'une et l'autre domination. Au contraire, les unes et les autres seront maintenues dans la jouissances de tous leurs droits, propriétés, possessions, usages, privilèges, actions et servitudes, quelconques; et personne ne les empêchera d'exercer leursdits droits et actions et de les poursuivre devant les juges compétents; tout comme ils resteront aussi tenus d'acquitter, comme par le passé, les charges usitées jusqu'à présent.

La part que les deux communautés de Petit-Bliidersdorff et d'Aursmacher ont supportée jusqu'ici dans la compétence de bois de chauffage accordée par les ducs de Lorraine aux capucins de Sarguemines, continuera nommément d'être à la charge de ces deux communautés. Bien entendu, néanmoins, que le droit de législation n'en souffrira aucun préjudice, et que les nouveaux sujets seront astreints, comme les anciens, aux ordonnances et au style judiciaire de la domination sous laquelle ils auront passé.

18. Dans toutes les parties, où la rivière de la Sarre et celle de la Blièse formeront désormais la limite entre les deux dominations, leur lit entier et tout le cours d'eau tel qu'il est enfermé entre les deux rives, ainsi que les ponts, demeureront sous la souveraineté et le ressort de la France, sans préjudice des droits de pêche et de nacelle qui continueront d'appartenir, comme par le passé, aux seigneurs riverains.

Il ne pourra être construit ni sur l'une ni sur l'autre rive desdites rivières, aucunes jetées ni autres œuvres dont l'effet médiat ou immédiat seroit de changer le cours d'eau, d'en augmenter la surface ou de submerger la rive opposée. Le comte de la Leyen, non-seulement ne s'opposera pas, mais il concourra et contribuera efficacement, sans cependant se charger d'aucuns frais, aux mesures qui seront jugées nécessaires pour rendre la Sarre plus navigable entre Sarre-Louis et Sarguemines, ainsi que la Blièse depuis Bliesbrucken jusqu'à son confluent avec la Sarre. La navigation des deux rivières sera libre aux riverains; et il ne pourra être perçu, de la part de la France, aucune sorte de droits sur les denrées et productions des territoires appartenants au comte de la Leyen et arrosés par ces deux rivières, que ledit comte, ses officiers, vassaux ou sujets transporteront par bateau dans toute l'étendue de leur cours, depuis le point de la frontière où la souveraineté de la Blièse commencera d'appartenir au roi, jusqu'à la frontière du pays de Nassau au-dessous du Petit-Blidersdorff.

19. Le roi ayant acquis du comte de la Leyen, le droit de péage que la seigneurie de Bliescastel exerçoit, par terre et par eau, sur les denrées et marchandises venant de France, soit pour y être consommées, soit pour être transportées par transit en Allemagne; ainsi que celles venant d'Allemagne pour être transportées par transit en France, le comte de la Leyen s'engage de la manière la plus solennelle, pour lui et ses successeurs, à perpétuité, de ne jamais rétablir ce droit, ni aucun autre impôt, comme une surrérogation du droit de péage ci-dessus en aucun lieu de ladite seigneurie sur lesdites denrées et marchandises; lesquelles jouiront désormais, et pour toujours, d'une franchise absolue, soit par rapport à leur entrée, soit à l'égard du transit dans les états de la Leyen.

20. Le comte de la Leyen s'engage pour lui et ses successeurs, à perpétuité, de maintenir dans toute la seigneurie de Bliescastel la pleine et entière liberté du commerce des sels de Lorraine, sans préjudice néanmoins de la ferme actuelle et des sels que le comte de la Leyen pourroit découvrir dans son propre territoire, et d'empêcher, dans les lieux qui lui sont cédés par la présente convention, l'introduction et l'entrepôt de tout sel étranger conformément à d'anciens traités, et le roi promet en échange de lui accorder pour lesdits sels de Lorraine l'abonnement le plus avantageux que les fermiers généraux aient passé jusqu'ici sur cette frontière.

21. Comme il importe à la sûreté et au bien-être des états et territoires des deux dominations, que les crimes soient punis, que les délits tant forestiers qu'autres soient réprimés par des peines et des amendes certaines, et que les sentences et les arrêts de la justice ordinaire soient promptement et sûrement exécutés; le roi veut bien étendre aux états de la Leyen les réglements dont S. M. est convenue à cet égard avec le prince-évêque de Bâle. Les commissaires chargés de l'exécution de la présente convention examineront de concert ces réglements, et y feront les changements que les circonstances des lieux pourront exiger.

22. Pour ne point gêner la récolte, il est convenu que les sujets respectivement échangés pourront, en tout temps, transporter chez eux leurs récoltes en grains, foin et généralement toutes productions de la terre provenant, soit de leurs

propres fonds ou terres, soit de biens tenus à ferme dans l'un et l'autre territoire, le tout librement et sans éprouver aucune sorte de gêne ni de contradiction; à la charge néanmoins d'en faire leurs déclarations dans les bureaux les plus voisins et de n'emporter leurs grains qu'en gerbes et leurs foins qu'en meules.

23. Les sujets du comte de la Leyen qui possèdent des biens-fonds dans le royaume de France et en Lorraine, seront astreints comme les sujets du roi aux impositions réelles sur lesdits fonds, et réciproquement les sujets de S. M. qui ont des terres et biens dans le territoire du comte de la Leyen, en paieront les charges et impositions réelles comme ceux dudit comte.

24. Le roi voulant donner au comte de la Leyen une nouvelle marque de sa bienveillance et procurer d'ailleurs, aux sujets respectifs qui se trouvent compris dans le présent traité d'échange, toutes les sûretés et toutes les facilités qu'ils pouvoient attendre de sa justice pour la conservation des héritages qui, par succession, hérédité, testament, donation ou autrement, leur écherront dans les états dont ils seront séparés par l'événement de la présente convention, promet de faire expédier immédiatement après la ratification dudit traité des lettres patentes portant abilition du droit d'aubaine entre la France et les états, terres et seigneuries du comte de la Leyen; et le comte de la Leyen s'engage, de son côté, d'abolir pareillement dans lesdits états les règlements qui peuvent y avoir subsisté jusqu'ici par rétorsion dudit droit d'aubaine.

25. Le comte de la Leyen s'engage et prend sur lui de procurer le consentement de l'empereur et de l'empire sur la présente convention, ainsi que le consentement de l'électeur et de l'église de Trèves sur les articles qui intéressent leur mouvance et directe.

26. Il sera nommé des commissaires de la part de S. M. et du comte de la Leyen, pour procéder dans le terme de deux mois, par l'obtention dudit consentement, à l'exécution pleine et parfaite de la présente convention, tant au moyen des prises de possession respectives, qu'autrement.

Ces mêmes commissaires seront munis de pouvoirs suffisants pour terminer à l'amiable, ou par forme d'arbitrage, les différends qui peuvent encore subsister entre les communautés-frontières des deux dominations, pour reconnoître les bornes des territoires devenus limitrophes par la présente convention, et pour en faire placer de nouvelles aux endroits où il en sera besoin. Les procès verbaux de toutes ces opérations seront censés faire partie du présent traité.

27. Les présents articles seront ratifiés par les hautes parties contractantes, et l'échange des ratifications se fera dans l'espace de trois semaines, à compter du jour de la signature, ou plus tôt si faire se peut.

En foi de quoi, nous soussignés commissaires du roi et du comte de la Leyen, en vertu de nos pleins pouvoirs respectifs, avons signé la présente convention, et y avons fait apposer le cachet de nos armes.

N° 1554. — ORDONNANCE *sur la police maritime* (1).

24 septembre 1781. (Archives du min. de la marine.)

N° 1555. — ARRÊT *du parlement qui homologue une délibération de la communauté des procureurs, par laquelle il est fait défenses à chacun des membres de faire des tournées* (2).

Toulouse, 25 septembre 1781. (Rec. du parl. de Toulouse. Dupleix, 1785.)

N° 1556. — ARRÊT *du conseil concernant les visites à faire par les employés des fermes, des brouettes des courriers arrivant aux barrières ou sortant de l'hôtel des postes de Paris.*

Versailles, 27 septembre 1781. (R. S.)

Vu au conseil d'état du roi, S. M. y étant, les représentations du sieur intendant général des postes, sur les difficultés que les employés de la ferme générale élèvent contre les courriers arrivant aux barrières ou sortant de l'hôtel des postes de Paris, ce qui retarde souvent le service du roi et celui du public; vu pareillement les mémoires des fermiers généraux, contenant leurs représentations sur la fraude que commettent lesdits courriers, en introduisant des marchandises prohibées ou sujettes aux droits d'entrées; S. M. auroit cru devoir prendre les mesures nécessaires pour assurer le service des postes et la perception de ses droits, en fixant les bornes dans lesquelles l'intendant général des postes et les fermiers généraux devront se renfermer. A quoi voulant pourvoir; ouï le rapport du sieur Joly de Fleury, conseiller d'état ordinaire, et au conseil royal des finances; le roi étant en son conseil, a ordonné et ordonne ce qui suit :

1. Les courriers ne pourront charger dans les malles ou

---

(1) V. ord. 19 décembre 1673, 23 mars 1676, 30 mars 1677, 9 juill. 1691, 24 juillet 1704.
(2) V. a. d. p. 18 juillet 1665, 7 juillet 1703, et 30 juin 1749.

sacs de route, destinés au transport des dépêches, que les paquets qui leur seront remis par les directeurs des postes, sans pouvoir y introduire aucune espèce de marchandises prohibées ou sujettes aux droits, pour leur compte ou pour celui des particuliers, à peine de confiscation desdites marchandises et de 500 liv. d'amende, et de destitution en cas de récidive, laquelle sera ordonnée par l'intendant général des postes.

2. Dans le cas où les courriers auroient dans leurs brouettes et hors la malle et les sacs de route, à eux remis par le directeur, des marchandises sujettes aux droits, ils seront tenus d'en faire déclaration au bureau de la barrière d'entrée, et d'y acquitter les droits, à peine de confiscation et de 500 liv. d'amende.

3. Les employés aux barrières feront la visite desdites brouettes, sans pouvoir demander l'ouverture de la malle et des sacs de route, sous peine de punition; et dans le cas où lesdites brouettes contiendroient, hors la malle et les sacs de route, des marchandises non déclarées ou prohibées, ils en feront la saisie, et en dresseront procès verbal, sans néanmoins retarder les courriers plus d'une demi-heure, à peine de punition.

4. Si le volume des malles leur donne lieu de soupçonner de la fraude, ils seront autorisés à accompagner la brouette jusqu'à l'hôtel des postes; et il sera enjoint dans ce cas au courrier, par l'intendant général des postes, de n'aller que le pas, depuis ladite barrière jusqu'à l'hôtel des postes, sans s'écarter du chemin ordinaire.

5. A l'arrivée à l'hôtel des postes, les courriers remettront les malles à un commis préposé par l'intendant général pour les recevoir, et se retireront. Le commis préposé sera tenu de veiller à ce qu'il ne soit rien détourné jusqu'au moment de l'ouverture, qui se fera par l'intendant général.

6. Si, lors de l'ouverture, il se trouve des marchandises prohibées ou sujettes aux droits, introduites par lesdites courriers, au préjudice des défenses à eux faites, l'intendant général les fera remettre à la douane, avec le nom et la demeure du courrier, pour du tout être dressé procès verbal de saisie, en présence dudit courrier, où lui duement sommé de s'y trouver; et sera ledit courrier destitué par l'intendant général des postes, sur la représentation des employés des fermes.

7. Les brouettes ayant été visitées aux barrières, conduites à l'hôtel des postes, et remises au préposé pour les recevoir, ne seront plus dans le cas d'être visitées ni arrêtées en sortant

dudit hôtel par les commis des fermes, sinon dans le cas où les courriers partant s'écarteroient de la route de leur destination, jusqu'à la barrière par laquelle ils doivent sortir, et feroient quelques versements dans l'intervalle.

7. Les contestations qui pourroient naître, tant sur les fraudes qui seront constatées par procès verbaux, que sur l'exécution du présent arrêt, seront portées par-devant le sieur lieutenant général de police, auquel S. M. en attribue la connoissance, et icelle interdit à ses autres cours et juges, sauf l'appel au conseil.

N° 1557. — ARRÊT *du conseil qui fait défenses à tous libraires, imprimeurs, fondeurs et autres, de recevoir aucuns livres étrangers ou caractères d'imprimerie, mêlés avec d'autres marchandises, sans révision préalable de la chambre syndicale.* (1).

Versailles, 29 septembre 1781. (R. S.)

N° 1558. — RÉGLEMENT *sur les prises conduites ou amenées dans les ports de France ou des puissances neutres.*

Versailles, 30 septembre 1781. (R. S. Lebeau, Code des prises.)

S. M. voulant faire connoître ses intentions sur les prises que ses sujets pourront conduire dans les ports des états-généraux des Provinces-Unies, et sur celles que les corsaires desdits états-généraux conduiroient dans les ports de son royaume ; elle a ordonné et ordonne ce qui suit :

1. Les prises qui auront été faites par les corsaires français sur les ennemis de S. M., pourront être conduites dans les ports des états-généraux, soit pour mettre lesdits corsaires en état de continuer leurs courses, soit même pour que les prises y soient vendues s'il est nécessaire.

2. Dans le cas d'une simple relâche, les capitaines conducteurs des prises seront tenus de faire devant les juges du lieu une déclaration sommaire des circonstances de la prise, des motifs de la relâche, et de requérir lesdits juges de se transporter à bord des bâtiments pris, pour apposer les scellés ou faire la description de ce qui ne pourra être mis sous lesdits scellés, pour être ledit état vérifié en France par les officiers de l'amirauté, sur l'expédition que l'officier conducteur de la prise sera tenu de rapporter et de déposer au greffe.

3. Les marchandises sujettes à dépérissement, ou même

---

(1) V. régl. du 28 février 1723, art. 90, a. d. c. 30 août 1777, art. 9, n° 759, tom. 3 du règne, pag. 123.

d'autres marchandises s'il est nécessaire, pour pourvoir aux besoins des bâtiments pendant le temps de la relâche, pourront être vendues dans lesdits ports des états-généraux, sur la permission qui en sera obtenue du juge du lieu par le conducteur de la prise, à la charge de faire faire ladite vente par les officiers publics à ce préposés, et de rapporter en France des expéditions, tant des procédures que du procès-verbal de vente.

4. En cas que les conducteurs des prises aient été autorisés, par les armateurs ou le capitaine du corsaire preneur, à faire vendre lesdites prises dans les ports des états-généraux, ils seront tenus de requérir le juge du lieu, de satisfaire aux formalités prescrites par l'art. 42 de la déclaration de S. M., du 24 juin 1778, et de rapporter en France une expédition desdites procédures.

5. Les expéditions desdites procédures et les pièces originales et translatées seront adressées au secrétaire général de la marine, à Paris, pour être procédé au jugement de la prise par le conseil des prises; après quoi le capitaine conducteur de prise, ou son commissionnaire, pourront requérir la vente provisoire des marchandises et effets sujets à dépérissement, et même la vente définitive desdites prises et de toutes les marchandises de leur chargement, en la forme et ainsi qu'il a été prescrit pour les prises conduites dans les ports du royaume, par l'art. 45 de ladite déclaration du 24 juin 1778.

6. Le déchargement, l'inventaire, la vente et la livraison desdites prises et des marchandises, seront faits avec les formalités qui sont en usage dans les ports des états-généraux. Les capitaines conducteurs des prises seront tenus de rapporter les liquidations particulières ou états sommaires du produit desdites prises et des frais faits à l'occasion d'icelles, pour être lesdites liquidations particulières ou états sommaires déposés par l'armateur au greffe de l'amirauté du lieu de l'armement, au terme de l'art. 57 de la déclaration du 24 juin 1778, et l'arrêt du conseil du 4 mars dernier, et les jugements de bonne prise seront envoyés auxdites amirautés du lieu de l'armement, pour y être enregistrés.

7. Tous les prisonniers qui se trouveront, soit à bord des corsaires français qui relâcheront dans les ports des états-généraux, soit à bord des prises qui y seront conduites, seront remis sans délai aux gouverneurs ou magistrats des lieux, pour être gardés au nom de S. M., et nourris à ses frais, ainsi qu'il en sera usé dans les ports de France, pour les prison-

niers faits par les corsaires hollandais ; seront néanmoins tenus les capitaines qui ramèneront des prises dans les ports du royaume, pour y être vendues, de retenir deux ou trois prisonniers principaux, pour être interrogés par les officiers de l'amirauté, et servir à l'instruction.

8. Les corsaires des états-généraux pourront conduire ou faire conduire leurs prises dans tous les ports de la domination de S. M., soit pour y rester en relâche, jusqu'à ce qu'elles soient en état de retourner à la mer, soit pour y être vendues définitivement.

9. Dans le cas d'une simple relâche, les conducteurs de prises seront tenus de faire, dans les vingt-quatre heures de l'arrivée, leur déclaration devant les officiers de l'amirauté, lesquels se transporteront à bord des bâtiments pris, pour apposer les scellés et faire une description sommaire de ce qui ne pourra pas être compris sous lesdits scellés, sans qu'il soit permis de rien débarquer du bord desdites prises, sous les peines portées par les arrêts et réglements de S. M.

10. Permet néanmoins S. M. auxdits corsaires des états-généraux, de faire vendre dans les ports les marchandises sujettes à dépérissement, ou même d'autres marchandises, pour pourvoir aux besoins des bâtiments pendant le temps de la relâche, à la charge d'en demander par requête la permission aux officiers des amirautés, par-devant lesquels il sera procédé à ladite vente.

11. Lorsque les sujets des états-généraux voudront faire vendre leurs prises dans les ports du royaume, le capitaine qui aura fait la prise, ou l'officier qui aura été chargé de la conduire, seront tenus de requérir les officiers de l'amirauté de satisfaire aux formalités prescrites par l'art. 42 de la déclaration de S. M., du 24 juin 1778, et sera ladite vente faite conjointement avec le consul, ou chargé d'affaires des états-généraux, s'il y en a, sinon en présence du fondé de pouvoirs du corsaire-preneur, et seront les expéditions desdites procédures et pièces originales adressées au secrétaire de l'amirauté des états-généraux, d'où le vaisseau de guerre, ou le corsaire-preneur dépendra, pour y être procédé au jugement de la prise.

12. Les capitaines conducteurs des prises, ou leurs commissionnaires, pourront requérir les officiers des amirautés de procéder à la vente provisoire des marchandises et effets sujets à dépérissement, et même à la vente définitive des prises et de toutes les marchandises de leur chargement,

lorsqu'elles leur paraîtront constamment ennemies, d'après les pièces de bord et les interrogatoires des prisonniers, ainsi qu'il est prescrit pour les prises faites par les corsaires français par l'art. 45 de la déclaration du 24 juin 1778.

13. Le déchargement, l'inventaire et la livraison desdites prises et des marchandises seront faits en présence des amirautés, dont les vacations au déchargement, à l'inventaire et à la livraison des marchandises, seront réduites à moitié, au terme de l'article 52 de la déclaration du 24 juin 1778, lesdits officiers ne procéderont à des liquidations particulières du produit des prises, que lorsqu'ils en seront requis par les parties intéressées; mais, dans tous les cas où il pourroit être question de délivrer plusieurs expéditions, il ne sera payé au greffier, pour les seconde et troisième, que le prix du papier timbré et les frais d'écriture, le tout conformément au tarif de 1770.

14. Les marchandises provenantes des prises faites par les corsaires des états-généraux, seront sujettes aux mêmes droits et aux mêmes formalités que celles provenantes des prises faites par les corsaires français, ainsi qu'il est porté par l'arrêt du conseil du 27 août 1778, lequel sera exécuté pour les prises faites par lesdits corsaires des états-généraux.

15. Les corsaires des états-généraux pourront remettre dans les ports, aux commissaires des ports et arsenaux de la marine, les prisonniers dont ils seront chargés, et il sera donné des ordres par S. M., pour que lesdits prisonniers soient conduits, gardés et nourris dans les places et châteaux, aux frais des états-généraux, et délivrés à leur première réquisition, soit pour être échangés, soit pour être transférés ailleurs.

N° 1559. — INSTRUCTION *sur les formalités à observer relativement aux prises faites par les vaisseaux de l'état en exécution de l'ordonnance du 4 août 1781* (1).

30 septembre 1781. (Lebeau, Code des prises.)

S. M. s'étant fait représenter son ordonnance du 4 août de cette année, ensemble les instructions des 27 septembre 1778 et 9 janvier 1780, et voulant expliquer plus particulièrement ses intentions sur les fonctions attribuées aux intendants et ordonnateurs, ainsi qu'aux contrôleurs de la marine et aux com-

---

(1) V. 27 septembre 1778, 9 janvier 1780, ord. 1.er novembre 1784.

missaires des classes; par ladite ordonnance, elle a ordonné et et ordonne ce qui suit :

1. Lorsqu'il sera amené une prise, les officiers de l'amirauté se transporteront, s'il est nécessaire, à bord; même en rade, à l'effet de recevoir la déclaration de prise pour laquelle les officiers preneurs seront tenus de se conformer au modèle ci-joint (n° 1.), et qu'ils suivront pour toutes les prises et reprises qu'ils feront sans exception. Le scellé sera apposé, par les officiers de l'amirauté, dans tous les endroits accoutumés, et le capitaine de la prise en demeurera gardien et responsable; le contrôleur de la marine y sera appelé et, à cet effet, il sera averti de la prise par le greffier de l'amirauté, sans qu'il puisse s'en dispenser pour quelque cause, ni sous quelque prétexte que ce soit.

2. Les officiers des amirautés auront soin, soit qu'ils aillent prendre la déclaration en rade, soit qu'elle se fasse à leur greffe, de demander quel jour positivement la prise aura été faite. Si le vaisseau preneur étoit seul, ou détaché avec d'autres vaisseaux ou frégates, leur nom en sera désigné dans la déclaration; il y sera énoncé aussi si le bâtiment pris est armé en guerre ou seulement en marchandises; s'il s'agit d'une reprise, il sera fait mention dans la déclaration du temps qu'elle aura été au pouvoir de l'ennemi. Les officiers de l'amirauté demanderont également la remise des connoissements, factures et autres papiers de bord. Si le conducteur de la prise déclare qu'il ne lui en a pas été remis par les officiers preneurs, il en sera fait mention dans sa déclaration, et les officiers de l'amirauté en remettront une copie au commandant de la marine dans le port, pour qu'il pourvoie à la réintégration des papiers qui n'auront pas été remis.

3. Le contrôleur sera averti par le capitaine de prise aussitôt qu'elle sera entrée dans le port; il présentera sa requête aux officiers de l'amirauté pour l'apposition des scellés, dans le cas où ils n'auroient pas été apposés en rade : la requête à présenter par le contrôleur sera, dans la forme jointe à la présente instruction (n° 2). Les officiers de l'amirauté, après l'avoir répondue, se transporteront sans délai pour mettre les scellés sur les écoutilles et dans les endroits accoutumés; ils auront soin de faire renfermer dans la cale, dans l'entre-pont ou dans la chambre, les objets qui ne peuvent rester à l'air sans crainte de dépérissement, ou d'être enlevés; le contrôleur assistera à ces opérations, et veillera de son côté à tout ce qui concernera l'avantage de la prise, en faisant serrer les

câbles, cordages, voiles, raccommoder les pompes, et à ce que tout soit mis sous les scellés; si la prise contient des poudres et salpêtres, ils seront déchargés en rade conformément aux ordonnances et remises, soit au magasin général, soit au directeur des poudres, qui en donnera son reçu; lequel sera remis à l'amirauté, pour être joint à la procédure.

4. Les officiers de l'amirauté procèderont ensuite aux interrogatoires des prisonniers, qui ne pourront être faits que dans l'auditoire, et non dans aucun autre endroit; ils s'adresseront, pour avoir les prisonniers qui seront dans le cas d'être interrogés, à l'intendant ou l'ordonnateur, qui les fera conduire sans délai à l'auditoire, à l'heure indiquée. Les officiers de l'amirauté enverront ensuite la procédure au secrétaire général de la marine, conformément à la déclaration du 24 juin 1778 et aux ordonnances subséquentes. Le procureur du roi de l'amirauté, ni le contrôleur n'assisteront, dans aucun cas, aux interrogatoires; mais le procureur du roi pourra en prendre connoissance toutes les fois qu'il le jugera à propos, et requérir à cet égard tout ce qu'il croira de son ministère.

5. Dans le cas où il serait indispensable de procéder à l'inventaire et déchargement sans attendre le jugement du conseil des prises, ce qui ne pourra être fait qu'en cas de péril imminent, le contrôleur présentera sa requête à l'amirauté pour l'inventaire (n° 2.), et il y sera procédé sans délai par lesdits officiers; le garde-magasin donnera son reçu au bas dudit inventaire, lors de la remise qui lui sera faite, conformément à l'art. 3 de l'ordonnance du 4 août dernier.

6. Il en sera usé de même pour la vente provisoire des prises et de leurs cargaisons, conformément à l'article 6 de l'ordonnance; mais cette vente ne pourra avoir lieu avant le jugement du conseil des prises, que dans le cas où la prise seroit dans un danger reconnu de dépérissement pour le navire ou la cargaison; et encore dans le cas où la prise seroit reconnue constamment ennemie, d'après les pièces de bord ou les interrogatoires des prisonniers, sans que cette facilité puisse avoir lieu pour les prises faites sur des neutres.

7. Le contrôleur se bornera jusqu'au jugement du conseil des prises, à présenter sa requête pour l'apposition des scellés, hors les cas portés aux deux articles ci-dessus, sans qu'il puisse s'immiscer dans la procédure des officiers de l'amirauté, ni retenir aucun papier de bord, tels que manifestes, connoissements, factures et pièces de bord; le tout devant être envoyé, sans exception, au conseil des prises avec la procédure.

8. Le ministère des officiers de l'amirauté cessant après le jugement du conseil des prises, conformément à l'art. 3 de l'ordonnance, l'intendant ou l'ordonnateur, aussitôt que le jugement du conseil des prises leur sera parvenu, feront présenter par le contrôleur une requête aux officiers de l'amirauté pour la reconnoissance et levée de leurs scellés (n° 2.), ainsi que pour la remise des navires et de leurs cargaisons; il y sera procédé sans délai par lesdits officiers de l'amirauté, dont le procès-verbal de reconnoissance et levée des scellés contiendra en même temps la remise du navire et de la cargaison; l'intendant ou l'ordonnateur feront réapposer leurs scellés en même temps que l'amirauté aura levé les siens, et en dresseront procès-verbal.

9. Dans le cas où quelque prise auroit été conduite dans un port du département autre que celui où l'intendant ou l'ordonnateur fait sa résidence, ils enverront l'expédition du jugement du conseil des prises au commissaire des ports et arsenaux qui y sera en résidence, s'il y en a un, pour qu'il se mette en règle vis-à-vis de l'amirauté; sinon, ils feront passer un commissaire dans l'endroit où la prise aura été conduite, pour les représenter dans les opérations qui leur sont confiées par l'ordonnance. A l'égard des commissaires des classes, ils ne doivent remplir que les fonctions de contrôleur de la marine qu'ils représentent pour les opérations des prises.

10. L'opération de la reconnoissance et levée des scellés, la réapposition de ceux de l'intendant ou ordonnateur, et la remise qui doit être faite du navire et de sa cargaison pouvant donner matière à des réclamations ultérieures, ils veilleront à ce que les opérations soient faites avec la plus grande exactitude, et toujours en leur présence et celle du contrôleur, ainsi qu'en la présence du major de la marine, des officiers et équipages preneurs, ou de leurs fondés de pouvoir.

11. S'il étoit question d'un navire pris sur des neutres, et qu'il se trouvât sur le lieu le capitaine pris ou quelque fondé de pouvoirs de la part des propriétaires, il sera appelé aux opérations portées dans les articles ci-dessus, tant par les officiers de l'amirauté pour les articles qui les concernent, que par l'intendant ou ordonnateur pour les opérations qui leur sont attribuées par l'ordonnance.

12. L'art. 4 de l'ordonnance portant que le déchargement de la prise, la vente et la livraison doivent se faire en présence des preneurs ou de leurs fondés de pouvoir, les équipages ont à cet égard le même droit à la chose que les officiers pre-

neurs; et ils ont aussi la même faculté, ou d'y assister en personne, en choisissant un d'entre eux qu'ils se syndiqueront à cet effet, ou de se faire représenter par un fondé de pouvoir: dans tous les cas, les fondés de pouvoirs pourront faire les dires, réquisitions, et former les réclamations qu'ils croiront nécessaires à la conservation de leurs intérêts; la réclamation sera relatée dans le procès-verbal et signée du réclamant, ainsi que du contrôleur de la marine, comme remplissant à cet égard les fonctions de procureur du roi. Il sera statué sur-le-champ, par l'ordonnateur, sur le mérite de la réclamation. Si cependant il y en avoit d'assez graves pour qu'il ne crût pas pouvoir y statuer, il en sera rendu compte au secrétaire d'état ayant le département de la marine: l'ordonnateur fera en sorte néanmoins que les réclamations n'arrêtent pas les opérations, en prenant des précautions pour conserver les droits des réclamants, soit en faisant donner caution, soit autrement.

13. On suivra pour les affiches de vente le modèle joint à la présente instruction (n° 3), sans qu'on puisse y rien changer. La minute de l'affiche sera communiquée au receveur de la ferme et à ceux de la régie générale et des domaines. Ils marqueront à la marge le genre de droit auquel chaque nature de marchandise est assujettie, conformément au réglement du 27 août 1778 et autres subséquents; et tous les droits seront à la charge des acquéreurs. Les receveurs signeront cette minute: le contrôleur fera imprimer le nombre d'affiches nécessaires; il en enverra dans les places du commerce aux commissaires des classes du département, et en fera plaquer dans le port et aux endroits accoutumés; il sera adressé un exemplaire de chaque affiche de vente au secrétaire d'état ayant le département de la marine, et au procureur-général des prises: les poudres ne pourront, dans aucun cas, être comprises dans les affiches, ni exposées en vente.

14. Il sera donné permission au public de voir les bâtiments et les marchandises, dans les deux jours qui précéderont la vente, ou même plus, suivant les circonstances; et au moyen de cette facilité, les adjudicataires ne pourront être admis après la vente à demander aucune réfraction ni réduction de prix sur les objets vendus.

15. Les ventes se feront par l'intendant ou l'ordonnateur seul, dans une salle de l'arsenal ou de l'intendance du port, conformément à l'art. 10 de l'ordonnance; en présence du major de la marine et des preneurs, ou de leurs fondés de pouvoir; il ne sera fait aucune vente de cargaison en bloc, sous quelque

prétexte que ce puisse être, qu'avec la permission du secrétaire d'état de la marine; mais le bâtiment, ses agrès, apparaux, ustensiles et artillerie, ne pourront jamais faire qu'un seul lot. L'usage de la bougie et du tiercement demeurera interdit lors des ventes qui se feront, sans interruption, au plus offrant et dernier enchérisseur, et sans remise d'enchère de jour à autre. Tout acquéreur sera admis à enchérir par lui-même, sans avoir besoin du ministère d'un procureur.

16. L'adjudicataire de la ferme générale du tabac ayant le droit d'exercer, sur les tabacs provenant des prises, la préférence qui lui est accordée par les articles 39 de la déclaration du 1er août 1721, 16 du règlement du 27 août 1778, et confirmé par l'arrêt du conseil du 30 mars dernier, l'intention de S. M. est que l'intendant ou l'ordonnateur admette toujours la réclamation dudit adjudicataire, pourvu qu'il exerce ledit droit de préférence dans le délai de deux mois, à compter du jour de chaque adjudication publique; et quant aux autres droits accordés à l'adjudicataire des fermes générales par le règlement du 27 août 1778, et l'assistance des préposés de la ferme ou de la régie générale aux opérations des prises, l'intention de S. M. est également que l'intendant ou l'ordonnateur maintiennent l'exécution de ces règlements dans tout ce qui les concerne, et qu'ils veillent à ce que les préposés de la ferme ou de la régie générale ne soient pas troublés dans leurs fonctions.

17. S. M. ayant bien voulu permettre que les reprises faites par les officiers de la marine royale soient remises aux armateurs et propriétaires après le jugement du conseil des prises, à la charge par eux de payer aux équipages repreneurs telle gratification qu'elle s'est réservé de fixer : le ministère du contrôleur se bornera, à cet égard, à présenter une requête pour l'apposition des scellés, sans qu'il puisse faire procéder ni s'immiscer dans aucune autre opération, attendu que les instructions des reprises ne regardent que les officiers des amirautés; il en sera usé pour les reprises des navires espagnols et hollandais faites par la marine royale, comme pour les reprises des navires français.

18. Lorsque le jugement du conseil des prises sur une reprise aura été rendu, les armateurs ou propriétaires qui voudront en obtenir la remise, adresseront au procureur général des prises, que S. M. a commis à cet effet, la copie dudit jugement avec les connoissements et factures, ou une copie en forme d'iceux, ensemble l'état des frais de justice et d'admi-

nistration que la reprise aura occasionnés, afin que, sur la liquidation qui en sera arrêtée par ledit sieur procureur général des prises, et le compte qui en sera par lui rendu au secrétaire d'état ayant le département de la marine, il soit expédié un arrêt du conseil portant fixation de ladite gratification; et ne pourront, les navires repris et leur cargaison, être remis aux armateurs ou propriétaires que sur la représentation qui sera faite à l'ordonnateur dudit arrêt du conseil, ensemble du certificat du paiement desdits frais et du versement du montant de la gratification dans la caisse du trésorier des invalides, le tout conformément aux ordres de S. M., adressés aux amirautés et aux chambres du commerce les 17 août 1779 et 15 janvier 1780.

19. Il ne sera rien déchargé des reprises, que sur la demande par écrit des propriétaires, pour les reprises françaises, ou des consuls, pour les reprises hollandaises et espagnoles, et à la charge par eux de faire leur soumission au greffe, de satisfaire à tous les frais de justice ou d'administration, à l'exception toutefois des reprises françaises qui seroient chargées d'effets pour les munitionnaires des vivres de la marine ou pour le service de S. M., dont les cargaisons seront remises sans délai à l'ordonnateur, sur la demande qu'il en sera faire par le contrôleur, sans néanmoins que ladite remise puisse empêcher le jugement du conseil des prises.

20. Avant de procéder à l'inventaire et au déchargement de chaque prise, l'intendant ou l'ordonnateur commenceront leur procès-verbal par la reconnoissance et levée des scellés; il sera fait mention s'ils sont sains et entiers: s'ils avoient été fracturés ou remplacés par d'autres, il en sera dressé procès-verbal, dont extrait, signé par le contrôleur, sera envoyé au procureur général des prises; à chaque séance, les scellés seront réapposés dans la forme ordinaire; et seront lesdites opérations faites en présence des officiers et des équipages preneurs ou de leurs fondés de pouvoir, ainsi que du préposé de la ferme ou de la régie générale, qui sera appelé à toutes les opérations d'inventaire, déchargement, vente et livraison, et auquel il sera remis une clef des magasins où les cargaisons seront resserrées, conformément aux art. 10 et 11 du réglement du conseil du 27 août 1778.

21. Lorsqu'il y aura des navires ou des cargaisons remises aux armateurs ou propriétaires, en vertu d'ordonnances de S. M. ou d'arrêts du conseil des finances, il sera adressé par le contrôleur une expédition du procès verbal de remise au

procureur général des prises; et l'ordonnance pour la remise, ainsi que l'arrêt du conseil qui l'aura ordonné, seront relatés dans le procès verbal qui en sera dressé par l'intendant ou l'ordonnateur.

22. La livraison des objets vendus sera commencée dans les vingt-quatre heures après la vente, ainsi qu'il sera annoncé par l'affiche. Aucun lot ne sera délivré aux adjudicataires qu'en justifiant par eux (n° 4) du paiement des droits dus, tant à la ferme qu'à la régie générale et au domaine, ou du consentement par écrit des receveurs de la ferme, de la régie générale ou des domaines.

23. Le contrôleur vérifiera chez le trésorier si le recouvrement de la vente a été fait exactement, et fera contraindre au paiement les adjudicataires qui seroient en retard : cette contrainte sera faite d'après les ordres de l'intendant ou de l'ordonnateur, comme pour le recouvrement de deniers de S. M., en suivant la forme usitée dans la marine pour le paiement des objets adjugés par l'administration.

24. Il sera procédé à la liquidation des frais de justice, conformément au modèle annexé à la présente instruction et sur les imprimés (n° 5); les liquidations seront arrêtées et vérifiées par le sieur Chardon, commissaire départi pour la visite des ports, etc., et la liquidation des prises faites par les vaisseaux de S. M., à qui elles seront envoyées sans délai par le procureur du roi de l'amirauté. Il ne pourra être employé dans la liquidation aucun autre article que ceux énoncés dans le modèle, sous quelque prétexte que ce puisse être. Veut S. M. que tous les articles portés dans lesdites liquidations qui ne se trouveront pas conformes au modèle, ou dont le prix excèderoit ceux qui sont énoncés, soient rayés par ledit sieur commissaire départi, à qui elle enjoint de tenir soigneusement la main à l'exécution du présent article.

25. Il sera joint à la liquidation portée dans l'article précédent un état signé du contrôleur (n° 6), qui contiendra les frais d'administration relatifs à la prise, afin que sur l'arrêté qui sera fait de l'un et de l'autre par ledit sieur commissaire départi, et le compte qu'il en rendra au secrétaire d'état ayant le département de la marine, il puisse être statué par lui sur la fixation de l'indemnité des officiers de l'amirauté portée par l'art. 8 de l'ordonnance, et adressé des ordres pour le paiement qui doit en être fait sur le produit de la prise, lequel néanmoins ne pourra avoir lieu qu'après l'arrêté des frais de justice et d'administration fait par ledit sieur commissaire départi avec

l'approbation du secrétaire d'état ayant le département de la marine, et que ladite liquidation aura été renvoyée à l'intendant ou l'ordonnateur.

26. L'art. 9 de l'ordonnance qui renvoie devant l'intendant ou l'ordonnateur la connoissance de toutes les contestations qui pourront survenir relativement aux prises, après que la remise leur en aura été faite, exigeant de leur part beaucoup de précautions, ils suivront très-strictement la marche tracée par les ordonnances dans les procédures qu'occasionent ces contestations, parmi lesquelles il peut se rencontrer des réclamations graves et difficiles à décider : dans le cas où ces contestations pourront avoir trait à quelque instance pendante au conseil royal, l'intendant ou l'ordonnateur renverront à se pourvoir par-devers S. M., et copie de l'ordonnance sera adressée au procureur général des prises. Le contrôleur de la marine entretiendra sur ces objets et sur tout le contentieux des prises une correspondance suivie avec ledit sieur procureur général des prises, et il le tiendra informé exactement de tous les incidents qui auront lieu dans la partie des prises.

27. Il sera adressé à l'avenir au secrétaire d'état ayant le département de la marine, dans les premiers jours de chaque mois, un état (n° 7) des prises, dont la remise aura été faite, dans la forme ci-jointe; et le contrôleur en enverra un double au procureur général des prises, afin qu'il pourvoie aux opérations des amirautés qui seroient en retard.

28. Il sera dressé également un état de répartition de chaque prise dans la forme jointe à la présente instruction (n° 8); il en sera remis des exemplaires au major de la marine, aux fondés de pouvoirs des officiers preneurs et des équipages, et il en sera adressé au secrétaire d'état ayant le département de la marine et au procureur général des prises.

29. S. M. veut au surplus que les instructions des 27 septembre 1778 et 9 janvier 1780 continuent d'être exécutées selon leur forme et teneur, pour tous les objets auxquels il ne seroit pas dérogé par la présente. (*Suivent les modèles.*)

N° 1560. — DÉCLARATION *de l'évêque de Bâle, sur la fixation invariable du droit de détraction à* 5 *p. cent* (1).

Versailles, 30 septembre 1781.

___

(1) C'est un droit par lequel le souverain distrait à son profit une certaine partie des successions qu'il permet aux étrangers de venir recueillir dans son royaume.
Le même jour, pareille déclaration pour le palatinat du Rhin.

N° 1561. — LETTRES PATENTES *portant établissement d'un Mont-de-Piété à Metz* (1).

Versailles, septembre 1781.

N° 1562. — ÉDIT *portant réunion de la principauté de Dombes à la province de Bresse* (2).

Versailles, septembre 1781. (R. S.)

N° 9777. — ÉDIT *relatif aux impositions.*

Septembre 1781 (3).

N° 1563. — ORDONNANCE *portant défenses de vendre des navires à des étrangers sans en avoir préalablement obtenu l'agrément de S. M.* (4).

Versailles, 7 octobre 1781. (Lebeau, Code des prises, Code des douanes.)

S. M. étant informée que les ventes des navires marchands à des étrangers se multiplient à un tel point dans les différents ports de France, qu'il en peut résulter des inconvénients pour son service, elle a ordonné et ordonne qu'à compter de ce jour aucun propriétaire de navire français ne pourra en faire la vente à des étrangers, sans en avoir préalablement obtenu la permission par écrit du secrétaire d'état ayant le département de la marine, à peine de nullité desdites ventes. Fait défenses S. M. aux officiers des amirautés d'enregistrer aucun acte relatif auxdites ventes, qu'il ne leur soit apparu de ladite permission, laquelle demeurera déposée au greffe de l'amirauté, et sera relatée dans les sentences d'enregistrement desdits actes de vente.

N° 1564. — ÉDIT *portant création de quarante-huit offices de receveurs généraux des finances* (5).

Versailles, octobre 1781. Reg. à la chambre des comptes le 16. (R. S. C.)

---

(1) V. ord. du 17 novembre 1819, art. 13, décret du 25 septembre 1813. V. 27 juillet 1784.
(2) Des lettres de jussion furent expédiées le 22 février 1782, et furent enregistrées au parlement de Dijon, le 6 mars suivant.
(3) Edit de mars 1784.
(4) V. arrêté du 24 prairial an III.
L'interdiction prononcée par les lois levée par l'art. 2, loi du 21 avril 1818, circulaire du 23 avril 1818.
(5) Ils avoient été supprimés par l'édit d'avril 1780, n° 1309, tom. 4 du règne, pag. 210. V. édit de mars 1784.

N° 1565. — Arrêt *du conseil concernant les rescriptions des recettes générales des finances* (1).

Versailles, 16 octobre 1781. (R. S.)

N° 1566. — Arrêt *du conseil concernant les demandes en cassation en matière de finance et de commerce.*

Versailles, 18 octobre 1781. (R. S.)

Le roi étant informé que ceux qui sont dans le cas de se pourvoir en cassation contre des arrêts ou jugements rendus en dernier ressort, en matière de finance et de commerce, se dispensent de se conformer aux dispositions du réglement du 28 juin 1738, concernant la procédure que S. M. veut être observée en son conseil, et qu'il en résulte plusieurs inconvénients également nuisibles au bien de la justice et à la tranquillité des sujets. A quoi voulant pourvoir : ouï le rapport du sieur Joly de Fleury, conseiller d'état ordinaire, et au conseil royal des finances, le roi étant en son conseil a ordonné et ordonne que les dispositions du réglement du 28 juin 1738, concernant la procédure que S. M. veut être observée en son conseil, et notamment celles du titre IV, concernant les demandes en cassation, seront exécutées, et qu'en conséquence, aucune requête ne pourra être reçue, tant en son conseil des finances qu'en son conseil du commerce, qu'elle n'ait été présentée, et l'amende consignée dans les délais prescrits par ledit réglement. En ce qui concerne les demandes en cassation qui pourroient être formées à l'occasion du recouvrement des impositions, ou par rapport au domaine de la couronne et autres droits de S. M., soit qu'ils soient en ferme ou en régie, ordonne S. M. qu'il en sera usé comme par le passé.

N° 1567. — Arrêt *du conseil qui déclare les donataires ou concessionnaires à temps de domaines du roi, compris dans les dispositions des arrêts des 26 mai et 16 juin 1771, portant révocation des exemptions et aliénations des droits seigneuriaux casuels dans les mouvances du roi* (2).

Versailles, 31 octob. 1781. (R. S. R. du parl. de Toulouse. Dupleix, 1783.)

---

(1) V. édit d'avril 1780; a. d. c. 12 janvier 1781.
(2) V. a. d. c. 26 mai 1771. *Id.* du 16 juin.

N° 1568. — **Lettres patentes** *portant homologation des statuts de la communauté des traiteurs.*

Versailles, 1er novembre 1781. Reg. en parlement le 12 avril 1782.
(Mars, 2-277.)

12. Défenses sont faites aux maîtres de la communauté, à ceux des communautés supprimées, et à tous marchands forains, marcandiers, regrattiers, regrattières, de colporter ou faire colporter aucunes marchandises de la profession dans les places, marchés, rues, lieux privilégiés, et dans les maisons des particuliers, pour les y offrir, vendre et débiter, sous peine de saisie et confiscation des marchandises, et de 200 liv. d'amende, et même sous peine de prison en cas de récidive.

13. Les réglements concernant le commerce du gibier et de la volaille, et la police qui doit s'observer sur le carreau de la Vallée, seront exécutés : en conséquence, les marchands forains seront tenus d'envoyer ou d'amener directement leurs marchandises de gibier et volailles sur le carreau de la Vallée, pour y être exposés en vente après la visite qui en aura été faite de la manière qui sera prescrite par l'article ci-après. Défenses leur sont faites de vendre et débiter aucune desdites marchandises dans les anciennes limites de ladite ville, et partout ailleurs que sur le carreau de la Vallée de Paris, comme aussi de faire aucun envoi, entrepôts, magasins dans lesdites limites ou dans les hôtelleries de Paris; le tout sous peine de saisie et de confiscation desdites marchandises et des voitures, et de 100 liv. d'amende (1).

14. Pareilles défenses sont faites auxdits marchands forains, 1° d'exposer en vente aucune marchandise de volailles et gibier défectueuse, vidée, dégraissée, écrêtée ou écourtée; 2° de continuer leurs ventes au-delà des heures fixées par les réglements de police; 3° enfin de remporter leurs marchandises ou celles d'autres marchands forains de dessus le carreau de la Vallée comme non vendues; le tout sous peine de saisie et confiscation de ladite marchandise, et de 100 liv. d'amende (2).

15. Les maîtres de la communauté, les privilégiés de l'hôtel et tous autres ayant droit de faire le commerce de gibier et volailles, ne pourront s'approvisionner desdites marchandises que sur le carreau de la vallée et après les heures fixées par les réglements de police; défenses leur sont faites de s'appro-

---

(1) V. les art. 419 et 420 du code pénal.
(2) V. pour le n° 1er art. 20, loi du 22 juillet 1791. Appendice de la section des coups volontaires. C. P.

visionner ailleurs desdites marchandises, de se les faire adresser en droiture ou d'aller ou envoyer au-devant des voitures qui en seront chargées, comme aussi de les arrher ou faire enlever à leur arrivée ou avant les heures fixées par les réglements, sous les peines portées par l'art. 14 ci-dessus (1).

18. Défenses sont faites aux maîtres de la communauté, aux privilégiés de l'hôtel, et à tous autres, de renvoyer sur le carreau de la halle pour y être revendues, aucunes marchandises qui auront été achetées du marchand forain, sous les peines portées par l'article 14 ci-dessus.

19. Les syndics et adjoints de la communauté auront seuls, et à l'exclusion de tous autres, et notamment des bouchers, le droit de faire la visite, après l'heure du bourgeois, de toutes les marchandises foraines qui seront amenées sur le carreau de la Vallée, et de saisir, à leur requête, celles qui se trouveront défectueuses ou en contravention aux réglements; à l'effet de quoi les marchands forains seront tenus de faire ouverture de leurs paniers, sinon les syndics et adjoints seront autorisés à faire ladite ouverture pour procéder à la visite des marchandises y contenues (2).

22. Les maîtres seront tenus de faire imprimer leurs noms en gros caractères à l'extérieur et à l'endroit le plus apparent de leur boutique, sans pouvoir prendre directement ni indirectement l'enseigne de ceux de leurs confrères qui habitent la même rue ou celles adjacentes; le tout sous peine de 10 liv. d'amende, et même de plus grande peine si le cas y échet.

23. Défenses sont faites à tous apprentis et garçons de ladite profession, lorsqu'ils voudront se faire recevoir maîtres et s'établir, même dans les trois années qui suivront leur sortie de chez un maître, de prendre à loyer la boutique occupée par le maître chez lequel ils demeureront ou auront demeuré, comme aussi de s'établir avant l'expiration desdites trois années, à la proximité des maisons qu'ils auront quittées, desquelles ils seront tenus de s'éloigner, de manière qu'il y ait au moins quatre boutiques de sa profession entre les maisons dans lesquelles ils auront demeuré et celle de leur établissement, à moins que ce ne soit du consentement des maîtres intéressés, ou pour prendre l'établissement d'une veuve ou fille de maître qu'ils auraient épousée; le tout sous peine de fermeture de boutique, de dommages intérêts et d'amende.

---

(1) V. les art. 419 et 420. C. P.
(2) V. § 4, art. 3 et 5, loi du 24 août 1790. App. C. P.

30. Les syndics et adjoints seront pareillement tenus de faire de fréquentes visites tant chez les maîtres et agrégés de la communauté, que chez les gargotiers, aubergistes, pour y examiner les casseroles et autres ustensiles de cuivre à leur usage, et dans le cas où ils en trouveroient de défectueux et mal étamés, ou contenant des comestibles conservés et refroidis, et par conséquent dangereux pour la santé des citoyens, ils en feront dresser procès-verbal par l'huissier qui les accompagnera, pour, sur le rapport qui en sera fait à l'audience de la chambre de police par un commissaire, après avoir fait assigner les contrevenants à la requête du procureur du roi, être statué ce qu'il appartiendra.

N° 1569. — LETTRES PATENTES *qui ordonnent la fabrication à Orléans, de 20,000 marcs d'espèces de cuivre.*

Versailles, 4 novembre 1781. Reg. en la cour des monnoies le 12 juin 1782. (R. S.)

N° 1570. — LETTRES PATENTES *sur les successions échéant à des sujets palatins* (1).

Versailles, 6 novembre 1781. Reg. au parlement d'Alsace, le 24. (Arch. du parlement d'Alsace. Gaschon, pag. 229.)

N° 1571. — ARRÊT *du conseil qui défend à tous curés, notaires, arpenteurs et autres officiers publics, de qualifier aucunes gens de couleur du titre de sieur et dame.*

Versailles, 6 novembre 1781. (Code de la Martinique, tom. 3, pag. 446.)

N° 1572. — ARRÊT *du conseil souverain qui interdit aux gens de couleur le port des armes.*

8 novembre 1781. (Code de la Martinique, tom. 3, pag. 448.)

N° 1573. — ARRÊT *du conseil relatif à l'importation des soies de Nankin, venant de l'étranger.*

Versailles, 9 novembre 1781. (R. S.)

Vu par le roi, étant en son conseil, les mémoires présentés à S. M. par les marchands de soies et fabricants de gazes de sa ville de Paris, et les représentations faites par la chambre du commerce de Lyon, concernant les dispositions de l'arrêt rendu en son conseil le 9 janvier dernier, par lequel les soies blanches de la Chine, dites *Nankin*, qui seroient apportées de

---

(1) V. convention du 16 juin 1766.

l'étranger, ont été assujetties à un droit de cinq pour cent de leur valeur, fixée sur l'évaluation de 30 fr. par livre, et S. M. étant informée que l'importation qui s'est faite depuis ledit arrêt des soies de cette qualité, ne suffit pas à la consommation des manufactures de gaze, blonde et autres ouvrages pour lesquels ladite soie est de nécessité indispensable. A quoi voulant pourvoir : ouï le rapport du sieur Joly de Fleury, conseiller d'état ordinaire, et au conseil royal des finances; le roi étant en son conseil, a ordonné et ordonne que, jusqu'à ce qu'il en soit autrement ordonné, lesdites soies de Nankin, venant de l'étranger, qui entreront dans le royaume par les ports de Rouen, Lorient, Nantes et Dunkerque, et par les bureaux de Septèmes, Saint-Laurent-du-Var, Lille et Strasbourg, ne seront assujetties qu'au paiement du droit de 14 s. par livre attribué à la ville de Lyon, ensemble les 10 s. pour livre d'iceux, à la charge que lesdites soies seront directement expédiées desdits ports ou bureaux, sous plomb et par acquit à caution, à la douane de Lyon et de Paris : enjoint S. M. aux sieurs intendants et commissaires départis, de tenir la main à l'exécution du présent arrêt, qui sera lu, publié et affiché partout où besoin sera; dérogeant S. M. à toutes lois ou arrêts à ce contraires.

N° 1574. — ARRÊT de réglement du conseil supérieur qui fait défenses aux habitants de faire vendre aucune marchandise quelconque, par des gens de couleur, soit libres, soit esclaves.

Cayenne, 10 novembre 1781. (Col. m. m. Code Cayenne, t. 6, pag. 675.)

N° 1575. — DÉCLARATION concernant les monnoies de la Guianne.

Versailles, 10 novembre 1781. Reg. au conseil supérieur le 15 janvier 1783. (Coll. m. m. Code Cayenne, tom. 6, pag. 691.)

N° 1576. — LETTRES PATENTES relatives aux manufactures de porcelaines (1).

Versailles, 12 novembre 1781. (Merlin, v° porcelaine.)

N° 1577. — ORDONNANCE de police concernant les incendies (2).

Paris, 15 novembre 1781. (R. S. Mars, 2—445.)

Sur ce qui nous a été représenté par le procureur du roi,

---

(1) V. 16 mai 1784, art. 6, 4 avril 1789.
(2) V. régl. 3 décembre 1666, ord. du 26 janvier 1672, 20 janvier 1727, 10 février 1735, 16 mai 1783, ord. de police du 23 avril 1784, lois 16-24 août 1790, 19-22 juillet, 28 septembre, 6 octobre 1791; les art. 458, 471, 475, cod. pén., ord. de police 21 décembre 1819.

que, malgré les secours contre les incendies, utilement établis et entretenus par le gouvernement, les accidents du feu surviennent si fréquemment dans cette capitale, qu'il peut être intéressant d'exposer à la fois les causes qui peuvent les produire, et les précautions capables de les prévenir; que ces causes peuvent être attribuées à la négligence ou à l'ignorance des réglements et ordonnances rendus en cette partie; qu'il est donc important de les rappeler, et d'exciter de plus en plus les habitants à recourir avec confiance au service gratuit et zélé des gardes-pompes préposés pour veiller nuit et jour à la conservation de la vie et des biens des citoyens.

A ces causes, nous, faisant droit sur le réquisitoire du procureur du roi, ordonnons que les arrêts et réglements, sentences et ordonnances de police sur le fait des incendies, et notamment l'ordonnance du 10 février 1735, seront exécutés selon leur forme et teneur; et en conséquence :

1. Faisons très-expresses inhibitions et défenses à tous maîtres maçons, charpentiers, compagnons et manœuvres, de construire à l'avenir des cheminées dans les échopes, de faire aucuns manteaux et tuyaux de cheminée adossés contre des cloisons de maçonnerie et charpenterie, de poser des âtres de cheminée sur des solives des planchers, et de placer des bois dans les tuyaux, lesquels ils construiront de manière que les enchevêtrures et les solives soient à la distance de trois pieds des gros murs, en sorte que les passages desdites cheminées aient au moins dix pouces de large, deux pieds et demi de long, ou au moins deux pieds trois pouces dans les petites pièces, à moins qu'il ne soit question de réparer d'anciens bâtiments, auquel cas on pourra ne donner que deux pieds de longueur aux tuyaux des cheminées, lorsqu'il y aura nécessité, afin d'éviter aux propriétaires la reconstruction des planchers, en ce non compris les six pouces de charge de plâtre qui seront contre lesdits bois de chaque côté, le tout revenant à trois pieds un pouce d'ouverture pour les nouveaux bâtiments, et de deux pieds dix pouces pour les anciens au moins entre lesdits bois, dont les recouvrements de plâtre, tant sur les solives, chevêtres et autres bois seront de six pouces, en sorte qu'il n'en puisse arriver aucun incendie; le tout à peine de 1,000 liv. d'amende, d'être déchu de la maîtrise pour les maîtres, et de tous dépens, dommages et intérêts envers les propriétaires des maisons; pourront même les compagnons et ouvriers travaillant à journée ou autrement être emprisonnés en cas de contravention.

2. Défendons, suivant et conformément aux mêmes ordonnances, à tous propriétaires de souffrir qu'il soit fait en leurs maisons aucunes mal-façons de la qualité ci-dessus énoncée, à peine de pareille amende, et d'être tenus de faire abattre à leurs frais et dépens tous les tuyaux, âtres et manteaux de cheminées qui ne se trouveront pas conformes à ce qui est prescrit par l'article précédent.

3. Enjoignons à tous propriétaires, locataires et sous-locataires des maisons de faire exactement ramonner au moins quatre fois l'année les cheminées des appartements et autres lieux par eux loués, sous-loués ou occupés, et celles des grandes cuisines tous les mois; le tout à peine de 200 liv. d'amende contre ceux qui se trouveront habiter les maisons ou chambres dont les cheminées n'auront pas été ramonnées exactement.

4. Faisons défenses à tous bourgeois ou habitants de cette ville, de quelque qualité et condition qu'ils soient, de tirer ou faire tirer à l'avenir aucun coup de fusil dans les cheminées en cas d'incendie, chargés à balle, de gros plomb, ou même seulement à poudre, et ce sous telle peine qu'il appartiendra.

5. Faisons pareillement défenses à tous bourgeois ou habitants de cette ville, aux voituriers, loueurs de carrosses, marchands loueurs de chevaux, aux charretiers, cochers, palfreniers et valets d'écurie, d'entrer dans les greniers et magasins où il y a du foin, de la paille, du charbon ou d'autres matière combustibles, et dans les écuries avec aucunes lumières, si lesdites lumières ne sont renfermées dans des lanternes bien et duement closes et fermées, en sorte qu'il ne puisse arriver aucun accident; leur faisons aussi défenses d'entrer dans lesdits magasins, greniers et écuries avec des pipes remplies de tabac allumé, et d'y fumer, le tout sous peine de 200 liv. d'amende pour chaque contravention, même de plus grande peine en cas de récidive : défendons sous les mêmes peines à tous marchands pailleux d'entrer dans leurs granges, greniers ou autres endroits où ils serrent leur paille, pendant la nuit avec des lumières, si elles ne sont renfermées dans des lanternes, et de travailler ou faire travailler esdits greniers, granges et autres lieux pendant la nuit et avant le jour en aucune saison, ni d'y travailler avec aucune lumière pour quelque cause et sous quelque prétexte que ce puisse être.

6. Ne pourront lesdits bourgeois et habitants, marchands, voituriers, loueurs de carrosses et de chevaux, charretiers, cochers, palfreniers, valets d'écurie, et tous autres de quelque qualité et condition qu'ils soient, brûler soit chez eux ou dans

leurs cours, soit dans les rues, aucune paille, fumiers, ordures de jardins et autres immondices; leur enjoignons de les faire enlever et porter aux décharges ordinaires; le tout à peine de 100 liv. d'amende pour chaque contravention, dont les pères et mères seront civilement responsables pour leurs enfants, et les maîtres pour leurs apprentifs, compagnons, serviteurs et domestiques; pourront même les contrevenants être emprisonnés sur-le-champ.

7. Notre ordonnance du 15 décembre 1730 sera exécutée; en conséquence faisons défenses à tous gagne-deniers, charretiers, et autres personnes fréquentant les halles, d'y allumer des feux, à peine de 100 liv. d'amende, d'interdiction aux gagne-deniers pour toujours de la halle et de leur travail: pourront même être emprisonnés en cas de contravention; leur défendons et à toutes autres personnes fréquentant les halles d'y apporter des chaudrons à feu, s'ils ne sont couverts de grillages de fer, à peine de 100 liv. d'amende, d'interdiction des halles, même de plus grande peine en cas de récidive; de laquelle amende les pères et mères demeureront civilement responsables pour leurs enfants, et pareillement les maîtres et maîtresses pour leurs garçons, servantes et domestiques; défendons sous les mêmes peines à tous gagne-deniers et autres personnes, de quelque qualité et condition qu'ils soient, de fumer dans lesdites halles.

8. Disons que les arrêts du parlement, sentences et réglements qui ont été faits pour prévenir l'incendie des bateaux de foin, seront exécutés selon leur forme et teneur.

9. Seront tenus tous marchands et marchandes faisant commerce de paille et de foin, de resserrer lesdites pailles en lieux clos et sûrs, pour qu'il ne puisse en arriver aucun accident; leur défendons d'en laisser séjourner au-devant de leurs portes tant le jour que la nuit, à peine de 100 liv. d'amende et de confiscation.

10. Faisons très-expresses défenses et inhibitions à tous marchands, bourgeois et autres habitants de cette ville et faubourgs, et notamment à ceux qui logent rue de la Tannerie et aux environs de la place de Grève, de faire aucun magasin de charbon et poussière de charbon à l'avenir dans leurs maisons, sous quelque prétexte que ce puisse être, à peine de 50 liv. d'amende contre les contrevenants, et de confiscation dudit charbon.

11. Faisons défenses aux menuisiers, layetiers, bahutiers, tourneurs, boisseliers, de travailler la nuit sans avoir leurs

lumières renfermées dans des lanternes, à peine de 100 liv. d'amende.

12. Ordonnons que l'arrêt du 30 avril 1729 portant règlement pour le débit de la poudre à canon, fusées et autres artifices, et l'ordonnance de police du 12 août 1780, seront exécutés selon leur forme et teneur; et en conséquence faisons défenses à tous marchands merciers, quincailliers, binblotiers et autres, de faire aucun commerce ni débit de poudre à canon, soit fine ou commune, fusées volantes et autres artifices dans l'étendue et l'intérieur des limites et des faubourgs de cette ville. Faisons pareillement défenses aux propriétaires, engagistes ou principaux locataires des maisons, boutiques ou échopes, de louer leursdites maisons, boutiques ou échopes dans la ville et les faubourgs, pour y faire un pareil commerce; faisons en outre défenses aux artificiers de tirer dans cette ville et faubourgs aucuns feux d'artifice, sous prétexte de fêtes particulières ou pour quelque autre cause que ce soit, sans avoir obtenu notre permission, même d'essayer leurs artifices dans les environs de la ville et faubourgs, ni dans les promenades publiques, mais seulement dans les lieux écartés et par nous indiqués; le tout à peine de 400 liv. d'amende.

13. Enjoignons aux boulangers, pâtissiers, rôtisseurs, traiteurs, charcutiers, bouchers, chandeliers, serruriers, taillandiers, maréchaux grossiers et ferrants, charrons, fondeurs de tous métaux et autres de semblables états, tenant four, cuisine, fondoir, forges et fourneaux dans cette ville et faubourgs, de faire ramonner les cheminées de leurs fours, cuisines, fondoirs, forges et fourneaux, au moins une fois par mois, et auxdits boulangers et pâtissiers d'avoir des éteignoirs de fer ou de cuivre pour éteindre leur braise. Leur faisons défenses de s'en servir d'autres, de faire sécher leurs bois dans leurs fours, et de faire construire des soupentes au-dessus desdits fours, forges et fourneaux, à peine de 500 liv. d'amende. Ordonnons que dans un mois, du jour de la publication de notre présente ordonnance, ceux qui ont actuellement des soupentes au-dessus desdits fours, forges et fourneaux, seront tenus de les faire démolir, sous les mêmes peines que dessus; à l'effet de quoi les commissaires au Châtelet feront des visites chez les boulangers, pâtissiers, serruriers et autres, chacun dans leur quartier, une fois le mois.

14. L'ordonnance de police du 1er février 1781, concernant les maîtres charrons, menuisiers et autres travaillants en bois, qui cumulent avec leur profession celle de serrurier, taillan-

dier, maréchal grossier, sera exécutée selon sa forme et teneur; en conséquence ceux qui exerceront lesdites professions dans la même maison, seront tenus d'avoir deux ateliers séparés par un mur de 8 pieds au moins d'élévation, dans la construction duquel il ne pourra être employé aucun bois de charpente, et sans qu'ils puissent adosser les forges audit mur, ni employer dans l'atelier où sera la forge les apprentis et compagnons travaillant en bois; leur enjoignons de placer la porte de communication de manière que les étincelles de la forge ne puissent jaillir dans l'atelier voisin; leur défendons de déposer dans l'atelier des forges aucun bois, recoupes, ni pièces de charronnages, ni menuiserie, à l'exception des ouvrages finis et qu'on sera occupé à ferrer, à la charge de les retirer à la fin de la journée, et de les placer dans un endroit séparé de la forge, de manière qu'il ne reste pendant la nuit aucune matière combustible dans lesdits ateliers; et avant que de former ces deux établissements dans une maison, lesdits maîtres seront tenus d'en faire déclaration au commissaire du quartier, lequel s'y transportera et en dressera procès-verbal à leurs frais; le tout à peine de démolition des forges, fermeture des ateliers, et de 400 livres d'amende.

15. Faisons très-expresses et itératives défenses à tous particuliers de quelque qualité et condition qu'ils soient de tirer aucuns pétards ou fusées, boîtes, pommeaux d'épées ou saucissons, pistolets, mousquetons ou autres armes à feu, dans les rues, dans les cours ou jardins, et par les fenêtres de leurs maisons, pour quelque cause et occasion que ce soit, et nommément les jours de la Fête-Dieu, de la veille de saint Jean-Baptiste, et les jours de réjouissances publiques, de se servir de fusils, pistolets ou autres armes à feu pour tirer au blanc, ni autrement, même dans les cours et jardins des faubourgs, à peine de 400 liv. d'amende, de laquelle amende les pères et mères seront civilement tenus et responsables pour leurs enfants, et les maîtres et chefs de maisons pour leurs apprentifs, compagnons, serviteurs et domestiques; pourront même les contrevenants être emprisonnés sur-le-champ.

16. Enjoignons expressément à tous propriétaires et locataires des maisons, lors des réjouissances publiques, de fermer leurs boutiques, de faire fermer et boucher exactement les fenêtres, lucarnes, œils de bœufs et généralement toutes les ouvertures des greniers des maisons à eux appartenants ou par eux occupés, soit que lesdits greniers soient vides ou remplis; comme aussi de fermer les fenêtres et portes des cham-

bres, remises, hangars et écuries, de même que les soupiraux et ouvertures des caves, caveaux et autres lieux dans lesquels il y auroit de la paille, du foin, du bois, des tonneaux, du suif et autres matières combustibles, à peine de 200 livres d'amende contre les contrevenants : ordonnons en outre aux marchands épiciers de tenir pendant ledit temps les portes et soupiraux de leurs caves et magasins exactement fermés; et aux chandeliers et grainetiers de retirer les bottes de foin et de paille qu'ils ont coutume d'étaler au-dehors de leurs boutiques, sous les mêmes peines de 200 liv. d'amende.

17. Enjoignons pareillement à tous propriétaires de maison où il y a des puits, de les maintenir en bon état, en sorte qu'il y ait au moins 22 pouces d'eau; de les faire nettoyer et curer et même creuser lorsque ladite quantité d'eau viendra à diminuer; enjoignons aussi auxdits propriétaires ou principaux locataires de les entretenir de bonnes et suffisantes poulies, et d'avoir soin à ce qu'elles soient exactement et journellement garnies de cordes, et d'avoir en icelles un ou plusieurs seaux qui puissent servir au besoin; le tout sous les peines portées par lesdites ordonnances et réglements, et notamment par nos ordonnances des 20 janvier 1727 et 15 mai 1754.

18. En cas d'incendie, seront tenus les bourgeois et habitants chez lesquels le feu aura pris, de faire ouverture de leurs maisons aux commissaires au Châtelet, aux gardes-pompes, aux officiers du guet, et autres officiers de police qui se présenteront pour leur prêter secours; et en cas de refus, seront les portes enfoncées et brisées sur les ordres desdits commissaires du quartier, qui dresseront procès verbal du refus d'ouvrir les maisons desdits propriétaires ou locataires : enjoignons pareillement à tous les habitants de la rue où sera l'incendie, et même à ceux des rues adjacentes, de tenir la porte de leurs maisons ouvertes, et de laisser puiser de l'eau dans leurs puits, lorsqu'ils en seront requis pour le service des pompes publiques et des ouvriers employés auxdits incendies, à peine de 500 liv. d'amende contre ceux qui refuseront de prêter secours ou de faire ouverture de leurs maisons.

19. Les tonneaux destinés pour les secours des incendies seront toujours remplis d'eau : enjoignons aux gravatiers et autres voituriers, chez lesquels lesdits tonneaux sont déposés, de les conduire au premier avis qui leur sera donné par les pompiers, et le plus promptement qu'il sera possible, dans les endroits où le feu aura pris.

20. Les marchands épiciers, ciriers, les plus prochains de

l'incendie, seront aussi tenus d'avoir leurs boutiques ouvertes, et de fournir en payant, sur les ordres des commissaires au Châtelet, tous les flambeaux nécessaires pour éclairer les ouvriers travaillants audit incendie, à peine de 200 livres d'amende.

21. Ordonnons que tous les maîtres maçons, charpentiers, couvreurs, plombiers et autres ouvriers et artisans, seront tenus au premier avis qui leur sera donné de quelqu'incendie, et sur la réquisition des commissaires et autres officiers de police, de se transporter à l'instant de l'avertissement sur les lieux où sera l'incendie, d'y faire transporter leurs compagnons, ouvriers et apprentis avec les ustensiles nécessaires, soit pour aider à éteindre le feu, s'ils en sont requis par les gardes-pompes, soit pour mettre les bâtiments en sûreté et travailler aux décombres après que le feu sera éteint; à peine de 500 liv. d'amende contre chacun desdits maîtres, compagnons, ouvriers et apprentis. Ordonnons en outre que les jurés des communautés des maîtres maçons, charpentiers couvreurs et plombiers, seront tenus de faire imprimer par chacune année une liste contenant les noms et demeures des maîtres, de leurs communautés, et d'en délivrer des exemplaires aux commissaires au Châtelet, au chevalier du guet, et au directeur des pompes; lesquelles listes lesdits jurés feront imprimer par distinction de chacun quartier, le tout conformément aux arrêts du parlement et réglements de police, et notamment à nos sentences des 7 mars 1670, 10 juillet 1706, et 29 janvier 1726.

22. Il sera posé tous les ans, au coin des rues, des affiches indicatives des lieux où les corps-de-gardes sont situés, où les pompes, les voitures et les tonneaux remplis d'eau sont déposés.

N° 1578. — ARRÊT *du conseil, suivi de lettres patentes, concernant les chemins et communications des villes, bourgs et villages qui ne font pas partie des grandes routes* (1).

Versailles, 18 novembre 1781. (R. S. C. Toulouse. Duplex, 1784.)

Le roi s'étant fait représenter en son conseil, les baux d'entretiens des différentes routes qui sont à la charge du département des ponts et chaussées dans les différentes généra-

---

(1) V. a. d. c. 10 août 1756, 27 août 1766, 5 avril 1772, 15 avril 1779.

ralités; et S. M. ayant reconnu qu'on y avoit compris des communications particulières, et même des rues situées dans l'intérieur des villes, bourgs et villages qui ne font pas partie des grandes routes; qu'il en étoit résulté des conflits de juridiction entre les trésoriers de France et les juges des seigneurs, et une dépense superflue, qui nuisoit à l'avancement et perfection des routes principales. A quoi voulant pourvoir; ouï le rapport du sieur Joly de Fleury, conseiller d'état ordinaire, et au conseil royal des finances. Le roi étant en son conseil, a ordonné et ordonne qu'à compter du jour de la publication du présent arrêt, les rues, chemins et communications particulières des villes, bourgs et villages du royaume, même dans la banlieue de Paris, qui ne font pas partie des grandes routes et chemins royaux, seront retirés des bans d'entretien des ponts et chaussées et pavé de Paris, et qu'en conséquence les seigneurs hauts-justiciers des lieux, ayant titre et possession valables, pourront seuls faire exercer la voirie sur lesdites rues, chemins et communications particulières, sans que néanmoins lesdits seigneurs hauts-justiciers, leurs officiers, ainsi que les officiers municipaux des villes et bourgs, puissent permettre aucune construction sur les grandes routes et chemins royaux, ou sur les rues des villes, bourgs et villages qui en font partie, encore que les chaussées soient entretenues à leurs frais, ou à ceux desdites villes, bourgs et villages. Ordonne S. M. que les trésoriers de France, commissaires des ponts et chaussées et du pavé de Paris, continueront de donner sans frais lesdits alignements, et autres permissions relatives à la police et voirie des grandes routes et chemins royaux, conformément à l'arrêt de règlement du conseil du 27 février 1765, qui sera exécuté selon sa forme et teneur. Enjoint S. M. aux sieurs intendants et commissaires départis, et aux officiers des bureaux des finances, de tenir chacun en droit soi, la main à l'exécution du présent arrêt, lequel sera lu, publié, affiché et exécuté nonobstant oppositions ou appellations quelconques, pour lesquelles ne sera différé; et si aucunes interviennent, S. M. s'en est réservé la connoissance.

N° 1579. — ORDONNANCE *qui renouvelle les défenses de ports d'armes et d'épaulettes à tous domestiques indigènes, nègres, etc.* (1).

Versailles, 22 novembre 1781. (R. S. C.)

N° 1580. — ORDONNANCE *concernant les missions et la discipline des missionnaires dans les colonies françaises de l'Amérique.*

Versailles, 24 novembre 1781. Reg. au conseil supérieur de Cayenne le 14 janvier 1783. (Coll. m. m. Code Cayenne, tom. 6, pag. 577, 689, Code de la Martinique, tom. 3, pag. 448.)

Louis, etc. Sur le compte qui nous a été rendu de l'administration des missions dans nos colonies de l'Amérique, nous avons reconnu que les réglements faits sur cet objet important sont insuffisants, et que l'augmentation de la culture et de la population exige que nous permettions aux habitants, à cause de l'éloignement des paroisses, d'établir des chapelles sur leurs habitations, afin qu'ils puissent y assister et faire assister plus exactement leurs esclaves au service divin. A ces causes, etc.

1. Le préfet apostolique, sous l'autorité et discipline duquel sont les missionnaires, en vertu des pouvoirs dont il sera revêtu par le saint-siège, ne pourra remplir aucune de ses fonctions qu'à l'enregistrement de la bulle ou bref de sa nomination et de ses pouvoirs en vertu de nos lettres patentes en celui de nos conseils supérieurs dans le ressort duquel la mission se trouvera établie.

2. Nos gouverneur, lieutenant général et intendant, auront inspection et autorité sur la conduite personnelle des missionnaires et sur celle de leurs supérieurs, tant comme supérieur, que comme préfet apostolique, non-seulement relativement à leurs mœurs, mais encore par rapport aux négligences ou abus d'autorité qu'ils pourroient se permettre dans les actes appartenants au for-extérieur.

3. Voulons que nosdits gouverneur, lieutenant général et intendant fassent honorer et respecter lesdits supérieurs et missionnaires dans les fonctions de leur ministère; voulons aussi qu'en cas de scandale de leur part ou de trouble causé par eux à l'ordre et à la tranquillité publique, nosdits gouverneur, lieutenant général et intendant puissent ordonner par voie d'administration le déplacement desdits mission-

---

(1) V. ord. du 13 juin 1779, n° 1116, tom. 4 du règne, pag. 94.

naires; et, les renvoyer en France, et même selon la nature et dans la gravité des cas, donner ordre audit supérieur de venir rendre compte de sa conduite.

4. Le supérieur de chaque mission commettra à la desserte de toutes les paroisses de son district, et distribuera selon qu'il le jugera à propos les missionnaires, après avoir communiqué à nos gouverneur, lieutenant général et intendant les changements et nominations qu'il aura déterminés.

5. Si aucun des missionnaires nommé pour desservir une paroisse étoit jugé par nos gouverneur, lieutenant général et intendant ne pouvoir y être employé sans inconvénient, sera tenu le supérieur de la mission d'en nommer un autre.

6. Ne pourra ledit supérieur retirer, changer ou renvoyer en France aucun desservant de paroisse, sans avoir préalablement pris par écrit, et à la pluralité des voix, l'avis des cinq plus anciens desdits desservants; et sera signé d'eux le résultat dudit avis pour être remis à nos gouverneur, lieutenant général et intendant, sans qu'il soit besoin que leurs motifs soient détaillés dans ledit résultat.

7. Faisons défenses aux supérieurs desdits missions d'employer aux fonctions du ministère ecclésiastique dans les colonies aucuns prêtres séculiers ou réguliers qui ne seroient pas pourvus de démissoires de leur évêque diocésain, ou lettres d'obédience de leur supérieur régulier.

8. Le supérieur de chaque mission pourra, si bon lui semble, se réserver les fonctions curiales du chef-lieu de la colonie, et retenir près de lui le nombre de missionnaires qu'il jugera nécessaire, pour le suppléer et l'aider dans les fonctions de son ministère.

9. Chaque préfet apostolique fera, au moins une fois par an, la visite des différentes paroisses et chapelles de la mission; il examinera la conduite des missionnaires, l'état et la tenue des registres de mariages, baptêmes et sépultures, celui des ornements et vases sacrés, la situation des fabriques, les réparations à faire aux églises et presbytères; et du tout rendra compte aux gouverneur, lieutenant général et intendant.

10. Le préfet apostolique veillera particulièrement à ce que les esclaves, dans chaque paroisse, reçoivent de leur curé les instructions nécessaires et les sacrements de l'église; et dans le cas où il auroit connoissance de négligence ou empêchement de la part des maîtres, il en donnera avis aux gouverneur, lieutenant général et intendant, afin qu'il y soit par eux pourvu.

26 NOVEMBRE 1781.

11. Pourront les habitants faire construire des chapelles particulières sur leurs habitations, auquel cas ils s'adresseront au préfet apostolique, dans le district duquel leurs habitations seront situées pour obtenir la permission d'y faire célébrer la messe; et ne pourra ladite permission leur être refusée, lorsque lesdites chapelles seront construites et ornées décemment.

12. Lorsqu'une chapelle particulière aura été établie en vertu de la permission du préfet apostolique, il aura droit de visite et d'inspection sur ladite chapelle ainsi que sur la conduite de l'aumônier entretenu pour la desservir.

13. Défendons à tous curés desservant les paroisses de nos colonies de célébrer aucun mariage dans lesdites chapelles.

14. Chaque préfet apostolique rendra compte une fois chaque mois au secrétaire d'état ayant le département de la marine et des colonies, de l'état de la mission des paroisses et des communications religieuses, ainsi que de la conduite des missionnaires; et sera tenu ledit préfet apostolique de remettre une copie dudit compte à nos gouverneur, lieutenant général et intendant. Si donnons en mandement à nos officiers de notre conseil supérieur de Cayenne, etc.

N° 1581. ORDONNANCE *concernant les biens des fabriques et des églises dans les colonies françaises de l'Amérique.*

Versailles, 24 novembre 1781. Reg. au conseil supérieur de Cayenne, le 14 janvier 1783. (Coll. m. m. Code Cayenne, tom. 6, pag. 679, Code de la Martinique, tom. 3, pag. 496.)

N° 1582. — ÉDIT *concernant les chemins publics et particuliers dans les colonies françaises de l'Amérique* (1).

Versailles, 24 novembre 1781. Reg. au conseil supérieur de Cayenne le 15 janvier 1783. Coll. m. m. Code Cayenne, tom. 6, pag. 695, Code de la Martinique, tom. 3, pag. 498.)

N° 1583. — ARRÊT *du conseil sur les agens de change, leurs cautionnements et la police des aspirants* (2).

Versailles, 26 novembre 1781. R. S. C. Mars, 1—581.)

Sur ce qui a été représenté au roi, étant en son conseil,

---

(1) V. régl. 7 mai 1779.
(2) En vig. en partie, loi du 16 juin 1802. Edits de juin 1572, 1595, 1610, 1622, 1633, 1634, 1638, arrêt du 2 avril 1639, édit de 1645, de juillet 1705, d'août 1708, de novembre 1714; arrêt du 30 août 1720; édit de janv. 1723,

que quoique, par plusieurs réglements, il ait été fait défenses à toutes personnes autres que les agents de change, de faire à la Bourse des négociations d'effets et papiers commerçables, néanmoins nombre de particuliers se mêlent journellement desdites négociations, et abusent souvent de la confiance qu'ils ont surprise, en prenant le titre de courtiers et même d'agents de change; que S. M., dans la vue de supprimer ces abus, avoit, par arrêt de son conseil du 24 juin 1775, fixé à cinquante le nombre des agents de change; que, depuis cette époque, ce nombre s'est successivement réduit à trente-huit, par la mort ou la démission desdits agents de change qui n'ont pas été remplacés; que la sûreté publique exige que S. M. veuille bien établir un nouvel ordre, tant pour les nominations aux places d'agents de change qui pourront vaquer que pour qu'il n'y soit nommé que des personnes qui auroient suivi la Bourse pendant un certain temps, et donné preuve des qualités nécessaires pour bien remplir à tous égards des fonctions aussi importantes. A quoi voulant pourvoir: ouï le rapport du sieur Joly de Fleury, conseiller d'état ordinaire, et au conseil royal des finances, le roi étant en son conseil, a ordonné et ordonne ce qui suit:

1. Le nombre des agents de change, banque et finance pour la ville de Paris, sera et demeurera fixé à quarante, dérogeant S. M., à cet égard, audit arrêt du conseil du 24 juin 1775.

2. Ceux qui seront nommés par la suite aux places d'agents de change, seront tenus de fournir, avant de pouvoir obtenir l'expédition de leurs commissions, un cautionnement en immeubles, montant à la somme de 60,000 liv., dont la solidité sera examinée par le sieur lieutenant général de police, auquel l'acte en sera remis en forme exécutoire.

3. Au lieu dudit cautionnement en immeubles, il leur sera libre de verser au trésor royal la somme de 40,000 liv. en espèces, de laquelle l'intérêt au denier vingt, sans retenue, leur sera payé annuellement par le garde du trésor royal, à compter du premier jour du mois qui suivra le versement.

4. La commission desdits agents de change ne pourra être

---

arrêt du 24 septembre 1724, du 22 décembre 1733, du 24 juin 1775; décl. du 19 mars, arrêt du 10 septembre, lett. pat. 7 novembre 1786.
Lois 21 avril, 8 mai 1791, 27 juill. 1792, 27 juin 1793, 13 fructidor an III, 20 et 28 vendémiaire an IV, arrêté des 20 nivôse et 2 ventôse an IV, loi du 28 ventôse an IX, arrêté du 29 germinal an IX, Code pénal, 1810, art. 405; Code de commerce art. 74 et suiv.
Loi de finance du 28 avril 1816, art. 90 et 91, ord. du 29 mai 1816.

expédiée que sur le vu, soit du certificat du sieur lieutenant général de police, de la remise à lui faite du cautionnement en immeubles, soit de la quittance de finance dudit cautionnement en argent, et il en sera fait mention dans ladite commission. A l'égard des agents de change actuels, S. M. les dispense de tout cautionnement.

5. Le marc d'or à payer pour l'obtention desdites commissions demeurera fixé à la somme de 500 liv. en principal. Veut S. M. qu'il ne soit passé outre à l'expédition de leur commission, que sur le vu de la quittance dudit droit.

6. Nul ne pourra être reçu agent de change, qu'il n'ait justifié avoir travaillé et demeuré au moins cinq ans sans interruption dans les comptoirs de banque ou de commerce, dans les bureaux des finances ou études des notaires, et il ne pourra conserver et cumuler avec sa place aucun emploi de caissier ou autre comptabilité, et ils ne pourront faire aucune négociation pour leur compte.

7. Les agents de change éliront dans une assemblée générale, et par la voie du scrutin, dix sujets d'une conduite sans reproche, et ayant la capacité et les qualités requises pour remplir les places qui viendront à vaquer par la suite. Il sera dressé une liste des sujets ainsi élus, qui sera remise au lieutenant général de police, lequel l'approuvera, et le double en sera déposé aux archives des agents de change.

8. Dans le cas où l'un des aspirants nommé dans la forme portée au précédent article passeroit à la place d'agent de change, il sera procédé de la même manière à l'élection d'une autre personne pour le remplacer.

9. Lorsqu'il vaquera une place d'agent de change, l'un desdits aspirants sera choisi et nommé par le ministre des finances, pour la remplir, dans le nombre des trois sujets qui auront eu la pluralité des voix dans l'assemblée des syndics et autres agents de change, laquelle se tiendra chez le sieur lieutenant général de police, et en sa présence.

10. En cas de décès ou de démission de l'un des agents de change cautionnés, son cautionnement en immeubles subsistera pendant six mois entiers après son décès ou démission admise, sans qu'aucuns créanciers dudit agent de change puissent, après ledit temps, actionner la personne ou les biens de la caution, à laquelle la grosse de l'acte de cautionnement sera rendue.

11. Si, dans les mêmes cas, le cautionnement est en argent, il sera rendu et payé à l'agent de change ou à ses ayant

cause ladite somme de 40,000 liv., avec les intérêts qui s'en trouveront dus, en justifiant qu'il n'y a point d'opposition audit remboursement.

12. Il ne pourra être fait à la Bourse aucune négociation après le son de la cloche de retraite, à peine de nullité desdites négociations, et d'interdiction des agents de change qui les auront faites.

13. Fait S. M. défenses à toutes personnes autres que les agents de change, de s'immiscer dans les négociations d'effets royaux et papiers commerçables, comme aussi de prendre la qualité d'agent ou courtier de change, d'avoir et tenir dans la Bourse aucuns carnets, pour y inscrire les cours des effets, et de rester à la Bourse après le son de la cloche qui en indique la sortie, à peine, pour l'une ou l'autre de ces contraventions, de nullité des négociations, de 3,000 liv. d'amende, et, en cas de récidive, de punition corporelle.

14. Il sera néanmoins permis aux marchands, négocians, banquiers et autres qui sont dans l'usage d'aller à la Bourse, de négocier entre eux les lettres de change, billets au porteur, à ordre et de marchandises, sans l'entremise des agents de change, en se conformant au surplus aux réglements.

15. Ordonne S. M. que les différents réglements concernant la Bourse et les agents de change seront exécutés en tout ce qui n'est pas contraire aux dispositions du présent arrêt, sur lequel toutes lettres patentes nécessaires seront expédiées.

N° 1584. — ARRÊT *du conseil sur le recouvrement des amendes que les juges ne pourront détourner* (1).

Versailles, 8 novembre 1781. (R. S.)

Le roi s'étant fait représenter en son conseil, les déclarations des 21 mars 1671, 21 janvier 1685 et 9 mars 1709, et les arrêts du conseil rendus en conséquence les 6 novembre 1682, 12 janvier 1694, 29 octobre 1720, 11 janvier 1729, 24 octobre 1747, 27 juillet 1762 et 11 décembre 1770, par lesquels il est fait défenses à toutes les cours et juges, aux juges-consuls, juges-conservateurs des priviléges des foires, officiers de police, prévôts, châtelains et à tous autres officiers de justices royales ordinaires et extraordinaires, de faire application d'aucunes amendes civiles et criminelles, pro-

---

(1) V. a. d. c. 27 mai 1671, 15 janvier, 10 mai et 9 août 1672, 22 janvier 1678, 11 juillet 1684, 23 septembre, 19 décembre 1775, 21 août 1781.

noncées et adjugées, à quelques sommes qu'elles puissent monter, soit pour réparations, pain des prisonniers, nécessités du Palais à l'ordonnance de la cour, et sous quelque prétexte que ce soit, même en condamnant les accusés en des amendes envers S. M.; de prononcer contre eux aucunes condamnations d'aumônes pour employer en œuvres pies, si ce n'est dans le cas où il aura été commis sacrilège, et où la condamnation d'aumônes pour œuvres pies fera partie de la réparation, à peine de désobéissance, et de 500 liv. d'amende contre les juges. Et S. M. étant informée que, pour éluder l'exécution de ces réglements, les juges de police de plusieurs villes du royaume ne font point rédiger leurs jugements portant condamnation d'amendes; qu'ils font recevoir ces amendes par les secrétaires et greffiers de la police; qu'ils en disposent ensuite à leur gré sans qu'il en reste aucune trace, en sorte que S. M. se trouve privée non-seulement desdites amendes, mais encore des 8 sous pour livre et droits de quittance qui en sont dus. A quoi voulant pourvoir : ouï le rapport du sieur Joly de Fleury, conseiller d'état ordinaire, et au conseil royal des finances, le roi étant en son conseil, a ordonné et ordonne ce qui suit :

1. Les déclarations des 21 mars 1671, 21 janvier 1685 et 9 mars 1709, ensemble les arrêts du conseil des 6 novembre 1682, 12 janvier 1694, 29 octobre 1720, 11 janvier 1729, 24 octobre 1747, 27 juillet 1762 et 11 décembre 1770, seront exécutés selon leur forme et teneur; en conséquence, fait S. M. très-expresses inhibitions et défenses à toutes ses cours et juges, aux juges-consuls, juges-conservateurs des privilèges des foires, officiers de police, prévôts, châtelains et à tous autres officiers des juridictions royales ordinaires et extraordinaires, de faire application d'aucunes amendes civiles, criminelles et de police, prononcées ou adjugées, à quelques sommes qu'elles puissent monter, soit pour réparations, pain des prisonniers, nécessités du palais et des auditoires à l'ordonnance de la cour, ou sous quelque autre prétexte que ce soit ou puisse être, à peine de nullité, de demeurer personnellement responsables, tant desdites amendes que des 8 sous pour livre et droits de quittances d'icelles, et de 500 liv. d'amende pour chacune contravention.

2. Enjoint S. M. auxdits officiers, et notamment à ceux de police, de faire rédiger sommairement et sur-le-champ tous les jugements qu'ils rendront, portant condamnation d'amendes à quelques sommes qu'elles puissent monter, et leur

fait défenses d'en percevoir ou faire percevoir, ni s'en approprier aucune pour quelque cause et sous quelque prétexte que ce soit ou puisse être, à peine aussi de demeurer personnellement responsables desdites amendes, des 8 sous pour livre et droits de quittances d'icelles, et de 500 liv. pour chacune contravention.

3. Fait pareillement défenses S. M. aux greffiers et à tous autres, de recevoir lesdites amendes, à peine de restitution du quadruple, 8 sous pour livre et droits de quittances d'icelles, et de pareille somme de 500 liv. d'amende pour chacune contravention.

4. Enjoint S. M. auxdits greffiers de faire ouverture de leurs greffes aux commis et préposés de ladite administration des domaines, et de leur communiquer sans déplacer les minutes, liasses et registres desdits greffes, pour y faire telles vérifications qu'il sera besoin pour la conservation des droits de S. M., à peine de nullité, en cas de refus, de 200 liv. d'amende pour chacune contravention. Ordonne S. M. que le présent arrêt sera exécuté, suivant sa forme et teneur, dans toutes les provinces et généralités du royaume, nonobstant opposition et autres empêchements quelconques, dont, si aucuns interviennent, S. M. se réserve et à son conseil la connoissance, et icelle interdit à toutes ses cours et autres juges. Enjoint S. M. aux sieurs intendants et commissaires départis, de tenir la main à son exécution, et de le faire imprimer, publier et afficher partout où il sera nécessaire; et seront sur icelui toutes lettres patentes expédiées, si besoin est.

N° 1585. — ÉDIT *qui ordonne que les appels des sentences rendues par le bailliage de Bar-le-Duc, dans les affaires concernant les fermes du roi et les droits perçus au profit de S. M., seront portés à la cour des aides de Paris.*

Versailles, novembre 1781. Reg. en la cour des aides, le 11 décembre.
(R. S.)

N° 1586. — ÉDIT *concernant les successions vacantes* (1) *dans les colonies françaises de l'Amérique, les curateurs à titre d'office, les exécuteurs testamentaires et les légataires.*

Novembre 1781. Reg. au conseil supérieur de Cayenne (2) en janv. 1783.
(Code de la Martinique, tom. 3 pag. 455.)

---

(1) Arrêté du 16 brumaire an XIV, art. 4.
(2) Dans la collection manuscrite qui se trouve au ministère, intitulé code de Cayenne, on ne trouve à la page 687, que l'énoncé de cet édit que l'on date du 24.

N° 1587. — LETTRE *de M. de Castries aux officiers de l'amirauté de St.-Malo, à l'effet de n'allouer que 2 p. cent du montant de chaque liquidation pour dédommagement de coffre du capitaine pris.*

1ᵉʳ décembre 1781. (Lebeau, Code des prises.)

N° 1588. — ORDONNANCE *pour servir de supplément au règlement du 1ᵉʳ mars 1778, concernant les troupes provinciales.*

Versailles, 1ᵉʳ décembre 1781. (R. S.)

N° 1589. — ARRÊT *du parlement qui défend les associations, assemblées et conventions des ouvriers des forges, etc., dans le Berry.*

Paris, 3 décembre 1781. (R. S.)

La cour fait défenses à tous ouvriers employés aux forges et à l'exploitation des bois et charbons dans la province de Berry, de s'associer, de s'assembler, ni de faire entre eux aucunes conventions contraires à l'ordre public, sous quelque dénomination que ce puisse être, à peine contre les contrevenants d'être poursuivis extraordinairement, suivant la rigueur des ordonnances; fait défenses auxdits ouvriers, sous les mêmes peines, de s'attrouper ni de porter aucunes armes; fait défenses aux taverniers et cabaretiers de recevoir chez eux lesdits ouvriers au-dessus du nombre qui sera prescrit par le juge des lieux, à peine de 100 liv. d'amende contre lesdits taverniers et cabaretiers, même de plus grande peine si le cas y échet; fait pareillement défenses auxdits taverniers et cabaretiers de favoriser, en aucune manière, les associations des ouvriers, sous peine de punition exemplaire; ordonne que les maîtres de forges, leurs facteurs et commis, seront tenus de dénoncer les ouvriers contrevenants, pour être procédé contre eux par les voies de droit; enjoint, etc.

N° 1590. — DÉCLARATION *qui, en interprétant celle du 4 décembre 1779, ordonne que la connoissance des contestations élevées par rapport aux saisies et oppositions relatives au recouvrement des deniers de l'impôt du sel, appartiendra à ceux des officiers des juridictions des gabelles ou des élections qui auront été les premiers saisies de ces contestations.*

Versailles, 4 décembre 1781. Reg. en la cour des aides le 2 janvier 1782. (R. S.)

N° 1591. — DÉCLARATION *concernant la comptabilité des intérêts payés en vertu des arrêts des 25 février 1770, 28 février 1771 et 13 février 1772, tant par le trésorier de la caisse des amortissements établie par l'édit du mois de décembre 1764, aux propriétaires de contrats et porteurs d'effets qui restoient à rembourser en 1770, sur les exercices 1766, 1767, 1768 et 1769 de ladite caisse, que par le sieur Darras, chargé de la suite dudit édit par la déclaration du 10 août 1780.*

Versailles, 5 déc. 1781. Reg. en la chambre des comptes le 26 mars 1782.
(R. S.)

N° 1592. — ORDONNANCE *sur les pensions de l'ordre royal et militaire de St.-Louis* (1).

Versailles, 12 déc. 1781. (R. S. C. Code des ordres de chevalerie. 18.9.)

N° 1593. — CONVENTION *entre la France et le prince évêque de Bâle, concernant les délits sur les frontières* (2)

19 décembre 1781. (Martens, 2—188.)

Le roi et le prince évêque de Bâle, animés du désir commun de pourvoir, par tous les moyens possibles, au maintien du bon ordre sur la frontière des deux dominations, en établissant des règles fixes, fondées sur l'équité et la réciprocité, et voulant particulièrement mettre à exécution la stipulation de l'art. 8 du traité d'alliance conclu, le 20 juin 1780, entre S. M. et ledit prince évêque; portant qu'afin d'établir une jurisprudence égale et uniforme à l'égard des délits forestiers et ceux relatifs à la chasse et à la pêche, il sera nommé de part et d'autre des commissaires qui arrêteront, d'un commun accord, un réglement relatif à cet objet ainsi qu'aux autres délits qui pourroient être commis sur les frontières respectives de l'une et de l'autre domination. En conséquence le roi a nommé M.... et le prince de Bâle M.... lesquels sont convenus des articles suivants :

1. Les articles 9, 10, 11 et 12, du traité d'alliance conclu

---

(1) V. édit d'avril 1696, 28 janvier 1702, 13 janvier 1707; modifié par édit d'avril 1719, augmentation de dignité et de pensions, a. d. c. déc. 1719; forme des assemblées de l'ordre, 25 janvier 1729; ceux qui portent la décoration sans titre, 11 juillet 1719; augmentation de dignité en faveur des officiers de la marine, a. d. c. 24 juin 1754, augmentation de dignité, 27 mars 1761, 9 décembre 1771, rétabli par Louis XVIII, ord. 12 décembre 1814, v. 16 janvier 1815, 22 mai 1816.
V. édit de janvier 1779, n° 1028, tom. 4 du règne, p. 19, v. 11 mai 1782.
(2) Le roi expédia des lettres patentes de ratification le 2 mars 1782.
V. traité du 20 juin 1780, tom. 4 du règne, pag. 340, n° 1337, l'art. dernier du traité de 1803 avec les suivans.—V. Feuerback, Thémis et Kluber.

entre le roi et le prince évêque de Bâle, le 20 juin 1780, seront exécutés selon leur forme et teneur; et pour d'autant mieux assurer la tranquillité des frontières respectives; il a été convenu en outre que les sujets du roi qui, étant prévenus de crimes, même non qualifiés, tel que le vol simple commis sur la frontière du royaume, à la distance de trois lieues, pour raison desquels les juges du lieu du délit, leur instruiront le procès à l'extraordinaire, se retireront dans les états du prince évêque de Bâle, pour se soustraire à la punition due à leurs crimes, seront arrêtés par les juges ou autres officiers dudit prince évêque à la première réquisition qui leur en sera faite dans la forme ordinaire de la part des juges qui instruiront ledit procès; mais les captifs ne seront conduits sur la frontière et extradés qu'en vertu d'un arrêt ou *paréatis* obtenus à la régence ou conseil aulique, séant à Porentrui, et à la charge de payer les frais de capture, nourriture et transport, suivant la taxe modérée qui en aura été faite par lesdits juges ou officiers dudit prince de Bâle.

La réciprocité formant la base de la présente convention, il en sera usé de même à l'égard des sujets du prince évêque de Bâle qui, étant prévenus de crimes commis sur la frontière, se seront retirés dans quelque province du royaume, et lesdits prisonniers n'en seront extradés qu'en vertu d'arrêts ou *paréatis* de la cour souveraine de la province où ils auront été appréhendés.

2. Si les sujets du prince évêque commettent quelque crime sur les frontières du royaume, pour raison desquels les juges des lieux leur auront fait le procès, les sentences ou jugements, soit contradictoires, soit par contumace, qui interviendront contre lesdits sujets, seront exécutés dans les états dudit prince évêque, après avoir obtenu le décret des juges des lieux; quant aux amendes, condamnations pécuniaires et autres qui auront été prononcées, même la peine de prison, dans les cas énoncés dans l'art. 38 ci-après; mais, s'il échet des peines afflictives, les juges des lieux, après avoir continué la procédure jusqu'au jugement définitif exclusivement, en enverront les actes aux juges naturels du coupable, qui prononceront la sentence conformément aux lois et aux ordonnances de leur patrie. Il en sera de même contre les sujets du roi qui auroient commis quelque crime sur les frontières des états du prince évêque de Bâle et à qui le procès aurait été fait par les tribunaux du pays, soit contradictoirement, soit par contumace.

3. Les gardes établis dans les états respectifs pour la conservation des forêts, chasses et pêches, après avoir prêté le serment en tel cas requis lors de leur réception par-devant le juge de la juridiction où ils seront; et elles seront tenues de faire leur rapport dans les vingt-quatre heures de celle du délit, de l'affirmer au greffe de la juridiction ou par-devant le juge des lieux, deux jours au plus tard après le délit commis, à peine de nullité et de répondre des amendes, restitutions, dommages et intérêts auxquels les délinquants auroient été condamnés.

4. Les rapports contiendront les noms des délinquants, autant que faire se pourra, ou du moins leur signalement bien caractérisé; la qualité du délit, l'espèce et grosseur des bois, les lieux où ils auront été coupés, le nombre et la qualité des bêtes surprises faisant dommage, aux peines portées en l'article précédent.

5. Les rapports affirmés au greffe, comme il a été dit et dans les délais fixés par l'art. 3, feront foi en justice.

6. Les greffiers donneront sur-le-champ acte des rapports qui leur seront faits par les gardes, et leur en délivreront expédition, qui sera incessamment remise au procureur fiscal ou à l'officier du seigneur qui, par le droit de sa place, est obligé de poursuivre la punition des délinquants, lesquels seront assignés le plus tôt qu'il sera possible et condamnés suivant la nature du délit.

7. L'amende ordinaire, pour les délits commis depuis le lever jusqu'au coucher du soleil, sans feu et sans scie, par personnes privées, n'ayant charges, usages, ateliers ou commerce dans les forêts, bois et garennes des deux dominations, sera, pour la première fois de 4 liv. pour chaque pied de tour de chêne et autres arbres fruitiers indistinctement, même des châtaigniers; de 50 s. par chaque pied de tour de saule, hêtre, orme, tilleul, sapin, charme ou frêne; et de 30 s. par pied de tour d'arbre de toute autre espèce, vert ou étant sec ou abattu et seul, tout pris et mesuré à demi-pied près de terre.

8. Ceux qui auront éhoupé, ébranché et déshonoré des arbres, paieront la même amende au pied de tour que s'ils les avoient abattus par le pied.

9. Par chaque charrette de merrain, bois carré de sciage ou de charpenterie, l'amende sera de 40 liv.; pour la somme ou charge de cheval ou bourique, 4 liv.; et pour le fagot ou fouée, 20 s.

10. Par charretée de bois de chauffage, l'amende encourue

sera de 7 liv. 10 s.; pour la somme ou charge de cheval ou bourrique, de 2 liv.; et pour le fagot ou fouée, ou charge d'homme, de 10 s.

11. Pour étalons, baliveaux, parois, arbres de lisières et autres arbres de réserve 25 liv.; pour pied cornier marqué du marteau du seigneur, abattu, 50 liv.; et 100 liv. pour pied cornier arraché et déplacé : sera néanmoins l'amende pour baliveaux de l'âge de taillis au-dessous de vingt ans, réduite à 10 liv.; celle pour plant arraché sans permission sera de 10 s. pour chaque plant; les bois coupés en délit, s'ils sont saisis sur les lieux, seront confisqués au profit du seigneur haut-justicier.

12. L'amende pour avoir abattu ou ramassé des herbages, liens, glands, faînes et feuilles dans les forêts, sera de 5 liv. par charge d'homme; de 20 liv. par charge de cheval ou âne, et de 80 liv. pour une charretée.

13. Toutes personnes qui auront coupé, arraché et emporté arbres, branches ou feuillages des forêts, bois ou garennes, sous prétexte de noces, fêtes ou confréries, seront punies d'amende, restitution et dommages-intérêts, selon le tour et la qualité des bois, ainsi que le seroit un autre délit.

14. Si les délits se trouvent avoir été commis depuis le coucher jusqu'au lever du soleil, ou par scie ou par feu, l'amende sera double; ainsi que s'ils ont été commis par personnes ayant charges, usages, ateliers ou commerce dans les forêts, bois ou garennes des deux dominations.

15. Les délinquants seront condamnés à une double amende pour la première récidive; pour la deuxième, à une triple amende, et pour la troisième, à une pareille amende, et en outre à l'emprisonnement de leurs personnes et autre punition exemplaire, suivant l'exigence des cas; et ne seront censés en cas de récidive que ceux contre lesquels il y aura eu condamnation prononcées.

16. Les souverains respectifs s'engagent et se promettent mutuellement de ne pas faire la remise des amendes encourues avant le jugement, qui doit être rendu sur le délit.

17. Outre les amendes ci-dessus réglées, les restitutions, dommages et intérêts seront adjugés de tous les délits au profit des propriétaires des forêts où ils auront été commis, à pareille somme que l'amende.

18. Les chevaux, bourriques et harois qui se trouveront chargés de bois de délit, les scies, haches, serpes, cognées et autres outils dont les particuliers coupables et complices,

seront trouvés saisis, seront toujours gagés et mis en fourrière pour sûreté de l'amende et des dommages-intérêts et ne pourront être rendus qu'en payant, ou qu'en donnant bonne et suffisante caution par le propriétaire, de payer l'amende et autres condamnations, à peine contre les officiers de l'une ou l'autre domination qui les auroient rendus, d'en demeurer personnellement garants et responsables.

19. Les bestiaux, trouvés en délit dans les coupes des forêts non défensables, seront pareillement saisis ou arrêtés, et les propriétaires condamnés en l'amende qui sera de 20 liv. pour chaque cheval, vache ou veau; et 3 l. par mouton ou brebis: le double pour la seconde fois; et pour la troisième, le quadruple de l'amende, avec interdiction des forêts contre les pâtres et autres conducteurs desquels, en tous les cas, les maîtres, pères, chefs de famille et propriétaires demeureront civilement responsables, même les communautés, dans le cas que leur troupeau, sous la garde et conduite du pâtre par elle choisi, seroit trouvé en délit.

20. Les bestiaux étrangers qui seront trouvés dans les forêts défensables paieront, savoir: chaque cheval ou chèvre 10 s.; et chaque vache, mouton, etc., 5 s. par bête.

21. Dans le cas ou les bestiaux trouvés en délit et mis en fourrière ne seroient pas réclamés dans la huitaine après leur enlèvement, ils seront vendus au plus prochain marché, à la diligence des procureurs-fiscaux ou autres officiers ayant charge des seigneurs, au plus offrant et dernier enchérisseur; et le prix en provenant sera consigné entre les mains du greffier de la juridiction qui s'en chargera, sur icelui préalablement pris les frais de garde et de fourrière, l'amende, les dommages-intérêts et dépens.

22. Dans le cas où les propriétaires, en réclamant les bestiaux, refuseront de payer ou de donner bonne et suffisante caution, il en sera usé ainsi qu'il est dit dans l'article précédent.

23. Toutes les personnes qui porteront et allumeront du feu dans les forêts, landes ou bruyères, seront punies de punition corporelle et d'amende arbitraire, selon l'exigence des cas, outre la réparation des dommages que l'incendie auroit causés, à l'égard desquels les communautés et autres particuliers demeureront civilement responsables de leurs pâtres, bergers et domestiques.

24. Les communautés ou particuliers qui auront droit d'usage de pâturage ou de passage dans les forêts de l'une ou

l'autre domination, se conformeront, pour l'exercice de leurs droits, aux réglements de police et ordonnances établis dans chaque état, et seront tenues aux peines y portées en cas de contravention de leur part.

25. L'usage des armes à feu brisées par la crosse ou par le canon, et des cannes ou bâtons creusés, sera défendu aux habitants des deux dominations, à peine, contre les particuliers qui seront porteurs desdites armes de 100 liv. d'amende, outre la confiscation pour la première fois, et de peine corporelle pour la seconde.

26. Toutes personnes qui chasseront à feu, et entreront et demeureront la nuit dans les forêts, bois et buissons en dépendants, avec arme à feu, seront condamnées à 100 liv. d'amende, et même à une peine corporelle, s'il y échet. Pourront néanmoins les passants par de grands chemins des forêts porter les armes non prohibées pour la défense de leurs personnes.

27. Toutes personnes qui prendront dans les forêts, garennes et buissons des aires d'oiseaux de quelque espèce que ce soit, ou les œufs des cailles, perdrix ou faisans, seront condamnées à 25 liv. d'amende pour la première fois, au double pour la seconde, et pour la troisième à l'emprisonnement de leurs personnes, en outre de ladite amende, et d'être punies exemplairement suivant l'exigence des cas.

28. Tous ceux qui tendront des lacets, ficelles, tonnelles, traînaux, bricolles de corde et de fil d'archal, pièces et pans de rets, colliers et halliers de fil ou de soie, seront condamnés à 100 liv. d'amende pour la première fois, au double pour la seconde, et pour la troisième, à une punition exemplaire.

29. Toutes personnes qui chasseront sur les terres ensemencées, depuis que le blé sera en tuyau jusqu'à la récolte, et dans les vignes, depuis le premier jour de mai jusqu'à la dépouille, seront condamnées à 500 liv. d'amende, à tous dépens, dommages-intérêts envers les propriétaires et usufruitiers, au double d'amende en cas de récidive; et si ce sont des paysans et roturiers, ils pourront être condamnés, pour la troisième, à une punition corporelle.

30. Tous les délits concernant les forêts et la chasse, qui ne sont pas compris dans la présente convention, seront punis par les juges des deux dominations, suivant l'exigence des cas, par proportion à ceux qui y sont exprimés; et eu égard aux circonstances qui seront tirées du temps, du lieu et de la manière dont les délits auront été commis, ainsi que la quantité des animaux qui auront été tués ou chassés.

31. Comme il importe de mettre des obstacles aux échappées, et d'établir des limites sensibles entre les territoires respectifs, il est convenu qu'on fera, aux frais communs des communautés limitrophes, des fossés et des tranchées dans les bois, les pâturages et autres lieux où cela sera jugé nécessaire, et que, dans les endroits où il ne seroit pas possible de pratiquer des fossés, on construira, autant qu'il se pourra, des murs secs, pour remplir le même objet. Les commissaires qui seront chargés de la délimitation, seront autorisés à procéder à l'exécution du présent article.

32. Quant aux délits au sujet de la pêche, ils seront pareillement punis selon l'exigence des cas, eu égard aux circonstances tirées des jours, du lieu, du temps et des saisons auxquels ils auront été commis, des instruments et engins dont on se sera servi, ainsi que de la manière dont on aura pêché, et de la quantité et qualité des poissons que l'on aura pris, le tout suivant les ordonnances établies dans chaque état sur le fait de la pêche.

33. Quant aux querelles, rixes et main-mises survenues entre les sujets respectifs sur la frontière, dans le cas où il y auroit eu des coups de poings donnés entre gens du peuple, l'amende sera de 5 liv. Si l'on a frappé à coups de bâton ou autre pareil instrument, l'amende sera de 6 liv., et de 10 liv., si l'on a assailli à coups de pierre. Pour des attaques faites avec des armes à feu ou tranchantes, l'amende sera de 50 liv.; le tout sans préjudice des dommages-intérêts dus à la partie lésée, lesquels seront arbitrés selon l'exigence des cas, particulièrement s'il y a eu effusion de sang.

34. Si dans quelques-uns des cas énoncés dans l'article précédent, le délit étoit accompagné de circonstances aggravantes qui le rendroient susceptible de peine afflictive, ou s'il en résultoit danger de mutilation ou de mort, le procès des délinquants seroit instruit à l'extraordinaire.

35. Les autres délits ou quasi-délits non exprimés ci-devant qui seront commis par des sujets d'une domination dans l'autre, seront punis suivant les réglements et ordonnances établis dans chaque état, et les délinquants seront tenus aux peines y portées, en observant de part et d'autre, pour l'exécution des décrets et jugements qui seront rendus par les juges des deux souverainetés, ce qui a été arrêté et convenu par les art. 1 et 2 de la présente convention, pour l'exécution des décrets et jugements respectifs.

36. Il est convenu qu'aussi souvent que les juges respec-

tifs auront besoin du témoignage des sujets de l'autre domination, le juge saisi de l'affaire, soit au civil, soit au criminel, adressera des lettres rogatoires au juge du domicile desdits témoins, et la permission de les assigner sera accordée sans difficulté et sans délai, à charge de faire payer auxdits témoins un salaire compétent et proportionné à l'éloignement des lieux et à la durée de leur absence; bien entendu que la forme de requérir ces *parcatis* par lettre missive et par toute autre voie non légale, demeurera abolie, et que, pour prévenir tous abus et inconvénients, la partie poursuivante, publique ou particulière, sera tenue de présenter un placet au juge, au bas duquel celui-ci mettra son mandat rogatoire.

37. Les sujets des deux dominations qui frauderoient les droits des péages, pactenages et autres, établis dans les lieux où ils passeront, seront punis suivant les lois et par les juges des lieux où lesdits droits seront perçus.

38. Dans tous les cas où il écherra de prononcer contre les délinquants, outre l'amende, des punitions corporelles ou exemplaires, lesdites peines ne pourront excéder celles du fouet, du carcan, de la prison ou du bannissement des forêts; et dans le cas de condamnation à tenir prison, soit pour délit caractérisé, soit faute de pouvoir payer l'amende encourue, l'emprisonnement, si le délinquant n'a pas été pris en flagrant délit, sera exécuté dans la conciergerie de la juridiction du domicile dudit délinquant, après en avoir obtenu la permission en la forme prescrite par les art. 1 et 2; et, dans tous les cas, ledit emprisonnement ne durera, pour la première fois, que trois jours au plus, et huit en cas de récidive, à moins que la condamnation ne soit intervenue sur un procès instruit à l'extraordinaire pour autre crime qui mériteroit une punition plus sévère.

39. Toutes les condamnations d'amendes qui sont arrêtées en la présente convention, seront prononcées et payées de part et d'autre en livres tournois.

40. Il a été convenu expressément que tous les rapports pour délits qui n'auront pas été poursuivis et jugés dans l'an et le jour de leur date, seront censés prescrits et non avenus; il ne pourra plus leur être donné aucune suite après l'année révolue, et en cas de récidive de la part du dénoncé, ils n'opèreront rien à sa charge.

41. La convention ci-dessus ayant suffisamment pourvu à la punition facile et prompte des crimes et des délits, toutes représailles cesseront désormais de part et d'autre; on s'ab-

stiendra particulièrement de saisir et arrêter après coup dans une domination un sujet de l'autre, qui y auroit commis un délit, cette saisie et la détention d'un sujet étranger ne devant avoir lieu que pour les crimes, et lorsque celui qui se rend coupable d'un délit forestier ou autre, est surpris et arrêté en flagrant délit.

42. Tout ce que dessus sera exactement gardé et observé par les juges des deux dominations, sous telles peines que de droit.

N° 1594. — ARRÊT *du conseil qui maintient les officiers municipaux de la ville de Joigny dans le droit de rendre seuls les ordonnances nécessaires dans le cas de réjouissances publiques dans ladite ville.*

Versailles, 22 décembre 1781. (R. S.)

Sur ce qui a été représenté au roi, étant en son conseil, par les officiers municipaux de la ville de Joigny, que quoique, par l'édit du mois de décembre 1706, il soit ordonné que les ordres aux corps-de-ville pour les publications de paix et de guerre, pour assister aux *Te deum*, faire allumer les feux de joie, faire mettre les habitants sous les armes et de faire faire des illuminations et autres réjouissances publiques, et pour les autres occasions concernant le service de S. M., seront adressés, en l'absence des gouverneurs et leurs lieutenants, par les commissaires départis, aux maires des villes, ou en leur absence à leurs lieutenants, auxquels il est enjoint de tenir la main à l'exécution desdits ordres, et, pour cet effet, de rendre telles ordonnances qu'ils jugeront nécessaires; néanmoins, à l'occasion des réjouissances publiques ordonnées en dernier lieu pour la naissance de monseigneur le dauphin, les officiers de police de ladite ville se sont ingérés de rendre, le 16 novembre dernier, une ordonnance portant injonction aux habitants d'illuminer le devant de leurs maisons; que lesdits officiers municipaux ayant de leur côté, et conformément aux droits qu'ils en ont, fait publier, le 17 dudit mois, une ordonnance portant la même injonction, l'avocat et procureur fiscal de la justice de ladite ville a, ledit jour 17 novembre dernier, fait assigner le tambour de la ville, à l'effet de se voir condamner en 100 liv. d'amende, pour avoir publié ladite ordonnance rendue par les officiers municipaux, sans aveu ni permission desdits officiers de justice; qu'une pareille entreprise est contraire aux droits du corps municipal, qui pouvoit seul ordonner l'illumination de la ville, en vertu du double pouvoir qu'il tient de S. M., soit en vertu de l'édit du mois de décembre 1706, soit en vertu des ordres particuliers qu'elle lui avoit fait adresser. Requéroient à ces causes lesdits officiers municipaux, qu'il plût à S. M., sans avoir égard à l'ordonnance desdits officiers de police du 16 novembre dernier, laquelle seroit cassée et annulée, ainsi que l'assignation donnée, le 17 dudit mois, au nommé Ménissier, tambour de ladite ville, à la requête de l'avocat et procureur fiscal de ladite justice de ladite ville, et tout ce qui s'en est ensuivi ou auroit pu s'ensuivre, ordonner que l'édit du mois de décembre 1706 seroit exécuté selon sa forme et teneur : en conséquence, que lesdits officiers municipaux de ladite ville pourroient seuls, à l'exclusion de tous autres officiers de justice, donner les ordres, et rendre les ordonnances nécessaires pour l'exécution des ordres qui leur seroient adressés, notamment pour les illuminations et les feux de joie, et faire défenses aux officiers de police d'en rendre de pareilles à l'avenir. Vu l'avis du sieur intendant et commissaire départi dans la généralité de Paris : ouï le rapport, le roi étant son conseil, a cassé et annulé, casse et annulle ladite ordonnance rendue par les juges de police de Joigny, le 16 novembre dernier; leur faisant S. M. défenses d'en rendre de pareilles à l'avenir. A pareillement S. M. cassé et annulé, casse et annulle l'assignation donnée, le 17 dudit mois, au nommé Ménissier, tambour de ladite ville, à la requête de l'avocat et procureur fiscal de la justice de ladite ville, ainsi que tout ce qui s'en est ensuivi ou auroit pu s'ensuivre, faisant défenses auxdits avocat et procureur fiscal de faire donner de pareilles assignations à l'avenir. Ordonne S. M. que l'édit du mois de décembre 1706 sera exécuté selon sa forme et teneur; en conséquence, que les officiers municipaux de ladite ville pourront seuls, ainsi que ceux des autres villes, et à l'exclusion de tous autres officiers de justice, exécuter les ordres qui leur seront adressés pour les cas de réjouissances publiques, et rendre les ordonnances nécessaires, notamment pour les feux de joie et illuminations, sauf aux officiers de police à rendre de leur côté les ordonnances qui concerneront leur ministère pour le maintien du bon ordre, de la sûreté et de la tranquillité publiques, pourvu toutefois que lesdites ordonnances ne contiennent rien qui soit contraire aux dispositions de celles qui seront rendues par lesdits officiers municipaux. Mande S. M. au sieur intendant et commissaire départi dans la généralité de Paris, de tenir la main à l'exécution du présent arrêt, lequel sera lu, publié et affiché partout où besoin sera.

N° 1595. — ARRÊT du conseil qui fait défenses aux habitants de Lys, en Mâconnais, de prendre des liens dans les bois communaux, pour lier les gerbes de leurs récoltes (1).

Versailles, 25 décembre 1781. Baudrillart, tom. 1ᵉʳ, pag. 459.)

N° 1596. — LETTRES PATENTES concernant la restitution des droits réservés sur les boissons dans les lieux affranchis desdits droits par l'édit d'août 1781.

Versailles, 25 décembre 1781. Reg. en la cour des aides le 25 janvier 1782. (R. S.)

N° 1597. — LETTRES PATENTES qui ordonne l'exécution de différents règlements sur la voirie de Paris, notamment l'exécution de l'arrêt du parlement de Paris, du 27 janvier 1780.

Versailles, 31 décembre 1781. Reg. en parlement le 18 janvier 1782. (R. S.)

N° 1598. — LETTRES PATENTES concernant les droits de voirie (grande et petite), pour la ville de Paris (2).

Versailles, 31 décembre 1781. Reg. au parlement le 18 janvier 1782. (R. S.)

N° 1599. — ÉDIT sur les privilèges de Suisses (3).

Versailles, décembre 1781. Reg. au conseil supérieur de Corse, le 7 janvier 1782; au parlement de Paris, le 8 janvier 1782; d'Alsace, le 24 décembre 1781. (R. S. Code Corse, tom. 5, pag. 265. Martens. Archives du parlement d'Alsace.)

Louis, etc. Après avoir examiné, avec la plus scrupuleuse attention, les privilèges dont la nation suisse a joui dans notre royaume, nous avons reconnu qu'il en est quelques-uns qui émanent principalement de la paix perpétuelle de l'année 1516, et d'autres de différentes concessions qui lui ont été faites, et confirmées de temps en temps par les rois nos prédécesseurs. Tous ces privilèges, fondés sur l'esprit et sur la lettre du traité de la paix perpétuelle de 1516, reposoient sur la base de la parfaite réciprocité qui y est stipulée; mais le corps helvétique

---

(1) V. a. d. c. du 25 juillet 1758.
(2) Ord. 26 décembre 1823, 27 octobre 1808.
V. 14 décembre 1721, 22 octobre 1733.
(3) Privilèges accordés par Louis XI en 1481, confirmés 1516, augmentés en 1653, 1658, 1687, 1715. L'édit ci-dessus intervenu en conséquence du traité du 28 mai 1777, défense d'importer les toiles en 1785.
V. traités du 19 août 1798, 30 mai 1799, et surtout celui de 1803.

n'ayant rempli, dans aucun temps, les conditions de cette réciprocité, qu'il représente comme incompatible avec la constitution des différentes républiques qui le composent, non-seulement les articles de la paix perpétuelle qui accordent des privilèges aux Suisses, mais les concessions qui en ont été comme la suite, sembleroient abrogées par le fait, et nous aurions pu être d'autant plus facilement portés à les regarder comme entièrement caduques, que le changement des circonstances, la progression étonnante du commerce des Suisses, et le tort considérable qu'il fait à nos sujets et à nos finances, étoient pour nous un motif puissant et légitime de faire cesser des prérogatives aussi préjudiciables. Néanmoins, voulant donner à la nation helvétique un témoignage éclatant de notre constante affection, nous avons préféré de chercher des moyens de concilier l'intérêt de nos peuples et de nos propres revenus avec les avantages dont nous pouvons faire jouir les Suisses dans notre royaume, sans exiger d'eux une réciprocité que leurs constitutions ne comportent pas. Cette même affection pour nos fidèles alliés nous a surtout guidés dans cet examen; et nous nous persuadons que tous les états qui composent le louable corps helvétique, regarderont comme une nouvelle preuve de notre bienveillance les concessions que nous nous déterminons à leur faire. A ces causes et autres à ce nous mouvant, de l'avis de notre conseil, et de notre certaine science, pleine puissance et autorité royale, nous avons, par le présent édit, dit, statué et ordonné, disons, statuons et ordonnons, voulons et nous plaît ce qui suit:

1. Les sujets des états qui composent le louable corps helvétique, de quelque rang et qualité qu'ils soient, auront, comme par le passé, la liberté d'entrer dans notre royaume, d'y aller, venir, séjourner, sans trouble ni empêchement, en se conformant toutefois aux lois de l'état, auxquelles il n'est pas dérogé par le présent édit.

2. Nous voulons bien, par une faveur spéciale, et à l'exemple de plusieurs de nos prédécesseurs, accorder à tous les sujets des états du corps helvétique, la permission de se domicilier dans notre royaume, d'y acquérir comme les nationaux, et, s'ils ont quelque commerce, profession, métier ou industrie, de pouvoir l'exercer en toute liberté, pourvu qu'ils se soumettent aux lois, règlements et usages établis dans les lieux où ils feront leur demeure : ladite permission n'emportant pas la faculté de posséder des charges, offices ou bénéfices, auxquels nul étranger ne peut être promu en France.

3. Les Suisses qui seront domiciliés en France, mais qui n'y posséderont aucun bien-fonds, et qui n'y exerceront ou n'y auront exercé aucun commerce, profession, métier ou industrie, seront exempts de la capitation et autres charges quelconques personnelles. Dans cette classe seront compris ceux qui séjourneront dans notre royaume pour vaquer à leurs études, de même que les marchands suisses qui y viendront pour y suivre les affaires de leur commerce, mais sans y établir un domicile, et qui n'y feront qu'un séjour passager.

4. Les Suisses domiciliés qui posséderont des biens-fonds dans notre royaume, comme ceux qui y exerceront ou y auront exercé quelque commerce, profession, métier ou industrie, supporteront, comme nos propres sujets, toutes les charges de l'état et celles attachées à la nature de leurs possessions, commerce, profession, métier ou industrie. Ils seront seulement exempts de la milice, du guet et garde, et du logement des gens de guerre, sauf, quant à cette dernière exemption, en cas de foule, assujettis, comme tous autres exempts, audit logement des gens de guerre.

5. Les Suisses domiciliés en France qui se seroient établis dans l'intérieur des campagnes ou autres lieux sujets aux corvées usitées pour les réparations et entretien des chemins, y seront sujets comme les nationaux; permettons néanmoins que, pour acquitter ces corvées, ils puissent se faire remplacer par des ouvriers mercenaires.

6. Les Suisses ne paieront en France, pour *pareatis*, droits de greffe, droits de sceau, et autres, que ce que les nationaux paient eux mêmes.

7. Les marchands suisses continueront de jouir de la franchise pendant les foires de Lyon, et dix jours après, conformément au traité de 1516 : et, voulant donner aux sujets des républiques helvétiques une nouvelle preuve de notre affection, nous voulons bien renouveler en leur faveur la teneur des lettres patentes de Henri II, qui prorogent ce terme à cinq jours au-delà.

8. Les marchandises entrant en France par la Suisse, seront distinguées en marchandises étrangères et en marchandises de crû et fabrication suisse. Les premières paieront les mêmes droits que si elles étoient entrées dans notre royaume par toute autre frontière; les autres, consistant en fromages, toiles et fils-de-fer, paieront désormais comme il suit :

10. Les fromages de Suisse pourront entrer en France par le bureau de Longerai et par celui de Pontarlier en exemption

de tous droits d'entrée, mais à condition d'y être expédiés sous acquit à caution et sous plomb pour Lyon, où il sera justifié, par un certificat du magistrat du lieu d'où ils seront expédiés, de leur qualité de crû et fabrication suisse, et, s'ils entrent par tout autre bureau, ils seront assujettis aux mêmes droits d'entrée que tous autres fromages étrangers. Ils seront traités au surplus, à la circulation ainsi qu'à la sortie, comme le sont maintenant et le seront à l'avenir les fromages de crû et fabrication française.

11. Les toiles de lin et de chanvre, unies ou ouvrées, écrues ou en blanc, y compris le linge de table de crû et fabrication suisse, dont il sera justifié par des attestations en bonne et due forme, tant de propriété que de crû et fabrication suisse, et munie de marques inscrites à la douane de Lyon, comme adoptées par les maisons suisses établies dans cette ville, ne paieront aux entrées que la moitié seulement des droits dus et perçus ou qui se percevront sur toutes les autres toiles étrangères; bien entendu toutefois, notamment pour le linge de table, que ces toiles seront introduites en pièces, et que, s'il s'agit de linge fait, il devra en totalité les droits d'entrée ordinaires.

12. Les toiles de fabrication française pouvant circuler dans notre royaume, et en sortir librement, nous voulons bien étendre cette même faveur aux toiles suisses qui auront reçu à Lyon un plomb et un bulletin. Entendons, en conséquence, que les toiles de fabrication suisse, après avoir payé la moitié seulement des droits dus aux entrées par les toiles étrangères, puissent, ainsi que celles de fabrication française, circuler et sortir librement, sans payer aucun droit de circulation ni de sortie; à la charge toutefois que, si les toiles françaises étoient à l'avenir imposées dans leur circulation ou sortie, dans ce cas les toiles suisses supporteroient la même imposition.

13. Quant au surplus des toiles de lin ou de coton fabriquées avec du fil teint, mousselines, toiles de coton blanches, et autres telles qu'elles soient, le tout restera soumis aux divers réglemens que nous jugerons à propos de maintenir et d'établir sur tous ces articles.

14. Les fils-de-fer de crû et fabrication suisse, dont il sera justifié par des attestations en bonne et due forme, paieront la moitié seulement des droits dus aux entrées par les fils-de-fer étrangers.

15. Les toiles et les fils-de-fer qui entreront en France en exemption ou diminution de droits, conformément aux art. 10

et 13 ci-dessus, n'auront d'autre passage que par le bureau de Longerai ; ils y seront expédiés, sous plomb, par acquit à caution pour Lyon, où ils recevront la marque ou plomb et le bulletin qui seront désignés pour ces sortes de marchandises.

15. Les Suisses pourront exporter dans leur pays les marchandises qu'ils achèteront dans notre royaume, et ne paieront, pour cette exportation, d'autres droits que ceux que les Français auroient à payer eux-mêmes.

17. Si un Suisse abuse des privilèges ci-dessus, en prêtant son nom à tout autre négociant quelconque, ou autrement, il ne sera plus réputé Suisse, et sera puni par les tribunaux de notre royaume, suivant l'exigence du cas.

18. Les marchands et négociants suisses pourront transporter l'or et l'argent monnoyé qu'ils auront reçu pour le prix de leurs marchandises, pourvu qu'ils en fassent leurs déclarations et qu'ils prennent les passe-ports nécessaires.

19. Dans tous les cas sur lesquels il n'aura point été statué par le présent édit, les Suisses seront entièrement assimilés aux Français, et ne pourront prétendre d'être traités plus favorablement que nos propres sujets.

20. Les privilèges et concessions portés dans le présent édit commenceront au 1er janvier 1782, et continueront d'avoir lieu jusqu'au 28 mai 1827, terme auquel doit expirer le traité d'alliance conclu entre nous et le louable corps helvétique en 1777.

Si donnons en mandement, etc.

N° 1600. — LETTRES PATENTES *portant règlement pour la perception des droits des jurés priseurs* (1).

Versailles, 3 janvier 1782. Reg. au parlement de Paris le 11 janvier ; de Toulouse le 16 mars 1782. (R. S. rec. du parl. de Toulouse. Dupleix, 1785.)

LOUIS, etc. Etant informé que les droits de vacations et autres attribués aux jurés-priseurs, vendeurs de biens meubles dans les ressorts des différents bailliages de notre royaume, varient suivant les usages locaux, les règlements et les autorisations des juges, et qu'ils se perçoivent ; savoir, ceux de prisée et de vente de meubles, depuis 3 liv. jusqu'à 8 liv., et ceux pour l'enregistrement de chaque opposition formée auxdites ventes, et pour chacun rôle de grosse et de leurs procès-verbaux, depuis 5 s. jusqu'à 8 s., sans que lesdits droits aient été

---

(1) V. édit de février 1771.

réglés par une loi générale, enregistrée dans nos cours, nous avons jugé à propos de pourvoir à ce que la perception des droits desdits officiers soit uniforme, et n'éprouve aucune difficulté. A ces causes, etc.

1. Les jurés-priseurs, en titre d'office, percevront 3 liv. pour chaque vacation de trois heures par eux employée, soit à la prisée, soit à la vente des meubles, outre les 4 deniers pour livre du prix desdites ventes seulement, et leurs frais de voyage, tels qu'ils sont fixés pour les huissiers, et il leur sera payé 6 s. pour chacun rôle de grosse de leurs procès-verbaux, pareils 6 s. pour l'enregistrement de chacune des oppositions qui seront faites à la délivrance des deniers provenant desdites ventes, et 30 s. par chaque extrait de leurs procès-verbaux, non compris dans lesdits droits le remboursement du contrôle et du coût du papier timbré.

2. Les huissiers et sergents qui, en attendant la vente des offices de jurés-priseurs non encore levés, font les fonctions desdits jurés-priseurs, ne pourront percevoir que la moitié des droits ci-dessus expliqués, leur faisant défenses d'exiger au-delà de ladite moitié.

3. Nous voulons que ces présentes soient exécutées non-obstant tous édits, déclarations, arrêts, coutumes, réglements et toutes autres choses à ce contraires, auxquels nous dérogeons expressément; n'entendons cependant que les dispositions ci-dessus puissent concerner les huissiers-commissaires-priseurs au châtelet de Paris.

Si donnons en mandement, etc.

N° 1601. — ARRÊT *du conseil qui ordonne qu'à l'avenir les chevaux, poulins, jumens, mulets et mules, paieront un droit uniforme, fixé à 3 liv. avec le sou pour liv., à leur sortie des cinq grosses fermes.*

Versailles, 3 janvier 1782. (R. S.)

N° 1602. — ARRÊT *du conseil souverain qui déclare qu'à l'avenir il ne sera plus donné d'autorisation aux avocats pour faire les fonctions de procureur dans la colonie.*

5 janvier 1782. (Code de la Martinique, tom. 3, pag. 516.)

N° 1603. — DÉLIBÉRATION *au sujet des prisonniers détenus de l'autorité des maréchaux de France, statuant sur les alimens.*

Paris, 7 janvier 1732. (Rec. sur les maréchaux, par Beaufort.)

N° 1604. — ARRÊT *du conseil suivi de lettres patentes qui ordonnent une fabrication dans la monnoie d'Aix, de* 50,000 *marcs d'espèces de cuivre, pour être transportées aussitôt en l'île de Corse.*

Versailles, 12 janvier 1782. Reg. en la cour des monnoies le 23 janvier. (R. S.)

N° 1605. — ARRÊT *de la cour des monnoies qui ordonne que les maîtres et marchands orfèvres seront tenus de marquer de leur poinçon tous leurs ouvrages d'or et d'argent, et ce tant aux corps et pièces principal, qu'aux pièces d'appliques et garnison qui en pourront recevoir l'empreinte sans être détériorées et sous peine d'amende* (1)

Versailles, 12 janvier 1782. (R. S.)

N° 1606. — ÉDIT *portant création de receveurs particuliers des finances* (2).

Versailles, janvier 1782. Reg. en la cour des aides le 16 janvier. (R. S.)

N° 1607. — DÉCLARATION *interprétative de l'édit de mai* 1711, *concernant les droits de la pairie.*

Versailles, 26 janvier 1782. Reg. au parlement le 1ᵉʳ mars. (R. S. C. Rec. du parlement de Toulouse. Dupleix, 1785.)

Louis, etc. Les pairs de notre royaume nous ont représenté que l'art. 7 de l'édit que Louis XIV, l'un de nos augustes prédécesseurs, a fait publier en l'année 1711, concernant les droits, prérogatives et distinctions des pairies, auroit donné lieu à plusieurs contestations de la part des héritiers ou créanciers des pairs, lesquels ont prétendu que la disposition de cet article, par lequel la valeur des terres érigées en pairies est fixée, en cas de retrait, sur le pied du denier vingt-cinq de leur revenu, ne pouvoit être opposée qu'aux filles du dernier possesseur, et que l'estimation devoit en être faite à dire d'experts lorsque le retrait étoit exercé dans toutes autres circonstances. L'attention particulière que nous donnerons toujours à ce qui intéresse les pairs de notre royaume nous ayant engagé à nous faire rendre compte des différents jugements qui sont intervenus sur cette question depuis la publication de

---

(1) V. régl. 30 décembre 1679.
(2) V. édit de février 1771, d'août 1775, a. d. c. 19 février 1784, 7 septembre 1785.

l'édit de 1711, nous avons vu avec satisfaction que notre cour de parlement, s'attachant moins à la lettre de la loi qu'à l'esprit du législateur, auroit ordonné que cette disposition seroit exécutée indistinctement contre tous ceux qui se trouveroient, à quelque titre que ce fût, en possession de la terre que l'appelé à la pairie étoit en droit de retirer; mais que, pour conserver autant qu'il étoit possible l'égalité coutumière entre les copartageants, notredite cour auroit décidé que les puînés devroient être récompensés de leurs portions dans la pairie estimée au denier vingt-cinq en autres terres de la succession estimées aussi, quant auxdites portions, au denier vingt-cinq. Cette jurisprudence nous ayant paru conforme aux principes de justice et d'équité qui ont dicté la loi de 1711, nous avons cru qu'il étoit de notre sagesse de la confirmer par notre autorité, et de terminer ainsi pour toujours des contestations dont le moindre inconvénient est de retarder la réception de ceux qui sont appelés, par leur naissance et par les services de leurs ancêtres, à recueillir une dignité aussi éminente; c'est par les mêmes motifs, et pour donner aux pairs de notre royaume un nouveau témoignage de notre affection et de notre bienveillance, que nous avons résolu de nous expliquer en même temps sur le paiement des droits de mutation, auxquels les fermiers et régisseurs de nos domaines ont souvent tenté d'assujettir les parties. A ces causes, etc.

1. Interprétant en tant que besoin l'art. 7 de l'édit du mois de mai 1711, concernant les pairies, voulons que, dans tous les cas où ceux qui sont appelés à posséder une pairie en exerceront le retrait sur les héritiers, créanciers ou successeurs, à quelque titre que ce soit, du dernier possesseur, ils ne soient tenus d'en payer la valeur que sur le pied du denier vingt-cinq du revenu qu'elle produisoit au dernier possesseur, si le retrait est exercé dans les six mois du jour de son décès, et que, dans le cas où le retrait ne seroit exercé qu'après les six mois, l'estimation en soit faite sur le pied du denier vingt-cinq du revenu qu'elle produisoit au moment où le retrait a été exercé.

2. Voulons que, dans le cas où une pairie seroit partie d'une succession, celui des copartageants qui s'y trouvera appelé soit tenu de récompenser les autres, des portions qu'ils pourroient prétendre dans ladite terre estimée au denier vingt-cinq, en autres terres de la même succession, s'il y en a, sur le pied du denier vingt-cinq de leur revenu, sinon en autres effets de ladite succession, ou en argent.

3. Délarons que, dans tous les cas auxquels les duchés-

pairies sont transmis, *par quelque voie que ce soit*, à ceux qui y ont droit par les lettres d'érection, lesdits duchés-pairies ne sont sujets à aucuns lots et ventes, rachats ou autres droits féodaux dus à notre domaine dans le cas de mutation.

4. Voulons et ordonnons que ce qui est porté par notre présente déclaration pour les ducs et pairs, ait lieu pareillement pour les ducs non pairs en ce qui peut les regarder.

Si donnons en mandement, etc.

N° 1608. — ÉDIT *portant création de sept millions de rentes viagères* (1).

Versailles, janvier 1782. Reg. en parlement le 1ᵉʳ février 1782. (R. S.)

N° 1609. — ÉDIT *portant suppression de la charge de contrôleur ordinaire de la cuisine bouche, et création d'une charge de contrôleur ordinaire, et de quatre contrôleurs de la maison du roi, servant par quartier.*

Versailles, janvier 1782. Reg. en la cour des aides le 15 février. (R. S.)

N° 1610. — ÉDIT *qui ordonne une réformation dans la monnoie de Paris, de* 100,000 *liv. en espèces de billon, pour être transportés en l'île de Cayenne, où elles auront cours seulement* (2).

Versailles, janvier 1782. Reg. en la cour des monnoies le 20 février. (R. S. coll. m. m. Code Cayenne, tom. 6, pag. 70 et 719.)

N° 1611. — ÉDIT *portant suppression des tabellionnage et notariat des bailliages unis d'Étampes et de La Ferté-Aleps, et des douze offices de notaires royaux auxdits bailliages* (3).

Versailles, janvier 1782. Reg. en parlement le 1ᵉʳ mars. (R. S.)

N° 1612. — ARRÊT *du conseil concernant l'imposition de la capitation et des vingtièmes sur les propriétaires et locataires des maisons et autres biens dépendants des paroisses de la ville de Paris, situés dans l'étendue des lieux sujets aux droits d'entrées de ladite ville ou au-delà et sur les propriétaires et locataires des maisons et biens dépendants des paroisses taillables et situés dans les limites fixées pour la perception desdits droits d'entrée* (4).

Versailles, 3 février 1782. (R. S.)

---

(1) V. édit de décembre 1674, 10 mai 1786, décret 6 septembre 1792.
(2) Édit de mars 1781, d'octobre 1738.
(3) V. édit de février 1761, juillet 1769.
(4) Décl. 18 juillet 1724, art. 6, a. d. c. 29 mars 1778, 15 fév. 1786, art. 3.

19 FÉVRIER 1782.

N° 1613. — LETTRES PATENTES *qui ordonnent l'enregistrement au parlement de Paris des lettres patentes du 24 octobre 1775, portant défenses de saisir les bestiaux dans la province de Languedoc.*

Versailles, 10 février 1782. Reg. en parlement le 1er mars 1782. (R. S.)

N° 1614. — LETTRES PATENTES *qui, conformément aux précédents règlements, ordonnent que les droits établis sur les eaux-de-vie simples seront perçus doubles sur les eaux-de-vie doubles ou rectifiées, et triples sur l'esprit-de-vin* (1).

Versailles, 13 février 1782. Reg. en la cour des aides le 15 mars. (R. S.)

N° 1615. — RÈGLEMENT *sur la police du canal de Givors* (2).

13 février 1782.

N° 1616. — DÉCLARATION *concernant la comptabilité de la ferme générale* (3).

Versailles, 18 février 1782. Reg. en la chambre des comptes le 4 mai. (R. S.)

N° 1617. — DÉCLARATION *portant interdiction de la cour des aides de Clermont-Ferrand.*

Versailles, 19 février 1782. (R. S)

Louis, etc. Étant informés que l'on distribue dans le public un écrit imprimé, sans avoir nom d'imprimeur ni permission; ledit imprimé intitulé : *Très-humbles et très-respectueuses itératives remontrances que présentent au roi, notre très-honoré et souverain seigneur, les gens tenant sa cour des aides de Clermont-Ferrand*, dans l'affaire d'usurpation de noblesse des sieurs Aubier, suivi de pièces justificatives, aussi imprimées, et contenant cinquante-huit pages d'impression; nous nous sommes fait représenter ledit imprimé, ensemble l'arrêt de notredite cour des aides de Clermont-Ferrand, du 24 décembre 1781, par lequel

---

(1) Décl. 9 décembre 1687; lett. pat. 3 août 1771.
(2) En vigueur. Ord. 19 octobre 1821.
V. a. d. c. 22 juin 1779, n° 1123, tom. 4 du règne, pag. 104; 11 fév. 1783, 6 décembre 1788; code rural de 1791, art. 16, tit. 2; loi en forme d'instruction, des 12-20 août 1790; avis du conseil d'état, inédit, du 19 mars 1804.
(3) V. décl. du 17 octobre 1779, n° 1200, tom. 4 du règne, pag. 185; lett. pat. 27 mars 1780, 21 février 1784, 13 juillet, 24 septembre 1785.

notredite cour auroit donné acte à notre procureur général en notredite cour, de la plainte par lui rendue de l'impression, publication et distribution dudit imprimé, et auroit ordonné le dépôt d'un exemplaire dudit imprimé au greffe, pour y demeurer supprimé; auroit en outre ordonné à tous ceux qui ont des exemplaires dudit imprimé, de les rapporter au greffe de ladite cour, pour y demeurer pareillement supprimés, et que par-devant le sieur Pierre Teillard de Beauveseix, il seroit informé, à la requête de notre procureur général, de l'impression, publication et distribution dudit imprimé, circonstances et dépendances, pour, ladite information faite et communiquée audit procureur général, être par lui requis, et par ladite cour ordonné ce qu'il appartiendroit; qu'en outre le présent arrêt seroit imprimé, publié et affiché partout où besoin seroit : ledit arrêt, imprimé à Clermont-Ferrand, de l'imprimerie d'Antoine Delcros, notre imprimeur, et de notredite cour des aides. Nous nous sommes pareillement fait représenter tout ce qui concerne l'affaire qui a servi de prétexte auxdites remontrances, et notamment l'arrêt rendu en notre conseil privé le 10 janvier 1780, contradictoirement entre notre procureur général en notredite cour des aides de Clermont-Ferrand et lesdits sieurs Aubier, par lequel en statuant sur l'instance en réglement de juges, occasionée par le conflit élevé entre notre cour de parlement à Paris et notredite cour des aides de Clermont-Ferrand, concernant la connoissance d'une question de noblesse relative auxdits sieurs Aubier, sans nous arrêter aux arrêts de notredite cour des aides, que nous avons déclarés nuls et de nul effet, nous avons ordonné que lesdits sieurs Aubier continueroient de procéder en notre cour de parlement, sur leur appel d'une sentence de la sénéchaussée de Clermont-Ferrand du 12 mai 1778, condamné notre procureur général en notredite cour des aides, aux dépens. L'arrêt de notre parlement du 26 février 1780, rendu contradictoirement entre lesdits sieurs Aubier et notre procureur général, comme prenant le fait et cause de son substitut en la sénéchaussée de Clermont, par lequel ils ont été maintenus dans le droit et possession de leur ancienne noblesse, et des privilèges et prérogatives attachés à l'état de noblesse, et ont été renvoyés de la demande en usurpation de noblesse contre eux intentée, avec permission de faire imprimer et afficher ledit arrêt. Les remontrances de notredite cour des aides de Clermont-Ferrand du 8 août 1780; l'arrêt rendu en notre conseil des dépêches le 15 septembre 1780, par lequel notre procureur général en notredite cour des aides de Clermont-Ferrand a été débouté de sa demande en cassation dudit arrêt de notre parlement du 26 février 1780, et de celui rendu en notre conseil privé le 10 janvier précédent; la réponse auxdites remontrances en date du 18 septembre 1780; les itératives remontrances de notredite cour des aides de Clermont-Ferrand du 17 juillet 1781; la réponse faite par nos ordres auxdites remontrances le 22 octobre 1781; finalement la lettre adressée par notredite cour des aides de Clermont-Ferrand, à notre très-cher et féal chevalier garde des sceaux de France, le 13 décembre 1781. Nous avons reconnu, tant dans les premières que dans les itératives remontrances de notredite cour des aides de Clermont-Ferrand, et dans sa lettre du 13 décembre 1781, indépendamment de l'inexactitude dans l'exposé des faits et des erreurs dans les principes, une censure téméraire et indécente des arrêts de notre cour de parlement et de notre conseil, et des actes émanés de notre justice et de notre autorité en connoissance de cause. Nous avons aussi observé dans lesdites itératives remontrances, une discussion de la généalogie desdits sieurs Aubier, aussi inutile qu'incompatible avec l'impartialité dont les officiers de notredite cour des aides de Clermont ne pouvoient, sans manquer à leur devoir, s'écarter au moment où ils réclamoient la connoissance de la question élevée sur la noblesse desdits sieurs Aubier : Nous avons encore remarqué que les itératives remontrances de notredite cour des aides de Clermont-Ferrand, ont été imprimées par contravention aux ordonnances, et au mépris des règles suivant lesquelles les représentations que nous permettons à nos cours de nous adresser, doivent demeurer dans le secret; que la publicité qui leur a été donnée n'a pu avoir d'autre objet que de jeter des doutes sur l'état de noblesse des sieurs Aubier, au préjudice de la chose jugée; que la réalité de ce plan est démontrée par l'arrêt même que notredite cour des aides a rendu pour la suppression de l'imprimé de ses itératives remontrances, puisque dans le réquisitoire qui y est inséré, les sieurs Aubier, quoique maintenus par l'arrêt du parlement du 26 février 1780 dans le droit de possession d'ancienne noblesse, sont annoncés au public comme des usurpateurs de noblesse, aux persécutions desquelles il doit avoir la confiance de trouver en nous un père empressé à le soustraire : Qu'ainsi, en même temps que notredite cour des aides de Clermont-Ferrand semble donner une preuve de son zèle pour le maintien des règles, en supprimant l'imprimé de ses remontrances, et désavouant la publicité de l'accusation de l'usurpation de noblesse qu'elles renferment contre les sieurs Aubier, elle ne craint pas de donner plus d'authenticité à cette accusation par l'adoption du réquisitoire, quoiqu'ils aient été renvoyés de cette accusation par arrêt du parlement, et que notre procureur général en notredite cour des aides ait été débouté de la demande en cassation qu'il avoit formée contre cet arrêt. Notre amour pour nos sujets nous portera toujours à donner une attention particulière au soin que nous devons prendre de garantir tous et chacun d'eux de toute oppression; nous ne devons pas moins veiller sans cesse au maintien de l'ordre sagement établi dans notre royaume, à l'observation des égards que nos cours se doivent réciproquement, et à ce que nul ne s'écarte du respect dû à notre autorité, dans l'usage que nous jugeons à propos d'en faire par nous-mêmes, ou par le ministère des personnes que nous honorons de notre confiance. Ces considérations nous obligeant à faire sentir à notre cour des aides de Clermont-Ferrand les effets de notre animadversion. A ces causes, de l'avis de notre conseil, nous avons dit, déclaré et ordonné; disons, déclarons et ordonnons par ces présentes signées de notre main, voulons et nous plaît; que l'imprimé intitulé : *Très-humbles et très-respectueuses et itératives remontrances que présentent au roi, notre très-honoré et souverain seigneur, les gens tenant la cour des aides de Clermont-Ferrand, dans l'affaire d'usurpation de noblesse des sieurs Aubier*, sera et demeurera supprimé, comme contenant des inexactitudes dans les faits, des principes erronés et une censure téméraire des arrêts de notre conseil et de notre cour de parlement, et attentatoire à notre autorité, et comme étant, ledit imprimé, contraire à nos édits, ordonnances et déclarations concernant le secret des délibérations des cours, et aux réglements de la librairie : ordonnons pareillement que le réquisitoire inséré en l'arrêt de notredite cour des aides de Clermont-Ferrand, du 24 décembre 1781, sera et demeurera supprimé, comme injurieux à notre cour de parlement et attentatoire à notre autorité. Voulons que ladite cour des aides de Clermont-Ferrand et les officiers d'icelle demeurent interdits, comme de fait nous les interdisons, de tout exercice et fonctions de leurs charges; défendons à tous nos sujets de les reconnoître en qualité de juges, déclarant dès-à-présent tous arrêts, jugements et autres actes que ladite cour pourroit rendre ci-après, soit en corps ou autrement, nuls et de nul effet, et ce, jusqu'à ce que par nous autrement en ait été ordonné. Commandons à nos huissiers, qu'à ce faire commettons par ces présentes, se transporter à ladite cour des aides de Clermont-Ferrand, et icelle séante, lui signifier ces présentes, nos lettres d'interdiction, à ce qu'elle n'en prétende cause d'ignorance; lui faisant commandement d'y déférer et obéir, à peine d'être procédé contre eux comme contrevenants à nos commandements; faisant à cette fin, par lesdits huissiers, tous exploits requis et nécessaires, sans demander placet, visa, ni paréatis, nonobstant toutes choses à ce contraires, etc.

N° 1618. — Arrêt *du parlement portant réglement pour la prison de la Force.*

Paris, 19 février 1782. (R. S. C.)

Vu par la cour la requête présentée par le procureur-général du roi, contenant que, par la déclaration du 30 août 1780, registrée en la cour le 3 septembre audit an, portant établissement de nouvelles prisons, il est ordonné que l'hôtel de la Force et ses dépendances demeureront destinés à servir de prison pour renfermer spécialement les prisonniers arrêtés pour dettes civiles; et comme il paroît convenable de renouveler pour cette prison les dispositions des ordonnances, et de l'arrêt du 18 juin 1777, pour ce qui concerne les prisonniers détenus pour dettes civiles : à ces causes, requéroit le procureur-général du roi, à ce qu'il plût à la cour ordonner que les articles de réglements, joints à la présente requête en 29 articles, seront exécutés pour la prison de l'hôtel de la Force; ordonner au surplus que les articles du titre 13 de l'ordonnance du mois d'août 1670, touchant les prisons, greffiers des geôles, geôliers et guichetiers, la déclaration du mois d'août 1780, registrée en la cour le 19 du même mois, concernant les aliments des prisonniers, et l'arrêt du 18 juin 1717, le tout en ce qui concerne les prisonniers pour dettes civiles, seront exécutés; ordonner que l'arrêt qui interviendra, et les articles de réglement y annexés, seront imprimés, lus dans les chapelles de l'hôtel de la Force, tous les premiers dimanches de chaque mois, en présence de tous les prisonniers, et affichés aux portes de chapelles, à celles de la prison, dans le greffe, sur le préau, et dans les lieux les plus apparents de la prison, et les affiches renouvelées tous les ans, à la Saint Martin, et à Pâques, même plus souvent s'il est nécessaire, à la diligence du substitut du procureur-général du roi, qui aura été par lui commis pour la visite de ladite prison. Faire défenses aux prisonniers et à toutes autres personnes d'enlever ou déchirer lesdites affiches, sous telles peines qu'il appartiendra, et aux greffiers, concierges et guichetiers de le souffrir, aussi sous telles peines qu'il appartiendra. Ladite requête signée du procureur-général du roi. (*Suit le règlement.*)

1. On dira tous les jours la messe dans les chapelles de la prison, depuis la Saint-Remi jusqu'à Pâques, à 9 heures, et la prière du soir à 4 heures; et depuis Pâques jusqu'à la Saint-Remi, la messe à 8 heures, et la prière du soir à 5 heures; les prisonniers, tant hommes que femmes indistinctement, et de quelque condition qu'ils soient, seront tenus d'y assister tous les jours, à peine, contre ceux qui n'iront point à la messe, d'être privés, pendant trois jours, de parler aux personnes qui les viendront visiter, pour la première contravention; et du cachot, pour la seconde, pendant trois jours au moins, et plus, en cas de récidive. Enjoint au concierge de les y faire assister, et d'empêcher qu'ils vaguent ou se promènent pendant le service divin. Fait défenses audit concierge de laisser entrer qui que ce soit, ni boissons quelconques, pendant ce temps, à peine de 10 liv. d'amende, à laquelle il sera condamné par les commissaires de la prison, et sur un simple procès-verbal, contenant la déclaration de deux témoins au moins.

2. Les dimanches et fêtes, durant la messe, le sermon et les vêpres, le concierge fera fermer toutes les chambres; lui fait pareillement défenses de laisser délivrer ou fournir aucuns vivres ou boissons aux prisonniers avant la messe, et durant tout le service divin desdits jours, sous pareille peine.

3. Les chambres et les dortoirs seront ouverts à 7 heures du matin, depuis la Toussaint jusqu'à Pâques, et à 6 heures, depuis Pâques jusqu'à la Toussaint; et les prisonniers seront renfermés à 6 heures du soir, depuis la Toussaint jusqu'à Pâques, et à 7 heures, depuis Pâques jusqu'à la Toussaint, à l'exception néanmoins des prisonniers payant le loyer de leur chambre, lesquels ne seront renfermés qu'à 7 heures du soir, depuis la Toussaint jusqu'à Pâques; et à 8 heures, depuis Pâques jusqu'à la Toussaint; ce que le concierge fera observer, sous pareille peine : après la messe, les lits des dortoirs seront faits, et les lieux nettoyés par les prisonniers, ensuite lesdits dortoirs seront refermés jusqu'au soir, un peu avant l'heure de la retraite, à l'exception des chambres dont les prisonniers paieront le loyer.

4. Lorsqu'un prisonnier arrivera dans la prison entre les

deux premiers guichets, il ne pourra être gardé pendant plus de deux heures; fait défenses aux concierges ou aux guichetiers de les y garder plus long-temps, sous prétexte de droits d'entrée, gîtes et geôlages ou autrement, à peine de 10 liv. d'amende.

5. Le concierge aura soin de mettre ensemble les prisonniers de même espèce, et d'observer que chacun de ceux qui sont en commun, suivant son ancienneté, ait la place la plus commode; défenses audit concierge de laisser dans les dortoirs aucun malade, ni de recevoir de l'argent des prisonniers pour les mettre dans un lieu plutôt que dans un autre, le tout à peine de restitution du quadruple et de destitution s'il y échet; et après qu'un prisonnier aura été mis dans une des chambres ou dortoirs, il sera tenu de la balayer et tenir propre, jusqu'à ce qu'il y survienne un autre prisonnier.

6. Les femmes et filles prisonnières seront mises dans des lieux séparés et éloignés de ceux des hommes prisonniers; les uns et les autres auront la liberté du préau aux heures qui ne seront pas employées au service divin; seront visitées par les guichetiers les personnes suspectes qui viendront voir les prisonniers, à l'effet de s'assurer qu'elles n'apportent ni instruments, ni armes nuisibles à la sûreté.

7. Fait défenses au concierge et aux guichetiers, à peine de destitution, de laisser entrer au-dedans de la prison des hommes, aucunes femmes ou filles, autres que les mères, femmes, filles ou sœurs des prisonniers; et à l'égard des autres femmes et filles, elles ne pourront parler aux prisonniers qu'au parloir, et en présence d'un guichetier; défenses pareillement faites aux hommes pour l'entrée au-dedans de la prison des femmes.

8. Fait défenses aux anciens prisonniers d'exiger ou de prendre aucune chose des nouveaux venus, en argent, vivres ou autrement, sous prétexte de bienvenue, chandelles, balai, et généralement sous quelque prétexte que ce puisse être, quand même il leur seroit volontairement offert, ni de cacher leurs hardes, ou de les maltraiter, à peine d'être enfermés dans un cachot pendant quinze jours, et d'être mis ensuite dans une autre chambre ou cabinet moins commode que celui où ils étoient, et même à peine d'être poursuivis extraordinairement s'il y échet.

9. Enjoint auxdits anciens et autres prisonniers de dénoncer ceux de leur chambre ou dortoir qui auront juré le saint nom de Dieu, ou fait des exactions ou violences, à peine d'être

punis comme complices, et aux concierges et guichetiers de s'en enquérir soigneusement, et en donner avis à l'instant au procureur-général du roi ou à son substitut, à peine de destitution.

10. Les guichetiers conduiront les personnes qui viendront faire des charités dans les lieux de la prison où elles désireront les distribuer, ce qu'elles pourront faire elles-mêmes sur le préau, ou dans la cour, en présence desdits guichetiers.

11. Les prisonniers ne paieront à l'avenir aucun droit d'entrée ni de sortie de la prison.

12. Ceux qui voudront coucher dans les chambres particulières à un seul lit, à deux, à trois et à quatre, avec cheminée ou sans cheminée, et dans des cabinets, en paieront le loyer à un prix fixe par jour, suivant la commodité desdites chambres et cabinets, au-dessus de la porte desquels ledit prix sera énoncé. Le geôlier recevra les sommes provenant de ces loyers; et il les déposera entre les mains du greffier, qui lui en donnera son reçu.

13. Les prisonniers seront libres de faire venir leur nourriture du dehors, sauf au geôlier à régler les heures des repas, et la quantité des boissons, conformément à la discipline de la prison.

14. Les prisonniers qui seront nourris du dehors, seront pareillement libres de se faire servir par des domestiques autres que les guichetiers sous l'inspection du concierge, qui sera tenu de prendre à cet égard les mesures nécessaires pour la sûreté, et conformes à la discipline de la prison. Ceux qui occuperont des chambres à feu se feront apporter du bois qu'ils achèteront du dehors, après en avoir prévenu le concierge, et il sera défendu dans lesdites chambres et autres d'avoir de la lumière après 10 heures du soir, à peine contre les prisonniers d'être privés pendant huit jours de chandelles ou autres lumières à la première contravention, et d'être remis dans les dortoirs à la seconde; le concierge aura la faculté de faire, soit par lui, soit par ses guichetiers, à toutes heures, soit la nuit, soit le jour, la visite de toutes les chambres et lieux dépendants de la prison.

15. Fait défenses audit concierge de faire aucune convention avec les prisonniers pour des fournitures quelconques, de retenir à ceux qui auront obtenu leur élargissement, plus que ce qui sera légitimement dû pour le loyer des chambres, à proportion des jours qu'ils les auront occupées, et de prendre de plus grandes sommes que celles fixées pour le

prix desdites chambres, dont le mois sera néanmoins payé d'avance, et sous quelque prétexte que ce soit, et à peine de concussion.

16. Enjoint audit concierge d'avoir un registre particulier relié, coté et paraphé par les conseillers commissaires de la prison, dans lequel il écrira de sa main, sans y laisser aucun blanc, les jours d'entrées et sorties des prisonniers, et tout ce qu'il recevra chaque jour de chacun, pour gîtes et geôlages, dont il donnera sa quittance; le tout à peine de 10 liv. d'amende par chacune contravention.

17. Permet audit concierge de faire passer dans les dortoirs communs les prisonniers des chambres huit jours après qu'ils seront en demeure de payer leur gîte.

18. Défenses sont faites aux guichetiers, à peine de restitution du double, et d'être privés pour toujours de leur emploi, même de punition corporelle s'il y échet, d'exiger, demander ou accepter aucune chose, en quelque manière et sous quelque prétexte que ce soit, tant des prisonniers lorsqu'ils entrent en la prison, que de ceux qui les amènent, écrouent, recommandent ou déchargent, les viennent visiter, leur font des aumônes, ou les délivrent par charité.

19. Fait défenses au concierge et aux guichetiers de la prison, d'injurier, battre ou maltraiter les prisonniers, de leur laisser prendre du vin ou de l'eau-de-vie par excès, à peine d'en répondre en leur propre et privé nom, et de leur laisser délivrer aucune marchandise ou denrée qu'elle ne soit des poids, mesures et qualité requises par les ordonnances de police.

20. Le greffier de la prison se tiendra dans son greffe, entre la Saint-Remi et Pâques, depuis sept heures du matin jusqu'à midi, et depuis deux heures de relevée jusqu'à cinq: et entre Pâques et la Saint-Remi, depuis six heures du matin jusqu'à midi, et depuis deux heures jusqu'à six heures du soir.

21. Ledit greffier sera tenu d'avoir un registre relié, coté et paraphé par première et dernière, dans tous ses feuillets, par les conseillers-commissaires de la prison, tous les feuillets dudit registre seront séparés en deux colonnes, l'une pour les écrous et recommandations, et l'autre pour les élargissements et décharges, et il ne pourra laisser aucun blanc dans ledit registre.

22. Les écrous, recommandations et décharges feront mention des arrêts, jugements et actes en vertu desquels ils seront faits, et de leurs dates, de la juridiction dont ils seront éma-

nés, ou des notaires qui les auront reçus; comme aussi du nom, surnom, et qualité du prisonnier, de ceux de la partie qui fera faire les écrous et recommandations, et du domicile qui sera par elle élu, à peine de nullité; et ne pourra être fait qu'un écrou, encore qu'il y ait plusieurs causes de l'emprisonnement.

23. Les huissiers donneront eux-mêmes en main propre, à ceux qu'ils constitueront prisonniers, ou qu'ils recommanderont, des copies lisibles et en bonne forme, de leurs écrous et recommandations; à l'effet de quoi lesdits prisonniers seront amenés entre les deux guichets, en présence du greffier, qui sera tenu de mettre son certificat sur son registre à la fin de chacun desdits écrous et recommandations, à peine d'interdiction contre les huissiers pour la première fois, et de privation de leurs charges pour la seconde; et contre ledit greffier, de 20 liv. d'amende pour chacune contravention, et de tous dépens, dommages et intérêts, même de plus grande peine s'il y échet.

24. Fait défenses aux greffier et concierge de faire passer aucun prisonnier dans les chambres et dortoirs de la prison, qu'ils n'aient été premièrement écroués en la manière portée par les deux articles précédents, et que la date des écrous, le nom, qualité et demeure de l'officier qui les aura faits n'aient été écrits sur le registre de la geôle, et copie du tout laissée au prisonnier.

25. Le registre du greffier et celui du concierge, contenant ce qu'il a reçu des prisonniers pour gîtes et geôlages, seront par eux représentés lors de chacune visite et séance qui sera faite dans les prisons.

26. Fait défenses à tous huissiers de rien exiger de ceux qu'ils conduiront à la prison, sous prétexte d'avoir fourni un carrosse à cet effet, à peine de restitution du quadruple de ce qu'ils auront reçu, et de 20 liv. d'amende, et de plus grande peine s'il échet, sauf à eux de s'en faire payer par la partie à la requête de laquelle l'emprisonnement aura été fait.

27. Fait pareillement défenses, sous les mêmes peines, auxdits huissiers, même aux exempts du lieutenant criminel de robe courte et autres officiers de justice, et aux guichetiers, sous la même peine, de rien exiger des prisonniers qu'ils pourroient être dans le cas de transférer dans une autre prison, pour l'instruction de procès ou autre cause, sauf à se faire payer par les parties à la requête desquelles ils les transféreront.

28. Lorsqu'un prisonnier sera obligé de faire des significa-

tions ou d'obtenir des jugements ou arrêts contre ses créanciers, pour être payé de ses aliments, le greffier ne recevra les créanciers à consigner les aliments pour l'avenir, qu'en consignant en même temps ceux qui n'ont point été payés, et en remboursant le prisonnier des frais desdites significations et jugements qui seront liquidés, sans procédures, par les conseillers de la cour commis pour la visite des prisonniers, à peine contre ledit greffier de payer de ses deniers ce qui pourra être dû au prisonnier, tant pour ses aliments que pour les frais qu'il aura faits pour en être payé.

29. Les visites et séances seront faites par les conseillers commis par la cour, avec le substitut du procureur général du roi par lui nommé, avant les fêtes de Noël, Pâques et Pentecôte et de Saint-Simon et Saint-Jude, et en outre avant la Notre-Dame d'août, sans préjudice des visites particulières qui seront faites dans ladite prison par le procureur général du roi, ou celui de ses substituts qu'il commettra.

Signé JOLY DE FLEURY.

Ouï le rapport de M⁰ Adrien-Louis Lefevre, conseiller; tout considéré;

La cour ordonne que les articles de réglement, joints à la requête du procureur général du roi, au nombre du vingt-neuf articles, seront exécutés pour la prison de l'hôtel de la Force; ordonne, au surplus, que les articles du titre 13 de l'ordonnance du mois d'août 1770, touchant les prisons, greffiers des geôles, geôliers et guichetiers; la déclaration du mois d'août 1780, registrée en la cour le 19 du même mois, concernant les aliments des prisonniers, et l'arrêt du 18 juin 1717, le tout en ce qui concerne les prisonniers pour dettes civiles, seront exécutés; ordonne que le présent arrêt, et les articles de réglement y annexés, seront imprimés, lus dans les chapelles de l'hôtel de la Force, tous les premiers dimanches de chaque mois, en présence de tous les prisonniers, et affichés aux portes des chapelles, à celles de la prison, dans le greffe, sur le préau et dans les lieux les plus apparents de la prison, et les affiches renouvelées tous les ans à la Saint-Martin et à Pâques, même plus souvent s'il est nécessaire, à la diligence du substitut du procureur général du roi, qui aura été par lui commis à la visite de ladite prison. Fait défenses aux prisonniers, et à toutes autres personnes, d'enlever ou déchirer lesdites affiches, sous telles peines qu'il appartiendra, et aux greffier, concierge et guichetiers de le souffrir, aussi sous telles peines qu'il appartiendra.

N° 1619. — ARRÊT *du conseil qui, sans s'arrêter à la demande des sieurs A. et G. propriétaires de maisons sur le bord du parc de Vincennes, ordonne qu'ils seront tenus de fermer et boucher, dans le délai de trois mois, les grilles et portes par eux ouvertes sur ledit parc.*

19 février 1782. (Reg. des arr. aux arch. des fin. Beaudrillard, tom. 1, pag. 459.)

N° 1620. — RENOUVELLEMENT *pour six années du traité d'union, de bonne correspondance et de subsides avec le duc des Deux-Ponts.*

Versailles, 26 février 1782. (Martens.)

N° 1621. — ARRÊT *du conseil portant règlement pour le commerce de toiles à Paris et dans la banlieue.*

Versailles, 27 février 1782. (R. S.)

N° 1622. — DÉCLARATION *portant règlement pour les spectacles établis à la suite de la cour* (1)

Versailles, 28 février 1782. Reg. au grand conseil le 23 mai. (R. S. C.)

LOUIS, etc. Les contestations qui s'élèvent sur la distribution des gages et appointements qui ont été saisis sur les comédiens et autres gens attachés aux spectacles de la suite de notre cour, donnant lieu à des instances de préférence, ou de contribution, dont les procédures absorbent bientôt les sommes à distribuer, sans utilité pour aucune des parties, nous avons pensé que nous remédierions à cet inconvénient, en ajoutant à notre déclaration du 18 août 1779, déjà donnée dans la même intention, quelques dispositions qui, en substituant de nouvelles formes plus simples et moins coûteuses que les anciennes, nous ont paru plus propres à faire jouir les gens attachés auxdits spectacles, des avantages qui entroient dans l'objet de notre déclaration du 18 août 1779, sans néanmoins préjudicier en aucune manière aux droits de leurs créanciers. A ces causes, et autres à ce nous mouvant, de notre certaine science, pleine puissance et autorité royale, nous avons, par ces présentes signées de notre main, dit, déclaré et ordonné, disons, déclarons et ordonnons, voulons et nous plaît ce qui suit :

---

(1) V. décl. 18 août 1779, n° 1169, tom. 4 du règne, pag. 153.

28 FÉVRIER 1782.

1. Les gages et appointements des comédiens et autres gens attachés aux spectacles présentement établis, ou qui pourront l'être à l'avenir par notre permission, à la suite de notre cour, continueront d'être insaisissables jusqu'à la concurrence des deux tiers, et ce pour quelque cause que ce soit, si ce n'est, pour logement et nourriture, ainsi qu'il a déjà été ordonné par les art. 3 et 4 de notre déclaration du 18 août 1779. Voulons à cet effet, que conformément à l'art. 7 de notredite déclaration, les exploits de saisie ou oppositions et autres empêchements, qui seront formés à la délivrance desdits gages et appointements, expriment la nature, la cause et le montant des créances, pour sûreté desquelles lesdits empêchements interviendront; sinon, et à faute de ce faire, ne seront tenus les directeurs et receveurs desdits spectacles, que de retenir le tiers des gages et appointements du débiteur saisi, sans que le créancier puisse rien prétendre sur lesdits gages et appointements, au-delà dudit tiers, quand même il seroit seul saisissant ou opposant; et que par la suite il seroit justifié que dans le fait, il étoit créancier pour cause de logement et nourriture.

2. En exécution de l'art. 8 de notre déclaration du 12 août 1779, les directeurs et receveur entre les mains de qui il sera formé des saisies ou oppositions, soit sur le tiers, soit sur la totalité des gages ou appointements des comédiens et autres personnes attachées auxdits spectacles, continueront d'être dispensés de fournir en justice, des déclarations affirmatives sur lesdites saisies ou oppositions, encore que les exploits desdites saisies ou oppositions continssent assignation à eux donnée à cet effet en la prévôté de notre hôtel; auquel cas lesdites assignations seront regardées comme nulles et non-avenues.

3. Seront néanmoins tenus lesdits directeurs et receveurs, de faire signifier extrajudiciairement, et dans la huitaine, à chaque créancier saisissant ou opposant, un état de ce qu'ils doivent à la partie saisie, ensemble une copie de la dernière quittance qu'ils ont reçue de ladite partie saisie, comme aussi d'indiquer les époques des plus prochains paiements qu'ils auroient été tenus de lui faire, s'il ne fût survenu sur elle aucune saisie ou opposition, et enfin de dénoncer à chacun des saisissants ou opposants les différentes saisies ou oppositions qui se trouveront alors exister entre leurs mains, de même que celles qui pourroient y survenir par la suite.

4. Aussitôt après l'échéance de chaque terme de paiement desdits gages ou appointements, lesdits directeurs et receveurs

entre les mains de qui ils auront été saisis, seront tenus d'en déposer le tiers ou la totalité entre les mains du greffier de la prévôté de notre hôtel, lequel sera tenu de s'en charger sans frais, et de leur donner sa reconnoissance, dans laquelle il fera mention des différentes saisies ou oppositions, à la charge desquelles sera fait ledit dépôt, avec distinction de celles desdites saisies ou oppositions qui auront été formées, pour comprendre la totalité, d'avec celles qui ne l'auront été que pour porter sur le tiers desdits gages et appointements; et lors dudit dépôt, voulons que les directeurs et receveurs, en le faisant, puissent retenir par leurs mains les frais qu'ils justifieront avoir valablement faits pour raison des significations et dénonciations qu'ils auront pu faire faire à chacun des créanciers saisissants ou opposants, en exécution de l'article précédent; à l'effet de quoi ils remettront audit greffier, qui en fera également mention dans sa reconnoissance, les pièces justificatives, tant du paiement desdits frais, que desdites significations et dénonciations.

5. Voulons néanmoins que, si d'après la constitution desdits spectacles ou la teneur des engagements, marchés ou conventions intervenus entre les parties saisies et les entrepreneurs et directeurs desdits spectacles, les gages et appointements desdites parties saisies étoient payables par jour, ou par semaine, ou par toute autre portion de temps qui seroit moindre d'un mois, lesdits directeurs ou receveurs tiers-saisis soient dispensés de faire le dépôt ordonné par l'article précédent, jusqu'à ce qu'ils aient entre les mains au moins un mois entier des gages ou appointements de celui ou celle sur qui il sera survenu des saisies ou oppositions.

6. Et afin de prévenir les collusions et autres abus qui pourroient s'introduire entre les entrepreneurs, directeurs, receveurs, comédiens, et autres, attachés auxdits spectacles, enjoignons aux uns et aux autres de représenter, à toutes réquisitions, aux lieutenants généraux de la prévôté de notre hôtel, et à nos procureurs en ladite juridiction, tous leurs livres, registres, journaux, traités, engagements, marchés, conventions, et autres documents relatifs à l'entreprise, direction, recette, manutention, comptabilité et régie desdits spectacles; à quoi faire, ils pourront être contraints, comme pour fait de police.

7. Tout créancier qui aura fait saisir le tiers ou la totalité des gages et appointements d'aucun comédien, ou autres personnes attachées auxdits spectacles, et qui voudra parvenir à

se faire délivrer les deniers saisis, sera tenu, dans la huitaine de la saisie ou opposition, de remettre entre les mains du greffier de la prévôté de notre hôtel, qui lui en donnera son récépissé sans frais, l'original de l'exploit de ladite saisie ou opposition, ainsi que les titres de sa créance, et en outre une requête signée d'un procureur en ladite prévôté, auquel, pour cet effet, sera taxé 9 liv., quelque nombre de rôles qu'elle puisse contenir, non compris toutefois le papier timbré. Ladite requête contiendra un détail succinct et raisonné de la créance, et un état sommaire des pièces qui y seront jointes, et sera terminée par des conclusions tendantes à la délivrance des deniers saisis, en déduction, ou jusqu'à concurrence des causes de ladite saisie ou opposition.

8. Faute par lesdits directeurs et receveurs de faire le dépôt des gages et appointements saisis entre leurs mains de la manière et dans les termes prescrits par les art. 4 et 5 ci-dessus, il sera permis au créancier saisissant ou opposant le plus diligent, et qui aura remis au greffe ses titres et sa requête, ainsi qu'il est ordonné par l'article précédent, de faire contraindre personnellement lesdits directeurs et receveurs, au paiement des causes de sa saisie ou oppositions, tant en principal qu'intérêt et frais, par toutes les voies de droit, même par la saisie du produit de la recette de chaque jour de représentation, distraction faite cependant des prélèvements privilégiés et journaliers, qui se font en faveur de l'entrepreneur de la salle de spectacle, ainsi que pour la garde et l'illumination. Lesdites contraintes seront exercées à la requête dudit créancier, en vertu de notre présente déclaration, par le premier huissier ou sergent royal requis, et sans qu'il soit besoin d'obtenir à cet effet aucune sentence de condamnation, à la charge toutefois par ledit créancier de prendre préalablement un certificat du greffier de la prévôté de l'hôtel, auquel, pour cet effet, sera payé 12 sols, non-compris le papier timbré, pour constater, que depuis le jour de ladite saisie ou opposition, jusqu'au jour dudit certificat, il n'a été fait en ses mains aucun dépôt, soit du tiers, soit de la totalité des gages et appointements de la partie saisie, et encore à la charge par ledit créancier de faire viser ledit certificat par l'un des lieutenants généraux de ladite prévôté; et ne pourront audit cas, lesdits directeurs et receveurs, faire cesser les poursuites, qu'en rapportant la quittance du greffier, à l'effet de justifier qu'ils ont effectué ledit dépôt, et en remboursant au créancier poursuivant le coût dudit certificat, et autres frais de contrainte

qu'il aura été obligé de faire contre eux, sans pouvoir les répéter contre la partie saisie.

9. Huitaine après ledit dépôt, et sans qu'il soit besoin d'aucune signification ni interpellation préalable, il sera procédé par l'un des lieutenants généraux de la prévôté de notre hôtel, sur le vu des titres et des requêtes qui auront été remis au greffe, en exécution de l'art. 7, au jugement et à la liquidation des créances en résultantes, lesquels jugements et liquidation signés du lieutenant général qui y aura procédé, seront inscrits au pied de chacune desdites requêtes, et en même temps il sera par ledit lieutenant général, qui en dressera état et procès-verbal, procédé à la distribution des deniers saisis et déposés jusqu'à concurrence desdites liquidations, s'il y a deniers suffisants; sinon, à la contribution d'iceux au marc la livre, le tout seulement entre ceux des créanciers saisissants ou opposants qui se trouveront alors avoir présenté leur requête à cette fin, et produit leurs titres de créance, conformément à ce qui est prescrit par l'art. 7, sans que les autres puissent y être compris, non plus que dans les distributions ou contributions suivantes, jusqu'à ce qu'ils aient satisfait audit art. 7; et au bas des liquidations de créance qui auront été faites sur chacune desdites requêtes, mention sera faite par le greffier de la somme pour laquelle le créancier dénommé en la requête aura été compris dans l'état général des distributions ou contributions.

10. S'il arrivoit que les deniers saisis et déposés fussent évidemment insuffisants pour acquitter la moitié des créances des opposants qui se trouveront avoir fait leurs productions conformément à l'art. 7, laissons, en ce cas, à la prudence des lieutenants généraux de la prévôté de notre hôtel de différer de procéder à la contribution desdits deniers, jusqu'à ce qu'il y ait trois mois de gages ou appointements de la partie saisie, déposés au greffe; après quoi la distribution ou la contribution ne pourra plus être différée, encore que le résultat en dût être insuffisant pour couvrir lesdites moitiés de créances; et alors tous ceux des saisissants ou opposants qui auront satisfait audit art. 7, au moment où il sera procédé aux distributions ou contributions, pourront y être employés, s'il y a lieu, après l'examen de leurs titres.

11. Lors desdites opérations, les seuls créanciers pour cause de logement et nourriture, dont les créances auront été reconnues légitimes, pourront être compris dans la distribution ou contribution des deux tiers privilégiés desdits gages et ap-

pointements; et si lesdits deux tiers ne suffisent pas pour l'entier acquittement de leurs créances, telles qu'elles auront été liquidées conformément à l'article 9, voulons que lesdits créanciers soient employés pour le surplus dans la distribution ou contribution du dernier tiers non privilégié, mais sans préférence, et concurremment avec les autres créanciers.

12. A l'égard de ceux dont les créances ne se trouveront pas suffisamment établies, ou en état d'être liquidées, voulons qu'ils ne puissent être aucunement compris dans lesdites distributions ou contributions, et dont il sera fait mention dans les procès-verbaux d'icelles, et à l'effet d'être statué définitivement entre eux et la partie saisie, lesdits créanciers seront renvoyés à se pourvoir ainsi qu'ils aviseront; auquel cas, si par la suite, lors des distributions ou contributions subséquentes, ils étaient parvenus à faire juger la validité de leurs créances, ou à les mettre en état d'être liquidées, ils pourront y être employés sans qu'ils soient tenus de former nouvelles saisies ou oppositions, mais seulement d'ajouter à leurs productions et à leurs frais les nouveaux titres qu'ils auront acquis ou qu'ils auront recouvrés pendant cet intervalle, ce qui toutefois ne pourra avoir lieu qu'autant qu'il subsisteroit d'ailleurs d'autres saisies ou oppositions formées par d'autres créanciers; sinon, et où ils resteront seuls opposants après lesdites distributions ou contributions, dans lesquelles ils n'auront pas été compris, voulons que, sans s'arrêter ni avoir égard à leurs saisies ou oppositions, les gages et appointements de la partie saisie ne puissent plus être retenus sous prétexte desdites saisies ou oppositions, à peine de tous dépens, dommages et intérêts envers la partie saisie.

13. Attribuons au lieutenant-général de la prévôté de notre hôtel, qui procèdera auxdites opérations, la somme de six livres pour tous droits et vacations par chaque créancier dont il liquidera la créance sur la requête présentée à cet effet conformément à l'article 7, et au greffier la moitié de la taxe, aussi pour tous frais; et le montant desdites deux taxes sera prélevé sur les sommes à distribuer, comme frais privilégiés, ce dont il sera fait mention dans les états de distribution ou contribution.

14. Le procès-verbal, contenant l'état ou tableau de chaque distribution ou contribution; étant clos et arrêté, et signé du lieutenant-général qui y aura procédé, sera par lui sur-le-champ remis au greffe pour y demeurer; et il sera loisible, tant à la partie saisie qu'aux opposants, même à ceux qui n'y

seroient pas compris, d'en prendre communication sans déplacement et sans frais, par le ministère de leurs procureurs; ensemble des requêtes et titres de chaque opposant, et ce dans la huitaine pour tout délai, à partir de la date dudit procès-verbal, pendant lequel temps, voulons qu'il soit permis seulement à la partie saisie, ainsi qu'aux créanciers opposants qui auront été colloqués, de former empêchement à l'exécution desdites contributions; sinon, et ledit temps passé, les deniers déposés seront délivrés à ceux qui se trouveront employés dans lesdites contributions, le tout sans qu'il soit besoin de signification ni de sommation préalable à la partie saisie, non plus qu'à aucuns des opposants.

15. Les empêchements qui pourront survenir, tant de la part de la partie saisie que d'aucuns des créanciers saisissants ou opposants, seront formés par acte libellé et motivé, signé de la partie ou de son fondé de procuration, ainsi que de son procureur en ladite prévôté de notre hôtel, duquel acte copie aussi signée, tant dudit procureur que de sadite partie ou de son fondé de procuration, sera remise au greffier, qui reconnoîtra l'avoir reçu par une simple mention sur l'original dudit acte, lequel dans trois jours au plus tard sera dénoncé aux procureurs de ceux des créanciers contre qui l'empêchement aura été formé.

16. Lesdits empêchements ainsi formés, dans ledit délai de huitaine, suspendront la délivrance des deniers, tant à l'égard de ceux contre qui ils seront dirigés, qu'à l'égard de ceux mêmes qui les auront formés; mais ne pourront les suspendre relativement aux autres créanciers.

17. Les empêchements de la partie saisie à l'exécution desdites distributions et contributions ne pourront avoir lieu qu'autant qu'ils auront pour objet de demander la main-levée en tout ou partie des saisies ou oppositions formées sur elle. Faisons très-expresses inhibitions et défenses au greffier de la prévôté de notre hôtel d'en recevoir qui seroient motivés pour telle autre cause que ce soit, à peine de tous dommages et intérêts.

18. L'appel interjeté, hors ledit délai de huitaine, n'aura aucun effet suspensif.

19. Les contestations pour faire vider les empêchements qui pourroient survenir à l'exécution des contributions qui auront été arrêtées conformément à ce qui est ci-dessus prescrit, seront instruites et jugées, suivant les formes ordinaires, en la prévôté de notre hôtel; et, en cas d'appel, en notre grand

conseil, seulement entre les parties que lesdits empêchements concerneront, et à leur risque, péril et fortune, sans qu'en aucun cas les dépens faits pour raison desdites contestations puissent entrer en augmentation de leurs créances à la charge de la partie saisie.

20. Lors des paiements, qui se feront par le greffier, des sommes revenantes desdites distributions et contributions aux créanciers qui s'y trouveront employés, lesdits créanciers lui en donneront quittance, tant au bas de leur requête que du tableau desdites distributions ou contributions; et si les sommes qu'ils recevront se trouvent suffisantes pour acquitter le montant de leurs créances, telles qu'elles auront été liquidées, conformément à ce qui est prescrit par l'article 9, lesdits créanciers seront en même temps tenus de lui rapporter le récépissé qui leur aura été par lui donné en exécution de l'article 6, tant de leurdite requête que des pièces y énoncées et jointes; et audit cas, pourra la remise dudit récépissé valoir main-levée de leurs saisies ou oppositions, encore qu'ils ne l'eussent plus spécialement exprimée dans leurs quittances.

21. Et lorsque les sommes provenantes des contributions ne suffiront pas pour acquitter le montant des créances telles quelles auront été liquidées, les créanciers en ce cas retiendront entre leurs mains ledit récépissé du greffier, et exprimeront dans les quittances qu'ils lui donneront, que leurs requêtes et titres de créances sont restés ès-mains dudit greffier, à l'effet d'être compris dans la prochaine distribution ou contribution, ce qui pourra avoir lieu jusqu'à ce qu'enfin ils soient pleinement satisfaits du montant de leurs liquidations, pourvu toutefois qu'ils n'en aient été payés d'ailleurs.

22. Lorsque après une ou plusieurs distributions, une créance se trouvera entièrement acquittée, et qu'en conséquence le créancier d'icelle se sera dessaisi entre les mains du greffier du récépissé, de la requête et de ses titres, conformément à l'article 19, autorisons ledit greffier à remettre, tant ladite requête que les titres de ladite créance ainsi acquittée, soit au débiteur d'icelle, soit aux directeurs et receveurs, lesquels pourront eux-mêmes les rendre audit débiteur; et en ce faisant, ledit greffier s'en fera donner décharge, moyennant quoi il sera et demeurera définitivement déchargé de la suite desdites opérations.

23. Au moyen des dispositions contenues en notre présente déclaration, voulons, à l'égard des instances et poursuites en préférence, ou contributions actuellement pendantes en la pré-

vôté de notre hôtel et en notre grand conseil, que toutes procédures soient cessées, en quelque état qu'elles puissent être, au jour de la publication de notre présente déclaration. Enjoignons aux créanciers qui voudront être payés, de remettre leurs titres de créances, ensemble les procédures par eux faites jusqu'audit jour, avec une requête telle qu'elle est prescrite par l'article 7, ès-main du greffier de ladite prévôté de l'hôtel, à l'effet d'être leurs créances liquidées, et leurs frais valablement faits jusqu'au moment de ladite publication être taxés, et le tout compris dans les distributions de deniers par eux saisis, auxquels il sera procédé de la manière et dans les termes ci-dessus prescrits; à l'effet de quoi, voulons que lesdits directeurs et receveurs soient tenus de verser et déposer les gages et appointements de ceux des gens attachés auxdits spectacles, sur lesquels il se trouvera des saisies ou oppositions subsistantes entre les mains du greffier, et ce un mois après le tableau ou l'état général qui sera fait aux termes de l'article 9 des créances dues par la partie saisie, soit du montant total dudit état, si les gages et appointements saisis suffisent pour l'acquitter, soit de la somme à laquelle lesdits gages et appointements saisis pourront se monter, et ce sous les peines portées par l'article 8 de notre présente déclaration; lequel délai d'un mois ne pourra avoir lieu que relativement aux gages et appointements saisis jusqu'au jour de la publication de notre présente déclaration, et non pour ceux qui le seront à l'avenir.

24. Sera notre déclaration du 18 août 1779 exécutée en ce qui n'est pas contraire aux dispositions de notre présente déclaration, laquelle au surplus sera exécutée en tout son contenu, nonobstant toutes choses à ce contraire.

Si donnons en mandement, etc.

N° 1623. — LETTRES PATENTES *portant abolition à charge de réciprocité du droit d'aubaine entre la France et la principauté de Salm.*

Versailles, février 1782. Reg. au parlement de Paris, le 28 juin, au parlement d'Alsace, le 21 août. (R. S. arch. du parlem. d'Alsace.)

LOUIS, etc. Notre très-chère et très-amée cousine la princesse Marie-Éléonore, douairière de Salm-Salm, et notre très-cher et très-amé cousin le prince Guillaume-Florentin de Salm-Salm, évêque de Tournay, en qualité de tutrice et de tuteur de notre très-cher et bien amé cousin le prince Constantin de Salm-Salm, et notre très-cher et bien amé cousin le prince Frédéric de Salm-Kirbourg, nous ont fait exposer que le droit d'aubaine, exercé jusqu'à présent dans notre royaume, contre leurs vassaux et sujets communs et particuliers de vildgraviats de d'Haun et Kirbourg, et des bailliages et lieux en dépendants, du rhingraviat et de ses dépendances, des seigneuries immédiates d'Anholt, de Sien et de Merxheim, ne pouvoit être que très-préjudiciable à ceux de nos sujets, que des affaires particulières et le commerce attirent fréquemment dans les villes et territoires appartenants à nosdits cousins; qu'ils étoient résolus de laisser jouir dorénavant nos sujets dans toute l'étendue des terres qu'ils possèdent en pleine supériorité territoriale sous la suprématie, mouvance et directe du saint-empire, de la libre faculté de recueillir tous legs, donations, successions testamentaires ou *ab intestat*, biens mobiliers ou immobiliers situés dans lesdites terres et territoires, sans que, pour raison des biens ainsi échus et acquis, ils soient tenus à aucuns droits locaux, ni autres quelconques, si ce n'est au paiement du dixième des sommes capitales qu'ils sont dans l'usage de percevoir sur les biens et effets qui sont exportés de leurs terres, et de traiter d'ailleurs nos sujets, tant pour leurs personnes que relativement à leur commerce, de la même manière qu'ils traitent actuellement ou qu'ils pourront traiter dans la suite la nation la plus favorisée, si en considération de ces motifs et des relations qui se multiplient de plus en plus entre les états de notre domination et les terres et territoires immédiats appartenants à nosdits cousins, il nous plaisoit accorder pareillement et par un juste retour de notre part, à tous et chacun les vassaux et sujets desdites terres et territoires, et à nosdits cousins, l'exemption du droit d'aubaine, pour en jouir en France comme les régnicoles et nos propres et naturels sujets, et pour les en faire jouir, ordonner l'enregistrement de nos lettres de concession dans nos cours et parlements, et autres nos cours souveraines. A ces causes, voulant faciliter et favoriser le commerce réciproque, et ayant égard aux déclarations de nosdits cousins, nous, par grace spéciale, de notre pleine puissance et autorité royale, avons déclaré et déclarons nosdits cousins, leurs vassaux et sujets des vildgraviats de d'Haun et de Kirbourg, et des bailliages et lieux en dépendants, du rhingraviat et de ses dépendances, des seigneuries immédiates d'Anholt, de Sien et de Merxheim, appartenants en souveraineté à nosdits cousins, et des autres lieux ou états qui pourroient leur appartenir dans la suite par voie d'héritage, d'échange, d'acquisition ou autrement, affranchis et exempts du droit d'aubaine. Voulons qu'ils jouissent dudit affranchissement et exemption pleinement, paisiblement et perpétuellement dans toute l'étendue de notre royaume; et qu'en conséquence ils puissent y recueillir, sans aucun trouble ni empêchement, tous les legs et successions, testamentaires ou *ab intestat*, mobiliaires ou immobiliaires, comme les régnicoles et nos propres et naturels sujets, en payant, à nous ou à qui il appartiendra de droit, le dixième de la somme capitale, de la même manière et aussi long-temps que nosdits cousins lèveront le même droit sur nos sujets. Voulons que leurs vassaux et sujets soient favorablement traités en France pour leurs personnes et leur commerce, à condition que nosdits sujets jouiront, dans lesdites terres et territoires de nosdits cousins, des mêmes exemptions du droit d'aubaine dans toute leur étendue, sans être assujettis à aucuns droits locaux ou autres, si ce n'est au paiement du dixième que nosdits cousins sont dans l'usage, et qu'ils se réservent de percevoir et de lever, sous le nom de *détraction*, sur les biens et effets qui seront exportés de leurs terres et territoires : comme aussi que les Français seront traités dans lesdites terres, tant pour leurs personnes que relativement à leur commerce, aussi favorablement que les sujets d'aucune autre nation étrangère : bien entendu, néanmoins, que cette abolition du droit d'aubaine ne portera aucune atteinte aux lois qui peuvent être établies dans les états et territoires respectifs concernant l'émigration des sujets, et notamment aux édits et réglements publiés dans notre royaume sur cette matière, qui défendent, sous les peines y énoncées, à tous nos sujets, de sortir de notre royaume sans notre permission. Si donnons en mandement, etc.

N° 1624. — LETTRES PATENTES *portant attribution à la cour des aides de Paris, de la connoissance des procès et différends mus et à mouvoir dans le ressort de la cour des aides de Clermont-Ferrand*(1).

Versailles, 5 mars 1782. Reg. en la cour des aides le 8 mars. (R. S.)

N° 1625. — LETTRES PATENTES *portant désunion des charges de grand fauconnier de France, et de capitaine du premier vol pour Corneille, de la grande fauconnerie de France.*

Versailles, 8 mars 1782. Reg. en la cour des aides le 5 juillet. (R. S.)

---

(1) V. décl. 19 février 1782.

N° 1626. — DÉCLARATION *qui renouvelle aux curés la défense de s'assembler sans permission.*

Versailles, 9 mars 1782. Reg. au parlement de Paris le 12 mars, d'Alsace, le 12 août. (R. S. C. arch. du parl. d'Alsace.)

Louis, etc. Nous avons été informé que les curés à portion congrue des diocèses de Provence et du Dauphiné se sont assemblés; qu'ils ont pris, dans leurs assemblées, des délibérations communes; qu'ils ont nommé des syndics et des députés, pour en suivre l'exécution, et qu'ils se sont cru permis d'établir une espèce de contribution, pour subvenir aux frais qui pourroient être faits par leurs députés; que même ceux du diocèse de Vienne ont fait imprimer des mémoires remplis d'expressions contraires au respect qu'ils doivent aux évêques leurs supérieurs, desquels mémoires nous avons ordonné la suppression. C'est en cet état qu'après nous être fait représenter en notre conseil les ordonnances et réglements par lesquels il est défendu à tous ceux qui ne forment point corps ou communauté de s'assembler, sans en avoir obtenu notre permission, nous avons pensé qu'il seroit de notre sagesse de prévenir de semblables abus, en renouvelant les dispositions des ordonnances et réglements anciennement donnés à ce sujet : à ces causes, voulons et nous plait que les anciennes ordonnances et réglements soient exécutés; en conséquence faisons défenses aux curés des villes, bourgs et villages de notre royaume, pays, terres et seigneuries de notre obéissance, de former entre eux aucune assemblée, de prendre des délibérations communes, de nommer des syndics et députés pour suivre l'effet desdites délibérations, et de convenir d'aucune contribution, même volontaire, pour subvenir aux frais desdits syndics, députés, ou autres représentants, (le tout sous les peines portées par lesdites ordonnances,) sans avoir obtenu de nous une autorisation expresse; sans préjudice toutefois des assemblées synodales, et autres assemblées ordinaires duement établies et autorisées par les réglements, statuts et usages de leurs diocèses respectifs, lesquelles continueront d'avoir lieu, comme par le passé, sous l'autorité et inspection des ordinaires des lieux. Si donnons en mandement, etc.

N° 1627. — Arrêt *du conseil concernant les droits de lods et ventes sur les coques des navires, vendus au port de Brest* (1).

Versailles, 9 mars 1782. (Lebeau, Code des prises.)

N° 1628. — Arrêt *du conseil qui ordonne que les futaies coupées à 60 ans et au-dessus, seront exemptées de l'impôt du vingtième.*

Versailles, 12 mars 1782. (R. S. C. rec. du parl. de Toulouse. Dupleix, 1785.)

Le roi s'étant fait rendre compte de la manière dont les vingtièmes ont été imposés et perçus jusqu'à présent sur les bois, dans les différentes provinces de son royaume; et S. M. ayant considéré qu'il importe au bien de son état, de favoriser la conservation des futaies, afin de multiplier les bois nécessaires, tant au service de sa marine, qu'aux autres constructions; elle s'est déterminée à exempter de l'imposition aux vingtièmes, les futaies qui seront coupées à l'avenir à l'âge de soixante ans et au-dessus. A quoi voulant pourvoir : ouï le rapport du sieur Joly de Fleury, conseiller d'état ordinaire et au conseil royal des finances; le roi étant en son conseil, a ordonné et ordonne que, dans les provinces ou généralités qui ne sont pas abonnées, les futaies qui seront coupées à l'âge de soixante ans et au-dessus, seront exemptes de l'imposition des deux vingtièmes et 4 s. pour livre du premier; à l'effet de quoi les propriétaires qui se proposeront de vendre ou faire exploiter des futaies dudit âge, seront tenus d'en faire déclaration au greffe de la maîtrise du ressort, avant le 1er juillet de l'année où ils se proposeront de faire ladite coupe, laquelle déclaration fera mention de la situation desdites futaies, et de leur âge et contenance. Ordonne S. M. aux greffiers des maîtrises, d'adresser sans délai aux sieurs intendants et commissaires départis, une copie desdites déclarations, par eux certifiée véritable. Enjoint S. M. auxdits sieurs intendants et commissaires départis, de tenir la main, chacun en droit soi, à l'exécution du présent arrêt.

N° 1629. — Arrêt *du conseil qui fixe les droits sur les sucres raffinés venant de l'étranger* (2).

Versailles, 17 mars 1782. (R. S.)

---

(1) V. a. d. c. 28 mars 1691, et 27 novembre 1693.
(2) V. décl. 18 avril 1667; a. d. c. 25 avril 1690, 20 juin 1698; let. pat. d'avril 1717.

N° 1630. — LETTRES PATENTES *pour rendre la signature des comptes au grand maître et au grand écuyer de France* (1).

Versailles, 20 mars 1782. Reg. en la chambre des comptes le 4 mai. (R. S.)

N° 1631. — ARRÊT *du parlement qui ordonne que les curés et desservants des paroisses situées dans l'étendue du ressort de la sénéchaussée de Châtellerault, seront tenus, à la réquisition qui leur en sera faite, de donner sans frais, aux femmes de leur paroisse qui seront chargées de la nourriture des enfants trouvés, un certificat de l'existence desdits enfants, sous peine d'amende contre lesdits curés, en cas de refus de délivrer ledit certificat.*

Paris, 20 mars 1782. (R. S.)

N° 1632. — ARRÊT *du parlement relatif aux dégâts causés par les oies.*

Paris, 21 mars 1782. (R. S.)

Vu par la cour la requête présentée par le procureur général du roi, contenant qu'il a eu avis que plusieurs particuliers, connus sous le nom d'*huttiers*, se sont fait des retraites sur le bord des canaux, dans des marais du Poitou, notamment dans dans celui dit le marais du Petit-Poitou; que ces particuliers élèvent une quantité prodigieuse d'oies; que ces animaux pâturent dans les blés, non-seulement quand ils sont verts, mais encore quand ils sont épiés, et même quand ils sont en maturité, et y causent le plus grand dommage; que ces animaux occasionent beaucoup de dommage aux pâturages par la fiente qu'ils y déposent; et, comme on doit pourvoir à ce que la récolte des blés soit conservée aux cultivateurs et propriétaires, et à ce que les habitants, propriétaires et cultivateurs ne soient pas privés de la pâture dans les marais pour leurs chevaux, vaches et autres animaux : à ces causes, requéroit le procureur-général du roi qu'il plût à la cour ordonner que les particuliers connus sous le nom d'*huttiers*, qui habitent dans les marais du Poitou, notamment dans le marais dit le Petit-Poitou, et tous autres particuliers, ne pourront avoir que la quantité d'oies qui leur sera fixée par les officiers des justices des lieux, et qu'ils ne pourront les mener pâturer que dans les cantons qui seront désignés à cet effet par les juges des lieux sur l'indication qui en aura été faite

---

(1) V. édit de janvier 1780.

par les syndics des paroisses; faire défenses auxdits particuliers d'avoir une plus grande quantité d'oies que celle qui leur aura été permise, sous peine de vingt livres d'amende, même de plus forte, suivant les circonstances des cas, et d'être poursuivis extraordinairement; ordonner que les oies qui seront trouvées pâturant dans les blés ou dans les pâturages autres que les pâturages qui auront été destinés pour la pâture desdits animaux, seront prises, enlevées et mises en fourrière pour être vendues, soit à la requête des syndics des paroisses, soit à la requête des substituts du procureur-général du roi dans les sièges royaux, et des procureurs fiscaux dans les justices subalternes, et le prix provenant de la vente, les frais de vente prélevés, ainsi que les dommages et intérêts qui pourroient être dus aux cultivateurs et propriétaires, acquis et confisqués au profit du roi ou des hauts-justiciers, lorsque les oies auront été prises faisant du dégât dans l'étendue de leurs justices, et que les poursuites auront été faites à la requête des procureurs fiscaux desdites justices; enjoindre aux syndics des paroisses, sous peines de dix livres d'amende, de dénoncer les contrevenants; ordonner que sur les dénonciations qui seront faites, soit par les syndics des paroisses, soit par aucuns des habitants des paroisses, soit par les propriétaires et cultivateurs, les poursuites seront faites contre les contrevenants à la requête des substituts du procureur-général du roi dans les sièges royaux, ou des procureurs fiscaux dans les justices subalternes; enjoindre aux substituts du procureur-général du roi dans les sièges royaux du Poitou, aux officiers des justices des lieux, et aux syndics des paroisses de tenir, chacun en droit soi, la main à l'exécution de l'arrêt qui interviendra, et aux officiers et cavaliers de maréchaussée de prêter main-forte, si besoin est, pour l'exécution dudit arrêt, lequel sera imprimé, publié et affiché partout où besoin sera, et lu chaque année, dans les paroisses, à la sortie des messes paroissiales, à la diligence des substituts du procureur-général du roi et des procureurs fiscaux des justices subalternes. Ladite requête signée du procureur-général du roi. Ouï le rapport de M° François-Emmanuel Pommyer, conseiller : tout considéré,

La cour ordonne que les particuliers, connus sous le nom d'*huttiers*, qui habitent dans les marais du Poitou, notamment dans le marais dit le Petit-Poitou, et tous autres particuliers, ne pourront avoir que la quantité d'oies qui leur sera fixée par les officiers des justices des lieux, et qu'ils ne pourront les mener pâturer que dans les cantons qui seront désignés à cet effet par les juges des lieux, sur l'indication qui en aura été faite par les syndics des paroisses; fait défenses auxdits particuliers d'avoir une plus grande quantité d'oies que celle qui leur aura été permise, sous peine de vingt livres d'amende, même de plus forte, suivant les circonstances des cas, et d'être poursuivis extraordinairement; ordonne que les oies qui seront trouvées pâturant dans les blés ou dans des pâturages autres que les pâturages qui auront été destinés pour la pâture desdits animaux, seront prises, enlevées et mises en fourrière pour être vendues, soit à la requête des syndics des paroisses, soit à la requête des substituts du procureur-général du roi dans les sièges royaux, ou des procureurs fiscaux dans les justices subalternes, et le prix provenant de la vente, les frais de vente prélevés, ainsi que les dommages-intérêts qui pourroient être dus aux cultivateurs et propriétaires, acquis et confisqués au profit du roi ou des hauts-justiciers, lorsque les oies auront été prises faisant du dégât dans l'étendue de leurs justices, et que les poursuites auront été faites à la requête des procureurs fiscaux desdites justices; enjoint aux syndics des paroisses, sous peine de dix livres d'amende, de dénoncer les contrevenants; ordonne que, sur les dénonciations qui seront faites, soit par les syndics des paroisses, soit par aucuns des habitants des paroisses, soit par les propriétaires et cultivateurs, les poursuites seront faites contre les contrevenants à la requête des substituts du procureur-général du roi dans les sièges royaux, ou des procureurs fiscaux dans les justices subalternes : enjoint aux substituts du procureur-général du roi dans les sièges royaux du Poitou, aux officiers des justices des lieux, et aux syndics des paroisses, de tenir, chacun en droit soi, la main à l'exécution du présent arrêt, et aux officiers et cavaliers de maréchaussée de prêter main-forte, si besoin est, pour l'exécution dudit arrêt, lequel sera imprimé, publié et affiché partout où besoin sera, et lu chaque année dans les paroisses, à la sortie des messes paroissiales, à la diligence des substituts du procureur-général du roi et des procureurs fiscaux des justices subalternes.

N° 1633. — ARRÊT *du parlement homologuant un règlement sur les formalités à remplir pour constater que des effets portés au Mont-de-Piété ont été volés.*

Paris, 25 mars 1782. (R. S. C.)

Vu par la cour la requête présentée par le procureur-général du roi, contenant que, par l'article 8 des lettres patentes du 9 décembre 1777, registrées en la cour le 12 du même mois, portant établissement du Mont-de-Piété, il est ordonné que, dans le cas où il seroit apporté au bureau ou caisse d'emprunt sur nantissement, et dans les bureaux particuliers de prêts auxiliaires, quelques effets qui fussent reconnus, déclarés, ou même suspectés volés, il en sera sur-le-champ rendu compte au lieutenant-général de police, et qu'il ne sera prêté aucune somme aux porteurs desdits effets, qui resteront en dépôt au magasin desdits bureaux, jusqu'à ce qu'il en soit autrement ordonné, et ceux qui les auront présentés soient poursuivis extraordinairement, eux et leurs complices, suivant l'exigence des cas; que, par l'article 17 desdites lettres patentes, le lieutenant-général de police, les quatre administrateurs de l'hôpital général nommés par le bureau d'administration de l'hôpital général pour l'inspection et administration du Mont-de-Piété, sont autorisés à faire tels réglements qu'il appartiendra concernant l'entrée et la sortie des gages ou nantissements, la sûreté et conservation d'iceux, et tout ce qui concerne l'administration intérieure, à la charge que lesdits réglements seront homologués en la cour sur la requête du procureur-général du roi; que les administrateurs, conjointement avec le lieutenant-général de police, ont employé tous leurs soins et donné toute leur attention pour la régie et administration du Mont-de-Piété, et pour prévenir, par leur vigilance, tous les abus, et y ont consacré leur temps et leur travail avec un zèle qu'on ne peut trop louer; qu'ils ont fait différents réglements qui ont été vus par la cour, qui ont été approuvés, et que la cour a homologués; que, quelques soins qu'ils aient donnés pour s'assurer si les effets qu'on a portés à la caisse d'emprunt appartenoient réellement à ceux qui les présentoient, ou les avoient donnés aux commissionnaires pour être portés au Mont-de-Piété, néanmoins il arrive encore que ceux qui ont détourné, soustrait ou volé des effets précieux, tels qu'argenterie, bijoux et diamants, se servent de différentes voies pour les faire présenter au Mont-de-Piété, et emprunter des sommes sur lesdits effets, suivant l'estimation qui en est faite au Mont-de-Piété par les personnes à ce préposées; que les administrateurs, toujours animés du bien public pour le maintien des règles, ont pris une délibération le 15 mars de la présente année 1782, pour remédier à de pareils abus, et, comme il est du devoir du procureur-général du roi, dans une matière qui intéresse la sûreté publique, en proposant à la cour d'homologuer la délibération, de lui proposer en même temps de prendre des précautions qui puissent assurer encore plus l'exécution de l'article 8 des lettres patentes et de la délibération. A ces causes requéroit le procureur-général du roi qu'il plût à la cour ordonner que les lettres patentes du 9 décembre 1777, registrées en la cour le 12 du même mois, seront exécutées selon leur forme et teneur; que la délibération dudit jour 13 mars 1782 sera homologuée, pour être aussi exécutée selon sa forme et teneur; ordonner que, lorsque le directeur-général requerra que les déclarations soient constatées par un procès-verbal, il sera à l'instant dressé procès-verbal par le commissaire préposé pour le maintien de la police du Mont-de-Piété, lequel contiendra la désignation des nantissements, et le commissaire tenu, lors du procès-verbal, de recevoir les déclarations des porteurs desdits nantissements; faire défenses aux commissionnaires de contrevenir à ce qui est porté par l'article 2 de la délibération, sous peine d'être poursuivis extraordinairement, même comme receleurs, si le cas y échet; ordonner qu'il sera donné connoissance au Mont-de-Piété de toutes les déclarations d'effets perdus ou volés, en quelque forme que lesdites déclarations aient été faites; que les déclarations qui seront faites directement au Mont-de-Piété, seront signées sur le registre par ceux qui les feront; et qu'après l'enregistrement desdites déclarations, il en sera distribué des notes, tant dans les bureaux d'engagements que dans les bureaux de magasin et dans celui du dépôt des ventes; ordonner que, lors des recommandations et déclarations qui seront faites, il sera vérifié si les effets sont au Mont-de-Piété, auquel cas il en sera aussitôt dressé procès-verbal par le commissaire; et que si, lors de ladite vérification, les effets n'y étoient pas, et qu'ils y fussent apportés par la suite, il en sera pareillement dressé procès-verbal par ledit commissaire, le tout dans la forme requise par le procureur-général du roi; ordonner qu'il sera remis sans délai, par le commissaire préposé pour le maintien de la police du Mont-de-Piété, des expéditions de tous les procès-verbaux qu'il dressera entre les mains du lieutenant-général de police, qui prendra sur les faits les éclaircissements convenables et en rendra compte à M. le premier président ou au procureur-général du roi, à l'effet d'être pourvu aux poursuites qu'il conviendra de faire contre les délinquants et leurs complices, suivant l'exigence des cas; ordonner que l'arrêt qui interviendra, ensemble ladite délibération, seront imprimés, publiés et affichés partout où besoin sera; ladite requête signée du procureur-général du roi. (*Suit la teneur de la délibération.*)

1. Dans le cas où les nantissements présentés seroient suspectés ne pas appartenir aux porteurs, soit par la trop grande valeur des effets, soit parce qu'ils seroient marqués d'armoiries qui paroîtroient ne point devoir être celles des porteurs, soit parce qu'ils ne seroient point à leur usage, ou de nature à faire partie de leur commerce, alors, pour l'exécution de l'article 8 desdites lettres patentes du 9 décembre 1777, et pour ne point interrompre ni retarder le service, les huissiers-commissaires-priseurs, employés au bureau d'appréciation, feront la prisée du nantissement; mais le bulletin, qui en sera à l'instant expédié, ne pourra être apostillé du numéro d'engagement qu'après que le contrôleur-payeur, et même, s'il en est besoin, le directeur-général, auront entendu le porteur desdits nantissements, et qu'il ne restera plus aucun doute sur la vérité de ses déclarations; et s'il arrivoit qu'il restât encore quelques soupçons, le directeur-général requerra que les déclarations soient constatées par un procès-verbal, et il en sera rendu sur-le-champ compte à M. le lieutenant-général de police; et il ne sera prêté aucune somme aux porteurs desdits effets de nantissement qui seront retenus au Mont-de-Piété jusqu'à ce qu'il en soit autrement ordonné.

2. Les commissionnaires seront tenus de se conformer, en ce qui les concerne, aux dispositions de l'article ci-dessus; et en conséquence il leur est défendu, dans les cas y prévus, de faire aucunes avances; et il leur est enjoint de retenir lesdits effets, et de les apporter, sans aucun délai, au mont-de-piété, entre les mains du directeur général, auquel ils donneront toutes les indications qu'ils auront pu se procurer; à l'effet, par ledit directeur général, de prendre les précautions énoncées au précédent article.

3. Les recommandations pour effets perdus ou volés continueront à être inscrites sur le registre à ce destiné, lequel est coté et paraphé par un des administrateurs; et celles qui seront faites directement au Mont-de-Piété seront signées sur ce registre par ceux qui les apporteront; et aussitôt après l'enregistrement desdites recommandations, il en sera distribué des notes, tant dans les bureaux d'engagements, que dans les bureaux des magasins et dans celui du dépôt des ventes; et les commissionnaires auront la liberté de venir prendre communication de toutes les recommandations, à l'effet de quoi le

commis, chargé d'en faire l'enregistrement, sera tenu de la leur donner en tout temps et à toute réquisition.

4. Les huissiers-commissaires-priseurs et les commis des différents bureaux auxquels il est sur-le-champ donné copie de ces recommandations, y donneront la plus grande attention chacun en ce qui le concerne; et, si l'on parvient à s'assurer que les effets recommandés sont en dépôt au Mont-de-Piété, ou s'ils sont reconnus lorsque l'on vient les y apporter, il sera, sans délai, comme par le passé, pris les mesures convenables pour en informer les réclamants, et pour l'exécution des précautions indiquées par le premier article.

5. Expédition du présent règlement, signée du greffier du bureau, sera remise à M. le procureur général, pour en requérir l'homologation et la publication.

Ouï le rapport de M® Adrien-Louis-Lefèvre d'Ammecourt, conseiller : tout considéré,

La cour ordonne que les lettres patentes du 9 décembre 1777, registrées en icelle le 12 du même mois, seront exécutées selon leur forme et teneur; comme aussi a homologué et homologue la délibération dudit jour 15 mars 1782, pour être pareillement exécutée selon sa forme et teneur; en conséquence, ordonne que, lorsque le directeur général requerra que les déclarations soient constatées par un procès-verbal, il sera à l'instant dressé procès-verbal par le commissaire préposé pour le maintien de la police du Mont-de-Piété, lequel contiendra la désignation des nantissements, et le commissaire tenu, lors du procès-verbal, de recevoir les déclarations des porteurs desdits nantissements; fait défenses aux commissionnaires de contrevenir à ce qui est porté par l'art. 2 de la délibération, sous peine d'être poursuivis extraordinairement, même comme receleurs, si le cas y échet; ordonne qu'il sera donné connoissance au Mont-de-Piété de toutes les déclarations d'effets perdus ou volés, en quelque forme que lesdites déclarations aient été faites; que les déclarations, qui seront faites directement au Mont-de-Piété, seront signées sur le registre par ceux qui les feront; et qu'après l'enregistrement desdites déclarations, il en sera distribué des notes, tant dans les bureaux d'engagements, que dans les bureaux de magasin et dans celui du dépôt des ventes; ordonne que, lors des recommandations et déclarations qui seront faites, il sera vérifié si les effets sont au Mont-de-Piété, auquel cas il en sera aussitôt dressé procès-verbal par le commissaire; et que, si, lors de ladite vérification, les effets n'y étoient pas, et qu'ils y fussent apportés par la suite, il en sera pareillement dressé procès-verbal par ledit commissaire, le tout dans la forme requise par le procureur général du roi ; ordonne qu'il sera remis, sans délai, par le commissaire préposé pour le maintien de la police du Mont-de-Piété, des expéditions de tous les procès-verbaux qu'il dressera, entre les mains du lieutenant-général de police, qui prendra sur les faits les éclaircissements convenables, et rendra compte au premier président et au procureur général du roi, à l'effet d'être pourvu aux poursuites qu'il conviendra de faire contre les délinquants et leurs complices, suivant l'exigence des cas ; ordonne que le présent arrêt, ensemble ladite délibération, seront imprimés, publiés et affichés partout où besoin sera, etc.

N° 1634. — ARRÊT *de la cour des aides concernant la compétence des officiers des sièges de tout ressort, sur les prisonniers dont les procès sont mus et pendants devant eux.*

Paris, 10 avril 1782. (R. S.)

N° 1635. — ARRÊT *du parlement qui fait défenses à toutes personnes de faire sécher à l'avenir dans leurs fours, aucuns lins et chanvres, de les briser en aucuns temps dans leurs maisons et bâtiments, ni de brûler les chenevottes en provenant ; enjoint de briser les lins et chanvres au soleil dans les rues, ou de construire des halloirs dans les champs, hors des villages et non adossés contre aucuns bâtiments, pour y sécher les lins et chanvres, et de les y briser, enfin d'y consumer les chenevottes et non ailleurs, à peine de 10 liv. d'amende contre chacun des contrevenants* (1).

Paris, 19 avril 1782. (R. S.)

N° 1636. — DÉCLARATION *qui déroge en faveur des maîtres de postes, aux ordonnances qui défendent de mener à l'abreuvoir plus de deux chevaux à la fois, et de puiser de l'eau aux abreuvoirs et autres endroits où l'eau est sale et croupissante* (2).

Versailles, 28 avril 1782. (Merlin, v° abreuvoir.)

N° 1637. — ARRÊT *du conseil portant règlement pour la délivrance des liens, aux habitants de Talmay en Bourgogne, dans les bois de la seigneurie dudit lieu* (3).

Versailles, 30 avril 1782. (Beaudrillart, tom. 1, pag. 460.)

1. Maintient S. M. les habitants de Talmay dans le droit

---

(1) V. 4 juin 1782.
(2) Arrêt de cassation du 8 septembre 1808.
(3) V. les arrêts des 25 juillet 1758, et 25 décembre 1781.

et faculté de prendre des liens pour attacher les gerbes de leurs récoltes dans les bois dépendants de la seigneurie dudit lieu, autres néanmoins que ceux échus audit seigneur par le triage ordonné par.....

2. Ledit usage ne pourra avoir lieu que dans les jeunes ventes, à commencer par celles où les taillis prendront leur troisième feuille, jusques et compris celles où ils prendront leur septième.

3. Toutes les essences de bois desdits triages seront, sans aucune distinction, sujettes à l'usage, à la charge de ne couper que les rejets traînants et rampants.

4. Le syndic et un des principaux habitants de ladite communauté de Talmay, nommé dans une assemblée tenue à cet effet dans la forme ordinaire, feront, dans le 15 juin de chaque année ou avant, s'il est jugé convenable par ladite communauté, l'estimation de la quantité de liens qu'il conviendra couper, eu égard à l'étendue des récoltes.

5. La coupe desdits liens sera faite aux frais de la communauté, à fleur de terre, par gens entendus, choisis et capables de répondre de la mauvaise exploitation, dans la quinzaine qui précédera l'ouverture des moissons, après avoir été notifiée au seigneur de Talmay et aux officiers de la justice des lieux.

6. Seront tenus, les gens choisis pour faire la coupe desdits liens, de donner bonne et suffisante caution de leur exploitation, laquelle sera reçue sans frais par le syndic et le principal habitant de ladite communauté, qui aura été nommé; et passé ladite quinzaine il ne pourra être coupé aucuns liens, sous quelque prétexte que ce soit, à peine, contre les contrevenants, d'être poursuivis conformément à l'ordonnance de 1669.

7. Après la coupe desdits liens, ils seront transportés à bras sur les chemins et charrières servant à la vidange des bois, pour être enlevés dans la quinzaine au plus tard, sans qu'il soit loisible aux laboureurs ou leurs charretiers de s'écarter desdits chemins pour l'enlèvement de leur part, ni d'entrer dans les taillis avec leurs voitures, ni de dételer leurs chevaux ou bœufs conduisant lesdites voitures, pour les faire pâturer dans les taillis.

8. Le partage et la distribution des liens seront faits par le syndic et le principal habitant, nommé par ladite communauté entre les laboureurs seulement étant membres de ladite communauté, suivant le plus ou moins de récoltes de chacun d'eux, sans que, sous aucun prétexte, les habitants qui n'auront point de récolte à faire puissent être admis au partage, ni que

laboureurs puissent céder ni vendre à d'autres, aucune partie du lot qui leur sera échu, sous telle peine qu'il appartiendra.

9. Les garde-bois de ladite seigneurie seront tenus de veiller à l'exécution du présent réglement et de dresser des rapports contre les contrevenants, qui seront poursuivis par-devant les juges du seigneur, pour y être statué ainsi qu'il appartiendra, sauf l'appel en la manière accoutumée.

10. Sera le présent réglement imprimé, lu, publié et affiché audit Talmay, chaque année, le dimanche qui précèdera le 15 juin, à l'issue de la messe paroissiale, et exécuté nonobstant oppositions ou autres empêchements généralement quelconques, pour lesquelles il ne sera différé, et dont, si aucuns interviennent, S. M. s'en est et à son conseil réservé la connoissance, et icelle interdit à toutes ses cours et autres juges.

N° 1638. — ÉDIT *qui supprime les offices de contrôleurs provinciaux et ordinaires des guerres.*

Versailles, avril 1782. Reg. en la chambre des comptes le 28 juin. (R. S.)

N° 1639. — DÉCLARATION *sur les statuts des communautés d'arts et métiers* (1).

Versailles, 1er mai 1782. Reg. au parlement le 28 juin. (R.S.)

N° 1640. — ÉDIT *concernant les membres et les gages des corps de musique du roi, suivi du réglement pour l'organisation.*

Versailles, mai 1782. Reg. en la chambre des comptes le 28 juin. (R.S.C.)

Louis, etc. En montant sur le trône de nos pères, où la divine Providence nous a placé, le premier objet qui a frappé notre attention, le plus cher à notre cœur, a été le bonheur de nos peuples; pour parvenir à l'assurer nous n'avons cessé de nous occuper des moyens d'alléger le poids de l'impôt que les circonstances d'une guerre juste ont rendu indispensablement nécessaire : mais si nous sommes privé de la douce satisfaction de le diminuer d'une manière sensible, nous avons au moins celle de ne le point augmenter, malgré les dépenses énormes auxquelles nous sommes forcé, et de trouver dans l'ordre et l'économie des objets qui nous sont personnels,

---

(1) V. édit d'avril 1777, n° 661, tom. 2 du règne, pag. 395. a. d. c. du 8 juillet 1785.

partie des secours extraordinaires dont nous avons besoin pour soutenir la gloire de notre couronne et la prospérité de nos armes ; c'est dans cette vue que nous avons porté l'œil le plus attentif sur les différentes parties qui composent notre service; déjà plusieurs ont été réduites à l'indispensable nécessaire. Le corps de notre musique nous ayant paru susceptible de quelques diminutions, nous nous en sommes fait représenter les édits de création, ensemble celui du mois d'août 1761, qui fixe la dépense de notre musique à 3200,00 livres, y compris la somme de 10,000 livres destinée aux remboursements des brevets de retenues accordés sur les charges supprimées par ledit édit; et la déclaration du 10 septembre 1769, qui ordonne qu'il sera fait état séparé des vétérans de ladite musique, et tous les états qui en établissent les différentes dépenses. C'est avec une satisfaction infinie que nous avons vu l'économie répondre à nos soins; si notre service seul eût été intéressé dans cette partie, nous nous serions déterminé à en faire le sacrifice entier au bien de nos sujets, mais notre profond respect pour la religion, la majesté du service divin auquel ce corps de musique est particulièrement destiné, nécessitant sa conservation, nous nous sommes borné à le réduire autant que les objets des différents services auxquels il est destiné peuvent le permettre. Et désirant faire connoître nos intentions de la manière la plus précise : à ces causes, etc.

1. A compter du 1ᵉʳ janvier de la présente année, nous voulons que les gages et appointements des deux charges de maîtres de notre musique, créées par notre édit du mois d'août 1761, qui les fixoit à 3,000 livres, soient portés à 4,500 liv.; et que ceux du maître de danse créé par ledit édit, qui les avoit portés à 1,500 livres, soient réduits à 1,200 livres seulement; confirmons au surplus lesdites charges dans tous les privilèges et exemptions y attribués par ledit édit.

2. Voulons qu'à l'avenir la dépense, tant de notre musique que des concerts et ballets, montant actuellement à 499,848 livres 7 sous 6 deniers, y compris les vétérans, soit réduite et demeure irrévocablement fixée à la somme de 259,600 livres, non compris les pensions des vétérans, qui ne pourront en aucun cas excéder la somme de 50,000 livres; laquelle somme de 259,600 livres, à laquelle nous fixons irrévocablement les différents corps de notre musique, concerts et ballets, ne pourra être augmentée, pour quelque cause et sous quelque prétexte que ce soit.

3. En conséquence de l'article précédent, nous voulons que l'emploi de ladite somme de 259,600 livres, soit à l'avenir divisé en différents chapitres, qui comprendront chacun une dépense fixe, suivant et ainsi qu'il est porté ci-après :

1° Les officiers de la musique et autres, 29,800 livres.
2° Les employés de la musique, 17,600 livres.
3° La première classe de la musique vocale, 25,000 livres.
4° La seconde classe, *idem*, 42,000 livres.
5° La première classe de la musique instrumentale, 36,200 livres.
6° La seconde classe, *idem*, y compris un timbalier et un trompette, 54,600 livres.
7° Une somme de 15,000 livres à la disposition des premiers gentilshommes de la chambre, tant pour les gratifications extraordinaires que S. M. jugera à propos d'accorder que pour être employée au soulagement de ses musiciens, en cas de maladie, 15,000 livres.
8° La musique particulière des concerts et spectacles, 19,000 livres.
9° Le corps de notre ballet, 20,400 livres.

4. Nous nous réservons de faire connoître par le règlement particulier qui sera attaché sous le contre-scel du présent édit, la manière dont nous voulons et entendons que les différentes classes de notre musique, concerts et ballets soient composées; et en fixant le nombre des sujets à celui de cent quarante-trois personnes, voulons que dès à présent les sujets qui excéderont ce nombre soient réformés; nous réservant pareillement, après nous être fait rendre compte de l'ancienneté de leurs services, de pourvoir à la récompense que nous croirons devoir leur être accordée.

5. Le traitement en appointements fixes et en gratifications annuelles, que nous voulons être accordé, tant à nos musiciens que pour les concerts et ballets; les remboursements des anciens brevets de retenues; la somme que nous destinons aux gratifications extraordinaires, à ceux des sujets qui se distingueront, y compris celles destinées pour leur soulagement en cas de maladie seront par nous réglées sur les états que nous en ferons expédier, et qui seront pareillement attachés sous le contre-scel du présent édit; voulant qu'en aucun cas ces objets ne puissent excéder la somme de 259,600 livres, ainsi qu'il est expliqué en l'article 3 du présent édit.

6. Nous avons dérogé et dérogeons, tant à l'édit du mois d'août 1761 qu'à la déclaration du 9 septembre 1769, dans

12 MAI 1782.

tout ce qu'il peut y avoir de contraire aux dispositions portées par notre présent édit : voulons au surplus que lesdits édit et déclaration soient exécutés selon leur forme et teneur dans toutes celles auxquelles il n'est point dérogé par notredit édit.

Si donnons en mandement, etc.

N° 1641. — RÈGLEMENT *pour l'exécution de l'édit ci-dessus.*

Versailles, 1er mai 1782.

S. M. ayant jugé à propos, par son édit du présent mois, d'ordonner que la dépense, tant de sa musique et ballets que des vétérans, montant actuellement à la somme de 499,848 liv. 7 s. 6 d., sera réduite, à compter du 1er janvier dernier, et pour l'avenir, à celle de 259,600 livres, non compris les pensions de vétérance qui ne pourront, en aucun cas, excéder la somme de 50,000 livres, laquelle somme de 259,600 livres, à laquelle nous fixons irrévocablement les différents corps de notre musique, concerts et ballets, ne pourra être augmentée pour quelque cause et sous quelque prétexte que ce soit, se seroit en même temps réservé de faire connoître particulièrement la manière dont S. M. veut et entend que le corps de sa musique soit composé à l'avenir, et à cet effet, a ordonné et ordonne ce qui suit :

1. Le corps de la musique, tant pour le service de la chapelle que pour celui des concerts de la reine, spectacles, grands couverts et autres, sera et demeurera fixé au nombre de cent quarante-trois sujets, auxquels S. M. veut et entend qu'il soit expédié à chacun un brevet de leur titre et de la classe dans laquelle ils se trouveront placés, conformément à l'état général qui sera arrêté par S. M. et annexé au présent règlement. Cet état comprendra les appointements fixes de chacun des sujets composant le corps de la musique de S. M., ainsi que les gratifications fixes qu'il lui plaira d'y joindre. Ledit état divisé par colonnes, l'une des appointements fixes, l'autre des gratifications, continuera d'être payé par quartier, suivant l'usage ordinaire, par le trésorier-payeur-général des dépenses de la maison de S. M.

2. Les différentes classes constituant ledit corps de musique seront composées, savoir, 1° celle des officiers et employés de la musique, de deux surintendants de la musique du roi, deux maîtres de la musique de la chapelle, deux maîtres de musique de la chambre, un claveciniste, un facteur, six pages de la

musique, leur précepteur, un maître de chant, un violon, un violoncelle et un maître de clavecin, deux avertisseurs chargés de la pointe, un garde de la bibliothèque de musique et copiste, un facteur d'orgues, deux garçons de la musique, un porteur d'instruments et un secrétaire : les appointements des vingt-sept personnes ci-dessus seront fixés irrévocablement à la somme de 47,400 livres, conformément à la distribution portée en l'état ci-annexé au présent réglement.

3. Celle de la musique vocale sera fixée au nombre de trente-un musiciens; savoir, huit dessus et faussets, six hautes-contre, six tailles, trois basses-tailles, huit basses-contre.

4. La musique instrumentale sera fixée au nombre de quarante-deux personnes; savoir, seize violons, quatre alto, six violoncelles, quatre flûtes et un hautbois, quatre bassons, deux contre-basses, deux clarinettes, deux cors et deux organistes servant par semestre.

5. Pour la fixation des appointements de la musique vocale, il sera fait deux classes. La première, composée de dix personnes récitantes et obligées de chanter dans les chœurs, comprendra les premiers, seconds et troisièmes sujets; les appointements de ladite classe seront fixés à l'avenir à 25,000 livres, dont la distribution se fera conformément à l'état ci-annexé, en appointements fixes et en gratifications, l'intention de S. M. étant d'entretenir et d'exciter l'émulation parmi les sujets de sa musique par ce nouvel arrangement. La seconde classe de la vocale, fixée à vingt-une personnes chantantes dans les chœurs, sera composée de trois dessus, deux faussets, trois hautes-contre, cinq tailles et huit basses-contre; et les appointements de ladite classe, fixés à 42,000 livres, seront distribués conformément à l'état joint au présent réglement.

6. L'intention de S. M. étant que le même ordre soit suivi pour la fixation des appointements de sa musique instrumentale, a pareillement établi deux classes; la première, composée de quinze personnes, distribuées en premiers et seconds sujets; savoir, un premier et un second violon, un premier et un second violoncelle, un premier alto, un premier hautbois, une première flûte jouant du hautbois, un second hautbois, un premier et un second basson, une première contre-basse, une première clarinette, un premier cor et deux organistes; le traitement de cette classe sera également partagé en appointements fixes et en gratification, et ne pourra excéder la somme de 36,200 livres, fixée par l'état joint au présent réglement. La seconde classe sera fixée pour le nombre à vingt-

sept personnes, dont quatorze violons, quatre violoncelles, trois alto, un hautbois, deux bassons, une contre-basse, une clarinette et un cor; le montant des appointements de cette classe sera fixé à la somme de 54,000 livres, suivant l'état joint au présent réglement, à quoi sera ajoutée une somme de 600 liv. pour être payée à l'un des musiciens jouant des timbales, et un jouant de la trompette.

7. S. M. ayant fixé pour l'avenir la dépense totale du corps de sa musique en activité à la somme de 244,600 livres, tant pour les appointements fixes que pour les gratifications, croit devoir ajouter à ladite somme celle de 15,000 livres que les premiers gentilshommes de la chambre seront autorisés à employer au paiement des gratifications extraordinaires accordées, tant à des musiciens étrangers que S. M. auroit désiré entendre ou arrêter quelque temps à son service, qu'aux sujets du corps de la musique dans des cas de service extraordinaire ou pour cause de maladie.

8. S. M., voulant récompenser les services de ses musiciens lorsque, par leur âge ou leurs infirmités, ils seront hors d'état de les continuer, a voulu faire connoître ses intentions à cet égard, ainsi que pour leurs veuves; en conséquence, S. M. déclare que les sujets composant les classes vocales et des instruments à cordes pourront solliciter leur vétérance après vingt ans de bons et assidus services, et les sujets de la classe des instruments à vent au bout de quinze ans seulement, pourvu toutefois que lesdits sujets soient jugés par les premiers gentilshommes de la chambre hors d'état de les continuer plus long-temps; il leur sera accordé alors en retraite les appointements fixes pour lesquels ils sont portés sur l'état de S. M. S'ils sont jugés pouvoir servir cinq années de plus que le terme fixé ci-dessus, ce deuxième terme expiré, il sera joint à leur retraite la moitié de la gratification fixe dont ils ont joui sur cedit état. S'ils peuvent servir cinq autres années de plus, ils jouiront de la totalité de ladite gratification, qui sera jointe alors à leur retraite; c'est-à-dire qu'un sujet qui auroit 1,500 livres d'appointements et 500 livres de gratification annuelle portés sur l'état du roi, jouiroit, lors de sa retraite au bout de vingt ans, ou de quinze, si c'est un instrument à vent, de 1,500 livres de retraite; s'il est jugé pouvoir servir vingt-cinq ans, sa retraite sera de 1,750 liv., et de 2,000 liv. s'il sert trente ans, et les instruments à vent après vingt et vingt-cinq ans. Les veuves desdits musiciens jouiront en pensions du cinquième des appointements fixes de leurs maris,

s'ils ont servi dix ans, et du quart s'ils ont servi vingt ans et plus; la gradation sera observée pour les veuves des instruments à vent, comme ci-dessus. N'entend S. M. comprendre dans les dispositions du présent article tous les sujets composant le corps de sa musique, concerts et ballets qui ont été reçus avant l'époque du 1ᵉʳ janvier dernier, lesquels jouiront de la totalité de leur traitement, y compris la gratification annuelle, ainsi qu'il leur a été promis lors de leur engagement, pourvu toutefois qu'ils aient servi vingt ans, ainsi qu'il est prescrit par les règlements, et qu'ils soient jugés hors d'état de servir plus long-temps.

9. Il sera remis, le 1ᵉʳ janvier de chaque année, au secrétaire d'état de la maison de S. M., un état certifié par les premiers gentilshommes de la chambre, de tous les sujets composant le corps de la musique, concerts et ballets, afin qu'ils puissent prendre les ordres de S. M. pour expédier l'état de leurs appointements et gratifications fixes; ledit secrétaire d'état sera pareillement prévenu pendant le cours de l'année de toutes les mutations qui arriveront, afin qu'il puisse prendre les ordres de S. M. pour l'expédition des brevets des nouveaux sujets, des pensions des vétérans ou des veuves : S. M. défendant expressément au trésorier général de sa maison, présent et à venir, de payer aucuns appointements ni gratifications à aucuns desdits sujets composant le corps de sa musique, concerts et ballets, qu'il ne lui soit remis une copie collationnée de son brevet.

10. Le corps de la musique, concerts et ballets, sera employé à tout le service du roi, de la reine, de Mesdames, ainsi qu'aux concerts, spectacles et grands couverts, suivant les ordres qu'ils en recevront par les premiers gentilshommes de la chambre de S. M., et en leur absence le commissaire général ayant le département des menus, sans que pour ce lesdits sujets puissent prétendre aucun paiement extraordinaire de nourriture et de logement, toutes les fois qu'ils ne seront point obligés de découcher.

11. Dans le cas où quelque sujet se seroit mal comporté ou n'auroit pas rempli son service avec le zèle qu'il doit y apporter, soit à la chapelle, soit pour les concerts ou pour les spectacles, et autres choses extraordinaires, et qu'il se seroit mis dans le cas d'être remercié, alors il ne pourra prétendre à sa pension de retraite, quand même il approcheroit du temps fixé pour l'obtenir; de même les musiciens des différentes classes ne jouiront des gratifications attachées à leurs places, qu'autant

qu'ils rempliront avec exactitude leurs services, l'intention de S. M. étant que les premiers gentilshommes de la chambre reçoivent ses ordres pour disposer en ce cas desdites gratifications en faveur des sujets qui les auroient méritées par leur exactitude et leur zèle à remplir leurs devoirs.

12. L'intention de S. M. étant de ne point surcharger l'état de sa musique de sujets qui, par la médiocrité de leurs talents deviendroient inutiles, il ne sera reçu à l'avenir aucun sujet pour les remplacements, qu'au concours et en présence des premiers gentilshommes de la chambre, du commissaire général de la maison du roi pour les menus, des surintendants et maîtres de musique, après toutefois s'être adressé au surintendant de semestre qui rendra compte des talents et des dispositions du postulant.

Le roi voulant même donner toute préférence aux musiciens attachés à son service, à mérite égal, et exciter leur émulation, veut que les sujets même de la dernière classe, soient admis à concourir avec les étrangers, s'ils se croient en état, par un travail assidu, de pouvoir aspirer à une première place devenue vacante.

13. Pour assurer l'exactitude du service dans tous les cas ordonnés par les premiers gentilshommes de la chambre du roi, même des concerts, spectacles, grands couverts, les avertisseurs tiendront un état exact des différents services où les sujets seront mandés indépendamment de celui de la chapelle, et pointeront de 6 liv. ceux qui manqueront, même dans le cas de maladie, s'ils n'ont pas eu soin de prévenir les officiers supérieurs pour qu'ils puissent faire les remplacements nécessaires; la pointe ne sera que de 3 liv. pour ceux qui ne se rendroient pas à l'heure indiquée, soit pour les différents services, soit pour les répétitions; cette pointe, prise sur la gratification annuelle du délinquant, ne pourra jamais lui être rendue, et sera jointe à la masse des gratifications pour les sujets méritants.

14. Il sera fait, par les premiers gentilshommes de la chambre du roi, un choix de musiciens qui seront dans le cas suivre S. M. dans les voyages de Compiègne et de Fontainebleau ou autres lieux, pour qu'il ne soit mené dans lesdits voyages que le nombre absolument nécessaire pour le service; les musiciens seront payés à raison de 6 liv. par jour de déplacement, à compter du jour du départ et celui du retour; à l'égard des sujets qui ne seront pas de ces voyages, ils n'auront droit à aucune rétribution, ne se déplaçant point.

15. Indépendamment du nombre des sujets ci-dessus compris dans les différentes classes, qui ne pourront être augmentés sous quelque prétexte que ce puisse être, il sera conservé sur l'état de la musique un certain nombre de chanteurs et chanteuses, simphonistes, danseurs et danseuses, qui continueront à faire partie du corps de la musique du roi, et concourront avec elle au service des concerts de la reine et spectacles de la cour; savoir, huit chanteuses demeurantes à Versailles pour le service journalier des concerts de la reine, spectacles et grands couverts, à raison de 1,000 liv. chacune; deux premiers chanteurs de l'académie royale de musique pour *idem*, à raison de 1,500 liv. chacun; un à raison de 1,000 liv. pour remplacement; deux premières chanteuses, *idem*, à raison de 1,500 liv. chacune; une à raison de 1,000 liv. pour remplacement; plus, un premier violon, un premier violoncelle, et une première flûte de l'orchestre de l'académie royale de musique, à raison de 1,000 liv. chacun. Tous lesdits sujets ci-dessus ne pourront se dispenser de se rendre à la suite de la cour toutes les fois qu'ils en recevront l'ordre de leurs supérieurs, soit pour l'exécution des spectacles, soit pour celle des concerts de la reine ou de ceux du grand couvert.

16. Le ballet du roi sera composé à l'avenir de sujets choisis parmi les meilleurs qui composent le corps de la danse de l'académie royale de musique; savoir, un maître de ballet, à raison de 2,400 liv. d'appointements; un maître de danse des ballets de la cour, chargé de tenir école et d'aider le maître des ballets lors du service des spectacles de la cour, à 1,200 liv.; trois premiers danseurs, à 1,200 liv. chacun; trois premières danseuses, à raison de 1,200 liv. chacune; trois danseurs et trois danseuses en double, à raison de 600 liv. chacun; six figurants et six figurantes, à raison 500 liv. chacun.

17. S. M. ayant fixé par les deux articles précédents la dépense des musiciens des concerts, tant de Versailles que de Paris, à la somme de 19,000 liv., et celle des ballets à 20,400 liv.; lesquelles sommes font partie de celle de 259,600 liv., à laquelle S. M. a fixé irrévocablement la dépense de sa musique, le nombre des sujets de ces deux classes, ainsi que les sommes portées pour leurs appointements, ne pourront être excédés en aucun cas. Lesdits appointements leur seront conservés en retraite à titre de pension : mais la retraite de ceux des sujets ci-dessus attachés à l'académie royale de musique, ne pourra leur être accordée que conformément aux réglements de l'académie,

c'est-à-dire qu'après quinze années d'un service bien fait et non interrompu, sans que toutefois ils puissent prétendre à ladite pension, si les supérieurs les jugent encore en état de pouvoir continuer leur service. Mande et ordonne S. M. aux premiers gentilshommes de sa chambre, et au commissaire général de sa maison, chargé du détail des menus, de tenir la main à l'exécution du présent réglement; et aux surintendants de sa musique, maîtres de sa musique, de la chapelle et de la chambre, musiciens, musiciennes, danseurs et danseuses de ses ballets, qu'ils aient à s'y conformer, etc.

N° 1642. — ARRÊT *du conseil qui prescrit les formalités à observer pour la réexportation des marchandises provenant des prises.*

Versailles, 4 mai 1782. (R. S. C.)

Le roi étant informé qu'on abuse de la facilité accordée par l'art. 14 de l'arrêt de son conseil du 27 août 1778, concernant les effets provenant des prises, pour charger sous voile ou en pays étrangers, des marchandises d'origine anglaise, et les importer sous la qualification de marchandises de prise, chez les nations alliées de S. M., elle a jugé nécessaire d'expliquer ses intentions. A quoi voulant pourvoir : ouï le rapport du sieur Joly de Fleury, conseiller d'état ordinaire, et au conseil royal des finances; le roi étant en son conseil, a ordonné et ordonne que toutes les marchandises dénommées audit art. 14 du réglement du 27 août 1778, et dont l'adjudication n'est faite qu'à la charge du renvoi à l'étranger, ne pourront sortir des ports de son royaume qu'autant qu'elles seront accompagnées de l'extrait du procès-verbal de vente fait par l'amirauté, ou par l'intendant ou l'ordonnateur de la marine, dûment certifié par le greffier ou par le contrôleur de la marine, et visé par les receveur et contrôleur du bureau des fermes, lesquels, conformément à l'art. 18 du même arrêt, seront tenus de faire mention que les marchandises ont réellement été tirées de l'entrepôt et embarquées sur le navire qu'ils désigneront. Défend S. M. aux commis et préposés de l'adjudicataire de ses fermes, à peine de destitution et de plus grande peine, s'il y échoit, de laisser exporter aucune partie des marchandises dont il s'agit, sans qu'au préalable ces formalités aient été remplies. Mande, etc.

N° 1643. — LETTRES PATENTES *qui ordonnent que ceux qui jouissent du droit de* commitimus *à la chambre des requêtes du palais, y pourront porter leurs causes, même pendant les vacations du parlement* (1).

Versailles, 5 mai 1782. Reg. en parlement le 28 juin. (R. S.)

N° 1644. — LETTRES PATENTES *portant défenses de nourrir et de vendre des chiens mâtins, pour la fraude du sel et du tabac.*

Versailles, 7 mai 1782. Reg. en la cour des aides le 12 juin. (R. S. C.)

Louis, etc. Nous sommes informé que nonobstant nos lettres patentes du 6 juin 1754, registrées en notre parlement de Bretagne, tendantes à prévenir le faux-saunage qui se faisoit par le moyen des chiens dressés à cet usage; l'espèce de ces animaux s'est multipliée à un point si excessif, qu'il s'en fait un commerce public dans les marchés des villes sujettes à la gabelle et au privilège exclusif du tabac; nous avons cru nécessaire de renouveler et d'étendre les dispositions desdites lettres patentes, dans les provinces du ressort de notre cour des aides de Paris, où la contrebande du sel et du tabac a principalement lieu. A ces causes, de l'avis de notre conseil, nous avons par ces présentes signé de notre main, ordonné ce qui suit:

1. Défendons, sous peine de 200 liv. d'amende pour la première fois, et de plus grande peine s'il y a lieu, à tous habitants de nos provinces sujettes à la gabelle et au privilège exclusif du tabac, même à ceux domiciliés dans les quatre lieues limitrophes, de nourrir et vendre aucuns chiens mâtins, propres à servir à la fraude du sel et du tabac; ordonnons à tous ceux qui en ont de cette espèce, de s'en défaire dans la quinzaine, après la publication des présentes. Autorisons les commis et préposés de l'adjudicataire de nos fermes, à dresser procès-verbal contre les contrevenants et à les poursuivre par-devant les juges de nos droits, en première instance, et par appel en notre cour des aides.

2. N'entendons néanmoins priver les cultivateurs, bergers, nourrisseurs et conducteurs de bestiaux, d'avoir le nombre de chiens nécessaires à la garde de leurs fermes, maisons et de leurs troupeaux, en se conformant aux ordonnances.

3. Autorisons les commis de l'adjudicataire de nos fermes,

---

(1) Edit de juillet 1775, art. 5, n° 250, tom. 1ᵉʳ du règne, pag. 212.

à saisir dans les marchés les chiens de l'espèce désignée dans l'art. 1ᵉʳ, qui seront exposés en vente, à dresser procès-verbal contre les vendeurs et acheteurs, et à poursuivre la condamnation de l'amende; leur permettons de tirer sur lesdits chiens qu'ils trouveront errants dans les campagnes, sans conducteurs et sans billot, et éloignés des habitations.

4. Ordonnons auxdits commis de dresser des procès-verbaux contre les vagabonds et gens sans aveu, conduisant des chiens désignés dans l'art. 1ᵉʳ, quoique non chargés de contrebande; desquels procès-verbaux il sera remis un double au greffe de la maréchaussée la plus prochaine, pour tenir lieu de dénonciation, à l'effet d'être informé contre lesdits vagabonds et gens sans aveu, et leur procès leur être fait et parfait, s'il y a lieu, suivant la rigueur des ordonnances, et un autre double au greffe du plus prochain des juges de nos droits, à l'effet d'y être statué, suivant l'art. 1ᵉʳ.

Seront au surplus nos lettres patentes du 6 juin 1734, exécutées selon leur forme et teneur. Si vous mandons que ces présentes vous ayez à faire lire, publier et registrer, et le contenu en icelles garder, observer et exécuter selon leur forme et teneur, nonobstant tous réglements et lettres à ce contraires auxquels nous avons dérogé et dérogeons par ces présentes, aux copies desquelles collationnées par l'un de nos amés et féaux conseillers-secrétaires, voulons que foi soit ajoutée comme à l'original.

Nº 1645. — RÉGLEMENT *sur la préférence réservée à la maison du roi, pour l'achat des chevaux étrangers qu'on fait venir à Paris.*

Versailles, 10 mai 1782. (R. S. C.)

Nº 1646. — DÉCISION *qui fixe l'époque de la jouissance des pensions nouvelles de St.-Louis.*

11 mai 1782. (Code des ordres de chevalerie, 1819.)

Nº 1647. — ARRÊT *du parlement portant qu'on ne peut s'opposer à laisser couler dans les égouts les eaux infectes quoique désagréables ou nuisibles aux propriétaires voisins tant qu'on ne fait rien contre les réglements.*

Aix, 11 mai 1782. (Rec. de Janety, année 1784, pag. 147.)

N° 1648. — Déclaration *concernant les actes de baptême inscrits sur les registres de paroisse.*

Versailles, 12 mai 1782. Reg. au parlement le 14 mai. (R. S. C.)

Louis, etc. Louis XIV, un de nos augustes aïeux et prédécesseurs, ayant ordonné, au mois d'août 1667, par une loi générale pour toutes les provinces de notre royaume, que les preuves de l'âge, du mariage et du temps du décès fussent reçues par des registres en bonne forme, qui feroient foi et preuve en justice, s'est en même temps occupé du soin de régler la forme des actes qui devroient être écrits et rédigés sur ces registres. Dans le dessein de perfectionner des établissements si nécessaires pour l'intérêt commun des familles, et pour le bon ordre de la société, le feu roi, notre très-honoré seigneur et aïeul, a fait publier la déclaration du 9 avril 1736, par les dispositions de laquelle, en rassemblant les sages précautions des lois précédentes, il a expliqué ses volontés de la manière la plus capable de ne laisser aucun prétexte pour s'écarter de l'esprit et de l'objet des anciennes lois. Il s'est élevé cependant, en quelques paroisses de notre royaume, des difficultés sur la manière d'exécuter l'art. 14 de ladite déclaration, qui porte que, dans les actes de baptême, il sera fait mention du jour de la naissance de l'enfant, du nom qui lui sera donné, de celui de ses père et mère, parrain et marraine, et que l'acte sera signé sur les deux registres, tant par celui qui aura administré le baptême, que par le père, (s'il est présent) le parrain et la marraine; nous avons été informé que quelques curés ou vicaires, affectant de ne pas distinguer, lors de la rédaction desdits actes, le fait relatif au sacrement de baptême qu'ils ont administré, et dont ils attestent la vérité par leurs signatures, et les faits relatifs aux qualités personnelles à l'enfant ou à l'état de l'enfant, à l'égard desquelles ils certifient seulement par leursdites signatures que les parrains et marraines, et le père (s'il est présent) ont fait telles ou telles déclarations en présentant l'enfant à l'église pour être baptisé, se sont cru permis d'entrer en connoissance du mérite de ces déclarations, et d'exprimer même dans les actes, leur sentiment personnel sur le fond de ces déclarations par différentes clauses ou énonciations, selon la manière dont ils s'en trouvoient affectés; comme s'ils pouvoient excéder les bornes du pouvoir de rédiger ces actes qu'ils ne tiennent que de notre autorité, et supprimer, altérer ou affoiblir, par leur propre fait, la forme dans laquelle il a été ordonné que ces actes seroient rédigés, et les termes dans lesquels les déclarants ont exprimé leurs déclarations. Voulant faire cesser les inconvénients qui pourroient résulter d'interprétations aussi préjudiciables à la tranquillité de nos sujets, dès qu'elles pourroient tendre à répandre des nuages sur la possession de l'état de chacun d'eux, nous avons jugé à propos d'interpréter, en tant que de besoin, la déclaration de 1736, et d'expliquer à cet égard nos intentions si clairement, qu'il ne puisse plus rester aucuns doutes sur la manière dont les déclarations des parrains et marraines, du père même (s'il est présent) doivent être reçues par lesdits curés et vicaires, et sur la conduite qu'ils doivent tenir dans la rédaction d'actes aussi importants, et pour l'exactitude desquels les rois nos prédécesseurs et nous, avons bien voulu nous reposer sur leur sagesse et sur leur exactitude. A ces causes, etc., voulons et nous plaît, que l'art. 6 de la déclaration du 9 avril 1736 sera exécuté dans tout notre royaume, pays, terres et seigneuries de notre obéissance; selon sa forme et teneur; et icelui interprétant, en tant que besoin est ou sera: enjoignons à tous curés ou vicaires, lorsqu'ils rédigeront les actes du baptême qu'ils auront administré, et dont ils attesteront la vérité par leurs signatures apposées au bas desdits actes, de recevoir et d'écrire les déclarations de ceux qui présenteront les enfants au baptême, conformément à ce qui est ordonné par l'art. 4 de la déclaration du 9 avril 1736, et par notre présente déclaration; leur faisons défenses, et à tous autres, d'insérer, par leur propre fait, soit dans la rédaction desdits actes, soit sur les registres sur lesquels ils sont transcrits ou autrement, aucunes clauses, notes ou énonciations, autres que celles contenues aux déclarations de ceux qui auront présenté les enfants au baptême, sans pouvoir faire aucunes interpellations sur les déclarations qui seront faites par ceux qui présentent les enfants au baptême; le tout sous les peines portées par l'article 39 de la déclaration du 9 avril 1736. Si donnons en mandement, etc.

N° 1649. — ORDONNANCE *de police qui défend, sous peine de 50 liv. d'amende, d'exposer en vente les mousserons, morilles et autres champignons de qualité suspecte, ou ceux de bonne qualité, qui auroient été gardés d'un jour à l'autre* (1).

Paris, 13 mai 1782. (R. S. Mars, 2—321.)

Sur ce qui nous a été remontré par le procureur du roi, qu'il

---

(1) En vigueur. ord. 12 juin 1820.

est informé qu'il se vend à la halle et dans les marchés, sous le nom de mousseron, une espèce de champignon qui croît dans les bois, et qui n'étant pas le véritable mousseron, quoiqu'il en ait la forme, est capable de nuire à la santé; que sa qualité a été reconnue suspecte par son odeur fétide et mauvaise : qu'il est également instruit qu'on vend des champignons qui ont été gardés d'un jour à l'autre, ce qui les rend, quoique de bonne qualité, capables de produire des effets pernicieux : qu'il est encore venu à sa connoissance par les avis de plusieurs médecins zélés et éclairés, que quelques personnes avoient été récemment incommodées pour avoir mangé des ragoûts et des tourtes où l'on avoit employé ce genre de champignons suspects, ou des champignons trop long-temps gardés; pourquoi il estime du devoir de son ministère de requérir qu'il y soit par nous pourvu.

Nous, faisant droit sur le réquisitoire du procureur du roi, vu le rapport des médecins et chirurgiens du Châtelet, faisons très-expresses inhibitions et défenses d'exposer ni vendre aucuns mousserons, morilles, autres espèces de champignons d'une qualité suspecte, ou qui, étant de bonne qualité, auroient été gardés d'un jour à l'autre; et ce sous peine de 50 liv. d'amende. Enjoignons aux syndics des jardiniers de visiter exactement tous les champignons qui arrivent et sont exposés en vente, de saisir tous ceux qui leur paroîtront d'une qualité suspecte et capable de nuire à la santé, et d'en faire constater les contraventions.

N° 1650. — LETTRE *du ministre qui ordonne que les extraits mortuaires des gens de mer lui seront expédiés par* duplicata, *et par* triplicata *en temps de guerre.*

25 mai 1782. (Code de la Martinique, pag. 521.)

N° 1651. — LETTRES PATENTES *qui règlent la manière dont seront faites les délivrances de l'exploitation des bois de l'apanage de M. le comte d'Artois.*

Versailles, 28 mai 1782. Reg. en parlement le 27 août. (R. S.)

N° 1652. — ORDONNANCE *de police concernant les porteurs de chaises.*

Paris, 31 mai 1782. (R. S.)

Sur ce qui nous a été remontré par le procureur du roi, que jusqu'à présent les prix des courses des porteurs et tireurs de chaises, n'ont été fixés par aucun règlement, ce qui donne lieu à de fréquentes contestations, sur la décision desquelles le défaut de taxe laisse toujours de l'incertitude; que ces particuliers rançonnent le public, se font payer arbitrairement, et qu'abusant de la disposition de l'art. 5 de notre ordonnance du 18 mai 1755, qui leur enjoignoit de ne partir qu'à leur tour, ils ont introduit entre eux des usages à la faveur desquels, assurés de travailler à leur tour, ou de faire rapporter arbitrairement le prix des courses par ceux qui les auroient faites hors leur rang, ils négligent de se trouver sur les places à leurs chaises, se retirent dans les cabarets, et se mettent souvent hors d'état de travailler; ce qui excite entre eux des querelles, des batteries, et est très-contraire au bien, à la célérité de leur service, ainsi qu'à la sûreté de ceux qui les emploient; qu'il estime que le moyen d'éviter ces abus, ces querelles, ces batteries, et de les rendre aussi exacts au service public, qu'attentifs à leurs propres intérêts, seroit de taxer leurs salaires, de rétablir entre eux la concurrence du travail, et de laisser au public le droit de choisir ceux dont il voudra se servir; qu'il est encore informé que les chaises à porteurs et à tireurs ne s'ouvrent et ne ferment que par dehors; en sorte que les personnes qui s'en servent, s'y trouvent enfermées, sans pouvoir en faire l'ouverture du dedans, s'il en étoit besoin; qu'il y a cependant nombre de circonstances où il seroit très-nécessaire de pouvoir les ouvrir soi-même; qu'il seroit utile de procurer au public cette facilité, en obligeant les propriétaires de ces chaises d'y mettre des serrures, qui puissent s'ouvrir et fermer du dedans comme du dehors : pourquoi requiert qu'il y soit pourvu.

Nous, faisant droit sur le réquisitoire du procureur du roi :

1. Ordonnons qu'à compter du jour de la publication de notre présente ordonnance, la course des porteurs de chaises sera et demeurera fixée à 30 s.; la première heure à pareille somme, et les heures suivantes à 24 s. : le tout tant de jour que de nuit.

2. Qu'à compter du même jour, la course du tireur de chaises sera et demeurera fixée à 18 s., la première heure à pareille somme, et les heures suivantes à 16 s.; et qu'à l'égard des tireurs de chaises seulement, la course de nuit ou la première heure, à compter de 11 heures du soir jusqu'à 6 heures du matin, sera et demeurera fixée à 20 s., et les heures suivantes à 16 s. comme dans le jour.

3. Défendons auxdits porteurs et tireurs de chaises d'exiger pour l'intérieur de Paris, autre et plus forte somme que celle

à eux ci-dessus accordée, à peine de punition; leur permettons en cas de courses à la campagne et hors des barrières ou autres travaux extraordinaires, tels que ports de fardeaux, de meubles et déménagements, de convenir de prix, de gré à gré avec ceux qui voudront les employer.

4. Enjoignons aux propriétaires de droits, sur les chaises à porteurs et tireurs, de ne faire exposer pour le service public, que des chaises solidement construites, exactement marquées et numérotées de grandes lettres et chiffres apparents, ouvrantes et fermantes tant du dedans que dehors; et attendu qu'en ce moment lesdites chaises n'ouvrent et ne ferment que du dehors, disons que dans le délai d'un mois, du jour de la publication de notre présente ordonnance, les propriétaires desdites chaises seront tenus de faire mettre à chacune desdites chaises une serrure à double bouton, ouvrante et fermante, tant en dedans qu'en dehors, sinon et ledit délai passé, qu'il y sera par nous pourvu.

5. Enjoignons auxdits propriétaires d'avoir chacun en leur bureau général, un registre sur lequel seront inscrits les numéros et lettres de leurs chaises, les noms et demeures des porteurs et tireurs de chaque chaise, pour y avoir recours si besoin est.

6. Défendons à tous porteurs et tireurs de chaises d'exposer leurs chaises ailleurs que sur les places à ce destinées; à toutes personnes d'enlever ou faire enlever lesdites chaises desdites places, ou de celles où on les retire pendant la nuit, sous prétexte de s'en servir, ou tel autre prétexte que ce soit; défendons aux déchireurs de voitures, ferrailleurs et à tous autres de les acheter en tout ou partie, qu'il ne leur soit exhibé le certificat des propriétaires ou de leurs commis, à peine de 500 liv. d'amende, tant contre les vendeurs, que contre les acheteurs, et de plus grande peine s'il y échet.

7. Tous porteurs et tireurs de chaises indistinctement, seront tenus de servir les personnes qui voudront les choisir et employer, sans pouvoir refuser le service, sous prétexte qu'ils ne sont pas en tour de marcher; leur faisons défenses de faire entre eux aucunes conventions contraires à la présente disposition, et ce sous peine de prison.

8. Enjoignons auxdits porteurs et tireurs de chaises, de rendre fidèlement les hardes, effets, papiers et argent qui seront laissés dans leurs chaises, de les rapporter dans le jour aux personnes qui les auroient oubliés, et dont ils connoîtroient les noms et domiciles, et de les rapporter dans les

vingt-quatre heures en leur bureau général, dans le cas où ils ignoreroient les noms et domiciles des personnes qu'ils auroient menées; à l'effet de quoi seront tenus les propriétaires des droits sur lesdites chaises, d'avoir chacun dans leur bureau un registre servant à inscrire les effets rapportés, les jour et heure du rapport, les noms des porteurs ou tireurs, les désignations ou signalements des personnes à qui les effets appartiennent, et tous autres renseignements nécessaires; et faute par lesdits porteurs et tireurs de chaises de rendre et rapporter dans lesdits délais, les effets oubliés dans leurs chaises, ils pourront être poursuivis extraordinairement comme indus rétentionnaires; et si lesdits effets sont réclamés, et qu'il y ait été donné volontairement quelque récompense, dont sera fait mention sur le registre, elle leur appartiendra.

9. Défendons auxdits porteurs et tireurs de chaises de s'attrouper sur les places, d'aller au-devant de ceux qui se présenteroient pour avoir des chaises, de s'injurier, ni maltraiter, d'user d'aucune violence envers les commis à la régie et perception des droits sur lesdites chaises; leur enjoignons d'obéir auxdits commis sur le fait de leurs commissions, à peine de 50 liv. d'amende et de prison pour la première fois, et d'être privés de leurs chaises en cas de récidive.

10. Mandons aux commissaires au Châtelet, notamment au commissaire Dorival, de tenir la main à l'exécution de notre présente ordonnance, qui sera imprimée, lue, publiée et affichée sur toutes les places destinées aux chaises à porteurs et tireurs, et partout ailleurs où besoin sera, à ce que personne n'en ignore.

N° 1653. — LETTRES PATENTES *contenant les statuts des bouchers* (1)

Versailles, 1ᵉʳ juin 1782. Reg. au parlement le 10 décemb. (Mars, 2—318.)

2. Défenses sont faites à toutes personnes, sans qualité,

---

(1) V. sent. du Châtelet 20 juillet 1559, arr. du parlement 28 mai 1608, a. d. c. 27 décembre 1707, 15 novembre 1712, 4 avril 1720; ord. 18 octobre 1727, 13 octobre 1728; sentence de police 23 septembre 1730; ord. 23 octobre 1734, 24 mars 1741, lett. pat. 26 juillet 1741, édit 23 décembre 1743, ord. de police 21 mars 1744; a. d. c. 29 mars 1746; ord. de police 20 juin 1749, 25 mai 1753, 14 avril 1769, 18 mars 1777, 10 octobre 1777, 11 avril 1786; arrêté 13 vendémiaire an v; ord. 9 germinal an viii, 11 ven-

de s'immiscer dans la profession et le commerce de boucher, sous quelque prétexte que ce puisse être, même sous celui d'association avec un maître de la communauté, sous peine de confiscation des marchandises et outils servant à ladite profession, de tels dommages et intérêts qu'il appartiendra, et de 300 liv. d'amende envers S. M. (1).

3. Pareilles défenses sont faites à tous particuliers, habitants des environs de Paris, bouchers du dehors, regrattiers, revendeuses et autres, même aux maîtres de la communauté, s'ils n'exploitent pas d'étal à Paris, d'apporter, colporter, vendre et débiter dans ladite ville et ses faubourgs, aux halles, marchés et autres lieux, aucune viande de boucherie, même par morceaux, en panier ni autrement, ni aucuns abatis et issues de veaux; et ce, sous les peines portées en l'article précédent (2).

4. Les rôtisseurs, pâtissiers, traiteurs, hôteliers, aubergistes, et autres ayant droit d'employer des viandes de boucherie, ne pourront faire usage que de celles qu'ils auront achetées des maîtres bouchers, et en faire débit, qu'après qu'elles seront cuites et préparées, sous peine de confiscation des marchandises et de 30 liv. d'amende. Pourront néanmoins les traiteurs faire venir des moutons de Beauvais, des Ardennes, de Pré-Salé, et des quartiers de veau de Rivière, pour les employer dans les repas qui leur auront été commandés seulement.

5. Le débit de la viande d'agneaux et de chevreaux sera réservé aux seuls maîtres traiteurs, rôtisseurs et pâtissiers, et néanmoins, pour la conservation de l'espèce, il ne leur sera permis de vendre de la viande d'agneaux, ni aux forains, fermiers et laboureurs d'en apporter à Paris, que depuis le 1er janvier jusqu'à la Pentecôte, et ce, conformément à l'arrêt du conseil du 2 décembre 1666 et autres subséquents; en conséquence, défenses sont faites d'en apporter et débiter dans tout autre temps de l'année, sous peine de confiscation et de 100 liv. d'amende (3).

6. Défenses sont faites aux maîtres bouchers de faire le

---

démiaire an x, arrêté 8 vendémiaire an x, ord. 15 nivose an xi; 21 nivose an xi, arrêté du ministre de l'int. 19 ventôse an xi, ord. de pol. 30 ventôse an xi, 24 vendémiaire an xii, 25 brumaire an xii, 29 janvier 1806, 15 juillet 1808, 1er mai 1809, 29 janvier 1811, 26 mars 1811, 15 juillet 1811.

(1) § 4, art. 3 de la loi du 24 août 1790. Appendice du C. P.
(2) Idem.
(3) Idem.

débit de leurs viandes ailleurs que dans les boucheries fermées et dans les étaux établis par lettres patentes duement enregistrées, et à eux adjugés dans la forme prescrite par les réglements de police, sous peine de confiscation des viandes qui seront vendues ou exposées partout ailleurs, et de 100 liv. d'amende (1).

7. Les maîtres bouchers ne pourront tuer et habiller que des bestiaux sains; défenses sont faites de vendre et débiter des viandes gâtées et corrompues, et à tous messagers, forains, laboureurs et autres, de faire venir, amener et vendre en ladite ville et ses faubourgs, aucunes bêtes défectueuses, comme veaux morts, étouffés, nourris de son ou eau blanche, et qui aient moins de six semaines, ou plus de huit à dix semaines. Défenses sont pareillement faites aux bouchers d'acheter ni débiter aucuns veaux au-dessus ou au-dessous de l'âge ci-dessus fixé, ni de tuer aucunes vaches pleines ou laitières, et autres en état de porter et au-dessous de l'âge de huit ans; et enfin de vendre ou laisser vendre par leurs garçons des veaux trouvés dans les entrailles des vaches qu'ils auront tuées; le tout sous peine de confiscation des marchandises, de 300 liv. d'amende contre les bouchers, messagers, forains et laboureurs, et de prison contre les garçons bouchers qui auroient vendu des veaux morts-nés à l'insu ou du consentement de leurs maîtres (2).

8. Lesdits maîtres seront tenus de vendre aux tripières, et à prix défendu, les issues de bœufs et moutons, qui, de tout temps, ont été destinés à la nourriture des pauvres, pour être par elles revendues ou débitées, crues ou cuites, aux particuliers, ainsi qu'il en a été usé jusqu'à présent. Défenses sont faites auxdits maîtres, ainsi qu'aux tripières, de faire tout autre commerce ou emploi desdites issues, ou de les garder, sous quelque prétexte que ce puisse être, sous peine de confiscation et de 100 liv. d'amende; seront, au surplus, les sentences, arrêts et réglements de police rendus sur cette matière, exécutés.

12. Défenses sont faites à tous maîtres bouchers et autres de prêter leurs noms ou de sous-louer à aucun autre maître ou à qui que ce soit les étaux dont ils se seront rendus adjudica-

---

(1) § 4, art. 3 de la loi du 24 août 1790. Appendice du C. P.
(2) Art. 20, tit. 1ᵉʳ, loi du 22 juillet 1791. Appendice de la section de blessures volontaires, C. P.

taires, et ce, sous peine de 200 liv. de dommages-intérêts au profit de la communauté, et de 100 liv. d'amende envers S. M.

13. Un maître boucher ne pourra exploiter en même temps plus de trois étaux dans la ville et les faubourgs de Paris, ni plus de deux dans une même boucherie. Un fils de maître, lorsqu'il sera reçu à la maîtrise, ne pourra exploiter qu'un seul étal dans la boucherie où le père occupera un ou deux étaux; auquel cas ils seront tenus de faire tous deux leur déclaration au bureau, ainsi que leur affirmation au greffe de la police, que c'est pour eux et au profit du fils que se fait l'exploitation dudit étal.

14. Les maîtres seront tenus de garnir suffisamment de viande les étaux qui leur auront été adjugés, les jours où ils doivent être ouverts, et notamment la veille de Pâques, sous peine de fermeture desdits étaux jusqu'au carême suivant, et, en cas d'ouverture desdits étaux, nonobstant la disposition ci-dessus, les marchandises qui garniront lesdits étaux seront confisquées, et le contrevenant condamné en 50 liv. de dommages-intérêts au profit de la communauté et en 50 liv. d'amende.

15. Les étaux seront fermés tous les dimanches et fêtes annuelles et solennelles de l'année, à l'exception néanmoins et en considération des grandes chaleurs, des dimanches et fêtes, à commencer du premier dimanche après la Trinité inclusivement, jusqu'à la fête de Notre-Dame de septembre exclusivement : en conséquence, défenses sont faites à tous bouchers de vendre aucune viande les jours de dimanche et fêtes ci-dessus prohibés..... à peine de saisie et confiscation des viandes exposées en contravention et de 300 liv. d'amende, dont moitié au profit de la communauté (1).

17. Tous les étaux seront fermés, les jours ordinaires de l'année, dès six heures du soir, et les samedis et veilles de grandes fêtes, à dix heures du soir seulement, et ce, sous peine d'amende de 30 liv.

18. Défenses sont faites à toutes personnes quelconques de décharger, écosser, vendre ou débiter, le long ou à la proximité des boucheries et des étaux, aucuns pois, fèves, navets et autres légumes ou racines capables d'infecter et corrompre les viandes, sous peine de 30 liv. d'amende.

---

(1) Voyez les lois sur les fêtes et dimanches. Appendice du C. P.

19. Il est pareillement défendu aux maîtres, à leurs femmes, enfants ou domestiques, d'appeler ou arrêter les passants pour leur offrir leurs marchandises, sous peine de 30 liv. d'amende.

20. L'heure à laquelle les bouchers pourront se transporter au marché de Paris pour y faire leurs achats, sera huit heures du matin dans les mois de juin, juillet et août, et neuf heures dans les autres mois; défenses leur sont faites, ainsi qu'à tous étaliers et autres de toucher ou marchander les veaux exposés sur la place, ni même de s'y transporter avant les heures susdites, sous peine de 100 liv. d'amende.

Pareilles défenses sont faites auxdits maîtres bouchers, et sous les mêmes peines, de se faire accompagner au marché d'aucun garçon étalier ou autre, pour marchander séparément des veaux, et se procurer en même temps de doubles achats.

21. Quant aux marchés de Sceaux et de Poissy, dont l'ouverture se fera aux heures fixées par les réglements de la police, les bouchers seront tenus de s'y transporter dès que le son de la cloche les aura avertis de l'ouverture du marché, pour ne retarder la vente des bestiaux; défenses leur sont faites de s'y transporter avant le son de la cloche, comme aussi d'acheter dans les écuries, étables, bouveries, bergeries, et hors de la place du marché, avant ou après, ou pendant la tenue d'iceux; le tout sous les peines portées en l'article précédent.

22. Les marchands forains feront leurs ventes par eux-mêmes, ou par leurs enfants, ou par leurs domestiques; et, dans les marchés et non ailleurs, défenses leur sont faites de se servir à cet effet du ministère de facteurs ou factrices résidant soit à Paris ou Poissy, ou aux environs, comme aussi de retenir leurs bestiaux dans les maisons ou étables, après l'heure de la vente sonnée, et enfin de faire aucune vente ailleurs qu'auxdits marchés; le tout, sous les peines portées par les arrêts de la cour et réglements de police (1).

23. Défenses sont faites à tous bouchers de recevoir des veaux directement de la province, ni d'en retenir chez eux qui n'aient été exposés et achetés au marché de cette ville; comme aussi d'aller au-devant des marchands forains qui amèneront des bestiaux aux marchés, de les acheter ou arrher sur les chemins ou dans les auberges où lesdits bestiaux auront été déposés, et avant qu'ils aient été exposés auxdits marchés; et ce, sous peine de confiscation des bestiaux, de tels dommages-

---

(1) Art. 419 du C. P.

intérêts qu'il appartiendra au profit de la communauté et de 100 liv. d'amende (1).

24. Pareilles défenses sont faites, et sous les mêmes peines, à tous bouchers et autres d'acheter ou faire acheter dans les marchés de Sceaux et de Poissy, ainsi que dans les foires et marchés qui se tiendront dans la distance de vingt lieues de la capitale, aucuns bestiaux pour les revendre dans les mêmes marchés ou ceux qui se trouveront dans ladite distance (2).

25. Un marchand qui aura amené des bestiaux au marché ne pourra les remmener ou en faire le renvoi qu'après qu'ils auront été exposés à deux marchés consécutifs, conformément aux arrêts et réglements de police rendus sur cette matière (3).

27. Et pour prévenir la trop grande fatigue ou le défaut de soins qui pourroit occasioner la mort des bœufs, les bouchers seront tenus de les faire conduire depuis les marchés jusqu'à Paris, en troupes peu nombreuses, et par un nombre suffisant de personnes, de les nourrir convenablement, de leur fournir de bonnes litières en toutes saisons, de les tenir à l'attache, de les héberger dans les bouveries bien couvertes et bien entretenues; le tout, conformément aux arrêts du parlement des 4 septembre 1673, 13 juillet 1699 et 15 mars 1780.

29. Pourront, les maîtres bouchers, vendre les cuirs et peaux de leurs abatis à tous marchands indistinctement, soit de Paris, soit de la province. Ils seront tenus de les livrer bons, loyaux et marchands, sans queue, muffles ni pattes, et sans os dans la tête; conformément aux anciens réglements.

30. Les marchands bouchers seront tenus de faire porter les suifs provenant de leurs abatis au marché aux suifs, pour y être vendus, et de se conformer, en tout ce qui concerne la vente desdits suifs, à l'ordonnance de police homologuée par l'arrêt du parlement du 6 septembre 1780; et ce sous les peines portées en ladite ordonnance et audit arrêt.

34. Les réglements de police concernant l'achat, la préparation, la vente et le débit des viandes des boucheries, seront exécutés selon leur forme et teneur; défenses sont faites à tous maîtres bouchers et autres d'y contrevenir, ainsi qu'à tous étaliers et garçons bouchers, de maltraiter ou injurier les personnes qui se présenteront pour se fournir de viandes,

---

(1) Art. 419 du C. P.
(2) *Idem.*
(3) *Idem.*

sous les peines portées par lesdits réglements, et pour faciliter au public les moyens de se pourvoir et d'obtenir promptement justice contre les maîtres ou garçons bouchers dont il auroit à se plaindre, chaque maître sera tenu de faire peindre, en gros caractères, son nom au-devant et dans le lieu le plus apparent de son étal (1).

35. Les maîtres seront tenus, lorsqu'ils changeront de demeure, d'en faire, dans la huitaine, leur déclaration au bureau de la communauté, et d'y indiquer leur nouveau domicile, laquelle déclaration sera inscrite, sans frais, à cet effet. Il leur est pareillement enjoint de se rendre au bureau de la communauté, lorsqu'ils y seront mandés par les syndics et adjoints, le tout sous peine de 10 liv. d'amende; et même de plus grande peine, si le cas y échoit.

48. Après lesdites trois années d'apprentissage (2), les maîtres d'apprentissage seront tenus de certifier au bas desdits brevets ou actes d'apprentissage, qu'ils ont eu leur entière exécution, sans qu'ils puissent, sous quelque prétexte que ce soit, faire remise d'aucune portion du temps dudit apprentissage, sous peine de 150 liv. d'amende.

50. Les réglements concernant la police des étaliers et garçons bouchers, et notamment la sentence de police du 10 octobre 1777, seront exécutés; en conséquence, aucun maître ne pourra prendre à son service un étalier ou garçon boucher sortant de chez un autre maître, qu'il n'y ait parachevé son année de service, qui commencera à Pâques et finira au carême prenant suivant; et qu'il ne justifie d'un congé par écrit du maître d'où il sera sorti; auquel cas, ledit étalier ou garçon sera tenu de passer les ponts et d'y demeurer une année sans pouvoir revenir dans le quartier d'où il sera sorti, qu'après l'expiration de ladite année; quand même ce seroit pour s'y établir en qualité de maître, à moins que ce ne soit pour y prendre l'établissement d'une veuve ou fille de maître qu'il auroit épousée; le tout sous les peines portées par ledit réglement.

N° 1654. — ARRÊT *du parlement relatif aux séchage et cassage des lins et chanvres* (3).

Paris, 4 juin 1782. (R. S.)

---

(1) Voyez le code pénal pour les injures et coups.
(2) L'art. 47 porte que l'apprentissage sera de trois années au moins.
(3) Dispositions semblables à l'arrêt du 19 avril 1782.

N° 1655. — Déclaration *concernant la mise en liberté provisoire, à l'occasion de la naissance du Dauphin, des prisonniers détenus dans les prisons de Paris.*

Versailles, 9 juin 1782. Reg. au parlement le 28 juin. (R. S. C.)

N° 1656. — Lettres patentes *concernant les modifications insérées par la cour des aides de Clermont-Ferrand, relativement au timbre des quittances dans l'enregistrement par elle fait des lettres patentes de prise de possession de la régie générale.*

Versailles, 18 juin 1782. Reg. en la cour des aides le 12 juillet. (R. S.)

N° 1657. — Arrêt *du conseil portant établissement à Paris d'un dépôt général des matricules de tous les notaires du royaume* (1).

Versailles, 21 juin 1782. (R. S. C.)

N° 1658. — Édit *portant établissement d'offices dans le bureau des finances et chambre du domaine de Paris* (2).

Versailles, juin 1782. Reg. en parlement le 28 juin 1782. (R. S.)

N° 1659. — Ordonnance *du juge châtelain du canal des deux mers sur la discipline et police dudit canal* (3).

31 juin 1782. (Annuaire des ponts et chaussées, 1808, pag. 88. Isambert, 1823, tom. 10.)

N° 1660. — Édit *portant création d'un trésorier-général alternatif de la marine et des colonies* (4).

Versailles, juin 1782. Reg. en la chambre des comptes le 8 juillet. (R. S.)

N° 1661. — Édit *portant création d'un trésorier-général alternatif des dépenses de la guerre* (5).

Versailles, juin 1782. Reg. en la chambre des comptes le 8 juillet. (R. S.)

---

(1) V. a. d. c. 27 juillet 1782.
(2) V. édit de mars 1693.
(3) V. lett. pat. 7 octobre 1666; ord. du juge châtelain, 18 déc. 1749, 19 janvier 1764, 2 janvier 1765, 22 septembre et 2 octobre 1772; arrêtés des administrations centrales des départements de la Haute-Garonne et de l'Aude, 24 thermidor an VI, et 17 vendémiaire an VII, loi du 29 floréal an 3, et décret du 12 août 1807.
(4) V. édit de novembre 1778, n° 985, tom. 3 du règne, pag. 459.
(5) V. édit de novembre 1778, n° 985, tom. 3 du règne, pag. 459.

N° 1662. — ARRÊT *du parlement qui ordonne que, dans les paroisses situées dans l'étendue du bailliage d'Amiens, où les propriétaires et cultivateurs sont dans l'usage et possession de disposer en tout ou partie des chaumes étant sur leur héritage, il sera continué d'en être usé, par lesdits propriétaires et cultivateurs, comme avant l'arrêt du 4 juillet 1781, lequel au surplus sera exécuté.*

Paris, 1er juillet 1782. (R. S.)

N° 1663. — ARRÊT *du conseil qui ordonne que les ouvrages et matières d'or qui se trouveront à bord des prises, seront portés aux hôtels des monnoies ou aux changes les plus prochains.*

Du 5 juillet 1782. (R. S.)

N° 1664. — ARRÊT *du parlement qui ordonne l'exécution de l'ordonnance du bureau des finances de Paris du 18 août 1667, et en conséquence a condamné un propriétaire à réduire le bâtiment d'une maison élevée en pan de bois à la hauteur de 48 pieds du rez-de-chaussée.*

Paris, 6 juillet 1782. (R. S.)

N° 1665. — ORDONNANCE *portant défenses aux domestiques, gens de livrée, et à toutes personnes sans état, de porter aucunes armes, épées, couteaux de chasse, etc., à peine de prison* (1).

Versailles, 7 juillet 1782. (R. S. C.)

N° 1666. — LETTRES PATENTES *sur arrêt qui déterminent les conditions auxquelles les princes et seigneurs d'Alsace continueront de jouir du droit d'extraire par eux-mêmes le salpêtre des terres de leurs domaines.*

Versailles, 7 juill. 1782. Reg. au parlement d'Alsace le 22 août 1782. (Archives du parlement d'Alsace.)

N° 1667. — ARRÊT *du parlement qui décide que le propriétaire du sol a le droit de supprimer les chemins de souffrance.*

Paris, 10 juillet 1782. (Merlin, v° chemin de souffrance.)

---

(1) V. 5 mai 1785.

N° 1668. — ARRÊT *du parlement sur le glanage* (1).

Paris, 11 juillet 1782. (R. S. C.)

Vu par la cour la requête présentée par le procureur-général du roi, contenant que, par arrêt rendu le 7 juin 1779, il a été, entre autres dispositions, fait défenses à toutes personnes en état de travailler et de gagner leur vie, pendant le temps de la moisson, de glaner, sous peine de 10 liv. d'amende, et de plus grande peine en cas de récidive; a ordonné qu'il ne seroit permis qu'aux vieillards, aux estropiés, aux petits enfants et aux personnes invalides, de glaner; qu'on ne pourroit glaner dans les champs et prairies, qu'après que la récolte en auroit été entièrement enlevée; a fait défenses de glaner avant le soleil levé, et après le soleil couché, sous pareille peine d'amende, et même d'être procédé extraordinairement contre les contrevenants; a fait défenses aux propriétaires et fermiers, et à tous bergers, garde-troupeaux, et autres personnes, d'envoyer ou de mener paître leurs vaches, chevaux, moutons et autres animaux, dans les champs et prairies, sinon après trois jours que la récolte auroit été enlevée desdits champs et prairies, sous peine de 20 livres d'amende contre les contrevenants, même d'être procédé extraordinairement contre eux, suivant l'exigence des cas; que le procureur-général du roi a été informé d'un usage abusif qui s'est introduit dans plusieurs endroits, que les propriétaires, fermiers, laboureurs et moissonneurs vendent la faculté de glaner dans leurs champs, où font glaner leurs femmes, enfants et domestiques, éloignent les autres personnes qui se présentent pour glaner; que les glaneurs se répandent dans les champs avant que les gerbes en soient enlevées; et que les fermiers et laboureurs envoient paître leurs bestiaux dans les champs avant l'expiration des trois jours depuis que la récolte a été enlevée; et comme il convient de pourvoir à ce que ceux à qui il est permis, par les règlements, de glaner, puissent le faire sans aucun empêchement : à ces causes, requéroit le procureur-général du roi, qu'il plût à la cour faire défenses à tous laboureurs, fermiers et propriétaires de vendre, sous quelque prétexte et pour quelque cause que ce soit, le droit de glaner dans leurs champs, d'en éloigner ceux à qui il est permis, par violence ou autrement, de glaner; de donner aucune préférence aux femmes et

---

(1) V. 7 juin 1779, n° 1113, tom. 4 du règne, pag. 95.

enfants des moissonneurs; et d'envoyer paître leurs bestiaux, dans lesdits champs, sinon après trois jours que la récolte en aura été enlevée; le tout à peine de 20 liv. d'amende contre les contrevenants, dont les pères et mères à l'égard de leurs enfants, et les maîtres et maîtresses à l'égard de leurs domestiques, demeureront civilement garants et responsables: faire défenses, à ceux à qui il est permis de glaner, de glaner dans les champs avant que la récolte en ait été entièrement enlevée, et de glaner avant le soleil levé et après le soleil couché, sous peine de 10 liv. d'amende, même d'être procédé extraordinairement contre les contrevenants: ordonner au surplus que l'arrêt du 7 juin 1779 sera exécuté, et que l'arrêt à intervenir sera imprimé, publié et affiché partout où besoin sera: enjoindre aux substituts du procureur-général du roi, dans les bailliages et sièges royaux, et autres officiers de justice des lieux, de tenir la main à l'exécution dudit arrêt; aux syndics des paroisses, de dénoncer aux substituts du procureur-général du roi, les contrevenants, pour être fait contre eux les poursuites qu'il conviendra, et aux officiers et cavaliers de maréchaussée, de prêter main-forte, en cas de besoin, pour l'exécution dudit arrêt, lequel sera lu et publié chaque année, dans le mois de juillet, à l'issue des messes paroissiales, à la requête des substituts du procureur général du roi, et des procureurs fiscaux des justices des lieux. Ladite requête signée du procureur général du roi. Ouï le rapport de M° Adrien-Louis Lefebvre, conseiller: Tout considéré.

La cour fait défenses à tous laboureurs, fermiers et propriétaires de vendre, sous quelque prétexte et pour quelque cause que ce soit, le droit de glaner dans leurs champs; d'en éloigner ceux à qui il est permis, par les réglements, de glaner, et de les empêcher, par violence ou autrement, de glaner; de donner aucune préférence aux femmes et enfants des moissonneurs, et d'envoyer paître les bestiaux dans lesdits champs, sinon après trois jours que la récolte en aura été enlevée; le tout à peine de 20 liv. d'amende contre les contrevenants, dont les pères et mères à l'égard de leurs enfants, et les maîtres et maîtresses à l'égard de leurs domestiques, demeureront civilement garants et responsables: fait défenses, à ceux à qui il est permis de glaner, de glaner dans les champs avant que la récolte en ait été entièrement enlevée, et de glaner avant le soleil levé, et après le soleil couché, sous peine de 10 liv. d'amende, même d'être procédé extraordinairement contre les contrevenants: ordonne au surplus que l'arrêt du 7 juin 1779 sera exécuté, et que le présent arrêt sera imprimé, publié et affiché partout où besoin sera : enjoint aux substituts du procureur général du roi, dans les bailliages et sièges royaux, et aux officiers des justices des lieux, de tenir la main à l'exécution du présent arrêt ; aux syndics des paroisses, de dénoncer aux substituts du procureur général du roi les contrevenants, pour être fait contre eux les poursuites qu'il conviendra ; et aux officiers et cavaliers de maréchaussée, de prêter main-forte, en cas de besoin, pour l'exécution du présent arrêt, lequel sera lu et publié chaque année, dans le mois de juillet, à l'issue des messes paroissiales, à la requête des substituts du procureur général du roi, et des procureurs fiscaux des justices des lieux, etc.

N° 1669. — ÉDIT *portant établissement d'un troisième vingtième sur tous les objets assujettis aux deux premiers vingtièmes, à l'exception de l'industrie, des offices et des droits.*

Versailles, juillet 1782. Reg. en parlement le 15. (R. S.)

N° 1670. — CONTRAT *entre le roi de France et les treize Etats-Unis d'Amérique au sujet des sommes avancées par la France.*

Versailles, 16 juillet 1782. (Martens.)

N° 1671. — ARRÊT *du conseil portant règlement pour la navigation de la Garonne* (1).

Versailles, 17 juillet 1782. (R. du parlement de Toulouse. Dupleix 1785.)

N° 1672. — ARRÊT *du parlement qui fait défenses à tous propriétaires, fermiers, laboureurs et cultivateurs, demeurant dans l'étendue du bailliage de Marle, de faire faucher leurs blés, sous peine de 100 liv. d'amende, même d'être les contrevenants poursuivis extraordinairement.*

Paris, 26 juillet 1782. (R. S.)

N° 1673. — ORDONNANCE *de police concernant tout ce qui doit être observé sur le carreau de la Vallée.*

Paris, 26 juillet 1782. (Mars, 2—278.)

Ordonnons qu'à compter du jour de la publication de la présente ordonnance, tous les marchands forains qui apportent

---

(1) Le parlement de Bordeaux fit des remontrances au roi le 12 mars 1784.

des marchandises de volaille et gibier, seront tenus de les déposer pour être exposées et mises en vente sur le quai des Augustins..... Défendons auxdits marchands forains de volaille et gibier, d'étaler, vendre et débiter leurs marchandises ailleurs que sur la place ci-devant désignée, à peine de 300 liv. d'amende contre les contrevenants (1).

3. Aussitôt que quelqu'un desdits marchands forains aura fixé la vente de ses marchandises, ordonnons qu'il sera tenu de vider le carreau de ses paniers, cages ou cageots; lui faisons défenses, ainsi qu'aux forts et gagne-deniers, de les porter ailleurs que dans les voitures des marchands forains, et où elles seront placées, et non dans les auberges. Défendons aux aubergistes de les recevoir chez eux, leur enjoignons d'indiquer aux forts ou gagne-deniers, ou leur faire indiquer par leurs garçons les voitures des marchands, dont les chevaux auront été conduits dans leurs écuries ou confiés à leur garde; et seront tenus lesdits marchands forains ou voituriers, au plus tard une heure après que lesdites voitures auront été chargées des paniers, cages ou cageots vides, de faire partir lesdites voitures du lieu où elles auront été rangées, si mieux n'aiment lesdits marchands forains, leur vente finie, faire conduire leurs voitures vides sur ledit carreau de la Vallée, pour y être, lesdites voitures, chargées des paniers, cages ou cageots vides, et icelles voitures partir sans délai; le tout, à peine, contre les contrevenants, de 300 liv. d'amende (2).

4. Seront tenus, tous les marchands forains et autres qui apportent des provisions de volaille et gibier sur le carreau de la Vallée, d'avoir à leurs voitures des plaques portant, avec leurs numéros, leurs noms et leurs demeures (3).

6. Ordonnons que notre ordonnance du 22 juillet 1778, en ce qui concerne le carreau de la Vallée, sera exécutée selon sa forme et teneur; faisons, en conséquence, défenses à tous rôtisseurs, traiteurs, pâtissiers, leurs garçons ou apprentis, ou tous autres fréquentant le carreau, d'y amener aucuns chiens dogues, lévriers ou autres, à peine, contre les contrevenants, de 300 liv. d'amende, dont lesdits rôtisseurs, trai-

---

(1) § 4, art. 471, 419 du C. P.
L'article 2 indique les stationnemens des voitures, qui aujourd'hui sont changés, sous des peines qui, actuellement sont celles prévues par le § 4 de l'art. 471 du code pénal.
(2) V. les art. 419 et 420; le § 4, art. 471 C. P.
(3) Art. 9, loi du 3 nivose an vi, art. 34, décret du 23 juin 1806, chap. des voitures publiques, tit. contributions indirectes, cinquième partie.

tours et pâtissiers seront garants et responsables pour leurs garçons ou apprentis. Seront tenus, sous les mêmes peines, les marchands forains, leurs charretiers ou conducteurs, d'attacher à leurs charrettes ou paniers les chiens dogues, lévriers ou autres, qu'ils auront amenés pour leur sûreté sur les routes; leur défendons, et à tous autres, aussi sous les mêmes peines, d'allumer des feux de paille, ou d'apporter aucune autre matière combustible, et de les allumer sur ledit carreau de la Vallée; et pourront même, les contrevenants, en cas de récidive, être emprisonnés sur-le-champ (1).

N° 1674. — ÉDIT *portant suppression des offices de greffiers des prisons à Paris, et création d'un office de greffier de la geôle de la prison civile.*

Versailles, juillet 1782. Reg. en parlement le 30 août 1782. (R. S.)

N° 1675. — ÉDIT *pour la punition de différents crimes et superstitions.*

Versailles, juillet 1782. Reg. en parlement le 31 août. (R. S. C.)

N° 1676. — LETTRES PATENTES *portant abolition du droit d'aubaine à l'égard des sujets des principautés de Salm* (2).

Versailles, 1er août 1782. Reg. au parlement d'Alsace le 11 août. (Archives du parlement d'Alsace.)

N° 1677. — DÉCLARATION *portant rétablissement de la cour des aides de Clermond-Ferrand* (3).

Versailles, 3 août 1782. Reg. en la cour des aides le 7. (R. S.)

N° 1678. — ARRÊT *du parlement qui ordonne que l'usage toléré dans quelques villes et villages du Béarnois, de stipuler des intérêts d'un capital non aliéné, continuera d'y avoir lieu lorsque le prêteur et l'emprunteur seront domiciliés dans lesdits lieux.*

Paris, 6 août 1782. (R. S.)

N° 1679. — ARRÊT *du parlement qui homologue une ordonnance rendue au siège royal de Langeais, relativement à la vente des tonneaux, et à la qualité et jauge desdits tonneaux.*

Paris, 8 août 1782. (R. S.)

---

(1) Art. 5, loi du 24 août 1790. Appendice du C. P.
(2) Dans les archives du parlement de Grenoble; elles sont datées du 3 février et registrés le 31 juillet.
(3) Supprimée par lett. pat. du 19 février 1782.

24 AOUT 1782.

N° 1680. — ARRÊT *du conseil qui décide qu'un terrain n'est pas réputé bord et rivage de la mer, par cela seul qu'il est mouillé par les eaux, qui refluant dans les rivières sont forcées de se répandre sur les terres voisines.*

Versailles, 12 août 1782. (V. Merlin, Quest. de dr., v° rivages de la mer. Isambert, Traité de la voirie.)

N° 1681. — DÉCLARATION *relative aux droits d'entrée sur le bois à brûler et le foin, en faveur de l'hôpital général de Paris.*

Versailles, 18 août 1782. (Code de l'hôpital général.)

N° 1682. — ARRÊT *portant que les cours et juridictions royales ne recevront aucun appel sans qu'il ne leur soit apparu de l'amende de consignation* (1).

Versailles, 21 août 1782. (R. S. Rec. du parl. de Toulouse. Dupleix, 1785.)

N° 1683. — ARRÊT *du conseil concernant les liquidations faites ou à faire des différents offices supprimés par l'édit du mois d'août 1777, et autres édits postérieurs* (2).

Versailles, 21 août 1782. (R. S.)

N° 1684. — LETTRES PATENTES *concernant les anoblissements dans les colonies* (3).

Versailles, 24 août 1782. Reg. à la cour des aides le 18 décembre 1782, au parlement de Paris le 11 avril, de Toulouse le 2 janvier 1783, de Grenoble le 19 décembre 1782, au conseil supérieur de Cayenne en novemb. 1783. (R. S. C. Code de la Martinique, tom. 3, p. 524, rec. du parlement de Toulouse. Dupleix, 1785. Archives du parlement de Grenoble. Coll. m. m. Code Cayenne, tom. 6, pag. 757.)

Louis, etc. Les rois nos prédécesseurs ont cru qu'il étoit de leur sagesse d'affectionner de plus en plus à leur service, et d'exciter à la vertu, par des distinctions honorables, ceux de leurs sujets qui avoient transporté leur fortune, fixé leur établissement, ou qui étoient nés dans les colonies françaises ; plusieurs habitants de nosdites colonies ayant, en considération des services importants qu'ils avoient rendus, obtenu des lettres de noblesse, nous sommes informé qu'on a cherché à semer des inquiétudes dans les familles desdits habitants, sous

---

(1) Édit d'août 1669 ; décl. 21 mars 1671 ; a. d. c. 28 novembre 1723, 25 avril, 25 juin 1724, 29 avril 1738, 15 mars 1740, 15 juin 1752, 15 février 1753, 12 septembre 1780. (Merlin, v° amende.)
(2) V. édit de novembre 1778, de juin, de juillet et d'octobre 1779 janvier 1780, 14 septembre 1780.
(3) V. édit d'avril 1771.

le prétexte des révocations prononcées; premièrement, par la déclaration du 27 septembre 1664, des anoblissements accordés depuis le 1ᵉʳ janvier 1634; deuxièmement, par l'édit du mois d'août 1715, de ceux accordés depuis le 1ᵉʳ janvier 1689; troisièmement, par l'arrêt du conseil, du 2 mai 1730, sur le droit du joyeux avénement du feu roi, notre honoré seigneur et aïeul, à la couronne, de ceux accordés depuis 1643 jusqu'au 1ᵉʳ septembre 1715, dans le cas où l'on ne satisferoit pas à ce droit; quatrièmement, par l'édit du mois d'avril 1771, de ceux accordés depuis le 1ᵉʳ janvier 1715, aussi dans le cas où les sommes qu'il impose sur les anoblis ou sur leurs descendants, ne seroient pas acquittées. Nous nous sommes fait représenter ces déclaration, édits et arrêt, et nous avons remarqué, par les objets d'administration qu'ils renferment, qu'ils étoient peu susceptibles d'application à l'administration des colonies françaises, ni à la plupart des anoblissements accordés aux habitants d'icelles, conséquemment que l'exception à leur égard n'avoit point été nécessaire; que d'ailleurs, s'il existoit dans nosdites colonies quelques familles, dont les titres d'anoblissement fussent dans le cas de la révocation prononcée par les déclaration, édits et arrêt de notre conseil ci-dessus mentionnés, et qui n'ont pas été enregistrés dans nos conseils supérieurs de nosdites colonies, il ne seroit pas juste que ces familles perdissent la distinction de la noblesse qui auroit de bonne foi déterminé des alliances honorables et des établissements avantageux : dans ces circonstances, nous pensons qu'il est de notre justice de venir au secours desdits habitants, de reconnoître le zèle et la fidélité qu'ils ont toujours montrés, de faire cesser la fausse application qu'on auroit pu donner auxdites déclaration, édits et arrêt; de fixer irrévocablement, non-seulement dans nos colonies, mais même dans notre royaume, l'effet des anoblissements accordés à aucuns des habitants d'icelles : nous avons en même temps jugé à propos de faciliter auxdits habitants les preuves de noblesse qu'ils seront dans le cas de faire dans notre royaume, en prenant toutefois les précautions nécessaires pour écarter les fraudes qui pourroient en altérer la pureté. A ces causes, etc.

1. Les lettres d'anoblissement accordées par nous ou par les rois nos prédécesseurs à aucuns habitants de nos colonies, ou à ceux qui depuis qu'ils auroient transporté leur domicile dans lesdites colonies, auroient été anoblis, continueront d'avoir leur effet à leur égard ou à l'égard de leurs enfants mâles et femelles, et descendants en ligne directe et en légitime ma-

riage, soit dans nos colonies, soit dans notre royaume, pourvu que lesdites lettres d'anoblissement aient été revêtues des formalités ordinaires et accoutumées, et qu'il ne puisse être valablement opposé, soit auxdits anoblis ou à leurs descendants, aucune dérogeance.

2. Leur noblesse sera comptée, à dater des enregistrements desdites lettres d'anoblissement, dans nos parlements et autres nos cours, et dans les conseils supérieurs de nos colonies, en la forme ordinaire et accoutumée. Voulons qu'ils en jouissent pleinement et paisiblement, sans qu'on puisse leur opposer, en aucun cas, la déclaration du 27 septembre 1664, l'édit du mois d'août 1715; la déclaration du 27 septembre 1723; l'arrêt du conseil du 2 mars 1771, ni aucune autre ordonnance ou réglement dont nous n'avons pas ordonné l'enregistrement dans les conseils supérieurs de nosdites colonies.

3. Ordonnons que lesdits anoblis ou ceux de leurs descendants, nés dans nos colonies, qui seront dans le cas de faire preuve de leur noblesse, seront tenus de rapporter, indépendamment de leurs lettres d'anoblissement ou titres constitutifs de leur noblesse, et des titres et actes nécessaires pour justifier de leur filiation et possession de noblesse, un acte de notoriété du conseil supérieur dans le ressort duquel leur domicile sera établi, portant que les anoblis, depuis la date de leur titre d'anoblissement et leurs descendants, n'auront exercé aucun état incompatible avec la noblesse dont ils seront revêtus; qu'ils auront pris les qualités nécessaires pour la conserver : ne pourra ledit acte de notoriété, être donné que d'après les conclusions de notre procureur-général, par le conseil supérieur assemblé en nombre compétent; et sera ledit acte signé par tous les juges qui auront assisté à la séance, et par notre procureur-général.

4. Attendu les partages des familles, dont les titres originaux restent ordinairement en possession de la branche aînée, et vu le danger de confier à l'incertitude de la navigation les originaux des titres justificatifs de la noblesse, voulons, sans tirer à conséquence, que les copies collationnées des titres constitutifs de noblesse, et arrêts d'enregistrement d'iceux, soient admises dans les preuves que les habitants de nos colonies seroient obligés de faire dans notre royaume. Et seront lesdites copies attestées conformes aux originaux, et signées par nos conseils supérieurs, chacun dans leur ressort, en observant les mêmes formalités prescrites par l'article 5 des présentes; et sera en outre indiquée dans ladite attestation, la

branche de la famille entre les mains de laquelle lesdits titres originaux seront restés.

5. Les descendants des anoblis, pour obtenir l'acte mentionné en l'article 3, et dans la forme qui y est désignée, seront tenus de rapporter, outre le titre de leur anoblissement, les titres et autres actes civils, tels que contrats de mariage, partages, transactions, testaments et autres pièces admises dans les preuves de noblesse, et de les joindre à la requête qu'ils feront présenter au conseil supérieur du ressort à l'effet d'avoir ledit acte, lequel leur sera donné comme ci-dessus, d'après les conclusions de notre procureur-général; de laquelle production il sera fait mention dans ledit acte.

6. N'empêchons, soit nos procureurs-généraux esdits conseils, soit nosdits conseils supérieurs, chacun dans leur ressort, de requérir et ordonner, s'ils avisent qu'il en soit besoin, d'après les requêtes des parties, pour avoir le certificat de non-dérogeance, une enquête dans laquelle seront entendus au moins quatre témoins notables entre ceux que les parties pourront indiquer au nombre de six, et que nos procureurs-généraux pourront choisir.

7. L'enquête ne pourra être ordonnée que pour avoir le certificat de non-dérogeance : n'entendons qu'elle puisse suppléer au défaut de titres, ni au défaut de qualités nécessaires pour la conservation de la noblesse.

8. Les anoblis, pour avoir ledit acte, ne seront tenus de joindre à leur requête que les lettres d'anoblissement ou le titre constitutif de leur noblesse.

9. Les descendants des anoblis, pour obtenir la signature et attestation des copies conformes à l'original, et dans la forme mentionnée à l'article 4, seront tenus de joindre à leur requête le titre constitutif de leur noblesse, et de se conformer à l'article 5 ci-dessus.

10. N'entendons rien innover, pour ce qui regarde la production des pièces, à l'effet de justifier dans notre royaume de la noblesse de nos sujets des colonies, si ce n'est à l'égard du titre constitutif d'icelle, lequel pourra être produit en copie collationnée dans la forme prescrite par l'article 4 du présent édit. Si donnons en mandement, etc.

N° 1685. — **Lettres patentes** *qui autorisent les six corps des marchands, et les communautés d'arts et métiers à emprunter une somme de 1,500,000 liv., qu'ils ont offerte au roi pour la construction d'un vaisseau du premier rang.*

Versailles, 29 août 1782. Reg. en parlement le 3 septembre. (R. S.)

N° 1686. — **Ordonnance** *portant défense de rançonner aucuns navires ou marchandises ennemis* (1).

Versailles, 30 août 1782. (R. S. C. Lebeau, Code des prises.)

S. M. s'étant fait représenter l'arrêt de son conseil du 11 octobre 1780, par lequel il lui a plu de restreindre dans de justes bornes les cas où les rançons pourroient être autorisées, elle a reconnu que les armateurs et les capitaines éludent sans cesse, sous divers prétextes, les dispositions dudit arrêt, et qu'il en résulte une diminution considérable dans les avantages qu'on doit attendre de la course, et une perte réelle de bénéfices, tant pour les intéressés aux armements que pour les gens de mer qui y sont employés et les invalides de la marine, S. M. a jugé qu'une défense absolue de rançonner, dans quelque cas que ce soit, pouvoit seule faire cesser des abus aussi préjudiciables ; et elle a en conséquence ordonné et ordonne ce qui suit :

1. Les armateurs, capitaines ou commandants des bâtiments des sujets de S. M., armés en course, ne pourront à l'avenir, dans aucun cas ni sous quelque prétexte que ce puisse être, rançonner à la mer aucuns bâtiments ennemis, ni aucunes marchandises étant à bord desdits bâtiments.

2. Ne pourront de même lesdits armateurs, capitaines ou commandants prendre aucun otage, ni recevoir des bâtiments ennemis aucun écrit, acte ou autre engagement qui puisse être suspecté de provenir de conventions déguisées pour cause de rançons.

3. Veut S. M. qu'au retour de chaque course, lesdits armateurs, capitaines ou commandants, soient tenus d'affirmer par-devant le lieutenant-général de l'amirauté du port où ils débarqueront, en présence de deux officiers de l'état-major

---

(1) V. a. d. c. 11 janvier 1780, et l'ordonnance du 15 janvier 1783, sur les formalités à observer pour la remise des effets et engagements de rançon.

du bâtiment, et à leur défaut, de deux officiers-mariniers, ou de trois hommes de l'équipage, qu'ils n'ont fait durant leur course aucune rançon de bâtiments ou de marchandises; qu'ils n'ont pris aucun otage ni reçu aucuns actes, billets de garanties ou autres engagements directs ou indirects ayant pour cause le rachat ou la rançon qui auroient été faits de quelques bâtiments ou marchandises ennemies; laquelle affirmation sera signée du commandant du bâtiment et des témoins ci-dessus, visée dudit lieutenant-général de l'amirauté, et adressée au secrétaire d'état ayant le département de la marine.

4. Dans le cas où, malgré les défenses portées par les articles 1 et 2 ci-dessus, il seroit trouvé à bord d'aucuns desdits bâtiments des sujets du roi armés en course quelques actes, billets ou obligations quelconques de l'espèce de ceux énoncés en l'article ci-dessus, S. M. enjoint aux officiers des amirautés de retenir lesdits actes, obligations ou billets, pour en être fait l'emploi qui sera ci-après ordonné.

5. Les armateurs, capitaines ou commandants des bâtiments des sujets de S. M., qui, de quelque manière que ce soit, seroient suspectés de contraventions quelconques aux dispositions desdits art. 1 et 2, seront jugés par le conseil des prises, auquel S. M. en attribue la connoissance; et en cas de conviction, condamnés pour la première fois en 500 livres d'amende au profit de l'amiral de France, et interdits pour trois mois de leurs fonctions; et en cas de récidive, ils seront déclarés incapables de jamais commander aucun bâtiment : de laquelle amende de 500 livres les armateurs seront solidairement responsables avec lesdits capitaines ou commandants; sans qu'ils puissent en aucune manière l'imputer, en tout ou en partie, dans le compte des frais de l'armement, ni en employer le montant dans les liquidations particulières ou générales.

Ordonne S. M., que le montant des rançons, billets ou engagements qui seroient faits en contravention aux dispositions ci-dessus, appartiendra aux invalides de la marine; à l'effet de quoi les officiers des amirautés seront tenus de remettre sans délai au trésorier particulier desdits invalides de leur ressort lesdits billets ou engagements, pour en être le paiement poursuivi contre qui il appartiendra par ledit trésorier : et quant aux otages, veut S. M. que s'il en étoit pris, ils soient remis à leur arrivée à l'intendant ou au commissaire-ordonnateur de la marine du département dans lequel se trouveront les bâtiments preneurs lors de leur rentrée dans les ports, pour être ensuite statué par S. M. sur la destination desdits otages ainsi qu'elle avisera.

7. Veut S. M. que la présente ordonnance soit exécutée selon sa forme et teneur, à commencer du 1ᵉʳ décembre prochain; dérogeant expressément à toutes ordonnances, déclarations, édits, arrêts et réglements qui y seroient contraires.

N° 1687. — DÉCLARATION *et réglement concernant les communautés d'arts et métiers dans la ville de Lyon* (1)

Versailles, 30 août 1782. Reg. en parlement le 20 décembre. (R. S.)

LOUIS, etc. Par notre édit du mois de janvier 1777, nous avons créé quarante-une communautés d'arts et métiers dans notre ville de Lyon; nous leur avons prescrit les règles générales qu'elles doivent suivre, et nous nous sommes réservé de prononcer, par des statuts particuliers, sur tout ce qui pourroit concerner leur police intérieure. Il nous a déjà été remis, par quelques-unes de ces communautés, différents projets de statuts; mais les éclaircissements qui sont nécessaires avant d'approuver ces statuts pouvant en retarder la confection, et les inconvénients résultant du retard n'étant pas moins préjudiciables à la tranquillité de nos sujets qu'aux progrès du commerce et de l'industrie, nous avons jugé nécessaire d'y pourvoir en autorisant quelques articles de réglement qui nous ont paru suffisants pour diriger provisoirement ces nouvelles communautés, et mettre le consulat en état de prononcer, tant sur les privilèges et exemptions que nous avons voulu accorder auxdites communautés, que sur l'étendue du territoire dans lequel elles doivent jouir de ces droits. A ces causes, etc.

1. Les dispositions de notre édit du mois de janvier 1777, portant création de nouvelles communautés d'arts et métiers, seront exécutées dans la ville et faubourgs de Lyon; en conséquence, les marchands et artisans qui voudront à l'avenir s'établir dans ladite ville ou faubourgs d'icelle, seront tenus de se faire recevoir maîtres dans la communauté dont ils voudront exercer le métier ou profession.

2. A l'égard de ceux qui sont actuellement domiciliés dans les faubourgs, ils seront tenus, si fait n'a été, de se faire agréger aux communautés dont ils justifieront avoir exercé le métier ou la profession avant la publication de notre présente

---

(1) V. édit de janvier et août 1776.

déclaration. Dans le cas où ils voudroient être admis à la maîtrise, ils y seront reçus en payant le quart des droits ordinaires de réception et autres frais, pourvu toutefois qu'ils se présentent dans six mois pour tout délai.

3. Les dispositions des deux articles précédents seront observées, soit à l'égard des faubourgs où la police est exercée par les mêmes officiers que dans la ville, soit par rapport aux faubourgs qui se trouveront, en tout ou en partie, dans la justice d'aucuns seigneurs ecclésiastiques ou laïcs.

4. Les marchands et artisans desdits faubourgs qui auront été reçus maîtres dans les communautés de la ville, ou y auront été agrégés, jouiront de tous les droits dont jouissent les maîtres des communautés de la ville, ou ceux qui y sont agrégés; ils seront soumis aux mêmes réglements et sujets aux mêmes charges, et ils ne seront justiciables, pour tout ce qui concernera leur état, profession ou métier, que des officiers royaux et seigneuriaux qui sont en droit de connoître dans la ville de la police des arts et métiers, sans toutefois que lesdits maîtres ou agrégés puissent se soustraire, en autre cause, à la juridiction du seigneur du territoire dans lequel ils seront domiciliés.

5. Nous nous réservons d'accorder aux propriétaires des justices seigneuriales des faubourgs des villes où nous avons établi de nouvelles communautés d'arts et métiers, telle indemnité qu'il appartiendra, pour raison du préjudice que les dispositions de notre présente déclaration pourroient porter à l'exercice de leur juridiction; à l'effet de quoi ils seront tenus de nous représenter, dans trois mois, leurs titres, pièces et mémoires, pour être procédé sans délai à la liquidation et au remboursement de ladite indemnité. Voulons dès à présent, et ordonnons que, jusqu'à ce qu'il ait été pourvu audit remboursement, les préposés à la perception des amendes paient auxdits hauts-justiciers la moitié de celles qui seront prononcées par nos officiers pour raison des contraventions qui auront été commises dans l'étendue desdites hautes-justices, sans qu'il puisse leur être fait aucune déduction pour frais de justice et contraintes; et à cet effet, les greffiers en la police seront tenus de leur remettre, de trois mois en trois mois, un état signé d'eux et certifié véritable de toutes les amendes prononcées contre les délinquants; lequel état lesdits hauts-justiciers pourront, si bon leur semble, faire vérifier sur les registres du greffe.

6. Voulons pareillement que, dans le cas où aucuns desdits

maîtres admis dans les communautés viendroient à s'établir dans l'étendue d'une haute-justice, le préposé à la perception des droits que nous nous sommes réservés par notre édit de janvier 1777, et qui nous auroient été payés lors de la réception desdits maîtres, soit tenu de payer au haut-justicier, dans l'étendue de la haute justice duquel ledit maître se sera établi, la moitié des droits perçus, et ce sur la simple notification.

7. Les nouvelles communautés d'arts et métiers se pourvoiront incessamment par-devers nous, si fait n'a été, pour obtenir des statuts et réglements; et, en attendant que les statuts aient été autorisés en la forme accoutumée, voulons qu'elles soient tenues de se conformer provisoirement au réglement que nous avons approuvé, et annexé sous le contre-scel de notre présente déclaration; au moyen de quoi, les statuts et réglements qui auroient été accordés aux anciennes communautés demeurent abrogés et révoqués.

8. N'entendons rien innover, quant à présent, en ce qui concerne la communauté des orfèvres, lapidaires et horlogers, la profession de pharmacie, celle de l'imprimerie et librairie, et la communauté des maîtres barbiers et étuvistes, non plus qu'à l'exécution des réglements concernant les manufactures.

9. Les officiers du consulat de Lyon, juges de la police, continueront de veiller à l'exécution des réglements de police, et de pourvoir, comme par le passé, chacun dans son ressort, à tout ce qui pourra concerner la sûreté réciproque des vendeurs et des acheteurs, sous l'autorité de notre cour de parlement. Si donnons, etc.

N° 1688. — RÉGLEMENT *provisoire à observer par les communautés d'arts et métiers, établies par l'édit d'avril 1777, et autres subséquents.*

Enreg. au parlement le 20 décembre 1782. (R. S.)

Des apprentissages. Les brevets d'apprentissage pourront être faits sous signature privée; mais ils seront enregistrés par les syndics et adjoints des communautés sur un registre qui sera à ce destiné. Le temps de l'apprentissage ne commencera à courir que du jour de l'enregistrement du brevet. Les syndics et adjoints ne pourront exiger, pour ledit enregistrement, plus de 6 liv. dans les villes de la première classe, et de 4 liv. dans celles de la seconde. La moitié de ce droit sera versée dans la caisse de la communauté; l'autre moitié sera partagée entre les syndics et les adjoints. Dans le cas où le brevet se trouveroit annulé du consentement des parties par le décès du maître ou par jugement, les apprentis pourront achever le temps de leur apprentissage chez un nouveau maître, et le nouveau brevet sera inscrit sans frais sur le registre de la communauté. Les maîtres des communautés, créées et établies par édit ou lettres patentes duement enregistrées, auront seuls le droit de faire des apprentis. Les pères ou mères, maîtres ou agrégés, qui feront travailler avec eux leurs enfants dans la vue de les faire recevoir maîtres de leur métier ou profession, seront tenus de les faire inscrire sur le registre de la communauté, et ladite inscription sera faite gratuitement.

Des réceptions. Ceux qui auront fait quatre ans d'apprentissage pourront être reçus maîtres dès l'âge de vingt ans accomplis; mais s'ils veulent être reçus maîtres dans une autre ville que celle où ils auront fait leur apprentissage, ils ne pourront y être admis qu'en justifiant de leur apprentissage par un extrait du registre de la communauté, et par un certificat du maître chez lequel ils ont appris, le tout duement légalisé par le juge de police, et après avoir travaillé pendant un an chez un des maîtres de ladite ville. Les enfants des maîtres ou maîtresses qui auront été inscrits sur le registre de la communauté pourront être reçus maîtres dès l'âge de dix-huit ans, lorsqu'ils auront travaillé avec leurs pères ou mères pendant deux ans au moins. Les aspirants qui ne rapporteront pas de brevet d'apprentissage, et qui auront atteint l'âge de vingt-cinq ans accomplis, seront tenus, avant de pouvoir être reçus maîtres, de travailler pendant un an chez un des maîtres de la communauté dans laquelle ils voudront être reçus. Les filles et femmes pourront être reçues dans les communautés d'hommes; mais elles ne pourront assister aux assemblées de la communauté. Les aspirants à la maîtrise seront tenus de justifier de leur capacité en présence des syndics et adjoints de la communauté et de trois autres maîtres tirés au sort, lesquels les interrogeront sur les métiers ou professions qu'ils se proposent d'embrasser, et les feront travailler devant eux, si c'est un art mécanique. Dans le cas où les aspirants à la maîtrise n'auroient pas été jugés capables, il leur sera loisible de se retirer devant le juge de police pour obtenir un nouvel examen. Il sera payé par l'aspirant à chacun des examinateurs, pour leur vacation, 3 livres dans les principales villes, 2 livres dans les villes du second ordre. Les aspirants qui seront jugés capables seront présentés au juge de police par l'un des syndics et adjoints, et ils seront par lui reçus, après qu'il se sera assuré de leurs bonnes vie et mœurs par le témoignage de deux ou trois témoins domiciliés dignes de foi. Le juge de police se fera représenter les quittances des droits ordinaires de réception et du droit des pauvres, s'il est d'usage d'en payer dans ladite ville. Le droit des lettres de maîtrises sera perçu conformément au tarif annexé à l'édit de 1777. Les syndics et adjoints retiendront le cinquième du quart pour leurs honoraires. Les syndics procéderont seuls, sans frais et sans délai, à l'enregistrement de la lettre de maîtrise du nouveau maître sur le registre de la communauté, et à son inscription sur le tableau des maîtres.

Tableaux des maîtres et agrégés. Il sera formé tous les ans, dans chaque communauté, deux tableaux qui seront arrêtés, sans frais, par le juge de police. Le premier contiendra les noms des maîtres par ordre d'ancienneté, et ceux de leurs apprentis. Le second tableau contiendra les noms des anciens maîtres qui, n'ayant pas acquitté lesdits droits, ne sont qu'agrégés. Les maîtres qui seront reçus à l'avenir seront inscrits à la suite du premier tableau. Les agrégés ne seront point admis aux assemblées de la communauté; ils seront tenus de se renfermer dans les bornes de leur ancien commerce, profession ou métier, et ils seront soumis à l'inspection des syndics et adjoints de la communauté à laquelle ils seront agrégés, tant par rapport à l'exercice de leur ancien commerce que pour le paiement des charges et impositions. Les maîtres ou maîtresses ne pourront cumuler plusieurs professions qu'après en avoir obtenu la permission du juge de police, et avoir acquitté les droits de réception dans chaque communauté. Ceux qui auront obtenu la permission de cumuler seront assujettis aux charges des deux communautés.

Des syndics et adjoints. Il sera établi, dans chaque communauté, un syndic et un adjoint pour veiller conjointement à l'administration des affaires, à la recette et emploi des revenus communs, et à la police intérieure de la communauté. Les syndics et adjoints seront choisis et nommés par la communauté, et ils exerceront lesdites fonctions pendant deux années, la première en qualité d'adjoint, la deuxième en qualité de syndic.

Des assemblées. Les communautés qui ne seront pas composées de plus de vingt-cinq maîtres pourront s'assembler en commun, tant pour la nomination de leurs syndics et adjoints que pour les affaires importantes. Les communautés plus nombreuses seront représentées par dix députés, qui seront choisis, par la voie du scrutin, dans une assemblée générale. Les assemblées générales ne pourront être convoquées que par permission du juge de police, lequel indiquera les jour, lieu, heure, et la forme en laquelle elles seront tenues. Lesdites permissions seront accordées sans aucuns droits ni autres frais. Les députés, qui auront été nommés en l'assemblée générale, représenteront l'entière communauté, et les délibérations qui seront par eux prises obligeront tout le corps. Les assemblées des communautés et de leurs députés seront présidées par les syndics et adjoints, et les délibérations y seront prises à la pluralité des voix. Les membres des communautés se comporteront dans leurs assemblées avec décence et circonspection; en cas de contravention, il y sera pourvu, sur le réquisitoire du substitut du procureur-général du roi, par voie de police et sans frais. Les députés s'assembleront dans la huitaine après leur nomination, en présence du juge de police, à l'effet de procéder, par voie de scrutin, à l'élection de l'adjoint qui devra remplacer celui qui deviendra syndic, et ainsi d'année en année. Dans les communautés qui seront dans le cas de nommer des députés, les adjoints ne pourront être choisis que dans le nombre de ceux qui auront été députés. Lesdites assemblées seront tenues en présence du juge de police, du substitut du procureur-général du roi, assistés du greffier : il sera payé au juge 6 livres, au substitut du procureur général du roi 4 livres, et au greffier 2 livres, y compris le coût et les déboursés du procès-verbal de l'assemblée. La nomination des syndics sera inscrite sur le registre de la communauté par l'un des syndics, sans qu'il soit besoin d'en dresser procès-verbal.

Des visites. Les syndics et adjoints seront tenus de faire, chaque année, quatre visites au moins chez tous les maîtres et agrégés, à l'effet de reconnoître s'ils se conforment aux réglements, et de s'informer de la conduite de leurs apprentis, compagnons ou garçons de boutique; ils auront soin d'en rendre compte à la première assemblée de la communauté ou de ses députés. Les maîtres qui auront été trouvés en faute, seront cités à l'assemblée de la communauté ou de ses députés. En cas de récidive, les syndics et adjoints en dresseront procès-verbal, qu'ils remettront entre les mains du substitut du procureur général du roi, pour y être pourvu à sa requête, si la contravention intéresse l'ordre public; autrement, les poursuites seront faites à la requête des syndics et adjoints, au nom de la communauté. Il sera payé auxdits syndics et adjoints, par tous les maîtres et agrégés, pour chacune desdites visites, 20 sols dans les villes de la première classe, et 10 sols seulement dans celles de la seconde. Les trois-quarts du droit de visite seront versés dans les coffres de la communauté, pour subvenir à ses besoins; l'autre quart sera partagé entre les syndics et adjoints qui auront fait les visites.

Défenses de faire aucuns présents. Il est expressément défendu à tous les membres des communautés, à leurs syndics et adjoints, ainsi qu'aux aspirants, d'exiger, de recevoir ou de donner aucuns présents, ni de faire aucuns repas à l'occasion des assemblées, réceptions, visites, saisies, ou sous prétexte de confrérie, ni pour quelque cause que ce soit, sous peine de concussion.

Des contestations et saisies. Les syndics et adjoints ne pourront former aucune demande en justice, à l'exception des demandes en validité de saisies, appeler d'une sentence, ni intervenir en aucune cause, soit principale, soit d'appel, qu'après y avoir été spécialement autorisés par une délibération de la communauté ou de ses représentants, homologuée en la forme ordinaire. Ils ne pourront faire aucun accommodement, même sur des saisies, que du consentement du substitut du procureur général du roi.

Des dépenses. Les syndics et adjoints ne pourront faire aucune dépense extraordinaire, sans y être spécialement autorisés par la communauté ou par ses représentants, sous peine de radiation desdites dépenses dans leurs comptes, et d'être tenus personnellement des dépenses qu'ils auroient prétendu faire contracter à la communauté.

Des emprunts. Les communautés d'arts et métiers ne pourront faire aucuns emprunts, de quelque nature qu'ils soient, sans y être spécialement autorisés par lettres patentes duement enregistrées.

Des comptes. Les syndics et adjoints seront tenus, chaque année, de rendre compte de leur gestion et administration, dans les deux mois au plus tard après la fin de leur exercice, à peine d'y être contraints à la diligence du substitut du procureur général du roi, et d'être condamnés en 20 liv. de dommages et intérêts, au profit de la communauté, pour chaque quinzaine de retard, après que ledit délai de deux mois sera expiré. Lesdits comptes seront rendus par brefs-états, en présence du substitut du procureur général du roi, lequel pourra faire telles observations ou réquisitions qu'il appartiendra sur les recettes et dépenses. Il sera fait mention desdites observations ou réquisitions à la marge de chacun desdits articles, sans qu'il puisse être dressé aucun procès-verbal de la reddition desdits comptes, lesquels seront arrêtés par les représentants de la communauté, et visés par le substitut du procureur général du roi, auquel il sera payé 10 liv., et 6 liv. seulement aux procureurs fiscaux des justices subalternes, lorsque les hauts-justiciers auront l'exercice de la justice dans les villes et faubourgs. Lesdits comptes seront faits triples, arrêtés et visés tous les trois en la même forme; l'un sera déposé au coffre de la communauté avec les pièces justificatives; l'autre demeurera entre les mains du rendant compte, pour lui servir de décharge; et le troisième sera remis au syndic en exercice, lequel sera tenu de les représenter lorsqu'il en sera requis. Les syndics et adjoints, qui se trouveront reliquataires par l'arrêté de leurs comptes, seront tenus de remettre sur-le-champ ledit reliquat entre les mains de leurs successeurs, à peine d'y être contraints; et, s'ils se trouvent en avance, ils en seront remboursés, par leurs successeurs, des premiers deniers de leurs recouvrements, dont lesdits successeurs feront dépense dans le compte de leur exercice. Dans le cas où lesdites avances excéderoient les revenus ordinaires de la communauté, ils en seront remboursés, par voie de répartition, sur tous les membres et agrégés de la communauté, et généralement sur tous ceux qui exerceront la même profession, exempts ou non exempts. Le rôle de ladite répartition sera fait, par les syndics et adjoints en exercice, au marc la livre de la capitation, en présence du juge de police. Les maîtres et agrégés ne pourront louer leur maîtrise, ni prêter leur nom, directement ou indirectement, à d'autres maîtres ou gens sans qualité, à peine de déchéance de leur maîtrise, et de tels dommages et intérêts qu'il appartiendra, au profit de la communauté.

De la police des apprentis. Les apprentis, ouvriers ou garçons, qui auront pris engagement avec un maître, ne pourront le quitter avant le terme de leur engagement, sans en avoir obtenu congé par écrit; sauf à ceux qui ne seroient pas payés de leurs salaires, ou qui auroient des plaintes à former contre leurs maîtres, à se retirer par-devers le juge de police, pour y être pourvu et en obtenir, s'il y échet, un billet de congé, le tout sans frais. Il est défendu à tous apprentis, compagnons et ouvriers, de s'assembler en corps, sous prétexte de confrérie ou autrement, de cabaler entre eux, pour se placer chez d'autres maîtres, pour en sortir, ou pour les empêcher, de quelque manière que ce soit, de choisir eux-mêmes leurs ouvriers, français ou étrangers. Les maîtres des communautés ne pourront prendre à leur service les ouvriers, apprentis ou garçons, qui auront travaillé chez d'autres maîtres, sans qu'il leur soit apparu du congé par écrit des maîtres qu'ils auront quittés, ou de la permission du juge de police; et ce sous les peines portées par les ordonnances.

Du commerce en gros. Les marchands en gros ne pourront être contraints à se faire recevoir dans les communautés d'arts et métiers; mais ils seront tenus de se faire inscrire, sans frais, au greffe de la juridiction consulaire, et au greffe de la police, à peine de déchéance de tous privilèges. Ne seront réputés marchands en gros, que ceux qui font leur commerce sous balle et sous corde, et par pièces entières, sans détail, boutiques et enseignes aux portes et fenêtres de leur domicile. Les communautés jouiront des privilèges et prérogatives qui leur ont été accordés par l'édit de leur établissement, de fabriquer, vendre et débiter les ouvrages ou marchandises de leur profession, dans les villes et faubourgs des villes où elles sont établies.

Des colporteurs. Les marchands merciers-colporteurs et porte-balle, qui sont dans l'usage de parcourir les campagnes, ne pourront vendre, étaler et débiter aucunes marchandises dans les villes où il a été établi des communautés, sinon pendant le temps des foires, dites à Lyon de la Trinité, saint Jean-Baptiste et autres d'usage. En ce qui concerne les marchands forains, il leur sera permis d'apporter en tous temps, dans lesdites villes, telles marchandises en gros qu'ils aviseront, sous balle et sous corde, à la charge de les déposer au bureau des communautés, pour être vendues et loties, en leur présence, entre les maîtres de la communauté, sans qu'ils puissent les déposer dans les hôtelleries, cabarets ou autres maisons particulières, à peine de 100 liv. d'amende. Les communautés ne pourront, sous prétexte des privilèges qui leur sont accordés, empêcher les habitants des villages voisins d'apporter, vendre et débiter, aux jours et heures de marché, tous fruits, denrées et autres comestibles, les filatures, ainsi que les menus ouvrages en bois, osier et autres qui se font dans les campagnes; le tout suivant l'usage des lieux et le besoin des habitants. Il sera loisible aux habitants et bourgeois de villes où il y a jurande, d'employer, comme par le passé, et faire travailler chez eux, pour leur compte, les maçons et ouvriers qu'ils voudront choisir, soit les maçons et ouvriers parcourant les provinces, soit ceux domiciliés dans les villes, en leur fournissant néanmoins les équipages et matériaux, et sans pouvoir leur prêter leur nom ou leur donner retraite pour travailler pour autrui, directement ou indirectement.

N° 1689. — ÉDIT *qui autorise les six corps des marchands et les autres communautés d'arts et métiers de Paris à percevoir une augmentation de droit sur les réceptions.*

Versailles, août 1782. Reg. en parlement le 30 août. (R. S.)

N° 1690. — ARRÊT *de la cour des aides portant réglement sur la marque d'or et d'argent.*

Paris, 31 août 1782. (R. S.)

N° 1691. — ARRÊT *de parlement qui homologue une ordonnance de police du Châtelet de Paris concernant les cendres de varech.*

Paris, 2 septembre 1782. (R. S.)

N° 1692. — ORDONNANCE *portant création d'une milice maritime.*

Versailles, 5 septembre 1782. (Archives du min. de la marine.)

N° 1693. — ÉDIT *portant suppression des offices d'huissiers de la cour des aides, et création de pareils offices.*

Versailles, septembre 1782. Reg. en la cour des aides le 7 septemb. (R. S.)

N° 1694. — ARRÊT *du parlement sur la fabrique et continence des muids, fûts et tonneaux* (1).

Paris, 7 septembre 1782. (R. S.)

Vu par la cour la requête présentée par le procureur-général du roi, contenant que, par les lettres patentes du 8 avril 1715, registrées en la cour le 9 mai de la même année, au sujet de la fixation de la continence du muid de vin, il est ordonné que l'ordonnance du roi Henri II, du 10 octobre 1557, sera exécutée selon sa forme et teneur, ce faisant, que dans les villes

---

(1) Le parlement a rendu un arrêt semblable pour la justice Daunemoine, le 26 novembre 1782.

d'Auxerre, Tonnerre, Chablis, Vermanton, Avalon, Joigny et Villeneuve-le-Roi, la continence du muid de vin soit et demeure fixée à trente-six setiers sur marc et lie, et que chaque fût de muid, y compris la lie et le marc, contienne trente-sept septiers et demi, et le setier de vin huit pintes, le demi-muid et le quart de muid à proportion; fait défenses à tous tonneliers, ouvriers et propriétaires de vignobles, dans l'étendue desdits lieux et ressort, de faire ni fabriquer aucun muid qui ne contienne cette même quantité à trente-sept setiers et demi, pour revenir à trente-six setiers sur marc et lie; le demi-muid et le quart de muid à l'équipollent : ordonne que les vieux muids seront réduits à demi-muids, et ainsi des autres à proportion; ordonne en outre que dans lesdites villes il sera, à la diligence des juges de police, déposé au greffe un étalon conforme à celui qui est actuellement au greffe de l'hôtel-de-ville de Paris pour la fabrique des muids, demi-muids, quarts de muids, auxquels tous les tonneliers et ouvriers desdits lieux seront tenus de se conformer, sous peine de 100 liv. d'amende pour la première fois, de 300 liv. pour la seconde, et, en cas de récidive, de punition corporelle; fait pareillement défenses aux propriétaires des vignobles et autres de se servir ni entonner leurs vins que dans des fûts de ladite continence, à peine de confiscation des fûts et des vins, et de 500 livres d'amende : que le procureur général du roi est informé qu'on contrevient journellement à la disposition de ces lettres patentes, et que les fûts ou tonneaux n'ont point la continence qu'ils doivent avoir; et, comme il convient de procurer à ces lettres patentes toute l'exécution qui leur est due, et de prendre les précautions nécessaires pour que les tonneliers, et ceux qui fabriquent des tonneaux et fûts soient tenus de s'y conformer. A ces causes requéroit le procureur-général du roi qu'il plût à la cour ordonner que les lettres patentes du 8 avril 1715, registrées en la cour le 9 mai audit an, seront exécutées selon leur forme et teneur; ce faisant, que dans les villes d'Auxerre, Tonnerre, Chablis, Vermanton, Joigny et Villeneuve-le-Roi, la continence du muid de vin sera et demeurera fixée à trente-six setiers sur marc et lie, et que chaque fût de muid, y compris la lie et le marc, contiendra trente-sept septiers et demi, et le septier de vin huit pintes, le demi-muid et le quart de muid à proportion; faire défenses à tous tonneliers, ouvriers et propriétaires de vignobles, dans l'étendue desdits lieux, de faire ni faire fabriquer aucun muid qui ne contienne cette même quantité à trente-sept setiers et demi, pour revenir à trente-six setiers sur marc et lie, le demi-muid et quart de muid à l'équipollent : ordonner que les vieux muids seront réduits à demi-muids, et les autres à proportion; et que dans lesdites villes il sera, à la diligence de officiers des police, déposé au greffe, si fait n'a été, un étalon conforme à celui qui est actuellement au greffe de l'hôtel-de-ville de Paris pour la fabrique des muids, demi-muids et quarts de muids, auquel tous les tonneliers et ouvriers desdits lieux seront tenus de se conformer : leur faire défenses d'en fabriquer d'une moindre continence, à peine de confiscation, de 100 livres d'amende pour la première fois, de 300 livres d'amende pour la seconde, et, en cas de récidive, de punition corporelle : faire pareillement défenses aux propriétaires des vignobles et autres de se servir ni entonner leurs vins que dans des fûts de ladite continence, à peine de confiscation des fûts et des vins qui s'y trouveront, et 500 livres d'amende; ordonner que les tonneliers, et ceux qui fabriquent des fûts et tonneaux, seront tenus de les marquer des lettres initiales de leurs noms, et de déposer au greffe, soit du siège de la police, ou de la justice du lieu de leur habitation, la matrice de leur marque, à peine de confiscation des tonneaux, et de 100 livres d'amende : ordonner en outre que les tonneaux qui seront exposés en vente les jours de foires et marchés seront visités par les officiers de police ou de justice des lieux, et que, dans le cas où ils ne contiendroient pas la continence prescrite par les lettres patentes, ou qu'ils ne seroient point marqués de la marque du fabricant, ils seront confisqués, et ceux qui les auront exposés en vente condamnés en 100 livres d'amende : enjoindre aux officiers de police et aux juges des lieux de tenir la main à l'exécution de l'arrêt qui interviendra, lequel sera lu et publié chaque année le premier dimanche du mois d'août, au sortir des messes paroissiales, à la requête des substituts du procureur-général du roi dans les sièges royaux, et des procureurs fiscaux des justices subalternes : ordonner en outre que l'arrêt sera imprimé, publié et affiché partout où besoin sera, notamment à Auxerre, Villeneuve-le-Roi, Tonnerre, Chablis, Vermanton et Joigny, et dans toutes les paroisses qui ressortissent et sont situées dans l'étendue des bailliages d'Auxerre et de Villeneuve-le-Roi, dans les prévôtés de Chablis, Vermanton, et dans les justices de Tonnerre et de Joigny : ladite requête signée du procureur-général du roi. Ouï le rapport de Me Adrien-Louis Lefevre, conseiller : tout considéré.

La cour ordonne que les lettres patentes du 8 avril 1715,

registrées en la cour le 9 mai audit an, seront exécutées selon leur forme et teneur; ce faisant, que dans les villes d'Auxerre, Tonnerre, Chablis, Vermanton, Joigny et Villeneuve-le-Roi, la continence du muid de vin sera et demeura fixée à trente-six setiers sur marc et lie, et que chaque fût de muid, y compris la lie et le marc, contiendra trente-sept setiers et demi, et le septier de vin huit pintes, le demi-muid et le quart de muid à proportion; fait défenses à tous tonneliers, ouvriers et propriétaires de vignobles dans l'étendue desdits lieux, de faire ni faire fabriquer aucuns muids qui ne contiennent cette même quantité à trente-sept setiers et demi pour revenir à trente-six setiers sur marc et lie; le demi-muid et quart de muid à l'équipollent. Ordonne que les vieux muids seront réduits à demi-muids, et les autres à proportion; et que dans lesdites villes il sera, à la diligence des officiers de police, déposé au greffe, si fait n'a été, un étalon conforme à celui qui est actuellement au greffe de l'hôtel-de-ville de Paris pour la fabrique des muids, demi-muids et quarts de muids, auquel tous les tonneliers et ouvriers desdits lieux seront tenus de se conformer; leur fait défenses d'en fabriquer d'une moindre continence, à peine de confiscation, de 100 livres d'amende pour la première fois, de 300 livres d'amende pour la seconde: et, en cas de récidive, de punition corporelle. Fait pareillement défenses aux propriétaires des vignobles et autres de se servir ni entonner leurs vins que dans les fûts de ladite continence, à peine de confiscation des fûts et des vins qui s'y trouveront, et de 500 liv. d'amende. Ordonne que les tonneliers, et ceux qui fabriquent des fûts et tonneaux, seront tenus de les marquer des lettres initiales de leurs noms, et de déposer au greffe, soit du siège de la police ou de la justice du lieu de leur habitation, la matrice de leur marque, à peine de confiscation des tonneaux et de 100 livres d'amende. Ordonne en outre que les tonneaux qui seront exposés en vente les jours de foires et marchés seront visités par les officiers de police ou de justice des lieux, et que dans le cas où ils ne contiendroient pas la continence prescrite par les lettres patentes, ou qu'ils ne seroient point marqués de la marque du fabricant, ils seront confisqués, et ceux qui les auront exposés en vente condamnés en 100 livres d'amende. Enjoint aux officiers de police et aux juges des lieux de tenir la main à l'exécution du présent arrêt; lequel sera lu et publié chaque année le premier dimanche du mois d'août, au sortir de la messe paroissiale, à la requête des substituts du procureur-général du roi dans les sièges royaux, et des procureurs fiscaux des justices subalternes; ordonne en outre que le présent arrêt sera imprimé, publié et affiché partout où besoin sera, notamment à Auxerre et à Villeneuve-le-Roi, à Tonnerre, Chablis, Vermanton et Joigny, et dans toutes les paroisses qui ressortissent et sont situées dans l'étendue des bailliages d'Auxerre et de Villeneuve-le-Roi, dans les prévôtés de Chablis et de Vermanton, et dans les justices de Tonnerre et de Joigny.

N° 1695. — RÉGLEMENT *du conseil concernant l'administration provinciale de la Haute-Guienne.*

Versailles, 8 septembre 1782. (R. S.)

N° 1696. — LETTRES PATENTES *qui autorisent l'aliénation de terrains appartenants à l'hôtel royal des Invalides, prescrivent les formalités à remplir pour cette aliénation, et règlent les conditions auxquelles elle aura lieu.*

La Muette, 13 septembre 1782. Reg. en parlement le 20 décembre. (R. S.)

N° 1697. — ARRÊT *du conseil qui règle les attributions des procureurs du roi aux bureaux des finances sur les droits seigneuriaux casuels* (1).

La Muette, 14 septembre 1782. (R. S. Rec. du parlement de Toulouse. Dupleix, 1785.)

N° 1698. — ARRÊT *du conseil qui révoque celui du 9 août 1781, concernant le privilège exclusif du transport, tant par eau que par terre, de marchandises qui jouissent de la faveur du transit* (2).

La Muette, 14 septembre 1782. (R. S.)

N° 1699. — ARRÊT *du conseil concernant les rentes sur les revenus de l'État échues à S. M. par déshérence, aubaine, confiscation, ou autrement.*

La Muette, 18 septembre 1782. (R. S. Rec. du parlement de Toulouse. Dupleix, 1785.)

---

(1) V. édit d'avril 1694; a. d. c. 26 mai et 9 septembre 1771.
(2) V. lett. pat. d'avril 1717; a. d. c. des 29 mai 1736 et 13 oct. 1750.

N° 1700. — Ordonnance *de police concernant les charretiers, voituriers et autres, qui conduisent des voitures et chevaux dans Paris* (1).

Paris, 20 septembre 1782. (R. S.)

Sur ce qui nous a été remontré par le procureur du roi, qu'au préjudice des arrêts, ordonnances et réglements, les charretiers et voituriers qui conduisent des voitures dans Paris, continuent de monter sur leurs chevaux et se tiennent dans leurs voitures, ce qui donne lieu à beaucoup d'accidents; qu'il y a plusieurs de ces voitures qui n'ont ni écriteaux, ni numéros; que ceux qui mènent du moellon chargent leurs charrettes au-dessus des ridelles; que les maraichers et les voituriers de plâtre ne se servent point de bannes, et que les aubergistes, hôteliers, loueurs de carrosses, de chevaux et autres, conduisent et font conduire dans Paris et aux abreuvoirs plusieurs chevaux attachés ensemble, qu'ils font courir dans les rues de Paris; et comme toutes ces contraventions intéressent essentiellement l'ordre et la sûreté publique, il a cru devoir requérir qu'il nous plût y pourvoir, en renouvelant les ordonnances précédemment rendues à cet effet. A ces causes, et tout considéré.

Nous, faisant droit sur le réquisitoire du procureur du roi, ordonnons que les arrêts et réglements du parlement, les sentences et ordonnances de police, et notamment les ordonnances des 28 septembre 1726, 15 août, 3 septembre 1729, 21 juin 1732, 15 octobre, 4 décembre 1734, et 12 février 1755, seront exécutés selon leur forme et teneur; et en conséquence:

1. Faisons défenses à tous charretiers, voituriers, garçons bouchers et autres qui conduisent des charrettes et tombereaux dans les rues de cette ville et faubourgs, chargés ou non chargés, de faire courir ni trotter les chevaux, et de conduire lesdites voitures autrement qu'à pied et à la tête de leurs chevaux, à peine de 100 livres d'amende et de confiscation de leurs chevaux et charrettes : pourront même les contrevenants être arrêtés et constitués prisonniers, conformément aux ordonnances des 28 septembre 1726, et 15 octobre 1734.

2. Défendons pareillement, et sous les mêmes peines, aux boulangers, plâtriers, meûniers, voituriers et tous autres, de faire trotter leurs chevaux et mulets dans les rues de la ville et faubourgs.

---

(1) V. ord. du bureau des finances du 17 juillet 1781; ord. de pol. du 21 décembre 1787; § 1er, art. 3, loi du 24 août 1790; appendice du code pénal, § 3; art. 475 et 476, cod. pénal.

3. Enjoignons aux voituriers qui conduisent du moellon de se servir de bonnes charrettes garnies de ranches et ridelles par les côtés, d'une force suffisante pour soutenir lesdits moellons : leur défendons de charger leurs voitures au-dessus desdites ridelles, en sorte qu'il n'en puisse arriver aucun accident; et d'en conduire sur des haquets, à peine de saisie et confiscation des voitures, chevaux, moellons, et de 100 liv. d'amende pour chaque contravention.

4. Ne pourront les cabaretiers, hôteliers, marchands de chevaux, voituriers, loueurs de carrosses, messagers et tous autres, de quelque état et condition qu'ils soient, conduire et faire conduire, soit aux abreuvoirs ou ailleurs dans cette ville et faubourgs, leurs chevaux et mulets en plus grand nombre de trois attachés en queue, y compris celui sur lequel le conducteur sera monté : leur défendons de les confier à leurs enfants, domestiques et autres au-dessous de l'âge de 18 ans, et de faire courir lesdits chevaux et mulets dans lesdites rues; le tout à peine de saisie, confiscation et 50 livres d'amende pour chaque contravention : pourront même les conducteurs être emprisonnés sur-le-champ.

5. Disons que les jardiniers, charretiers, voituriers et tous autres qui enlèvent les fumiers des maisons de cette ville et faubourgs, seront tenus de mettre sur les charrettes, chariots, tombereaux et autres voitures, une banne de longueur et largeur suffisantes pour les bien couvrir, de manière qu'il ne puisse tomber aucun fumier desdites voitures dans les rues, à peine de saisie et confiscation des voitures, chevaux, et de 50 liv. d'amende.

6. Ordonnons pareillement, et sous les mêmes peines, aux voituriers et plâtriers qui amènent du plâtre à Paris, de se servir de bannes assez longues et assez larges pour couvrir leurs voitures, et d'avoir sur leurs charrettes ou tombereaux au-dessous du plâtre et aux côtés, le long des ridelles, des nattes propres à contenir leur plâtre.

7. Enjoignons auxdits plâtriers, aux brasseurs, gravatiers, boyautiers, bouchers, et généralement à tous ceux qui se servent de charrettes, haquets ou tombereaux pour l'exercice de leur commerce ou profession, de faire apposer à leurs charrettes, haquets ou tombereaux, des plaques de fer peintes en jaune, de douze pouces de long sur dix pouces de large, lesquelles seront attachées sur deux planches fermant les ouvertures des ridelles et joignant les limons desdites voitures, ou au collier de leurs chevaux pour ceux qui n'auront point de ri-

delles ; sur lesquelles plaques sera écrit en lettres et chiffres noirs, d'un pouce de hauteur, non-seulement le numéro, mais encore les noms et surnoms des propriétaires d'icelles ; le tout à peine de 100 livres d'amende contre chacun des contrevenants, et de confiscation des charrettes, haquets et tombereaux qui seront trouvés sans plaques dans la forme ci-dessus prescrite, des chevaux et des marchandises dont lesdites charrettes, haquets ou tombereaux seront chargés, et de plus grande peine en cas de récidive.

8. Seront les maîtres des voitures, des conducteurs d'icelles et des chevaux, civilement garants et responsables de toutes les peines portées par les différents articles de la présente ordonnance, et les pères et mères par leurs enfants.

9. Mandons aux commissaires du châtelet, et enjoignons aux inspecteurs et officiers de police, et à tous autres qu'il appartiendra, de tenir la main à l'exécution de notre présente ordonnance, qui sera imprimée, lue, publiée et affichée partout où besoin sera, à ce que personne n'en ignore.

N° 1701. — ARRÊT *du conseil concernant la navigation de la Loire* (1).

La Muette, 27 septembre 1782. (R. S.)

N° 1702. — ARRÊT *du conseil qui ordonne l'insinuation des lettres de répit et des arrêts, sentences et jugements portant surséance générale.*

Versailles, 27 septembre 1782. (R. S. C. Rec. du parlement de Toulouse. Dupleix. 1785.)

N° 1703. — ARRÊT *du conseil, suivi de lettres patentes qui ordonnent que, conformément à l'arrêt du 10 avril 1725, et aux lettres patentes du 14 juillet suivant, les préposés aux quêtes pour la rédemption des captifs ne jouiront de l'exemption d'aucunes charges publiques* (2).

La Muette, 28 septembre 1782. Reg. en la cour des aides le 1er février 1783. (R. S. Rec. du parlement de Toulouse. Dupleix, 1785.)

N° 1704. — ARRÊT *de la cour des monnoies qui réitère la défense de fondre les espèces d'or et d'argent ayant cours dans le royaume* (3).

Paris, 30 septembre 1782. (R. S. C.)

---

(1) V. lett. pat. 25 avril 1736, et 16 juill. 1737, a. d. c. 6 septemb. 1740, 11 décembre 1775, 12 et 20 décembre 1779, 29 octobre 1780, 23 juill. 1783.
(2) V. a. d. c. 16 février 1694, 10 avril 1725 ; lett. pat. de mars et mai 1716, 10 avril 1774 ; a. d. c. 5 juin 1782.
(3) V. a. d. c. 2 mars 1706, édit de février 1726, arr. du 11 mars 1730.

N° 1705. — ÉDIT *portant augmentation de la finance des six offices de receveurs des impositions de la ville de Paris.*

Versailles, septembre 1782. Reg. en la chambre des comptes le 21 novembre.
(R. S.)

N° 1706. — ARRÊT *du conseil, suivi de lettres patentes qui ordonnent la fabrication de cent mille marcs d'espèces de cuivre en la monnoie de Toulouse* (1).

La Muette, 4 octobre 1782. Reg. en la cour des monnoies le 12 novembre.
(R. S.)

N° 1707. — ORDONNANCE *portant défense à toutes personnes non admises dans l'état militaire d'en porter les distinctions.*

Versailles, 13 octobre 1782. (R. S. C.)

S. M. étant informée qu'au préjudice des ordonnances et réglements concernant l'habillement et l'équipement de ses troupes, des particuliers, sans état et sans aucun grade militaire, portent des épaulettes sur leurs habits, des cocardes à leurs chapeaux, et des dragonnes à leurs épées; et voulant faire cesser cet abus, S. M. a ordonné et ordonne que ses ordonnances et réglements, notamment celui du 21 février 1779, concernant l'habillement et l'équipement de ses troupes, seront exécutés. Fait en conséquence S. M. défenses à toutes personnes non admises dans l'état militaire, de porter des habits uniformes, ni aucun vêtement chargé d'épaulettes; des cocardes à leurs chapeaux, de quelque couleur qu'elles soient, et des dragonnes à leurs épées, sous peine d'être emprisonnées sur-le-champ, et punies suivant la rigueur des ordonnances. Défend S. M. aux officiers de ses troupes de porter d'autres épaulettes et dragonnes que celles distinctives du grade militaire dont ils auront obtenu les lettres et commissions; et ajoutant à ses précédents réglements, défend pareillement S. M. aux officiers de ses troupes de porter des cocardes à leurs chapeaux, lorsqu'ils ne seront point en habit uniforme.

N° 1708. — ARRÊT *du conseil concernant l'exploitation des mines de fer de Saint-Pancré* (2).

Versailles, 15 octobre 1782.

---

(1) V. édit d'août 1768, décl. 14 mars 1777; a. d. c. 5 avril 1769, 8 juin 1785. — Le même jour furent rendus des arrêts et des lett. pat. ordonnant une fabrication de même quantité et nature d'espèces dans chacune des monnoies de Montpellier, Bordeaux, La Rochelle et Pau.

(2) V. édits du duc de Lorraine et a. d. c. 23 juillet 1755, 10 avril 1756, 15 avril 1784, 22 février 1780, 15 décembre 1767, arrêté des cons. 15 pluviose an 11.

N° 1709. — ARRÊT *du conseil qui ordonne que le droit de demi pour cent accordé à la chambre de commerce de Marseille par l'arrêt du conseil du 18 août 1782, sera perçu à son profit dans les ports du ponant sur les bâtiments armés à Marseille pour les îles françaises d'Afrique, d'Amérique ou de l'Inde lors de leur retour dans ces ports.*

La Muette, 18 octobre 1782. (R. S.)

N° 1710. — ARRÊT *du conseil concernant le service des diligences des messageries par les maîtres des postes* (1).

La Muette, 20 octobre 1782. (R. S. C.)

N° 1711. — LETTRES PATENTES *attributives de taxation et de droit d'exercice au trésorier de la marine et des colonies* (2).

La Muette, 24 octobre 1782. Reg. en la chambre des comptes le 16 décem. (R. S.)

N° 1712. — DÉCLARATION *concernant les translations de domicile des maîtres orfèvres en d'autres villes que celles où ils avoient été admis à la maîtrise.*

La Muette, 26 octobre 1782. (R. S.)

N° 1713. — ARRÊT *du conseil, suivi de lettres patentes portant règlement pour le dessèchement des marais de Rochefort.*

Versailles, 30 octobre 1782. (R. S.)

Le roi s'étant fait représenter les plans du cours de la rivière de la Charente, dans les environs de Rochefort, tant au-dessus qu'au-dessous de ladite ville, ensemble les mémoires qui ont été adressés à S. M. sur les causes des maladies qui n'y règnent que trop souvent, ainsi que dans les villages et bourgs voisins; S. M. auroit reconnu qu'il étoit indispensable de s'occuper du dessèchement des marais qui en sont la principale cause, comme aussi de procurer au port de Rochefort des facilités qui lui ont manqué jusqu'ici : et S. M. voulant faire jouir promptement ses sujets, et particulièrement ladite ville de Rochefort, de ces avantages, elle a cru devoir prendre toutes les mesures capables d'en assurer l'exécution, et elle a bien voulu fournir, malgré les dépenses de la guerre, les sommes

---

(1) V. a. d. c. 7 et 12 août 1775, et 17 août 1776, n°° 254 et 255, tom. 1, du règne, pag. 216 et 219; n° 512, tom. 2 du règne, pag. 69.
(2) Décl. 4 mars 1744, édit de novembre 1749, novemb. 1778, juin 1782.

nécessaires pour la perfection desdits travaux. A quoi voulant pourvoir : ouï, etc.

1. Il sera procédé au dessèchement des marais situés au-dessus et au-dessous de la ville de Rochefort, aux environs de Rosne, Pont-l'Abbé, Saint-Aignan, Brouage, Soubise, Saint-Nazaire et Saint-Laurent-de-la-Prée, le long et aux deux côtés des rivières de la Charente et de la Boutonne, et du ruisseau de la Gère, depuis Surgères jusqu'à la Cabane carrée; le tout conformément aux plans et devis approuvés par S. M.; à l'effet de quoi les travaux nécessaires pour lesdits dessèchements seront commencés sans délai, et acquittés des deniers à ce destinés par S. M.

2. Les fossés, canaux, digues et écluses qu'il sera nécessaire de construire pour parvenir auxdits dessèchements, seront établis sur les terrains déterminés par lesdits plans; à l'effet de quoi il sera procédé en la forme accoutumée, à l'estimation desdits terrains, pour, sur le vu desdites estimations, être par S. M. pourvu à l'indemnité qui pourroit être due aux propriétaires.

3. Les moulins, usines et autres bâtiments déjà démolis en vertu des ordres de S. M., et ceux qu'il sera nécessaire de détruire à l'avenir pour faciliter lesdits dessèchements, seront pareillement estimés, pour le prix d'iceux être payé aux propriétaires aux époques qui seront fixées par S. M.; et seront les intérêts du montant des indemnités acquittés à compter du jour de la démolition desdits moulins, usines et bâtiments, jusqu'au remboursement effectif.

4. Il sera incessamment procédé auxdites estimations, en présence des propriétaires, ou eux dûment appelés, par des experts nommés d'office par le sieur intendant et commissaire départi en la généralité de la Rochelle, pour être, sur le vu des procès-verbaux d'estimation, ensemble des titres, pièces et mémoires qui pourront être remis par les parties, statué par S. M., ainsi qu'il appartiendra, sur le montant desdites indemnités.

5. Pourront les propriétaires desdits moulins et usines en faire faire eux-mêmes la démolition dans les délais qui leur seront prescrits; et faute par eux d'avoir exécuté lesdites démolitions, il y sera procédé de l'ordre du sieur intendant, et les ouvriers seront payés sur leurs quittances par lesdits propriétaires en vertu d'exécutoires décernés en la forme ordinaire.

6. Les contestations qui pourroient s'élever à l'occasion desdits dessèchements, seront jugées sommairement et sans

frais, par le sieur intendant et commissaire départi en la généralité de la Rochelle, auquel S. M. a attribué pour raison de ce que dessus, circonstances et dépendances, toute cour et juridiction, icelle interdisant à ses cours et autres juges.

Les ordonnances dudit sieur intendant seront exécutées par provision, nonobstant et sans préjudice de l'appel, dont S. M. s'est réservé la connoissance à elle et à son conseil. Enjoint S. M. audit sieur intendant de tenir la main à l'exécution du présent arrêt, qui sera signifié de l'ordre exprès de S. M., à qui il appartiendra, imprimé, publié et affiché, et exécuté nonobstant opposition ou empêchements quelconques, pour lesquels ne sera différé, et dont, si aucuns interviennent, S. M. s'est réservé la connoissance à elle et à son conseil, etc.

N° 1714. — Arrêt du conseil qui permet aux veuves des maîtres reçus depuis l'édit du mois d'août 1776, d'exercer le commerce ou la profession de leurs maris pendant l'année de leur viduité seulement, etc. (1).

Versailles, 31 octobre 1782. (R. S.)

N° 1715. — Lettres patentes en forme d'édit, portant renouvellement et confirmation des privilèges des monnoyeurs, ajusteurs et tailleresses, du serment de France, et des officiers des monnoies (2).

La Muette, octobre 1782. Reg. en parlement le 27 janvier 1783, en la cour des aides le 12 mars 1783, en la cour des monnoies de Paris le 9 avril 1783. (R. S.)

N° 1716. — Lettres patentes qui confirment et homologuent les délibérations de l'assemblée générale du clergé de France, des 18 et 28 octobre 1782, par lesquelles le clergé offre au roi une somme de 15,000,000 de don gratuit, et accorde une somme de 1,000,000 pour être employée au soulagement des matelots blessés et des veuves et orphelins de ceux qui ont péri pendant la présente guerre.

Versailles, 7 novembre 1782. Reg. en parlement le 25 novembre. (R. S.)

---

(1) V. édit d'août 1776., v. n° 517, tom. 2 du règne, pag. 74.
(2) V. Lett. pat. janv. 719, décl. du 13 juill. 1764, édit de juill. 1766, ord. du 1er mars 1768.
Charte de juin 1296, lett. pat. d'avril 1337, novembre 1350, juin 1365, 16 novembre 1380, août 1437, septembre 1461, mai 1484, septembre 1498, mai 1514, septemb. 1547, août 1560, 13 juin 1561, mai 15-5, septemb. 1594, juin 1616, décembre 1648, janvier 1719, a. d. c. et lett. pat. des 4 mai 1756, 5 février 1760, édit de juillet 1766, ord. 1er mars 1768, 5 juin 1725, a. d. c. 5 août 1721, ord. de juin 1680, et juillet 1681.

N° 1717. — ARRÊT *du conseil concernant les pièces à produire pour la réclamation des parts de prises appartenantes aux officiers-mariniers et matelots étrangers.*

Versailles, 12 novembre 1785. (R. S. C.)

Le roi s'étant fait représenter le règlement du 2 juin 1747, concernant les parts non réclamées, appartenantes aux officiers et équipages des bâtimens armés en course, dans les prises qu'ils ont faites sur les ennemis de l'état ; S. M. a reconnu que ce règlement n'indique pas la nature des pièces à produire, pour justifier des titres et qualités en vertu desquels les officiers-mariniers ou matelots étrangers, ou leurs fondés de pouvoirs, peuvent réclamer lesdites parts de prises appartenantes aux morts ou absents : et S. M. voulant faire cesser toute incertitude à cet égard. A quoi voulant pourvoir : ouï le rapport, et tout considéré ; le roi étant en son conseil, a ordonné et ordonne : qu'à l'avenir il ne pourra être consenti, par les commissaires des classes, aucune main-levée de parts de prises appartenantes aux officiers-mariniers et matelots étrangers des corsaires, morts ou absents, ni ladite main-levée être prononcée par les officiers des amirautés, conformément à l'art. 2 dudit règlement du 2 juin 1747, qu'il ne leur ait été représenté une procuration valable donnée par les réclamateurs, par-devant un notaire ou autre officier public, avec un certificat de vie desdits réclamateurs, à l'époque de leur procuration, légalisé par le juge royal des lieux ; et que les créanciers auxquels lesdits officiers-mariniers ou matelots étrangers auroient, avant leur départ, laissé leur procuration à l'effet de recevoir la totalité de leurs parts de prises, ne pourront les toucher que jusqu'à la concurrence de leurs créances, bien et dûment justifiées ; et quant au surplus desdites parts de prises, il ne sera payé aux porteurs desdites procurations, qu'en rapportant par eux une nouvelle procuration desdits réclamateurs, avec un certificat de vie dûment légalisé : défend au surplus S. M. auxdits officiers des amirautés, de recevoir pour titre de créance, à la charge desdits officiers-mariniers ou matelots étrangers, aucun écrit sous seing privé au-dessus de la somme de 100 liv., qui ne seroit souscrit que d'une marque au lieu de signature. Mande, etc.

4 décembre 1782.

N° 1718. — **Lettres patentes** *portant abolition, à charge de réciprocité, du droit d'aubaine avec les états de la Leyen.*

Versailles, 12 novembre 1782. Reg. au parlement de Paris le 31 janv. 1783, de Grenoble le 19 décembre 1782, au conseil supérieur de Corse, le 9 janvier. (R. S. C. Arch. du parl. de Grenoble, Code Corse, t. 5, pag. 299.)

N° 1719. — **Acte** *de garantie et traité de neutralité entre la France, la Sardaigne et la république de Berne, puissances médiatrices qui ont rétabli la tranquillité dans la république de Genève* (1).

12 novembre 1782. (Martens.)

N° 1720. — **Arrêt** *du conseil concernant le temps d'apprentissage dans les communautés du ressort du parlement de Paris* (2).

Versailles, 24 novembre 1782. (R. S.)

N° 1721. — **Lettres patentes** *qui accordent la jouissance des privilèges commensaux aux officiers de bouche et commun supprimés par l'édit d'août 1780.*

Versailles, 25 novembre 1782. Reg. en la cour des aides le 11 décembre. (R. S.)

N° 1722. — **Lettres patentes** *concernant les causes des audiences des mercredis et samedis* (3).

Versailles, 27 novembre 1782. Reg. en parlement le 3 décembre. (R. S.)

N° 1723. — **Édit** *concernant les secours annuels accordés au clergé jusqu'en 1802, pour sa libération* (4).

Versailles, novembre 1782. Reg. en parlement le 25 novembre. (R. S.)

N° 1724. — **Règlement** *pour la table à bord des vaisseaux à la mer.*

Versailles, 4 décembre 1782. (R. S. C.)

S. M. s'étant fait rendre compte des représentations qui ont été faites à diverses époques par les officiers généraux de sa marine et les capitaines de ses vaisseaux, sur les inconvénients

---

(1) V. 7 avril, 8 mai 1738, 21 novembre 1759, 15 octobre 1767. V. décret du 22 octobre, 2 novembre 1792; Genève réunie à la France 25 avril 1798, séparée en 1814.
(2) V. édit d'avril 1777, décl. du 1er mai 1782.
(3) V. lett. pat. du 11 décembre 1780.
(4) V. édit d'août 1780.

de divers genres attachés aux tables qu'ils ont tenues jusqu'à présent, et dont un des principaux tendoit à rendre les commandements trop onéreux pour la plupart des officiers, et en mettoit plusieurs dans l'impossibilité de s'en charger; S. M., pour prévenir des circonstances aussi préjudiciables à son service, a résolu de supprimer les tables, et en conséquence a ordonné et ordonne ce qui suit :

1. Les officiers généraux commandant les armées navales ou escadres, seront chargés de la nourriture de leurs capitaines de pavillon, et autres capitaines de vaisseau employés sur le vaisseau qu'ils monteront, des major, aide-major et sous-aide-major de l'armée ou escadre, de l'officier commandant le détachement des gardes du pavillon, ainsi que de celle de l'officier chargé du détail général de l'armée ou escadre.

2. Les capitaines et autres officiers commandant les vaisseaux ou autres bâtimens du roi, ne seront plus chargés de la nourriture des officiers de l'état-major, de ceux des troupes embarquées pour le service des vaisseaux, de l'aumônier, du chirurgien, de l'ingénieur-constructeur ; mais le capitaine d'un vaisseau sur lequel il seroit embarqué un capitaine de vaisseau en second, sera tenu de le nourrir à sa table.

3. Défend S. M. aux commandant, officiers et gardes du pavillon et de la marine, de manger habituellement à d'autres tables qu'à celles qui leur sont prescrites par le présent règlement.

4. Les commandants des vaisseaux ou autres bâtiments régleront leurs provisions sur l'état qu'ils doivent tenir, conformément à leurs grades, ainsi qu'au traitement que leur fait S. M., laquelle leur défend tous autres approvisionnements. Ils veilleront à ce que les officiers ne fassent que ceux qui leur sont absolument nécessaires.

5. Défend S. M. à tous officiers, autres que les généraux et les capitaines, d'embarquer du vin, des farines et des salaisons, ces comestibles devant leur être fournis par le munitionnaire dans une quantité suffisante pour leur consommation. Il sera seulement permis à chaque officier subalterne d'embarquer deux caisses de vin ou de liqueurs, qu'ils pourront remplacer lorsqu'elles seront consommées.

6. Les gardes du pavillon et de la marine n'embarqueront que les provisions qui leur auront été réglées par l'état visé du capitaine.

7. Les commandants des vaisseaux et autres bâtiments seront tenus de se fournir les meubles nécessaires pour la tenue de leurs

tables, ainsi que de la bougie de la chambre du conseil.

Il leur sera seulement fourni des magasins du roi, des fourneaux de cuisine, une table à manger de dix couverts et les bancs qui doivent l'accompagner. Les effets seront remis à la fin de la campagne, dans quelque état qu'ils puissent être; seront seulement lesdits commandants obligés de payer la valeur de ceux qu'ils ne rendroient pas dans les magasins de S. M.

8. Il sera fourni aux officiers une batterie de cuisine et des fourneaux, une table à manger proportionnée au rang du vaisseau, et les bancs qui doivent l'accompagner. Ces effets seront, à la fin de la campagne, rendus au roi, dans quelque état qu'ils puissent être; sera seulement par lesdits officiers payé la valeur de ceux qui ne seroient pas remis au désarmement dans les magasins de S. M.

9. Les tables, rations et paye de subsistance commenceront, pour les commandants et officiers subalternes, du jour que le vaisseau ira en rade, jusques et compris le jour qu'il rentrera dans le port; et dans les lieux où il n'y aura pas de rade, du jour que la chaudière sera établie à bord, jusques et compris celui de la revue au désarmement.

10. Le feu de la cuisine de bas-bord sera divisé en deux parties égales par une plaque de tôle. Le commandant du vaisseau ou autre bâtiment prendra la partie de l'avant, l'autre sera pour les officiers.

Les fourneaux seront répartis, à raison de trois cinquièmes pour les officiers, et de deux cinquièmes pour le commandant, conformément à la quantité qui en sera fixée par S. M., selon le rang des vaisseaux.

Les fourneaux des officiers, ainsi que leur table de cuisine, seront placés à bas-bord, ceux du capitaine près la cloison qui fait la séparation de la cuisine de l'équipage.

11. Les boulangers seront tenus de faire journellement le pain du commandant, des officiers et des gardes du pavillon et de la marine, il leur sera payé en supplément de leur solde, savoir, par le commandant du vaisseau, 10 liv. par mois, et 12 liv. par les officiers. Lesdits boulangers seront toujours nourris des rations de la cale qui leur seront fixées par le règlement du roi.

12. Le four de la cuisine sera commun aux capitaines et officiers.

13. Défend expressément S. M. aux commandants et officiers de prendre aucuns matelots de l'équipage pour aider à leur cuisine. Il sera seulement accordé un mousse pour chaque

feu, le nombre de domestiques que le roi paie à chaque officier embarqué sur les vaisseaux étant plus que suffisant pour satisfaire à leur service.

14. Les commandants des vaisseaux et autres bâtiments faciliteront aux officiers les moyens de se procurer dans les rades les rafraîchissements dont ils voudront se pourvoir, et ils leur permettront même d'avoir un canot pour cet objet.

15. Les officiers auront pour placer leurs approvisionnements la moitié des soutes du commandant, qui seront partagées en deux parties égales; le caveau du capitaine sera remis au munitionnaire pour loger le vin et les farines des officiers. Il sera tenu d'y recevoir les provisions du commandant, et d'en répondre.

16. Dans les vaisseaux à trois ponts, les officiers généraux tiendront leur table dans la première grande chambre; les officiers dans la seconde grande chambre; les gardes du pavillon et de la marine sous le gaillard d'arrière, dans un poste entouré de toile, qui sera désigné par le commandant.

Dans les vaisseaux à deux batteries, le commandant mangera dans la chambre du conseil, les officiers du vaisseau dans la grande chambre, et les gardes du pavillon et de la marine sous le gaillard d'arrière.

17. Dans les frégates où il y aura une dunette sur le gaillard, le capitaine sera le maître de la distribuer à sa volonté et d'y manger s'il le juge à propos. Dans ce cas les officiers mangeront dans la grande chambre.

Lorsqu'il n'y aura pas de dunette, le capitaine mangera dans la grande chambre, et il sera pratiqué en avant un poste en toile, pour la table des officiers.

Les gardes de la marine mangeront dans la sainte-barbe.

18. Lorsqu'il y aura moins de quatre gardes de la marine sur un vaisseau ou une frégate, ils seront admis à la table des officiers; et il leur sera alors passé 20 s. par jour à chacun, en sus des deux rations qui leur seront fournies de la cale. Mais si quelqu'un desdits gardes de la marine ne se conduisoit pas décemment, le plus ancien en grade des officiers sera autorisé, après avoir pris les ordres du capitaine, de les exclure de la table de l'état-major; et de ce jour le supplément de 20 s. leur sera supprimé, et ils seront nourris des deux rations qui leur seront accordées par le règlement du roi.

19. Aucun officier, garde de la marine, passager ou autres personnes, n'entreront dans la chambre du conseil que pour rendre compte au capitaine, ou par sa permission.

4 DÉCEMBRE 1782.

20. Les officiers généraux et capitaines commandant des escadres, divisions ou un vaisseau, ne devant avoir à leurs tables qu'un nombre d'officiers déterminé, suivant la manière dont ils seront employés, il ne leur sera rien payé pour chacun des officiers qui seront à leur table, et ils seront tenus de les nourrir sur le traitement qui leur sera fixé pour leur table personnelle, par le tarif annexé au présent réglement.

Si cependant il est embarqué sur les vaisseaux quelques passagers, tels que des officiers généraux, colonels, intendants, commissaires généraux ordonnateurs dans les colonies, lesdits passagers supérieurs seront nourris par le commandant du vaisseau, auquel il sera payé 6 liv. par jour pour chacun desdits passagers, dans quelques pays qu'ils soient embarqués.

21. Les autres passagers quelconques qui étoient ci-devant nourris à la table des capitaines, mangeront avec les officiers du vaisseau, et jouiront du même traitement que lesdits officiers.

22. Les officiers de l'état-major du vaisseau, ceux de la garnison, l'aumônier, le chirurgien et l'ingénieur-constructeur et les passagers, s'il en est embarqué, recevront chacun pour leur subsistance 40 sous par jour, plus deux rations qui leur seront fournies de la cale par le munitionnaire.

23. Dans les campagnes d'Amérique, de l'Inde ou dans les colonies au-delà du tropique, il sera payé à chaque officier ci-dessus dénommé ou passager, un supplément de traitement de 20 sous par jour, du jour que le vaisseau abordera dans la colonie, et ce supplément sera continué jusqu'au jour que le vaisseau abordera à son retour dans un port d'Europe.

24. S. M. ayant égard aux dépenses que peut occasioner aux officiers de ses vaisseaux le séjour à Cadix, elle leur accorde le même supplément de traitement pour ceux qui iront dans ce seul port d'Espagne, mais seulement lorsqu'ils y resteront en station au moins un mois.

25. Les passagers embarqués sur les vaisseaux, et désignés pour manger avec les officiers, jouiront du même traitement et supplément de traitement pour les campagnes au-delà du tropique, et ils auront également deux rations de la cale.

26. Dans le cas où les officiers de l'état-major du vaisseau et les passagers ne vivront pas avec l'intelligence qui doit régner entre eux, lesdits passagers seront libres de vivre seuls; ils se nourriront alors des deux rations qui doivent leur être fournies par le munitionnaire, et il leur sera tenu compte du traitement

personnel qui leur est accordé, du jour qu'ils auront quitté la table de l'état-major.

27. Le premier lieutenant contiendra, pendant les repas, tous les officiers et passagers dans la décence convenable. Il veillera particulièrement à ce qu'il ne soit point joué dans la grande chambre à des jeux de hasard, et même à ce qu'il ne soit point fait de pertes considérables aux jeux permis. Il rendra compte au capitaine des disputes ou autres désordres qui pourroient survenir, sous peine d'en répondre personnellement.

28. Le capitaine réglera, d'après les circonstances de paix et de guerre ou des parages dans lesquels se trouvera le vaisseau, l'heure à laquelle la table des officiers sera servie, tant le matin que le soir.

S. M. autorise même les capitaines à supprimer un des repas pour qu'il n'en soit servi qu'un seul chaud, dans le cas où ils jugeront que, relativement aux jours courts de l'hiver, il soit du bien de son service que tous les feux soient éteints de bonne heure.

29. Les officiers régleront tous les mois leurs comptes avec le commis du munitionnaire, et ces comptes seront visés régulièrement par le capitaine du vaisseau. Il leur sera tenu compte à la fin de la campagne par le munitionnaire, des rations qu'ils n'auront pas prises en nature, à raison de 13 sous la ration. S. M. défendant expressément qu'il soit, dans aucun cas, débarqué des comestibles de ses vaisseaux.

30. Lorsqu'un vaisseau, frégate ou autre bâtiment de S. M. entrera en armement, le commandant du port fera connoître à l'intendant le nombre d'officiers dont devra être composé l'état-major dudit vaisseau, afin de régler la somme à payer pour les avances que S. M. accorde sur le traitement de subsistance qu'elle a alloué auxdits officiers.

31. Ces avances, qui seront de trois mois pour les campagnes ordinaires dans les mers, soit d'Europe ou d'Amérique, et de six mois pour celles au-delà du cap de Bonne-Espérance, seront payées au premier lieutenant ou au plus ancien des officiers de la marine destinés sur le vaisseau, et qui justifiera de sa qualité au bureau des armements, par un certificat du commandant du vaisseau, visé par le commandant du port.

32. Ledit premier lieutenant ou autre officier touchera également les avances qui devront être payées pour la subsistance des officiers d'infanterie attachés au détachement de

troupes embarqué sur le vaisseau, et des gardes du pavillon et de la marine, si ces derniers doivent être nourris à la table des officiers, et il n'aura d'autre quittance à donner pour les paiements, que son reçu au bas de l'acquit qui en sera expédié au bureau des armements.

53. Le jour que le vaisseau ira en rade, le commandant du port remettra à l'intendant l'état nominatif des officiers de l'état-major, de ceux d'infanterie, des passagers qui devront être admis à la table des officiers, et des gardes de la marine s'il y a lieu, pour solder les décomptes des avances qui devront être payées pour chacun desdits officiers et passagers, et si l'avance payée au commencement de l'armement au premier lieutenant excède ce décompte, il remboursera au trésorier de la marine ce qu'il aura reçu de trop.

54. Dans les relâches que pourront faire les vaisseaux, soit en Europe, soit dans les colonies ou dans les pays étrangers, lorsqu'il sera dû deux mois de traitement aux officiers au-delà des avances qu'ils auront reçues, il leur sera payé par les ordres des intendants et des consuls ou par ceux du commandant de l'escadre, deux mois de subsistance, et ainsi successivement de deux mois en deux mois pendant la durée de la campagne, et le capitaine veillera à ce que ces paiements soient inscrits sur le rôle d'équipage.

55. Si un des officiers de l'état-major ou un passager meurt ou débarque du vaisseau avant que les trois mois pour lesquels il aura été payé des avances soient expirés, il sera fait raison à la caisse du roi, par la masse de l'état-major, de ce qui n'aura pas été gagné par ledit officier ou passager.

56. Il sera libre à l'état-major du vaisseau de choisir celui des officiers qui devra être chargé de faire la dépense de la table; et si ledit officier n'est pas le premier lieutenant, celui-ci lui remettra l'argent provenant des avances qu'il aura touchées au commencement de l'armement, et il rendra compte de l'emploi qu'il en aura fait aux quatre plus anciens officiers de l'état-major, dans la forme qui sera établie dans l'article suivant.

57. Tous les mois, l'officier chargé de la dépense de la table en rendra compte aux quatre plus anciens officiers en grade, qui en arrêteront et signeront l'état; et s'il s'élève quelques discussions au sujet dudit compte, elles seront portées devant le capitaine, qui en décidera.

58. Chaque officier, soit de la marine, soit des troupes, soit garde de la marine ou passager, sera tenu d'avoir un couvert

d'argent, un gobelet, et deux douzaines de serviettes.

Les ustensiles communs, tels que les nappes de table, les torchons de cuisine, la faïence et autres, seront achetés en commun, sans que les officiers de l'état-major qui, pour quelques circonstances que ce soit, viendroient à débarquer du vaisseau, puissent en réclamer leur part.

Mais s'il y a des passagers embarqués, il sera dressé un état de la somme qui aura été employée pour acheter lesdits ustensiles; et lors du débarquement desdits passagers, il leur sera remis en argent, de la masse de l'état major du vaisseau, la moitié de la somme pour laquelle chacun d'eux aura contribué à l'achat desdits effets.

39. Lorsque avant le départ du vaisseau, il y aura quelques changements dans l'état-major, pour quelque cause que ce soit, l'officier qui remplacera se mettra sans nul examen au lieu et place de celui qui aura débarqué.

40. Lorsque dans le cours d'une campagne, il y aura quelque mutation dans l'état-major du vaisseau, par mort ou autre cause, le commandant du vaisseau vérifiera pour combien de jours à peu près il reste de vivres pour la table, et il en sera tenu compte à l'officier débarqué ou à sa succession, selon le taux réglé par le roi, et suivant le lieu où sera le vaisseau. L'officier qui remplacera celui débarqué devra à la masse ce qui aura été remboursé à son prédécesseur.

41. Indépendamment de la batterie de cuisine qui sera fournie à l'état-major de chaque vaisseau, conformément aux dispositions de l'art. 8 du présent réglement, l'intention de S. M. est qu'il leur soit délivré de ses magasins les cages à volailles, dont le nombre et la grandeur seront réglés suivant le rang du vaisseau. L'état-major sera tenu de les rendre dans l'état où elles se trouveront au désarmement, ou d'en payer la valeur.

42. Défend S. M. de pratiquer dans les vaisseaux des parcs à moutons ailleurs que dans les gates. Celui des commandants sera à tribord, et celui des officiers à bas-bord.

Défend pareillement S. M. de mettre les moutons dans les frégates, ailleurs que sous la chaloupe, qui pour cet effet sera placée sur des chantiers élevés.

43. La table des commandants des bâtiments du roi qui n'auront pas vingt canons montés, sera payée suivant le réglement de S. M. du 25 mars 1765.

N° 1725. — ARRÊT *du conseil concernant la lisière jaune des draps de Louviers, et la lisière rouge des draps d'Elbeuf* (1).

Versailles, 5 décembre 1782. (R. S. C.)

Sur ce qui a été représenté au roi, étant en son conseil, par les fabricants de Louviers et ceux d'Elbeuf, que par l'article 6 des lettres patentes du 1ᵉʳ mars 1781, portant réglement pour la fabrication des étoffes de laine dans la généralité de Rouen, il auroit été permis à tous fabricants de faire toutes les espèces d'étoffes de laine, fil et laine ou filoselle, comprises dans les tableaux de fabrication qui seroient dressés pour les autres fabriques du royaume, en se conformant à ce qui seroit prescrit par lesdits tableaux; que la même disposition se trouve dans les lettres patentes qui ont été expédiées pour régler la fabrication des étoffes de laine des autres généralités; que cette faculté accordée indistinctement à tous fabricants de draps dans quelque lieu que soient situées leurs manufactures, auroit eu sans doute pour principal objet la plus grande perfection dans la fabrication, mais qu'elle deviendroit funeste aux manufactures de Louviers et d'Elbeuf, qui se sont toujours distinguées par la finesse de leurs draps, par leur beauté et par la manière dont ils sont fabriqués, si des manufactures qui n'emploient que des laines inférieures, ou dont la fabrication est moins parfaite, avoient la liberté de faire circuler dans le commerce et et d'exporter à l'étranger leurs draps comme s'ils avoient été fabriqués à Louviers ou à Elbeuf, en les revêtissant des marques caractéristiques assignées à ces deux manufactures; qu'il seroit facile, en cachant le lieu véritable de la fabrication, d'induire en erreur le marchand, et encore plus le consommateur; qu'il existoit déjà plusieurs exemples de cet abus; qu'enfin, les lisières assignées aux principales manufactures du royaume forment en quelque sorte leur patrimoine, et sont garantes envers le public du genre, de la nature et de la qualité des draps ou étoffes. Et S. M. étant informée qu'il se seroit élevé des difficultés entre lesdits fabricants de Louviers et d'Elbeuf, relativement à la couleur des lisières qui doivent distinguer les draps fins de ces deux manufactures; que de tout temps, et même depuis les nouveaux réglements, les fabricants d'Elbeuf auroient prétendu que la lisière rouge devoit

---

(1) En vigueur. décret du 25 juillet 1810, décret du 22 décembre 1812.

appartenir à leur manufacture, comme étant la plus ancienne ; que d'autre part, les fabricants de Louviers contestoient cette prétention, et soutenoient qu'ils étoient en possession de coiffer leurs draps de ladite lisière rouge ; qu'au surplus, cette couleur étoit attribuée à leur manufacture par le tableau de fabrication annexé aux lettres patentes du 1ᵉʳ mars 1781 ; que cependant, pour mettre fin à ces difficultés, ils se seroient déterminés à abandonner ladite lisière rouge à la manufacture d'Elbeuf, et à adopter pour la leur la lisière jaune, à condition que ladite manufacture d'Elbeuf ne pourroit, dans aucun cas, se servir de ladite lisière jaune, et qu'elle ne commenceroit que dans deux ans à coiffer ses draps de la lisière rouge, pour donner aux draps de Louviers fabriqués en lisière de ladite couleur rouge le temps de s'écouler. A quoi voulant pourvoir ; ouï, etc. Le roi étant en son conseil, a ordonné et ordonne qu'à l'avenir les draps de Louviers seront coiffés d'une lisière jaune, ayant quatre ou six fils bleus, soit en dedans au bord du drap, soit en dehors de ladite lisière, au choix des fabricants de ladite manufacture, suivant la couleur desdits draps ; et qu'à l'égard des draps fins qui se fabriqueront à Elbeuf, ils seront coiffés d'une lisière rouge ; dérogeant à cet égard, en faveur desdites manufactures, à la disposition de l'article 6 des lettres patentes du 1ᵉʳ mars 1781 : en conséquence, fait S. M. très-expresses inhibitions et défenses à tous fabricants des autres manufactures de draps du royaume de coiffer leurs draps desdites lisières, à peine de saisie et confiscation desdits draps, et cependant, pour donner aux draps de Louviers qui sont déjà fabriqués et qui se fabriqueront en lisières rouges jusqu'au jour de la publication du présent arrêt, le temps nécessaire pour pouvoir être vendus par les marchands qui les achèteront, ordonne S. M. que les fabricants d'Elbeuf ne commenceront à mettre la lisière rouge à leurs draps que dans un an, à compter dudit jour de la publication dudit arrêt. Veut au surplus S. M. que lesdites lettres patentes du 1ᵉʳ mars 1781 aient leur pleine et entière exécution, en ce qui n'y a pas été dérogé par le présent arrêt, sur lequel toutes lettres patentes nécessaires seront expédiées.

Nº 1726. — ORDONNANCE *de police concernant les marchandises de charbon de bois.*

Paris, 6 décembre 1781. (Dupin, code des charbons.)

N° 1727. — **Déclaration** *concernant les baux à cens dans le ressort de la coutume de Senlis* (1)

Versailles, 8 décembre 1782. Reg. au parlement le 20 décembre. (R. S.)

N° 1728. — **Arrêt** *du conseil au sujet des armateurs en retard de payer les parts de prises appartenantes aux équipages des bâtiments armés en course* (2).

Versailles, 15 décembre 1782 (R. S. C. Lebeau, Code des prises.)

Le roi s'étant fait représenter l'arrêt du conseil du 6 août 1763, concernant les parts et portions d'intérêts appartenantes aux officiers et équipages des bâtiments armés en course, dans les prises qu'ils ont faites sur les ennemis de l'État : et S. M. étant informée que l'exécution des dispositions de cet arrêt, relatives au paiement des parts de prises, aux équipages, et au dépôt ordonné être fait entre les mains des trésoriers des invalides, est souvent éludée de la part des armateurs et des capitaines ; que d'ailleurs ledit arrêt du 6 août 1763 n'est pas suivi également dans toutes les amirautés. A quoi voulant pourvoir, etc.

1. Les armateurs ou dépositaires des armements en course, et de ceux en guerre et marchandises, dont les corsaires auront fait des prises, seront tenus dans la huitaine, du jour où la liquidation générale aura été arrêtée par les officiers des amirautés, de procéder au paiement des parts des prises revenant aux équipages, à peine de 1,000 livres d'amende contre les contrevenants ; et seront lesdits armateurs contraints de faire ladite répartition aux équipages, à la requête desdits procureurs du roi des amirautés, poursuite et diligence des commissaires des classes.

2. Le paiement des parts de prises aux équipages ne pourra se faire qu'au bureau des classes, et sur l'état conforme au modèle joint au présent arrêt, lequel sera émargé par ceux desdits équipages qui sauront signer ; et à l'égard de ceux qui ne sauroient pas signer, le paiement des parts qui leur reviendroient sera certifié par les commissaires des classes, conformément à l'article 6 de l'arrêt du conseil du 6 août 1763.

3. Lesdits armateurs ou dépositaires seront pareillement

---

(1) V. a. d. p. 14 juillet 1775, 22 juillet 1777, 13 avril et 18 août 1778, 18 janvier et 25 juillet 1780, lett. pat. 24 juin 1781. V. ci-dessus n° 1513, pag. 45.

(2) V. régl. 1er juin 1782, a. d. c. 11 janvier 1784.

tenus, conformément à l'article 1ᵉʳ du réglement du 2 juin 1747, de remettre entre les mains des trésoriers des invalides de la marine, dans les ports où les armements auront été faits, les montants des parts et portions d'intérêts dans les prises appartenantes aux morts ou absents, et faisant partie des équipages des corsaires-preneurs trois jours après la répartition qui aura été faite au bureau des classes, et conformément à l'état qui en sera remis par ledit commissaire des classes; de laquelle remise il sera donné décharge valable auxdits armateurs par lesdits trésoriers des invalides, avec promesse de leur justifier, dans le délai de deux mois, des remises qui auront été faites desdites parts aux officiers-mariniers et matelots absents et résidants dans les quartiers des classes des autres départements, sans toutefois que les commissaires des classes puissent faire aucune recette, ni se charger personnellement du montant des parts de prises dues aux gens des équipages des corsaires absents, pour les leur faire passer dans leurs quartiers; et seront lesdits armateurs contraints auxdits dépôts, à la requête desdits procureurs du roi, poursuite et diligence desdits commissaires des classes.

4. Défend S. M. auxdits officiers des amirautés de prétendre à l'avenir à la retenue des six deniers pour livre sur le montant des parts déposées lorsqu'elles seront réclamées, lesquels étoient attribués auxdits officiers des amirautés par l'art. 3 du réglement de 1747, auquel S. M. a expressément dérogé et déroge.

5. Enjoint S. M. auxdits armateurs ou dépositaires de justifier, par-devant les officiers des amirautés, des remises qu'ils auront faites auxdits trésoriers des invalides, dans la quinzaine, à compter du jour d'icelles, à peine de 300 livres d'amende; auquel effet lesdits armateurs remettront aux greffes desdites amirautés un état détaillé des sommes qu'ils auront déposées, certifié véritable par ledit trésorier des invalides, duquel état il sera fourni, par ledit greffier, une expédition au receveur de l'amiral de France, une autre envoyée au secrétaire d'état ayant le département de la marine, et une troisième au procureur-général des prises.

6. Veut S. M. que les parts des prises appartenantes aux officiers-mariniers et matelots qui ne demeureroient pas dans le port où la répartition aura été faite, soient envoyées aux quartiers des classes de leur résidence dans la même forme que celle prescrite par le réglement du 1ᵉʳ juin dernier pour les

remises des parts de prises des gens de mer employés sur les vaisseaux de S. M.

7. Enjoint S. M. aux officiers des amirautés, notamment à ses procureurs auxdits sièges, à peine d'interdiction, de poursuivre sans délai les armateurs qui ne se conformeroient pas aux articles 1 et 3 ci-dessus, à l'effet de condamner ceux qui y contreviendroient aux peines y portées, et de les contraindre, même par corps, à faire les paiements desdites parts de prises aux équipages, ainsi que lesdits dépôts entre les mains des trésoriers des invalides; et seront les jugements desdits officiers des amirautés, exécutés nonobstant et sans préjudice des appels qui pourroient en être interjetés, que S. M. a évoqués et évoque à soi et à son conseil, et dont elle renvoie la connoissance par-devant l'amiral de France et les commissaires établis près de lui par S. M. pour tenir le conseil des prises; leur attribuant à cet effet, S. M., toute cour, juridiction et connoissance; et icelles interdisant à toutes ses cours et autres juges. Mande et ordonne, etc.

N° 1729. — ARRÊT *du conseil concernant les réglements des parts de prises revenantes aux officiers-majors, officiers-mariniers, volontaires, soldats, matelots et autres gens des équipages des corsaires* (1).

Versailles, 15 décembre 1782. (R. S. C. Lebeau, Code des prises.)

Le roi s'étant fait représenter l'article 32 de la déclaration sur la course, du 24 juin 1778 (2), qui porte que les réglements des parts de prises revenantes aux officiers-majors, officiers-mariniers, volontaires, soldats, matelots et autres gens des équipages des corsaires seront faits par le capitaine et les premiers officiers-majors, au nombre de sept (le capitaine compris), et S. M. étant informée que ces réglements de parts, dépendants de la volonté d'un petit nombre de personnes qui se trouvent en même temps juges et parties, ont occasioné beaucoup d'abus d'autant plus difficiles à découvrir, que par l'article 58 de la même déclaration, il est ordonné que les réglements de parts seront définitivement exécutés, et qu'il est défendu aux juges d'admettre contre eux aucunes actions, plaintes ni réclamations de la part des officiers ou gens de l'équipage; S. M. voulant empêcher que les intérêts des équi-

---

(1) V. lett. de M. de Castries 10 novembre 1781, a. d. c. 11 même mois.
(2) V. n° 896, tom. 3 du règne, pag. 321.

pages ne soient compromis par une fixation arbitraire des parts de prises que leur valeur leur a méritées, et ramener les réglements à leur vrai but, qui est une répartition impartiale. A quoi voulant pourvoir : ouï le rapport et tout considéré; le roi étant en son conseil, a ordonné et ordonne qu'à l'avenir les réglements des parts de prises revenantes aux officiers-majors, officiers-mariniers, volontaires, soldats, matelots et autres gens des équipages des corsaires, se feront dans les chambres du conseil des amirautés immédiatement après le retour des corsaires qui auront fait les prises, conformément à l'article 32 de la déclaration sur la course, par le capitaine et les premiers officiers-majors au nombre de sept, en présence du lieutenant-général de l'amirauté, du procureur de S. M. audit siège, et du commissaire des classes, lesquels veilleront à ce que les réglements se fassent avec impartialité, conformément au mérite et au travail de chacun, et dans la proportion prescrite par l'article 33 de ladite déclaration sur la course, sans que la quotité des parts attribuées à chaque grade puisse être diminuée, comme aussi à ce qu'il ne soit admis aucunes privations ou diminutions de parts que sur des motifs légitimes, lesquels seront discutés en présence desdits officiers des amirautés et du commissaire des classes; et sera ledit règlement de parts signé dudit lieutenant-général de l'amirauté et dudit commissaire des classes, conjointement avec les capitaines et les officiers-majors, et déposé au greffe des amirautés, et il en sera remis une expédition audit bureau des classes. Veut au surplus S. M., que les articles 32, 33, 34, 35, 36, 37 et 38 de la déclaration sur la course soient exécutés selon leur forme et teneur, dans toutes les dispositions auxquelles il n'est pas dérogé par le présent arrêt : et seront sur icelui toutes lettres patentes nécessaires rendues, si besoin est. Mande, etc.

N° 1730. — ARRÊT *du parlement qui juge qu'il n'est pas permis à un usager qui a coupé dans une forêt usagère les bois dont il a besoin, de les échanger contre d'autres bois qui se trouvent plus à portée de son habitation.*

Grenoble, 17 décembre 1782. (Beaudrillart, tom. 1, pag. 461.)

N° 1731. — ÉDIT *portant création de* 10,000,000 *de rentes perpétuelles au denier vingt, sans retenue, remboursables en quatorze ans, à commencer au* 1er *janvier* 1784, *et dont les capitaux seront fournis, moitié en deniers comptant, et moitié en contrats* (1).

Versailles, décembre 1782. Reg. en parlement le 10 décembre. (R. S.)

N° 1732. — DÉCLARATION *en interprétation de l'édit de ce mois, portant création de* 10,000,000 *de rentes perpétuelles, par laquelle S. M. fait connoître les titres dont auront à justifier les propriétaires de rentes qui voudront en employer les capitaux dans ledit emprunt* (2).

Versailles, 20 décembre 1782. (R. S.)

N° 1733. — ARRÊT *du parlement qui ordonne que les clauses des contrats de mariage des marchands, négociants et banquiers de la ville de Dunkerque, passés depuis le* 18 *février* 1776, *portant dérogation à la communauté des biens d'entre maris et femmes, seront publiées à l'audience de la juridiction consulaire, et insérées dans un tableau exposé dans ladite juridiction; que les clauses de dérogation à la communauté de biens et les séparations de biens n'auront lieu que du jour qu'elles auront été publiées et enregistrées* (3).

Paris, 21 décembre 1782. (R. S.)

N° 1734. — LETTRES PATENTES *concernant les octrois de Paris* (4).

Versailles, 22 décembre 1782. Reg. en parlement le 31 décembre. (R. S.)

N° 1735. — ARRÊT *du conseil qui ordonne que les étapiers continueront de jouir de la faculté de tuer ou faire tuer, même pendant le carême, les bestiaux nécessaires pour la fourniture de l'étape, et de vendre aux particuliers des lieux et à ceux du voisinage ce qui n'aura pas été consommé par les troupes* (5).

Versailles, 23 décembre 1782. (R. S.)

---

(1) V. 23 février 1780, 1er décembre 1783, 28 août 1785, 1er et 23 février, 10 mai, 1er juin, 17 septembre 1786, 28 août 1787, 3 mars 1788.
(2) V. édit de décembre 1764, 28 août 1785.
(3) Ord. de mars 1673, tit. 8, art. 1 et 2, cod. com. art. 67, 69, code procéd. art. 872.
(4) V. lett. pat. du 25 novembre 1762, 23 août 1783.
(5) A. d. c. 28 décembre 1773, 26 septembre 1775, 31 décembre 1778.

N° 1736. — LETTRES PATENTES *qui déclarent les remises et gratifications des employés des fermes et régies du roi insaisissables comme leurs appointements* (1).

Versailles, 28 décembre 1782. Reg. en la cour des aides le 22 janvier 1783.

N° 1737. — RÉGLEMENT *sur les droits de la caisse des invalides de la marine* (2).

1782.

N° 1738. — ARRÊT *du conseil portant défenses à tous capitaines ou commandants des bâtiments armés en course, de revendre en mer à des ennemis de l'état, les prises faites sur eux.*

Versailles, 15 janvier 1783. (R. S. C. Code de la Martinique, t. 3, p. 533.)

Le roi étant informé que quelques capitaines de navires ont vendu en mer, à des ennemis de l'état, des prises qu'ils avoient faites sur eux, au lieu de les conduire dans les ports du royaume ; et S. M. considérant que si de pareilles ventes étoient tolérées, les capitaines de navires pourroient, moyennant une convention particulière, ou une somme donnée de la main à la main, revendre à vil prix les prises qu'ils auroient faites : et S. M. voulant arrêter un abus aussi contraire aux lois de la course, que préjudiciable aux intérêts des équipages et des invalides de la marine, qui se trouvent par ces sortes de ventes, frustrés du produit des prises. A quoi voulant pourvoir : ouï le rapport, et tout considéré ; le roi étant en son conseil, a fait très expresses inhibitions et défenses à tous capitaines ou commandants des bâtiments armés en course, de revendre en mer, à des ennemis de l'état, aucune des prises qu'ils auroient faites sur eux, pour quelque cause ni sous quelque prétexte que ce puisse être, à peine contre lesdits capitaines ou commandants des corsaires, d'être interdits la

---

(1) V. a. d. c. 23 mai 1784.
(2) Créée par Louis XIV en mai 1709, supprimé 5 septembre 1712, réorganisée édit de 1720; ord. de décembre 1720, 15 juin 1735-1739, 23 juin 1759, février 1762, 6 août 1763, a. d. c. 21 février 1772; reconstituée loi de 1791, 30 mai, 8 juin 1792; modifiée 22 vendémiaire an II, 9 messidor an III, 15 germinal an III, 28 fructidor an VII, arrêté 27 nivôse an VII, 27 nivôse an IX, 3 brumaire, 19 frimaire et 8 floréal an XI, ord. 22 mai 1816.

première fois pour trois mois de leurs fonctions, et en cas de récidive, d'être déclarés incapables de jamais commander aucun bâtiment. Veut et ordonne en outre S. M., que le montant des ventes des prises que lesdits capitaines ou commandants auroient faites en contravention au présent arrêt, soit confisqué au profit de l'amiral de France.

N° 1739. — ORDONNANCE *sur les billets de rançons des otages.*

Versailles, 15 janvier 1783. (R. S. C.)

S. M. ayant ordonné, par l'art. 6 de l'ordonnance du 30 août dernier, portant défenses de rançonner aucuns navires ou marchandises ennemies, que les billets ou engagements de rançons qui seroient faits en contravention aux dispositions de ladite ordonnance, seroient remis sans délai par les officiers des amirautés aux trésoriers particuliers des invalides de leur ressort, et que les otages seroient pareillement remis à leur arrivée à l'intendant ou à l'ordonnateur du port : et S. M. voulant pourvoir à la forme dans laquelle ladite remise des billets ou engagements des rançons et celle des otages doit être faite, elle a ordonné et ordonne : qu'il sera dressé par le lieutenant-général de l'amirauté, lors de la remise desdits billets ou engagements de rançons au trésorier des invalides, un procès-verbal qui contiendra la copie dudit billet ou engagement de rançon, et l'énonciation de sa remise; lequel procès-verbal sera signé du lieutenant-général, ensemble dudit trésorier des invalides, et qu'il en sera usé de même lors de la remise à l'intendant ou à l'ordonnateur, des otages desdites rançons, lesquels seront interrogés avant ladite remise par lesdits officiers des amirautés, dans la forme ordinaire; et seront lesdits procès-verbaux de remise, ensemble les interrogatoires desdits otages, envoyés au greffe du conseil des prises, pour servir de preuve de conviction contre les capitaines qui seroient dans le cas d'être jugés, conformément à l'art. 5 de ladite ordonnance du 30 août dernier, sans toutefois que lesdits procès-verbaux et interrogatoires des otages puissent retarder la remise ordonnée par l'art. 6; à l'effet de quoi les officiers des amirautés seront tenus d'y procéder sans délai, aussitôt l'arrivée desdits otages, et sur la première réquisition qui en sera faite par l'intendant ou l'ordonnateur du port. Mande, etc.

N° 1740. — ORDONNANCE *portant défense aux officiers de l'amirauté de prendre aucun intérêt dans les bâtiments armés en course.*

Versailles, 15 janvier 1783. (R. S. C. Code de la Martinique, tom. 3, pag. 532.)

S. M. étant informée que quelques officiers des amirautés ont pris des intérêts dans des bâtiments armés en course dans l'étendue de leur ressort, ce qui est également contraire au bon ordre et à la règle, puisque les officiers des amirautés pourroient être chargés de l'instruction des prises faites par les mêmes corsaires dans lesquels ils auroient pris un intérêt; S. M. a fait très-expresses inhibitions et défenses, à tous les officiers des amirautés, de prendre aucune part ni intérêt dans les bâtiments armés en course, directement ni indirectement, à peine d'interdiction et de 1500 liv. d'amende. Mande, etc.

N° 1741. — ARRÊT *du conseil supérieur portant réglement relativement aux précautions à prendre pour mettre le feu aux makis et chaumes, à l'effet de rendre les terres susceptibles d'être ensemencées.*

Bastia, 15 janvier 1783. (Code Corse, tom. 5 pag. 306.)

N° 1742. — LETTRE *du ministre concernant les places d'assesseurs dans la Martinique.*

17 janvier 1783. (Code de la Martinique, tom. 3 p. 534.)

N° 1743. — ACTE *préliminaire du traité de paix entre la France et l'Angleterre* (1).

20 janvier 1783. (Martens.)

N° 1744. — ARRÊT *de la cour des aides qui défend aux gardes et employés des fermes de se servir de fusils à deux coups sous peine de punition corporelle.*

Versailles, 21 janvier 1783. (R. S. C.)

---

(1) Le traité définitif est du 3 septembre.

15 FÉVRIER 1783.

N° 1745. — ARRÊT *du conseil pour l'expédition de bâtiments de commerce à la Chine* (1).

Versailles, 2 février 1783. (R. S. C.)

N° 1746. — LETTRES PATENTES *qui maintiennent Monsieur le comte d'Artois, frère du roi, dans la propriété et jouissance de la voirie ordinaire, conformément à son édit d'apanage* (2).

Versailles, 4 février 1783. Reg. en parlement le 21 mars. (R. S.)

N° 1747. — ORDONNANCE *concernant les termes de la cessation des hostilités en mer.*

Versailles, 4 février 1783. (R. S. C.)

N° 1748. — RÉGLEMENT *sur la police du canal de Givors* (3).

Versailles, 11 février 1783.

N° 1749. — ARRÊT *du conseil concernant la marque des étoffes de draperie, sergeterie et autres étoffes de laine indistinctement* (4).

Versailles, 15 février 1783. (R. S.)

Vu au conseil d'état du roi, les lettres-patentes du 5 mai 1779, par l'art. 3 desquelles il est entre autres choses, ordonné que les étoffes de draperie, sergeterie et toutes les étoffes de laine indistinctement, porteront aux deux chefs, la dénomination de l'étoffe, le nom du fabricant et celui du lieu de fabrique, tissus sur le métier : et S. M. étant informée que dans plusieurs lieux de fabrique, les fabricants se permettent de s'écarter de cette disposition, et impriment seulement la dite inscription en lettres d'or, après les apprêts, d'où il résulte la possibilité d'enlever l'entrebat ou bout des pièces, et de les revêtir ensuite des noms et des inscriptions qui peuvent être les plus avantageuses pour la vente desdites marchandises. A quoi désirant remédier : ouï, etc. ; le roi étant en son conseil, a ordonné et ordonne que, conformément à l'art. 3 des lettres-

---

(1) V. a. d. c. 13 août 1769.
(2) V. pareilles lett. pat. accordées au profit de M. le duc d'Orléans du 27 mai, et de Monsieur le 29 mai 1779.
(3) V. ci-dessus 13 février 1782, n° 1614, pag. 145.
(4) En vigueur selon Mars, 1-597; lett. pat. 5 mai 1779, a. d. c. 7 mai 1784.

patentes du 5 mai 1779, la dénomination de l'étoffe, le nom du fabricant et celui du lieu de fabrique, seront tissés aux deux bouts de chaque pièce sur le métier : fait en conséquence S. M. très-expresses inhibitions et défenses à tous fabricants d'imprimer, sous quelque prétexte que ce puisse être, ladite inscription sur leurs étoffes, en lettres d'or et avec un mordant ou autrement, et ce, sous peine de saisie des étoffes en contravention, et de 300 liv. d'amende : permet néanmoins S. M. auxdits fabricants de faire le tissage ci-dessus ordonné, avec telle matière que bon leur semblera, pourvu toutefois que, lors des apprêts, elle puisse faire corps avec celle qui aura été employée à la fabrication de l'étoffe.

N° 1750. — LETTRES PATENTES *qui ordonnent que les études faites dans le collège royal de La Flèche, depuis l'entrée des classes de l'année 1776, seront réputées académiques comme si elles avoient été faites dans l'université d'Angers* (1).

Versailles, 22 février 1783. Reg. en parlement le 21 mars. (R. S.)

N° 1751. — ARRÊT *du conseil qui fixe l'époque du paiement des lettres de change de l'Inde et de l'Amérique, non déjà enregistrées, relatives aux dépenses de la marine pendant la guerre* (2).

Versailles, 23 février 1783. (R. S.)

N° 1752. — RÈGLEMENT *pour l'administration des finances.*

Versailles, 26 février 1783 (R. S. C.)

Le roi voulant faire goûter à ses peuples les avantages de la paix, S. M. a considéré qu'elle ne pourroit leur procurer des soulagements réels et durables, que lorsqu'elle connoîtroit le montant des dépenses dont la durée de la guerre a retardé le paiement, et qu'elle auroit fixé invariablement, avec l'esprit d'économie qui l'anime, l'état des dépenses de tous les départements et de tous les ordonnateurs en temps de paix. S. M. a pareillement considéré qu'il n'étoit pas moins intéressant de s'occuper des moyens de supprimer les impositions qui sont les plus à charge, de changer la nature et la forme de quelques-unes, de diminuer et simplifier les frais de perception. Et comme S. M. ne peut donner à ses peuples une plus grande

---

(1) V. édit d'août 1779, n° 1179, tom. 4 du règne, pag. 161.
(2) V. 1er décembre 1783.

marque de son amour, qu'en s'occupant par elle-même de soins aussi importants, elle a résolu, conformément à l'exemple de Louis XIV, d'appeler auprès d'elle, pendant le temps qui lui paroîtra convenable, un comité composé du chancelier ou garde-des-sceaux de France, du chef du conseil royal des finances, et du ministre des finances, qui fera le rapport des affaires, et rédigera les résolutions de S. M., dont il tiendra registre.

S. M. se propose de tenir ce comité une fois par semaine ou plus souvent, s'il est besoin; n'entendant au surplus, rien changer à l'établissement de son conseil royal des finances, qu'elle se réserve d'assembler, comme par le passé. Les affaires contentieuses continueront d'être portées au comité contentieux, dont S. M. a confirmé l'établissement. Tous les ordonnateurs, sans aucune exception, remettront incessamment à S. M. l'état des dettes arriérées de leur département respectif, au 1er janvier dernier. Ils remettront pareillement l'état des dépenses ordinaires et extraordinaires qu'ils estimeront indispensables en temps de paix. Tous ces états seront revus, vérifiés et discutés par le ministre des finances et l'ordonnateur, ou ceux qu'ils jugeront à propos d'en charger, et ils seront arrêtés au comité des finances en présence de l'ordonnateur du département dont il sera question de régler les dépenses, lequel y sera appelé chaque fois qu'il sera question d'objets relatifs à son département. Déclare, S. M., que son intention est que toutes les demandes tendantes à obtenir des dons extraordinaires, ou le paiement d'anciennes créances, et généralement toutes les demandes à fin d'emploi de nouvelles charges dans les états, soient portées au comité, et discutées en présence de S. M., qui se propose d'y appeler le sieur Moreau de Beaumont, conseiller d'état ordinaire et au conseil royal, quand il sera question de concessions de bois ou domaines. L'adjudication ou délivrance des revenus du roi, en ferme ou en régie, sera faite au comité. Les fermiers, régisseurs et receveurs des deniers royaux, remettront incessamment au ministre des finances l'état de leurs recettes, fermes ou régies, et des frais de perception, avec leurs observations sur les moyens de diminuer lesdits frais et de simplifier les impositions. Le ministre des finances en rendra compte au comité, et il proposera ce qui lui paroîtra le plus capable de parvenir à la libération des dettes exigibles, au soulagement des contribuables, et aux changements qui pourroient être nécessaires dans la nature et la forme actuelle des impositions.

S. M. autorise le ministre de ses finances à se faire aider dans son travail, par des membres de son conseil, en les chargeant de différentes affaires dont le rapport se fera au comité. S. M. l'autorise pareillement à employer deux officiers de sa chambre des comptes, pour les objets de comptabilité; et deux de sa cour des aides, pour la partie des impositions. Et seront au surplus exécutées toutes les dispositions du règlement du 15 septembre 1661, en ce qui n'y est pas dérogé par le présent.

N° 1753. — ÉDIT *portant suppression de plusieurs offices de procureurs et de notaires en la ville et sénéchaussée de La Rochelle.*

Versailles, février 1783. Reg. en parlement le 1er avril (R. S.)

N° 1754. — ÉDIT *portant suppression de différents offices de contrôleur* (1).

Versailles, février 1783. Reg. en la chambre des comptes le 15 mai. (R. S.)

N° 1755. — ARRÊT *du parlement qui homologue l'ordonnance rendue par le lieutenant-général du bailliage d'Etampes, pour la continence de la mesure, et pour le mesurage des grains qui se vendent dans les marchés de la ville d'Etampes, et ordonne que ladite ordonnance sera exécutée selon sa forme et teneur.*

Paris, 8 mars 1783. (R. S.)

N° 1756. — LETTRES PATENTES *portant nomination de commissaires pour procéder à la vérification et rédaction nouvelle de la coutume de Ponthieu* (2).

Versailles, 9 mars 1783. Reg. en parlement le 21. (R. S.)

N° 1757. — DÉCLARATION *portant révocation de l'exemption du droit d'indemnité, accordée par l'article 8 de la déclaration du 10 mars 1776 sur les acquisitions de terrains pour des cimetières, et qui la convertit en exemption de droit de lods et ventes, centième denier et amortissement* (3).

Versailles, 10 mars 1783. Reg. en parlement le 29 août, au conseil de Corse le 21 novembre. (R. S. Code Corse, t. 5, p. 438. Rec. du parlement de Toulouse. Dupleix, 1785.)

---

(1) V. décl. 20 novembre 1782.
(2) V. lett. pat. du 1er juillet 1769, 6 décembre 1777.
(3) V. décl. 21 novembre 1724, édit d'août 1749, lett. pat. 15 mai 1776.

N° 1758. — ORDONNANCE de police concernant la distribution des bois à brûler aux boulangers et au public.

Paris, 11 mars 1783. (R. S.)

N° 1759. — ARRÊT du parlement portant qu'il ne sera fait qu'une minute des actes reçus par deux notaires.

Paris, 12 mars 1783. (R. S.)

N° 1760. — ARRÊT du conseil qui décide que les gages, appointements, gratifications et remises de toute nature des employés de la loterie royale ne pourront être saisissables par leurs créanciers (1).

Versailles, 12 mars 1783. (B. S.)

N° 1761. — ARRÊT du conseil suivi de lettres patentes qui ordonnent que pendant le cours de deux années il sera fabriqué cent mille marcs d'espèces de cuivre en la Monnoie de Limoges, à raison de cinquante mille marcs par an.

Versailles, 13 mars 1783. Reg. en la cour des monnoies le 2 avril. (R. S.)

N° 1762. — ARRÊT du conseil suivi de lettres patentes qui ordonnent que la fabrication de vingt mille marcs d'espèces de cuivre, ordonnée dans la Monnoie d'Orléans, par arrêt du conseil du 4 novembre 1781, sera continuée et portée à cent mille marcs pendant le cours de deux ans.

Versailles, 13 mars 1783. Reg. en la cour des monnoies le 2 avril. (R. S.)

N° 1763. — LETTRES PATENTES portant réglement sur le genre des preuves que les décimateurs seront tenus de faire, lorsqu'ils seront obligés ou admis à prouver leur possession de la dîme, du gros millet et autres fruits (2).

Versailles, 16 mars 1783. Reg. au parlement de Toulouse le 5 avril. (R. S. Rec. du parlement de Toulouse. Dupleix 1785.)

---

(1) V. ord. de juillet 1681, a. d. c. 4 août 1776, lett. pat. du 28 décembre 1782.

(2) V. lett. pat. du 8 mai 1782.

N° 1764. — LETTRES PATENTES *qui maintiennent M. le duc d'Orléans dans le droit d'être payé sur les deniers comptant et effets mobiliers, provenant de la vente des effets saisis appartenant aux ajudicataires de ses bois, par préférence à tous autres créanciers.*

Versailles, 18 mars 1783. Reg. en parlement le 13 mai. (R. S.)

N° 1765. — ARRÊT *du conseil portant établissement d'une école de mines* (1).

Versailles, 19 mars 1783. (R. S. C. Reg. du parlement de Toulouse. Dupleix, 1785.)

Le roi étant informé que l'art de découvrir et d'exploiter des mines, n'a pas fait dans son royaume les progrès dont il étoit susceptible : que, dans le nombre de ceux qui ont obtenu des concessions, les uns n'en ont fait aucun usage, d'autres y ont employé, sans fruit, des fonds considérables; et que ceux qui ont réussi, n'en ont pas tiré tout le profit qu'ils devoient en attendre, par la difficulté de trouver des directeurs intelligents : S. M. s'est fait rendre compte des différents moyens qu'on pourroit employer pour exciter un genre d'industrie dont les états voisins retirent de si grands avantages; et elle a reconnu que ce n'étoit pas assez de donner des encouragements à ceux qui voudroient se livrer à la recherche et exploitation des minéraux, qu'il falloit encore former des sujets pour conduire les ouvrages avec autant de sûreté que d'économie; c'est par ces motifs que S. M. a résolu d'établir une école de mines, à l'instar de celle qui a été établie avec tant de succès, sous le règne du feu roi, pour les ponts et chaussées. A quoi voulant pourvoir : ouï, etc.

1. Il sera incessamment nommé deux professeurs, pour enseigner les sciences relatives aux mines et à l'art de les exploiter.

2. L'un des professeurs sera chargé d'enseigner la chimie, la minéralogie et la docimasie; l'autre professeur enseignera la physique, la géométrie souterraine, l'hydraulique, et la manière de faire avec le plus de sûreté et d'économie les percements, et de renouveler l'air dans les mines, pour y entretenir la salubrité; il fera aussi connoître les machines nécessaires à leur exploitation, et la construction des fourneaux.

---

(1) V. 29 septembre 1786; arrêté du 23 pluviôse an x; décret du 18 novembre 1810.

3. Le cours d'étude sera de trois années, les leçons seront de trois heures, et chacun des professeurs en donnera trois par semaine, depuis le 1ᵉʳ novembre jusqu'au 1ᵉʳ juin.

4. Ceux qui se proposeront de suivre les cours d'étude, seront tenus de se faire inscrire chez l'ancien des professeurs, qui en rendra compte à l'intendant-général des mines. Ils ne pourront être admis qu'à seize ans accomplis, et en justifiant qu'ils sont suffisamment instruits de la géométrie, du dessin, et des principes élémentaires de la langue allemande.

5. Chaque élève subira tous les ans deux examens, l'un sur la théorie et l'autre sur la pratique, en présence de l'intendant-général des mines, et ils seront interrogés par les professeurs et par les élèves.

6. Il sera fait, à la fin du mois de mai de chaque année, un examen général, où tous les élèves seront interrogés en présence de l'intendant-général des mines, des deux professeurs, des inspecteurs et sous-inspecteurs qui se trouveront alors à Paris, et de six commissaires qui seront nommés à cet effet.

7. Les élèves qui se seront distingués par leur application et leur intelligence seront envoyés par l'intendant-général des mines dans les exploitations qui seront dans un état de grande activité, pour y rester pendant les cinq mois de vacance, et s'y occuper à s'instruire de tous les objets relatifs à la pratique de ces travaux.

8. Les concessionnaires des mines seront tenus de recevoir lesdits élèves, de les entretenir à leurs frais, à raison de 60 liv. par mois, et de leur faciliter tous les moyens de s'instruire; au moyen de quoi lesdits propriétaires seront affranchis des redevances qui leur auroient été imposées par les arrêts de concession.

9. Les directeurs des mines veilleront sur la conduite desdits élèves, et leur donneront, à leur départ, des attestations suivant qu'ils les auront méritées, tant par leur conduite que par leur application.

10. Les élèves qui auront suivi pendant trois années consécutives les leçons des professeurs, qui auront subi, chacune desdites années, les examens ci-dessus prescrits, et qui se seront bien conduits dans les mines où ils auront été envoyés, seront admis au grade de sous-ingénieurs des mines, et il leur en sera expédié un brevet.

11. Les places d'inspecteurs ou sous-inspecteurs des mines ne pourront être données à l'avenir qu'à ceux qui auront mérité et obtenu le brevet de sous-ingénieur.

12. Et afin d'encourager davantage l'étude d'une science aussi intéressante, S. M. se propose d'y destiner chaque année une somme de 3,000 livres pour douze places d'élèves, à raison de 200 livres chacune, en faveur des enfants des directeurs et des principaux ouvriers des mines qui n'auroient pas assez de fortune pour les envoyer étudier à Paris; le surplus sera employé à distribuer des prix à ceux qui auront été jugés les plus capables à l'examen général. Enjoint S. M. au sieur Douet de la Boullaye, intendant-général des mines, minières et substances terrestres de France, de tenir la main à l'exécution du présent arrêt, qui sera lu, publié et affiché partout où besoin sera, et sur lequel toutes lettres nécessaires seront expédiées.

N° 1766. — ARRÊT *du conseil portant règlement pour l'exploitation des mines de métaux* (1).

Versailles, 19 mars 1783. (R. S. C.)

Le roi s'étant fait représenter l'arrêt de son conseil du 15 janvier 1741, par lequel il a été ordonné que les concessionnaires des mines et minières d'or, d'argent et autres métaux seroient tenus de représenter leurs titres; S. M. a jugé nécessaire d'en renouveler les dispositions, et d'y ajouter provisoirement celles qui lui ont paru les plus propres à mettre son conseil en état de lui proposer un nouveau règlement, qui puisse servir de règle à l'exploitation des mines déjà découvertes, et encourager ses sujets à faire de nouvelles recherches. A quoi voulant pourvoir; ouï, etc.

1. Tous ceux qui exploitent actuellement ou prétendent avoir droit d'exploiter des mines et minières d'or, d'argent et autres métaux, seront tenus de remettre incessamment, et au plus tard dans trois mois, ès-mains du sieur intendant de la province ou généralité dans l'étendue de laquelle lesdites mines se trouveront situées, copie des lettres patentes, arrêts, concessions, privilèges et autres titres qui leur ont été accordés, ensemble un état exact de la situation présente de leurs entreprises; de la quantité, l'espèce et la qualité des minéraux qu'elles auront produits depuis un an; du nombre des mineurs, fondeurs et autres, leurs ouvriers, leur âge et lieu de leur nais-

---

(1) En vigueur. Ord. 6 décembre 1816. V. décret 27 mars, 15 juin, 12 et 28 juillet 1791; arrêté du 3 nivôse an VI; loi 13 pluviôse an IX; décret du 19 octobre 1806; loi 21 avril 1810; décret 18 novembre 1810, 3 janvier 1813.

sance, et de ceux qui se seront distingués en annonçant le plus de zèle et le plus de talents. Les copies desdits titres et lesdits mémoires seront signés et certifiés véritables, tant par les préposés à la direction desdits travaux que par les principaux intéressés dans les concessions, donations et privilèges.

2. Ceux qui n'auront pas satisfait aux dispositions du présent arrêt dans le délai de trois mois, demeureront privés des privilèges dont ils jouissent, et ils ne pourront continuer leurs travaux sans avoir obtenu une nouvelle permission.

3. Fait S. M. très-expresses inhibitions et défenses à toutes personnes, de quelque qualité et condition qu'elles soient, sous peine de saisie, amende et confiscation, de faire exploiter à l'avenir aucune mine ou minière d'or, d'argent ou autres métaux, ou demi-métaux et fossiles, sans en avoir préalablement obtenu la permission de S. M.

4. Les concessions des mines de métaux, demi-métaux et fossiles, dont l'exploitation n'aura pas été commencée dans l'année de la concession, ou qui auroit été suspendue pendant le même délai, seront et demeureront révoquées en vertu du présent arrêt, sauf à ceux qui les auroient obtenues à se retirer par-devers S. M. pour en obtenir, s'il y échoit, le renouvellement.

5. Les concessionnaires des mines seront tenus, à compter de la publication du présent arrêt, de loger et entretenir un des élèves de l'école des mines lorsqu'il sera envoyé par l'intendant-général des mines, et ce pendant quatre mois chaque année, si mieux n'aiment leur donner 60 livres par chaque mois qu'ils seront employés auxdites mines : enjoint S. M. aux concessionnaires de veiller à ce que lesdits élèves soient instruits par les directeurs desdites mines dans la pratique de tout ce qui peut concerner l'exploitation des mines ; au moyen de quoi lesdits concessionnaires seront affranchis à l'avenir des redevances annuelles qui leur ont été imposées par les lettres ou arrêts de concessions.

6. Aucun concessionnaire ne pourra abandonner l'exploitation en tout ou en partie des mines de sa concession, ni en ouvrir de nouvelles sans l'approbation de S. M. ; à l'effet de quoi lesdits concessionnaires seront tenus d'instruire l'intendant de la province des nouvelles ouvertures qu'ils seront dans l'intention de faire, ainsi que de la cessation de leurs travaux dans celles existantes.

7. Les concessionnaires ne pourront débaucher ou prendre à leur service les ouvriers qui auront travaillé dans d'autres

mines avant que le temps de leur engagement soit expiré; et les ouvriers ne pourront quitter leurs maîtres avant la fin de leur engagement; et, en cas qu'ils n'aient point d'engagement, ils seront tenus de les avertir trois mois avant de les quitter.

8. Les inspecteurs ou sous-inspecteurs se transporteront chaque année dans toutes les mines du département qui leur aura été assigné, et ils dresseront un procès-verbal sommaire de l'état des travaux déjà faits et de leur avancement, ainsi que du nombre des ouvriers qui y sont employés et du produit; ils indiqueront aux directeurs les moyens qu'ils doivent prendre pour avancer leurs travaux, augmenter les produits et prévenir tout accident; ils se feront rendre compte de la conduite des élèves : et seront lesdits procès-verbaux envoyés à l'intendant de la province, auquel ils rendront compte de leurs tournées, ainsi qu'à l'intendant général des mines; et s'il résulte de leur rapport que les entrepreneurs négligent leur exploitation, ou qu'ils emploient des moyens qui exposent la vie des travailleurs, ou que les particuliers, faute de fonds suffisants, ne puissent pas tirer tout l'avantage que l'on doit attendre de ces exploitations, il y sera pourvu ainsi qu'il appartiendra.

9. Ordonne au surplus S. M., que les employés au service des mines soient maintenus dans la jouissance des privilèges, franchises et exemptions qui leur ont été accordés par les édits et arrêts rendus sur le fait des mines, lesquels seront exécutés en tout ce qui n'y est pas dérogé par le présent arrêt : enjoint S. M. aux sieurs intendants de tenir, chacun en droit soi, la main à l'exécution dudit arrêt, qui sera lu, publié et affiché partout où besoin sera, et sur lequel toutes lettres nécessaires seront expédiées.

N° 1767. — ARRÊT *du conseil servant de règlement pour l'exploitation des mines de charbon de terre.*

Versailles, 19 mars 1783. (R. S. C. Rec. du parlement de Toulouse. Dupleix, 1785.)

Le roi s'étant fait représenter l'arrêt de son conseil du 14 janvier 1744, portant règlement pour l'exploitation des mines de houille ou charbon de terre, S. M. auroit reconnu qu'il étoit nécessaire d'en renouveler les principales dispositions, et d'y joindre une instruction sur la manière la plus avantageuse et la plus sûre de procéder à l'exploitation. A quoi voulant pourvoir : ouï, etc.

1. Il ne sera permis à aucune personne d'ouvrir et mettre

en exploitation des mines de houille ou charbon de terre dans les fonds à eux appartenants, non plus qu'aux seigneurs, dans l'étendue de leurs fiefs ou justices, sans en avoir préalablement obtenu la permission de S. M. ; dérogeant pour cet effet, S. M., à l'arrêt du conseil du 13 mai 1698, et à tous autres réglements à ce contraires.

2. Lesdites permissions ne seront accordées qu'en connoissance de causes, et après avoir pris toutes les précautions convenables pour s'assurer de la nature et qualité des charbons, et de la facilité ou difficulté de l'exploitation.

3. Ceux qui exploitent et font valoir actuellement des mines de houille ou charbon de terre seront tenus de remettre, dans six mois pour tout délai, à compter du jour de la publication du présent arrêt, à l'intendant et commissaire du conseil départi dans la province, déclaration exacte et détaillée de la situation de leurs mines, des lieux où elles sont, du nombre de fosses qui sont actuellement en extraction, du nombre d'ouvriers qu'ils y emploient, des quantités de charbon qu'ils en auront extraites depuis un an ; ils auront soin d'y faire mention des lieux où s'en fait la principale consommation et des prix desdits charbons, le tout à peine de révocation de leurs priviléges et concessions.

4. Ceux qui entreprendront l'exploitation des mines de charbon de terre, en vertu des permissions qu'ils en auront obtenues, seront tenus d'indemniser les propriétaires des terrains qu'ils feront ouvrir, de gré à gré ou à dire d'experts qui seront convenus entre les parties, sinon nommés d'office par les sieurs intendants et commissaires départis dans les provinces et généralités ; et dans le cas où lesdits experts ne s'accorderoient pas entre eux, l'un des inspecteurs ou sous-inspecteurs généraux des mines sera dans sa tournée l'office de tiers expert, sans néanmoins que les entrepreneurs soient obligés de suspendre leurs travaux.

5. L'intention du roi étant que ceux qui exploitent des mines de charbon soient instruits de toutes les précautions qu'ils doivent prendre pour prévenir des accidents qui mettent souvent en danger la vie des ouvriers, S. M. a fait rédiger, par gens à ce connoissants, une instruction qui sera jointe au présent arrêt, et à laquelle les concessionnaires, leurs directeurs et ouvriers seront tenus de se conformer, à peine d'amende, et de tous dommages et intérêts, et même, s'il y échoit, à peine de révocation de leurs priviléges et concessions.

6. Les contestations qui pourront naître entre les proprié-

taires des terrains et les entrepreneurs, leurs commis, employés et ouvriers, tant pour raison de leurs exploitations que pour l'exécution du présent arrêt, seront portées devant les sieurs intendants pour y être par eux statué, sauf l'appel au conseil, et ce pendant trois années seulement. Fait S. M. très-expresses défenses aux parties de se pourvoir ailleurs, et à tous juges d'en connoître, à peine de nullité. Enjoint S. M. auxdits sieurs intendants de tenir, chacun en droit soi, la main à l'exécution du présent arrêt, qui sera lu, publié et affiché partout où besoin sera.

N° 1768. — RÉGLEMENT *pour l'exploitation des mines de charbon de terre* (1).

Versailles, 19 mars 1783. (R. S. Rec. du parlement de Toulouse. Dupleix, 1785.)

1. Il ne pourra être ouvert qu'avec précaution, pour la sûreté des ouvriers, des puits dans les mines de houille ou charbon de terre; et, à cet effet, ils seront étrésillonnés de dedans en dedans et contretenus de bons poteaux de bois, et cuvelés de forts madriers; tous les poteaux et étrésillons seront, autant que faire se pourra, de bois de chêne; les madriers ou planches servant à doubler ou cuveler lesdits puits, s'ils sont d'autres bois que de chêne, auront au moins deux pouces d'épaisseur, et il y aura toujours un puits dans chaque mine, où l'on plantera des échelons pour l'entrée et la sortie des ouvriers.

2. Lorsque les mines pourront être exploitées par des galeries de plain-pied en entrant dans les montagnes où elles se trouveront situées, les ouvertures desdites galeries, si elles ne peuvent être taillées dans le roc de bonne consistance, seront ou revêtues de maçonnerie, ou étayées si solidement qu'elles puissent être fréquentées avec toute sûreté.

3. Soit que les mines soient exploitées par des puits ou par des entrées de plein-pied, il ne sera pas permis d'abandonner l'entreprise, ou de se livrer à d'autres fouilles qu'après que la veine, soit qu'elle soit droite, plate ou oblique, aura été percée ou suivie jusqu'au fond du sol, et qu'il aura été creusé un puits au moins de soixante pieds de profondeur, afin de s'assurer s'il n'y auroit pas de couche inférieure à celle déjà exploitée; et si une seconde veine est extraite, l'on fera un pareil puits au-dessous de celle-ci, et ainsi de suite.

---

(1) V. a. d. c. 14 janvier 1744, 4 mai 1756.

4. Les galeries qu'on formera dans les mines ne pourront être plus larges de cinq pieds, quelque bonne que soit la consistance du charbon et celle du ciel ou du sol de ladite mine : seront lesdites galeries d'autant plus étroites que le charbon, le ciel et le sol de la mine auront une consistance moins solide, et sera faite l'extraction en découvrant toujours le sol de la mine. Quant à la largeur des tailles ou travaux extérieurs, elle pourra être plus grande, mais toujours proportionnée à la solidité du terrain, et notamment à celle du toit des veines.

5. Les galeries formées dans les veines de houille ou charbon de terre seront espacées de façon qu'il y ait d'une galerie à l'autre un massif de charbon de dimension convenable, suivant la nature du terrain et la solidité de la veine de charbon.

6. Les galeries et les tailles seront solidement étayées de de bois de brin lorsqu'elles exigeront cette précaution pour la sûreté des travaux et des ouvriers; et dans le cas où le même motif exigeroit que les ouvrages fussent en partie recomblés, on laissera les ouvertures nécessaires pour la circulation de l'air dans les autres travaux et dans ceux qu'on pourroit entreprendre par la suite.

7. Tout entrepreneur qui se trouvera dans le cas de faire cesser l'extraction du charbon de terre dans une mine actuellement en exploitation, soit par l'éloignement où se trouveroit la mine de charbon des puits ou fosses qu'il aura fait percer pour ladite extraction, soit par le défaut d'air ou pour toute autre cause, ne pourra cesser d'y travailler qu'après en avoir fait sa déclaration au sieur intendant et commissaire départi dans la province; et avant d'abandonner les fosses ou puits et les galeries actuellement ouvertes, il sera tenu de faire percer un touret ou puits de dix toises de profondeur, le plus près du pied de la mine que faire se pourra, pour connoître s'il n'y auroit pas quelque autre filon au-dessous de celui dont l'exploitation auroit été faite jusqu'alors.

8. S'il étoit reconnu par les inspecteurs généraux ou sous-inspecteurs généraux des mines, qu'une galerie d'écoulement fût nécessaire, il sera ordonné aux entrepreneurs ou concessionnaires de la faire à leurs frais, et faute par eux de l'exécuter, S. M. se réserve d'y pourvoir ainsi qu'il appartiendra.

N° 1769. — ARRÊT *du conseil pour le renouvellement des cartouches des noirs et autres gens de couleurs qui sont à Paris* (1).

Versailles, 23 mars 1783. (R. S.)

N° 1770. — ARRÊT *du parlement concernant les visites des syndics-adjoints des communautés d'arts et métiers de la ville de Paris* (2).

Paris, 26 mars 1783. (R. S.)

N° 1771. — ARRÊT *de la cour des aides concernant les aréomètres ou pèse-liqueurs.*

Paris, 28 mars 1783. (R. S. C.)

N° 1772. — LETTRES PATTENTES *qui ordonnent que le contrôle des expéditions de finances qui y sont sujettes, sera fait à l'avenir par le contrôleur général des finances, comme avant les lettres pattentes du 29 juin 1777* (3).

Versailles, 30 mars 1783. Reg. en la chambre des comptes le 1er avril.
R. S.

N° 1773. — ÉDIT *portant suppression de l'office de garde-marteau de la maîtrise d'Orléans, et création de six offices de garde-marteau de ladite maîtrise* (3).

Versailles, mars 1783. Reg. en parlement le 1er avril (R. S.)

N° 1774. — LETTRES PATTENTES *contenant les statuts des boulangers de Paris.*

Versailles, 1er avril 1783. (Mars, 2-333.)

4. Défenses sont faites à tous gens sans qualité de s'immiscer en la profession de boulanger, sous quelque prétexte que ce puisse être, même sous celui d'association avec un maître, sous peine de saisie et confiscation des marchandises et ustensiles..... et de 100 liv. d'amende (5).

5. Seront néanmoins exceptés desdites défenses les boulangers forains, lesquels continueront à jouir de la faculté

---

(1) V. a. d. c. 11 janvier 1728; décl. 9 août 1777; arrêté du 13 thermidor an x.
(2) V. édit de 1776 et décl. de février 1777.
(3) V. 14 mars et 26 avril 1781.
(4) Ord. d'août 1669; édit de juillet 1779.
(5) V. § 4, art. 3, loi des 16-24 août 1790.

d'apporter et faire apporter aux halles et marchés de Paris, les jours ordinaires de marché seulement et aux places qui leur auront été assignées, du pain de pâte ferme et de pâte douce, dans lequel il ne pourra entrer ni lait, ni beurre ou autre mélange, mais composé de farine et d'eau seulement.

6. Tous les pains qui seront apportés au marché seront du poids de..... et cuits du jour précédent. La vente s'en fera..... sans que les marchands forains puissent, sous aucun prétexte, même sous celui de leur consommation, en resserrer, entreposer ni emporter aucune portion (1).

Les maîtres de la communauté jouiront aussi, en se conformant aux mêmes réglements, de la faculté d'envoyer du gros pain aux halles et marchés les jours accoutumés (2).

7. Défenses sont faites auxdits boulangers forains..... d'exposer en vente, ni débiter dans les rues, de s'y arrêter avec leurs chevaux et charrettes, pour livrer leurs pains à leurs pratiques, avant d'avoir été exposés au marché, de le resserrer, entreposer, ni faire colporter en quelque endroit ou de quelque manière que ce puisse être, et enfin de contrevenir aux dispositions des deux articles précédents; et ce, sous peine de saisie et confiscation des marchandises, chevaux, charrettes et ustensiles..... et de 50 liv. d'amende (3).

8. Pareilles défenses sont faites à tous particuliers de colporter, exposer ni vendre en regrat du pain dans les rues, places, halles et marchés de la ville et faubourgs de Paris, et même aux maîtres boulangers de la communauté de faire porter du pain chez aucun de leurs confrères pour y être vendus, et ce, sous les peines portées en l'article 4 ci-dessus (4).

9. Les maîtres seront tenus de faire imprimer leurs noms en gros caractères à l'extérieur et à l'endroit le plus apparent de leur boutique. Ils seront pareillement tenus, lorsqu'ils changeront de demeure, d'en faire, dans la huitaine, leur déclaration au bureau de la communauté, et d'y indiquer leur nouveau domicile, laquelle déclaration sera inscrite sans frais sur un registre à ce destiné.....; le tout à peine de 10 liv. d'amende, et de plus grande peine s'il y échet (5).

10. Défenses sont faites à tous apprentis et garçons de ladite

---

(1) V. § 4 et 5, loi du 15-24 août 1790, art. 419, C. P.
(2) V. § 4, art. 3, loi du 24 août 1790. Appendice du C. P.
(3) § 1er, 4, 5, même art.
(4) Idem.
(5) § 4, art. 4, loi du 24 août précitée.

profession, lorsqu'ils voudront se faire recevoir maîtres et s'établir même dans les trois années qui suivront leur sortie de chez un maître, de prendre à loyer la boutique occupée par le maître chez lequel ils demeureront ou auront demeuré; comme aussi de s'établir avant l'expiration desdites trois années, à la proximité des maisons qu'ils auront quittées, desquelles ils seront tenus de s'éloigner de manière qu'il y ait au moins quatre boutiques de la profession entre les maisons dans lesquelles ils auront demeuré et celle de leur établissement, à moins que ce soit du consentement du maître intéressé, ou pour prendre l'établissement d'une veuve ou fille de maître qu'ils auront épousée; le tout sous peine de fermeture de boutique..... et d'amende.

16. Les syndics et adjoints seront tenus de faire chaque année deux visites chez les maîtres et maîtresses de la communauté, qui seront tenus de les souffrir, pour veiller à ce qu'il ne se commette aucune contravention dans l'exercice de leur commerce et profession, examiner si les marchandises qu'ils emploient sont de bonne qualité, et voir si par l'empêchement des étouffoirs et l'état des fours il n'y a pas de risques à courir pour le feu (1).

N° 1775. — ARRÊT *du conseil qui ordonne un emprunt de 24 millions remboursable en huit années par forme de loterie* (2).

Versailles, 5 avril 1783.

N° 1776. — LETTRES PATENTES *portant réglement pour le collège de la ville de Langres* (3).

Versailles, 10 avril 1783. Reg. en parlement le 13 mai. (R. S.)

N° 1777. — DÉCLARATION *concernant les alignements et ouvertures des rues de Paris* (4).

Versailles, 10 avril 1783. Reg. en parlement le 8 juillet. (R. S. C.)

LOUIS, etc. Les rois, nos prédécesseurs, ayant reconnu

---

(1) § 3 et 5, art. 3 de ladite loi.
V. ord. de police 14 pluviôse an X, 23 ventôse an XI, 25 prairial an XII, 10 mars 1808, 17 novembre 1808; ord. du roi 4 février 1815; ord. de pol. 13 avril 1819.
(2) V. 26 septembre 1783, 10 mai 1786.
(3) V. lett. pat. d'août 1763, du 3 mai et 10 août 1766, édit de fév. 1763.
(4) En vigueur.
Lett. pat. de Louis-le-Gros qui accordent la voirie à l'abbé de St.-Denis depuis la rivière jusqu'à Aubervilliers. 1124.
Autres dites *charta pacis* par lesquelles Philippe-Auguste régla la voirie. Melun, 1222.
L'inspection des chemins fut accordée aux trésoriers de France par les ord. d'octobre 1489 et 1508, et janvier 1551.
Sully créé grand-voyer, édit de 1599; ord. du prévôt de Paris du 22 dé-

combien il importoit au bien public que les rues de notre bonne ville de Paris fussent alignées, autant que les circonstances le permettroient; qu'elles eussent une largeur suffisante, et fussent débarrassées de tout ce qui pouvoit s'opposer à une circulation facile, et nuire au libre passage des voitures et des gens de pied, il a été rendu en différents temps des lois pour y pourvoir; mais leur ancienneté, l'accroissement successif de cette capitale, de sa population et de son commerce, et la construction d'un grand nombre d'édifices, à l'égard desquels on s'est souvent écarté de l'exécution de ces lois, nous ont convaincu de la nécessité de les renouveler et même d'ajouter à leurs dispositions, en ménageant cependant, autant qu'il sera possible, les propriétés de nos sujets, surtout quant aux maisons et bâtiments actuellement existants; et comme nous avons reconnu que l'excessive élévation des bâtiments n'est pas moins préjudiciable à la salubrité de l'air, dans une ville aussi étendue

---

cembre 1600, sur le règlement de la voirie; édit de décembre 1607, sur les fonctions du grand-voyer; cette charge supprimée, réunie aux trésoriers, édit de mars 1626; attribution aux trésoriers de France de la juridiction en matière de chemins royaux, confiée par l'édit de création aux baillis et sénéchaux comme les causes de domaine, 1627; déclaration du 16 juin 1693, sur les fonctions des officiers de la voirie.

A. d. c. 26 mai 1705 sur l'alignement des ouvrages de pavé; 17 juin 1721, des grands chemins; une ordonnance du bureau des finances du 29 mars 1754, fut rendue sur ces deux arrêts; elle est textuellement reproduite dans une autre du 30 avril 1772; a. d. c. 27 février 1765, concernant les alignements des routes royales, il charge les trésoriers de France d'exécuter les plans des routes, approuvés par le roi, et statue sur les contraventions.

Ordonnance des trésoriers du 15 juillet 1766, sur la manière de border les routes.

A. d. c. 18 novembre 1781, sur les alignements à faire dans Paris par les trésoriers de France.

Lett. pat. qui ordonnent la suppression des échoppes adossées contre les maisons dans les rues de Paris. Mai 1784.

Autres relatives à la hauteur des maisons de Paris, 25 août 1784, et 23 octobre 1785, art. 5.

Suppression des maisons appartenantes à la ville de Paris, sur les ponts Notre-Dame et au Change; a. d. c. 24 août 1785.

Arrêt du parlement sur les maisons sujettes à l'alignement, 9 janvier 1788.

Attribution aux intendants et commissaires départis dans les provinces des fonctions exercées par les trésoriers de France au bureau des finances, a. d. c. 13 juin 1788.

V. aussi édit de mai 1788, et ordonnance du bureau des finances du 7 oct.

Lois des 22 décembre 1789, janvier 1790, qui charge les administrations de la direction des travaux pour les routes dans les départements.

Loi du 16-24 août 1790, art. 3, qui réunit aux municipalités la police de la voirie communale.

Décret des 6 et 7-11 septembre, qui contient la suppression des trésoriers de France; 7-14 octobre 1790, qui confère aux corps administratifs (aujour-

et aussi peuplée, qu'elle est contraire à la sûreté des habitants, surtout en cas d'incendies, nous avons cru devoir aussi expliquer à cet égard nos intentions. A ces causes, etc.

1. Ordonnons qu'à l'avenir, et à compter du jour de l'enregistrement de la présente déclaration, il ne puisse être, sous quelque prétexte que ce soit, ouverte et formée en la ville et faubourgs de Paris, aucune rue nouvelle qu'en vertu des lettres patentes que nous aurons accordées à cet effet, et que lesdites rues nouvelles ne puissent avoir moins de trente pieds de largeur; ordonnons pareillement que toutes les rues dont la largeur est au-dessous de trente pieds, soient élargies successivement à sur et à mesure des reconstructions des maisons et bâtiments situés sur lesdites rues.

2. En conséquence il sera incessamment procédé, par les commissaires généraux de la voirie, à la levée des plans de toutes les rues de la ville et faubourgs de Paris dont il n'en a point encore été dressé, et à l'égard de celles dont il a déjà été

---

d'hui les préfets), l'administration et l'alignement en matière de grande voirie, et aux tribunaux la police.

L'administration des ponts et chaussées organisée, loi des 4 novemb. 1790, 19 janvier 1791.

V. loi du 19-22 juillet 1791, qui maintient les anciens règlements.

Arrêté du 13 germinal an V.

Le pouvoir réglementaire des trésoriers appartient aux conseils de préfecture, loi du 28 pluviôse an X.

Loi du 29 floréal an X, sur la compétence en cette matière.

Loi du 16 septembre 1807, art. 52, concernant l'alignement dans les villes donné par les maires et arrêté par le conseil d'état.

Décrets des 27 juillet et 27 octobre 1808, sur les alignements, et contenant le tarif des droits de voirie.

Le pouvoir judiciaire est dévolu soit aux conseils de préfecture soit aux tribunaux de police, art. 471 du code pénal.

Avis du conseil d'état du 30 août 1811, concernant l'alignement dans la ville de Paris.

Décret du 15 décembre 1813, ord. de décembre 1814.

Instruction générale du 2 octobre 1815, sur la mise au net et le format des alignements.

Décisions des 29 février 1816 et 18 mars 1818, sur les alignements dans les villes.

Loi du 16 septembre 1817.

Circulaire ministérielle du 29 octobre 1823.

A Paris, les rues sont considérées comme dépendant de la grande voirie, a. d. c. 13 août 1823.

Tarif des droits de voirie, modifié par ordonnance du 24 décembre 1823.

Loi du 28 juillet 1824, sur les chemins vicinaux. Instruction à ce sujet du ordonnance de police du 18 novembre 1825.

V. Merlin, v° rue. Mars, 2—474. Isambert, traité de la voirie, pag. 209, 279, 461, 516, 522. Macarel, tom. 6, pag. 206. Fleurigeon, 2—612, 616. Isambert, recueil des lois, etc., tom. 14, pag. 507.

levé des plans, déposés au greffe de notre bureau des finances, il sera seulement procédé au récolement d'iceux pour, sur la représentation qui nous sera faite de tous lesdits plans, être par nous réglé l'élargissement à donner à l'avenir à toutes les rues.

3. Faisons expresses inhibitions et défenses à tous propriétaires, architectes, entrepreneurs, maçons, charpentiers et autres, d'entreprendre ni commencer aucunes constructions ou reconstructions quelconques de murs de face sur rues, sans au préalable avoir déposé au greffe de notre bureau des finances le plan desdites constructions et reconstructions, et avoir obtenu des officiers dudit bureau les alignements et permissions nécessaires, lesquels ne pourront être accordés qu'en conformité des plans par nous arrêtés, dont il sera déposé des doubles tant au greffe du parlement qu'en celui de notre bureau des finances.

4. Chacun des propriétaires de maisons, bâtiments et murs de clôture situés sur les rues, sera tenu de contribuer aux frais des plans ordonnés ci-dessus, au prorata des toises de face de sa propriété, laquelle contribution nous avons fixée, à l'égard des plans à lever, à 5 sols par toise de maisons et bâtiments de face sur la rue, et pareillement à 3 sols par toise de mur de clôture, et à la moitié seulement pour les plans déjà levés et qui seront seulement récolés. N'entendons que puissent être assujettis à ladite contribution les édifices ou établissements publics, ni les maisons appartenantes aux hôpitaux.

5. La hauteur des maisons et bâtiments en la ville et faubourgs de Paris, autres que les édifices publics, sera et demeurera fixée, savoir, dans les rues de trente pieds de largeur et au-dessus, à soixante pieds lorsque les constructions seront faites en pierre et moëllon, et à quarante-huit pieds seulement lorsqu'elles seront faites en pan de bois; dans les rues depuis vingt-quatre jusques et compris vingt-neuf pieds de largeur, à quarante-huit pieds, et dans toutes les autres rues à trente-six pieds seulement; le tout y compris les mansardes, attiques, toits et autres constructions quelconques au-dessus de l'entablement: ordonnons en conséquence que les maisons et bâtiments dont l'élévation excède celles ci-dessus fixées, y seront réduites lors de leur reconstruction.

6. Faisons défenses à tous propriétaires, charpentiers, maçons et autres, de construire et adapter aux maisons et bâtiments situés en la ville et faubourgs de Paris, aucuns autres bâtiments en saillie et porte à faux, sous quelque prétexte que ce soit:

enjoignons aux propriétaires et locataires des maisons où il a été adapté de pareilles saillies, soit en maçonnerie ou en charpente, de les supprimer et démolir dans un mois, à compter du jour de l'enregistrement de la présente déclaration.

7. Ceux qui contreviendront à l'exécution de la présente déclaration, soit en perçant quelques nouvelles rues, soit en élevant leurs maisons au-dessus des hauteurs déterminées, ou en y adaptant des bâtiments en saillie et porte à faux, soit en ne se conformant point aux alignements qui leur seront donnés, seront condamnés, quant aux propriétaires, en 3,000 liv. d'amende applicables à l'hôpital général, les ouvrages démolis, les matériaux confisqués, et les places réunies à notre domaine; et à l'égard des maîtres maçons, charpentiers et autres ouvriers, en 1,000 liv. d'amende applicables comme dessus, et déchus de leurs maîtrises sans pouvoir être rétablis par la suite. Attribuons la connoissance desdites contraventions aux officiers de notre bureau des finances en ce qui concerne la voirie, et à l'égard des autres contraventions, aux juges qui en doivent connoître, le tout sauf l'appel en notre cour de parlement. Si donnons en mandement, etc.

N° 1778. — DÉCLARATION *qui ordonne l'expédition des lettres de chevalier de l'ordre de Saint-Louis.*

Versailles, 14 avril 1783. (Code des ordres de chevalerie, pag. 280.)

N° 1779. — ARRÊT *du conseil qui fixe les couleurs que doivent avoir les lisières des ratines et des espagnolettes fabriquées dans la généralité de Rouen* (1).

Versailles, 18 avril 1783. (R. S.)

N° 1780. — ARRÊT *du conseil suivi de lettres patentes qui ordonnent une fabrication de cinquante mille marcs d'espèces de cuivre, en la Monnoie de Bayonne* (2).

Versailles, 19 avril 1783, Reg. en la cour des monnoies, le 14 mai. (R. S.)

N° 1781. — ARRÊT *du conseil concernant les formalités à remplir pour la confection des routes.*

Versailles, 20 avril 1783. (R. S.)

Le roi voulant profiter du retour de la paix pour favoriser le

---

(1) V. lett. pat. 1er mars 1781.
(2) V. édit d'août 1768, a. d. c. 5 avril 1769, décl. 14 mars 1777.

commerce intérieur, S. M. s'est fait rendre compte de l'état des chemins dans les différentes provinces de son royaume, et elle a reconnu que les ordres qu'elle a donnés pour la réparation et l'entretien des grandes routes, ne devoient point retarder l'ouverture de communications sans lesquelles les habitants qui n'ont pas l'avantage d'être à portée des grands chemins, ne seroient pas dans le cas d'en profiter; et comme les alignements des nouvelles routes occasionent souvent des représentations, soit de la part des communautés, soit de la part des seigneurs ou propriétaires des héritages voisins, S. M. a pensé qu'il étoit de sa justice de donner à tous ceux qui peuvent y avoir intérêt, un temps suffisant pour se faire entendre, afin qu'on ne fût point obligé d'augmenter la charge des corvéables, en abandonnant des routes déjà ouvertes, pour donner la préférence à de nouveaux alignements. A quoi voulant pourvoir: ouï, etc.

1. Il sera procédé sans délai à l'ouverture des nouvelles communications qui seront jugées nécessaires et utiles pour la facilité du transport des denrées et marchandises dans l'intérieur des provinces.

2. Les ingénieurs des ponts et chaussées ne pourront ouvrir aucune nouvelle route, que l'alignement qui en aura été approuvé sur le plan, de l'avis de l'intendant de la province, n'ait été préalablement tracé par des piquets buttés en terre, ou autres indications suffisantes, pour que les communautés qui seront dans le cas d'y travailler, ainsi que les propriétaires, ne puissent prétendre cause d'ignorance.

3. Les ingénieurs auront soin de placer lesdits piquets ou marques indicatives de l'alignement de manière qu'ils ne puissent nuire à la culture, et de faire mention dans leurs rapports de l'époque à laquelle lesdits piquets auront été plantés. Fait S. M. très-expresses défenses à toutes personnes d'arracher ou déplacer lesdits piquets ou autres marques, à peine de punition.

4. Les routes qui auront été tracées ainsi qu'il est ci-dessus ordonné, ne pourront être ouvertes que six mois après la plantation desdits piquets; et dans le cas où il surviendroit pendant ledit délai quelques représentations, soit sur la confection de la route, soit sur sa direction, il y sera fait droit par S. M., sur l'avis du sieur intendant et commissaire départi, ainsi qu'il appartiendra.

5. Les dispositions de l'article précédent seront exécutées, par rapport aux routes déjà ouvertes, et dont les travaux auroient été suspendus avant la publication du présent arrêt; en

ce qui concerne toutes les autres routes, elles seront parachevées. Mando, etc.

N° 1782. — ARRÊT *du conseil qui règle le nombre des chevaux, etc., qui seront attelés aux voitures, et qui prescrit différentes formalités pour la conservation des routes.*

Versailles, 20 avril 1783. (R. S. C.)

Le roi étant informé que les rouliers et voituriers négligent d'exécuter les dispositions de la déclaration de 1724, et autres réglements concernant le nombre des chevaux qu'il est permis d'atteler aux voitures à deux roues; que la charge énorme que l'on se permet de mettre sur les voitures à deux et à quatre roues, et la forme des roues, sont très-préjudiciables à la conservation des chemins; que les dégradations qui en sont la suite augmentent les dépenses d'entretien, ainsi que le travail des corvéables auxquels le roi doit une protection particulière; S. M. a jugé nécessaire de renouveler les anciens réglements, et d'y ajouter les dispositions qui lui ont paru les plus capables d'en assurer l'exécution, sans porter préjudice à la facilité des transports. A quoi voulant pourvoir : ouï, etc.

1. A compter du 1ᵉʳ octobre prochain, aucun roulier ou voiturier, soit qu'il voiture pour son compte particulier ou pour autrui, ne pourra atteler, dans toutes les saisons de l'année, plus de trois chevaux ou mulets sur les charrettes ou voitures à deux roues, et plus de six sur les chariots ou voitures à quatre roues lorsqu'ils seront attelés en couple, et de quatre lorsqu'ils le seront en file; le tout à peine de confiscation de tous les chevaux ou mulets qui excèderont le nombre fixé : deux bœufs ne seront comptés que pour un cheval ou mulet.

2. Défend S. M. aux rouliers ou voituriers d'attacher derrière leurs voitures, sous quelque prétexte que ce soit, aucuns chevaux, mulets ou bœufs excédant le nombre fixé ci-dessus; et ce, à peine de confiscation, comme si lesdites bêtes étoient attelées auxdites voitures.

3. N'entend S. M. comprendre dans les dispositions des articles précédents les voitures employées à la culture et exploitation des terres.

4. Ceux qui voudront faire usage de roues dont les jantes auront six pouces de largeur à la semelle ou circonférence extérieure, seront libres d'atteler quatre chevaux sur les charrettes ou voitures à deux roues, et huit chevaux sur les chariots ou voitures à quatre roues; et dans le cas où l'un des essieux

des voitures à quatre roues étant plus court, les roues seroient disposées de manière à ne pas passer dans les mêmes traces, permet S. M. d'atteler auxdites voitures un plus grand nombre de chevaux.

5. Défend au surplus S. M. à tous rouliers et voituriers, à peine de 50 liv. d'amende, de se servir de roues dont les bandes seroient attachées avec des clous taillés en pointe : ordonne, sous pareille peine, aux maréchaux de ne plus employer à l'avenir à cet usage que des clous à tête plate.

6. Les fermiers des messageries seront tenus de se conformer aux dispositions du présent réglement, et néanmoins S. M. leur accorde terme et délai jusqu'au 1er janvier prochain.

7. Il sera établi dans tous les lieux qui seront désignés par les sieurs intendants et commissaires départis, des barrières et des commis chargés d'arrêter et saisir tous les chevaux attelés aux voitures ou attachés derrière, qui excèderont le nombre fixé par le présent réglement.

8. Lesdits commis dresseront leurs procès-verbaux des contraventions, et ils les adresseront sans délai aux sieurs intendants et commissaires départis dans les provinces et généralités du royaume, et aux sieurs trésoriers de France et commissaires des ponts et chaussées dans la généralité de Paris, pour y être fait droit sans délai et sans frais ; lesdits procès-verbaux seront signés de deux témoins, dans le cas où les commis qui les auroient dressés n'auroient point serment en justice.

9. La vente des bêtes de trait qui auroient été confisquées sera faite à l'encan, dans le plus court délai, de l'autorité desdits sieurs intendants ou de leurs subdélégués ; le prix qui en proviendra, les frais de fourrière et autres prélevés, appartiendra aux commis qui auront fait la saisie.

10. En cas de rébellion de la part des conducteurs de voitures, ils seront condamnés en 150 liv. d'amende, même poursuivis extraordinairement, suivant l'exigence des cas.

11. Ordonne pareillement S. M., qu'à compter du 1er octobre prochain, tous propriétaires de charrettes, chariots et autres voitures, destinés au roulage et transport des denrées et marchandises, seront tenus de faire peindre en caractère gros et lisible, sur une plaque de métal posée en avant des roues, au côté gauche de la voiture, et ainsi que cela se pratique dans la ville et banlieue de Paris, leurs noms, surnoms et domiciles, le tout avant le 1er octobre. Veut S. M. que ceux qui seroient reconnus avoir mis un autre nom que le leur, ou indiqué un faux domicile, soient condamnés à une amende

de 100 liv. pour la première fois, et du double en cas de récidive. Mande, etc.

N° 1783. — ORDONNANCE de police sur la discipline des élèves du collège de pharmacie (1).

Paris, 23 avril 1783. (Mars, 1—712.)

2. Aucun élève ne pourra quitter le maître chez lequel il réside, qu'il ne l'ait averti huit jours d'avance, et qu'il n'en ait obtenu un certificat de congé.

3. Chaque fois qu'un élève se présentera chez un maître pour y travailler, il sera tenu de lui justifier du certificat du dernier maître chez lequel il aura travaillé.

4. Les maîtres ne pourront recevoir chez eux un élève, si ledit élève a travaillé à Paris, qu'après s'être fait pareillement représenter le dernier certificat de congé obtenu par ledit élève.....

7. Défenses sont faites aux maîtres, ainsi qu'aux élèves, de contrevenir aux dispositions du présent règlement, sous peine, contre les maîtres, de tels dommages-intérêts qu'il appartiendra..... et de 30 liv. d'amende; et contre les élèves, de pareilles peines, et même de prison.

N° 1784. — ARRÊT du conseil qui ordonne qu'à compter du 1ᵉʳ janvier 1784 la poudre à tirer sera vendue par la régie des poudres et salpêtres aux débitants et au public, en grains et sans être pliée, au poids usité dans chaque province.

Versailles, 26 avril 1783. (R. S.)

N° 1785. — DÉCLARATION qui ordonne que ceux qui auront été bannis en Corse et qui ne garderont pas leur ban, seront condamnés, les hommes aux galères, et les femmes à être renfermées dans des maisons de force ou hôpitaux, à temps ou à perpétuité.

Versailles, 28 avril 1783. Rég. au conseil supérieur de Corse le 17 juin.
(Code Corse, tom. 5, pag. 342.)

N° 1786. — ARRÊT du conseil portant que les propriétaires d'établissements de commerce qui auront obtenu des privilèges ou encouragements ne pourront les céder sans la permission du contrôleur-général des finances, sous peine de perdre les graces accordées.

Versailles, 2 mai 1783. (R. S.)

---

(1) V. a. d. p. 5 novembre 1764, décl. du 25 avril 1777, ord. de police 9 floréal an XI, 4 octobre 1806.

N° 1787. — ARRÊT *du conseil qui enjoint à tous propriétaires et engagistes des droits de pêche, pêcheries, moulins et autres droits situés sur les rivières navigables, pour être maintenus et confirmés, de représenter leurs titres au greffe de la commission des péages dans un délai déterminé, à peine de déchéance* (1).

Versailles, 5 mai 1783. (R. S. C. Rec. du parlement de Toulouse. Dupleix, 1785.)

N° 1788. — ARRÊT *du parlement concernant la hauteur des eaux* (2).

Rennes, 5 mai 1783.

N° 1789. — LETTRES PATENTES *concernant les preuves en matière de dîmes* (3).

Versailles, 8 mai 1783. (R. S. Rec. du parl. de Toulouse. Dupleix, 1785.)

N° 1790. — ARRÊT *du parlement qui permet aux habitants du Vermandois et de Vitry-le-Français de mener paître leurs moutons dans les prés après la faux, et de les laisser pacager dans les terres non ensemencées, le long des chemins, lorsqu'ils les conduiront en foire.*

Paris, 9 mai 1783. (R. S.)

Vu par la cour la requête présentée par le procureur-général du roi, contenant que, par arrêt rendu le 23 janvier 1779, il a été fait défenses à tous propriétaires, fermiers, cultivateurs, journaliers, habitants de la campagne et autres, de mener paître, en aucuns temps, les moutons et brebis dans les vignes, bois, buissons, ni aux environs des haies dans les jardins, prairies et vergers, à moins que les jardins, prairies et vergers ne soient enclos de murs ou de haies appartenants aux propriétaires desdits moutons et brebis, sous peine de 3 livres d'amende pour chacune bête, des dommages-intérêts envers

---

(1) V. a. d. c. 29 août 1724, 20 novembre 1725, 24 juin et 5 août 1777.
(2) V. a. d. p. 16 octobre 1754.
Loi du 6 octobre 1791, art. 15 et 16 du titre 2.
Les parlements fixoient la hauteur des eaux parce que la police étoit dans leurs attributions.
(3) Enreg. au parl. de Toulouse le 6 mars 1784, sur lett. de jussion du 10 décembre 1783.
V. ord. de mai 1579, art. 50, édit de février 1580, art. 29, décl. du 16 mars 1783.

ceux qui en auront souffert du dommage, du double de l'amende en cas de récidive, même de confiscation desdits animaux, et d'être les contrevenants poursuivis extraordinairement, suivant l'exigence des cas; que le procureur-général du roi a été informé que les dispositions de cet arrêt sont de la plus grande utilité dans la plupart des paroisses situées dans les sièges du ressort de la cour, mais qu'il se pourroit faire qu'à l'avenir il apportât préjudice au commerce de moutons, qui fait un objet considérable dans les paroisses situées dans le ressort des coutumes de Vermandois et de Vitry-le-Français; quant aux défenses qui sont faites de mener paitre les moutons dans les prairies; que par la coutume de Châlons, qui est une des coutumes de Vermandois, il est permis aux habitants des villes et villages de mener leurs bêtes, grosses et menues, dans les terres en friche, labourages hors les dépouilles, terres non ensemencées, prés, après la faux, jusqu'au 15 mars; que la coutume de Vitry-le-Français renferme les mêmes dispositions, mais restreint la vaine pâture pour les prés jusqu'au 15 février ou au commencement de mars; qu'on ne peut disconvenir que, par les termes de menues bêtes dont se servent les coutumes, il ne peut être question que des moutons et brebis; qu'aussi les habitants ont toujours mené leurs moutons et brebis dans les prés après la faux, excepté dans les prés en défends qui sont destinés pour la pâture grasse ou pour être fauchés une seconde fois au profit des propriétaires ou des fermiers; que le procureur-général est encore informé que, quand ceux qui font le commerce de moutons et de brebis les conduisent dans les foires et marchés pour y être vendus, on veut empêcher que les moutons et brebis pâturent le long des chemins; et comme il paroît convenable que les habitants des paroisses situées dans le ressort des coutumes de Vermandois et de Vitry-le-Français aient la faculté d'user du droit de vaine pâture pour leurs moutons et brebis dans les prairies qui ne sont point en défends comme avant l'arrêt du 23 janvier 1779, et de les laisser pâturer dans les terres non ensemencées situées le long des chemins lorsqu'ils les conduiront dans les foires et marchés. A ces causes, requéroit le procureur-général du roi qu'il plût à la cour ordonner qu'il sera libre aux propriétaires, fermiers, cultivateurs, journaliers et habitants de la campagne des paroisses situées dans le ressort des coutumes de Vermandois et de Vitry-le-Français, de mener paître leurs moutons et brebis dans les prés, après la faux, qui ne sont point en défends, comme avant l'arrêt du 23 janvier 1779; qu'il leur sera pareillement libre, lorsqu'ils conduiront leurs moutons et brebis dans les foires et marchés pour y être vendus, ou ramèneront dans leurs paroisses les moutons et brebis qu'ils auront achetés dans lesdites foires et marchés, de les laisser pâturer dans les terres non ensemencées situées le long des chemins; ordonner au surplus que l'arrêt du 23 janvier 1779 sera exécuté; ordonner que l'arrêt qui interviendra sera imprimé, publié et affiché partout où besoin sera, notamment dans les paroisses situées dans le ressort des coutumes du Vermandois et de Vitry-le-François; ladite requête signée du procureur-général du roi. Ouï le rapport de M° Adrien-Louis le Febvre, conseiller. Tout considéré.

La cour ordonne qu'il sera libre aux propriétaires, fermiers, cultivateurs, journaliers et habitants de la campagne des paroisses situées dans le ressort des coutumes du Vermandois et de Vitry-le-Français, de mener paître leurs moutons et brebis dans les prés, après la faux, qui ne sont point en défens, comme avant l'arrêt du 23 janvier 1779; qu'il leur sera pareillement libre, lorsqu'ils conduiront leurs moutons et brebis dans les foires et marchés pour y être vendus, ou ramèneront dans leurs paroisses les moutons et brebis qu'ils auront achetés dans lesdites foires et marchés, de les laisser pâturer dans les terres non ensemencées situées le long des chemins; ordonne au surplus que l'arrêt du 23 janvier 1779 sera exécuté; ordonne que le présent arrêt sera imprimé, publié et affiché partout où besoin sera, notamment dans les paroisses situées dans le ressort des coutumes du Vermandois et de Vitry-le-Français.

N° 1791. — ORDONNANCE *du bureau de la ville pour prévenir les incendies sur la rivière, les ports, etc.*

Paris, 16 mai 1783. (Mars. 2—416.)

Très-expresses inhibitions et défenses sont faites à tous marchands, gagne-deniers et débardeurs, garçons de pelle, plumets, porteurs de charbon, voituriers par eau et par terre, leurs compagnons et charretiers, et généralement à toutes personnes sans exception, de porter ni faire du feu, même dans des chaufferettes et chaudrons grillés, sur la rivière, les bateaux et trains qui y flottent, les bords d'icelle, les quais et ports, et dans les chantiers, ainsi qu'aux accès des ponts, des bacs et passages, et sur tous autres rivages, tant de l'étendue de cette ville que du dessus et du dessous; d'y fumer et d'y tirer fusées ou autres artifices, non plus qu'avec aucunes armes à feu, même sous prétexte d'essai, ou de tirer aux hirondelles et autres oiseaux; comme aussi d'aller la nuit dans les bateaux, sur les trains, et même dans l'intérieur desdits ports, sans avoir une lumière qui soit dans une lanterne exactement fermée, le tout à peine de trois mois de prison, d'amende arbitraire, et de plus grande peine, si le cas y échet (1).

N° 1792. — ARRÊT *du conseil qui fait défenses à tous adjudicataires des bois qui peuvent servir à l'approvisionnement de la ville de Paris de convertir en charbon ceux provenant de leur exploitation de six pouces de tour et au-dessus, qui seront débités en bois de corde* (2).

Versailles, 29 mai 1783. (R. S. Dupin, Code du comm. de bois et charbon. Mars, 2 – 299. Baudrillard.)

Le roi s'étant fait représenter en son conseil, S. M. y étant, l'arrêt rendu en icelui le 9 août 1723, par lequel il a été fait très-expresses inhibitions et défenses à toutes personnes, de quelque qualité et condition qu'elles soient, et à toutes les communautés ecclésiastiques et laïques, régulières et séculières, économes, administrateurs, recteurs et principaux des collèges, hôpitaux et maladreries, commandeurs et protecteurs de l'ordre de Saint-Jean de Jérusalem, d'établir à l'avenir aucuns fourneaux, forges, martinet et verreries, augmentation de feu et de marteau, sinon en vertu de lettres patentes bien et duement vérifiées, à peine de 3,000 livres d'amende, et de démolition des fourneaux, forges, martinets et verreries, et de confiscation des bois, charbons, mines et ustensiles servant à leur usage. S. M. ayant reconnu que les défenses portées par ce réglement ont eu pour objet d'empêcher qu'une partie considérable des bois destinés au chauffage du public ne fût consommée par ces nouveaux établissements, qui ne doivent être mis en usage que pour la consommation des bois qui ne sont pas à portée des rivières navigables et des villes, et qui par leur situation ne peuvent servir ni aux constructions ni au chauffage; et S. M. ayant été informée qu'il existe cependant à portée des rivières navigables et des villes un grand nombre de ces établissements dont la consommation porte un très-grand préjudice au chauffage du public, et principalement à l'appro-

---

(1) § 5, art. 2, loi 24 août 1790. Appendice du C. P. § 2, art. 471, C. P. ord. de police 26 janvier 1808.
(2) V. 30 septembre 1784, 15 nivôse an VI.

visionnement de la ville de Paris, et que ce préjudice devient d'autant plus sensible, que les propriétaires de ces établissements sont dans l'usage, depuis plusieurs années, de convertir en charbon, pour leurs usines, même les bois qui par leur nature devroient être employés en bois de corde pour le chauffage de la ville de Paris. A quoi S. M. voulant pourvoir; ouï, etc., le roi étant en son conseil, a ordonné et ordonne que tous les marchands de bois, adjudicataires et autres exploitant des bois, qui, par leur situation et leur proximité des rivières et ruisseaux navigables et flottables, peuvent servir à l'approvisionnement de la ville de Paris, seront tenus, à commencer par les coupes qui seront faites pour l'ordinaire de l'année prochaine 1784, de convertir en bois de corde, de la longueur prescrite par l'article 15 du titre 27 de l'ordonnance des eaux et forêts du mois d'août 1669, tous les bois provenant de leurs ventes et exploitations, de six pouces de tour et au-dessus, et de les faire conduire aux ports les plus prochains desdites exploitations : leur fait très-expresses inhibitions et défenses de débiter en charbon aucun bois de six pouces de tour et au-dessus, et qui pourroient être convertis en bois de corde, à peine, contre chacun contrevenant, de 500 livres d'amende, qui ne pourra être réputée comminatoire, et de confiscation desdits bois; n'entendant cependant S. M. interdire auxdits adjudicataires et marchands la liberté de convertir en bois de charpente et autres ouvrages, les arbres de leurs exploitations qui y seront propres. Fait pareillement défenses S. M. à tous maîtres de forges et autres propriétaires de fourneaux, martinets et verreries, de se servir, pour le chauffage de leurs fours, d'aucuns bois propres à être convertis en bois de corde de la longueur prescrite par ledit article 15 du titre 27 de ladite ordonnance et de ladite grosseur de six pouces, sous la même peine de 500 livres d'amende, et en outre de démolition des fourneaux, forges, martinets et verreries, et de confiscation des bois et charbons. Veut et entend S. M. que, pour le service desdits fours, il ne soit employé que des bois au-dessous de six pouces. Enjoint S. M. aux sieurs grands-maîtres des eaux et forêts, chacun dans leur département, et aux officiers des maîtrises, chacun en droit soi, de tenir la main à l'exécution du présent arrêt, qui sera lu, publié et affiché partout où besoin sera, et exécuté nonobstant oppositions, appellations ou autres empêchements quelconques, pour lesquels ne sera différé, et dont si aucunes interviennent, S. M. s'en est, et à son conseil, réservé la connoissance, et icelle interdite à toutes ses cours et autres juges.

N° 1793. — ÉDIT *portant suppression des offices de trésoriers et contrôleurs du marc d'or, et création d'un office de trésorier-général dudit droit* (1).

Versailles, mai 1783. Reg. en la chambre des comptes le 23. (R. S.)

N° 1794. — ÉDIT *portant réglement pour la reddition de foi et hommage de la part des vassaux du domaine du roi* (2).

Versailles, mai 1783. Reg. en la chambre des comptes le 9 juillet 1785. (R. S. C. Rec. du parlement de Toulouse. Dupleix 1785.)

1. Les foi et hommages des terres érigées en titre de dignité ne pourront être reçus que par notre très-cher et féal chancelier ou garde des sceaux, ou par notre chambre des comptes. Maintenons aussi notredite chambre des comptes dans le droit et possession de recevoir les aveux et dénombrements desdites terres de dignité; comme aussi de recevoir tous actes féodaux des simples fiefs, terres et seigneuries, dans l'étendue de la généralité de Paris, et ceux qui seront portés à notredite chambre par les vassaux des autres généralités dans l'étendue de son ressort.

2. Les trésoriers de France établis dans les généralités qui sont dans l'étendue du ressort de notre chambre des comptes, autres néanmoins que ceux du bureau des finances de la généralité de Paris, continueront de recevoir, comme par le passé, les hommages des terres non érigées en titre de dignité, et des simples fiefs mouvants de nous, situés dans l'étendue de leur juridiction; recevront aussi les aveux et dénombrements qui leur seront portés, et pourront contraindre, même par voie de saisie féodale, ceux de nos vassaux qui seront en retard de remplir les devoirs féodaux.

3. Voulons que trois mois après chaque année expirée, nosdits trésoriers de France envoient à notre chambre des comptes les originaux en parchemin, et en forme régulière, de tous les actes de foi, hommages, aveux et dénombrements reçus en leurs bureaux pendant le cours de l'année; lesdits actes seront par eux adressés à notre procureur-général, accompagnés d'un

(1) Édit de janvier 1734, 2 février 1777, décl. 11 avril 1778, 26 avril 1784, 2 février 1786.
(2) V. décl. 7 décembre 1758.

inventaire signé du greffier du bureau des finances, et fait double, l'un desquels leur sera remis avec décharge, laquelle sera signée de nos conseillers-auditeurs, commissaires aux fiefs, et de notre procureur-général; et dans le cas où les officiers desdits bureaux des finances n'auroient reçu aucun acte de féodalité dans le cours de l'année, ils en donneront leur certificat, signé de notre président et de notre procureur audit bureau, pour être envoyé à notre procureur-général, au pied duquel notredit procureur-général et nosdits conseillers auditeurs, commissaires aux fiefs, leur donneront récépissé dudit certificat.

4. Les actes de foi et hommage qui seront rendus devant les trésoriers de France par nos vassaux en personne, seront signés d'eux, et exprimeront distinctement le nom du fief, sa mouvance, le bailliage ou sénéchaussée dans le ressort desquels il est situé, et le titre de la propriété. Ledit acte sera communiqué à notre procureur audit bureau, lequel signera l'original destiné au dépôt de notre chambre des comptes. Dans le cas où pour cause d'absence, ou autre légitime empêchement, l'hommage seroit rendu par le ministère d'un fondé de procuration, la procuration sera spéciale, passée devant un notaire, qui en retiendra minute; elle sera duement légalisée et jointe à l'acte d'hommage.

5. Défendons à nosdits trésoriers de France de cumuler dans un même acte les hommages de deux fiefs de mouvance différente, ou situés en différents bailliages ou sénéchaussées, comme aussi d'énoncer dans aucun acte d'hommage, qu'il tiendra lieu d'aveu, ou de dispenser de rendre l'aveu et dénombrement, et de faire aucune remise de fruits tombés en perte pour le vassal.

6. Les aveux et dénombrements seront signés du vassal, publiés par trois fois dans les paroisses où les fiefs sont assis, aux audiences des bailliages ou sénéchaussées et du bureau des finances, dans la juridiction desquels ils sont situés. Les publications et sentences de vérification ou de blâme, s'il y échet, seront jointes à la suite de l'original destiné au dépôt de notre chambre des comptes.

7. Il sera fait desdits actes d'hommages et aveux, deux originaux en parchemin timbré, dans les formes prescrites par les deux articles précédents, dont l'un sera envoyé en notre chambre des comptes, et l'autre sera remis au vassal; et ne pourront nos trésoriers de France en exiger de nos vassaux un

plus grand nombre, sauf à eux à en retenir une expédition en papier.

8. Tous les actes d'hommages ou aveux qui ne seront pas revêtus des formes ci-dessus prescrites, ne pourront être admis dans le dépôt de notre chambre des comptes, sans avoir été préalablement réformés s'il y a lieu; et, à cet effet, enjoignons à notredite chambre, de renvoyer dans l'année au bureau des finances qui les lui aura envoyés, les actes où quelqu'une desdites formes n'aura pas été remplie, et à nosdits trésoriers de France de vaquer sans délai à leur réformation, et de les remettre en bonne forme à notredite chambre des comptes dans le délai qui sera fixé par l'article qui suit.

9. Les actes de foi, hommages, aveux et dénombrements qui auront été renvoyés à nos bureaux des finances pour être réformés, seront par nosdits trésoriers de France renvoyés en notre chambre des comptes au même temps où ils enverront les actes par eux reçus dans le cours de l'année précédente, à l'effet de quoi ils seront joints auxdits actes avec un inventaire séparé et pareillement fait double, au pied duquel sera donnée la décharge en la même forme prescrite par l'article 3; et dans le cas où aucun acte n'auroit été trouvé irrégulier et n'auroit été renvoyé pour être réformé, nos conseillers-auditeurs, commissaires aux fiefs, et notre procureur-général, en donneront leur certificat, et il en sera fait mention au pied de l'inventaire fait double des actes admis au dépôt.

10. Voulons que nos officiers des bureaux des finances et nos procureurs auxdits sièges ne puissent être payés d'aucune partie de leurs gages sans avoir satisfait à ce qui est ordonné par les articles 3, 8 et 9 du présent édit, et qu'à cet effet ils soient tenus de remettre annuellement aux receveurs-généraux de nos finances, sur lesquels est assigné le paiement desdits gages, l'un des doubles des inventaires duement déchargés, des actes par eux envoyés en notre dépôt, et pareillement un double de l'inventaire déchargé des actes réformés et renvoyés, ou du certificat portant qu'aucuns actes n'ont été sujets à réforme, ou enfin le certificat duement signé et attesté comme il n'a été reçu aucun acte de féodalité dans le cours de l'année, ainsi qu'il est dit article 3 du présent édit: défendons auxdits receveurs-généraux de les payer sans que les décharges ou certificats leur aient été rapportés, et à notre chambre des comptes de passer dans leurs comptes les parties des gages qui auroient été payées sans représentation desdites décharges ou certificats.

11. Dérogeons à tous édits, déclarations, lettres patentes

et arrêts qui pourroient contenir des dispositions contraires à celles de notre présent édit, que nous voulons être exécuté en tout son contenu. Si donnons en mandement, etc.

N° 1795. — LETTRES PATENTES *confirmatives des droits du duc de Wirtemberg dans la seigneurie de Franquemont.*

Mai 1783. Reg. le 23 juin au conseil souverain d'Alsace. (Martens.)

N° 1796. — LETTRES PATENTES *concernant les octrois de la ville de Paris* (1).

Versailles, 1ᵉʳ juin 1783. Reg. en parlement le 3. (R. S.)

N° 1797. — ORDONNANCE *de police concernant les bains dans la rivière* (2).

Paris, 3 juin 1783. (R. S.)

N° 1798. — ORDONNANCE *de police concernant les promenades sur les ports de la ville de Paris.*

Paris, 3 juin 1783. (R. S.)

N° 1799. — ORDONNANCE *de police concernant la sûreté des marchandises sur la rivière et dans les ports, et prescrit aux bachoteurs, passeurs d'eau, et tous autres propriétaires de bachots, ce qu'ils doivent observer, et particulièrement pour la conduite des personnes qui sont dans le cas de prendre les bains en pleine rivière* (3).

Paris, 3 juin 1783. (R. S.)

N° 1800. — ARRÊT *du conseil qui ordonne la visite des rivières de Loing et d'Yonne, et des ruisseaux qui y affluent, pour déterminer les moyens de les rendre flottables et pourvoir à l'approvisionnement des bois pour la ville de Paris.*

Versailles, 5 juin 1783. (Baudrillart.)

N° 1801. — LETTRES PATENTES *concernant l'hospice fondé dans les écoles de chirurgie de Paris* (4).

Versailles, 5 juin 1783. Reg. au parlement le 8 juillet. (R. S. C.)

---

(1) V. 23 août 1783.
(2) Art. 3 et 5, loi du 24 août 1790, Appendice du C. P.; art. 330 du C. P.; ord. de police 15 avril 1820.
(3) V. ord. 23 novembre 1731, 3 septembre 1735, 18 mai 1736, 27 novembre 1761, 26 octobre 1769.
(4) Lett. pat. du 24 nov. 1769, édit de déc. 1774, lett. pat. d'avril 1782.

N° 1802. — DÉCLARATION *qui porte à* 100 *les chevaliers de l'ordre du Saint-Esprit, non compris le roi et les princes du sang hors le royaume. Six étrangers seulement sont admis* (1).

Versailles, 8 juin 1783. (Code des ordres de chevalerie, 1819.)

Louis, etc. Le défunt roi Henri III ayant eu principalement en vue, dans l'institution de l'ordre du Saint-Esprit, de décorer et honorer de plus en plus l'ordre et état de la noblesse de ce royaume auquel, ainsi qu'il le déclare dans le préambule des statuts de l'an 1578, il avoit toujours porté très-grand amour et affection par inclination naturelle et par raison, tant parce qu'en lui consiste la principale force et autorité royale, qu'à cause de la singulière générosité et loyauté qui la rendent illustre et recommandable entre toutes les nations étrangères, et animé par une affection aussi sincère pour cette même noblesse qui n'a jamais cessé un seul instant de nous donner, ainsi qu'à nos prédécesseurs, les preuves les plus éclatantes de son attachement pour notre personne, et du zèle le plus soutenu pour le bien de notre service et pour celui de notre état; et désirant de multiplier les moyens de la faire parvenir à des décorations et des honneurs qui, dans l'origine, n'avoient été créés que pour elle, nous avons considéré que la réunion sur-

---

(1) V. 2 février 1777, n° 605, tom. 2 du règne, pag. 336. Fondé par édit de décemb. 1578; privilèges concédés, édit de mars 1580; intendant des ordres, 7 décemb. 1580, privilèges pécuniaires sur les confiscations, 7 décembre 1581; réduits, 4 janvier 1592; droit au marc d'or établi en 1578, 7 décembre 1582; création d'un généalogiste, 9 février 1595; bâtards exclus, 7 janvier 1597; privilèges confirmés même de franc-salé, 13 janvier 1599; paiement sur le marc d'or, 13 janvier 1601; croix et cordon bleu aux fils de France à leur naissance, 12 février 1601, 22 avril 1607; admis à la table du prévôt, du maître des cérémonies, du grand trésorier du fisc, les jours de cérémonie, 26 août 1603, admission de princes étrangers, 31 décembre 1607; archives établies aux Grands Augustins, 15 février 1611; offices de receveurs des marcs d'or, août 1628, supprimés en 1636, contrôleurs créés, 10 octobre 1658; garde des sceaux séparé de chancelier, 5 mai, réuni 1645; désuni 5 mai 1650; réuni 27 août 1654; désuni 23 décembre 1656; réuni 29 décembre 1661; désuni 25 juillet 1691; réuni 16 août 1690; doublement du marc d'or, édit de décembre 1656; privilèges confirmés 20 mars 1658; réforme des statuts de St.-Michel et limitative à deux degrés de noblesse, 12 janvier 1665; privilèges confirmés 14 octobre 1711; création de 400,000 liv. de rente au profit de l'ordre, 4 mars 1721; privilèges confirmés édit de décembre 1725; acte de mars 1727; un historiographe de l'ordre, 18 septembre 1758; doublement des commandes des 30 plus anciens chevaliers, 25 mai 1766, 1er juillet 1770; revenu augmenté de 200,000 liv.; décl. 2 septembre 1770; privilèges révoqués 26 mai 1771; un garde des rôles, 7 janvier 1772.

venue de plusieurs provinces avoit affoibli la proportion que le fondateur de l'ordre et milice du Saint-Esprit s'étoit proposé d'établir entre le nombre des chevaliers qu'il vouloit illustrer et l'étendue de ses états; que de bonnes et importantes raisons ont déterminé les rois nos prédécesseurs et nous-même à associer à notre ordre et milice du Saint-Esprit des princes, seigneurs et gentilshommes étrangers; et enfin que l'accroissement de notre famille royale et celui des branches de notre maison qui sont établies hors du royaume, concouroit encore à la diminuer du nombre des prébendes, que nous désirerions pouvoir donner à des gentilshommes français qui auroient bien mérité de nous et de notre état, comme la récompense la plus honorable de leurs services. Nous avons cru en conséquence que le moyen le plus naturel de compenser ce préjudice et de satisfaire le désir que nous avons de pouvoir admettre dans notre ordre et milice du Saint-Esprit un plus grand nombre de gentilshommes français, qui s'en seroit rendus dignes, seroit de fixer, par une loi inviolable, au nombre de cent les chevaliers et commandeurs nos sujets. A ces causes, de l'avis de nos très-chers et très-amés les princes nos frères, des princes de notre sang, des cardinaux, prélats, chevaliers et commandeurs étant près de nous assemblés en ce chapitre, avons dit, déclaré, voulu et ordonné; disons, déclarons, voulons et ordonnons, pour le bien et l'avantage de la noblesse de notre royaume, rappeler l'esprit des statuts publiés en 1578, qui excluoient tous étrangers s'ils n'étoient naturalisés et régnicoles; qu'à compter de ce jour, et dorénavant, notredit ordre et milice du Saint-Esprit sera composé de nous, comme chef et souverain grand-maître, et de cent personnes prises entre les princes fils de France, les princes de notre sang, les cardinaux, prélats, gentilshommes, et autres personnes distinguées de notre royaume nos sujets. N'entendons néanmoins par la présente déclaration séparer de notredit ordre les rois et princes issus de notre sang, nous réservant, au contraire, pour sa gloire et splendeur, de continuer à les y admettre et unir, non-seulement par la décoration extérieure, mais encore par les liens d'une véritable confraternité; mais aussi d'associer à notredit ordre et milice du Saint-Esprit les souverains, princes et gentilshommes étrangers qui auroient bien mérité de nous et de notre état, conformément à la déclaration du dernier décembre 1607, sans que l'augmentation des places que nous leur destinons puisse excéder le nombre de six, nous interdisant la faculté de l'étendre pour quelque cause et motif que ce soit. Lesdits chevaliers étrangers jouiront des mêmes droits, honneurs et prérogatives dont jouissent et doivent jouir les chevaliers français, et seront tenus de faire les preuves de catholicité et de remplir toutes les formalités prescrites à cet égard par les statuts.

N° 1803. — ARRÊT *du conseil qui, pour encourager l'exportation du sel à l'étranger, réduit les droits.*

Versailles, 18 juin 1783. (R. S.)

N° 1804. — DÉCLARATION *concernant la comptabilité du trésorier-général des ponts et chaussées* (1).

Versailles, 19 juin 1783. Reg. en la chambre des comptes le 19 juillet. (R. S.)

N° 1805. — LETTRES PATENTES *sur arrêt, portant concession de privilèges aux sieurs Oberkampf et de Maraise, propriétaires de la manufacture de Jouy.*

Versailles, 19 juin 1783. Reg. au parlement le 3 février 1784. (R. S.)

N° 1806. — ORDONNANCE *de l'intendant portant réglement pour les demandes en coupe de bois destinés aux constructions et réparations de maisons et autres édifices.*

Bastia, 20 juin 1783. (Code Corse, tom. 5, pag. 346.)

N° 1807. — ARRÊT *du conseil portant des encouragements à la traite des noirs des Antilles* (2).

Versailles, 28 juin 1783. (R. S. C.)

N° 1808. — ARRÊT *du conseil portant établissement de paquebots pour communiquer avec les États-Unis d'Amérique* (3).

Versailles, 28 juin 1783. (R. S. C.)

Sur le compte rendu au roi, étant en son conseil, des avantages que doit procurer au commerce une communication réglée entre la France et les État-Unis de l'Amérique, S. M. a jugé à propos d'établir des paquebots qui partiront du Port-Louis à des époques déterminées, pour aller à New-York, et feront leur retour dans le même port : et afin que cet établis-

---

(1) V. décl. 17 octobre 1779.
(2) V. 10 septembre et 14 décembre 1786, 14 août 1777.
(3) V. 5 juillet 1783, 26 octobre 1784, 20 décembre 1786, 5 juillet 1788.

sement ne puisse être nuisible, par la concurrence, aux opérations des négociants, S. M. s'est portée à limiter le service des paquebots au transport des lettres et de passagers, de leurs malles et de quelques effets précieux. A quoi voulant pourvoir : ouï, etc.

1. Il sera établi et entretenu au Port-Louis un nombre suffisant de bâtiments appartenants à S. M., pour qu'il en parte régulièrement un le mardi de la troisième semaine de chaque mois, et ce à commencer du mois de septembre prochain.

2. Ne pourront être chargées à fret, dans lesdits paquebots, aucunes marchandises en balles ou en futailles. Veut S. M. qu'il ne puisse y être embarqué que les objets ci-après mentionnés; savoir : 1° la malle des lettres; 2° les passagers qui voudront profiter de cette voie pour se rendre de France en Amérique, ou d'Amérique en France; 3° les malles desdits passagers, dont le nombre sera fixé à trois du poids de deux cents livres au plus chacune, pour ceux nourris à la table des capitaines, et à une seule pour les passagers nourris des vivres de la cale; 4° des ouvrages de mode, des vêtements faits pour hommes et pour femmes, des vins et liqueurs en bouteilles, et autres effets précieux.

3. Les états-majors desdits paquebots seront composés d'officiers attachés au service du roi; ils seront, ainsi que les équipages, payés par S. M., et sous la discipline réglée par les ordonnances concernant la marine royale.

4. S. M. a nommé les sieurs le Couteux pour, sous les ordres du secrétaire d'état ayant le département de la marine, diriger et administrer l'armement et tout ce qui aura rapport à l'expédition des paquebots. Lesdits sieurs le Couteux paieront en conséquence toutes les dépenses desdits armements, et feront la perception des droits qui seront fixés, tant pour le transport des lettres que pour celui des passagers et des marchandises qu'il sera permis de charger sur lesdits paquebots.

5. Il sera, avant le 1ᵉʳ du mois de septembre prochain, rédigé et publié un réglement de S. M., relativement au service des postes aux lettres, pour en assurer le transport, la réception et la remise, tant au Port-Louis qu'à New-York, et il y sera annexé un tarif des droits qui seront perçus pour les différents transports.

N° 1809. — ÉDIT *portant abolition du droit d'aubaine dans la Guyane française et dans les îles de Sainte-Lucie et de Tabago.*

Versailles, juin 1783. Reg. au conseil de la Martinique, au conseil de Cayenne le 10 janvier 1784, (Code de la Martinique, tom. 3, pag. 558, relaté dans la coll. m. m., Code Cayenne, tom. 7, pag. 3.)

N° 1810. — RÈGLEMENT *pour les paquebots établis par arrêt du conseil du 28 juin 1783, pour la correspondance des colonies* (1).

Versailles, 5 juillet 1783. (R. S. C.)

S. M. s'étant réservé de faire connoître ses intentions relativement au service des postes aux lettres établies par son arrêt du conseil du 28 juin dernier, concernant les paquebots pour communiquer avec les États-Unis de l'Amérique, a ordonné et ordonne ce qui suit :

1. Le tarif joint et annexé au présent règlement servira de base pour la perception des droits, tant sur les lettres que sur les marchandises dont le transport est permis par l'art. 2 dudit arrêt du conseil.

2. Veut S. M. que les personnes qui désireront passer aux États-Unis de l'Amérique dans lesdits paquebots, en fassent la déclaration au directeur desdits paquebots, qui leur donnera un permis ; et que les personnes qui voudront seulement y embarquer des marchandises s'adressent également et en fassent déclaration audit directeur, lequel, après avoir vérifié la nature des marchandises, leur donnera un permis contenant acte de leur déclaration, et l'indication de l'espèce de marchandises qu'il leur permettra d'embarquer.

3. Fait S. M. défenses aux directeurs des paquebots, de laisser embarquer aucune marchandise quelconque, sans en avoir fait la vérification ordonnée par l'art. 2 du présent règlement, sous peine de désobéissance, et d'être responsables de la contravention. Fait S. M. pareilles défenses, sous les mêmes peines, aux capitaines des paquebots, d'y laisser embarquer aucune personne, ni marchandises, ni malles, ni ballots, sans avoir préalablement vu et vérifié le permis ordonné par ledit art. 2.

4. Entend S. M. que les personnes qui mettront dans les bureaux des postes de France des lettres ou paquets adressés

---

(1) V. 25 septembre 1784, 20 décembre 1786.

à Lorient, pour les États-Unis de l'Amérique, y paieront d'avance le droit fixé par le tarif ci-annexé, pour les lettres et paquets.

5. Veut S. M. que les lettres et paquets destinés pour l'Amérique septentrionale, qui seront remis dans les bureaux des postes des villes et lieux du royaume situés en deçà de Lorient, ainsi que les lettres et paquets arrivant de New-York à Lorient, pour passer aux autres villes du royaume, soient assujettis non-seulement au droit fixé par le tarif ci-joint et annexé, mais encore au paiement de celui fixé par la déclaration du 8 juillet 1759.

6. Ordonne S. M. à tous capitaines marchands venant de l'Amérique septentrionale, dans les différents ports de France, d'y remettre, aussitôt leur arrivée, au préposé de l'administration des paquebots, toutes les lettres et paquets dont leur vaisseau pourroit être chargé, afin que ledit préposé, en les remettant au directeur de la poste aux lettres, les taxe suivant le tarif ci-joint, sans préjudice de la taxe fixée par la déclaration du roi du 8 juillet 1759, ainsi qu'il est dit à l'art. 5 du présent réglement.

7. Défend S. M. à tous les capitaines de vaisseaux marchands, faisant voile pour l'Amérique septentrionale, de se charger d'aucunes lettres destinées pour lesdits états, sous les peines portées à la fin du présent article; et pour récompenser lesdits capitaines marchands de leur exactitude et de leur soin, S. M. ordonne qu'il leur soit payé comptant, par le préposé de l'administration des paquebots, aussitôt la remise qui lui sera faite desdites lettres et paquets venant de l'Amérique septentrionale, 2 sous par chaque lettre simple, et à proportion pour les paquets plus considérables. S. M. enjoignant en même temps auxdits capitaines de se conformer au présent réglement: voulant S. M. qu'en cas de contravention de leur part, constatée par des procès-verbaux dressés à la requête de l'administrateur des paquebots, le capitaine contrevenant soit puni par une suspension de deux ans de ses fonctions de capitaine, et qu'en cas de récidive, il soit déclaré incapable de commander. (*Suit le tarif.*)

N° 1811. — ARRÊT *du conseil qui remet en vigueur, à raison de la paix, la perception des anciens droits sur le poisson de pêche étrangère suspendue pendant la guerre* (1).

Versailles, 9 juillet 1783. (R. S.)

---

(1) V. a. d. c. 6 juin 1763.

N° 1812. — Arrêt *de la cour des monnoies qui fait défenses à tous marchands et ouvriers travaillant ou employant les matières d'or et d'argent de se retirer dans les lieux clos et privilégiés, ou prétendus tels, à peine d'être poursuivis extraordinairement.*

Paris, 12 juillet 1783. (R. S.)

N° 1813. — Acte *d'accession de la France au traité d'amitié, de garantie et de commerce, du 1er mars 1778, entre l'Espagne et le Portugal.*

15 juillet 1783. Ratifié le 8 août. (Martens.)

N° 1814. — Arrêt *du conseil qui ordonne que les levée et signification des jugements de compétence en matière présidiale n'auront pas lieu lorsque lesdits jugements auront été rendus du consentement des parties, ou qu'elles y auront acquiescé avant l'appel relevé* (1).

Versailles, 16 juillet 1783. (R. S. C. Rec. du parlement de Toulouse. Dupleix, 1785.)

N° 1815. — Arrêt *du conseil réglant les fonctions de l'inspecteur général du commerce dans les départements de la finance, des affaires étrangères et de la marine* (2).

Versailles, 16 juillet 1783.

N° 1816. — Arrêt *du conseil pour favoriser une expédition de commerce pour la Chine* (3).

Versailles, 21 juillet 1783. (R. S. C.)

N° 1817. — Déclaration *portant suppression du titre de l'office de concierge-buvetier des requêtes de l'Hôtel.*

Versailles, 23 juillet 1783. Reg. en parlement le 5 septembre. (R. S.)

N° 1818. — Arrêt *du conseil portant règlement pour la navigation de la Loire et rivières y affluentes* (4).

Versailles, 23 juillet 1783. (R. S. C.)

Le roi s'étant fait représenter, en son conseil, les réglements

---

(1) V. édit d'août 1777, art. 14, 18, a. d. c. 21 janvier 1783.
(2) Créé par a. d. c. 16 décemb. 1775, supprimé par a. d. c. 16 fév. 1788.
(3) A. d. c. 2 février 1783, 29 janvier 1786.
(4) En vigueur, ord. du 2 février 1825.

concernant les turcies et levées, et le balisage de la rivière de Loire et des rivières y affluentes, notamment les arrêts et déclarations des 12 janvier et 4 juin 1668, 24 avril 1703, 25 juin 1715, 10 février 1722, 10 mars 1739, 7 septembre 1755, 11 février 1763, 29 août et 29 novembre 1764, décembre 1772; comme aussi tous autres réglements concernant la navigation des rivières du royaume; S. M. auroit reconnu la nécessité de former un réglement général des principales dispositions de ces différentes lois; elle auroit cru en même temps devoir y faire quelques changements et augmentations que les circonstances et le bien du service lui ont paru exiger. A quoi voulant pourvoir : ouï, etc.

Titre I.

1. Le cours de la Loire et des rivières d'Allier, Cher, Vienne, et autres rivières et ruisseaux y affluens, sera divisé en cinq départements.

Le premier, depuis Roanne jusqu'au bourg de la Marche près la Charité, pour la Loire; pour la Bèbre, depuis la Palisse jusqu'à son embouchure dans la Loire; pour l'Aroux près de Décise, depuis son entrée en Bourbonnais jusqu'à son embouchure dans la Loire; et pour l'Allier, depuis Vichy jusqu'à son embouchure dans la même rivière de Loire.

Le second, depuis Vieille-Brioude jusqu'à Vichy, pour l'Allier; et pour la Dore, depuis Courpière jusqu'à son embouchure dans celle d'Allier.

Le troisième, depuis le bourg de la Marche jusqu'à Briare, pour la Loire; depuis Saint-Amand jusqu'au pont de Montrichard, pour le Cher; depuis Valigny-le-Maniol, pour l'Auron, jusqu'à son embouchure dans la rivière d'Evre; depuis Bourges, pour la rivière d'Evre, jusqu'à son embouchure dans le Cher; depuis Saint-Sever jusqu'à Fleuré, pour la rivière d'Indre; depuis et au-dessus d'Issoudun, pour la Théole, jusqu'à son embouchure dans l'Arnon; depuis Charôts, pour l'Arnon, jusqu'à son embouchure dans le Cher; et depuis Guéret, pour la Creuse, jusqu'à la Roche-Pozai.

Le quatrième, depuis Briare jusqu'au chemin Frichu, pour la Loire; pour la Saudre, depuis Argens jusqu'à son embouchure dans le Cher; et depuis Illiers, pour le Loir, jusqu'à Querhoëm.

Le cinquième département, depuis le chemin Frichu jusqu'aux limites de Bretagne, pour la Loire; pour le Cher, depuis Montrichard jusqu'à son embouchure dans la Loire;

pour l'Indre, depuis Fleuré jusqu'à son embouchure dans la même rivière de Loire; pour la Creuse, depuis la Roche-Pozai jusqu'à son embouchure dans la Vienne; pour la Vienne, depuis Tavernier jusqu'à son embouchure dans la Loire; pour la Sarte, depuis Malicorne jusqu'à son embouchure dans le Loir; pour le Loir, depuis Querhoëm jusqu'à son embouchure dans la Mayenne; et pour la Mayenne, depuis et compris Château-Gontier jusqu'à son embouchure dans la rivière de Loire.

Veut S. M. que dans le cas où il deviendroit nécessaire d'étendre la navigation ou le flottage à des rivières ou ruisseaux non compris dans le présent article, mais affluents de la rivière de Loire, les plans, devis et détails en soient faits par les ingénieurs des turcies et levées, pour être par les sieurs intendants et commissaires départis envoyés, avec leur avis, au conseil, et y être ordonné ce qu'il appartiendra.

2. Il sera incessamment procédé par les ingénieurs des turcies et levées, à la visite desdites rivières et ruisseaux; et de suite ils dresseront des cartes de leurs cours, ensemble les plans, devis et estimations des ouvrages nécessaires, tant à la navigation et au flottage, qu'à la sûreté des possessions riveraines: seront lesdites opérations, en cas de besoin, concertées entre les cinq départements; se réservant S. M. d'en faire arrêter dans son conseil un plan général, et d'ordonner chaque année, suivant l'exigence des cas, ceux des ouvrages qui devront être faits l'année suivante dans le lit et sur les bords desdites rivières et ruisseaux.

Titre II.

1. Les sieurs intendants et commissaires départis dans les généralités de Moulins, Riom, Bourges, Orléans et Tours, connoîtront seuls et privativement à tous autres juges, des réglements généraux et particuliers concernant les ouvrages des turcies et levées, ensemble de la police pour la liberté de la navigation et du flottage, et le nettoiement de la Loire et rivières y affluentes, de même que des affluentes d'icelles dans les limites désignées en l'article 1er du titre Ier, savoir: l'intendant de Moulins dans le premier département; l'intendant de Riom dans le second; l'intendant de Bourges dans le troisième; l'intendant d'Orléans dans le quatrième, et l'intendant de Tours dans le cinquième. Les deux bords desdites rivières dépendront du même département, quoique l'un de ces bords, même tous les deux, soient situés dans une autre généralité.

2. Il sera fait tous les ans, en saison convenable, comme par le passé, une visite générale de la Loire et des rivières y affluentes, par le premier ingénieur des turcies et levées, accompagné des ingénieurs, inspecteurs et sous-ingénieurs dans chaque département.

Il sera fait une autre visite par chacun des deux ingénieurs, dans l'étendue de leur département, sur toutes lesdites rivières, en sorte que même les affluentes ou affluentes d'icelles soient toutes visitées par eux dans le cours de trois années.

Quant aux inspecteurs ou sous-ingénieurs, ils seront tenus de parcourir, tous les ans, toutes les rivières de leur département.

Outre ces différentes visites qui auront lieu, même sur les rivières et ruisseaux qui ne sont que flottables, lesdits ingénieurs se transporteront sur lesdites rivières toutes les fois que le bien du service l'exigera.

Il sera dressé des procès-verbaux par forme de journal, de chacune desdites visites, lesquels seront remis aux sieurs intendants et commissaires départis, pour être par eux adressés au conseil avec leurs observations.

3. L'ingénieur de chaque département dressera tous les ans un état du balisage qui devra être fait dans chaque rivière, et le remettra au commis du canton, lequel frétera des bateaux pontés et rassemblera un nombre suffisant de mariniers et de manœuvres, ensemble toutes les machines et outils qui seront jugés nécessaires par l'ingénieur.

Ledit commis commandera l'équipage, qu'il ne pourra pas quitter; il fera sonder les rivières pied à pied dans toute leur largeur, suivant l'indication de l'ingénieur; et lorsqu'il trouvera des pieux, arbres, pierres, bateaux naufragés, marchandises, fonds, pièges et autres empêchements quelconques, il y fera faire le travail nécessaire à la sûreté de la navigation et à la conservation des ouvrages des turcies et levées.

4. Tous les objets ainsi enlevés seront transportés dans des lieux où les grandes eaux ne pourront atteindre, et vendus au profit de S. M., sur les ordres du sieur intendant et commissaire départi; si cependant il se trouvoit parmi lesdits objets des marchandises ou effets, les négociants, mariniers et autres seront admis, comme par le passé, à les réclamer, en produisant les lettres de voitures en bonne forme, ou autres preuves de propriété; auquel cas lesdits réclamants seront obligés, avant la délivrance de leurs effets, de payer ce qu'il en aura coûté pour les tirer de l'eau et les transporter en lieu de sûreté;

ledit remboursement sera fait ès-mains du commis des turcies et levées, qui en donnera son reçu et le portera en recette sur son journal.

5. Pendant la durée du balisage, lesdits commis tiendront des livres en bonne forme, qui seront paraphés par les ingénieurs de chaque département, et sur lesquels seront inscrits de suite, et jour par jour, les noms, surnoms des ouvriers et autres parties prenantes; ensemble les lieux où les travaux auront été faits, leur nature et les dépenses qu'ils auront occasionées, afin de pouvoir répéter contre les villes, paroisses, communautés ou particuliers ce qu'il écherra de mettre à leur charge en vertu du présent arrêt et de l'ordonnance du sieur intendant et commissaire départi.

6. En cas d'absence de l'ingénieur des turcies et levées, ou autre légitime empêchement, les commis employés dans son département, et qui auront prêté serment par-devant le sieur intendant et commissaire départi, seront chargés de veiller à ce qu'il ne soit rien fait de contraire à la police desdites rivières, et aux ouvrages en dépendants, exécutés ou entretenus aux frais de S. M. Lesdits commis seront tenus de dresser des procès-verbaux des contraventions, pour, iceux visés par les ingénieurs, être remis aux sieurs intendants et commissaires départis, et par eux statué ce qu'au cas appartiendra.

7. Les maires, échevins, consuls, jurats et syndics des villes et paroisses voisines de la Loire et rivières y affluentes, seront tenus de donner main-forte, secours et assistance aux ingénieurs, entrepreneurs et commis des turcies et levées, de même qu'aux équipages du balisage des rivières, lorsqu'ils en seront par eux requis pour le bien du service, à peine contre chaque refusant de 100 liv. d'amende.

8. Enjoint S. M. à tous riverains, meuniers, forgerons, pêcheurs, mariniers et autres, de faire enlever et transporter dans des lieux où les grandes eaux ne puissent atteindre, et dans le délai de trois mois, à compter de la publication du présent arrêt, les pieux, débris de bateaux, terres, pierres, bois et autres empêchements, étant de leur fait ou à leur charge, qui se trouveront dans le lit de la Loire et autres rivières y affluentes, à peine de 100 liv. d'amende, confiscation desdits matériaux et débris, et d'être en outre contraints au paiement des ouvriers qui seront employés par les ingénieurs, entrepreneurs et commis auxdits enlèvements et nettoiements.

9. Défend S. M., sous les mêmes peines, à tous riverains et autres, de rien jeter dans le lit desdites rivières et ruisseaux

qui puisse les encombrer; d'en détourner ni affoiblir le cours par des tranchées ou autrement; d'y mettre rouir du chanvre ni d'enlever aucunes pierres provenant des ouvrages des turcies et levées, en quelque endroit qu'elles se trouvent: défenses sont également faites de déposer des matériaux, déblais et immondices sur les bords et chantiers desdites rivières et ruisseaux, si ce n'est à trente pieds au-delà desdits bords. Défend également S. M. d'entreposer aucunes marchandises sur lesdits bords et chantiers.

10. Ordonne S. M. que toutes les îles, îlots, chantiers, grèves, plages, accolins et autres places qui sont actuellement plantés sur les bords et dans le lit de la rivière de Loire et autres y affluentes seront incessamment visités par les ingénieurs des turcies et levées, à l'effet de dresser des procès-verbaux de celles desdites plantations qui pourront être conservées en tout ou en partie; ensemble de celles qui se trouveront être nuisibles à la navigation, aux ouvrages des turcies et levées, ou aux territoires opposés; pour, lesdits procès-verbaux remis aux sieurs intendants, être par eux ordonné ce qu'il appartiendra.

11. Dans le cas où il deviendroit indispensable de détruire et arracher lesdites plantations, en tout ou en partie, les propriétaires y seront contraints, et ce dans le délai de deux mois, à compter du jour de l'ordre qui leur en aura été donné, à peine de 500 liv. d'amende, et d'être en outre condamnés au paiement des ouvriers employés à détruire lesdites plantations, suivant l'état certifié véritable qui en sera remis au sieur intendant et commissaire départi, par les ingénieurs des turcies et levées.

12. Les propriétaires qui auront fait lesdites plantations sans y avoir été autorisés par ordonnances desdits sieurs intendants et commissaires départis ne pourront réclamer aucunes indemnités; à l'égard de ceux qui justifieront suffisamment de permissions de planter par eux obtenues avant les circonstances qui en rendront la destruction nécessaire, ils remettront leurs titres et mémoires aux sieurs intendants, pour, sur les procès-verbaux d'estimation des ingénieurs, y être par eux pourvu.

13. Quant aux îles, îlots, chantiers, grèves, plages, accolins et autres places, qui ne se trouveroient point plantés au moment de la publication du présent réglement, il ne pourra y être fait aucune plantation qu'après y avoir été autorisés par les sieurs intendants et commissaires départis, sur l'avis des

ingénieurs des turcies et levées; et dans le cas où il en seroit fait sans autorisation, seront lesdites plantations arrachées de l'ordre desdits sieurs intendants et commissaires départis, sur le rapport desdits ingénieurs, aux frais des propriétaires, lesquels seront en outre condamnés en 200 liv. d'amende.

14. Ne pourront aucuns des propriétaires d'îles, îlots, grèves, accolins et emplacements, s'opposer, même sous prétexte de la mise en possession par le commissaire départi, à ce qu'il soit pratiqué des chemins à travers lesdites possessions pour la commodité et service public des rivières et du commerce; lesdits chemins auront au moins dix-huit pieds de largeur franche, et devront être tracés sur l'indication des ingénieurs et ordonnances des sieurs commissaires départis.

15. Fait défenses S. M. à toutes personnes, de quelque qualité et condition qu'elles soient, de planter des arbres ou arbustes, labourer, creuser puits, caves, fossés, ou faire toutes autres excavations de terrain plus près de dix toises du pied du glacis des levées, et ce seulement du côté de la campagne; ordonne S. M., que ceux qui voudront élever des maisons, écuries, granges ou autres bâtiments, ne pourront le faire que sous la condition expresse que les fondations n'auront qu'un pied ou dix-huit pouces de profondeur, que les façades seront éloignées d'une toise du pied desdits glacis, et que les espaces entre ces façades et le dessus ou aire desdites levées seront remplis de terre d'un parfait niveau : veut au surplus, S. M., qu'aucuns desdits ouvrages ne puissent être entrepris qu'en vertu d'ordonnances des sieurs intendants et commissaires départis, rendues sur l'avis des ingénieurs des turcies et levées, à peine de 500 liv. d'amende et de démolition desdites constructions.

16. Fait S. M. défenses à toutes personnes, de quelque qualité et condition qu'elles soient, même aux propriétaires des terrains ci-dessus dénommés, de faire pâturer aucuns chevaux, bœufs, vaches, chèvres, moutons, porcs et autres bestiaux sur le couronnement et talus des banquettes et levées, non plus que dans les saussaies ou chantiers étant au pied d'icelles, et ce à peine de 20 liv. d'amende pour chaque bête, et de tous dépens, dommages et intérêts, pour le paiement desquels lesdits bestiaux seront saisis et même vendus, s'il y échet; permet à toutes personnes de tuer les porcs qui y seront trouvés paissants, et de prendre ou tuer les lapins, blaireaux, renards et loutres qui se logent auxdites levées, et que S. M. veut au surplus être incessamment détruits à la diligence des

ingénieurs, entrepreneurs et commis des turcies et levées.

17. Les propriétaires des moulins, forges, fourneaux, digues paissières et nasses construits sur la Loire et sur les rivières y affluentes, seront tenus de veiller à ce qu'il ne se forme, à la distance de cinquante toises au-dessus et au-dessous de leurs établissements, aucuns bancs de sable ou gravier dans le courant desdites rivières qui puissent nuire à la liberté du passage des bateaux, à peine de 50 liv. d'amende, et de tous dépens, dommages et intérêts.

18. Fait S. M. défenses de fermer et remplir de sable les routes, vulgairement appelées *chevalis*, qu'on est obligé de faire dans les rivières lorsqu'elles sont trop basses pour le passage des bateaux, comme aussi d'arracher ou changer les guides ou balises qui indiquent le meilleur cours d'eau pour la navigation, à peine de 50 liv. d'amende.

Titre III.

1. Fait défenses, S. M., à toutes personnes, de quelque qualité et condition qu'elles soient, de faire, sans sa permission, aucuns moulins, forges, fourneaux, digues, bouchis, gords ou pêcheries, ni autres constructions ou établissements quelconques, sur et aux bords de la Loire et des rivières y affluentes, sous les peines portées par les ordonnances et réglements.

2. Tous propriétaires ou possesseurs de moulins, forges ou fourneaux, pertuis, vannes, écluses, bouchis, gords ou pêcheries, digues, péages, bacs ou autres établissements et droits quelconques, dans toute l'étendue du cours de la rivière de Loire et des rivières y affluentes, seront tenus de rapporter dans trois mois, à compter du jour de la publication du présent arrêt, leurs titres de propriété et de possession par-devant le sieur intendant et commissaire départi dans le département duquel ils seront situés, lequel, après avoir fait reconnoître par l'ingénieur des turcies et levées si lesdits établissements sont nuisibles ou non à la navigation, les adressera, avec son avis, au sieur contrôleur général des finances, à l'effet d'être statué par S. M. en son conseil, sur l'avis des sieurs commissaires établis pour la vérification des droits de péages, ainsi qu'il appartiendra; dérogeant à cet effet S. M. à l'arrêt du conseil du 5 août 1777 et à celui du 5 mai 1783, en ce qu'ils auroient ordonné que lesdits titres seroient produits au greffe de la commission des péages.

3. Il ne sera accordé de permissions pour des établissements ou constructions désignés en l'article précédent que par des arrêts du conseil rendus sur l'avis du sieur intendant et commissaire départi, après qu'il aura fait constater, par les ingénieurs des turcies et levées, que les établissements proposés ne peuvent nuire au plan général qui aura été arrêté pour la navigation et le flottage, ni aux dispositions du présent arrêt.

4. Ceux desdits moulins, pertuis, vannes, écluses, arches, bouchis, gords ou pêcheries, digues et autres constructions et établissements quelconques qui seront jugés nuisibles à la navigation, flottage, et aux ouvrages des turcies et levées, seront détruits, et tous les débris enlevés par les propriétaires dans le délai de trois mois, à compter du jour de la signification de l'arrêt du conseil qui l'aura ainsi ordonné, sauf à être pourvu à l'indemnité desdits propriétaires, s'il y a lieu, sur les titres qu'ils auront produits.

5. Il ne pourra être établi de moulins, de quelque espèce qu'ils soient, qu'à 500 toises au-dessus ou au-dessous des ponts construits sur la rivière de Loire et les rivières y affluentes.

6. Défend S. M. à tous propriétaires, meuniers, maîtres de forges, leurs serviteurs et tous autres, de barrer, en tout ou en partie, la rivière de Loire et les rivières affluentes, avec pieux, piquets, pierres, terres, sables, fascines, roulis ou autrement, sous peine d'être lesdits obstacles détruits et enlevés à la diligence des ingénieurs, commis des turcies et levées, et baliseurs desdites rivières, et de 500 liv. d'amende contre lesdits contrevenants, lesquels demeureront en outre responsables des avaries qui pourroient arriver aux bateaux et marchandises par l'effet des susdits empêchements.

7. Fait S. M. très-expresses inhibitions et défenses à tous bateliers, radeliers, meuniers et autres, de placer des ancres ou piquets sur les levées, leurs talus ou glacis, ou de se servir des arbres qui sont sur les chantiers pour amarrer leurs bateaux ou radeaux avec des cordages ou chaînes de fer, sauf à eux à jeter l'ancre au fond de la rivière, en évitant toutefois d'empêcher en aucune manière le courant le plus fréquenté par la navigation, le tout à peine de 50 liv. d'amende et de confiscation des bateaux, moulins et radeaux.

8. Fait S. M. également défenses aux propriétaires et meuniers de placer les moulins flottants ou à nefs au droit fil et plus profond de l'eau, à peine de 500 liv. d'amende, de confiscation desdits moulins, et de châtiment exemplaire contre les meuniers ayant la conduite desdits moulins. Veut S. M.,

qu'au cas qu'il y ait quelques moulins à nefs dont les propriétaires n'auroient pas l'ordonnance d'emplacements prescrite par les réglements, ils aient à en prendre une dans deux mois après la publication du présent réglement, qui les autorise à les établir dans l'emplacement qui leur aura été marqué; sinon et faute par lesdits propriétaires de prendre ladite ordonnance du sieur intendant, et ledit délai passé, lesdits moulins seront détachés et déchirés, pour les débris en être portés sur le rivage où les grandes eaux ne pourront atteindre, et ce à la diligence des ingénieurs et commis des turcies et levées, après y avoir été autorisés par le sieur intendant et commissaire départi.

9. Lorsque les moulins à nefs auront été placés, les propriétaires et meuniers ne pourront les changer d'emplacement qu'en vertu d'ordonnance des sieurs intendants, rendues sur l'indication des ingénieurs des turcies et levées, et ce, sous les mêmes peines que ci-dessus, et de tous dépens, dommages et intérêts envers les marchands et bateliers en cas d'échouement ou d'autres avaries occasionées par lesdits moulins.

10. Les propriétaires des moulins à nefs seront tenus de remettre et de laisser ès-mains des meuniers les ordonnances d'emplacement, dont une copie sera affichée à la porte du moulin, afin que les ingénieurs et commis des turcies et levées, faisant leurs visites, puissent reconnoître s'ils ont été changés. Défenses sont faites auxdits meuniers et leurs valets de servir auxdits moulins sans être saisis de ladite ordonnance, à peine contre les propriétaires de 500 livres d'amende, dommages et intérêts pour perte ou retardement des bateaux et marchandises; et contre les fermiers, meuniers et leurs valets, de punition corporelle.

11. Ordonne S. M. à tous propriétaires, de quelque qualité et condition qu'ils soient, et à toutes communautés laïques ou ecclésiastiques, qui auront titres suffisants pour avoir moulins, forges, fourneaux, autres usines et pêcheries, d'entretenir en bon état les digues, chaussées, épanchoirs, et les passelis ou pertuis qui servent ou doivent servir au passage des bateaux, radeaux et bois mis à flot.

12. Les passelis seront mis, si fait n'a été, dans les emplacements les plus convenables, relativement au cours de l'eau, et les plus à proximité des usines, afin que le service en soit plus prompt et plus sûr; leurs bajoyers, qui devront avoir chacun trente-six pieds de longueur, laisseront entre eux un passage de vingt-quatre pieds de largeur franche; leurs seuils, tant supérieurs qu'inférieurs, seront fixés solidement à quatre pieds

au-dessous des plus basses eaux. Les propriétaires feront faire et entretiendront, si le local l'exige, un canal, à partir de l'extrémité inférieure desdits bajoyers jusqu'à la rencontre du grand lit de la rivière, lequel canal aura vingt-quatre pieds de largeur, et au moins trois pieds de profondeur, le tout mesuré de la ligne des basses eaux. Ordonne pareillement S. M. auxdits propriétaires de moulins, forges, fourneaux et autres usines où il n'existera pas de passelis ou pertuis, d'en faire construire à travers les digues ou chaussées, et d'ouvrir des canaux au-dessous, comme il est dit ci-dessus.

13. Dès que les conducteurs de bateaux, radeaux et de bois mis à flot se présenteront pour passer, les personnes chargées de la conduite desdites usines, et leurs préposés ou serviteurs, déboucheront lesdits passelis ou pertuis.

14. Dans la visite générale ordonnée par l'article 2 du titre II, les ingénieurs des turcies et levées examineront les digues ou chaussées, les passelis ou pertuis, et les canaux étant en.suite, et dresseront des procès-verbaux des réparations et nouvelles constructions à faire pour favoriser la navigation; lesquelles réparations et constructions seront faites par les propriétaires, ou à leurs frais, suivant les devis qui en auront été dressés par lesdits ingénieurs, et sur les ordonnances du sieur intendant et commissaire départi.

15. Les propriétaires des moulins, forges, fourneaux, autres usines et pêcheries, seront tenus, conformément aux anciens réglements, de fournir, poser et entretenir des tours, trépoirs, cabestans ou galeries pour monter et descendre les bateaux et radeaux au moyen de câbles de cent brasses de longueur, et de grosseur suffisante, partout où il en sera ainsi ordonné par le commissaire départi.

Chaque moulin, forge, fourneau, autre usine ou pêcherie, sera pourvu du nombre d'hommes convenable pour la remonte et descente desdits bateaux et radeaux aussitôt qu'ils seront arrivés aux passelis ou pertuis desdits établissements; faute de tout quoi, et en cas de retard, seront lesdits propriétaires tenus des dommages et intérêts envers les marchands et maîtres des bateaux ou radeaux, et même demeureront responsables de la perte des bateaux, radeaux et marchandises, naufrage arrivant faute de bon travail.

16. Tous propriétaires qui auront justifié par des titres en bonne forme du droit d'établir des pêcheries, seront tenus de laisser, à travers les digues ou chaussées, une ouverture de trente-six pieds de largeur au droit fil et plus profond de l'eau,

pour le libre passage des bateaux, radeaux et bois mis à flot. Défenses leur sont faites, ainsi qu'aux meuniers, pêcheurs et autres, de planter des piquets, jeter des pierres, poser des fascines, placer des bois en saillie, ni rien faire qui puisse gêner ladite ouverture; de même que d'y tendre des filets, nasses ou autres pièges quelconques qu'à nuit close, et à la charge de les retirer à la pointe du jour, à peine de 300 liv. d'amende contre les propriétaires ou fermiers, et de peine corporelle contre les meuniers, pêcheurs et leurs valets. Pourront au surplus les mariniers, baliseurs et autres fréquentant lesdites rivières, lever et couper les filets et autres pièges qui se trouveront tendus lorsqu'ils se présenteront pour passer par ladite ouverture depuis le lever jusqu'au coucher du soleil.

17. Les meuniers, maîtres de forges, leurs valets et autres, seront tenus de laisser couler l'eau en telle quantité, que la navigation des bateaux, radeaux et bois mis à flot puisse être facilement faite d'un passelis ou pertuis à l'autre. Fait S. M. très-expresses défenses aux meuniers, leurs valets et tous autres, d'exiger aucuns deniers, marchandises ou denrées des marchands, mariniers ou passagers pour ouvrir lesdits passelis ou pertuis, à peine de restitution du quadruple et de punition corporelle.

18. Excepte néanmoins S. M. de la disposition du précédent article les seigneurs, communautés ou particuliers autorisés à percevoir des droits par titres valables et duement vérifiés en la forme prescrite par l'article 2 ci-dessus; auquel cas leurs meuniers ou fermiers pourront continuer à percevoir lesdits droits, sans pouvoir les augmenter, à peine de restitution du quadruple et de 300 livres d'amende.

19. Les propriétaires des fossés et pêcheries situés le long de la Loire, rivières et ruisseaux y affluents, seront tenus d'y mettre des planches ou petits bateaux solidement et commodément établis, et de manière qu'il n'en résulte aucuns empêchements ni retards aux haleurs; et faute par lesdits propriétaires de faire ce qui leur est enjoint, veut S. M. qu'il y soit pourvu à leurs frais et dépens, à la diligence des ingénieurs ou commis des turcies et levées.

20. Enjoint S. M. à tous propriétaires riverains de la Loire et rivières affluentes, qui sont ou seront rendues navigables ou flottables, de fournir en tout temps l'emplacement pour le halage des bateaux et le passage des voitures, de vingt-quatre pieds de largeur, à compter du bord supérieur des berges. Seront lesdits chemins tracés, suivant qu'il conviendra, par

les ingénieurs des turcies et levées, et ce à travers toutes sortes de terrains indistinctement.

21. Veut S. M. que lesdits propriétaires et les communautés laïques ou ecclésiastiques aient trois mois, à compter du jour de la publication du présent arrêt, pour ouvrir à leurs frais et dépens, et rendre libres lesdits chemins sur la largeur ci-dessus fixée, en déracinant et enlevant les arbres, bois, buissons, haies et autres empêchements, et en comblant les trous; passé lequel temps S. M. autorise les ingénieurs et commis des turcies et levées, les baliseurs et mariniers, à faire enlever tous les obstacles qui se trouveront sur ladite largeur de vingt-quatre pieds.

22. Les bois, pierres et autres matériaux qui en proviendront seront vendus au profit de S. M. lorsque la dépense de main-d'œuvre et de transport en aura été faite à ses frais, et au profit des mariniers lorsque ce sera par eux ou à leurs frais que lesdits ouvrages auront été faits: défend S. M. à tous propriétaires d'apporter aucuns troubles ou empêchements quelconques à l'exécution desdits travaux, à peine de 500 livres d'amende, et même d'être poursuivis extraordinairement, s'il y échet.

23. Les chemins de halage, fixés à vingt-quatre pieds par l'article précédent, seront réduits à quatorze le long des murs de clôture; mais si par la suite lesdits murs, ensemble les maisons des villes, bourgs et villages sur les bords desdites rivières, venoient à être démolis et reconstruits, alors il sera donné vingt-quatre pieds au chemin de halage. Enjoint S. M. aux propriétaires, et aux entrepreneurs et ouvriers, de se conformer, lors des reconstructions, à ce qui est prescrit par le présent article, à peine de 300 liv. d'amende et démolition des ouvrages contre chaque propriétaire, et de prison contre les entrepreneurs et ouvriers.

24. Veut S. M. que désormais les propriétaires des péages valablement établis et confirmés, tant sur la Loire que sur les rivières y affluentes, soient dispensés de faire exécuter les travaux du balisage dans le lit desdites rivières, en payant par eux annuellement une contribution en argent, telle qu'elle sera arrêtée par le conseil de S. M., après que le sieur intendant et commissaire départi aura fait constater par les ingénieurs des turcies et levées, l'étendue de rivière comprise dans chaque péage, son état actuel, et la nature des travaux dont le seigneur péager est chargé.

25. Tous propriétaires de péages seront tenus de faire af-

ficher, sur un poteau qui sera planté à cet effet en lieu éminent, au port où lesdits droits s'exigent, copie entière du tarif, contenant la qualité du droit sur chaque espèce de marchandises, à peine de privation desdits droits de péage.

26. Les propriétaires des péages tiendront sur les lieux mêmes des gens capables, âgés au moins de vingt-cinq ans, sachant lire et écrire, pour faire la levée desdits péages, et donner les quittances en détail de ce qu'ils auront pris sur chaque nature de marchandises.

27. En cas que les péagers se trouvent absents, négligents ou refusants de prendre leurs droits, pourront les mariniers et bateliers passer outre, après néanmoins avoir crié trois fois; et à la charge de payer au retour, si mieux ils n'aiment consigner le droit en présence de deux témoins.

28. Fait défenses S. M. aux péagers d'arrêter les mariniers et leurs bateaux, sous prétexte de vérifier leurs marchandises, sur la quantité et qualité desquelles lesdits mariniers ou les marchands seront crus à leur serment et déclaration, à peine contre les propriétaires de péages, de 500 liv. d'amende et de déchéance de leurs droits, et contre les fermiers et commis, de punition exemplaire, sauf à eux à suivre les bateaux jusqu'au lieu de leur plus prochaine station; et dans le cas où lesdits marchands, mariniers, patrons et bateliers seroient trouvés en fraude, ils seront condamnés solidairement, outre ledit droit de péage, en 1,000 liv. d'amende au profit du péager, et aux dépens.

29. Ordonne S. M. que toutes barrières, digues, chaînes et autres empêchements aux ponts, passages des écluses et pertuis pour la perception des péages, soient ôtés un mois après la publication du présent arrêt, à peine de 50 liv. d'amende.

30. Enjoint S. M. à tous propriétaires et fermiers de bacs établis sur la Loire et rivières y affluentes, de rendre les abords et chaussées desdits bacs faciles et praticables; d'entretenir lesdits bacs et les nacelles en bon état; de les pourvoir de gens habiles à la manœuvre, et d'avoir toujours un petit bateau qui voguera en même temps et à côté des susdits bacs, pour y avoir recours en cas de besoin; et, où le service se feroit à corde tendue, veut S. M. que ceux qui conduiront les bacs, livrent le passage aux bateaux et radeaux, sans leur faire éprouver le moindre retard, empêchements ou avaries, à peine de 500 liv. d'amende, et de demeurer garants et responsables du mal et perte qui pourroient autrement en arriver.

31. Ordonne S. M. aux ingénieurs, entrepreneurs et commis

des turcies et levées, lors de leurs tournées, de visiter l'état desdits bacs, leurs agrès, et de s'assurer de la manière dont se fait le service; et, en cas de négligence ou d'abus, ils en dresseront des procès-verbaux, et les remettront aux sieurs intendants et commissaires départis de chaque département, pour être par eux ordonné ce qu'il appartiendra.

Titre IV.

1. Veut S. M. que les entrepreneurs des turcies et levées, aient, à prix égal, la préférence sur tous autres, de quelque qualité et condition qu'ils soient, pour les matériaux qui se trouveront propres aux ouvrages portés dans leurs baux, soit pierre, bois ou autres, et ce, sur les certificats de l'ingénieur, visés du sieur intendant et commissaire départi, lesquels constateront leur qualité d'entrepreneurs des turcies et levées, la nature et la quantité des matériaux, et la nécessité de les employer auxdits ouvrages.

2. Lesdits entrepreneurs pourront prendre la pierre, le grès, le sable et autres matériaux pour l'exécution des ouvrages dont ils seront adjudicataires, dans tous les lieux non fermés de murs qui leur seront indiqués par les devis et adjudications desdits ouvrages. Fait S. M. défenses à tous seigneurs et propriétaires des lieux non clos de murs, de leur apporter aucuns troubles ou empêchements, sous quelque prétexte que ce puisse être, à peine de toutes pertes, dépens, dommages et intérêts, et de telles autres condamnations qu'il appartiendra; sans que lesdits seigneurs et propriétaires puissent se pourvoir pour leur dédommagement ailleurs que par-devant le sieur intendant et commissaire départi.

3. Lesdits seigneurs et propriétaires seront dédommagés de tout le préjudice qu'ils auront pu souffrir, tant par la fouille et l'extraction desdits matériaux, que par les dégâts auxquels l'enlèvement aura pu donner lieu. Sera payé ledit dédommagement auxdits propriétaires par les entrepreneurs, sur l'ordonnance du commissaire départi, après l'estimation qui en sera faite par l'ingénieur qui aura dressé le devis des ouvrages; et en cas que lesdits propriétaires ne voulussent pas s'en rapporter à ladite estimation, il sera ordonné un rapport de trois experts nommés d'office par le sieur intendant et commissaire départi, duquel rapport lesdits propriétaires seront tenus d'avancer les frais. Veut S. M. que les entrepreneurs rejettent en outre, à leurs frais et dépens, dans les fouilles et ouvertures

qu'ils auront faites, les terres et les décombres qui en seront provenus.

4. Les bois, pierres, grès, sables, fers et autres matériaux que les entrepreneurs des turcies et levées feront transporter pour l'exécution de leurs ouvrages, même leurs outils et équipages, seront exempts de tous droits de traite, entrée et sortie, même de ceux dépendants des fermes, des aides, domaines, barrages, droits d'octrois, péages, pontonnages, et de tous autres généralement quelconques appartenants à S. M., aliénés, engagés ou concédés, soit aux villes et communautés, soit aux particuliers, à quelque titre que ce soit, conformément à la déclaration du 17 septembre 1692, aux arrêts du conseil des 2 juin et 4 août 1705, 7 septembre 1755, et autres subséquents, en rapportant, par lesdits entrepreneurs, certificat de la destination desdits matériaux, par l'ingénieur, visé du sieur intendant et commissaire départi.

5. Déclare S. M., tous ponts, chaussées, pertuis, digues, hollandages, pieux, balises et autres ouvrages publics, qui sont ou seront par la suite construits pour la sûreté et facilité de la navigation et du halage, sur et le long de la rivière de Loire et rivières y affluentes, faire partie des ouvages royaux, et les prend en conséquence sous sa protection et sauve-garde royale : enjoint S. M. aux maires, échevins, consuls, jurats et syndics des villes et communautés voisines desdites rivières, de veiller à ce que lesdits ouvrages ne soient dégradés, détruits ni enlevés ; ordonne que tous ceux qui feroient ou occasioneroient lesdites dégradations ou destructions, seront poursuivis extraordinairement, condamnés en telle amende qu'il appartiendra, et tenus de réparer les dommages.

6. Entend S. M. comprendre dans les dispositions du présent arrêt, non-seulement la Loire et les principales rivières affluentes, mais encore les rivières et ruisseaux affluents de ces derniers, dans toute l'étendue de leur cours, qui pourra intéresser le bien du flottage et de la navigation.

7. Seront au surplus les arrêts et déclarations des 12 janvier et 4 juin 1668, 24 avril 1703, 25 juin 1715, 10 février 1722, 10 mars 1739, 7 septembre 1755, 11 février 1763, 29 août et 23 novembre 1764, et décembre 1772, et autres arrêts et déclarations servant de réglement pour les turcies et levées, et la navigation de la Loire et des rivières affluentes, comme aussi tous autres réglements concernant la navigation des rivières du royaume, exécutés selon leur forme et teneur, en tout ce à quoi il n'est pas dérogé par le présent arrêt.

8. Enjoint S. M. auxdits sieurs intendants et commissaires départis dans les généralités de Riom, Moulins, Bourges, Orléans et Tours, chacun dans le département qui lui est attribué par le présent arrêt, de faire exécuter les dispositions y contenues; ensemble celles des réglements généraux et particuliers, concernant la liberté et la sûreté de la navigation; de réprimer les contraventions auxdits réglements, à l'effet de quoi ils connoîtront, tant des contestations qui pourroient en être la suite, que de celles qui pourroient s'élever au sujet des travaux qui seront ordonnés, en suite du présent arrêt, circonstances et dépendances, leur attribuant et confirmant à cet effet toute cour et jurisdiction; et seront les ordonnances rendues par lesdits sieurs intendants et commissaires départis, exécutées provisoirement et nonobstant opposition ou appellation quelconque, dont, si aucunes interviennent, S. M. se réserve la connoissance et à son conseil, icelle interdisant à toutes ses cours et autres juges: et sera le présent arrêt imprimé, publié et affiché partout où il appartiendra.

N° 1819. — DÉCLARATION *concernant la répartition des épices et émoluments entre les généraux provinciaux subsidiaires, et les juges-gardes des monnoies* (1)

Versailles, 25 juillet 1783. Reg. en la cour des monnoies le 3 sep. (R. S.)

N° 1820. — RÉGLEMENT *sur l'admission des élèves dans les écoles royales militaires.*

Versailles, 26 juillet 1783. (R. S. C.)

S. M. persuadée que les enfants de la noblesse pauvre de son royaume, qu'elle entretient dans les écoles militaires, retireront plus d'avantages de l'éducation qu'ils y reçoivent, si elle les admet à en profiter aussitôt que leur âge peut le permettre; et pensant qu'il est de sa justice de donner à un plus grand nombre de familles l'espérance de participer aux secours de cette fondation, auxquels elles peuvent avoir droit de prétendre, S. M. a ordonné et ordonne ce qui suit:

1. Les jeunes gentilshommes susceptibles d'entrer dans les écoles militaires, et qui ci-devant y étoient admis depuis huit ans jusqu'à onze, y seront reçus à l'avenir depuis l'âge de sept ans jusqu'à celui de dix; les orphelins de père et de mère pourront seuls y être placés jusqu'à douze ans accomplis: en

---

(1) V. édit de juillet 1779, n° 1149, tom. 4 du règne, pag. 118.

conséquence, les parents des enfants agréés devront, sans retard, s'occuper de produire leurs titres de noblesse, déclarant S. M. que ceux de ces enfants dont les preuves ne seroient pas faites un an après leur nomination, ne seront plus admis à remplir la place qu'elle leur avoit accordée.

2. Les familles ne seront autorisées à proposer qu'un seul enfant à la fois; et lorsqu'il aura été nommé à une place d'élève, elles ne pourront espérer d'obtenir la même grace pour un second, qu'après que l'éducation du premier sera entièrement terminée.

3. Pour assurer l'exécution des dispositions énoncées dans l'art. précédent, l'intention de S. M. est que les sieurs intendants et commissaires départis dans les provinces ne présentent pour le concours que des sujets qui n'auront point de frères existants dans lesdites écoles : et comme il est nécessaire que le présent réglement soit connu de la noblesse, S. M. mande auxdits sieurs intendants de le rendre public dans l'étendue de leurs généralités.

N° 1821. — LETTRES PATENTES *sur la permission à demander par les manufacturiers pour avoir chez eux des laminoirs, presses, etc.* (1).

Versailles, 28 juillet 1783. Reg. en la cour des monnoies le 13 août.
(R S. C. Mars, 1—431. Merlin v° manufacture.)

Louis, etc. Etant informés que quelques entrepreneurs de manufactures, ainsi que plusieurs artistes et ouvriers qui font usage de presses, de balanciers, de moutons, de laminoirs et de coupoirs, ou qui fabriquent ces machines, se trouvent exposés à des poursuites rigoureuses résultantes des dispositions de nos édits et des arrêts de notre cour des monnoies, par lesquels il a été défendu à tous particuliers, autres que les directeurs de nos monnoies, d'avoir chez eux des machines de cette nature, et à tous serruriers, forgerons et autres ouvriers, de les fabriquer, sous peine d'être punis comme faux-monnoyeurs : nous avons pensé que s'il étoit dangereux de permettre indifféremment à tous nos sujets l'usage de ces machines, il ne le seroit pas moins de priver les entrepreneurs de manufactures et les artistes, des avantages qu'elles offrent à leur industrie, sans lesquels ils ne pourroient soutenir la concurrence avec les fabriques étrangères. La protection par-

---

(1) En vigueur arrêté du 3 germinal an IX, décret 24 avril 1808.

ticulière que nous ne cesserons d'accorder au commerce et aux arts qui en sont le principal aliment, nous a engagés à chercher les moyens de concilier ses intérêts avec les précautions nécessaires pour prévenir les abus que l'on peut faire desdites machines. A ces causes, etc.

1. A compter du jour de la date de ces présentes, il sera libre à tous entrepreneurs de manufactures, ainsi qu'aux orfèvres, horlogers, graveurs, fourbisseurs et autres ouvriers qui travaillent et emploient les métaux, d'avoir chez eux les presses, moutons, laminoirs, balanciers et coupoirs qui leur seront nécessaires, à la charge par eux d'en obtenir la permission, soit de notre cour des monnoies, soit des officiers des sièges de monnoies établis dans nos différentes provinces.

2. Ceux qui désireront obtenir les permissions exigées par l'art. précédent, seront tenus de faire élection de domicile, et de joindre à leurs requêtes les plans figurés et l'état des dimensions de chacune desdites machines dont ils se proposeront de faire usage; ils y joindront pareillement des certificats des officiers municipaux ou syndics des villes, bourgs ou villages dans lesquels seront établis leurs ateliers ou manufactures, lesquels certificats attesteront l'existence de leurs établissements, et le besoin qu'ils pourront avoir de faire usage desdites machines. Voulons qu'il ne puisse être expédié aucune permission de cette nature en faveur de ceux qui ne produiront pas lesdits plans, états et certificats; et que celles desdites permissions qui n'en feront pas mention, soient regardées comme nulles et non avenues.

3. Enjoignons aux substituts de notre procureur général en la cour des monnoies, d'envoyer audit sieur procureur général, ainsi qu'au sieur contrôleur général de nos finances, dans les mois de janvier et juillet de chaque année, un état sur papier ordinaire, certifié par le général provincial, ou l'un des juges-gardes, de toutes les permissions de cette nature qui auront été accordées pendant le cours de chaque semestre; lequel état contiendra les noms, qualités, demeures et professions de ceux qui les auront obtenues, et le genre des machines qui en seront l'objet : enjoignons pareillement au greffier en chef de notredite cour, de remettre auxdits sieurs contrôleur général de nos finances, et procureur général en notredite cour, aux mêmes époques et dans la même forme, un état de lui certifié des permissions qui seront émanées directement de notredite cour.

4. Ceux qui auront obtenu la permission d'avoir chez eux

une ou plusieurs de ces machines, seront tenus de les placer dans les endroits de leurs ateliers les plus apparents, et sur la rue autant que faire se pourra : nous leur défendons d'en faire usage avant cinq heures du matin et après neuf heures du soir, et leur enjoignons de les tenir enfermées dans des endroits fermant à clefs pendant tout le temps où ils ne s'en serviront pas.

5. Ceux qui, ayant obtenu lesdites permissions, négligeroient de se conformer à ce qui leur est prescrit par l'art. précédent, en seront déchus, et ne pourront plus à l'avenir en obtenir de pareilles : voulons que dans le cas où il seroit prouvé qu'ils eussent employé celles de ces machines dont ils auroient été autorisés à faire usage, à tout autre travail qu'à celui qu'ils auroient annoncé par leur requête, il leur soit fait défenses de s'en servir, et qu'ils soient contraints de les déposer au greffe du siège des monnoies le plus voisin.

6. Voulons qu'il soit procédé extraordinairement contre tous ceux qui, ayant obtenu la permission de faire usage desdites machines, les emploieroient à fabriquer des médailles, des jetons, ou des espèces d'or, d'argent, de billon ou de cuivre, soit au coin de nos armes, soit à celui d'aucun prince souverain, et qu'ils soient punis comme faux-monnoyeurs : voulons aussi qu'il en soit usé de même à l'égard de ceux chez lesquels il se trouveroit quelques carrés, poinçons ou autres instruments propres à la fabrication desdites monnoies, médailles ou jetons, et que les maîtres soient personnellement responsables de tous les abus de cette nature, dont leurs ouvriers ou compagnons se rendroient coupables en leur absence comme en leur présence.

7. Défendons à tous graveurs, serruriers, forgerons, fondeurs et autres ouvriers, de fabriquer aucune desdites machines pour ceux qui ne leur justifieroient pas en avoir obtenu la persion ; à l'effet de quoi ils exigeront qu'elle leur soit laissée jusqu'au moment où ils livreront lesdites machines, afin d'être en état de la représenter en cas de visite : voulons que faute par eux de se conformer aux dispositions du présent article, ils soient condamnés en 1000 liv. d'amende et confiscation des ouvrages pour la première fois, et à de plus grandes peines en cas de récidive.

8. Enjoignons, tant à ceux qui emploient ou emploieront par la suite lesdites machines, qu'aux ouvriers qui les fabriquent, de se soumettre aux visites que les commissaires de notre cour des monnoies, les officiers des sièges de son ressort, leurs délégués ou préposés jugeront à propos de faire chez eux, à l'effet

de vérifier s'ils ne contreviennent point aux dispositions de ces présentes, et ce sous peine de désobéissance, et d'y être contraints par toutes les voies prescrites par les ordonnances en pareil cas.

9. N'entendons par ces présentes dispenser ceux qui seroient déjà en possession de quelques machines de la nature de celles qu'elles ont pour objet, de remplir les formalités que nous avons prescrites pour obtenir la permission de continuer à en faire usage : voulons que dans le cas où ils négligeroient de s'y conformer dans le délai de deux mois, à compter du jour de l'enregistrement de ces présentes, il soit procédé contre eux extraordinairement, et qu'il en soit usé de même à l'égard de tous ceux qui auroient chez eux ou emploieroient à l'avenir lesdites machines, sans en avoir obtenu la permission ; voulons qu'elle ne puisse être accordée aux ouvriers et artistes auxquels les ordonnances et règlements permettent de s'établir dans les lieux privilégiés, qu'à la charge par eux de se soumettre aux visites des officiers de notre cour des monnoies et des sièges de son ressort, conformément aux dispositions de l'art. 8.

10. Avons dérogé et dérogeons à tous édits, déclarations, lettres patentes et règlements dont les dispositions seroient contraires à ces présentes, et notamment à nos édits des mois de juin 1696 et février 1726, lesquels seront au surplus exécutés selon leur forme et teneur, en ce qui n'y est pas dérogé.

N° 1822. — RÈGLEMENT *sur l'organisation des hussards.*

Versailles, 31 juillet 1783. (R. S. C.)

N° 1823. — ÉDIT *sur les fonctions du lieutenant criminel de robe courte, et sous-officiers de la compagnie.*

Versailles, juillet 1783. Reg. au parlement le 22 août. (R. S. C.)

N° 1824. — ÉDIT *portant suppression des offices de trésoriers des mortes-paies et des fortifications, et de leurs contrôleurs.*

Versailles, juillet 1783. Reg. à la chambre des comptes le 16 septembre. (R. S.)

N° 1825. — DÉCLARATION *concernant la lecture des testaments, qui doit être faite au testateur* (1).

Versailles, 7 août 1783 Reg. au parlement de Toulouse le 30. (R. du parlement de Toulouse. Dupleix, 1785.)

---

(1) V. ord. d'avril 1735.

N° 1826. — ARRÊT *du parlement qui fait défenses à tous juges d'ordonner la preuve de la démence de l'accusé avant la consommation de la procédure extraordinaire, bien que la démence se rapportât à une époque antérieure à celle du crime.*

Toulouse, 11 août 1783. (R. du parlement de Toulouse. Dupleix 1785.)

N° 1827. — ARRÊT *du parlement sur le commerce de la marée et de la saline* (1).

Paris, 14 août 1783.

N° 1828. — DÉCLARATION *concernant les causes d'appellations comme d'abus, et toutes celles de régale* (2).

Versailles, 17 août 1783. Reg. en parlement le 29 août. (R. S.)

N° 1829. — DÉCLARATION *concernant les requêtes civiles* (3).

Versailles, 17 août 1783. Reg. en parlement le 29 août. (R. S.)

N° 1830. — DÉCLARATION *et réglement par lesquels S. M. proroge pour dix ans, à compter du 1ᵉʳ janvier 1784, les droits établis en faveur de la ville de Paris, par la déclaration du 25 novembre 1762, et pourvoit tant aux dépenses qu'à la libération des dettes de ladite ville.* (4).

Versailles, 23 août 1783. Reg. en parlement 5 septembre. (R. S.)

N° 1831. — ARRÊT *du conseil concernant le commerce des pouzolanes françaises* (5)

Versailles, 23 août 1783. (R. S. C.)

N° 1832. — ARRÊT *du parlement portant réglement pour les arrêts sur requête.*

Paris, 26 août 1783. (R. S. C.)

Vu par la cour, toutes les chambres assemblées, la requête à elle présentée par le procureur-général du roi, à ce qu'il plût à la cour ordonner que les articles joints à ladite requête, por-

---

(1) En vigueur ord. de police du 9 frimaire an x. V. arrêt du 31 décembre 1776, n° 564, tom. 2 du règne, pag. 284.
(2) V. décl. 15 mars 1773, 24 août 1775, 12 mai 1776, 28 août 1781, 15 août 1786.
(3) Décl. 28 août 1781, 15 août 1786.
(4) V. décl. 25 novembre 1762, édit de juillet 1767, décl. 5 février 1776, l. p. 22 déc. 1782, 1ᵉʳ juin 1783.
(5) A. d. c. 10 décembre 1779, n° 1226, tom. 4 du règne, pag. 212.

tant règlement pour les arrêts sur requête, et qui ont été arrêtés dans les conférences tenues chez M. le premier président, seront exécutés, et que l'arrêt qui interviendra sera imprimé, lu et publié à la communauté des procureurs, et inscrit sur les registres des délibérations de ladite communauté, et ordonner qu'extrait de l'arrêt qui interviendra sera envoyé au conseil provincial d'Artois, aux bailliages et sénéchaussées du ressort, et aux officiers des maîtrises des eaux et forêts, aux officiers des amirautés, aux juridictions consulaires, aux officiers de la conservation de Lyon, pour être lu, publié et registré esdits sièges; ladite requête signée du procureur-général du roi.

Faire défenses aux procureurs de la cour, sous telles peines qu'il appartiendra, de présenter des requêtes et d'obtenir des arrêts de défenses ou surséances contre l'exécution des sentences et jugements intervenus en matière civile dans les cas ci-après exprimés; savoir:

1° *Les matières ecclésiastiques.* Sur les appels comme d'abus, s'il n'y a incompétence notoire, ou qu'il ne s'agisse de cas non réparables en définitif. Ou si ce n'est que les juges supérieurs sur les appels simples des inférieurs aient refusé ou donné des défenses contre les dispositions des règles civiles ou canoniques, ou autres cas dans lesquels il pourroit y avoir entreprise par les juges ecclésiastiques sur la puissance temporelle. Et en outre, dans les cas où l'appel comme d'abus seroit interjeté par le ministère public.

2° *Pour ce qui concerne les juridictions ordinaires.* Sur tout ce qui regarde l'instruction, à moins que l'interlocutoire ne préjuge le fond et ne puisse se réparer en définitif, ou qu'il y eût incompétence évidente. Sur les sentences qui permettent de faire enquête, si elles ne préjugent le fond, ou qu'il y ait incompétence notoire. Sur les dations de tutèles et curatelles, encore qu'il paroisse y avoir incompétence. Pourront toutefois les défenses être accordées en cas d'insolvabilité évidente du tuteur ou curateur autorisé à recevoir. Sur les appositions de scellés et levée d'iceux, à moins qu'elle ne soit ordonnée chez un homme vivant sans banqueroute ni autre crime, ou au cas d'incompétence apparente. Sur la confection d'inventaires et clôture d'iceux, à moins qu'il n'y ait incompétence évidente. Sur les interdictions de prodigues et insensés, quand même l'incompétence paroîtroit évidente. Sur les saisies réelles lorsque les criées sont commencées, quand même il y auroit incompétence évidente. Sur les baux judiciaires faits après une saisie-réelle, encore qu'il y ait incompétence évidente. Sur les baux judiciaires sur saisie féodale, quand même il y auroit incompétence évidente. Sur les adjudications par décret, quand il y a eu arrêt confirmatif des criées ou de congé d'adjuger. Sur les sentences portant défenses de changer l'état des lieux, continuer des ouvrages ou autres cas de dénonciations de nouvelle œuvre, à moins qu'il n'y ait incompétence évidente. Sur les jugements portant condamnation de vider les lieux quand il n'y a point de bail, ou quand le bail est expiré, ou lorsque le propriétaire a donné congé comme nouvel acquéreur, ou pour occuper en personne, le tout après le congé de six semaines, de trois mois ou de six mois, suivant la qualité des appartements, ou tel autre délai compétent pour les biens de campagne, le tout s'il n'y a incompétence évidente. Sur les ordonnances pour la réfection des ponts et passages, s'il n'y a incompétence évidente. Sur les sentences de condamnations fondées sur obligations authentiques ou reconnues. Ou sur des condamnations portées par des sentences dont il n'y a point eu d'appel, ou qui seroient exécutoires, nonobstant l'appel, le tout s'il s'agit des obligés personnellement, ou leurs héritiers et ayant cause, autres que les simples tiers détenteurs, et s'il n'y a point incompétence évidente. Ne pourront pareillement être ordonnées des défenses contre les poursuites faites en vertu de contrats, obligations et autres actes authentiques en forme exécutoire. Sur les jugements de condamnation pour frais funéraires. Sur la restitution des bestiaux pris en justice et autres choses qui peuvent se consommer, quand même il y auroit incompétence évidente. Sur les sentences de main-levée de saisies sur personnes non obligées, ou contre lesquelles il n'existe point de titres, s'il n'y a incompétence évidente. Sur tous jugements définitifs en matières sommaires n'excédants ; savoir :

Aux pairies et autres justices seigneuriales ressortissantes nuement en la cour, la somme de 40 liv. ; aux bailliges, sénéchaussées, connétablie, table de marbre, 100 liv. ; aux amirautés, 150 liv. ; et aux requêtes du palais et de l'hôtel, quand il n'y auroit aucun titre, s'il n'y a incompétence évidente, 300 liv.

Sur les sentences de provision qui n'excèdent 200 liv. en toutes jurisdictions, encore qu'il n'y eût de titres et malgré incompétence évidente, si le renvoi n'a été demandé avant la sentence de provision. Sur les sentences de provisions non excédant 1,000 liv., quand il n'y auroit aucuns titres, lorsqu'il s'agit d'achats, ventes, fournitures et provisions de maisons.

De ventes faites ès-ports, foires et marchés. De loyer de maisons et fermes, soit qu'il y ait bail ou non. D'impenses utiles et nécessaires, améliorations, détériorations, labours et semences. De prises de chevaux ou bestiaux en délit, saisie, nourriture, dépense ou louage, de gages de serviteurs, peines d'ouvriers, journées de gens de travail. De parties d'apothicaires, de chirurgiens, et vacations de médecins. De frais et salaires des procureurs, huissiers, sergents et autres officiers. D'appointements et récompenses. D'oppositions aux saisies-exécutions, ventes de meubles, préférence et privilège sur le prix. De sentences sur main-levée de saisies mobiliaires. D'établissements ou décharges de gardiens. Le tout même en cas d'incompétence évidente, à moins qu'on n'eût demandé le renvoi avant la sentence de provision. Sur les sentences de provision, à quelque somme qu'elles puissent monter; s'il y a contrat, obligation, promesse reconnue, ou condamnation prononcée par sentence dont il n'y a point eu d'appel, ou qui soit exécutoire nonobstant l'appel, à moins toutefois qu'il n'y ait incompétence évidente. Sur les sentences de police définitives ou provisoires, à quelques sommes qu'elles puissent monter, soit qu'elles soient rendues par les officiers de police ou par tous autres juges ordinaires, même ceux des seigneurs, des hôtels de ville, de la maçonnerie et autres, en matière de police, pourvu cependant que la chose ne soit pas irréparable en définitif, et qu'il n'y ait pas d'incompétence évidente. Sur les sentences de séquestres, à moins qu'il n'y ait incompétence évidente, ou que le cas ne fût pas réparable en définitif. Sur les sentences sur complainte et réintégrande, quand même il y auroit incompétence évidente, à moins qu'elle n'eût été alléguée avant la sentence. Sur les sentences sur récusation au nombre de cinq ou de trois juges, suivant les sièges, à moins qu'il ne s'agisse d'une descente, information ou enquête, si ce n'est que la récusation n'eût pas été faite trois jours avant le départ du commissaire, le tout si la sentence n'est évidemment incompétente. Sur les exécutoires de dépens, s'ils sont contradictoires. Sur les sentences sur réception de caution, et sur celles de provision faute de rendre compte, s'il n'y a incompétence évidente. Sur les sentences de récréances à la caution juratoire, et sur celles rendues sur les complaintes, si elles sont données par cinq juges, ou si elles ont été rendues aux requêtes du palais ou de l'hôtel, s'il n'y a incompétence évidente. Sur le vu d'un contrat d'attermoiement, s'il n'est accompagné, 1° d'un bilan; 2° d'un certificat du greffier des consuls ou des hôtels de ville pour les lieux où il n'y a point de jurisdiction consulaire, portant que les registres du failli ont été déposés au greffe; 3° des procès-verbaux de vérification; 4° des procès-verbaux d'affirmation par tous les créanciers signataires; 5° à moins qu'il ne paroisse par le calcul des créanciers signataires qu'elles forment les trois quarts des créances portées au bilan. Sur le vu des lettres de cession, à moins qu'elles ne soient accompagnées d'un bilan et d'un certificat du greffier des consuls ou du greffier des hôtels de ville pour les lieux où il n'y a point de consuls, portant que celui qui a obtenu des lettres de cession y a déposé ses livres de commerce.

3° *Pour ce qui concerne les jurisdictions extraordinaires.* Ne pourront être données de défenses contre les jugements rendus par les juges-consuls, s'il n'y a incompétence évidente, et qu'elle ait été proposée. Et à l'égard des juges ordinaires qui jugent en matière consulaire, il en sera usé à leur égard comme dans les autres matières. Et en outre, lorsqu'il s'agit de billet de change entre négocians ou marchands, ou dont ils devront la valeur. De lettres de change entre toutes personnes, s'il y a remise de place en place. De ventes par marchands, artisans et gens de métier, à autres de même qualité, pour travailler de leur profession. De gages, salaires, pensions de commissionnaires, facteurs ou serviteurs de marchand, pour fait de trafic. De commerce maritime, de commerce de foires aux lieux de leur établissement. De ventes par gentilshommes, gens d'église et bourgeois, laboureurs, vignerons et autres, de blés, vins et autres fruits de leur cru, faites à des marchands de la profession de vendre ces denrées, si le bourgeois est demandeur, le tout à moins qu'il n'y ait incompétence évidente. Sur les sentences rendues en la conservation de Lyon pour fait de tout négoce, marchandise ou manufacture, pourvu qu'un des deux partis soit marchand ou négociant. Pour voitures de marchandises et denrées dont les marchands font commerce. Pour faits de banqueroute de marchands, négocians, manufacturiers, même par la voie criminelle, saisies, inventaires de meubles, criées d'immeubles, le tout à moins qu'il n'y ait incompétence évidente. Sur les sentences des sièges des eaux et forêts dans toutes les matières ci-dessus, où il ne doit être accordé défenses ni surséances contre les sentences des autres juges ordinaires. Et en outre quand il s'agit de jugemens interlocutoires des grands maîtres, si la chose est réparable en définitif quand l'appel seroit qualifié comme de juges incompétens, à moins que l'incompétence ne soit évidente. Comme aussi lorsqu'il s'agit de sentences définitives rendues par les grands maîtres ou leurs lieutenants généraux, si elles n'excèdent point 200 liv. de principal, ou 20 liv. de rente, s'il n'y a incompétence évidente. Et en matière de chasse, si la condamnation n'est que de 60 liv. pour restitution et réparations, sans autre peine ni amende. Sur les sentences rendues par amirautés, lorsque les condamnations y portées n'excéderont pas la somme de 150 liv., et à l'égard de tous autres jugements, il en sera usé à leur égard comme pour les jugements rendus par les juges ordinaires, si ce n'est lorsqu'il s'agit de jugements définitifs concernant les droits de congé et autres appartenants à l'amiral. Et encore quand il s'agit de jugements concernant la restitution des choses déprédées ou pillées pendant les naufrages, et de sentences arbitrales. Et enfin sur les sentences du conseil provincial d'Artois, lorsqu'il s'agit d'aliments, de saisines, de taxes de dépens, de salaires et gages de serviteurs, de novellité, de récréance, de 300 liv. en principal, ou de 20 liv. de rente, ou 500 florins, ou de 30 florins de rente, même quand il s'agiroit de matière réelle, fonds et héritages, à condition que les jugements soient rendus par cinq juges, et que le conseil ajoute qu'il entend que la sentence soit exécutable par provision, et qu'il conste évidemment que l'action n'excède la somme. Comme aussi sur toutes sentences de provision, sur toutes sentences interlocutoires réparables au définitif, et sur toutes sentences de maintenue en matières bénéficiales. Faire pareillement défenses aux procureurs de cumuler dans leurs requêtes l'appel d'incompétence avec l'appel simple. Faire défenses aux juges inférieurs d'ordonner l'exécution provisoire de leurs sentences, si ce n'est ès-cas prescrits par les ordonnances, auxquels cas les juges seront tenus de coter l'article en vertu duquel ils ordonnent ladite exécution provisoire. Leur enjoindre de statuer sur les déclinatoires avant de prononcer sur le fond et d'en faire mention dans leur sentence. Enjoindre pareillement à tous juges en matière consulaire, lorsqu'ils statueront sur une lettre de change, de faire mention dans leur sentence si elle a tous les caractères requis aux termes de l'ordonnance de 1673. A l'égard des jugements des présidiaux, les édits du mois de novembre 1774, du mois d'août 1777, et déclaration du roi du 29 août 1778, registrés en la cour, seront exécutés.

Ouï le rapport de M⁰ Adrien-Louis Lefebvre, conseiller. Tout considéré. La cour ordonne que les articles joints à ladite requête, portant réglement pour les arrêts sur requête, seront exécutés, et que le présent arrêt sera imprimé, lu et publié à la communauté des procureurs, et inscrit sur les registres des délibérations de ladite communauté, et ordonne qu'extrait du présent arrêt sera envoyé au conseil provincial d'Artois, aux bailliages et sénéchaussées du ressort, aux officiers des maîtrises des eaux et forêts, aux officiers des amirautés, aux juridictions consulaires, aux officiers de la conservation de Lyon, pour être lu, publié et registré esdits sièges.

N° 1853. — LETTRES PATENTES *sur la charcuterie.*

Versailles, 26 août 1783. (Mars, 2—357.)

1. Les maîtres composant la communauté des charcutiers de la ville et faubourgs de Paris, créée et rétablie par édit du mois d'août 1776, jouiront seuls et exclusivement à tous autres, sauf les exceptions portées aux art. 5 et 6 ci-après, du droit d'y vendre, débiter, tant en gros qu'en détail, et fabriquer toute sorte de lards, jambons, petit-salé, sain-doux, vieux oing; comme aussi toute sorte de boudins, saucisses, saucissons, cervelas, andouilles, et généralement tout ce qui se fabrique avec la chair de porc, tant frais que salé, et même avec d'autres viandes hachées et mêlées avec de la chair de porc, telles que les langues fourrées, les pieds à la Sainte-Menehould, les panaches préparées à la braise, les boudins blancs et autres (1).

Ils pourront pareillement assaisonner lesdits ouvrages de charcuterie avec telles épices et autres ingrédiens nécessaires, pourvu toutefois qu'ils soient salubres et non malfaisants (2).

2. Défenses sont faites à tous gens sans qualité de s'immiscer en ladite profession, sous quelque prétexte que ce puisse être, même sous celui d'association avec les maîtres de ladite communauté, sous peine de saisie et de confiscation des marchandises et ustensiles... et de 200 liv. d'amende (3).

(*L'article 3 fait exception pour 1° les épiciers qui peuvent vendre toutes sortes de jambons venant des provinces et de l'étranger, les mortadelles, les saucissons de Bologne, les lards salés et cuisses d'oies provenant des provinces, à la charge de vendre le tout nu, entier et sans débiter; 2° les traiteurs, pâtissiers et*

---

(1) § 4, art. 3, loi du 24 août 1790. Appendice du C. P.
(2) Art. 20, tit. 2; loi 22 juillet 1791. Appendice de la section des coups invol. C. P.
(3) *Idem.*

rôtisseurs, qui peuvent acheter du marchand forain le lard frais et salé, pour la préparation de leurs marchandises, et préparer et vendre les pieds à la Sainte-Menehould, les panaches de porc à la braise, les boudins blancs, saucissons, andouilles et langues fourrées; le tout mêlé de chair de porc et autres viandes, à la charge d'acheter chez les charcutiers les chairs et issues de porcs entrant dans leurs marchandises.)

4. Il sera permis aux maîtres charcutiers d'acheter des issues et abatis de bœufs, veaux et moutons, pour les employer dans les ouvrages de leur profession seulement, sans pouvoir les vendre ni débiter de toute autre manière que celle ci-dessus indiquée.

5. Les maîtres de ladite communauté seront tenus d'exercer bien et loyalement leur profession, et suivant les règles de l'art, de n'employer que des marchandises saines et non gâtées ni corrompues, et enfin de tenir leurs vaisseaux, chaudières et autres ustensiles nets, sous peine de saisie et confiscation desdits marchandises et ustensiles, et de telle amende qu'il appartiendra, selon l'exigence des cas (1).

6. Les marchands forains continueront à jouir de la faculté d'apporter, les jours de marchés ordinaires, tant à la halle que dans les marchés de ladite ville et faubourgs de Paris, du porc frais, pour y être vendu, en se conformant par eux à l'arrêt du parlement du 22 août 1760; en conséquence, défenses leur sont faites d'introduire dans Paris et ses faubourgs aucunes marchandises de porcs, qu'après les avoir coupés par quartiers, à la seconde côte au-dessus du rognon; comme aussi de vendre et débiter leurs marchandises dans les rues, même de s'y arrêter avec leurs marchandises sous quelque prétexte que ce soit, et notamment sous celui de les livrer aux bourgeois; le tout sous peine de saisie et confiscation desdites marchandises... et de 200 liv. d'amende (2).

Les maîtres de communauté..... jouiront pareillement de la faculté de porter au marché du porc frais pour y être vendu, en se conformant à ce qui est prescrit par le présent article, et sans qu'ils soient tenus de garnir ladite halle, si ce n'est en cas de nécessité, conformément à la sentence de police du 11 août 1776.

7. Pareilles défenses sont faites auxdits marchands forains,

---

(1) Art 20, tit. 2, loi 22 juillet 1791. Appendice de la section des coups invol. C. P.

(2) § 4, art. 3. loi 24 août précitée.

ou autres, d'apporter ni exposer en vente au marché ou partout ailleurs, si ce n'est au marché du parvis Notre-Dame, le mardi de la semaine sainte, aucun jambon, lard salé, boudin, saucisse, andouille, cervelas, langue ou autre marchandise de pareille nature, crue, cuite ou salée; comme aussi d'apporter ni exposer au marché du porc frais, qui seroit gâté ou défectueux; le tout, sous les peines portées en l'article précédent (1).

8. Lesdits marchands ne pourront hausser dans l'après midi le prix de la marchandise établi dans la matinée; celle qui n'aura pas été vendue ne pourra être remportée ni déposée pour être mise en vente au marché suivant, mais sera mise au rabais à la fin du marché.

Défenses sont faites auxdits forains de contrevenir aux dispositions du présent article, et à tous particuliers de recevoir lesdites marchandises en dépôt, sous les peines portées en l'article 6 ci-dessus, tant contre les forains que contre lesdits particuliers (2).

9. Lesdits forains seront tenus de vendre par eux-mêmes ou par leurs domestiques, les marchandises qu'ils apporteront aux marchés, sans pouvoir se servir de l'entremise de facteurs ou factrices résidant à Paris; et ce, sous peine de 100 liv. d'amende, tant contre lesdits forains que contre les facteurs ou factrices (3).

10. Défenses sont faites aux maîtres de la communauté, aux marchands forains, et à tous autres, de colporter ou faire colporter dans les rues, places ou marchés, ou de maisons en maisons, aucunes marchandises dépendantes du commerce de ladite communauté, pour les y offrir, vendre et débiter, et ce, sous les peines portées en l'article 6 ci-dessus (4).

11. Les arrêts et réglements concernant la tenue des marchés des porcs frais et des porcs vivants, le temps de leur durée, les heures fixées pour l'entrée desdits marchés, tant pour les bourgeois que pour les débitants, la police qui doit s'observer dans lesdits marchés, tant de la part des débitants que de celle des marchands forains, et enfin ceux qui concernent l'établissement et la tenue des tueries et échaudoirs, seront exécutés selon leur forme et teneur; défenses sont faites d'y contrevenir,

---

(1) § 4, art. 3, loi 24 août précitée.
(2) Idem.
(3) § 3, art. 3, même loi du 24 août.
(4) § 4, même art.

sous les peines portées par lesdits arrêts et réglements (1).

13. Défenses sont faites aux maîtres et agrégés de ladite communauté, à leurs veuves, d'acheter des marchandises de ladite profession dans les environs et à une distance moindre de vingt lieues de Paris, et de faire le commerce de porcs en vie, ni en vendre dans les marchés; comme aussi, aux marchands forains et à tous autres, d'acheter dans les foires et marchés qui se tiendront dans ladite étendue aucuns porcs pour les egratter et revendre dans lesdits marchés ou sur les routes; e tout, sous les peines portées en l'art. 6 ci-dessus (2).

14. Les maîtres seront tenus de faire imprimer leurs noms en gros caractères à l'extérieur et à l'endroit le plus apparent de leur boutique, sans pouvoir prendre directement ni indirectement l'enseigne de leurs confrères qui habitent la même rue ou celles adjacentes; ils seront pareillement tenus, lorsqu'ils changeront de demeure, d'en faire, dans la huitaine, leur déclaration..... et d'y indiquer leur nouveau domicile.....; le tout, sous peine de 10 liv. d'amende, même de plus grande peine si le cas y échet (3).

15. Défenses sont faites à tous apprentis et garçons de la profession, lorsqu'ils voudront se faire recevoir maîtres et s'établir, même dans les trois années qui suivront leur sortie de chez un maître, de prendre à loyer la boutique occupée par le maître chez lequel ils demeureront ou auront demeuré; comme aussi de s'établir, avant l'expiration desdites trois années, à la proximité des maisons qu'ils auront quittées, desquelles ils seront tenus de s'éloigner, de manière qu'il y ait au moins quatre boutiques de la profession entre les maisons dans lesquelles ils auront demeuré et celle de leur établissement, à moins que ce ne soit du consentement des maîtres intéressés, ou pour prendre l'établissement d'une veuve ou fille de maître qu'ils auront épousée; le tout, sous peine de fermeture de boutique, de dommages intérêts et d'amende.

N° 1834. — ARRÊT *du conseil qui ordonne qu'il sera apposé sur chaque pièce d'étoffe présentée à la visite, deux plombs, savoir, l'un au chef de ladite pièce, et l'autre à l'extrémité.*

Versailles, 28 août 1783. (R. S. Mars, 1—598.)

Le roi étant informé qu'il se seroit élevé des contestations

---

(1) § 3, même art.
(2) Art. 419 du C. P.
(3) § 4, art. 3, loi 24 août précite :

sur la question de savoir s'il devoit être appliqué deux plombs à chaque pièce d'étoffe après les apprêts; que quelques fabricants auroient refusé de souffrir l'apposition de ces deux plombs, sur le fondement que l'art. 3 des lettres patentes du 5 mai 1779, et les art. 6 et 9 de celles du 4 juin 1780, ne contenoient pas une disposition précise à cet égard; qu'on pouvoit même induire des termes dans lesquels ils étoient conçus, une volonté contraire : et S. M. considérant que lorsqu'elle a ordonné l'apposition des plombs, elle a eu pour objet d'empêcher que le consommateur ne fût trompé, et qu'il pourroit l'être facilement si on n'apposoit qu'un seul plomb, en ce qu'un détailleur qui auroit vendu quelques aunes d'une pièce d'étoffe en l'entamant par le bout sur lequel auroit été appliqué le plomb, ne seroit plus en état de prouver à celui qui achèteroit le surplus de ladite pièce, qu'elle a été fabriquée suivant les règlements, ou d'après des combinaisons arbitraires; et que pour faire cesser tous les doutes, il étoit nécessaire d'expliquer ses intentions. A quoi voulant pourvoir : ouï, etc. Le roi étant en son conseil, interprétant en tant que de besoin l'art. 3 des lettres patentes du 5 mai 1779, et les art. 6 et 9 de celles du 4 juin 1780, a ordonné et ordonne qu'il sera apposé sur chaque pièce d'étoffe présentée à la visite après les apprêts, deux plombs; savoir, l'un au chef de ladite pièce, et l'autre à l'extrémité; faisant très-expresses inhibitions et défenses, tant aux fabricants qu'aux marchands, d'entamer lesdites étoffes par les deux bouts. Enjoint, etc.

N° 1835. — ARRÊT *de réglement de la cour des aides qui ordonne qu'à l'avenir les officiers des sièges de son ressort seront tenus de motiver leurs jugements et sentences* (1).

Paris, 29 août 1783. (R. S.)

N° 1836. — ÉDIT *qui supprime l'office de maître général des bâtiments et celui de maître des œuvres de charpenterie de la ville de Paris* (2).

Versailles, août 1783. Reg. au parlement le 5 septembre.

N° 1837. — ÉDIT *pour autoriser les officiers des maîtrises à juger en dernier ressort les causes pour vente de bois non excédantes la somme de 50 livres* (3).

Versailles, août 1783. Reg. au parlement le 5 septembre. (R. S. Rec. du parlement de Toulouse. Dupleix 1785.)

---

(1) V. Décl. du 23 avril 1778, n° 863, tom. 3 du règne, pag. 267.
(2) Edit de création juillet 1681, v. édit de mai 1690, de juillet 1706.
(3) V. édit de septembre 1769.

N° 1838. — Édit *portant suppression des quatre charges de gouverneurs et quatre charges de premiers valets des pages de la chambre du roi, et création de deux charges, l'une de gouverneur, et l'autre de sous-gouverneur desdits pages.*

Versailles, août 1783. Reg. en la cour des comptes le 19 septembre, et en la cour des aides le 26 novembre. (R. S. C.)

N° 1839. — LETTRES PATENTES *portant établissement d'un official à Longwi.*

Versailles, août 1783. Reg. au parlement le 9 janvier 1784. (R. S.)

N° 1840. — LETTRES PATENTES *en forme d'édit, portant augmentation des portions congrues en faveur des curés et vicaires du diocèse de Toulouse, etc.* (1).

Versailles, août 1783. Reg. au parlement de Toulouse, le 10 janvier 1784. (R. S. du parlement de Toulouse. Dupleix, 1785.)

N° 1841. — ORDONNANCE *de l'intendant concernant la répartition et le recouvrement des impositions, et portant règlement pour les frais de contrainte par établissement de garnison militaire, tant sur les contribuables, que sur les adjudicataires de la subvention en nature de fruits.*

Bastia 1er septembre 1783. (Code Corse, tom. 5, pag. 367.)

N° 1842. — TRAITÉ *de paix entre le roi et le roi de la Grande-Bretagne* (2).

Versailles, 3 septembre 1783. (R. S. Martens.)

Soit notoire à tous ceux qu'il appartiendra, ou peut appartenir en manière quelconque. Le sérénissime et très-puissant prince Louis XVI, par la grace de Dieu, roi très-chrétien de France et de Navarre; et le sérénissime et très-puissant prince George III, par la grace de Dieu, roi de la Grande-Bretagne, duc de Brunswick et de Lunebourg, archi-trésorier et électeur du saint empire romain, désirant également de faire cesser la guerre qui affligeoit depuis plusieurs années leurs états respectifs, avoient agréé l'offre que LL. MM. l'empereur des Romains et l'impératrice de toutes les Russies leur avoient faite

---

(1) V. décl. du 22 février 1724, édit de mai 1768, décl. du 12 mai 1772, lett. pat. 12 mai 1778.

(2) Ratifié par lett. pat. du 18.

V. 1er février 1793, juillet 1801, 9 février 1808.

Traités de paix 11 mai 1814. 7 mars, 15 octobre, 20 novembre 1815, 25 avril 1818, 2 février 1819.

de leur entremise et de leur médiation : mais LL. MM. très-chrétienne et britannique, animées du désir mutuel d'accélérer le rétablissement de la paix, se sont communiqué leur louable intention, et le ciel l'a tellement bénie, qu'elles sont parvenues à poser les fondements de la paix en signant des articles préliminaires à Versailles le 20 janvier de la présente année.

LL. dites MM. le roi très-chrétien et le roi de la Grande-Bretagne, se faisant un devoir de donner à LL. MM. impériales une marque éclatante de leur reconnaissance de l'offre généreuse de leur médiation, les ont invités, de concert, à concourir à la consommation du grand et salutaire ouvrage de la paix, en prenant part, comme médiateurs, au traité définitif à conclure entre LL. MM. très-chrétienne et britannique.

LL. dites MM. impériales ayant bien voulu agréer cette invitation, elles ont nommé pour les représenter; savoir, S. M. l'empereur des Romains, le très-illustre et très-excellent seigneur Florimond, comte de Mercy-Argenteau, vicomte de Loo, baron de Crichegnée, chevalier de la Toison-d'Or, chambellan, conseiller d'état intime actuel de S. M. impériale et royale apostolique, et son ambassadeur près S. M. très-chrétienne : et S. M. l'impératrice de toutes les Russies, le très-illustre et très-excellent seigneur prince Iwan Bariatinskoy, lieutenant général des armées de S. M. impériale de toutes les Russies, son ministre plénipotentiaire près S. M. très-chrétienne, chevalier des ordres de Sainte-Anne et de l'épée de Suède; et le seigneur Arcadi de Marcoff, conseiller d'état de S. M. impériale de toutes les Russies, et son ministre plénipotentiaire près S. M. très-chrétienne.

En conséquence, LL. dites MM. le roi très-chrétien et le roi de la Grande-Bretagne ont nommé et constitué pour leurs plénipotentiaires, chargés de conclure et signer le traité de paix définitif; savoir, le roi très-chrétien, le très-illustre et très-excellent seigneur Charles Gravier, comte de Vergennes, baron de Welferding, etc., conseiller du Roi en tous ses conseils, commandeur de ses ordres, chef du conseil royal des finances, conseiller d'état d'épée, ministre et secrétaire d'état et de ses commandements et finances; et le roi de la Grande-Bretagne, le très-illustre et très-excellent seigneur George, duc et comte de Manchester, vicomte de Mandeville, baron de Kimbolton, lord-lieutenant et custos rotulorum de la comté de Huntington, conseiller privé actuel de S. M. britannique, et son ambassadeur extraordinaire et plénipotentiaire près S. M. très-chrétienne; lesquels après s'être dûment communiqué leurs pleins-pouvoirs en bonne forme, sont convenus des articles dont la teneur s'ensuit :

1. Il y aura une paix chrétienne, universelle et perpétuelle, tant par mer que par terre, et une amitié sincère et constante sera rétablie entre LL. MM. très-chrétienne et britannique, et entre leurs héritiers et successeurs, royaumes, états, provinces, pays, sujets et vassaux de quelque qualité et condition qu'ils soient, sans exception de lieux ni de personnes; en sorte que les hautes parties contractantes apporteront la plus grande attention à maintenir entre elles et leursdits états et sujets, cette amitié et correspondance réciproques, sans permettre dorénavant que de part ni d'autre on commette aucune sorte d'hostilité par mer ou par terre, pour quelque cause et sous quelque prétexte que ce puisse être; et on évitera soigneusement tout ce qui pourroit altérer à l'avenir l'union heureusement rétablie, s'attachant au contraire à se procurer réciproquement, en toute occasion, tout ce qui pourroit contribuer à leur gloire, intérêts et avantages mutuels, sans donner aucun secours ou protection directement ou indirectement à ceux qui voudroient porter quelque préjudice à l'une ou à l'autre desdites hautes parties contractantes. Il y aura un oubli et amnistie générale de tout ce qui a pu être fait ou commis avant ou depuis le commencement de la guerre qui vient de finir.

2. Les traités de Westphalie de 1648, les traités de paix de Nimègue de 1678 et 1679, de Riswick de 1697, ceux de paix et de commerce d'Utrecht de 1713, celui de Baden de 1714, le traité de la triple alliance de la Haye de 1717, celui de la quadruple alliance de Londres de 1718, le traité de paix de Vienne de 1738, le traité définitif d'Aix-la-Chapelle de 1748, et celui de Paris de 1763, servent de base et de fondement à la paix et au présent traité; et pour cet effet ils sont tous renouvelés et confirmés dans la meilleure forme, ainsi que tous les traités en général qui subsistoient entre les hautes parties contractantes avant la guerre, et comme s'ils étoient insérés ici mot à mot; en sorte qu'ils devront être observés exactement à l'avenir dans toute leur teneur, et religieusement exécutés de part et d'autre dans tous les points auxquels il n'est pas dérogé par le présent traité de paix.

3. Tous les prisonniers faits de part et d'autre, tant par terre que par mer, et les otages enlevés ou donnés pendant la guerre et jusqu'à ce jour, seront restitués sans rançon dans six semaines au plus tard, à compter du jour de l'échange de la ratification du présent traité; chaque couronne soldant res-

pectivement les avances qui auront été faites pour la subsistance et l'entretien de ses prisonniers, par le souverain du pays où ils auront été détenus, conformément aux reçus et états constatés et autres titres authentiques qui seront fournis de part et d'autre; et il sera donné réciproquement des sûretés pour le paiement des dettes que les prisonniers auroient pu contracter dans les états où ils auroient été détenus jusqu'à leur entière liberté : et tous les vaisseaux tant de guerre que marchands qui auroient été pris depuis l'expiration des termes convenus pour la cessation des hostilités par mer, seront pareillement rendus de bonne foi avec tous leurs équipages et cargaisons ; et on procédera à l'exécution de cet article immédiatement après l'échange des ratifications de ce traité.

4. S. M. le roi de la Grande-Bretagne est maintenue en la propriété de l'île de Terre-Neuve et des îles adjacentes, ainsi que le tout lui a été assuré par l'art. 13 du traité d'Utrecht, à l'exception des îles de Saint-Pierre et Miquelon, lesquelles sont cédées en toute propriété, par le présent traité, à S. M. très-chrétienne (1).

5. S. M. le roi très-chrétien, pour prévenir les querelles qui ont eu lieu jusqu'à présent entre les deux nations française et anglaise, consent à renoncer au droit de pêche qui lui appartient, en vertu de l'art. 13 susmentionné du traité d'Utrecht, depuis le cap Bonavista jusqu'au cap Saint-Jean, situé sur la côte orientale de Terre-Neuve par les cinquante degrés de latitude septentrionale : et S. M. le roi de la Grande-Bretagne consent de son côté, que la pêche assignée aux sujets de S. M. très-chrétienne, commençant audit cap Saint-Jean, passant par le nord, et descendant par la côte occidentale de l'île de Terre-Neuve, s'étende jusqu'à l'endroit appelé *Cap-Raye*, situé au quarante-septième degré cinquante minutes de latitude.

Les pêcheurs français jouiront de la pêche qui leur est assignée par le présent article, comme ils ont eu droit de jouir de celle qui leur est assignée par le traité d'Utrecht (2).

6. À l'égard de la pêche dans le golfe Saint-Laurent, les

---

(1) En 1713 la France renonça à Terre-Neuve en conservant le Cap Breton, et un droit de pêche ; ce qui fut confirmé en 1748 ; en 1763 la France perdit le Cap Breton et conserva la pêche dans le golfe St.-Laurent, et celle sur la côte orientale de Terre-Neuve (V. l'art. suiv.) avec St.-Pierre et Miquelon. Le traité ci-dessus accorde la pêche sur la côte occidentale qu'on reçut en échange de celle sur la côte orientale.

(2) **En vigueur.** Art. 13, traité du 30 mai 1814, et art. 20 ci-après.

Français continueront à l'exercer conformément à l'art. 5 du traité de Paris (1).

7. Le roi de la Grande-Bretagne restitue à la France l'île de Sainte-Lucie dans l'état où elle s'est trouvée lorsque les armes britanniques en ont fait la conquête; et S. M. britannique cède et garantit à S. M. très-chrétienne l'île de Tabago (2).

Les habitants protestants de ladite île, ainsi que ceux de la même religion qui se sont établis à Sainte-Lucie pendant que cette île étoit occupée par les armes britanniques, ne seront point troublés dans l'exercice de leur culte; et les habitants britanniques ou autres, qui auroient été sujets du roi de la Grande-Bretagne dans les susdites îles, conserveront leurs propriétés aux mêmes titres et conditions auxquelles ils les ont acquises, ou bien ils pourront se retirer en toute sûreté et liberté où bon leur semblera, et auront la faculté de vendre leurs biens, pourvu que ce soit à des sujets de S. M. très-chrétienne, et de transporter leurs effets ainsi que leur personne, sans être gênés dans leur émigration, sous quelque prétexte que ce puisse être, hors celui de dettes ou de procès criminels. Le terme limité pour cette émigration est fixé à l'espace de dix-huit mois, à compter du jour de l'échange des ratifications du présent traité. Et pour d'autant mieux assurer les propriétés des habitants de la susdite île de Tabago, le roi très-chrétien donnera des lettres patentes portant abolition du droit d'aubaine dans ladite île.

8. Le roi très-chrétien restitue à la Grande-Bretagne les îles de la Grenade et les Grenadins, Saint-Vincent, la Dominique, Saint-Christophe, Nevis et Mont-Serrat; et les places de ces îles seront rendues dans l'état où elles étoient lorsque la conquête en a été faite: les mêmes stipulations insérées dans l'article précédent, auront lieu en faveur des sujets français à l'égard des îles dénommées dans le présent article.

9. Le roi de la Grande-Bretagne cède en toute propriété, et garantit à S. M. T. C. la rivière de Sénégal et ses dépendances, avec les forts Saint-Louis, Podor, Galam, Arguim et Portendick: et S. M. britannique restitue à la France l'île de Gorée, laquelle sera rendue dans l'état où elle se trouvoit lorsque la conquête en a été faite (3).

---

(1) En vigueur. V. le même art.
(2) Ces deux îles ont été cédées à l'Angleterre par traité du 30 mai 1814, art. 8. Elles étoient considérées comme neutres par les traités de 1713, 1748. Sainte-Lucie avoit été accordée à la France par la paix de 1763.
(3) L'Angleterre avoit conquis toutes ces possessions en 1758, et par la

10. Le roi très-chrétien garantit, de son côté, au roi de la Grande-Bretagne, la possession du fort James et de la rivière de Gambie.

11. Pour prévenir toute discussion dans cette partie du monde, les deux hautes parties contractantes nommeront, dans trois mois après l'échange des ratifications du présent traité, des commissaires, lesquels seront chargés de déterminer et fixer les bornes des possessions respectives. Quant à la traite de la gomme, les Anglais auront la liberté de la faire depuis l'embouchure de la rivière de Saint-Jean, jusqu'à la baie et fort de Portendick inclusivement : bien entendu qu'ils ne pourront faire dans ladite rivière de Saint-Jean, sur la côte, ainsi que dans la baie de Portendick, aucun établissement permanent, de quelque nature qu'il puisse être.

12. Pour ce qui est du reste des côtes d'Afrique, les sujets Français et Anglais continueront à les fréquenter selon l'usage qui a eu lieu jusqu'à présent.

13. Le roi de la Grande-Bretagne restitue à S. M. T. C. tous les établissements qui lui appartenoient au commencement de la guerre présente, sur la côte d'Orixa et dans le Bengale, avec la liberté d'entourer Chandernagor d'un fossé pour l'écoulement des eaux; et S. M. britannique s'engage à prendre les mesures qui seront en son pouvoir, pour assurer aux sujets de la France, dans cette partie de l'Inde, comme sur les côtes d'Orixa, de Coromandel et de Malabar, un commerce sûr, libre et indépendant, tel que le faisoit la compagnie française des Indes orientales, soit qu'ils le fassent individuellement ou en corps de compagnie.

14. Pondichéry sera également rendu et garanti à la France, de même que Karikal; et S. M. britannique procurera, pour servir d'arrondissement à Pondichéry, les deux districts de Velanour et de Bahour, et à Karikal les quatre Magans qui l'avoisinent.

15. La France rentrera en possession de Mahé, ainsi que de son comptoir à Surate; et les Français feront le commerce dans cette partie de l'Inde, conformément aux principes établis dans l'art. 13 de ce traité (1).

---

paix de 1763, art. 10, elle n'avoit rendu que l'île de Gorée et s'étoit fait céder la rivière et les forts. Par ce traité elle ne retire que ce qui est mentionné art. 10. L'île de Gorée a été conquise par les Anglais en 1799. Rendue de nouveau à la France art. 8 du traité du 30 mai 1814.

(1) V. l'art. 8 du traité du 30 mai 1814, qui rend à la France toutes les possessions conquises par l'Angleterre depuis la guerre de 1793. La paix de

16. Les ordres ayant été envoyés dans l'Inde par les hautes parties contractantes, en conformité de l'art. 16 des préliminaires, il est convenu de nouveau que si, dans le terme de quatre mois, les alliés respectifs de LL. MM. très-chrétienne et britannique n'ont pas accédé à la présente pacification, ou fait leur accommodement séparé, LL. dites MM. ne leur donneront aucune assistance directe ou indirecte contre les possessions françaises ou britanniques, ou contre les anciennes possessions de leurs alliés respectifs, telles qu'elles se trouvoient en l'année 1776.

17. Le roi de la Grande-Bretagne voulant donner à S. M. très-chrétienne une preuve sincère de réconciliation et d'amitié, et contribuer à rendre solide la paix rétablie entre LL. dites MM., consent à l'abrogation et suppression de tous les articles relatifs à Dunkerque, à compter du traité de paix conclu à Utrecht en 1713 inclusivement, jusqu'à ce jour (1).

18. Aussitôt après l'échange des ratifications, les deux hautes parties contractantes nommeront des commissaires pour travailler à de nouveaux arrangements de commerce entre les deux nations, sur le fondement de la réciprocité et de la convenance mutuelle; lesquels arrangements devront être terminés et conclus dans l'espace de deux ans, à compter du 1er janvier 1784 (2).

19. Tous les pays et territoires qui pourroient avoir été conquis ou qui pourroient l'être, dans quelque partie du monde que ce soit, par les armes de S. M. très-chrétienne, ainsi que par celles de S. M. britannique, qui ne sont pas compris dans le présent traité, ni à titre de cessions, ni à titre de restitutions, seront rendus sans difficulté, et sans exiger de compensation.

20. Comme il est nécessaire d'assigner une époque fixe pour les restitutions et évacuations à faire par chacune des hautes parties contractantes, il est convenu que le roi de la Grande-Bretagne, fera évacuer les îles de Saint-Pierre et de Miquelon, trois mois après la ratification du présent traité, ou plus tôt si faire se peut; Sainte-Lucie aux Antilles, et Gorée en Afrique, trois mois après la ratification du présent traité, ou plus tôt si faire se peut.

1763 ... 11, avoit fait les mêmes restitutions. Sur le commerce du Bengale, V. ... 1787, et traité du 7 mars 1815.

(1) Ce port, conquis par Charles II, sur l'Espagne; rendu à Louis XIV en 1662; soumis à une servitude envers l'Angleterre 1713, 1748, 1763, dont il est libéré par l'art. 17.

(2) Ils ne furent conclus qu'en 1785, 26 septembre.

Le roi de la Grande-Bretagne rentrera également en possession, au bout de trois mois après la ratification du présent traité, ou plus tôt si faire se peut, des îles de la Grenade, les Grenadines, Saint-Vincent, la Dominique, Saint-Christophe, Nevis et Mont-Serrat. La France sera mise en possession des villes et comptoirs qui lui sont restitués aux Indes orientales, et des territoires qui lui sont procurés, pour servir d'arrondissement à Pondichéry et à Karikal, six mois après la ratification du présent traité, ou plus tôt si faire se peut. La France remettra, au bout du même terme de six mois, les villes et territoires dont ses armes se seroient emparées sur les Anglais ou sur leurs alliés dans les Indes orientales.

En conséquence de quoi les ordres nécessaires seront envoyés par chacune des hautes parties contractantes, avec des passeports réciproques pour les vaisseaux qui les porteront immédiatement après la ratification du présent traité.

21. La décision des prises et des saisies faites antérieurement aux hostilités, sera remise aux cours de justice respectives; de sorte que la validité desdites prises et saisies sera décidée selon le droit des gens et les traités dans les cours de justice de la nation qui aura fait la capture ou ordonné les saisies.

22. Pour empêcher le renouvellement des procès qui ont été terminés dans les îles conquises par l'une et l'autre des hautes parties contractantes, il est convenu que les jugements rendus en dernier ressort et qui ont acquis force de chose jugée, seront maintenus et exécutés suivant leur forme et teneur.

23. LL. MM. très-chrétienne et britannique promettent d'observer sincèrement et de bonne foi tous les articles contenus et établis dans le présent traité, et elles ne souffriront pas qu'il y soit fait de contravention directe ou indirecte par leurs sujets respectifs; et les susdites hautes parties contractantes se garantissent généralement et réciproquement toutes les stipulations du présent traité.

24. Les ratifications solennelles du présent traité, expédiées en bonne et due forme, seront échangées en cette ville de Versailles, entre les hautes parties contractantes, dans l'espace d'un mois, ou plus tôt s'il est possible, à compter du jour de la signature du présent traité.

En foi de quoi, etc.

Articles séparés.

1. Quelques-uns des titres employés par les puissances contractantes, soit dans les pleins-pouvoirs et autres actes

pendant le cours de la négociation, soit dans le préambule du présent traité, n'étant pas généralement reconnus, il a été convenu qu'il ne pourroit jamais en résulter aucun préjudice pour l'une ni l'autre desdites parties contractantes, et que les titres pris ou omis de part et d'autre, à l'occasion de ladite négociation et du présent traité, ne pourront être cités ni tirer à conséquence.

2. Il a été convenu et arrêté que la langue française employée dans tous les exemplaires du présent traité, ne formera point un exemple qui puisse être allégué ni tiré à conséquence, ni porter préjudice en aucune manière à l'une ni à l'autre des puissances contractantes; et que l'on se conformera à l'avenir à ce qui a été observé et doit être observé à l'égard et de la part des puissances qui sont en usage et en possession de donner et de recevoir des exemplaires de semblables traités en une autre langue que la française; le présent traité ne laissant pas d'avoir la même force et vertu, que si le susdit usage y avoit été observé.

En foi de quoi, etc.

(Suivent les actes de médiation de l'empereur et de l'impératrice de toutes les Russies, ainsi que les pleins-pouvoirs.)

N° 1843. — DÉCLARATION *sur les oppositions formées au sceau des lettres de ratification* (1).

Versailles, 5 septembre 1783. Reg. au parlement le 9 janv. 1784. (R. S. C. Rec. du parlement de Toulouse. Dupleix 1785. M. Grenier, commentaires sur l'édit, 1771.)

Louis, etc. L'intention du feu roi, en abrogeant l'usage des décrets volontaires, et en y substituant les lettres de ratification, a été de simplifier et d'abréger les procédures, et d'éviter les frais qu'occasionoient ces décrets. Nous sommes informé que, par des interprétations opposées à l'esprit de la loi rendue à ce sujet, des acquéreurs, sous prétexte d'accélérer leur libération, et des créanciers, pour se procurer plus promptement leur paiement, provoquent journellement l'ordre et la distribution du prix des biens vendus aussitôt qu'ils sont instruits que les lettres de ratification sont scellées, et ne laissent au vendeur aucun délai pour se concerter avec eux, et disposer par lui-même à leur profit du prix des ventes qu'il a faites pour se libérer; que d'un autre côté plusieurs des receveurs des

---

(1) V. édit de février 1689, art. 16 et 18, de juin 1771.

consignations, au lieu de se conformer à ce qui s'est constamment observé par les receveurs des consignations de nos cours et jurisdictions de Paris, prétendent, par erreur ou abus, sur la similitude entre les oppositions à la charge desquelles les lettres de ratification sont scellées, et celles qui subsistoient après le sceau des décrets volontaires, avoir le droit de décerner et décernent en effet des contraintes contre les acquéreurs dont les lettres de ratification ont été scellées à la charge d'oppositions, obligent à la consignation et en exigent les droits au préjudice commun des débiteurs et des créanciers, nous avons cru devoir faire cesser ces abus, en accordant aux vendeurs un délai suffisant après le sceau des lettres de ratification pour s'arranger avec leurs créanciers, sans que pendant ce délai les acquéreurs et lesdits créanciers puissent faire aucunes poursuites ni provoquer d'ordre en justice, en ce qui concerne les fonctions des receveurs des consignations, en réduisant dans de justes bornes leurs prétentions et en déterminant les circonstances où il y aura lieu à la consignation des deniers après le sceau des lettres de ratification. A ces causes, etc.

1. Dans quinzaine au plus tard du jour du sceau des lettres de ratification, obtenues sur un contrat de vente volontaire d'immeubles, scellées à la charge d'oppositions, l'acquéreur sera tenu de donner connoissance à son vendeur, soit à l'amiable, soit par voie juridique, de toutes les oppositions qui auront été formées au sceau desdites lettres, à peine contre l'acquéreur de toutes pertes, dépens, dommages et intérêts.

2. L'acquéreur ne pourra former aucune demande contre son vendeur, soit à fin de main-levée des oppositions, soit afin d'être libéré du prix de son contrat, qu'après quarante jours de délai, à compter du jour du sceau des lettres de ratification, sans néanmoins que l'acquéreur puisse profiter de ce délai pour retarder le paiement du prix de son acquisition, dans le cas où les lettres de ratification seront scellées sans oppositions, et où il n'y auroit aucun empêchement de la part des créanciers du vendeur ou de tous autres.

3. Les opposants au sceau des lettres de ratification ne pourront également former aucune demande juridique, soit afin d'être payés sur le prix de la vente, soit afin d'ordre et distribution en justice, qu'après l'expiration dudit délai de quarante jours, à compter du jour du sceau des lettres de ratification, le tout à peine contre l'acquéreur et les créanciers opposants

de nullité de la procédure, et de toutes pertes, dépens, dommages et intérêts.

4. Les oppositions subsistantes au sceau des lettres de ratification, en quelque nombre qu'elles soient formées, ne pourront en aucun cas donner lieu à la consignation du prix des immeubles vendus volontairement, ni à aucuns droits envers les receveurs des consignations : faisons expresses inhibitions et défenses auxdits receveurs d'exiger ladite consignation, ni aucuns droits, si ce n'est lorsque après le sceau desdites lettres de ratification à la charge d'oppositions, le dépôt du prix de la vente sera ordonné en justice, ou que l'ordre et la distribution en seront faits en justice sur les contestations réglées entre les créanciers, conformément à l'article 16 de l'édit du mois de février 1689, ou que les actes de distribution qui pourront en être faits seront homologués, conformément à l'article 6 de la déclaration du 16 juillet 1769, ou leur exécution ordonnée par justice, ou enfin que lorsque sur les oppositions formées après le sceau des lettres de ratification entre les mains des acquéreurs, il s'introduira une instance de préférence, conformément à l'article 18 dudit édit du mois de février 1689, dans tous lesquels cas le prix sera consigné et les droits payés aux receveurs des consignations.

5. Pour éteindre et assoupir toutes les contestations pendantes dans les différents tribunaux, afin de consignation du prix des contrats pour raison des oppositions subsistantes au sceau des lettres de ratification, nous déclarons nulles et de nul effet toutes contraintes décernées dans ce cas par aucuns receveurs des consignations, ainsi que les jugements qui auroient fait droit sur ces contraintes; leur faisons défenses d'en décerner de pareilles à l'avenir; ordonnons auxdits receveurs des consignations de restituer, tant les sommes qui dans l'espèce auroient été consignées, que les droits par eux perçus; enjoignons à tous acquéreurs ou dépositaires des deniers des ventes volontaires d'immeubles, dont le dépôt a été ordonné en justice, ou dont l'ordre et la distribution se fait en justice sur contestations réglées entre les créanciers, de consigner lesdits deniers entre les mains desdits receveurs; quoi faisant ils en demeureront bien et valablement quittes et déchargés, et seront lesdits acquéreurs ou dépositaires mis hors de cause et de procès, en justifiant de la notification par eux faite auxdits receveurs, des oppositions qui auront été formées au sceau des lettres de ratification pour tenir en leurs mains et en demeurer garants jusqu'à décharge valable des deniers consignés.

6. Les édits, déclarations, arrêts et réglements rendus sur le fait des consignations seront au surplus exécutés selon leur forme et teneur en tout ce qui n'y est pas dérogé par ces présentes. Si donnons en mandement, etc.

N° 1844. — Arrêt *de la cour des monnoies qui fait défenses à tous orfèvres, joailliers, lapidaires, etc., de vendre aucuns bijoux ou menus ouvrages d'or et d'argent, de telle nature qu'ils puissent être, soit montés en pierre ou autrement, à moins qu'ils n'aient été essayés et marqués des poinçons prescrits par les réglements* (1).

Paris, 20 septembre 1783. (R. S.)

N° 1845. — Lettre *du ministre à M. le baron de Besner sur les monnoies à Cayenne.*

26 septembre 1783. (Coll. m. min. Code Cayenne, tom. 7, pag. 9.)

J'ai examiné, messieurs, les observations que vous m'avez transmises par votre lettre du 7 mai dernier sur les monnoies qui circulent à Cayenne. D'après ce que vous me dites de l'insuffisance de la somme qui vous a été envoyée en pièces de 2 sols pour retirer les pièces de 18 deniers qui ont été discréditées par l'ordonnance de 1781, je vous ferai passer incessamment 180,000 liv. de la nouvelle monnoie, ce qui devra suffire à tous les besoins. Quant aux nouvelles monnoies au coin de France d'un titre moindre que celles qui y circulent que vous paroissez désirer, afin d'éviter qu'elles ne soient enlevées; cela ne pourroit avoir lieu sans contrarier les principes sages que le gouvernement a adoptés par l'ordonnance de 1781 pour la circulation des monnoies d'après leur valeur intrinsèque. Les vieilles pièces de 24 et 12 sols, dont la valeur seroit diminuée, seroient sujettes aux mêmes inconvénients. J'ai seulement donné des ordres pour qu'on vous fasse passer le plus de piastres qu'il sera possible.

L'ordonnance de 1781, en ne fixant à la Guiane que le cours des monnoies de France et de la piastre, faisoit entendre suffisamment que toutes les autres monnoies étrangères n'entreroient plus dans la circulation que comme objet de commerce. Cette ordonnance annulait dès lors implicitement le

---

(1) V. arrêts et réglements du C. 30 septembre 1679, décl. 29 janv. 1749, 22 fév. 1751, 12 février 1753, loi 19 brumaire an VI, arrêté 1ᵉʳ messidor an VI, décret 28 floréal an V.

réglement par lequel MM. de Fiedmond et Maillart avoient donné une valeur numéraire à ces monnoies étrangères, et un nouveau réglement n'est pas nécessaire. Quant à la moede de Portugal dont il va vous être fait un envoi, je vous autorise à la donner et à la recevoir à la caisse du roi sur le pied de 44 liv. argent de France. Vous voudrez bien au surplus vous conformer à ce qui vous est prescrit par une dépêche du 28 mars 1782, et par l'ordonnance du 10 novembre précédent.

N° 1846. — ARRÊT *du conseil portant réglement pour le recouvrement des impôts à Paris et pour les frais de poursuites.*

Versailles, 27 septembre 1783. (R. S. C.)

Le roi s'étant fait représenter, en son conseil, les tarifs de frais de poursuites et contraintes arrêtés anciennement pour le recouvrement de la capitation bourgeoise, seulement dans la ville de Paris; et S. M. ayant reconnu, sur les mémoires et représentations adressés à ce sujet au conseil par les receveurs des impositions de ladite ville, combien il seroit avantageux pour les contribuables de restreindre d'abord quelques-uns des articles de frais réglés par ces tarifs, de modifier les autres en en graduant la quotité sur celle de l'imposition, et sur le plus ou le moins de retard et de négligence que chaque contribuable apporteroit à acquitter sa cotisation; d'étendre ce nouveau tarif aux poursuites relatives au recouvrement de la capitation des corps et communautés, des vingtièmes des biensfonds, et autres impositions recouvrées par lesdits receveurs; de régler la forme dans laquelle les poursuites seront faites par le chef de garnison, et de donner à ce réglement toute la publicité nécessaire pour empêcher que les garnisaires ne puissent, en aucun cas, exiger pour frais des sommes plus fortes que celles réglées par le conseil. A quoi voulant pourvoir: ouï, etc.

1. Il sera payé pour les commandements qui seront faits aux époques accoutumées, et prescrites par les réglements relatifs à chaque imposition, savoir, pour toutes les cotes au-dessous de 6 liv., 3 s.; depuis 6 liv. jusqu'à 20 liv., 6 s.; depuis 20 liv. et au-dessus, 10 s.

2. Il sera remis chaque année au garnisaire, par les receveurs des impositions, au commencement de décembre, un état détaillé de tous les contribuables auxquels il aura été précédemment fait commandement, d'après lequel état lesdits garnisaires se présenteront chez lesdits contribuables pour solliciter le paiement, et il sera en conséquence payé par lesdits

contribuables, outre les frais du premier commandement, savoir: pour toutes les cotes au-dessous de 6 liv., 8 s.; depuis 6 liv. jusqu'à 20, 10 s.; depuis 20 liv. et au-dessus, 12 s.

3. Pour les oppositions ou saisies-arrêts faites à la requête des receveurs des impositions entre les mains des trésoriers, receveurs, payeurs, locataires, dépositaires ou autres débiteurs, à quelque somme que puisse monter l'imposition qui se trouvera due, il ne sera payé qu'une livre.

4. Pour les commandements sur les oppositions ou saisies-arrêts faits à des tiers-saisis, il sera payé, savoir; pour des sommes au-dessous de 6 liv., 4 s.; depuis 6 liv. jusqu'à 20 liv., 8 s.; depuis 20 liv. et au-dessus, 12 s.

5. Les poursuites ci-dessus désignées ne pourront être signées que par les huissiers du conseil ou de la grande chancellerie de France, comme tendantes à l'exécution desdits rôles arrêtés en notre conseil.

6. A l'égard des saisies et oppositions entre les mains des conservateurs des saisies et oppositions faites au trésor royal, il sera payé, tant pour les originaux que les huissiers du conseil rapporteront aux bureaux des receveurs, visés desdits conservateurs, que pour les copies qu'ils auront laissées auxdits conservateurs, 3 liv.

7. Lorsqu'il deviendra nécessaire de poser garnison réelle chez quelques contribuables qui ne se seroient pas mis en règle malgré les commandements qui leur auroient été faits, ladite garnison réelle ne pourra être établie que sur un ordre par écrit du receveur du département, par le chef de garnison choisi et présenté par les receveurs et autorisé par le conseil; et audit cas il sera payé, savoir; au chef de garnison, pour son procès-verbal d'établissement, 1 liv. 2 s.; à chaque garnisaire par jour, 1 liv. 5 s.; par nuit, 1 liv. 5 s.; par matinée ou soirée, 12 s.

8. Les garnisaires que le chef de garnison aura mis dans chacun des bureaux des six receveurs des impositions pour le service journalier, auront, lorsqu'ils seront établis en garnison réelle chez les contribuables, le logement et place au feu; fait S. M. très-expresses défenses auxdits garnisaires, sous peine de concussion et de punition exemplaire, d'exiger, ni même de recevoir volontairement de la part des contribuables, aucune nourriture, vin ou autres boissons, non plus qu'aucunes sommes.

9. Ne pourront, conformément aux précédents réglements, les contribuables changer de logement sans avoir acquitté leur

imposition pour toute l'année entière dans laquelle ils voudront changer de domicile; et en conséquence, l'article 2 de l'arrêt du conseil du 24 février 1773 continuera d'être exécuté selon sa forme et teneur vis-à-vis des propriétaires habitant leurs maisons, ou principaux locataires qui auront laissé déménager les contribuables logés dans leurs maisons sans en avoir donné avis par écrit au receveur un mois avant leur déménagement.

10. Toutes les parties qui ne se seront pas mises en règle, et que les receveurs des impositions feront poursuivre comme déménageant, sur les avis qui leur en auront été ainsi donnés, paieront, savoir; au terme de Pâques, 6 s.; au terme de la Saint-Jean, 8 s.; au terme de Saint-Remi, 10 s.; au terme de Noël, indépendamment des frais de commandement et de la poursuite désignés par les articles 1 et 2, 6 s.

11. Les propriétaires habitant leurs maisons, ou principaux locataires qui auront été contraints à payer par garantie en l'acquit de leurs locataires déménagés, se pourvoiront pour se faire accorder leur recours par-devant les sieurs commissaires du conseil, chacun en ce qui les concerne, et non ailleurs, par un simple mémoire, auquel ils annexeront les quittances des sommes qu'ils auront payées, et dont ils réclameront le remboursement. Ordonne S. M. que les poursuites à faire à la requête desdits propriétaires ou principaux locataires, en vertu des ordonnances desdits sieurs commissaires du conseil, qui interviendront sur lesdits mémoires, ne pourront être faites que par le chef de garnison, lequel n'exigera pour ces poursuites que les mêmes frais ci-dessus réglés pour celles faites à la requête des receveurs; dans le cas cependant où il auroit été chargé, par lesdits propriétaires ou principaux locataires, de diriger et présenter leur mémoire aux sieurs commissaires du conseil, il lui sera passé 15 s. seulement pour ledit mémoire.

12. Seront tenus les receveurs des impositions d'exprimer et de désigner particulièrement dans les quittances qu'ils délivreront aux contribuables qui auront été poursuivis, la nature et la quotité de frais qui auront été faits contre eux: fait, en conséquence, S. M. défenses aux contribuables de payer entre les mains des garnisaires aucune somme pour frais qu'elle n'ait été exprimée dans les quittances signées des receveurs des impositions, que lesdits garnisaires seront dans le cas de leur remettre. Ordonne, etc.

N° 1847. — Arrêt *du conseil, suivi de lettres patentes portant défense de transporter des espèces d'or ou d'argent à l'étranger, et de les porter à l'intérieur autrement que par les messageries royales, en payant le droit, et que les billets de la caisse d'escompte seront reçus pour comptant dans les caisses générales et particulières.*

Versailles, 30 septembre 1783. (R. S. C.)

N° 1848. — Lettre *du ministre à MM. de Besner et Préville, portant réglement sur différents points de police à Cayenne.*

3 octobre 1783. (Coll. m. m. Code Cayenne, tom. 7, pag. 21.)

J'ai reçu, Messieurs, la lettre que M. le baron de Besner m'a écrite le 12 juillet dernier, relativement aux officiers de la jurisdiction qui prétendent régler le prix du pain, sans l'intervention des administrateurs, et aux officiers de l'amirauté qui, sans en prévenir le gouverneur, font publier les ordres qui leur sont adressés par M. l'amiral. Ces prétentions sont également mal fondées.

Dans le cours ordinaire des choses, c'est aux juges, comme officiers de police, à régler le prix du pain ; mais ils sont, à cet égard, particulièrement subordonnés aux administrateurs qui, chargés de la grande police, ont le droit de prendre connoissance du prix des comestibles et de se faire rendre des comptes par les juges de police, lorsque les circonstances paroissent l'exiger. Ces officiers ne doivent pas même attendre d'y être provoqués, toutes les fois qu'il s'agit de sortir de la règle et de la marche ordinaire de la police courante. Ils ne peuvent rien statuer dans les cas nouveaux ou importants, sans avoir pris auparavant les ordres des administrateurs.

Quant aux officiers de l'amirauté, ils auroient dû sentir qu'il étoit indécent qu'ils fissent publier au son du tambour les ordres de M. l'amiral relatifs à la paix, sans en avoir prévenu le gouverneur, qui, à ce qu'il paroît par la dépêche de M. de Besner, ne l'avoit pas encore fait publier lui-même. Son attache n'est certainement pas nécessaire pour l'exécution des ordres de M. l'amiral; mais il peut se trouver des circonstances qui l'autoriseroient à empêcher ou à suspendre une publication quelconque, en rendant compte des motifs qui l'auroient déterminé à prendre ce parti. D'ailleurs personne ne doit faire battre un ban sans sa permission.

Vous voudrez bien, Messieurs, faire connoître ces dispositions aux officiers de police et d'amirauté, et leur enjoindre de s'y conformer.

N° 1849. — ARRÊT *du conseil concernant les paiements de la caisse d'escompte.*

Versailles, 4 octobre 1783. (R. S.)

N° 1850. — ARRÊT *du conseil qui proroge à deux mois le délai accordé par l'ordonnance de 1687 aux navires en relâche forcée pour exporter leurs cargaisons en exemption de droits* (1).

Versailles, 5 octobre 1783. (R. S. Bajot. Lebeau, code des prises.)

Le roi s'étant fait représenter son ordonnance du mois de février 1687, rendue sur le fait des cinq grosses fermes, S. M. a reconnu que par l'art. 8. du titre Ier il auroit été ordonné qu'il ne seroit payé aucun droit pour les marchandises déchargées des vaisseaux qui auront été obligés de relâcher, par la fortune de vent, tempête, poursuite d'ennemis ou autres cas fortuits, pourvu qu'elles soient rechargées sur les mêmes vaisseaux, dans trois jours après la déclaration des maître ou capitaines des vaisseaux; et que si elles étoient enlevées après les trois jours, elles seroient sujettes aux droits d'entrée, si ce n'est qu'il ait été obtenu une prolongation de délai, qui seroit accordée pour quinzaine seulement : et S. M. étant informée que cette condition de recharger les marchandises dans un aussi court délai sur les mêmes navires qui les avoient apportées privoit un grand nombre d'armateurs du bénéfice de l'exemption qu'elle avoit eu l'intention de leur accorder dans le cas de relâche forcée; S. M. voulant faire ressentir au commerce l'effet de la protection qu'elle lui accorde. Vu l'avis des députés au bureau du commerce : ouï, etc.

1. A compter du jour de la publication du présent arrêt, les marchandises déchargées des vaisseaux qui auront été obligés de relâcher dans les ports du royaume par fortune de vent, tempête, poursuite d'ennemis ou autres cas fortuits, et qui appartiendront aux sujets du roi ou à ceux des états avec lesquels S. M. auroit conclu des traités de commerce, seront exemptes du paiement des droits, pourvu que lesdites marchandises soient mises en entrepôt réel, sous la clef du fermier, jusqu'à leur embarquement, et qu'elles soient rechargées deux mois au plus tard après la déclaration des maîtres ou

---

(1) V. ord. de 1681, art. 2, tit. du droit de fret.

capitaines de vaisseaux, sur le même navire qui les aura apportées, ou sur un navire français.

2. Les marchandises qui seroient expédiées dans le susdit délai, sur d'autres navires que ceux permis par le premier article, seront sujettes aux droits d'entrée seulement.

3. Les marchandises qui seroient expédiées après le susdit délai de deux mois, sur quelques navires qu'elles soient embarqués, seront assujetties au paiement des droits d'entrée et de sortie.

4. Les déclarations des maîtres ou capitaines de vaisseaux seront faites conformément à ce qui est prescrit par l'art. 9 du titre Ier de l'ordonnance de 1687, et autres réglements postérieurs, et sous les peines y portées.

5. Les marchandises débarquées des navires qui appartiendront aux sujets des états auxquels S. M. n'a pas accordé l'exemption du droit de fret, continueront d'être traitées comme elles l'étoient avant le présent arrêt.

6. La propriété française des navires qui n'auroient pas été fabriqués dans les ports de France, sera constatée par des contrats d'achat passés devant notaires, et enregistrés au greffe des amirautés par ordonnance des juges; et l'armateur sera tenu de justifier que les deux tiers de l'équipage sont français, conformément à l'art. 2 du titre du droit de fret de l'ordonnance de 1681.

7. La propriété des navires qui appartiennent aux sujets des états, qui sont exempts du droit de fret, sera constatée par les mêmes formalités qui sont réglées par les traités de commerce pour l'exemption du droit de fret.

Mande, etc.

N° 1851. — ARRÊT *du parlement qui fait défenses aux greffiers de se dessaisir des minutes originales des procédures* (1).

Toulouse, 7 octobre 1783. (R. du parlement de Toulouse. Dupleix, 1785.)

N° 1852. — ORDONNANCE *de l'intendant portant réglement sur la fourniture des chevaux ou mulets de selle ou de charge, ainsi que des guides et conducteurs commandés pour toutes les parties du service du roi.*

Bastia, 8 octobre 1783. (Code Corse, tom. 5, pag. 393.)

---

(1) V. décl. du 15 juillet 1681, a. d. p. 9 novemb. 1715, 12 avril 1756, et 23 juillet 1777, décl. 20 mars 1780.

N° 1853. — ARRÊT *du conseil portant conversion du bail des fermes générales en une régie intéressée, à compter du 1ᵉʳ janvier 1784, et qui en remet la direction aux fermiers généraux de S. M.*

Fontainebleau, 24 octobre 1783. (R. S.)

N° 1854. — ARRÊT *du conseil concernant les fonctions des préposés au recouvrement des vingtièmes, et les privilèges et exemptions qui leur sont accordées.*

Fontainebleau, 25 octobre 1783. (R. S.)

N° 1855. — ORDONNANCE *pour la publication de la paix.*

Fontainebleau, 3 novembre 1783. (B. S. Code Corse, tom. 5, pag. 444.)

N° 1855. — LETTRES PATENTES *qui prorogent, pendant la construction des canaux dont l'ouverture a été ordonnée en Bourgogne et cinq années après, les exemptions et modérations de droits ci-devant accordés à ladite province en faveur des actes d'échange de terrains au-dessous de dix arpens; et ordonnent que lesdites exemptions et modérations auront lieu à l'égard des terrains divisés par lesdits canaux, de quelque étendue que soient les terrains.*

Fontainebleau, 8 novembre 1783. Reg. en parl. 9 janvier 1784. (R. S.)

LOUIS, etc. Les élus généraux des états de Bourgogne, comtés et pays adjacents, nous ont très-humblement représenté que le feu roi, notre très-honoré seigneur et aïeul, en permettant, par un édit du mois d'août 1770, à tous ses sujets de ladite province de clore leurs héritages, de quelque nature qu'ils fussent, et en telle quantité qu'ils jugeroient à propos, auroit ordonné, pour faciliter aux propriétaires les moyens de réunir les parties éparses de leurs possessions, que pendant six années les actes d'échanges des parties de terrains, au-dessous de dix arpens, seroient exempts du droit de centième denier, et autres droits royaux et seigneuriaux, à l'exception du contrôle, lequel fut fixé à 10 sols, de quelque valeur que fussent les terrains échangés; à la charge néanmoins par la province d'indemniser l'adjudicataire général des fermes de la manière qui seroit réglée; que deux autres édits, l'un du mois d'août, l'autre du mois d'octobre de la même année, rendirent lesdites dispositions communes aux comtés de Mâconnais, Auxerrois et Bar-sur-Seine, ainsi qu'aux pays de Bresse, de Bugey et de Gex; qu'une déclaration du 3 février 1771 régla l'indemnité due à l'adjudicataire des fermes, et permit aux gens de main-morte, pendant le même terme de six années, de faire également des échanges au-dessous de dix arpents, soit entre eux, soit avec des particuliers, avec les mêmes exemptions et modérations de droits, sans que pour ce, ils fussent tenus de payer aucun droit d'amortissement, ni d'obtenir des lettres patentes; que toutes ces dispositions ayant été successivement prorogées par des déclarations des 2 décembre 1776 et 12 décembre 1779, jusqu'au 31 décembre 1784, il en est résulté des avantages qui deviennent de plus en plus sensibles, et qui en font espérer de plus grands encore pour l'avenir, s'il nous plaisoit d'accorder une nouvelle prorogation desdites exemptions et modérations de droits, et de les étendre aux actes d'échanges des terrains qui seront divisés par les canaux de Bourgogne, du Charolais et de Franche-Comté, dont nous avons ordonné l'ouverture, et ce, quelle que soit l'étendue desdits terrains; sur quoi voulant donner à nos sujets de la province de Bourgogne, comtés et pays adjacents, de nouvelles preuves de notre affection : A ces causes, etc.

1. Les actes d'échanges qui seront faits en Bourgogne et dans les comtés de Charolais, Mâconnais, Auxerrois et Bar-sur-Seine, des terrains divisés par les canaux, dont nous avons ordonné l'ouverture par nos lettres patentes en forme d'édit, des mois de janvier et de septembre 1783, de quelque étendue que soient lesdits terrains, seront exempts, pendant la construction desdits canaux, et cinq années après leur confection, des droits de centième denier et autres droits royaux et seigneuriaux, à l'exception du droit de contrôle, lequel demeurera fixé à 5 sols en principal pour les terrains échangés dont la valeur ne montera pas à 50 liv., et à 10 sols pour ceux dont le prix montera à 50 liv. et au-dessus.

2. A l'égard des terrains non divisés par lesdits canaux, les actes d'échanges qui en seront faits ne jouiront desdites exemption et modération de droits qu'autant que chaque partie de terrain échangée sera au-dessous de dix arpents, conformément à l'édit du mois d'août 1770, et aux déclarations des 2 décembre 1776 et 12 décembre 1779, et ce, pendant le même espace de temps porté en l'art. 1er.

3. Pourront les gens de main-morte faire lesdits échanges, soit entre eux, soit avec des particuliers, avec les exemptions et modérations portées aux deux articles précédents, sans être tenus de payer, pour raison desdits échanges, aucun droit d'amortissement, ni d'obtenir autres nos lettres patentes, dont

nous les dispensons par ces présentes; dérogeant à cet égard à l'art. 16 de l'édit d'août 1749, et à tous édits, arrêts et déclarations contraires.

4. L'indemnité à payer par les états de Bourgogne pour raison desdites exemptions et modérations de droits, sera et demeurera fixée, pour tout le temps qu'elles doivent avoir lieu, à la somme de 10,000 liv. par an, tant pour le principal que pour les sous pour livre, laquelle somme de 10,000 liv. sera versée annuellement par lesdits états dans la caisse de l'administration générale de nos domaines et droits y joints. Si donnons en mandement, etc.

N° 1857. — ARRÊT *du conseil, qui déclare purement volontaire l'acceptation des billets de la caisse d'escompte, suivi des statuts et réglements pour cette caisse, qu'il homologue.*

Fontainebleau, 23 novembre 1783. (R. S. C.)

N° 1858. — ORDONNANCE *du bureau des finances portant défenses de peler et écorcer les ormes et autres arbres plantés le long des routes et grands chemins, à peine de 300 livres d'amende pour la première fois, et de punition corporelle en cas de récidive.*

Paris, 28 novembre 1783. (R. S.)

Sur ce qui a été remontré par le procureur du roi que encore qu'il eût été pourvu par plusieurs réglements du conseil et ordonnances du bureau à tout ce qui pouvoit tendre à l'entretien et conservation des arbres qui bordent les chaussées, grandes routes et chemins royaux; cependant le temps et l'expérience prouvoient qu'il étoit des espèces de délits et de contraventions qu'il n'avoit pas été possible de prévoir, et auxquels il étoit urgent de remédier; qu'en effet, depuis que les papiers publics avoient annoncé les propriétés médicinales de la décoction de l'écorce intérieure de l'orme, appelée par les botanistes, *ulmus foliis oblongo ovatis glabris acuminatis duplicato serratis*, plusieurs particuliers se permettoient d'écorcer nuitamment et sans distinction les ormes plantés sur les chemins, pour en tirer cette pellicule dont l'usage paroissoit devenir général et le débit prodigieux; que la mort et la perte absolue des ormes suivoient infailliblement leur écorcement, et que comme il n'étoit pas moins nécessaire de conserver des arbres aussi utiles que d'en extraire, en les faisant périr, un remède auquel tant d'autres pouvoient suppléer, et qu'il étoit d'ailleurs possible de se procurer, sans qu'il en résultât d'aussi grands inconvénients. A ces causes, requéroit le procureur du roi qu'il y fût pourvu.

Sur quoi, vu ledit réquisitoire, ensemble les arrêts du conseil et ordonnances du bureau concernant la plantation et conservation des arbres le long des grandes routes et chemins, et notamment l'arrêt de réglement du conseil du 17 juin 1721, et l'ordonnance du roi du 4 août 1731; et ouï le rapport de M. Gissey, trésorier de France, commissaire du conseil au département des ponts et chaussées.

Le bureau, faisant droit sur le réquisitoire du procureur du roi, ordonne que lesdits arrêts et ordonnances seront exécutés selon leur forme et teneur : en conséquence, fait expresses inhibitions et défenses à tous particuliers, de quelque état, qualité et condition qu'ils soient, de fendre, déchirer, peler ou écorcer, sous quelque prétexte que ce soit, aucun orme ou autres arbres plantés le long des routes, chaussées et grands chemins, à peine de 300 liv. d'amende pour la première contravention, et en outre de condamnation aux galères en cas de récidive, de laquelle amende moitié appartiendra aux dénonciateurs. Mandons à tous commandants, officiers et cavaliers de maréchaussée, de saisir et arrêter les délinquants pris en flagrant délit, et de veiller soigneusement à l'exécution de la présente ordonnance, qui sera imprimée, publiée et affichée partout où besoin sera, à la diligence du procureur du roi, et exécutée nonobstant opposition ou empêchements quelconques, etc.

N° 1859. — LETTRE *du ministre sur l'émigration des habitants des colonies, qui a lieu par suite des menées employées par le gouvernement espagnol.*

4 décembre 1783. (Code de la Martinique, tom. 3, pag. 565.)

N° 1860. — ARRÊT *du parlement relatif aux oies* (1).

Paris, 9 décembre 1783. (R. S.)

La cour ordonne que les habitants du hameau de Bardelles, ainsi que les habitants des paroisses situées dans l'étendue du ressort du bailliage de Montfort-l'Amaury et des paroisses voisines, quoique situées hors de l'étendue du ressort dudit bailliage, ne pourront avoir que la quantité d'oies qui leur sera

---

(1) V. a. d. p. 21 mars 1782. V. ci-dessus n° 1632, pag. 169.

fixée par les officiers du bailliage de Montfort-l'Amaury, et qu'ils ne pourront les mener pâturer que dans les cantons qui seront désignés à cet effet par les officiers dudit bailliage, sur l'indication qui en aura été faite par les syndics des paroisses; fait défenses auxdits habitants d'avoir une plus grande quantité d'oies que celle qui leur aura été permise, sous peine de 20 liv. d'amende, même de plus forte suivant les circonstances des cas, et d'être poursuivis extraordinairement; ordonne que les oies qui seront trouvées pâturant dans les blés ou dans des pâturages autres que les pâturages qui auront été destinés pour la pâture desdits animaux, seront prises, enlevées et mises en fourrière pour être vendues, soit à la requête des syndics des paroisses, soit à la requête du substitut du procureur général du roi au bailliage de Montfort-l'Amaury, et le prix provenant de la vente, les frais de vente prélevés, ainsi que les dommages et intérêts qui pourroient être dus aux cultivateurs et propriétaires, acquis et confisqués au profit du roi : enjoint aux syndics des paroisses, sous peine de 10 liv. d'amende, de dénoncer les contrevenants : ordonne que sur les dénonciations qui seront faites, soit par les syndics des paroisses, soit par aucuns des habitants des paroisses, soit par les propriétaires et cultivateurs, les poursuites seront faites contre les contrevenants, à la requête du substitut du procureur général du roi au bailliage de Montfort-l'Amaury; autorise le lieutenant général du bailliage de Montfort-l'Amaury et le substitut du procureur général du roi audit siège, à se transporter dans les paroisses voisines de leur ressort, et situées hors de leur ressort, pour l'exécution du présent arrêt et des ordonnances qui seront rendues par ledit juge en exécution d'icelui : enjoint, etc.

N° 1861. — DÉCLARATION *qui ordonne que chaque communauté d'orfèvres aura à l'avenir un poinçon de contremarque particulier et invariable.*

Versailles, 15 décembre 1783. Reg. à la cour des monnoies le 26 mai 1784.
(R. S.)

N° 1862. — LETTRES PATENTES *concernant les droits à payer pour les maîtres orfèvres à l'effet d'être admis dans les communautés établies dans les villes où il leur aura été permis de transférer leur domicile.*

Versailles, 15 décembre 1783. Reg. en la cour des monnoies le 14 fév. 1784.
(R. S.)

N° 1863. — **Lettres patentes** *qui ordonnent la fabrication de 100,000 marcs d'espèces de cuivre en la monnoie de Nantes.*

Versailles, 17 décemb. 1783. Reg. en la cour des monnoies le 21 janv. 1784. (R. S.)

N° 1864. — **Ordonnance** *concernant les états-majors des îles du Vent de l'Amérique* (1).

Versailles, 20 décembre 1783. (R. S. C.)

N° 1865. — **Arrêt** *du conseil contenant règlement sur la police du roulage* (2).

Versailles, 28 décembre 1783. (R. S. Merlin, v° chemin. Isambert, traité de la voirie, pag. 82.)

Le roi s'étant fait rendre compte des effets qu'a produits l'arrêt rendu en son conseil le 20 avril dernier, par lequel S. M. a réglé le nombre de chevaux, mulets et bœufs qu'il seroit permis d'atteler aux voitures; elle a reconnu que ses dispositions, dictées par le désir de prévenir la dégradation des routes, et de diminuer le travail des corvéables, présentoient quelques difficultés dans leur exécution; qu'elles avoient occasioné une augmentation sur le prix des voitures; que l'importation des denrées en étoit devenue moins active en certains temps, et que l'expérience avoit fait apercevoir la nécessité d'y apporter plusieurs exceptions et modifications, qui, ayant donné lieu à des décisions particulières et à des ordonnances locales, avoient rendu l'observation du règlement trop compliquée et trop embarrassante pour une classe d'hommes de qui on ne peut exiger beaucoup d'instruction. S. M. a jugé en conséquence qu'il étoit de sa sagesse de réunir dans un seul arrêt ce qu'elle a cru devoir changer ou ajouter à ses premières dispositions, et les moyens qui lui ont paru les plus propres à concilier la faveur due au commerce en général, et spécialement au transport des denrées destinées à l'approvisionnement des villes, avec la protection particulière que ceux de ses sujets qui sont chargés de l'entretien des routes ont droit d'attendre de sa justice et de sa bonté. A quoi voulant pourvoir : ouï, etc.

1. La faculté laissée par l'arrêt du 20 avril dernier, d'atteler

---

(1) Une ordonnance fut rendue le même jour pour St.-Domingue.
(2) V. a. d. c. 20 mai 1785, loi du 29 floréal an x, loi du 7 ventôse an xii, décret 23 juin 1806.

aux voitures employées à la culture et exploitation des terres, un nombre indéfini de bêtes de trait, aura lieu pareillement pour celles employées au transport des grains et farines, fourrages, bois à brûler et charbons; comme aussi pour les voitures de sels de la ferme générale.

2. Il sera pareillement permis d'employer un nombre de chevaux illimité pour le transport des objets qui forment seuls et par eux-mêmes, un poids considérable, tels que blocs de pierre, arbres, ancres de vaisseaux, canons et autres masses indivisibles, pourvu qu'on n'en transporte jamais qu'une seule à la fois.

3. A l'égard du transport de tous objets autres que ceux mentionnés aux articles ci-dessus, le nombre de chevaux ou de mulets qui avoit été limité à trois pour les charrettes, et à six pour les chariots, par le règlement du 20 avril dernier, pourra désormais, à compter du jour de la publication du présent arrêt, être de quatre pour les charrettes et de huit pour les chariots; défend S. M. aux rouliers et voituriers d'en atteler un plus grand nombre, comme aussi d'attacher derrière leurs voitures, sous quelque prétexte que ce soit, aucuns chevaux, mulets ou bœufs excédant le nombre fixé ci-dessus, le tout à peine de confiscation des chevaux et mulets qui excéderoient ledit nombre : deux bœufs ne seront comptés que pour un cheval.

4. Veut néanmoins S. M., que les voitures chargées de pierres de taille, moellons, plâtre et bois de charpente, destinés aux constructions de la ville de Paris, et celles employées à l'enlèvement des boues et immondices de ladite ville, continuent de ne pouvoir être attelées que de trois chevaux pour les charrettes, et de six pour les chariots, sauf dans le cas prévu par l'art. 2 ci-dessus.

5. Les rouliers et voituriers qui voudront faire usage de roues, dont les jantes auront au-dessus de cinq pouces de largeur à la semelle ou circonférence extérieure, seront libres d'atteler, tant sur les charrettes ou voitures à deux roues, que sur les chariots ou voitures à quatre roues, tel nombre de chevaux qu'ils jugeront à propos.

6. Autorise S. M., les sieurs intendants et commissaires départis dans les provinces, et les trésoriers de France dans la généralité de Paris, à permettre d'employer des chevaux de renfort aux côtes et passages difficiles, pourvu toutefois qu'ils désignent et limitent par des ordonnances imprimées l'étendue

des différentes parties de chemins où les rouliers et voituriers pourront s'en servir.

7. Défend au surplus S. M., à tous rouliers et voituriers quelconques, de se servir de roues dont les bandes seroient attachées avec des clous taillés en pointe; et ce à peine de 15 liv. d'amende.

8. Enjoint S. M. aux officiers et cavaliers de maréchaussée, aux employés des fermes et des régies, et autres qui ont été ou seront à ce préposés, d'arrêter et saisir tous les chevaux attelés aux voitures ou attachés derrière, qui excéderont le nombre fixé par le présent arrêt.

9. Lesdits cavaliers de maréchaussée ou autres préposés, dresseront des procès-verbaux en cas de contraventions, et les enverront sans délai aux sieurs intendants et commissaires départis dans les provinces et généralités du royaume, et aux sieurs trésoriers de France dans la généralité de Paris; pour y être par eux statué; lesdits procès-verbaux seront signés de deux témoins, dans le cas où ceux qui les auroient dressés n'auroient point serment en justice.

10. La vente des bêtes de trait qui auront été confisquées, sera faite à l'encan dans le plus court délai, de l'autorité desdits sieurs intendants ou de leurs subdélégués dans les provinces, et des trésoriers de France, ou de leurs délégués dans la généralité de Paris; le prix qui en proviendra, les frais de fourrière et autres prélevés, appartiendra aux commis qui auront fait la saisie.

11. En cas de rébellion de la part des conducteurs des voitures, ils seront condamnés en 150 liv. d'amende, même poursuivis extraordinairement suivant l'exigence des cas.

12. Ordonne en outre S. M. à tous propriétaires de charrettes, chariots et autres voitures employées au roulage et au transport de toutes denrées et marchandises quelconques, de faire peindre, en caractères gros et lisibles, sur une plaque de métal posée en avant des roues, au côté gauche de la voiture, leurs noms, surnoms et domiciles, et ce sous peine de 15 liv. d'amende : veut S. M. que ceux qui seroient reconnus avoir mis un autre nom que le leur, ou indiqué un faux domicile, soient condamnés à une amende de 100 liv. pour la première fois, et du double en cas de récidive; à la consignation provisoire de toutes lesquelles amendes ès mains des saisissants, les contrevenants pourront être contraints par la saisie et mise en fourrière d'un de leurs chevaux.

13. Veut au surplus S. M. que l'arrêt rendu particulièrement

pour la route d'Orléans le 11 août dernier, continue d'être exécuté à l'égard de ladite route, en tout ce qui n'est pas contraire aux dispositions du présent arrêt; au moyen desquelles celui du 20 avril dernier sera réputé comme non avenu, ainsi que toutes ordonnances rendues en conséquence. Mande, etc.

N° 1866. — ARRÊT *du conseil qui dispense les veufs de maîtresses et les veuves de maîtres qui se feront recevoir dans les corps et communautés d'arts et métiers de Paris, de l'examen prescrit par les statuts* (1).

Versailles, 29 décembre 1783. (R. S.)

N° 1867. — ARRÊT *du parlement qui fait défenses à tous bouchers d'acheter des veaux nés seulement depuis trois ou quatre jours pour les tuer, en vendre et débiter la viande ; ordonne qu'ils ne pourront tuer que des veaux ayant au moins trois semaines, à peine de* 300 *liv. d'amende* (2).

Paris, 31 décembre 1783. (R. S.)

N° 1868. — ÉDIT *sur la suppression et recréation des commissaires des guerres* (3).

Versailles, décembre 1783. Reg. à la cour des comptes le 20 janvier 1784. (R.S.)

N° 1869. — ÉDIT *portant rétablissement de la charge de trésorier général des bâtiments du roi.*

Versailles, décembre 1783. Reg. à la cour des comptes 13 mars 1784. (R.S.)

N° 1870. — ÉDIT *portant ouverture d'un emprunt de* 100,000,000 *en rente viagère* (4).

Versailles, décembre 1783. Reg. en parlement le 18. (R. S.)

N° 1871. — RÉGLEMENT *pour la fourniture des vivres aux équipages des vaisseaux et autres bâtiments de l'état, tant dans les ports et rades qu'à la mer.*

1ᵉʳ janvier 1784. (Lebeau, Code des prises.)

---

(1) V. édit d'août 1776, n° 517, tom. 2 du règne, pag. 74.
(2) V. 12 janvier 1779, n° 1017, tom. 4 du règne, pag. 9.
(3) V. 18 février 1785, 18 juillet 1784.
(4) V. 20 septembre 1784, et 1ᵉʳ juin 1785.

3 JANVIER 1785.

N° 1872. — ARRÊT *du conseil sur l'Opéra* (1).

Versailles, 3 janvier 1785. R. S. C.

Le roi s'étant fait rendre compte de la nouvelle administration de l'académie royale de musique, établie par l'arrêt de son conseil du 17 mars 1780, a reconnu la nécessité d'y faire quelques changements; il a surtout paru à S. M. que ce qui pourroit contribuer le plus efficacement à donner à un spectacle aussi intéressant pour le public, un nouveau degré de perfection, ce seroit d'abord d'établir une école où l'on pût former tout à la fois des sujets utiles à l'académie royale de musique, et des élèves propres au service particulier de la musique de S. M.; en second lieu, d'exciter l'émulation des auteurs par des prix qui seroient adjugés aux meilleurs poëmes lyriques; et enfin d'encourager le zèle des principaux sujets de l'académie royale de musique, en augmentant leur traitement. A quoi voulant pourvoir: ouï le rapport, le roi étant en son conseil, a ordonné et ordonne ce qui suit:

1. A compter du 1er avril prochain il sera pourvu à l'établissement d'une école tenue par d'habiles maîtres de musique, de clavecin, de déclamation, de langue française et autres, chargés d'y enseigner la musique, la composition, et en général tout ce qui peut servir à perfectionner les différents talents propres à la musique du roi et à l'opéra, ainsi que le tout sera plus amplement expliqué dans le réglement qui sera fait pour déterminer le choix, les fonctions, les émoluments des différents maîtres, le nombre des élèves, et les qualités requises pour leur admission, leur traitement, et enfin la police intérieure de ladite école.

2. Dans la vue d'encourager les écrivains d'un talent distingué à se livrer à la composition de poëmes lyriques, il sera établi trois prix. Le premier, d'une médaille de la valeur de 1,500 liv. pour la tragédie lyrique qui sera reconnue la meilleure au jugement des gens de lettres, invités au nom de S. M. à en faire l'examen: le deuxième, d'une médaille de la valeur de 500 liv. pour la tragédie lyrique qui obtiendra le second

---

(1) Ce genre de spectacle introduit en France en 1647; lett. pat. portant permission d'établir en France des académies de musique 1669; a. d. c. qui en attribue la direction à l'hôtel de ville de Paris, 1749; retirée par a. d. c. 17 mars 1780, et depuis administration au nom et pour le compte du gouvernement; V. a. d. c. 13 mars 1784; régl. 13 janvier 1787; loi 17 vendémiaire an III, décret 13 août 1811.

rang : le troisième, d'une médaille de la valeur de 600 liv. pour le meilleur opéra-ballet, pastorale ou comédie lyrique. Les formes prescrites pour le concours, le choix des gens de lettres à qui l'examen des poëmes sera confié, le temps où ces ouvrages pourront être envoyés au concours, et celui où se fera la distribution des prix, seront fixés par un réglement particulier dont les dispositions seront rendues publiques.

3. A compter pareillement du 1er avril prochain, les places de premiers sujets du chant seront fixées irrévocablement à sept; savoir, deux premières basses-tailles, deux premières hautes-contres, trois premières actrices, l'une chargée de rôles à baguettes, l'autre de ceux de princesses, et la troisième de ceux d'amoureuses dans la pastorale; les places de remplacement seront également fixées à sept; savoir, deux basses-tailles, deux hautes-contres, et trois actrices. Les places de doubles seront fixées à trois; savoir, une haute-contre, et deux rôles de princesses ou amoureuses, ce qui composera en tout dix-sept sujets, tant hommes que femmes, sans qu'ils puissent jamais excéder ce nombre, sous quelque prétexte que ce soit.

4. Les appointements des premiers acteurs et actrices seront fixés pour toujours à 9,000 liv.; savoir, 3,000 liv. d'appointements sur le premier état, afin de ne point déranger l'ordre établi pour les pensions; 3,000 liv. sur le second état comme cela se pratiquoit anciennement, ce qui fait 6,000 liv. qui seront payées auxdits premiers sujets, à raison de 500 liv. par mois, et 3,000 en outre sur un troisième état de gratification, dont 1,500 liv. payables chaque année à la clôture du théâtre; à l'égard des autres 1,500 liv., elles seront retenues et mises en séquestre pour fournir à chaque sujet un fonds de 22,500 liv., qui leur sera remis après quinze années expirées; si, au terme des réglements ils se trouvent alors hors d'état de continuer leurs services, il leur sera payé annuellement 75 liv. d'intérêts pour chacune desdites sommes de 1,500 liv. retenues, et ainsi d'année en année progressivement jusqu'au complément desdites 22,500 liv. Dans le cas où un acteur ou actrice, après quinze années de service non-interrompu, sera jugé en état de continuer ses services, les fonds provenants de la portion des gratifications mises en séquestre lui seront alors remboursés pour en faire le placement qu'il jugera à propos, et s'il continue ses services encore pendant cinq ans, il aura droit à une pension de 2,000 liv. après vingt ans. Il sera de même accordé une augmentation de 500 liv. pour les cinq années suivantes; ainsi l'acteur ou l'actrice en état de servir vingt-cinq ans,

jouira de 2,500 liv. de pension, indépendamment du fonds de 22,500 liv. qui leur aura été remboursé.

5. Les appointements fixes des acteurs et actrices remplaçant les premiers seront de 7,000 liv., savoir, 2,500 liv. sur le premier état, 2,500 liv. sur le second état, et 2,000 liv. sur le troisième état, dit *de gratification*, dont 1,000 liv. payables à la clôture du théâtre, et 1,000 liv. de retenues, mises en séquestre pour en former à chaque sujet un fonds de 15,000 l., qui leur sera remis après quinze années de service, aux mêmes clauses et conditions énoncées à l'article précédent.

6. Les appointements des doubles seront fixés à 3,000 liv.; savoir, 1,500 liv. sur le premier état, et 1,500 liv. sur le second, sans retenue.

7. Le corps des principaux sujets de la danse sera composé d'un maître des ballets, d'un aide, de trois premiers danseurs, trois premières danseuses, pour les trois genres sérieux, demi-caractère et comique; trois remplacements en danseurs et danseuses, et six doubles, dont trois hommes et trois femmes.

8. Les appointements du maître des ballets, ainsi que ceux des premiers danseurs et danseuses, seront fixés pour toujours à 7,000 liv., dont 3,000 liv. sur le premier état, et 3,000 liv. sur le second, ainsi que 1,000 liv. de gratification, pour former à chacun d'eux un fonds de 15,000 liv., dont il leur sera payé l'intérêt au fur et à mesure des fonds qu'ils se trouveront avoir faits, et ce conformément à ce qui est dit dans les articles 4 et 5.

9. Les appointements des danseurs et danseuses en remplacements seront de 5,000 liv., dont 2,000 sur le premier état, 2,000 liv. sur le second, et 1,000 liv. de gratification sur le troisième état, pour leur former à chacun d'eux un fonds de 15,000 liv., dont il leur sera payé l'intérêt aux mêmes clauses et conditions déjà énoncées. Les appointements des danseurs et danseuses en double seront de 2,400 liv.; savoir, 1,500 liv. sur le premier état, et 900 liv. sur celui des gratifications sans retenue. Ceux de l'aide du maître des ballets seront de même de 2,400 liv.

10. Dans le cas où quelques-uns desdits acteurs ou actrices, danseurs ou danseuses, viendroient à quitter le service sans cause légitime et bien prouvée, avant le terme expiré de quinze années, alors ils perdroient la portion de leurs gratifications qui auroit été retenue et mise en séquestre, laquelle tournera au profit de l'académie royale de musique, et sera employée

à l'amélioration de ce spectacle; dans aucun cas la pension de retraite ne pourra être accordée avant l'expiration des quinze années de service fixées par les anciens réglements, et ce dans le cas où il seroit prouvé qu'un sujet n'est plus dans le cas de servir.

11. Au moyen des arrangements ci-dessus, les feux tenant lieu des gratifications aux sujets qui en jouissoient ci-devant, demeureront supprimés : entend néanmoins S. M., que ceux des sujets qui ont droit au partage des bénéfices qui pourront résulter de recettes plus avantageuses dues en partie à leur zèle et à leurs travaux, ainsi qu'à leur économie dans les dépenses, continueront d'en jouir à l'avenir, ainsi que ceux qui seroient admis par la suite au même partage, suivant l'état qui en sera arrêté tous les ans par le secrétaire d'état ayant le département de Paris.

12. Les feux ayant été établis pour exciter le zèle des principaux sujets et dans la vue de faire jouir le public plus souvent de leur talent; le roi, en supprimant les feux, veut que tout sujet qui quittera un rôle, sous prétexte d'indisposition non prouvée et sans une permission expresse, soit imposé à une amende de 48 liv. retenue sur ses appointements du mois; et que l'amende soit de 100 liv. dans le cas où le sujet qui aura prétexté une indisposition sera vu dans quelques spectacles ou lieux publics : S. M. entend que la même amende de 100 liv. soit imposée sur le sujet qui ne se présentera pas au théâtre pour y remplir son devoir, ou qui refusera de jouer avec tel remplacement ou tel double; ces différentes amendes retenues par le caissier de l'académie royale de musique.

13. L'intention de S. M. étant que tous les sujets attachés à l'académie puissent trouver les occasions de se former et d'exercer leurs talents, S. M. veut qu'il soit tenu toutes les semaines, à un jour fixe, une assemblée générale de tous les co-partageants pour arrêter le répertoire des ouvrages à donner dans la semaine, ainsi que la distribution des rôles. Ce répertoire sera remis le même jour, par le comité, à la personne qui représentera le secrétaire d'état au département de Paris, laquelle le confirmera ou le modifiera suivant qu'elle le jugera convenable au bien du service et à la satisfaction du public.

14. S. M. voulant prévenir toutes les difficultés qui pourroient naître des prétentions des acteurs et actrices en remplacements, ou des acteurs et actrices en doubles, ainsi que des danseurs ou danseuses, dans le cas où une place supérieure deviendroit vacante, elle entend que ladite place ne puisse

jamais être accordée à un sujet qu'autant qu'il l'aura remplie pendant une année à la satisfaction du public et de l'administration, avec les mêmes appointements dont il jouissoit auparavant.

15. Dans le cas où un acteur de remplacement deviendra premier sujet, ou qu'un double parviendra à la place de remplacement, l'un ou l'autre ne pourra prétendre à la pension attachée aux places supérieures qu'autant qu'il l'aura remplie au moins pendant cinq années, c'est-à-dire que si un remplacement succédoit à un premier sujet après douze années de service, il ne pourroit obtenir la pension de premier qu'au bout de dix-sept années, ainsi que des autres dans la même proportion.

16. Les sujets qui se trouvent actuellement dans le cas d'avoir quinze années de service, ne seront point tenus de faire de fonds, ils toucheront annuellement la gratification attachée à leur emploi par l'article 4, et auront droit aux pensions fixées par l'article 6 pour la continuation de leur service, soit pendant cinq années, soit pendant dix, chacun dans la proportion de son traitement. Il sera au surplus pourvu aux appointements et traitements des autres sujets attachés à l'académie par l'état qui sera arrêté par S. M.

17. Dans le cas où S. M. voudroit bien, pour quelques raisons particulières dont elle se réserve la connoissance, accorder un congé à un sujet pour aller jouer en province, alors son traitement sera retenu en entier au profit de l'académie pendant tout le temps de son absence, n'étant pas juste qu'il touche ses appointements en même temps qu'il profite des avantages qu'il trouve ailleurs : n'entend au surplus S. M., qu'aucun congé soit accordé, même pendant la clôture du théâtre, sans l'assurance positive que le sujet sera en état de reprendre son service dans les ouvrages nouveaux mis à l'étude pendant la vacance pour l'ouverture du théâtre, S. M. ordonnant expressément qu'il ne puisse être dérogé au présent article en aucun cas et en faveur de quelque sujet que ce soit : et sera le présent arrêt exécuté suivant sa forme et teneur, nonobstant tous brevets, arrêts, ordonnances et réglements quelconques, auxquels S. M. a, en tant que besoin, dérogé et déroge.

N° 1873. — Édit *portant création d'offices de receveur, payeur et trésorier particulier des ordres du Saint-Esprit et de Saint-Michel* (1).

Versailles, 7 janvier 1784. (Code des ordres de chevalerie, pag. 21.)

N° 1874. — Arrêt *du conseil sur la caution à fournir par les armateurs, débiteurs de parts de prises.*

Versailles, 11 janvier 1784. (R. S. C.)

Le roi s'étant fait représenter la déclaration sur la course, du 24 juin 1778, ensemble les arrêts rendus en son conseil les 4 mars 1781 et 15 décembre 1782, S. M. a reconnu que, malgré toutes les précautions qui ont été prises pour assurer aux états majors et équipages des corsaires une prompte répartition des parts de prises qu'ils auroient faites, l'exécution de ces réglements a été éludée par quelques armateurs qui, s'étant livrés à des spéculations de commerce au-dessus de leurs forces, et dont les succès n'ont pas répondu à leur attente, se sont trouvés dans le cas de ne pas acquitter lesdites parts de prises, et ont ainsi frustré les équipages des corsaires qu'ils avoient armés, des sommes qui leur appartenoient à si juste titre; S. M. auroit cru de sa justice d'arrêter un abus aussi punissable. A quoi voulant pourvoir : ouï le rapport, et tout considéré; le roi étant en son conseil, a ordonné et ordonne que les armateurs qui ont entre leurs mains des fonds provenant des prises ou rançons faites par les corsaires qu'ils ont armés, seront contraints, même par corps, à la requête des procureurs du roi des amirautés, poursuite et diligence des commissaires des classes, de donner dans le délai de trois jours, à compter de celui de la signification qui leur sera faite du présent arrêt, bonne et suffisante caution pour le tiers appartenant, dans lesdites prises et rançons, aux équipages des corsaires qui les auroient faites, laquelle caution sera reçue par-devant les juges desdites amirautés; et qu'à défaut de pouvoir donner caution solvable, lesdits armateurs seront contraints par les mêmes voies et dans le même délai, de déposer le montant desdits tiers revenant aux équipages, au greffe de l'amirauté du lieu de l'armement des corsaires; et seront lesdits jugements des officiers des amirautés, exécutés, nonobstant et sans préjudice des appels qui pourroient en être inter-

---

(1) V. 2 février 1777, n° 605, tom. 2 du règne, pag. 336.

jetés, que S. M. a évoqué et évoque à soi et à son conseil, et dont elle renvoie la connoissance par-devant l'amiral de France, et les commissaires établis près de lui par S. M. pour tenir le conseil des prises, leur attribuant à cet effet S. M., toute cour, juridiction et connoissance, et icelles interdisant à toutes ses cours et autres juges. Mande, etc.

N° 1875. — ARRÊT *du conseil qui supprime le privilège de la traite des noirs à Gorée, et accorde en dédommagement le privilège exclusif du commerce de la gomme dans le Sénégal* (1).

Versailles, 11 janvier 1784. (R. S. C. coll. m. m. Code Cayenne, t. 7, p. 29.)

N° 1876. — ARRÊT *du conseil qui autorise les gardes-jurés et les autres préposés aux bureaux de visite et de marque, à dresser eux-mêmes sur papier non timbré et sans le ministère d'huissier, les procès-verbaux pour contraventions commises aux dispositions des règlements* (2).

Versailles, 15 janvier 1784. (R. S. Rec. du parlement de Toulouse. Dupleix, 1785.)

N° 1877. — DÉCLARATION *ordonnant que les offices des grands maîtres enquêteurs et généraux réformateurs des eaux et forêts seront considérés comme offices à survivance* (3).

Versailles, 16 janvier 1784. Reg. en la chambre des comptes le 18 février. (R. S. Rec. du parlement de Toulouse. Dupleix 1785.)

N° 1878. — ARRÊT *du conseil conférant le privilège exclusif des spectacles de Bordeaux pour trente années* (4).

17 janvier 1784.

N° 1879. — ARRÊT *du parlement qui homologue une sentence rendue à la sénéchaussée de la Rochelle, au sujet des droits à payer par les censitaires pour les reconnoissances qu'ils passent aux terriers.*

Paris, 20 janvier 1784. (R. S.)

---

(1) Cet arrêt n'a été enregistré au conseil de la Guienne que provisoirement; c'est du moins ce qui résulte de l'arrêt du 27 mai 1788.
 V. a. d. c. 10 novembre 1786.
(2) V. lett. pat. août 1669.
(3) V. édit de février 1689, août 1784.
(4) V. a. d. c. 4 avril 1789.

N° 1880. — ORDONNANCE *de police concernant l'accélération de l'arrivée des bois à brûler, et la fourniture à faire par les marchands ventiers et autres exploitant bois, des étoffes, rouettes et chantiers nécessaires aux faiseurs de flottages pour les constructions des trains de bois flotté.*

Paris, 26 janvier 1784. (R. S.)

Ordonnons à tous marchands ventiers et autres exploitant des bois à portée des ports des rivières où lesdits bois se flottent en trains, de fournir aux entrepreneurs de flottages les étoffes, rouettes et chantiers dont ils pourront avoir besoin pour la construction desdits trains, aux prix dont ils conviendront entre eux; ou, en cas de contestation, à ceux qui seront réglés par nos subdélégués les plus prochains des lieux; auxquels mandons de tenir la main à l'exécution de ce que dessus, à ce que les flottages soient faits le plus promptement possible, et à ce que les bateaux vides qui existent ou seront remontés dans leurs départements, soient incessamment et sans délai chargés des bois qui se trouveront sur les ports, et iceux trains et bateaux conduits en cette ville.

N° 1881. — ÉDIT *contenant affranchissement en faveur des Juifs, du péage corporel et autres droits analogues, auxquels ils étoient assujettis.*

Versailles, janvier 1784. Reg. au parlement de Flandre le 27 février, au conseil de Corse le 12 juillet. (Code Corse, tom. 5, pag. 485. Merlin, v° Juifs.)

Voulons et nous plaît qu'à l'avenir les Juifs soient exempts, comme nous les exemptons dans toute l'étendue de notre royaume et pays soumis à notre obéissance, des droits de péage corporels, travers, coutume, et de tous autres droits de cette nature, pour leur personne seulement, soit que lesdits droits dépendent du domaine de notre couronne, soit qu'ils appartiennent à des villes et communautés; à des seigneurs ecclésiastiques ou laïcs, ou autres personnes sans exception, à quelque titre que ce soit; défendons à tous receveurs, commis ou préposés à la perception desdits droits de péage, d'en exiger aucun sur la personne des Juifs ou Juives, à peine de désobéissance, et ce nonobstant tous traités, réglements, tarifs ou pancartes contraires, auxquels nous avons dérogé et dérogeons par le présent édit, nous réservant de statuer, ainsi qu'il appartiendra, sur les indemnités qu'il y aurait lieu d'accorder.

N° 1882. — ORDONNANCE *concernant les compagnies des gardes du corps du roi* (1).

Versailles, 1er février 1784. (R. S. C.)

S. M. ayant jugé à propos de faire quelques changements à la constitution de ses compagnies des gardes-du-corps, elle a ordonné et ordonne ce qui suit :

1. Les lieutenants-commandants d'escadron des gardes-du-corps de S. M., ne seront plus attachés à des brigades, et ils seront remplacés à celles qu'ils commandent.

2. Ainsi il y aura à chaque compagnie des gardes-du-corps de S. M., *deux lieutenants-commandants d'escadron*, et *cinq lieutenants-chefs de brigade*.

3. Les lieutenants-commandants d'escadron, conserveront leurs emplois étant maréchaux-de-camp, et ils ne seront tenus de les quitter que lorsqu'ils seront faits lieutenants-généraux.

4. Les lieutenants-chefs de brigade quitteront leurs emplois lorsqu'ils seront maréchaux-de-camp.

5. Conséquemment aux art. 1er et 3, tous les lieutenants-commandants d'escadron actuels des gardes-du-corps de S. M. quitteront leurs brigades en continuant d'être commandants d'escadron ; et ceux d'entre eux qui ont été faits maréchaux-de-camp le 1er janvier dernier, conserveront également les emplois de commandant d'escadron dont ils sont pourvus.

6. Lorsqu'il vaquera à l'avenir un emploi de lieutenant-commandant d'escadron, le capitaine de la compagnie dans laquelle il vaquera, proposera à S. M., ou un des lieutenants-chefs de brigade de sa compagnie, ou bien un des maréchaux-de-camp qui en sont ou seront sortis.

7. Ainsi les lieutenants-chefs de brigade ayant quitté leurs emplois par leur promotion au grade de maréchal-de-camp, resteront susceptibles d'être rappelés aux emplois de commandants d'escadron, si les capitaines des gardes les proposent à S. M.

8. N'entend pas S. M. qu'aucun officier sorti de ses gardes-du-corps, ayant demandé sa retraite, puisse être rappelé aux emplois de commandant d'escadron.

9. Les capitaines des gardes-du-corps de S. M. proposeront aux brigades vacantes ; alternativement le premier sous-lieu-

---

(1) V. ord. du 23 mai 1814, art. 19.

tenant de leur compagnie et un mestre-de-camp-commandant ou en second, lieutenant-colonel ou major titulaire de ses troupes à cheval.

10. S. M. exclut de la concurrence aux brigades de ses gardes-du-corps qu'elle rend aux officiers supérieurs de ses troupes à cheval, tout officier qui ne seroit point en activité de service, ou qui n'auroit les grades ci-dessus mentionnés, que par commission.

11. Elle exige qu'ils aient servi comme officiers supérieurs titulaires dans le même grade ou dans différents grades, au moins l'espace de quatre ans.

12. Son intention est qu'ils soient soumis aux mêmes preuves exigées des capitaines de ses troupes à cheval, pour être proposés aux emplois de sous-lieutenant de ses gardes-du-corps.

13. S. M. entend que les capitaines de ses gardes lui proposent, pour remplir les deux brigades vacantes dans chacune de leurs compagnies, par l'effet des dispositions de cette ordonnance, le premier sous-lieutenant de leur compagnie et un officier supérieur de ses troupes à cheval, ainsi qu'il est expliqué dans les articles précédents.

14. Il y aura toujours un commandant d'escadron de service auprès de S. M. dans le quartier du capitaine de sa compagnie, avec un chef de brigade de chaque compagnie.

15. Le commandant d'escadron aura sur les chefs de brigade, le rang que lui donne ce grade. Il fera néanmoins auprès de S. M. le même service qu'eux, et concurremment avec eux.

16. Chaque commandant d'escadron commandera la résidence de sa compagnie, qui suivra ou qui précédera son quartier ; et l'autre résidence sera commandée par le commandant d'escadron qui n'aura pas de service à faire auprès de S. M., cette même année.

17. Cette disposition ne dispensera point les chefs de brigade de résider avec les brigades auxquelles ils sont attachés.

18. Le premier des deux commandants d'escadron de chaque compagnie en commandera les résidences générales. Ils y seront présents l'un et l'autre, excepté celui qui, dans l'une des quatre compagnies, se trouvera être de quartier.

19. Chaque lieutenant-commandant d'escadron jouira de 12,000 liv. d'appointements par an, et chaque lieutenant-chef de brigade, de 10,000 liv. aussi par an.

20. Veut S. M. que les dispositions prescrites ci-dessus aient lieu à commencer de ce jour ; dérogeant à cet effet aux

ordonnances précédemment rendues, en tout ce qui seroit contraire à la présente.

N° 1883. — LETTRES PATENTES *qui autorisent les états du Mâconnois à emprunter une somme de 320,000 livres à employer à la navigation de la Saône, et qui leur accorde une remise de 200,000 liv. sur le bail du péage de Mâcon.*

Versailles, 1er février 1784. Reg. en parlement le 9 juillet. (R. S.)

N° 1884. — LETTRES PATENTES *pour autoriser l'établissement fait par M. de Friedmond, ancien gouverneur de la Guiane française, d'un hôpital sous le titre de maison de santé au quartier de Sinnamary.*

8 février 1784. Arrêt du conseil supérieur de Cayenne, le 10 juillet, ordonnant une enquête. Reg. le 11 mai 1786. (Coll. m. m. Code Cayenne, t. 7, pag. 33, 253.)

N° 1885. — ARRÊT *du parlement concernant le glanage* (1).

Paris, 16 février 1784. (R. S. Fournel, tom. 2, pag. 79.)

Savoir faisons que sur ce qui nous a été remontré par le procureur Fiscal de ce comté (comté, pairie de Laval) que la faculté de glaner est un droit que Dieu même a accordé aux pauvres que leur âge ou leurs infirmités mettent hors d'état de travailler, et qu'on ne peut leur refuser sans injustice; que les ordonnances de nos rois et les réglements de la cour renfermoient plusieurs dispositions qui leur en assurent l'exercice; qu'il paroissoit cependant qu'il se trouve des paroisses dans lesquelles les glaneurs se plaignent d'éprouver des difficutés; qu'en examinant avec attention quel pouvoit être le motif de ce refus, il avoit cru s'apercevoir qu'on devoit moins l'attribuer à la dureté des laboureurs qu'aux abus que commettent un grand nombre de ceux même qui cherchent à réclamer la faveur de la loi; à l'époque de la moisson, on voyoit avec surprise des gens forts et vigoureux se répandre dans les campagnes et affecter des incommodités simulées pour se dispenser de travailler; qu'ils préféroient l'emploi doux et tranquille de glaner, aux travaux dont leurs forces leur permettoient de s'occuper, et osoient enlever au véritable pauvre cette portion des fruits de la terre qui lui appartenoit; que quelques-uns même s'approchoient des maisons des laboureurs, et épioient le moment de leur absence

---

(1) V. art. 471, C. P.

pour y commettre des vols et des rapines; le procureur fiscal qui croyoit essentiel de réprimer un abus aussi préjudiciable au bien et à l'avantage des pauvres, au soulagement des laboureurs et à la sûreté et à la tranquillité dont il doit jouir : A ces causes requéroit qu'il nous plût faire défenses à tous ceux auxquels il étoit permis de glaner par les réglements, de se transporter hors des limites de leurs paroisses pour y glaner, sous peine de 3 liv. d'amende, même d'être poursuivis extraordinairement; ordonner que les pères et mères, maîtres et maîtresses seront solidairement responsables des amendes encourues par leurs enfants, serviteurs ou domestiques; que les syndics des paroisses seront tenus de lui dénoncer les contrevenants pour être fait contre eux les poursuites qu'il appartiendroit, et de veiller à l'exécution de notre ordonnance, laquelle seroit lue, publiée et affichée partout où besoin seroit : tout considéré.

Nous avons fait et faisons défenses à tous ceux auxquels il est permis de glaner par les réglements, de se transporter hors les limites de leurs paroisses pour y glaner, sous peine de 3 liv. d'amende, même d'être poursuivis extraordinairement; ordonnons que les pères et mères, maîtres et maîtresses seront solidairement responsables des amendes encourues par leurs enfants, serviteurs ou domestiques.

La cour ordonne en outre que les arrêts des 3 juillet 1778, 7 juin 1779, 10 juin 1780 et 11 juillet 1782, seront exécutés; en conséquence, fait défenses de glaner à toutes personnes autres que les vieillards, les estropiés, les petits enfants, et ceux qui par leur situation sont hors d'état de travailler et de gagner leur vie pendant la moisson; fait pareillement défenses à tous ceux à qui il est permis de glaner, de glaner dans les champs avant que la totalité des gerbes en ait été enlevée, de glaner avant le soleil levé et après le soleil couché; de se servir, pour glaner dans les prairies et dans les terres ensemencées en luzernes, trèfles, bourgognes, sainfoins, et autres herbes de cette nature, de râteaux ayant des dents de fer, ni d'aucuns autres instruments semblables où il peut y avoir du fer; fait aussi défenses aux propriétaires et fermiers et à tous bergers, gardes-troupeaux et autres personnes d'envoyer ou mener paître leurs vaches, chevaux, moutons et autres animaux dans les champs et prairies, sinon après trois jours que la récolte aura été enlevée desdits champs et prairies, le tout sous peine de 20 liv. d'amende contre les contrevenants, même d'être poursuivis extraordinairement suivant l'exigence des cas; ordonne que ladite sentence de la justice de Laval, ensemble le présent arrêt, seront imprimés, publiés et affichés partout où besoin sera, et notamment dans la ville de Laval et dans toutes les paroisses situées dans l'étendue du ressort de la justice de Laval; enjoint au procureur fiscal de ladite justice de tenir la main à l'exécution du présent arrêt, aux syndics des paroisses de dénoncer audit procureur fiscal les contrevenants, pour être fait contre eux les poursuites qu'il conviendra, et aux officiers et cavaliers de maréchaussée de prêter main-forte pour l'exécution dudit arrêt, lequel sera lu et publié chaque année, dans le mois de juillet, à l'issue des messes paroissiales, dans toutes les paroisses situées dans l'étendue de la justice de Laval, à la requête du procureur fiscal de ladite justice.

N° 1886. — ARRÊT *du conseil suivi de lettres patentes qui ordonnent une fabrication de 50,000 marcs d'espèces de cuivre en la Monnoie d'Aix* (1).

Versailles, 16 fév. 1784. Reg. en la cour des monnoies le 24 mars. (R. S.)

N° 1887. — RÈGLEMENT *de police pour la navigation sur les rivières d'Ourcq et d'Aisne et les ports en dépendant, et spécialement pour la rivière d'Ourcq.*

Versailles, 17 février 1784 (Dupin, code du commerce de bois et de charbon.)

N° 1888. — ORDONNANCE *de police concernant les précautions à observer sur la rivière de Seine, et autres rivières y affluentes, par les chableurs, maîtres des ponts, et meuniers, pour faciliter l'écoulement des glaces et des eaux.*

Paris, 19 février 1784. (R. S. Mars, 2—416.)

Sur ce qui nous a été remontré par le procureur du roi et de la ville, que l'abondance des neiges, tombées depuis le mois de décembre dernier, doit faire craindre, lors de leur fonte, un débordement considérable des rivières; qu'un des points les plus essentiels qui doit aujourd'hui fixer notre attention, après avoir pris toutes les précautions possibles pour le débouché des ponts de cette capitale, est de nous occuper de la sûreté de ceux qui sont sur la rivière de Seine, tant au-dessus

---

(1) V. édit d'août 1768, décl. du 14 mars 1777, a. d. c. du 5 avril 1769, 10 novembre 1785.

qu'au-dessous de cette ville, et sur les rivières qui y affluent, et de prévenir les embarras qui pourroient s'y former et s'opposer à l'écoulement des glaces, faire refluer les eaux, entraîner les marchandises qui sont sur les ports, et même occasioner la chute desdits ponts; ce qui porteroit le plus grand préjudice, tant à la navigation qu'à l'approvisionnement de cette ville; pour quoi il requéroit qu'il nous plût y pourvoir.

Nous, ayant égard aux remontrances et réquisitoire du procureur du roi et de la ville, et après l'avoir ouï en ses conclusions, enjoignons à tous chableurs et maîtres de ponts, tant des rivières de Seine, Yonne, Loing, Marne et Oise, qu'autres y affluentes, de tenir les arches desdits ponts libres, et d'en faire, à cet effet, lever et retirer les bouchis, et à tous meuniers, aussitôt qu'ils s'apercevront de la fonte des neiges et de la crue de la rivière, de lever les roues et vannes de leurs moulins, ouvrir leurs pertuis, faire lever les bouchis et gauthiers, et prendre généralement toutes les précautions nécessaires pour faciliter l'écoulement des glaces, et prévenir tous reflux d'eau, et tous engorgements et dommages auxdits ponts, et ce, sous peine de 300 liv. d'amende, tant contre lesdits maîtres de ponts, que contre lesdits meuniers.

Enjoignons pareillement, sous les mêmes peines, aux marchands qui ont des bois de charpente sur lesdites rivières, de les garer et fermer de manière à ne pas craindre qu'ils soient entraînés, et aux marchands et gardes-ports, d'arranger et charger leurs bois et autres marchandises, de façon qu'ils soient à l'abri de ces événements.

N° 1889. — ARRÊT *du conseil sur les recettes particulières des finances.*

Versailles, 19 février 1784. (R. S. C.)

N° 1890. — ORDONNANCE *de police concernant le repêchage des bois et des marchandises* (1).

Paris, 25 février 1784. (Dupin. Code des charbons. Mars, 2—300.)

Il est enjoint à tous compagnons de rivière, gagne-deniers et autres personnes qui ont repêché ou repêcheront des bois carrés, à bâtir, à ouvrer, sciage et charronnage, bois à brûler et autres marchandises et effets naufragés, de faire, dans les vingt-quatre heures, leur déclaration des quantités desdites

---

(1) V. art. 379, C. P.; ord. de p. 1ᵉʳ avril 1815.

marchandises; savoir, pour celles repêchées dans l'étendue de cette ville, par-devant les huissiers audienciers et commissaires de police de l'hôtel de cette ville; et, à l'égard des autres, par-devant les officiers commandant les maréchaussées, ou par-devant les juges des lieux; défenses de les cacher, latiter et vendre, et à toutes personnes de les acheter, le tout sous peine, contre les uns et les autres, d'être poursuivis suivant la rigueur des ordonnances et réglements.

N° 1891. — ARRÊT *du conseil qui permet aux gardes-généraux et particuliers de la maîtrise de Château du Loir, de porter des fusils.*

Versailles, 16 février 1784. (Baudrillart, t. 1er, pag. 462.)

N° 1892. — LETTRES PATENTES *qui confirment les privilèges ci-devant accordés tant à la ville, au port du Havre et aux habitants de Dunkerque, qu'aux négociants étrangers qui viennent s'y établir.*

Versailles, février 1784. Reg. en la cour des aides, le 19 mars. (R. S.)

N° 1893. — RÉGLEMENT *contenant des mesures pour recouvrer les bois destinés à l'approvisionnement de Paris, et entraînés par la crue des eaux* (1)

9 mars 1784.

N° 1894. — RÉGLEMENT *concernant la réception des pilotes-lamaneurs* (2).

Versailles, 10 mars 1784. (R. S. C.)

S. M. ayant été informée que dans plusieurs sièges d'amirauté, on s'est écarté des formalités prescrites par les différents réglements et ordonnances, rendus pour la réception des pilotes-lamaneurs ou locmans, ainsi que de la diversité qui s'est introduite dans la perception des droits attribués aux officiers desdits sièges, pour ces sortes de réceptions; et voulant rétablir à cet égard l'uniformité, et prévenir en même temps les abus résultants de la facilité avec laquelle on s'est souvent porté à y admettre des jeunes gens sans expérience, uniquement dans la vue

---

(1) V. arrêté 7 floréal an IX, bulletin des lois; lettres patentes 20 novembre 1582; a. d. c. et lett. pat. 23 septembre 1625; sent. du bureau de la ville revêtue de lett. pat. du 1er avril 1642; régl. 14 décembre 1740, 20 février 1749, 18 mai 1779.

(2) V. déc. du 12 décembre 1806.

de les soustraire au service des vaisseaux de S. M., au préjudice d'anciens navigateurs, auxquels ces places doivent être réservées de préférence, comme un moyen de subsistance et une récompense de leurs anciens services, elle a arrêté le présent règlement, qu'elle veut être exécuté suivant sa forme et teneur.

1. Le nombre des pilotes-lamaneurs ou locmans, dans chaque endroit où il sera nécessaire d'en établir pour conduire les vaisseaux à l'entrée et sortie des ports et des rivières navigables, sera réglé par les officiers de l'amirauté, de l'avis des échevins des lieux, des syndics et directeurs des chambres de commerce, dans les endroits où il y en a d'établies; et dans ceux où il n'y en a point, des plus notables bourgeois, pris parmi les principaux armateurs et capitaines de navires.

2. Dans les lieux où il seroit reconnu en avoir été établi plus que les besoins du commerce et de la navigation en exigent, le nombre en sera réduit à celui qui sera jugé nécessaire par lesdits échevins, syndics et directeurs des chambres du commerce et notables, à mesure qu'il viendra à vaquer quelques places; et il ne pourra y être admis aucun nouveau sujet, jusqu'à ce que ladite réduction, s'il y a lieu, ait été effectuée.

3. Aucuns officiers-mariniers, matelots et autres gens de mer, ne pourront à l'avenir être admis à faire les fonctions de pilotes-lamaneurs ou locmans, qu'ils ne soient âgés de trente-cinq ans, qu'ils n'aient fait deux campagnes de trois mois au moins chacune, sur les vaisseaux de S. M., et n'aient été reçus par-devant les officiers de l'amirauté, après avoir été examinés en leur présence, et celle de deux échevins ou principaux armateurs, par deux anciens lamaneurs et deux anciens maîtres de navires, nommés d'office par lesdits officiers de l'amirauté.

4. Ils seront examinés sur la connoissance et expérience qu'ils doivent avoir des manœuvres et fabriques des vaisseaux; ensemble des cours des marées, des bancs, courants, écueils et autres empêchements qui peuvent rendre difficiles l'entrée et la sortie des rivières, ports et havres de leur établissement.

5. Ceux qui se présenteront pour être reçus en ladite qualité de pilotes-lamaneurs ou locmans seront tenus de justifier leurs services sur les vaisseaux de S. M. par des certificats des commissaires ou autres officiers des classes de leur département ou quartier, contenant les noms des vaisseaux sur lesquels ils auront servi, celui des capitaines, leur destination, l'année

et la durée de chaque campagne, en quelle qualité ils ont servi, et leur âge par des extraits baptistaires.

6. Les lettres de réception qui leur seront expédiées par les officiers de l'amirauté, et qui seront les seuls titres en vertu desquels ils puissent faire les fonctions de pilotes-lamaneurs ou locmans, contiendront leurs services sur les vaisseaux de S. M., les noms des vaisseaux, des capitaines, leur destination, l'année et la durée de chaque campagne, en quelle qualité, les dates des certificats qui seront rapportés pour justifier de leurs services, et celles des extraits baptistaires, en marquant les noms et les qualités des personnes qui les auront signés, à peine de nullité desdites réceptions, et de la restitution des droits perçus par les officiers des amirautés.

7. Les officiers des sièges d'amirauté ne pourront percevoir, pour lesdites réceptions, autres et plus grands droits que ceux fixés par les lettres patentes du 10 janvier 1770 pour la réception des pilotes-hauturiers; savoir, le lieutenant, 4 liv.; le procureur de S. M., 2 liv. 13 s. 4 d.; le greffier, 2 liv., y compris l'expédition en parchemin, des lettres de réception, sur laquelle sera fait mention de la quotité des droits qu'il aura perçus.

8. Défend S. M. à ceux qui se feront recevoir en ladite qualité de pilotes-lamaneurs ou locmans de payer aucuns autres droits ni rétributions, soit en nature, soit en argent, à titre de présent ou autrement, que ceux dont la susdite mention sera faite sur l'expédition qui leur sera délivrée de leurs lettres de réception, et aux officiers de l'amirauté d'en recevoir, sous quelque prétexte et dénomination que ce soit, à peine de concussion.

9. Les pilotes-lamaneurs ou locmans ne pourront être reçus que par les officiers de l'amirauté du lieu de leur demeure. Défend S. M. aux officiers des autres sièges d'amirauté de les recevoir, à peine d'interdiction.

10. Dans le cas où arrivant la vacance d'une place de pilote-lamaneur dans un port, il se présenteroit deux sujets ayant les qualités requises pour se faire recevoir à l'effet de la remplir, ils concourront ensemble en présence des officiers de l'amirauté, et en celle de deux échevins ou principaux armateurs; et celui qui sera jugé avoir subi de la manière la plus satisfaisante l'examen prescrit par l'article 5 du présent règlement, sera admis de préférence. Veut S. M. que la nomination des deux anciens lamaneurs et des deux anciens maîtres de navires, qui devront être les examinateurs, soit faite secrète-

ment, afin que les aspirants ne puissent en avoir connoissance que lors de l'examen.

11. Les pilotes-lamaneurs ne pourront, à peine de prison, s'écarter du lieu de leur demeure, sous quelque prétexte que ce soit, sans congés des officiers de l'amirauté, qui ne pourront en accorder que pour des causes absolument nécessaires; et ceux qui les auront obtenus seront tenus, sous la même peine, d'en donner connoissance aux officiers des classes de leur département ou quartier.

12. Ceux qui abandonneront leurs fonctions pour naviguer au petit cabotage, ou pour pratiquer les pêches au large, seront déchus de leur qualité de pilotes-lamaneurs, et en conséquence inscrits de nouveau sur la matricule des gens de mer de service pour être commandés à leur tour pour servir sur les vaisseaux du roi.

13. Enjoint S. M. aux commissaires et autres officiers des classes de veiller, autant qu'il sera possible, sur la conduite des pilotes-lamaneurs; de n'avoir aucun égard aux lettres de réception qui leur seront présentées, si elles ne sont expédiées dans la forme prescrite par le présent réglement; de laisser subsister sur la matricule des gens de mer de service ceux qui en seroient pourvus, et d'informer le secrétaire d'état au département de la marine de toutes les contraventions au présent réglement.

14. Seront au surplus les autres dispositions portées, tant par le titre III du livre IV de l'ordonnance du mois d'août 1681 que par le réglement du 15 août 1725, la déclaration du 24 octobre 1743 et autres, concernant la réception des pilotes-lamaneurs ou locmans, exécutées selon leur forme et teneur, en ce qui n'y est pas dérogé par le présent.

N° 1895. — Arrêt *du conseil contenant réglement pour l'Académie royale de musique* (1).

Versailles, 13 mars 1784. (R. S. C.)

Le roi ayant, par arrêt de son conseil du 3 janvier dernier, pourvu à tout ce qui pouvoit contribuer le plus efficacement au soutien de son académie royale de musique, et donner à ce spectacle si intéressant pour le public et les arts un nouveau degré de perfection, soit en établissant une école où l'on puisse former des sujets, soit en excitant l'émulation des auteurs par

---

(1) V. 3 janvier même année, n° 1872 ci-dessus.

des prix, soit enfin en encourageant le zèle des principaux sujets de l'académie royale de musique par une augmentation de traitement; S. M. s'étant fait représenter les différents règlements concernant ladite académie, et faits en vertu de lettres patentes et arrêts rendus par Louis XIV et par le feu roi, ainsi que ceux émanés du conseil de S. M., et la forme actuelle de l'administration de l'académie étant différente de ce qu'elle étoit par le passé, elle a jugé qu'il seroit convenable de réunir en une seule et même loi les dispositions de tous les anciens règlements, et d'y ajouter ce qu'exige l'administration actuelle de l'académie, de sorte que chacun des sujets, préposés et autres employés de ladite académie, puissent connoître leurs devoirs et obligations, tant à l'égard du service public qu'à l'égard du service intérieur de l'académie. A quoi voulant pourvoir : ouï le rapport, le roi étant en son conseil, a ordonné et ordonne ce qui suit :

1. S. M. confirme tous les droits, prérogatives et privilèges qu'il lui a plu et aux rois ses prédécesseurs d'accorder à l'académie royale de musique par les lettres patentes du 13 août 1672, celles du 1ᵉʳ mars 1689, registrées en la cour du parlement le 30 juin suivant; l'arrêt du conseil d'état du 11 décembre 1728, les lettres patentes du 27 février 1729, et les arrêts du conseil des 1ᵉʳ juin 1730, 4 avril 1732, août 1749, 15 mars 1757, 3 juin 1758, 26 juillet 1765; arrêt du conseil du mois de juin 1769; réglement du 6 novembre suivant; ordonnance du 29 mars 1776; les arrêts du conseil d'état des 30 mars 1776, 27 février 1778, 30 avril suivant, 17 mars 1780, 3 janvier de la présente année : maintient S. M. ladite académie de musique dans le droit et privilège de l'opéra proprement dit, dans toute l'étendue du royaume, ainsi que dans le droit et privilège exclusif des concerts de musique vocale et instrumentale, soit français, soit italiens ou en d'autres langues, de même que des concerts spirituels, et dans les droits et privilèges également exclusifs de l'opéra comique et des bals payants.

2. 1° Le comité sera composé d'un premier sujet du chant, d'un premier danseur, de deux maîtres du théâtre, du maître des ballets, du maître de l'orchestre; ce comité sera présidé par la personne qui représentera le secrétaire d'état au département de Paris quand elle jugera à propos d'y assister.

2° Les six personnes qui composent le comité, et désignées ci-dessus, auront voix délibérative, et feront alternativement les fonctions de semainier. Le comité se tiendra tous les lundi de chaque semaine, à dix heures précises du matin, dans la salle des comptes de l'académie.

3° Un inspecteur général de l'académie royale de musique, que S. M. a jugé nécessaire, et qui sera nommé par le secrétaire d'état ayant le département de Paris, assistera au comité; ses fonctions seront fixées ci-après.

4° Le secrétaire de l'académie assistera au comité et fera le rapport des affaires, conformément à ce qui lui est enjoint par les articles ci-après qui le concernent.

5° Les semainiers en exercice et le comité rendront compte par écrit au représentant du secrétaire d'état de tout ce qui concerne la police intérieure de l'académie, et de tout ce qui peut intervertir le bon ordre ou nuire au bien du service.

6° Entend S. M. que les ordres provisoires que le représentant du secrétaire d'état jugera à propos de donner soient exécutés par le comité et les sujets quelconques, préposés ou commis, comme s'ils étoient émanés du secrétaire d'état lui-même.

7° Le comité décidera provisoirement, à la pluralité des voix, sur tous les objets qui seront proposés; les décisions motivées, transcrites par le secrétaire de l'académie, seront visées par l'inspecteur général, qui les remettra au représentant du secrétaire d'état pour y donner la sanction nécessaire.

8° Le principal objet de l'académie étant d'assurer et de varier le plus qu'il sera possible les plaisirs du public, le comité, conformément aux anciens réglements, et notamment à l'article 39 de l'arrêt du conseil du 30 mars 1776, proposera tous les ans deux répertoires, l'un pendant la vacance de Pâques, pour les ouvrages à donner pendant l'hiver suivant, et l'autre dans le mois de décembre pour les ouvrages à donner dans l'été de l'année suivante. Pour éviter le grand nombre de répétitions dans l'hiver, lesquelles fatiguent les sujets et les exposent à des maladies, S. M. ordonne que les premières répétitions d'opéra d'hiver soient faites dans le courant du mois de septembre, afin qu'il n'y ait plus qu'à donner l'ensemble aux ouvrages qu'on aura décidé de mettre au théâtre l'hiver. L'inspecteur général rendra compte de l'exécution du présent article, et veillera à ce que les maîtres fassent apprendre les chœurs, afin que la première répétition se fasse, pour l'intelligence, en chantant sur le papier; mais la seconde, de mémoire, par les chœurs, de même que par les rôles principaux.

9° Le comité arrêtera en outre, dans l'assemblée du lundi, le répertoire des représentations, ainsi que des répétitions qui devront avoir lieu dans la quinzaine, ainsi de semaine en semaine. La distribution des rôles, ainsi que des entrées de danse, se fera par écrit, et il en sera remis par le secrétaire de l'académie des copies aux maîtres du théâtre, aux maîtres des ballets, pour être distribuées à chacun des principaux sujets employés dans les pièces, afin qu'ils se tiennent prêts, ainsi qu'il sera dit ci-après.

10° Lorsqu'un sujet quelconque se sera mis dans le cas d'être réformé, le comité en rendra compte par écrit, afin que le secrétaire d'état puisse être informé des raisons qui détermineroient le renvoi du sujet, et le comité se conformera ensuite aux ordres qu'il recevra à cet égard.

11° Les plaintes ou représentations seront faites au comité par les maîtres de chaque partie. Le comité, après en avoir prévenu l'inspecteur général, y fera droit sur-le-champ, si le cas l'exige; sinon il en instruira par écrit le représentant du secrétaire d'état pour qu'il lui en soit rendu compte.

12° Toutes les personnes qui composent le comité seront tenues de s'y trouver exactement, si ce n'est pour cause de maladie, dont elles auront soin de prévenir. Le droit de présence est fixé à un jeton pour ceux qui se rendront à l'heure convenue, et non autrement.

13° Toutes les affaires qui seront traitées au comité, demandant de la célérité et du secret, il n'y sera admis personne que celles désignées ci-dessus; et dans le cas où quelqu'un seroit convaincu d'avoir divulgué les délibérations du comité, il perdra le droit d'y assister. Lorsqu'il sera question de traiter de quelque affaire qui intéressera un membre du comité, il se retirera pour laisser la liberté des suffrages et des avis, qui seront recueillis par l'inspecteur général.

14° Le comité ne pourra, sous aucun prétexte, se dispenser de rendre compte régulièrement par écrit de tout ce qui auroit pu être contraire à l'exécution du présent réglement, et de nommer les personnes qui l'auront enfreint, et de l'amende à laquelle elles auront été en conséquence condamnées, sauf au secrétaire d'état à ordonner ensuite ce qu'il jugera de plus convenable pour le bien du service, l'exécution de la présente disposition étant de rigueur pour le comité, qui sera condamné à 300 liv. d'amende, réparties proportionnellement, dans le cas où un de ses membres auroit négligé de rendre compte et auroit fait grace pour quelque considération que ce pût être. L'inspecteur général sera tenu de suivre exactement l'exécution de la présente disposition.

3. 1° Avant de former les répertoires, le comité proposera par écrit le choix des ouvrages nouveaux qui lui auront été présentés, avec son avis sur chacun des ouvrages, afin que le secrétaire d'état puisse en faire faire l'examen, conformément aux articles 13, 14 et 15 du réglement de 1714, d'après le compte qui lui en sera rendu, et faire placer lesdits ouvrages dans le répertoire d'hiver ou dans celui d'été, selon qu'il le jugera le plus convenable au bien de l'Académie, aux circonstances et à la saison.

2° Le comité veillera à ce que les auteurs remettent leurs partitions, les rôles copiés et les parties d'orchestre, S. M. entendant que, pour ne point fatiguer inutilement les sujets, il ne soit fait aucune répétition, de quelque ouvrage que ce puisse être, avant qu'il ne soit entièrement fini, les rôles copiés et remis à ceux qui doivent les remplir, afin que lors de la première répétition l'ouvrage puisse être exécuté de manière à pouvoir juger des détails de la scène et des effets, de même que des airs de ballets. Le jugement le plus sûr des ouvrages nouveaux devant se porter aux répétitions, le comité et les principaux sujets ne peuvent y apporter trop d'attention. D'ailleurs, S. M. voulant bien continuer d'accorder part dans les bénéfices aux principaux sujets, ils ont un intérêt réel au succès des ouvrages qui doivent être donnés.

3° Il sera rendu compte par écrit des premières répétitions des ouvrages nouveaux. L'avis du comité et des principaux sujets sera motivé, et à cet effet on invitera à ces répétitions particulières quelques gens de lettres, des musiciens et amateurs pour avoir leurs avis ; aucun ouvrage ne pouvant être reçu définitivement qu'après une ou même deux répétitions, s'il en est besoin, pour ne pas hasarder, autant que faire se pourra, de recevoir des ouvrages qui ne plairoient pas au public, et dont la dépense seroit en pure perte pour l'académie royale de musique.

4° Pour prévenir toutes discussions avec les auteurs, le comité aura soin, lors de la présentation d'un ouvrage nouveau, de communiquer aux auteurs du poëme et de la musique les articles du présent réglement.

5° L'intention de S. M. étant de procurer au public toute la satisfaction qu'il peut désirer, le comité aura soin aussitôt la mise d'un ouvrage, soit nouveau, soit ancien, d'en préparer sur-le-champ un autre du répertoire arrêté pour remplacer celui dont la recette baisseroit sensiblement.

6° Aussitôt le répertoire de six mois arrêté, le comité demandera aux auteurs des ouvrages nouveaux qui auront été reçus leurs programmes pour les décorations et habits du costume. Le comité remettra le programme desdites décorations et habits au dessinateur-inspecteur des habits et spectacles de la cour chargé par S. M. de vérifier tous les travaux à faire dans les magasins et théâtres de l'académie royale de musique, pour qu'il fasse les dessins des deux premiers opéras qui devront être donnés, lesquels seront arrêtés, après examen, par le comité, qui donnera les ordres nécessaires pour l'exécution. Mais dans aucun cas il ne pourra être fait ni décorations ni habits qu'autant qu'il ne s'en trouveroit pas dans les magasins du genre nécessaire, l'intention de S. M. étant qu'il ne soit fait aucune dépense, soit sur la demande des auteurs, soit sur celle des sujets, mais seulement celle utile et nécessaire à la convenance du spectacle.

7° Aussitôt le programme arrêté, le comité, d'accord avec l'inspecteur-dessinateur des habits, après s'être assuré, avec les gardes-magasins et machinistes, des objets existants dans les magasins, soit en décorations, soit en habits, fera les devis des dépenses, tant pour les décorations que pour les machines et habits qui resteront à faire; et en conséquence le machiniste, les peintres et les gardes-magasins, seront appelés au comité pour régler conjointement le projet desdites dépenses, dont il sera fait un état qui sera visé par l'inspecteur général, qui assistera à toutes ces opérations. Ces devis seront remis à la personne qui représentera le secrétaire d'état. Il sera fait pareillement un état de toutes les autres dépenses à faire en ustensiles, bas, souliers, petite-oye, et autres généralement quelconques, de quelque nature qu'elles puissent être, pour être également approuvées.

Enfin, il ne pourra être fait aucune dépense, de quelque nature que ce soit, qu'on ne l'ait arrêtée au comité, et chaque état de dépense sera visé par l'inspecteur général, et approuvé par la personne qui représentera le secrétaire d'état.

8° Ordonne S. M., que toute espèce de fourniture soit faite au rabais, et sur les soumissions des différents fournisseurs, que la préférence soit donnée à ceux qui se seront soumis aux meilleurs marchés, et qui feront le service le plus avantageux.

9° Les devis une fois approuvés, le dessinateur, conjointement avec le comité et l'inspecteur, veillera aux travaux des différents genres, et à ce qu'ils soient prêts pour le temps qui aura été convenu au comité. Deux ouvrages étant ainsi préparés, le comité s'occupera de même de tout ce qui sera nécessaire pour les deux ouvrages suivants, ainsi successivement, pour que, dans aucun temps, rien n'en puisse empêcher la mise, et qu'il y en ait toujours plusieurs prêts à être donnés, en cas que quelques-uns ne soient pas agréables au public.

10° Pour ne point multiplier les dépenses en habits, et autres objets qui en sont la suite, le comité, conjointement avec le maître des ballets, formera un état des danseurs et danseuses qui devront être employés dans chaque ballet, lequel état sera remis par l'inspecteur général, pour avoir la sanction du secrétaire d'état, d'après le rapport qui lui en aura été fait par la personne chargée de le représenter.

11° Pour ne point retarder la mise des ouvrages, le comité veillera à ce que le maître des ballets commence de bonne heure ses répétitions, afin que ses ballets puissent se trouver prêts pour le jour où l'on voudra mettre au théâtre un ouvrage nouveau.

12° Dans les cas pressants, où le comité auroit été forcé par les circonstances de changer quelque chose au répertoire de huitaine ou à d'autres objets arrêtés, le comité en instruira sur-le-champ, par écrit, le représentant du secrétaire d'état, et la décision qui en résultera sera rapportée au prochain comité.

13° Le comité se fera rendre très-exactement compte, toutes les semaines, par le garde-magasin, les maîtres tailleurs, le machiniste, et autres chargés des dépenses, de toutes celles qui auroient pu être faites dans un cas pressé, dans l'intervalle d'un comité à l'autre, relativement aux machines, décorations, habits ou autres consommations, sur lesquelles ils sont chargés de veiller, et ils en présenteront un bordereau détaillé pour être réglé tout de suite par l'inspecteur-dessinateur, et arrêté par le comité, avec le *visa* de l'inspecteur général de l'académie.

14° Les maîtres du théâtre, de la danse, de l'orchestre, s'assureront, les jours de spectacle, si les sujets qui doivent jouer, ainsi que les remplacements et doubles, sont arrivés à temps; l'intention de S. M. étant que le spectacle ne puisse jamais, non-seulement manquer par un acteur ou actrice, qui se seroit trouvé subitement incommodé, mais qu'il ne puisse être retardé, le spectacle devant commencer au plus tard à cinq heures trois quarts en hiver, et à cinq heures et demie en été.

15° Tout sujet qui se présentera pour entrer à l'Opéra, soit pour le chant, soit pour la danse, s'adressera au comité, qui s'informera du nom des parents du sujet, et jugera ses talents; le rapport en sera fait par écrit, et remis signé du comité, afin que, si le rapport est favorable, il soit donné l'ordre nécessaire pour le début, sans lequel ordre aucun sujet ne pourra paroître sur le théâtre.

2° Aucun sujet ne devant être reçu à l'académie royale de musique qu'en contractant avec elle des engagements, le comité aura soin d'en faire signer d'uniformes à chacun des sujets qui sera reçu, avec soumission de se conformer en tout aux réglements de l'académie royale de musique.

5. 1° Le comité, conjointement avec l'inspecteur général et le secrétaire de l'Académie, signera tous les mandats de paiement, les états d'appointements, et toutes les dépenses, de quelque nature qu'elles soient. Les pièces comptables seront remises au caissier général, pour en faire les paiements, et il en sera tenu registre.

2° Le semainier se rendra, chaque jour de spectacle, avec l'inspecteur général, le secrétaire et le caissier, à la salle des comptes, pour être témoin de ceux qui seront rendus par les différents receveurs. Le semainier signera la feuille de recette conjointement avec le secrétaire; elle sera visée par l'inspecteur général; il en sera envoyé une copie au secrétaire d'état, et une autre à la personne chargée de le représenter.

3° Le comité recevra, tous les lundis de chaque semaine, en présence de l'inspecteur et du secrétaire de l'académie, le compte du caissier, et visera les pièces justificatives à l'appui de la recette et de la dépense, conformément aux objets qui auront été arrêtés par le dernier comité.

4° Le compte fait double, sera signé par tout le comité et par le caissier; le secrétaire de l'académie lui remettra le même jour le projet des dépenses et paiements à faire pour la semaine, arrêté par le comité et visé par l'inspecteur général. Il sera envoyé un double du compte et du projet des dépenses à faire au représentant du secrétaire d'état.

5° Le comité remettra, le lundi de chaque semaine, un extrait du compte du caissier, et il y joindra la note particulière des objets qui seront traités dans le comité suivant, afin qu'on puisse prendre l'ordre du secrétaire d'état, sur ceux qui auroient le plus besoin de son autorité.

6° Comme le roi veut bien accorder aux sujets un intérêt dans les bénéfices résultant de leur travail et de leur économie dans les dépenses, il sera tenu, le 10 de chaque mois, une assemblée générale, composée de tous les sujets co-partageants;

le comité leur fera connoître en détail et par pièces justificatives en bonne forme, la nature des différentes recettes et dépenses faites dans le mois précédent, lesquelles pièces les sujets co-partageants auront droit d'examiner et d'y faire les observations qu'ils jugeront convenables au bien de l'administration; desquelles observations il sera tenu registre par le secrétaire de l'académie, pour que le comité puisse y répondre dans l'assemblée générale qui suivra.

7° Le compte sera signé par chacun des sujets assistants, et il y aura un droit de présence d'un jeton pour ceux qui se seront trouvés à l'assemblée générale à l'heure indiquée, et non autrement.

8° Le comité fera faire deux doubles du compte général de recette et de dépense de chaque mois, qu'il signera et remettra à la personne chargée de représenter le secrétaire d'état, afin qu'il puisse en remettre une copie au ministre et garder l'autre pour lui. Le comité rendra également compte tous les mois par écrit de la conduite et de l'exactitude de tous les sujets et employés attachés à l'administration de l'académie, afin que le ministre puisse être exactement informé de tout ce qui se passera, et proportionner les récompenses au zèle dont chacun aura donné des preuves dans sa partie.

9° Le caissier général veillera à ce qu'il soit versé tous les jours, s'il est possible, dans la caisse le produit des loges à l'année qui aura été recouvré, ainsi que les redevances à l'académie, et en rendra compte au comité les lundi de chaque semaine, en présence de l'inspecteur général.

10° Tous les lundis il rendra ses comptes de recette et de dépense au comité, par bordereaux, relevés sur ses registres et journaux. Il ne lui sera alloué aucune espèce de dépense que celle faite sur des mandemens signés par le comité, si ce n'est pour les cas imprévus et pressés, où la signature de l'inspecteur général au bas d'un mandement suffira pour le moment, à la charge par le caissier de le faire revêtir des signatures nécessaires au prochain comité.

6. 1° Le secrétaire de l'académie sera chargé de la tenue de tous les livres de recette et de dépense, ainsi que des registres des délibérations du comité, dont il ne pourra se dessaisir sans des ordres supérieurs; il fera les listes des recettes des jours de spectacles, ainsi que l'état des sujets qui auront été employés, de même les états de situation de chaque mois; il tiendra aussi registre de tous les ordres et lettres missives du secrétaire d'état, et de la personne qui sera chargée de le repré-

senter, lequel registre sera visé toutes les semaines par l'inspecteur général; il tiendra le registre des amendes, qu'il fera arrêter toutes les semaines au comité; il sera chargé de la distribution des jetons d'assemblée, en faisant émarger toutes les personnes qui y auront droit, s'étant trouvées aux assemblées aux heures indiquées.

2° Il fera le rapport de tous les mémoires et demandes qui lui auront été remis; il préviendra le comité sur les demandes qui pourroient être contraires aux réglements et statuts de l'académie, en citant l'article auquel elles pourroient déroger.

3° Chaque jour de spectacle, l'inspecteur général et le secrétaire se trouveront à la recette qui se fera, suivant l'usage, à la salle des comptes, et ils signeront, conjointement avec le semainier, la feuille qui sera transcrite, jour par jour, sur un registre déposé entre les mains du secrétaire de l'académie.

4° Le secrétaire dressera les engagements des sujets, suivant les ordres qu'il en recevra, de manière qu'il puisse connoître les obligations auxquelles ils seront tenus envers l'académie, les leur fera signer ensuite, et lesdits engagements seront transcrits sur un registre destiné à cet effet, dont il sera dépositaire.

5° Le secrétaire délivrera les congés d'absence ou de retraite qui auront été accordés en conséquence des ordres du secrétaire d'état, sur la demande que le comité en aura faite par écrit.

6° Le secrétaire de l'académie sera chargé de prévenir par écrit les membres du comité des jours où il se tiendra à l'extraordinaire, et d'avertir les personnes qui seront mandées, soit pour être consultées sur les différents objets qui sont de leur département, soit pour y rendre compte de leur conduite.

7° Il aura soin de préparer tous les objets qu'on aura à traiter dans chaque comité, ce qu'il fera par écrit et dans un ordre convenable, pour qu'il n'y ait point de confusion. Les choses qui regarderont quelque membre du comité seront toujours traitées les dernières. L'inspecteur général prendra les voix par ordre d'ancienneté, et le secrétaire transcrira les avis à mi-marge de chaque article.

8° A chaque assemblée générale, le secrétaire mettra sous les yeux des personnes qui la composeront, et qui seront placées dans la salle, suivant les différentes classes, dans l'ordre de leur ancienneté, le bordereau de la recette et de la dépense qui auront été faites pendant les mois précédents, avec les pièces justificatives. Ledit bordereau sera établi sur les comptes qui auront été rendus chaque semaine par le caissier, et dont il aura soin de faire faire, ainsi qu'il a été dit ci-dessus, plusieurs copies qui seront signées par les personnes présentes à ladite assemblée. Il dressera de même la liste de toutes celles auxquelles il sera distribué un droit de présence, s'étant rendues à l'heure indiquées, et il aura soin de clore ladite liste à l'instant où l'heure viendra à sonner, à quoi surveillera l'inspecteur général de l'académie, qui assistera à l'assemblée générale pour y rappeler, s'il est besoin, les réglements.

9° Le secrétaire de l'académie, conjointement avec l'inspecteur général, dressera un ordre de travail pour tous les employés des bureaux, qu'il fera signer par le comité et auquel l'inspecteur général obligera les employés de se conformer. Ils veilleront l'un et l'autre à ce que les livres soient tenus jour par jour; et dans le cas de négligence de la part desdits employés, il est enjoint à l'inspecteur général d'en donner avis au comité, afin qu'il puisse proposer le parti qu'il sera convenable de prendre.

10° Le secrétaire sera chargé de la confection de tous les mémoires de demandes à faire au secrétaire d'état, dont il gardera des minutes, auxquelles seront jointes les réponses que fera le secrétaire d'état ou son représentant, pour que l'on puisse y avoir recours dans tous les temps. Il en sera de même pour toutes les lettres adressées à l'académie et les réponses qu'elle pourra faire.

11. Le secrétaire de l'académie dressera les états d'appointements des sujets de l'opéra, de même que ceux de tous les employés; et il tiendra registre des différentes variations qu'il pourroit y avoir; enfin il aura soin de remettre à la personne chargée de représenter le secrétaire d'état les états, mémoires et instructions dont il pourra avoir besoin.

12° Il dressera des inventaires, et fera tous les ans le recensement tant des habits que des décorations, machines et autres appartenants à l'opéra, lesquels inventaires et recensements seront signés par le comité et visés par l'inspecteur général.

Il aura en outre à sa garde les anciens et nouveaux poëmes, qui lui seront confiés, et dont il sera fait un état signé de lui et du comité, pour être remis au secrétaire d'état. Il communiquera sans difficulté, à l'inspecteur général, toutes les pièces qu'il pourra lui demander concernant l'administration de l'académie royale de musique, et sur les récépissés que lui en donnera ledit inspecteur qui, de son côté, les remettra après en avoir fait usage, en retirant sa reconnoissance.

7. 1° L'emploi des maîtres du théâtre sera, conformément à l'article 28 de l'arrêt du conseil du 28 février 1778, de se trouver chaque jour de la semaine au magasin, depuis neuf heures du matin jusqu'à midi, pour faire étudier et répéter les rôles aux acteurs et actrices; ils seront tenus d'aider de leurs instructions ou conseils tous les sujets qui pourroient en avoir besoin dans toutes les répétitions et représentations; ils seront les premiers à l'opéra pour veiller à ce que les acteurs et actrices des chœurs, ainsi que ceux des rôles, s'habillent et soient prêts à l'heure; ils prendront les mêmes soins pendant les représentations, et se tiendront dans les coulisses, le papier à la main, pour conduire les chœurs, leur faire observer la mesure et y maintenir le bon ordre.

2° Les maîtres du théâtre pointeront sur une liste ceux des sujets qui manqueront aux répétitions ou aux représentations, afin que le comité puisse leur imposer une amende conforme aux réglement, ainsi qu'il sera dit ci-après, sur le rapport qui en sera fait par les maîtres du théâtre; et l'inspecteur général veillera à ce que lesdits maîtres remplissent à cet égard, avec toute l'exactitude possible, ce qui leur est prescrit.

3° Les maîtres du théâtre veilleront à faire observer strictement les costumes qui auront été indiqués par les programmes, et ils auront soin que les sujets soient habillés décemment et proprement. L'inspecteur général y tiendra exactement la main.

4° Lesdits maîtres auront soin que les sujets soient habillés un quart d'heure avant le commencement de la représentation ou des actes où ils seront employés, afin que le service public ne puisse être retardé sous aucun prétexte; et à cet effet ils se transporteront dans les loges où les sujets s'habillent, pour s'assurer par eux-mêmes de ce qui s'y passera, et si tout le monde est prêt pour l'heure. Il leur est enjoint très-expressément de ne frapper pour commencer que quand ils seront bien assurés que tous les sujets seront à leur place. Il leur est également enjoint de faire observer le plus grand silence pendant le spectacle, et de tenir la main à ce qu'il n'y ait, pour la partie des chœurs, sur le théâtre et dans les coulisses, que les sujets utiles, sans aucune exception pour ceux qui y resteroient par curiosité, et surtout que nul sujet, soit du chœur, soit de la danse, ne paroissent dans les coulisses qu'en habits de théâtre et lorsqu'ils y auront affaire.

5° Les maîtres du théâtre entendront les sujets sortant de l'école, et que l'on croira en état d'être admis pour faire nombre dans les chœurs. Si le sujet se trouve de force suffisante, ils le présenteront au comité qui l'entendra, et lui donnera un ordre pour assister aux répétitions et chanter dans les coulisses, afin qu'il ne se trouve pas neuf quand une place viendra à vaquer dans les chœurs, laquelle place sera toujours donnée au plus ancien, suivant la date de l'ordre qui l'aura autorisé à chanter dans les coulisses.

6° Le nombre des chanteurs, tant en hommes qu'en femmes, ne pourra jamais être augmenté, sous quelque prétexte que ce soit, à partir de celui arrêté par le secrétaire d'état au département de Paris.

8. 1° Le maître de l'orchestre sera chargé de battre la mesure à toutes les représentations et répétitions. Comme chef des musiciens-symphonistes, il veillera à ce que chacun se rende aux heures précises à sa place, pour y prendre l'accord et être prêt à commencer aussitôt que les maîtres du théâtre auront reconnu que cela est possible. Il empêchera que les symphonistes ne quittent leurs places et leurs instruments pendant l'opéra. Il informera le comité et l'inspecteur général des contraventions qu'il remarquera, afin qu'il y soit remédié.

2° Le maître de l'orchestre sera tenu de ne donner aucuns congés que par écrit, d'en faire une liste, et de la remettre au comité, afin qu'il ait connoissance des motifs d'absence, et il en sera rendu compte par l'inspecteur général.

3° Ceux qui ne se rendront point aux heures indiquées, seront mis à l'amende par le maître de l'orchestre, qui en remettra la note au comité et au caissier général, pour que la retenue de l'amende puisse être faite sur les appointements du mois courant. Dans ce cas, l'inspecteur général s'en fera remettre toutes les semaines l'état, pour être arrêté par la personne représentant le secrétaire d'état. Le maître de l'orchestre sera chargé seul de mettre le bon ordre pour la sûreté du service dans cette partie, de concert avec l'inspecteur général.

4° Lorsqu'il viendra à vaquer quelque place, le maître de l'orchestre, d'accord avec le comité, annoncera le concours, et l'on préférera, à talent égal, ceux qui sauront jouer de plusieurs instruments. Il sera de même annoncé un concours pour remplir les places vacantes dans le chant ou dans la danse.

5° Le nombre des symphonistes fixé par l'état, que le secrétaire d'état aura arrêté, ne pourra jamais être excédé.

9. 1° S. M. veut que, conformément à l'art. 30 de l'arrêt du 30 mars 1776 et aux art. 8 et 9 de l'arrêt du conseil du 3 jan-

vier dernier, à l'avenir il ne puisse jamais y avoir qu'un maître des ballets et un aide.

2° Le maître des ballets et son aide se trouveront de bonne heure au théâtre, et auront soin de tenir la main à ce que tous les sujets qui sont sous leur direction se rendent exactement aux heures indiquées pour les répétitions particulières, pour les générales, et pour les représentations; et si aucuns y manquent, ils imposeront une amende, dont ils instruiront le comité et l'inspecteur général.

3° Le maître des ballets et son aide choisiront entre les élèves les sujets qu'ils croiront en état d'être employés dans les ballets; ils seront admis au concours, et après avoir été agréés par le comité, ils seront engagés, et leurs noms enregistrés sur les livres tenus à cet effet.

4° Quand on mettra un ouvrage au théâtre, le maître des ballets, après s'être concerté avec les auteurs, présentera au comité les programmes des différents ballets à faire; on y arrêtera le nombre des pas-de-deux, des entrées seules, ainsi que celui des figurants et figurantes; en observant bien de n'y point mettre de confusion, ce qui arrive ordinairement quand on emploie plus de sujets qu'il ne faut.

5° Le maître des ballets et l'aide auront soin que les sujets soient habillés un quart-d'heure avant le commencement de la représentation, ou des actes où ils seront employés, et ils recommanderont le plus grand soin pour les habits. Dans le cas où quelque sujet ne les soigneroit pas, après qu'on l'aura averti, il sera mis à l'amende, et dans les récidives causées par une négligence et une malpropreté habituelles, le maître des ballets cessera de l'employer, et en préviendra le comité et l'inspecteur général, afin que le secrétaire d'état puisse donner des ordres en conséquence.

6° La nécessité de n'employer que le nombre des sujets suffisants étant démontrée, tant par la confusion qui en résulteroit, que par la dépense des habits que cela occasioneroit, S. M. fait très-expresses défenses au maître des ballets d'outre-passer, à cet égard, le nombre raisonnable fixé pour chaque ouvrage par le comité; et il est enjoint à l'inspecteur général d'y tenir exactement la main et d'en rendre compte.

7° Le maître des ballets rendra compte au comité des places qui n'auront pas été remplies, et il mettra à l'amende ceux qui seront en faute, dans la supposition toutefois qu'il n'y aura point de cause de maladie. Si cela arrivoit, les sujets indisposés en instruiroient, le plus promptement possible, le maître des ballets, afin qu'il puisse pourvoir à ce que les places soient occupées.

8° Les sujets ne pourront s'absenter, sous aucun prétexte, sans une permission par écrit du maître des ballets, qui en rendra préalablement compte au comité et à l'inspecteur général.

9° Il aura grande attention que chacun vienne exactement aux répétitions particulières qu'il aura indiquées, et à l'heure qu'il en aura donnée à l'avertisseur. Il pointera ceux qui manqueront, ou il en avertira le comité, par lequel sera fixée l'amende à laquelle ils seront condamnés, et l'état en sera remis à l'inspecteur général, pour que la personne chargée de représenter le secrétaire d'état puisse en être informée et y donner sa sanction.

10° Il recommandera très-expressément à tous les sujets sous ses ordres de ne point rester dans les coulisses pendant les représentations, à moins qu'ils ne soient employés dans l'acte, et de n'y jamais paroître qu'en habit de théâtre, sous peine d'amende; et en cas de contravention récidivée, il en instruira l'inspecteur général pour qu'il puisse en rendre compte.

10. 1° Il y aura un maître de l'école de danse, qui s'appliquera à former gratuitement les sujets qui lui auront été confiés, par un état arrêté par le comité, et visé par l'inspecteur. Il rendra compte au comité et au maître des ballets des progrès et dispositions des sujets de l'école, en se conformant en tout au plan qui sera arrêté par le comité.

2° Il ne pourra être reçu à l'école de la danse aucun sujet âgé de plus de douze ans, à moins qu'il ne soit déjà en place à l'Académie.

3° Le maître de danse ne recevra de sujets que ceux qui lui auront été adressés par une lettre du comité, et si on lui en présente quelques-uns, il sera obligé de les lui renvoyer, afin qu'il juge, par lui-même, s'ils peuvent devenir utiles à l'Académie.

4° Le maître de danse sera obligé d'être rendu à son école tous les jours à neuf heures du matin; sa classe ne doit finir qu'à une heure après-midi; et il fera observer l'ordre et la décence, dont il donnera lui-même l'exemple.

5° Il demandera au comité des billets pour faire assister

une partie de ses écoliers aux répétitions et quelquefois aux représentations, pour qu'ils soient à même de se former promptement.

6° L'inspecteur général se trouvera, de temps en temps, à l'école de danse, pour voir par lui-même si tout se passe conformément au présent règlement, et en rendre compte.

11. 1° Le garde-magasin sera responsable de tous les habits, marchandises et effets de magasins de l'académie, suivant l'inventaire qui lui en aura été remis. Il aura soin de se trouver tous les matins à l'appel des tailleurs et autres ouvriers, et de pointer ceux qui n'y seront pas, ou qui viendront trop tard au travail : il arrêtera à cet effet, tous les jours, la liste des ouvriers, dont copie sera portée sur un registre destiné à ce sujet.

2° Il tiendra registre de tous les mandements de fournitures signés par le comité tous les lundis; il vérifiera si la fourniture est conforme auxdits mandements, tant pour les qualités que pour les quantités; et il rendra compte pareillement, toutes les semaines, au comité et à l'inspecteur général toutes les fois qu'il le jugera à propos.

3° Il ne fera faire aucun habit, que sur les ordres par écrit du comité, lequel auparavant se sera assuré, par le rapport dudit garde-magasin, s'il n'en existe pas dans les magasins, selon le costume demandé, ce qui sera vérifié en outre par l'inspecteur général.

4° Le garde-magasin veillera, sous les mêmes ordres, à ce que les consommations des marchandises de toute espèce se fassent avec la plus grande économie, et, à cet effet, il assistera à la livraison des marchandises, à leur coupe et à leur emploi. Il tiendra aussi un registre détaillé des consommations, qu'il fera arrêter toutes les semaines par le comité, après la vérification qu'il jugera à propos d'en faire.

5° Il rendra compte au comité, toutes les semaines, des changements et réparations à faire aux habits, pour les spectacles de la semaine suivante, ainsi que des demandes qui lui auront été faites par les sujets, soit du chant, soit de la danse, afin de recevoir les ordres du comité en conséquence.

Il ne pourra laisser détruire aucun habit par les tailleurs, sous prétexte d'en employer les étoffes à d'autres, sans une permission par écrit du comité, qui vérifiera d'abord si la destruction proposée est nécessaire, et le parti que l'on en peut utilement retirer.

6° Le garde-magasin fera grande attention à ce que les

maîtres tailleurs ne fassent aucun habit, sous quelque prétexte que ce soit, que sur les dessins et suivant le costume indiqué par l'inspecteur-dessinateur des habits, et arrêté par le comité.

7° Dans une circonstance pressante, si le garde-magasin se trouvoit forcé de faire faire quelque fourniture, il donneroit un mandement particulier, qu'il auroit soin de retirer dans la semaine, en y substituant un mandement du comité, après avoir rendu compte par écrit des motifs qui l'auroient engagé à faire faire la fourniture.

8° Le garde-magasin veillera à ce qu'il ne soit fourni de corps que dans le cas d'une nécessité reconnue. Il donnera attention aussi par lui-même à la distribution des bas, gants, rubans, chapeaux, souliers, gazes, fleurs, etc., et il tiendra registre, jour par jour, desdites distributions, dont il fera son rapport, toutes les semaines, au comité, pour être approuvées.

9° Il aura soin que l'ordre et la propreté règnent dans les magasins et dans les loges, pour la conservation des habits et autres effets, et il en fera faire souvent la visite en sa présence, et rendra compte, par écrit, au comité et à l'inspecteur général, de leur état.

10° Tous les ans, le garde-magasin présidera avec le maître tailleur à l'inventaire qui sera fait par des commissaires nommés par le comité général.

12. 1° Le machiniste sera chargé de tout ce qui concerne les mouvements et changements de décorations, de l'entretien des machines, contre-poids, poulies, cordages, et généralement de tout ce qui a trait aux décorations.

2° Il formera un inventaire de toutes les décorations appartenantes à l'académie, afin de s'en servir promptement et au besoin; il veillera à leur conservation.

3° Le machiniste aura soin de n'employer dans les travaux que des ouvriers laborieux, sages et intelligents, et dont il ait une connoissance parfaite pour la sûreté du service et l'exécution de cette partie du spectacle confiée à ses soins.

4° Il ne proposera au comité de nouvelles décorations à faire qu'après s'être assuré par lui-même qu'il n'en existe point de pareilles, ou d'à peu près semblables dans les magasins, et alors il sera remis au machiniste des dessins ou esquisses de décorations qui seront toujours exécutés d'après les devis faits et signés par le comité. Il en sera de même pour toutes les autres dépenses; elles ne seront allouées qu'autant qu'elles auront été approuvées par écrit et visées par l'inspecteur général.

5° Le machiniste veillera, conjointement avec le garde-magasin, à ce qu'il ne se fasse aucune consommation inutile de bois, charbon, chandelle, huile, couleurs, pinceaux, etc. Il en sera de même pour les bois de décorations, toiles, clous, cordages et autres fournitures. Il sera tenu de renvoyer sur-le-champ ceux des ouvriers qui se trouveront en faute.

6° Il est enjoint audit machiniste de veiller à ce que les ouvriers se rendent aux heures du travail, d'imposer des amendes à ceux qui y manqueront, et même de les renvoyer, après en avoir prévenu le comité. A cet effet, il tiendra des listes, qu'il arrêtera tous les jours, et qu'il portera sur un registre tenu pour cet objet. Lesdites listes serviront de pièces justificatives au compte qu'il rendra exactement toutes les semaines au comité, les jours d'assemblée. Au surplus, il donnera, sans difficulté, à l'inspecteur général tous les éclaircissements qu'il jugera convenable et à propos de lui demander sur sa gestion.

13. 1° Tous les ordres donnés par le comité seront exécutés sur-le-champ, sans que, sous aucun prétexte, les sujets ou préposés de l'académie royale de musique puissent se dispenser d'y obéir, sous peine d'une amende de 24 liv., pour la première fois, laquelle sera retenue par le caissier de l'académie, sur l'ordre par écrit du comité; de plus forte somme en cas de récidive, et de renvoi absolu, s'ils multiplioient ces actes de désobéissance, dont le comité sera tenu de rendre compte à la personne qui sera chargée de représenter le secrétaire d'état, conformément à l'art. 4 de l'arrêt du conseil du 30 mars 1776; sauf à ceux qui se trouveroient lésés par ces ordres, auxquels rien ne peut jamais les dispenser d'obéir, de faire leurs représentations par écrit.

2° Si aucun des employés ou préposés de l'académie étoit reconnu inutile, et s'il manquoit aux devoirs de son emploi, par mauvaise conduite ou autrement, le comité seroit tenu d'en rendre compte par un mémoire circonstancié, pour que, d'après les ordres du secrétaire d'état, le comité puisse le congédier; voulant S. M. que, dans ce cas, les brevets, commissions et pensions qui auroient pu lui avoir été donnés, demeurent annulés et révoqués, en vertu du présent arrêt, sans qu'il soit besoin d'une révocation spéciale.

3° Tous les sujets seront tenus d'être arrivés avant cinq heures, les jours de spectacle et de répétition, sous peine d'une amende de 6 liv., selon l'art. 18 de l'arrêt du conseil du 27 février 1778.

4° Le nombre total des sujets sera divisé en deux classes. La première sera celle des sujets appointés, et la seconde celle des surnuméraires, qui ne pourront prétendre aux appointements qu'autant qu'il y aura des places vacantes, sans observer le rang d'ancienneté, mais d'après leurs talents et leurs services.

5° S'il arrive qu'aucun des acteurs, actrices, sujets des chœurs, de la danse, ou symphonistes, troublent, par quelques rumeurs, le bon ordre ou la tranquillité nécessaire au spectacle, il sera imposé à l'amende de 24 liv. pour la première fois, de 48 liv. pour la seconde, et il sera congédié, en cas de récidive, conformément aux réglements de 1713, 1714 et 1778.

6° Aucuns acteurs ou actrices, danseurs, danseuses, ne pourront être reçus à l'opéra, conformément à l'art. 18 du réglement de 1714, qu'après avoir fait preuve de leurs talents dans quelques représentations, et y avoir mérité les suffrages du public : de même, nul acteur ou actrice, ou sujets des chœurs, ne seront admis à l'opéra, qu'ils ne soient assez musiciens pour étudier seuls leurs rôles, ou les parties qui leur auront été confiées, à moins que ce ne soient des sujets de grande espérance ; alors l'académie se chargera de les faire instruire dans l'école à cet effet établie.

7° Les sujets de l'académie, chantants ou dansants, soit premiers remplacements ou doubles, seront tenus, conformément aux anciens réglements, et notamment à l'article 10 de l'arrêt du conseil du 27 février 1778, d'accepter les rôles ou les entrées qui leur seront distribués, sans pouvoir s'en dispenser sur aucun prétexte, sous peine de privation d'un mois de leurs appointements et autres émoluments, ou d'être congédiés en cas de récidive.

8° Veut S. M., conformément à l'article 17 de l'arrêt du 27 février 1778, que lorsqu'on distribuera les rôles aux premiers sujets, on les donne en même temps aux remplacements et aux doubles de chaque genre, et qu'il en soit de même pour la danse, afin qu'en cas d'accident les seconds sujets puissent remplacer les premiers, et les troisièmes remplacer les seconds ; et pour assurer le service, il sera fait une ou deux répétitions générales avec les sujets dits *remplacements* ou *doubles*.

9° Ordonne S. M. que, conformément aux réglements de 1714 et de 1776, et notamment à l'article 9 de l'arrêt du conseil du 27 février 1778, les chanteurs et danseurs, chanteuses et danseuses en premier, se trouvent aux répétitions aux heures indiquées, de même que les remplacements et les doubles, à peine de 12 liv. d'amende pour la première fois, de privation d'un mois d'appointements pour la seconde, et d'être congédiés pour la troisième, à moins que ce ne soit pour cause de maladie bien constatée, dont chacun dans son genre aura soin de prévenir son chef, qui en rendra compte au comité.

10° Tout sujet chargé de rôle qui manquera une représentation sans cause légitime, et dont le comité s'assurera, après en avoir été prévenu par écrit, sera imposé à une amende de 300 liv., S. M. ne voulant pas que, dans aucun cas, le spectacle puisse manquer par l'absence d'un sujet sur lequel on avoit compté.

11° Les premiers sujets ne pourront quitter les rôles qui leur auront été distribués par le comité d'accord avec les auteurs; de même les premiers danseurs ne pourront quitter leurs entrées que dans le cas de maladie bien avérée. Nul ne pourra se faire doubler sans une permission expresse du comité. S. M. voulant cependant qu'on emploie tous les moyens pour former des sujets utiles et agréables au public, et rien ne pouvant y contribuer davantage que d'exercer les sujets tant du chant que de la danse destinés à remplacer un jour les premiers sujets, elle ordonne que chacun des sujets chargés en premier des rôles ou entrées, ne puissent les quitter qu'après la dixième représentation; alors les remplacements ou doubles seront employés suivant la distribution qui en sera faite par le comité, en observant de ne pas livrer l'ouvrage entièrement aux doubles, mais de faire jouer alternativement un premier sujet avec un remplacement, et de donner alternativement du repos aux premiers sujets par cette distribution, S. M. voulant cependant que les premiers sujets reprennent leurs rôles ou leurs entrées quand ils en seront requis par le comité pour le bien du service, ou si ceux qui les auront remplacés tomboient malades, sous peine, en cas de refus, d'une amende de 100 liv. pour la première fois, de 300 liv. pour la seconde, et de privation d'un mois d'appointements, gratifications et autres émoluments pour la troisième fois, et même de plus grande peine si le cas le requiert.

12° Tout premier sujet du chant ou de la danse qui refusera de chanter ou de danser avec un remplacement ou un double, sera imposé aux amendes portées dans l'article précédent, la volonté expresse de S. M. étant qu'il y ait toujours au moins la moitié des premiers sujets pour soutenir le spectacle à la satisfaction du public et des auteurs.

13° Ceux qui manqueront leurs entrées, soit du chant, soit de la danse, ou qui ne seront pas prêts à l'heure indiquée pour commencer les répétitions ou représentations, paieront une amende de 12 liv. pour la première fois, une de 24 liv. pour la seconde, et ce, sur le rapport de l'inspecteur général, à qui il est enjoint d'y tenir sévèrement la main.

14° Conformément aux anciens réglements, et notamment à l'article 32 de 1714, S. M. veut et entend que les acteurs et actrices, danseurs et danseuses, chargés de rôles ou entrées en premier, non-seulement n'exigent point, sous quelque prétexte que ce soit, d'autres habits que ceux qui leur sont destinés pour les rôles ou entrées où ils sont employés, mais encore qu'aucun d'eux ne se mêle en aucune manière du genre de dessin, et de faire rien changer aux habits qui leur sont donnés, sous prétexte même d'en faire les frais, à peine de perdre un mois d'appointements, et de plus forte punition en cas de récidive, le tout conformément à l'article 14 du réglement de 1778.

15° Les sujets chargés en premier des rôles ou entrées, venant à les quitter pour raison de maladie ou autre cause légitime, leurs habits seront donnés à ceux qui les remplaceront, soit en second, soit en troisième, sans que pour cela les acteurs et actrices de la musique ou de la danse, venant à reprendre les rôles ou entrées qu'ils avoient en premier, puissent prétendre à d'autres habits que ceux qu'ils auront eus d'abord, à peine de 200 livres d'amende contre les contrevenants.

16° Ne pourront les sujets du chant et de la danse, et autres employés, conformément aux réglements de 1776 et de 1778, se retirer ni demander leur congé absolu qu'en le sollicitant une année d'avance, à peine de punition, et seront contraints de servir pendant ladite année.

17° Fait défense S. M., aux sujets susdits, de signifier leur congé par huissier, leur enjoint de déduire leurs motifs dans les mémoires qu'ils remettront à la personne chargée de représenter le secrétaire d'état, pour qu'il puisse les mettre sous ses yeux et avoir sa décision.

18° Nul acteur ou actrice, danseur ou danseuse, symphoniste ou autres, ne pourra, conformément au réglement de 1713, à celui de 1714 et aux suivants, obtenir la pension qu'après quinze ans de service non interrompu, et ne pourra même en jouir, quoique les quinze années soient révolues, si ses services sont encore jugés utiles à l'académie; et alors, dans le cas où un sujet continueroit ses services d'une manière satisfaisante pour le public, pendant cinq années, entend S. M., conformément à l'article 4 de l'arrêt du conseil du 3 janvier de la présente année, que la pension des premiers sujets augmente de 500 liv. au bout de cinq années, de 500 autres liv. après vingt-cinq années de service non interrompu, ainsi des autres sujets du chant et de la danse, dans la proportion de leurs appointements. Si cependant il arrive que quelqu'un vienne à être estropié ou blessé grièvement au service de l'opéra, il sera sur-le-champ admis à la pension, et dispensé d'attendre l'expiration des quinze ans. Veut d'ailleurs S. M. que, suivant l'ancien usage, la première pension ne soit jamais, avant vingt ans expirés, que de la moitié des appointements au moment où un sujet se retirera. Seront lesdites pensions payées par quartier, de trois en trois mois.

19° Si quelque sujet avoit obtenu sa pension pour cause de maladie, il ne pourroit cependant la conserver s'il étoit prouvé que sa santé lui permit de reprendre le service; mais elle lui seroit rendue à sa retraite après avoir rempli le temps nécessaire fixé pour les pensions.

20° Les sujets qui, étant encore en état de servir, quitteront par humeur, ou sous des prétextes frivoles, et ceux à qui une mauvaise conduite et des faits graves obligeront l'administration de donner congé, seront exclus de la pension de retraite, et perdront tous les avantages qui leur auront été accordés par l'arrêt du conseil du 3 janvier de la présente année, conformément aux articles 4 et 10 dudit arrêt. Ils perdront en outre toutes les pensions qu'ils auront pu obtenir de S. M. sur quelque partie qu'elles puissent être assignées, et seront au même instant rayés des états de la musique et de la danse établies pour le service de S. M., conformément à l'article 26 de l'arrêt du conseil du 30 mars 1776, et à l'article 23 de celui du 27 février 1778; S. M., en accordant des graces aux talents, ayant en vue principalement d'exciter leur émulation pour le service public.

21° Tout sujet qui, volontairement et sans cause légitime, auroit quitté l'académie, ou qui, pour des faits graves, se seroit mis dans le cas d'être renvoyé, ne pourra jamais y rentrer, sous quelque prétexte que ce puisse être.

22° S. M. renouvelle les très-expresses inhibitions et défenses déjà faites par les arrêts de son conseil du 30 mars 1776 et du 27 février 1778, aux comédiens français et italiens, à tous directeurs de comédies ou spectacles dans les provinces, de recevoir aucun sujet sortant de l'académie royale de musique, s'il ne présente un congé en forme signé de l'administration, à peine de 6,000 liv. de dommages et intérêts pour l'académie royale de musique.

14. 1° L'encouragement des auteurs étant un des moyens qui peut le plus contribuer à la perfection et à la variété du spectacle, S. M., par l'article 2 de son arrêt du 3 janvier dernier, dans la vue d'engager les écrivains d'un talent distingué à se livrer à la composition des poëmes lyriques, a jugé à propos d'établir trois prix. Le premier, d'une médaille de la valeur de 1,500 liv. pour la tragédie lyrique qui sera reconnue la meilleure, au jugement des gens de lettres invités au nom de S. M. à en faire l'examen. Le deuxième, d'une médaille de la valeur de 500 liv. pour la tragédie lyrique qui obtiendra le second rang. Le troisième, d'une médaille de la valeur de 600 liv. pour le meilleur opéra-ballet, pastorale ou comédie lyrique.

2° A l'égard des auteurs lyriques qui ne jugeront pas à propos de concourir, leurs ouvrages, conformément à l'art. 13 du réglement du 19 novembre 1714, et à l'article 39 de l'arrêt du conseil du 27 février 1778, ne seront reçus ni représentés qu'ils n'aient été préalablement remis au comité, qui, après en avoir pris lecture, les enverra, avec son avis par écrit, au secrétaire d'état pour, après le nouvel examen qu'il jugera à propos d'en faire faire, donner sa décision.

3° Le poëme ayant été approuvé, sera admis par un arrêté du comité et visé par l'inspecteur; l'auteur nommera le compositeur dont il aura fait choix, sinon il y sera pourvu par l'administration, de concert avec lui.

4° Lorsqu'un poëme aura été reçu, le poëte jouira de ses entrées, ainsi qu'il sera réglé ci-après. Le musicien en jouira également lorsque son ouvrage reçu aura été répété en entier.

5° Lorsque la musique sera achevée, le compositeur sera tenu, conformément à l'article 15 du réglement de 1714, et à l'article 43 de l'arrêt du conseil de 1778, de le faire entendre et de l'exposer entièrement fini, avec les airs de danse et de ballet, au jugement de l'administration et des connoisseurs invités à cet effet, et les auteurs pourront exiger une répétition sur le théâtre de l'opéra, ce qui sera exécuté six mois avant que la pièce puisse être représentée, afin que, dans le cas où l'ouvrage seroit reçu, tant pour le poëme que pour la musique, on ait le temps de préparer tout ce qu'il faudra pour qu'il puisse être mis au théâtre de la manière la plus satisfaisante pour les auteurs et pour le public.

6° Les auteurs seront tenus de fournir les partitions de musique en entier, ainsi que les rôles copiés, les parties des chœurs et d'orchestre, et ils seront maîtres de distribuer leurs rôles à leur volonté, sans que les sujets auxquels ils les auront destinés puissent refuser ceux de leur genre, sur quelque prétexte que ce puisse être, sous les peines portées à l'article 13 du présent réglement. Si l'ouvrage répété est reçu par l'administration pour être exécuté, on remboursera aux auteurs les frais de copie, suivant le prix fixé par l'académie.

7° Chacun des auteurs, soit du poëme, soit de la musique d'un ouvrage qui remplira la durée du spectacle, continuera de recevoir, conformément à l'article 19 de l'arrêt du 30 mars 1776, pour chacune des vingt premières représentations, 200 liv.; pour chacune des dix suivantes, 150 liv., et 100 liv. pour chacune des autres, jusques et comprise la quarantième. Veut en outre S. M. que, dans le cas où le nombre des représentations d'un grand ouvrage excéderoit, sans interruption et non autrement, celui de quarante, il soit payé à chacun des auteurs, une gratification de 500 liv. A l'égard des ouvrages en un acte, les honoraires seront fixés à 80 liv. pour chacune des vingt premières représentations; à 60 liv. pour chacune des dix suivantes, et à 50 liv. pour chacune des autres qui se feront aussi sans interruption.

8° Un ouvrage composé de trois actes séparés, ne sera compté que pour un ouvrage entier, conformément à l'art. 26 de l'arrêt du conseil d'état du 27 février 1778; mais si un ouvrage étoit composé de deux actes nouveaux et d'un troisième ancien, les deux nouveaux seront payés séparément.

9° S. M. confirme de nouveau sa décision du 16 avril 1781, par laquelle elle a accordé aux auteurs, pour les grands ouvrages nouveaux qu'ils donneront, à commencer du 1er mai 1781, sans que cela puisse avoir un effet rétroactif pour ceux joués avant ladite décision, une rétribution de 60 liv., toute leur vie durant, à toutes les représentations qui en seront données, passé le nombre fixé par l'article 7 du présent, et 20 liv. de même pour ceux en un acte.

10° Entend S. M., que l'administration ait la faculté de faire discontinuer les représentations de tout ouvrage dont le succès s'affoibliroit, et enfin toutes les fois qu'elle le jugeroit à propos pour le plus grand bien de l'académie et la satisfaction du public; et en cas de discussion, le comité en rendra compte par écrit à la personne qui représentera le secrétaire d'état, pour qu'elle puisse l'en instruire.

11° L'édition du poème appartiendra à l'auteur, pour la première mise au théâtre seulement, conformément à l'art. 19 de l'arrêt du 30 mars 1776 ; à la charge par lui d'en fournir *gratis* cinq cents exemplaires en feuilles à l'administration, pour les distributions ordinaires, et de se servir de l'imprimeur de l'académie, ainsi que des distributeurs ordinaires. L'auteur aura la liberté de fixer le nombre d'exemplaires qu'il voudra faire tirer, de faire remettre lui-même à l'académie les cinq cents exemplaires qui lui reviennent, et de mettre, s'il le juge à propos, un timbre ou une signature sur chaque exemplaire.

12° S. M. désirant donner de plus en plus aux gens de lettres et aux compositeurs de musique, des marques de la protection qu'elle leur accordera dans tous les temps, confirme l'art. 20 de l'arrêt du 30 mars 1776, et l'art. 38 de celui du 27 février 1778, par lesquels elle a accordé aux auteurs des poèmes et de la musique, qui auront donné trois grands ouvrages, dont le succès aura été assez décidé pour les faire rester au théâtre, l'avantage de jouir leur vie durant, d'une pension de 1,000 liv. qui augmentera de 500 liv. pour chacun des deux ouvrages suivants, et de 1,000 liv. pour le sixième.

13° Veut en outre S. M., que trois actes séparés, qui auront eu un succès décidé, soient comptés pour un grand ouvrage, relativement à la pension à obtenir après trois grands ouvrages, dont le succès aura été assez décidé pour les faire rester au théâtre ; n'entendant néanmoins que cette disposition puisse avoir lieu pour les auteurs, soit des poèmes, soit de la musique, qui n'auroient donné que neuf actes séparés, et S. M. réservant cette grace pour ceux qui auront donné des ouvrages qui puissent remplir la durée d'un spectacle.

14° Les auteurs des pièces données jouiront de leurs entrées, ainsi qu'il en a été usé par le passé. A l'égard des auteurs des pièces à donner, ils jouiront de leurs entrées au parterre et à l'amphithéâtre de l'opéra : savoir ; pour un spectacle entier pendant trois ans ; pour quatre actes, pendant cinq ans ; et pour un spectacle entier et deux actes, pendant leur vie. Ils ne pourront faire présenter leurs ouvrages par d'autres que par eux, ni avoir plus d'une entrée pendant leur vie. Veut S. M., qu'un auteur convaincu d'avoir fait passer son ouvrage sous le nom d'un autre, pour lui procurer une entrée, soit sur-le-champ privé de la sienne pour toujours, conformément à l'art. 44 de l'arrêt du 27 février 1778; comme aussi que les auteurs qui auront donné trois ouvrages entiers, avec assez de succès pour qu'ils demeurent au théâtre, jouissent de leurs entrées, non-seulement au parterre et à l'amphithéâtre, mais encore aux loges, balcons et autres endroits de la salle où l'on paie en entrant. Les auteurs dont on jouera actuellement les pièces, et non les autres, pourront entrer aux foyers des acteurs et sur le théâtre, pour veiller à l'exécution de leur ouvrage.

15. Le nombre des loges de l'opéra, destinées pour l'habillement des sujets, pouvant n'être pas assez considérable dans certains cas, l'intention de S. M. est que, conformément aux art. 8 et 37 des arrêts du conseil du 30 mars 1776 et du 27 février 1778, ceux à qui il en a été et sera accordé de particulières, soient tenus, lorsqu'ils n'auront pas de rôles dans l'ouvrage que l'on donnera, d'en laisser l'usage aux sujets qui seront désignés par le comité.

16. S. M. étant instruite de la difficulté avec laquelle se fait le recouvrement du loyer des loges à l'année, et du retard que plusieurs locataires apportent dans le paiement, veut, qu'à l'avenir, le comité ait soin, conformément à l'article 9 de l'ordonnance du 29 mars 1776, de faire exprimer dans tous les baux; que le premier quartier sera payé d'avance, en passant le bail, et ainsi de suite dans les huit premiers jours du quartier suivant; faute de quoi le bail demeurera résilié de plein droit, sans qu'il soit besoin d'observer aucune formalité de justice, et sans préjudice néanmoins de l'action qui en pourra résulter contre les locataires pour les loyers échus.

17. Le tumulte qui règne depuis quelques mois aux répétitions, par l'affluence du monde qu'on y admet, étant un très-grand obstacle à la parfaite exécution des ouvrages, attendu qu'elle détourne les sujets de l'attention qu'ils doivent y apporter, et qu'elle empêche les auteurs ou autres de donner librement leurs avis, S. M., conformément à l'art. 12 de l'ordonnance de 1776, interdit au public l'entrée des répétitions, laissant néanmoins au comité la permission d'y admettre quatre-vingts personnes au plus, choisies parmi les artistes et les vrais connoisseurs qui peuvent donner des avis utiles. Sur le nombre de quatre-vingts, les auteurs auront le droit de faire entrer chacun vingt personnes au plus avec des billets signés du comité.

18. 1° Pour prévenir les abus trop multipliés des billets gratis, le nombre en sera arrêté par un ordre particulier de sa-

crétaire d'état, pour chaque représentation des ouvrages nouveaux et des ouvrages remis. Le nombre des billets sera fixé pour les auteurs. Chaque membre du comité aura deux billets, et le reste sera distribué, conformément à ce qui aura été décidé par le ministre; mais excepté les billets d'auteurs, il n'en sera donné dans aucun cas avant la cinquième représentation des ouvrages nouveaux ou remis au théâtre.

2° Les billets seront signés par les deux semainiers, visés par l'inspecteur, et chaque jour de représentation, les receveurs seront informés du nombre et de la nature des billets distribués, lesquels doivent porter la date des jours pour lesquels ils sont destinés. Les receveurs remettront chaque jour de spectacle, les billets *gratis* qui leur seront rentrés. Ils seront vérifiés par les personnes qui assistent au compte, et leur nombre sera porté au bas de la feuille envoyée ledit jour au secrétaire d'état et à la personne qui le représentera.

3° Les billets *gratis* ne seront que pour le parterre, le paradis et l'amphithéâtre. Entend d'ailleurs S. M. que toutes personnes, de quelque qualité et condition qu'elles soient, même les officiers de sa maison, gardes, gendarmes, chevau-légers, pages et autres, ne puissent entrer sans payer, à l'exception néanmoins de ceux dont, suivant l'usage, l'état sera arrêté tous les ans par le secrétaire d'état : le tout conformément à l'article 46 de l'arrêt du conseil du 27 février 1778.

4° Le comité, conjointement avec l'inspecteur général et le secrétaire, aura soin de surveiller les postes, afin de prévenir tous les abus, soit pour l'entrée au spectacle, soit pour l'entrée dans les loges; et il aura soin que les receveurs, contrôleurs et préposés soient à leurs postes et ne les quittent jamais, sous quelque prétexte que ce soit.

5° Les billets de parterre, balcons et amphithéâtre, ceux des loges qui n'auront point été louées d'avance, et autres, ne pourront jamais, conformément à l'article 16 de l'ordonnance de 1776, être distribués, sous quelque prétexte et pour quelque considération que ce puisse être, qu'au bureau dont l'ouverture ne pourra se faire en aucun cas avant trois heures après midi.

19. Enjoint S. M. au comité et à l'inspecteur général qui sera nommé par le secrétaire d'état au département de Paris, de tenir la main à la pleine et entière exécution du présent arrêt et aux dispositions des anciens réglements, auxquelles il n'est point dérogé par le présent. Comme aussi ordonne S. M. à tous les sujets, préposés et employés de l'académie royale

de musique de s'y conformer de point en point, sous les peines y portées, se réservant et à son conseil la connoissance des contestations et difficultés qui pourroient y survenir, et icelle interdisant à toutes ses cours et autres juges.

N° 1896. — Ordonnance *portant suppression des ingénieurs des colonies, et attribution de leurs fonctions aux officiers des corps du génie.*

Versailles, 14 mars 1784. (R. S. C.)

N° 1897. — Arrêt *du conseil suivi de lettres patentes, qui fait défenses à tous ouvriers de retenir ou de vendre les déchets des manufactures de laines, soie ou coton, et de les exporter à l'étranger; et portant attribution aux intendants de la connoissance des contraventions y relatives.*

Versailles, 14 mars 1784. (R. S C. Guyot, v° manufactures.)

Le roi étant informé que, dans la plupart des fabriques du royaume, les ouvriers qui y sont employés font journellement des soustractions des pennes, bouts, corons et déchets des matières qui leur sont confiées; que ces infidélités deviennent de plus en plus fréquentes, par la facilité qu'ont ces ouvriers de vendre lesdits pennes, bouts, corons et déchets, soit à des courtiers, soit à des revendeuses à la toilette ou autres qui les recèlent et trouvent le moyen de les faire passer à l'étranger, et portent un préjudice très-considérable aux différents fabricants, qui sont ainsi privés d'une partie de leurs matières qu'on pourroit employer à des étoffes grossières : et S. M. considérant que le bien des manufactures, le bon ordre et le maintien de la police parmi les ouvriers, exigent de sa sagesse qu'elle prenne les mesures les plus promptes et en même temps les moins onéreuses, pour arrêter et prévenir de pareils abus. A quoi voulant pourvoir : ouï le rapport, fait très-expresses inhibitions et défenses à tous ouvriers et ouvrières travaillant, soit dans les fabriques, soit chez eux pour le compte des fabricants, de retenir ou de vendre les pennes, bouts, corons et déchets de manufactures en soie, laine, fil, coton et autres, non plus qu'aucunes matières filées et fabriquées; leur enjoint d'en rendre un bon et fidèle compte à ceux qui leur auront confié lesdites matières; à l'effet de quoi, ordonne S. M. que, tant par les fabricants que par les ouvriers et ouvrières, il sera tenu un carnet ou registre, contenant la quantité des matières confiées auxdits ouvriers, ainsi que le prix du salaire qui leur aura été promis. Fait pareillement défenses à tous courtiers, revendeuses à la toilette, et à toutes personnes, même aux fabricants, d'acheter desdits ouvriers et ouvrières lesdits pennes, bouts, corons, déchets, matières filées et fabriquées; comme aussi à toutes personnes de quelque qualité et condition qu'elles soient, et sous quelque prétexte que ce puisse être, d'exporter à l'étranger les déchets des manufactures, de quelque espèce qu'ils soient; le tout, à peine de confiscation d'iceux, et d'une amende qui sera fixée suivant l'exigence des cas, eu égard au plus ou moins de matières soustraites ou exportées à l'étranger, au paiement de laquelle les contrevenants seront condamnés par toutes voies, même par corps. Et pour l'exécution de tout ce qui est prescrit ci-dessus, S. M. a commis et commet, pendant cinq années consécutives seulement, les sieurs intendants et commissaires départis dans les différentes généralités pour juger lesdites contraventions, sur un procès-verbal qui sera dressé par les jurés-gardes des manufactures, après avoir pris les éclaircissements nécessaires pour constater lesdites contraventions, et même avoir interrogé ceux qui les auront commises, s'ils le jugent nécessaire : pourront en conséquence lesdits juges-gardes, sur les dénonciations qui leur auront été faites de la soustraction et enlèvement des pennes, bouts, corons et déchets desdites matières, se transporter dans le domicile, tant des ouvriers qui seront prévenus les avoir soustraits, que de ceux qui seront soupçonnés les avoir achetés, en se faisant accompagner d'un ou de plusieurs huissiers; attribuant S. M. auxdits sieurs intendants, à l'effet de tout ce que dessus, toute cour, juridiction et connoissance, et icelles interdisant à ses cours et autres juges; sauf dans le cas où lesdits sieurs intendants estimeroient que lesdites soustractions et autres contraventions au présent arrêt seroient de nature à être poursuivies par la voie extraordinaire, à en renvoyer la connoissance aux juges ordinaires, ou à ceux auxquels S. M. l'auroit précédemment attribuée, de l'autorité desquels le procès sera fait aux accusés, à la requête de ses procureurs : et en ce qui concerne la vente desdits pennes, bouts, corons et déchets, dans l'intérieur du royaume, ordonne S. M. qu'elle sera réglée par lesdits sieurs intendants, eu égard aux localités et au plus grand avantage des fabriques. Et sera le présent arrêt imprimé, etc.

N° 1898. — ARRÊT *du conseil portant réglement pour l'exploitation des mines de charbon de terre du Boulonois.*

Versailles, 14 mars 1784. (R. S. C.)

N° 1899. — ARRÊT *du conseil qui règle la distribution des secours et soulagements que S. M. accorde à ses peuples.*

Versailles, 14 mars 1784. (R. S. C.)

Le roi s'étant fait rendre compte dans le plus grand détail des maux que la durée excessive du froid, l'abondance des neiges et le débordement des rivières ont occasionés dans son royaume, a vu avec douleur que plusieurs villages ont été submergés, qu'un grand nombre de maisons et de ponts ont été emportés par les eaux, que les routes publiques sont dégradées en plus d'une province, que partout la classe de ses sujets la plus indigente, et conséquemment la plus intéressante pour son cœur, a beaucoup souffert, et que malgré les secours distribués de toutes parts, la misère est grande dans les campagnes. Cette calamité étant survenue dans les circonstances les plus défavorables, et lorsque l'acquittement des dettes de la guerre absorbe toutes les ressources extraordinaires, S. M. a reconnu que si les soulagements qu'elle a résolu d'ajouter à ceux qu'elle a déjà accordés étoient pris sur la masse de ses revenus, ils apporteroient quelque dérangement aux dispositions qu'elle a ordonnées pour ses finances, et aux mesures qu'elle veut maintenir avec une exactitude inviolable pour l'acquittement de ses engagements : en conséquence, c'est en sacrifiant toutes dépenses d'agrément, c'est en différant dans chaque département toutes celles qui peuvent se remettre, c'est en suspendant des constructions qui devoient se faire sur les fonds de ses bâtiments, c'est en se privant pendant quelque temps du plaisir d'accorder des graces, c'est enfin par une retenue momentanée sur les plus fortes pensions et sur les taxations ou attributions des principales places de finance, qu'elle a rassemblé les sommes nécessaires, pour répandre dès à présent sur les peuples, les nouveaux secours provisoires dont le besoin est pressant, et pour réparer promptement les dégâts qui ont interrompu les communications. Procurer ces soulagements et régler l'ordre de leur distribution, est pour S. M. une jouissance digne des sentiments qu'elle ne cesse de montrer à ses peuples. A quoi voulant pourvoir : ouï le rapport du sieur de Calonne, conseiller ordinaire au conseil royal, contrôleur général des finances; le roi étant en son conseil, a ordonné et ordonne : qu'indépendamment des trois millions que S. M. a déjà accordés en moins imposé et en travaux de charité, pour la présente année, trois autres millions seront donnés et employés en distributions de secours dans les campagnes, lesquels seront répartis entre ceux de ses sujets qui ont le plus souffert, et consisteront principalement en denrées de première nécessité, remplacements de bestiaux ou effets nécessaires à la culture, et contribution au rétablissement d'habitations : ordonne qu'il sera en outre ajouté un million au fonds ordinaire des ponts et chaussées, pour servir aux réparations des grandes routes, et aux reconstructions des ponts détruits; seront lesdits quatre millions remplacés au trésor royal, tant par l'effet des retranchements que S. M. a ordonnés sur les dépenses extraordinaires de sa maison, par les réductions qu'elle a faites sur les fonds de ses bâtiments, et par les économies qui lui ont été proposées dans le département de la guerre, que par le produit de l'extinction des pensions de grace, desquelles il ne sera fait aucun don dans aucun département, pendant l'espace d'une année, et aussi par la retenue d'un vingtième, payable une fois seulement, sur les pensions au-dessus 10,000 liv., et sur les taxations, traitements ou attributions des places de finance, dont les bénéfices excèdent pareille somme : veut S. M. que les différentes provinces de son royaume participent auxdits secours, en proportion des pertes qu'elles ont éprouvées, suivant un état de distribution qui sera arrêté au conseil de S. M., sur les mémoires et demandes qui seront incessamment envoyés par les intendants et commissaires départis, lesquels rendront compte de l'emploi des sommes qui auront été assignées pour leur généralité, par un état distinct et particulier, qui sera mis sous les yeux du roi, dans le cours de la présente année; se réservant S. M. d'accorder sur les tailles et impositions telle remise et modération que l'état des personnes et les accidents locaux feront juger nécessaires.

N° 1900. — ARRÊT *de la cour des aides qui ordonne que les tarifs du prix du sel seront affichés dans tous les lieux où il y a greniers à sel; dans les places publiques des paroisses où il y a regrat de sel, et à la porte de chaque regratier* (1).

Paris, 17 mars 1784. (R. S.)

---

(1) V. décl. du 28 décembre 1709.

N° 1901. — ARRÊT *du conseil portant exemption des deux vingtièmes pendant vingt années en faveur des maisons qui seront construites de fond en comble dans l'espace de cinq ans, et prorogation pour cinq ans de l'exemption des droits d'entrées accordée par l'ordonnance de l'intendant du 27 juin 1775, aux matériaux servant à la construction des maisons dans l'île de Corse.*

Versailles, 28 mars 1784. (Code Corse, tom. 5, pag. 272.)

N° 1902. — ÉDIT *concernant l'ordre de l'imposition des recouvrements de la recette, et de la comptabilité des pays d'état et abonnés de l'intendance de Pau et de Bayonne.*

Versailles, mars 1784. Reg. en parlement et chambre des comptes de Navarre, le 29. (R. S.)

N° 1903. — ÉDIT *portant création de deux offices de receveurs-généraux des finances de la ville de Paris, et un nouveau régime pour les six receveurs-particuliers des impositions de ladite ville* (1).

Versailles, mars 1784. Reg. en la chambre des comptes le 2 avril. (R. S.)

N° 1904. — ÉDIT *portant défenses aux étrangers de quêter dans le royaume* (2).

Versailles, mars 1784. Reg. au parlement le 30 avril. (R. S. C.)

Louis, etc. Depuis que nous sommes occupé d'extirper la mendicité dans notre royaume, ce qui exige des moyens difficiles et lents, nous avons observé qu'elle étoit et qu'elle est fréquemment exercée par des étrangers qui mendient pour eux-mêmes, ou qui font des quêtes sous prétexte d'œuvres-pies; que cette espèce de mendicité, souvent plus importune et plus audacieuse que celle des mendiants nos sujets, a le vice particulier de dérober les secours de charité qui sont dus par préférence de la part de leurs compatriotes à nos sujets indigents; le remède à cet abus pouvant être prompt, nous pensons devoir l'employer dès à présent, sans attendre l'exécution des

---

(1) V. 13 novembre 1785, édit de février 1786, de mars 1788.
(2) V. sur la mendicité, décl. 18 juillet 1724, 20 octobre 1750; a. d. p. de Flandre 3 mars 1768; décl. 3 août 1764, 16 août 1770; a. d. c. 10 septemb. 1771, 20 décembre *id.*; ord. 27 juillet 1777, janvier 1784; tit. 2, loi du 22 juillet 1791, loi 24 vendémiaire an II, art. 11, loi 7 frimaire an V; décret 5 juillet 1808; art. 274 et suiv. C. P.

mesures dont nous nous occupons pour détruire dans nos états toute espèce de mendicité. A ces causes, etc.

1. Défendons toutes quêtes dans notre royaume par des étrangers, s'ils n'y sont expressément autorisés par une permission signée de nous, et contresignée par un de nos secrétaires d'état.

2. Ordonnons à tous mendiants et quêteurs étrangers, si aucuns y a dans notre royaume, d'en sortir dans deux mois du jour de la publication de notre présent édit, sous peine d'être poursuivis extraordinairement.

3. Exceptons néanmoins les religieux mendiants étrangers qui résideroient en vertu d'une obédience de leurs supérieurs dans aucune des maisons de leur ordre établies dans notre royaume, sans qu'ils puissent faire d'autres quêtes que celles ordinaires et accoutumées pour la subsistance du couvent où ils résideront.

4. Défendons à tous gouverneurs et commandants des provinces et villes frontières, officiers de justice et municipaux, d'accorder, ou viser aucun passe-port qui auroit pour objet lesdites quêtes, ou de donner à des étrangers aucune permission de quêter, sous quelque prétexte et pour quelque cause que ce soit.

5. Voulons que tous ceux qui seront arrêtés en contravention au présent édit soient conduits en prison, et leur procès fait et parfait, soit comme vagabonds et perturbateurs du repos public, par le prévôt de nos maréchaux, soit par les juges qui en doivent connoître, suivant la qualité des personnes et l'exigence des cas.

6. Seront jugés et punis comme vagabonds et perturbateurs du repos public et comme faussaires, par le prévôt de nos maréchaux, tous mendiants et quêteurs étrangers, munis de faux passe-ports, de fausses permissions ou de faux certificats, et qui seront travestis. Si donnons en mandement, etc.

N° 1905. — ARRÊT *du parlement portant que dans toutes les villes où il y a des collèges, aucuns particuliers autres que les maîtres ès-arts et les maîtres de pension, ne pourront enseigner, si ce n'est dans les maisons particulières, sous la surveillance des parents, à moins que l'enseignement ne soit purement gratuit* (1).

Paris, 2 avril 1784. (R. S. C.)

---

(1) V. a. d. p. 6 août 1779, tom. 4 du règne, pag. 137.

23 AVRIL 1784.

N° 1906. — ARRÊT *du conseil, suivi de lettres patentes qui ordonnent une fabrication de 50,000 marcs d'espèces de cuivre en la Monnoie de Lyon, par continuation de celle ordonnée par l'arrêt du 27 février 1779* (1).

Versailles, 7 avril 1784. Reg. en la cour des monnoies le 5 mai. (R. S.)

N° 1907. — ARRÊT *du conseil qui rappelle la défense faite par l'ordonnance de 1669 aux officiers des maîtrises des eaux et forêts, d'accorder aucune prorogation de délai de vuidange des bois.*

Versailles, 10 avril 1784. (Baudrillart, tom. 1, pag. 463.)

N° 1908. — ARRÊT *du conseil qui ordonne l'établissement d'un canal depuis les étangs de Baye jusqu'à Châtillon en Bazois sur la rivière d'Aaron, et l'ouverture d'un ruisseau de flottage pour amener le bois à Paris, et qui règle le mode des indemnités à accorder aux propriétaires riverains.*

Versailles, 10 avril 1784. (Baudrillart, *ibid.*)

N° 1909. — LETTRE *du ministre portant défenses de transporter les nègres d'une colonie dans une autre* (2).

16 avril 1784. (Code de la Martinique, tom. 3, pag. 584.)

N° 1910. — ORDONNANCE *de police qui fait défenses de fabriquer et faire enlever des ballons et autres machines aérostatiques auxquels seroient adaptés des réchauds à l'esprit-de-vin, de l'artifice et autres matières dangereuses pour le feu, et ordonne que tous autres ballons aérostatiques ne pourront être enlevés sans en avoir préalablement obtenu la permission* (3).

Paris, 23 avril 1784. (R. S. Mars, 2—446.)

Sur ce qui nous a été remontré par le procureur du roi, qu'il s'est fait à Paris et dans les environs plusieurs expériences avec des machines aérostatiques, auxquelles on adapte des réchauds à l'esprit de vin, de l'artifice, et autres matières capables de mettre le feu; que ces aérostats, dont quelques-uns sont tombés dans les Tuileries, sur le quai des Théatins, et autres endroits, pourroient également tomber sur des chantiers, dans des greniers, et autres lieux remplis de matières

---
(1) Le même jour même fabrication ordonnée pour Strasbourg.
(2) V. 12 octobre 1739.
(3) V. § 5, art. 3, loi du 24 août 1790; App. C. P.

combustibles, où ils pourroient causer des incendies dont il seroit difficile d'arrêter les progrès; que pour prévenir les accidents, il importe d'arrêter la fabrication et l'usage de semblables machines, même de tous aérostats que voudroient entreprendre et enlever des personnes sans connoissance ni capacité; qu'il lui paroît encore important de faire précéder les expériences que voudroient faire des personnes savantes et éclairées, de permissions dont la réquisition nous mettroit à portée de prendre au préalable les précautions nécessaires. Pour quoi il requiert qu'il y soit par nous pourvu.

Nous, faisant droit sur le réquisitoire du procureur du roi, faisons très-expresses inhibitions et défenses à toutes personnes, de quelque qualité et condition qu'elles soient, de fabriquer et faire enlever des ballons et autres machines aérostatiques, auxquels seroient adaptés des réchauds à l'esprit de vin, de l'artifice, et autres matières dangereuses pour le feu. Ordonnons que ceux qui voudroient faire enlever d'autres ballons aérostatiques seront préalablement tenus d'en demander et obtenir la permission, laquelle ne pourra être accordée qu'à des personnes d'une expérience et d'une capacité bien reconnues, et contiendra le lieu, le jour et l'heure auxquels pourront être faites lesdites expériences; le tout à peine contre les contrevenants de 500 liv. d'amende.

N° 1911. — DÉCLARATION *servant de règlement pour le contrôle général des finances* (1).

Versailles, 26 avril 1784. Reg. en la chambre des comptes le 8 mai. (R. S.)

N° 1912. — ORDONNANCE *du bureau de la ville concernant la construction des trains de bois flottés* (2).

Paris, 27 avril 1784.

N° 1913. — ARRÊT *du conseil sur la pêche de la morue* (3).

Versailles, 30 avril 1784. (Arch. du min. de la marine.)

---

(1) V. décl. 6 mars 1716, décl. et lett. pat. 16 août 1722, 1er juin 1773, 29 juin 1777, et 30 mars 1783.
(2) V. arrêté du 7 floréal an IX.
(3) V. ord. de mars 1718, juin 1743, octobre 1765; a. d. c. 1 septembre 1785, 11 février 1787.
Ord. 15 avril 1815, 8 février 1816, 2 octobre 1818.

N° 1914. — **Lettres patentes** *en forme d'édit portant ratification du contrat d'échange passé le 11 mars 1784, entre le roi et M. le prince de Condé, par lequel ce prince cède à S. M. les droits de gabelles, tabac, aides, traites, contrôles et autres qui se perçoivent à son profit dans le Clermontois, et S. M. cède à M. le prince de Condé 600,000 liv. de rente perpétuelle, au principal de 12,000,000* (1).

Versailles, avril 1784. Reg. à la cour des aides le 17 mai. (R. S.)

N° 1915. — **Lettres patentes** *en forme d'édit concernant les fêtes qui seront chômées dans le diocèse de Toulouse* (2).

Versailles, avril 1784. Reg. au parlement de Toulouse, le 23 juin. (R. du parlement de Toulouse. Dupleix 1785.)

N° 1916. — **Arrêt** *du conseil qui interprète ceux précédemment rendus concernant le courtage du roulage et l'entrepôt des marchandises.*

Versailles, 5 mai 1784. (R. S.)

N° 1917. — **Arrêt** *du conseil qui prescrit les formalités à observer dans la province de Normandie pour les draps et autres étoffes de laine qu'on sera obligé de faire reteindre, ainsi que pour les draps qu'on voudra faire teindre en pièce dans des couleurs faites par des procédés acides.*

Versailles, 7 mai 1784. (R. S.)

N° 1918. — **Arrêt** *du conseil concernant les droits d'entrée et de sortie dans l'île de Corse.*

Versailles, 12 mai 1784. (Code Corse, tom. 5, pag. 493.)

N° 1919. — **Arrêt** *du conseil portant confirmation de la franchise* (3) *des ports de Dunkerque* (4) *et de Marseille* (5) *et attribution de franchise semblable à Lorient, Bayonne* (6), *et Saint-Jean-de-Luz.*

Versailles, 14 mai 1784. (R. S. C. Martens.)

---

(1) Lett. pat. décembre 1648.
(2) V. édit d'avril 1695, art. 28; décl. 16 décembre 1698; a. d. p. 13 janvier 1759.
(3) V. 26 juin, 3 octobre 1784, supprimée 27 mars, 20 avril 1790, 11 nivôse an III.
(4) Etablie en 1662, 1701.
(5) Etablie en 1669, 1703, 1709, et de nouveau rétablie 16 déc. 1814.
(6) Etablie en 1702.

N° 1920. — LETTRE *du ministre au sujet du dépôt des chartres des colonies à Versailles.*

14 mai 1784. (Code de la Martinique, tom. 3, pag. 587.)

N° 1921. — ARRÊT *du conseil qui prolonge jusqu'au 1ᵉʳ juillet 1792 l'effet des lettres patentes du 1ᵉʳ mai 1768 qui accordoient à l'île de Cayenne et à la Guiane française la liberté de commerce avec toutes les nations.*

Versailles, 15 mai 1784. Reg. au conseil de Cayenne, le 7 novembre (R. S. Coll. m. m. Code Cayenne, tom. 7, pag. 55.)

N° 1922. — ARRÊT *du conseil sur le privilège accordé à la manufacture royale de porcelaine, et réglement pour les autres* (1).

Versailles, 16 mai 1784. (R. S. C. Merlin, v° porcelaine.)

Le roi s'étant fait rendre compte de l'état actuel des différentes fabriques de porcelaine qui existent dans son royaume, et des titres en vertu desquels elles ont été établies, S. M. a reconnu que par différents arrêts de son conseil, et notamment par celui du 15 février 1766, la manufacure royale des porcelaines de France a été maintenue et confirmée dans le privilège exclusif de peindre en toute couleur, dorer et incruster en or, les ouvrages par elle fabriqués; comme aussi de faire des statues, figures ou ornements de ronde-bosse avec de la pâte de porcelaine en biscuit, sans couverte ou avec couverte; et que les autres manufactures ont été restreintes à la fabrication des porcelaines en bleu et blanc, à l'imitation de celles de la Chine, et en camayeu d'une seule couleur. Que cependant les restrictions portées par lesdits arrêts n'ont point été entièrement exécutées, quelques-unes de ces manufactures ayant obtenu des permissions particulières de décorer leurs ouvrages en or et en toute couleur; que même toutes celles qui se sont établies successivement, se sont prévalues de cette tolérance, jusqu'au point d'entreprendre et de débiter, concurremment avec la manufacture royale de France, toute espèce d'ouvrages, sans excepter ceux dont la fabrication exclusive lui avoit été constamment réservée; que par une suite de cet abus, plusieurs se sont efforcés de gagner et attirer ses ouvriers dans leurs ateliers; qu'il en est même qui se sont permis de contrefaire les marques de la fabrication; qu'enfin ces manu-

---

(1) V. ci-dessus n° 1576, pag. 108.

factures se sont tellement multipliées dans la ville de Paris, et aux environs, qu'il en résulte une consommation de bois préjudiciable à l'approvisionnement de la capitale; et que d'ailleurs la quantité de porcelaine qui se fabrique journellement excède le débit qui peut s'en faire; S. M. a considéré d'un côté que la manufacture royale des porcelaines de France est devenue un objet digne de sa protection particulière, non-seulement par la supériorité que la perfection de ses ouvrages lui ont acquise sur toutes les manufactures étrangères de même genre, mais aussi par sa liaison avec les arts de goût, et ses rapports à l'intérêt général du commerce; d'un autre côté, qu'il est de sa justice d'assurer au public, pour les porcelaines d'un usage habituel et journalier, les avantages que doit procurer la concurrence de plusieurs manufactures qui les fabriquent à différents prix; en prenant néanmoins les mesures convenables pour qu'il n'en résulte pas des abus et des inconvénients également nuisibles au public et aux entrepreneurs de ces établissements. A quoi voulant pourvoir : ouï le rapport du sieur de Calonne, conseiller ordinaire du conseil royal, contrôleur général des finances; le roi, étant en son conseil, a ordonné et ordonne ce qui suit :

1. La manufacture royale des porcelaines de France continuera de jouir du privilège de fabriquer toutes espèces de porcelaines en tous genres et de toutes formes, peintes ou non peintes, unies ou en relief, décorées de toutes couleurs et tous ornements quelconques; de les faire vendre et circuler dans tout le royaume, et de les exporter à l'étranger, ainsi qu'elle y a été autorisée par les précédents édits et arrêts de réglement.

2. Ladite manufacture continuera aussi d'avoir, conformément auxdits réglements, et pourra seule exercer à l'avenir le droit exclusif de faire et débiter des vases couverts et non couverts, d'incruster de l'or sur lesdits vases et sur toutes autres pièces de porcelaine, de peindre sur icelles des tableaux représentant des personnages ou des animaux; de fabriquer et vendre des statues, des bustes en ronde-bosse ou en médaillon et en bas-relief, des groupes d'hommes, d'animaux, ou d'autres sujets faits avec de la pâte de porcelaine en biscuit ou coloriés, et généralement tous ouvrages du grand genre destinés à servir d'ornements. Fait défenses S. M. aux entrepreneurs des autres manufactures de porcelaine du royaume de fabriquer les ouvrages et genre de porcelaine, énoncés au présent article, à peine de saisie, confiscation, et de 3,000 liv.

d'amende; leur permet néanmoins S. M. d'achever et compléter ceux desdits ouvrages qu'ils auroient commencés avant la date du présent arrêt, et de les vendre et débiter, ainsi que ceux qu'ils auroient actuellement en magasin ou en boutique, pendant l'espace d'une année seulement, à compter également de la date dudit arrêt, après lequel délai ils ne pourront les exposer en vente, aux peines ci-dessus prononcées.

3. Pourront lesdits entrepreneurs continuer de fabriquer tous les autres ouvrages du genre moyen destinés à l'usage de la table et au service ordinaire, tels que pots à oille, terrines, plats et assiettes, compotiers, sucriers, tasses, théières, jattes, pots, coquetiers, et autres ouvrages du même genre; d'y appliquer de l'or en bordure seulement, et de faire peindre sur iceux des fleurs nuancées de toutes couleurs; à la charge par eux de transporter leurs établissements, dans trois ans pour tout délai, à quinze lieues au moins de distance de la ville Paris et dans tout autre lieu que les villes capitales des provinces.

4. Permet néanmoins S. M. aux entrepreneurs des manufactures de Sceaux et de Chantilly, attendu l'ancienneté desdites manufactures, d'en continuer l'exploitation dans le même lieu où elles sont établies, en se conformant par eux au surplus des dispositions du présent arrêt.

5. Seront tenus les entrepreneurs de toutes lesdites manufactures de peindre ou graver sur les pièces de porcelaine qu'ils auront fabriquées ou fait fabriquer, les marques qu'ils auront adoptées, et d'en remettre l'empreinte aux sieurs intendants et commissaires départis des différentes généralités dans lesquelles elles seront établies. Fait défenses S. M. auxdits entrepreneurs de contrefaire la marque distinctive de la manufacture royale de France, consistant en une double lettre *L* entrelacée en forme de chiffre couronné, à peine d'être déchus de tout privilège, condamnés à 3,000 liv. d'amende, et même poursuivis extraordinairement; leur défend pareillement, sous les mêmes peines, de contrefaire respectivement les marques particulières qu'ils auroient choisies.

6. Ordonne S. M. que ses lettres patentes du 12 novembre 1781 seront exécutées, et en conséquence fait défenses aux entrepreneurs desdites manufactures, sous peine de 3,000 liv. d'amende, de recevoir dans leurs ateliers aucuns des ouvriers employés ou engagés dans la manufacture royale de France sans qu'ils leur aient représenté un billet de congé signé du directeur de ladite manufacture, et visé par le commissaire de S. M. pour icelle; fait pareillement défenses, et sous les mêmes peines,

à toutes lesdites manufactures de s'enlever mutuellement leurs ouvriers, et d'en recevoir aucun qu'il n'ait rapporté le congé du dernier maître chez lequel il aura travaillé.

7. Dans le cas où il surviendroit des contestations au sujet de l'exécution du présent arrêt, ordonne S. M. qu'elles seront portées, savoir : celles qui intéresseront ladite manufacture royale de France, par-devant le sieur lieutenant-général de police de la ville de Paris; et celles concernant les manufactures établies dans les différentes provinces du royaume, par-devant les sieurs intendants et commissaires départis en icelles; autorise S. M. ledit sieur lieutenant-général de police et lesdits sieurs intendants, chacun en droit soi, à statuer sur lesdites contestations sommairement et sans frais, sauf l'appel au conseil; leur attribuant à cet effet toute cour, juridiction et connoissance, qu'elle interdit à toutes ses autres cours et juges, leur attribuant même le pouvoir de commettre sur les demandes qui leur en seront faites, tant par les directeurs de la manufacture royale de France que par les entrepreneurs des autres manufactures respectivement, telles personnes qu'ils jugeront convenable pour faire dans les ateliers, entrepôts ou magasins les visites et vérifications qu'ils estimeront nécessaires, et dresser procès-verbal des contraventions qui pourroient avoir été commises contre les dispositions du présent arrêt, pour, lesdits procès-verbaux rapportés, être par eux statué, chacun en droit soi, et sauf l'appel au conseil, ainsi qu'il appartiendra.

8. Seront au surplus les édits, arrêts de réglement et ordonnances précédemment rendus pour les établissements, manutention et police, tant de ladite manufacture royale que des autres manufactures particulières de porcelaine, exécutés en tout ce qui n'est pas contraire aux dispositions du présent arrêt, sur lequel seront expédiées toutes lettres à ce nécessaires, et qui sera imprimé, affiché et publié partout où besoin sera.

N° 1923. — ARRÊT *du parlement qui homologue et ordonne l'exécution d'une ordonnance rendue par les officiers du bailliage de Langres, par laquelle il est fait défenses de sonner les cloches pendant les orages* (1).

Paris, 21 mai 1784. (R. S.)

---

(1) V. 29 juillet 1784.

N° 1924. — ORDONNANCE *de police concernant la sûreté et la tranquillité publique* (1).

Paris, 21 mai 1785. (R. S. Mars, 2—426.)

Sur ce qui nous a été remontré par le procureur du roi, qu'il résulte de plusieurs accidents récemment survenus, que des habitants de cette capitale ont, par oubli ou négligence, ou intérêt, contrevenu aux ordonnances et réglements de police concernant la sûreté et la tranquillité; que pour en maintenir l'effet et prévenir de nouveaux abus, il lui paroît nécessaire d'en remettre sous les yeux desdits habitants les principales dispositions: pourquoi il estime du devoir de son ministère de requérir qu'il y soit par nous pourvu.

Nous, faisant droit sur le réquisitoire du procureur du roi, ordonnons que les édits, déclarations du roi, arrêts, ordonnances et réglements de police, concernant la sûreté publique, seront exécutés selon leur forme et teneur.

1. Faisons défenses à toutes personnes, de quelque qualité et condition qu'elles soient, de fabriquer, vendre et débiter, porter et faire usage de pistolets de poche, soit à fusil, soit à rouets, baïonnettes, poignards, couteaux en forme de poignards, dagues, bâtons et cannes à dards, épées, baïonnettes et ferrements, autres que ceux qui seront ferrés par le bout, à peine de 300 liv. d'amende, comme aussi à peine contre les fourbisseurs, armuriers, couteliers et marchands qui les fabriqueroient et débiteroient, de confiscation desdites armes, 500 liv. d'amende, et d'interdiction de leurs maîtrises pendant un an pour la première fois, et de privation d'icelles en cas de récidive; et à l'égard des compagnons travaillant en chambre, à peine de prison, même de plus grande peine, s'il y échet (2).

2. Faisons pareillement défenses à tous ouvriers, artisans et autres personnes, si elles n'en ont le droit et qualité, de porter épées, cannes et bâtons ou autres armes, à peine d'être poursuivis extraordinairement, et punis suivant la rigueur des ordonnances (3).

3. Il est défendu à toutes personnes non admises dans l'état militaire de porter des habits uniformes ni aucuns vêtements

---

(1) V. ord. 8 novembre 1780, tom. 4 du règne, pag. 391.
(2) Art. 314 et 315 C. P.
(3) Ord. 14 juillet 1716.

chargés d'épaulettes, des cocardes à leurs chapeaux, de quelque couleur qu'elles soient, et des dragonnes à leurs épées, sous peine d'être emprisonnées sur-le-champ et punies suivant la rigueur des ordonnances. Ne pourront même les officiers des troupes du roi porter des cocardes à leurs chapeaux lorsqu'ils ne seront pas en uniforme, conformément à l'ordonnance de S. M. du 13 octobre 1782.

4. Défendons aux domestiques connus sous les dénominations de chasseurs, heiduques, aux nègres et à tous autres serviteurs et gens de livrée de porter, sous quelque prétexte que ce soit, aucunes armes, épées, couteaux de chasse, sabres, cannes, bâtons ou baguettes, à peine d'être emprisonnés sur-le-champ, poursuivis extraordinairement, et punis corporellement suivant la rigueur des ordonnances : il leur est pareillement défendu, sous peine de prison, de porter des épaulettes, et à toutes personnes, de quelque qualité et condition qu'elles soient, de faire porter lesdites armes et épaulettes à leurs domestiques, à peine d'être civilement responsables des délits qui seroient par eux commis (1).

5. Faisons défenses à tous particuliers, de quelque état et condition qu'ils soient, d'élever des chiens dans l'intérieur de Paris et des faubourgs. Enjoignons à ceux qui en ont chez eux de les tenir à l'attache ou autrement, dans l'intérieur de leurs maisons, sans qu'ils puissent les mener avec eux autrement qu'en laisse, les faire combattre avec d'autres chiens, leur faire précéder leurs voitures, les atteler et leur faire tirer aucunes chaises, charrettes et voitures dans les rues de cette ville et faubourgs, le tout à peine de 200 liv. d'amende pour chaque contravention, et de plus grande peine s'il y échet, dont les pères et mères seront civilement responsables pour leurs enfants, et les maîtres pour leurs domestiques, apprentis et compagnons. Pourront les chiens épars et abandonnés dans les rues, soit de jour, soit de nuit, être tués et portés à la voirie par ceux qui en auront commission de notre part. Défendons à toutes personnes de s'y opposer, à peine d'être poursuivies extraordinairement, si le cas le requiert.

6. Faisons pareillement défenses à tous charretiers, voituriers, garçons bouchers et autres qui conduisent des charrettes et tombereaux dans les rues de cette ville et faubourgs, chargés ou non chargés, de faire courir ou trotter les chevaux, et de

---

(1) Ord. 14 juillet 1716.

conduire lesdites voitures autrement qu'à pied et à la tête de leurs chevaux, à peine de 100 liv. d'amende et de confiscation de leurs chevaux et charrettes. Pourront même les contrevenants être arrêtés et constitués prisonniers, conformément aux ordonnances des 28 septembre 1726, 15 octobre 1734, et 20 septembre 1782.

7. Faisons défenses à tous traiteurs, restaurateurs, taverniers, limonadiers, vinaigriers, vendeurs de bière, d'eau-de-vie et de liqueurs en détail, d'avoir leurs boutiques ouvertes, ni de recevoir aucunes personnes chez eux et d'y donner à boire passé dix heures du soir depuis le 1er novembre jusqu'au 1er avril; et depuis le 1er avril jusqu'au 1er novembre après onze heures. Leur défendons pareillement de recevoir chez eux aucunes femmes de débauche, vagabonds, mendiants, gens sans aveu et filoux.

8. Seront tenus tous les habitants de cette ville et faubourgs, de quelque état et condition qu'ils soient, de fermer ou faire fermer les portes de leurs maisons à l'entrée de la nuit, le tout sous les peines d'amende et autres portées contre les contrevenants aux dispositions des ordonnances ci-dessus renouvelées.

N° 1925. — LETTRE *du ministre d'où il résulte que, d'après nos lois, les nègres ne peuvent être distraits de la terre qu'ils cultivent.*

21 mai 1784. (Code de la Martinique, tom. 3, pag. 588.)

N° 1926. — ARRÊT *du conseil qui ordonne que les gages, appointements, gratifications et remises de toute nature accordés aux employés des fermes ou régies ne pourront être saisis à la requête de leurs créanciers, soit que les employés ne soient plus en place ou qu'ils exercent encore leur emploi* (1).

Versailles, 23 mai 1784. (R. S.)

N° 1927. — ORDONNANCE *de police concernant la vente des vaches laitières et des veaux.*

Paris, 25 mai 1784. (R. S. Mars, 2—386.)

Sur ce qui nous a été remontré par le procureur du roi, qu'au préjudice des arrêts, ordonnances et réglements de police, notamment de l'arrêt de la cour du 26 février 1778,

---

(1) V. ord. juillet 1781, lett. pat. décembre 1782, n° 1736, pag. 252.

par lequel il est fait défenses à tous marchands forains, fermiers, laboureurs et autres, d'exposer en vente aucunes vaches laitières, et autres vaches en état de porter et au-dessous de l'âge de huit ans, et des veaux au-dessus de l'âge de huit à dix semaines, ailleurs qu'au marché des vaches laitières, qui se tient le mardi de chaque semaine dans la plaine des Sablons, au bout du faubourg du Roule, nombre de marchands de Picardie et autres provinces font arriver des vaches laitières et des veaux au-dessus de l'âge de huit à dix semaines à la Villette, la Chapelle, à Vincennes, Arcueil, Vaugirard, et autres endroits des environs de Paris, où ils les vendent indistinctement tous les jours, souvent à des bouchers qui empruntent les noms de nourrisseurs de bestiaux pour les introduire dans Paris, les tuer et en débiter la viande dans leurs étaux, contre les dispositions de ces mêmes réglements, qui ont pour objet la conservation et la propagation de l'espèce; et comme il importe de prévenir de semblables abus, qui sont d'autant plus dangereux que, s'il survenoit une épizootie dans une des provinces qui fournissent à l'approvisionnement de cette capitale, le mal se communiqueroit aussitôt par la facilité de vendre les vaches suspectes dans les endroits qui ne sont assujettis à aucune espèce d'inspection, il croit du devoir de son ministère de requérir qu'il y soit par nous pourvu.

Nous, faisant droit sur le réquisitoire du procureur du roi, ordonnons que les arrêts, ordonnances et réglements de police, notamment l'arrêt du parlement du 26 février 1778, seront exécutés selon leur forme et teneur. En conséquence :

1. Faisons défenses à tous marchands forains, fermiers, laboureurs, ménagers, herbagers et autres particuliers, d'amener à la Villette, la Chapelle, Vincennes, Arcueil, Vaugirard et autres endroits des environs de Paris, même dans les marchés de Sceaux et de Poissy, et à la place aux Veaux, et d'y exposer en vente aucunes vaches laitières, et autres vaches en état de porter et au-dessous de l'âge de huit ans, et des veaux et génisses au-dessus de l'âge de huit à dix semaines, le tout à peine de confiscation de la marchandise qui sera saisie, et de 300 liv. d'amende par chaque contravention.

2. Lesdites vaches laitières, ainsi que les veaux et génisses au-dessus de l'âge de huit à dix semaines, continueront d'être exposés et vendus dans le marché de la plaine des Sablons le mardi de chaque semaine, depuis neuf heures du matin jusqu'à deux heures après midi; défendons aux marchands, aux nourrisseurs de bestiaux, et à tous autres, d'en faire achat ou vente

hors ledit marché, à peine de 200 liv. d'amende, tant contre les vendeurs que contre les acheteurs, même de plus grande peine si le cas y échet (1).

3. Pourront néanmoins lesdits nourrisseurs de bestiaux faire arriver directement des provinces les vaches laitières qu'ils y auront achetées, à la charge de les exposer le mardi au marché de la plaine des Sablons, où il leur sera délivré par l'inspecteur chargé de la police dudit marché le billet de vente d'usage, et sans lequel il ne pourra entrer dans Paris aucunes vaches laitières.

4. Ne pourront les bouchers de Paris, ni ceux de la campagne, acheter dans ledit marché de la plaine des Sablons aucunes vaches, veaux et génisses pour les tuer, sous la même peine de 200 liv. d'amende.

5. Ordonnons que, lorsque le mardi se trouvera un jour de fête, le marché sera remis au lendemain mercredi. Défendons aux marchands forains, et autres propriétaires de vaches, d'y en amener lesdits jours de fêtes, et aux nourrisseurs d'y en acheter, à peine de pareille amende de 200 liv. contre chaque contrevenant.

6. Enjoignons à l'inspecteur de police par nous commis pour la police des marchés, de tenir la main à l'exécution de notre présente ordonnance, qui sera imprimée, lue, publiée et affichée dans tous les lieux ordinaires et accoutumés de cette ville et faubourgs, à la place aux Veaux et dans les marchés de Sceaux et de Poissy, à ce que personne n'en ignore.

N° 1908. — LETTRES PATENTES *ordonnant la suppression des échoppes de la ville de Paris* (2).

Versailles, mai 1784. (R. S. C.)

Louis, etc. Nous sommes informé que, nonobstant les édits, ordonnances et réglements concernant l'établissement des échoppes dans notre bonne ville et faubourgs de Paris, le nombre de celles appelées sédentaires et demi-sédentaires s'est considérablement augmenté; qu'un grand nombre de ces échoppes excède les dimensions prescrites; que d'autres se trouvent établies sans permissions valables, et qu'enfin, au lieu d'échoppes mobiles qui, par leur position, leur peu de volume et de sail-

---

(1) Art. 419 C. P.
(2) V. 1er février 1776, 4 octobre 1784, 20 novembre 1785.

lie, ne devoient causer aucun inconvénient, on s'est permis d'en établir un grand nombre qui ressemble plutôt à des maisons qu'à des échoppes, et dont les emplacements, pris en totalité sur la voie publique, nuisent au passage des voitures, gênent celui des gens de pied, et occasionent journellement des accidents : à quoi voulant pourvoir, nous avons jugé nécessaire, en ordonnant la démolition absolue des échoppes sédentaires et demi-sédentaires, de déterminer d'une manière précise la forme de celles qui pourront être établies par la suite, et les conditions nécessaires pour parvenir à leur établissement. A ces causes, etc.

1. Tous propriétaires et possesseurs d'échoppes sédentaires et demi-sédentaires (autres que celles aliénées au profit de notre domaine) construites, à quelque titre que ce soit, dans les rues, quais, places et marchés, et sur les ports de la ville et faubourgs de Paris, même celles adossées à nos palais du Louvre et des Tuileries, hôtels et maisons des princes, et à tous édifices publics, seront tenus dans un mois pour tout délai, à compter du jour de l'enregistrement des présentes, de les faire démolir et supprimer; sinon et à faute de ce faire dans ledit délai, et icelui passé, il y sera mis ouvriers à leurs frais et dépens, à la requête, poursuite et diligence de notre procureur au bureau des finances et chambre du domaine y réunie, desquels frais et dépens exécutoire sera délivré contre lesdits contrevenants; à l'effet de quoi déclarons, en tant que de besoin, nuls et de nul effet, tous baux et marchés qui auront pu être faits relativement auxdites échoppes.

2. N'entendons comprendre dans la disposition de l'article précédent, les propriétaires et possesseurs des échoppes sédentaires construites dans les rues au Fer et de la Barillerie, lesquels seront tenus, dans le même délai, de représenter au contrôleur général de nos finances, leurs titres de concession et de propriété desdites échoppes, pour être ensuite par nous ordonné ce qu'il appartiendra, tant sur la démolition desdites échoppes, que sur les indemnités des propriétaires et possesseurs d'icelles, s'il y a lieu.

3. Il ne pourra à l'avenir, sous quelque prétexte que ce soit, être établi dans les rues, quais, places et sur les ponts de la ville et faubourgs de Paris, que des échoppes purement mobiles, placées le matin et enlevées le soir, à peine de 100 liv. d'amende contre les contrevenants et de confiscation des matériaux et marchandises.

4. Lesdites échoppes mobiles ne pourront être établies qu'en faveur des pauvres maîtres et veuves des pauvres maîtres, conformément à l'article 34 de notre édit du mois d'août 1776, et en vertu des permissions qui seront accordées, sans frais, par le lieutenant général de police.

5. Pour que lesdites permissions ne puissent être accordées qu'en grande connoissance de cause sur le fait de la commodité publique, ordonnons qu'à la requête de notre procureur général, il sera nommé par notre cour de parlement un expert, sur le rapport duquel lesdites permissions seront données par le lieutenant-général de police, si d'ailleurs les personnes sont de qualité requise, ainsi qu'il est porté en l'article précédent; duquel rapport il sera dressé procès-verbal, dont il sera délivré expédition, pour être et demeurer déposée au greffe de notredite cour, et sera fourni tous les six mois, au greffe du bureau des finances, extrait desdites permissions.

6. Les détenteurs desdites échoppes mobiles seront tenus de tenir dans l'endroit le plus apparent d'icelles un tableau numéroté et sur lequel seront imprimés, en gros caractères, leurs noms, professions et demeures, et faire personnellement et par eux-mêmes, leurs femmes ou enfants, leur commerce, sans pouvoir se faire représenter par aucun préposé, céder ou sous-louer leurs droits auxdites échoppes, à peine, comme dessus, d'amende et de confiscation en cas de contravention.

7. Nous attribuons la connoissance desdites contraventions aux officiers de notre bureau des finances, et au lieutenant général de police de notre châtelet de Paris, chacun en ce qui les concerne, sauf l'appel en notre cour de parlement. Si donnons en mandement, etc.

N° 1929. — Ordonnance *de police concernant les maisons faisant encognure.*

Paris, mai 1784. (Mars, 2—474.)

2. Il est permis à tous propriétaires de maisons et bâtiments situés à l'encognure de deux rues d'inégale largeur, de les reconstruire, en suivant, du côté de la rue la plus étroite, la hauteur fixée pour la rue la plus large, et ce dans l'étendue seulement de la profondeur du corps de bâtiment ayant face sur la plus grande rue, soit que ledit corps de bâtiment soit soit simple ou double en profondeur, passé laquelle étendue,

la partie restante de la maison ayant façade sur la partie la moins large, est assujettie aux hauteurs fixées par l'art. 1ᵉʳ.

Le tout à peine contre les propriétaires d'une amende, de la démolition des ouvrages et de la confiscation des matériaux, et contre les ouvriers d'une amende.

N° 1930. — ÉDIT *qui ordonne le rétablissement de la charge de de trésorier des offrandes et aumônes* (1).

Versailles, mai 1784. Reg. en la chambre des comptes le 20 juillet. (R. S.)

N° 1931. — ÉDIT *portant création de la charge de précepteur des pages de la chambre du roi.*

Versailles, mai 1784. Reg. en la chambre des comptes le 11 août. (R. S. C.)

N° 1932. — ARRÊT *du conseil qui fait défenses aux habitants de la ville de Rocroy et villages en dépendant, de faire des essartages et ensemencements dans les bois.*

Versailles, 1ᵉʳ juillet 1784. (Baudrillard.)

N° 1933. — ARRÊT *du conseil qui exempte du droit de marc d'or, les coupes des bois de réserve des gens de main-morte, et qui règle celui qui sera perçu sur les concessions de domaines à rente ou à cens* (2).

Versailles, 6 juin 1784. (R. S. Rec. du parlement de Toulouse. Dupleix, 1785.)

N° 1934. — LETTRES PATENTES *qui désunissent du corps de l'hôtel de ville de Paris, l'office de receveur du domaine de ladite ville* (3).

Versailles, 6 juin 1784. Reg. en parlement le 13 juillet. (R. S.)

N° 1935. — LETTRES PATENTES *ordonnant l'ouverture d'un emprunt de 4,000,000 pour l'achèvement de l'église Sainte-Geneviève à Paris* (4).

Versailles, 6 juin 1784. Reg. au parlement le 20 juillet. (R. S. C.)

N° 1936. — LETTRES PATENTES *qui autorisent les chefs de garnison des différentes généralités du ressort de la cour des aides de Paris, à vendre les fruits et effets saisis sur les contribuables, à défaut de paiement de leurs impositions* (5).

Versailles, 10 juin 1784. Reg. en la cour des aides le 2 juillet. (R. S.)

---

(1) Édit de juillet 1779, d'avril 1719, décl. 28 avril 1720, 28 mars 1733, 30 mars 1775.
(2) V. édit de décembre 1770.
(3) Créé par édit de juillet 1781.
(4) Monument ordonné par lett. pat. de Louis XV, de mars 1757.
(5) V. décl. du 13 avril 1761, lett. pat. 26 mars 1780.

N° 1937. — Déclaration *qui ordonne que les garnitures en cuivre des mesures servant à la distribution du sel soient remplacées par d'autres en fer vernissé.*

Versailles, 13 juin 1784. Reg. à la cour des aides le 2 juillet. (R. S. C.)

N° 1938. — Déclaration *concernant les études et exercices des élèves en chirurgie* (1).

Versailles, 18 juin 1784. Reg. en parlement le 20 août. (R. S. C.)

Louis, etc. Lors de la suppression des brevets d'apprentissage que les élèves en chirurgie étoient tenus de rapporter pour se présenter à la maîtrise, il a été ordonné qu'ils y seroient admis quand ils auroient rempli pendant une année au moins le cours ordinaire des études de chirurgie dans quelques-unes des villes où il y en a d'établis, et qu'ils auroient en outre exercé avec application et assiduité pendant trois années chez les maîtres en chirurgie, dans les hôpitaux des villes frontières ou dans les armées, ou au moins deux années dans les hôpitaux de Paris, desquels études et service ils rapporteroient des certificats duement légalisés. Il a de plus été permis à tous maîtres en chirurgie indistinctement d'avoir et former autant d'élèves qu'ils le jugeroient à propos. Mais sur ce qui nous a été représenté que les connoissances théoriques qu'exige la chirurgie sont trop étendues pour que les élèves puissent les acquérir par des études d'une seule année; qu'ils ne peuvent d'ailleurs se former dans la pratique de cet art qu'en l'exerçant sous des maîtres qui, ayant, par des examens rigoureux, fait preuve de capacité dans toutes les parties de la chirurgie, auroient assez d'expérience pour diriger des élèves; que de la liberté indéfinie accordée aux maîtres d'instruire autant d'élèves qu'ils le jugeront à propos, et sans que ces derniers soient obligés de demeurer avec eux, il arrive que plusieurs maîtres font enregistrer par le greffier de notre premier chirurgien un plus grand nombre d'élèves qu'ils n'en ont réellement besoin pour les aider et suppléer; que d'autres font passer pour leurs élèves des gens sans qualité, qui, s'immisçant, au détriment du public, dans l'exercice de la chirurgie, se mettent, par cette facilité contraire au bon ordre, à l'abri de toutes poursuites de la part des lieutenants de notre premier chirurgien et des

---

(1) V. lois 14 frimaire, 9 nivôse, 12 pluviôse an III, 19 ventôse, 20 prairial an XI.

prévôts des corps et collèges de chirurgie, nous avons reconnu qu'il étoit de notre sagesse de remédier à ces abus, de prolonger le temps des études que les élèves seroient tenus dorénavant de faire pour parvenir à la maîtrise, et de ne confier leur instruction dans la pratique qu'aux seuls maîtres qu'on peut raisonnablement présumer être en état de les y former. A ces causes, etc.

1. Les élèves en chirurgie ne pourront être admis à la maîtrise, dans les provinces de notre royaume, que lorsqu'ils auront rempli pendant deux années au moins le cours des études en chirurgie dans quelques-unes des villes où nous avons nommément établi des écoles de chirurgie, et qu'ils auront en outre exercé avec application et assiduité pendant trois années chez les maîtres en chirurgie, dans les hôpitaux des villes frontières, ou dans les armées, ou au moins deux années dans les hôpitaux de Paris.

2. Les élèves qui désireront les certificats nécessaires pour constater leur assiduité auxdits cours, seront tenus de s'inscrire sous chaque professeur sur trois feuilles différentes, dont l'une sera remise au lieutenant de notre premier chirurgien, la seconde aux prévôts, pour être déposée aux archives, et la troisième demeurera entre les mains du professeur.

3. Ces inscriptions se prendront pendant les quinze premiers jours de chaque cours, lequel temps passé, les feuilles seront exactement remises à leur destination, et aucun élève ne sera plus reçu à se faire inscrire.

4. Les professeurs observeront exactement ce qui est prescrit par les statuts particuliers de leur collège, tant pour l'ordre des matières qu'ils doivent enseigner, que pour la durée des leçons. Ils auront soin de s'assurer de l'assiduité des élèves ou étudiants, en faisant pour cet effet l'appel autant de fois qu'il en sera besoin. Ils délivreront à chacun de ceux qui auront suivi leurs cours avec sagesse et régularité, des attestations signées d'eux, lesquelles seront ensuite visées par les lieutenant et prévôts en charge, après avoir vérifié les inscriptions sur les feuilles. Seront au surplus lesdites attestations légalisées par les juges des lieux où les étudiants auront fait leurs cours, lorsque le corps ou collège par-devant lequel ils devront subir leurs examens pour parvenir à la maîtrise ne sera pas le même que celui où lesdits cours auront été suivis.

5. Voulons que les élèves qui entreront chez les maîtres soient tenus de demeurer avec eux, et de faire déclaration de leur entrée chez lesdits maîtres ou dans les hôpitaux, dans la

même forme que par le passé, sans qu'il soit rien innové à cet égard.

6. Les certificats de service qui auront été délivrés aux élèves par les maîtres ou par les chirurgiens majors des hôpitaux, seront représentés au lieutenant et au greffier de notre premier chirurgien, lesquels seront tenus de faire mention sur icelui, à peine de nullité, de l'enregistrement d'entrée chez lesdits maîtres ou dans lesdits hôpitaux, de certifier que le temps porté par lesdits certificats a été exactement rempli, et que les élèves n'ont pas eu d'autre domicile que celui de leurs maîtres. Seront en outre lesdits certificats légalisés par les juges lorsque les élèves se présenteront à la maîtrise dans un autre corps ou collège de chirurgie.

7. Permettons aux seuls maîtres des villes où il y a corps ou collège de chirurgie de former des élèves. Défendons auxdits maîtres d'avoir plus de deux élèves en même temps, ou d'en avoir aucuns qui n'auroient pas fait la déclaration ci-dessus ordonnée, le tout à peine de 50 liv. d'amende applicable au profit de la bourse commune de leur corps ou collège. N'entendons néanmoins comprendre dans ladite défense, quant à ce qui concerne le nombre des élèves, les professeurs brevetés des collèges par nous établis, ni les chirurgiens en chef des hôpitaux, membres desdits collèges ou agrégés à iceux.

8. Lorsque les maîtres des villes où il y a corps ou collège de chirurgie serviront dans les armées, les certificats qu'ils donneront aux élèves pour le service d'une campagne leur tiendra lieu d'une année, et seront lesdits certificats visés par le colonel ou autres officiers du corps où lesdits élèves auront été employés pendant le temps marqué par leurs certificats. Le *visa* desdits officiers tiendra lieu de la déclaration ci-dessus prescrite.

9. Seront au surplus exécutés les statuts généraux de 1750 donnés pour toutes les communautés des maîtres en chirurgie des villes de province, nos lettres patentes du 31 décembre 1750, et tous autres statuts et règlements particuliers en ce qui n'est point contraire aux présentes. Si donnons en mandement, etc.

N° 1939. — LETTRES PATENTES *portant règlement pour les écoles de chirurgie de Paris.*

Versailles, 18 juin 1784. Reg. au parlement le 20 août. (R. S. C.)

LOUIS, etc. Ayant été informé que le concours des étudiants en chirurgie qui désirent de se faire inscrire aux cours des différents professeurs des écoles de chirurgie de Paris, conformément aux lettres patentes en forme d'édit, du mois de mai 1768, portant règlement pour lesdites écoles, étoit trop considérable pour que les professeurs pussent les inscrire eux-mêmes sur les registres prescrits; que de la confusion dans les inscriptions et attestations il résultoit des abus d'autant plus préjudiciables, que, suivant les mêmes lettres patentes, les attestations des professeurs donnent aux étudiants des droits pour être admis à la maîtrise en chirurgie dans les différents collèges et communautés des villes du royaume, et les vues de notre premier chirurgien, tendantes à la perfection de l'enseignement de la part des professeurs, et à l'instruction plus suivie de la part des étudiants dans toutes les parties de la chirurgie, nous ayant paru mériter d'être approuvées et exécutées. A ces causes, etc.

1. Les étudiants qui désireront les attestations nécessaires pour parvenir à la maîtrise en chirurgie, soit pour la ville de Paris, soit pour les provinces, seront tenus de faire le cours complet de toutes les études de chirurgie pendant trois années consécutives. Ils se feront inscrire la première année pour le cours de physiologie; la seconde, pour le cours de pathologie, et la troisième, pour celui de thérapeutique. En conséquence, ils ne seront admis à l'inscription pour le cours de pathologie, qu'en rapportant l'attestation du cours de physiologie. Il en sera de même à l'égard du cours de thérapeutique, pour lequel aucun élève ne pourra être inscrit qu'en justifiant de son assiduité au cours de pathologie. Les étudiants seront en outre inscrits, chacune des trois années, pour les cours d'anatomie, d'opérations et d'accouchements; et, comme il y a deux professeurs pour chacun de ces cours, il sera libre aux élèves de suivre l'un et l'autre, mais ils ne devront être inscrits que sur le registre de l'un d'eux, à leur choix. A l'égard des autres cours établis auxdites écoles, tels que ceux de chimie, de botanique et de maladie des yeux, lesdits élèves seront obligés de rapporter au moins une attestation de chacun de ces cours dans les trois années.

2. Les inscriptions des étudiants seront portées sur trois registres différents, lesquels seront cotés et paraphés, par première et dernière feuille, par le professeur du cours pour lequel les étudiants seront inscrits. L'un des registres sera remis à notre premier chirurgien, ou à l'inspecteur des écoles; le second sera déposé dans les archives du collège; et le troisième sera entre les mains du professeur. Les inscriptions seront

reçues quinze jours avant le commencement de chaque cours, et pendant les huit premiers jours du cours; ce temps passé, les registres seront clos par la signature du professeur et de l'inspecteur des écoles, et remis à leur destination.

3. Les étudiants ne seront admis à l'inscription, qu'à la charge de rapporter leur extrait baptistaire duement légalisé, qu'ils présenteront à la personne préposée par notre premier chirurgien pour recevoir les inscriptions, laquelle écrira les noms, surnoms, provinces, et le lieu de la résidence actuelle desdits étudiants sur chacun des trois registres et au même numéro; sera en outre mention, ledit préposé, au dos dudit extrait, du jour de l'inscription, et du numéro sous lequel elle aura été faite. Les étudiants seront tenus de représenter cet extrait ainsi coté, lorsqu'ils demanderont les certificats ou attestations de cours.

4. Les professeurs observeront exactement ce qui est prescrit par les lettres patentes du mois de mai 1768, portant règlement pour le collège de chirurgie, tant pour l'ordre des matières qu'ils doivent enseigner, que pour les heures et la durée de leurs leçons, et feront les appels ordonnés par lesdites lettres patentes, pour s'assurer de l'assiduité des élèves, au défaut de laquelle ils seront rayés. Outre le registre général, les professeurs en tiendront un particulier des étudiants qui se proposeront de répondre aux différents examens après la récapitulation des matières traitées dans les leçons précédentes. C'est dans cette classe seulement que les professeurs choisiront les sujets les plus instruits pour l'école pratique, laquelle continuera d'être sous la direction de notre premier chirurgien, qui fera les dispositions qu'il jugera convenables pour la plus grande perfection d'un établissement propre à former les étudiants dans l'exercice d'un art si important.

5. A la fin de chaque cours, le préposé aux inscriptions remettra à chaque professeur l'attestation remplie des noms, surnoms et provinces des étudiants, et numérotée comme il a été dit à l'art. 3, laquelle sera ensuite signée par le professeur, vérifiée par l'inspecteur des écoles, visée par les prévôts, et scellée du sceau du collège.

6. Nous ordonnons expressément aux étudiants en chirurgie de se comporter avec docilité et soumission envers les professeurs. Enjoignons auxdits professeurs d'y tenir la main, et de faire sortir des écoles ceux qui y manqueront, même de les rayer du registre des inscriptions, après en avoir rendu compte à notre premier chirurgien.

7. Seront au surplus observés et exécutés tous les réglements précédents donnés par nous concernant l'ordre et la discipline des écoles de chirurgie en ce qui n'est point contraire aux présentes. Si donnons en mandement, etc.

N° 1940. — ARRÊT *du conseil qui fait défenses à tous employés des fermes et régies de traduire dans aucuns tribunaux les fermiers et régisseurs des droits du roi.*

Versailles, 19 juin 1784. (R. S.)

N° 1941. — DÉCLARATION *portant que les sujets de Schaffhouse ou de tout autre pays de l'Helvétie où s'exerce un droit de prélation au profit des nationaux subiront la même loi dans les faillites ou déconfitures en France où ils seroient intéressés.*

Versailles, 20 juin 1784. Reg. en la cour des aides le 15 septembre. (R. S. C.)

Louis, etc. Nous avons été informé qu'en vertu des lois et usages subsistants dans différents états du corps helvétique et de ses co-alliés, il est fait, dans les cas de faillite ou de déconfiture, une différence entre les créanciers français et ceux originaires desdits états, de manière que, soit dans les instances d'ordre, soit dans celles de préférence, nos sujets ne sont reçus à faire valoir leurs droits qu'après que les sujets desdits états ont été entièrement satisfaits. Cet usage, destructif de la propriété, a notamment lieu dans le canton de Schaffhouse, où récemment encore, malgré les représentations qui ont été faites de notre part, plusieurs de nos sujets, créanciers d'un bourgeois de Schaffhouse, ont été exclus de la contribution, et les créanciers nés sujets de cet état ont été payés par privilège à leur préjudice. Une telle préférence nationale est d'autant plus préjudiciable à nos sujets, que, d'une part, les liaisons de commerce, infiniment multipliées entre nos états et ceux du corps helvétique, les exposent plus souvent à en éprouver les fâcheux effets, et que, d'une autre part, les sujets des cantons et de leurs co-alliés en général, et ceux du canton de Schaffhouse en particulier, ont joui jusqu'ici dans les cas de faillite arrivant dans notre royaume, de tous et chacun les mêmes droits que nos propres et naturels sujets; qu'ils y sont venus à contribution par concurrence avec ces derniers, et que dans les sentences d'ordre ils ont toujours été colloqués suivant les droits, hypothèques et privilèges qu'ils pouvoient avoir sur eux. Comme cette disparité est directement contraire aux règles de la réciprocité stipulée par la paix perpétuelle de 1516, confirmée par le traité d'alliance générale conclu le 28 mai 1777, entre nous et le corps helvétique, la justice que nous devons à nos peuples nous fait regarder comme indispensable d'introduire dans nos états, à l'égard des sujets des cantons helvétiques et de leurs co-alliés, les mêmes maximes qui sont suivies dans lesdits états helvétiques à l'égard de nos sujets. En conséquence nous avons jugé nécessaire de faire aux ordonnances des rois nos prédécesseurs les exceptions et restrictions que la circonstance exige. A ces causes, etc.

1. Dans tous les cas de déconfiture ou de faillite arrivant en France, les citoyens, bourgeois et sujets du canton de Schaffhouse ne pourront plus venir à contribution ni être payés de leurs créances par concurrence avec nos sujets; mais ils seront renvoyés pour leur paiement après le remboursement entier et parfait de ces derniers.

2. Pareillement, dans les instances d'ordre, lesdits citoyens, bourgeois et sujets du canton de Schaffhouse, nonobstant la priorité ou le privilège de leurs hypothèques, quels que puissent être leurs droits, la nature de leurs créances et les titres dont ils seront porteurs, ne pourront être colloqués qu'au dernier rang, après tous nos sujets.

3. Les citoyens, bourgeois et sujets des autres états helvétiques, et de leurs co-alliés qui seront intéressés dans quelque faillite arrivée dans notre royaume ne pourront plus venir à contribution ni être colloqués au rang de leurs créances par concurrence avec nos sujets, qu'en rapportant à nos cours de justice un certificat en bonne forme de leur souverain, portant que dans l'état helvétique dont ils dépendent, nos sujets sont traités, pour les mêmes cas, à l'égal des propres citoyens, bourgeois et sujets dudit état, sans aucune sorte de distinction ni de préférence, lequel certificat servira de base à la réciprocité que nous voulons être exactement observée à cet égard.

4. Si, dans la vue de dispenser leurs sujets de l'obligation d'apporter pour chaque cas qui se présentera, le certificat mentionné dans l'article précédent, les différents états du corps helvétique jugent à propos de nous faire connoître, par une déclaration en forme, la jurisprudence qu'ils se proposent d'observer relativement à la discussion et au jugement des affaires d'intérêt que nos sujets auront à porter devant leurs tribunaux, cette déclaration, que nous ferons revêtir de nos lettres patentes, enregistrées dans nos cours, affranchira

de la formalité du certificat particulier les sujets de l'état qui l'aura donnée, et servira de règle pour les jugements qui seront rendus dans notre royaume relativement à la liquidation de leurs créances. Si donnons en mandement, etc.

N° 1942. — ARRÊT *du conseil portant règlement pour la franchise du port de Lorient.*

Versailles, 26 juin 1784. (R. S. C.)

N° 1943. — LETTRE *du ministre de la marine aux administrateurs du cap Français, concernant le commerce étranger et particulièrement l'admission des Etats-Unis dans les îles Françaises, en interprétation du traité de* 1778.

27 juin 1784. (Code de la Martinique, tom. 3.)

N° 1944. — ARRÊT *du parlement qui homologue une ordonnance rendue par les officiers du bailliage de Saint-Quentin, au sujet des précautions à prendre lors du battage des grains pour empêcher et prévenir les incendies.*

Paris, 30 juin 1784. R S.)

N° 1945. — CONVENTION *entre la France et la Suède pour servir d'explication au traité de commerce et de navigation du 25 avril* 1741 (1).

Versailles, 1ᵉʳ juillet 1784. Ratifié par le roi de France le 26 juillet, et par le roi de Suède le 10 août. (R. S. Martens, Gaschon, pag. 339.)

S. M. très-chrétienne, et S. M. le roi de Suède, animées du même désir de resserrer de plus en plus l'union qui subsiste depuis si long-temps entre les couronnes de France et de Suède, ainsi que d'ouvrir de nouvelles sources de prospérité pour le commerce des deux nations, ont jugé convenable de revenir sur la convention préliminaire de commerce et de navigation du 25 avril 1741, et d'y faire les changements et additions nécessaires pour parvenir à ce but; LL. MM. ayant reconnu que les stipulations de la dernière convention étoient insuffisantes pour opérer tout le bien qu'on avoit eu en vue en la rédigeant, se sont décidées à lui donner plus d'efficacité en y ajoutant des cessions mutuelles, dont le but est de fa-

---

(1) V. traités des 16 avril 1793 et 6 janvier 1810.

ciliter à leurs sujets les moyens d'étendre leur commerce, soit respectivement entre eux, soit avec les autres nations.

A cet effet, LL. MM. ont nommé, savoir, etc., lesquels après s'être communiqué leurs pleins-pouvoirs respectifs, sont convenus des articles suivants pour servir de supplément provisoire et d'explication à ladite convention.

1. La convention préliminaire conclue le 25 avril 1741 entre la France et la Suède, touchant la navigation et le commerce, continuera d'être observée suivant sa forme et teneur, dans tous les points et articles auxquels il n'aura été dérogé par la présente convention provisoire, et ils serviront de base avec les articles nouvellement convenus au traité définitif que les deux souverains s'engagent de conclure le plus tôt que faire se pourra.

2. En conséquence de cette confirmation générale de la convention préliminaire de 1741, les sujets respectifs continueront de jouir, dans les ports de l'une et l'autre domination, de toutes les franchises, faveurs et exemptions qui leur ont été assurées par les articles 1 et 2 de ladite convention.

3. Comme en vertu de l'article 3 de la convention de 1741, les sujets de S. M. très-chrétienne ont dû jouir dans la ville, port et territoire de Wismar, à l'exclusion de toutes les autres nations, du privilège de ne payer, pour les effets et marchandises qu'ils y porteroient par leurs propres vaisseaux, que trois quarts pour cent de la valeur desdits effets ou marchandises pour tous droits de douane ou autres, quels qu'ils puissent être, soit que lesdites marchandises s'y consommassent, soit qu'elles fussent exportées, et ce, ainsi qu'il est réglé pour les sujets même de S. M. suédoise, et qu'il a été reconnu que cette concession, vu la nature et la position du port de Wismar, ne remplissoit en aucune manière le but qu'on s'étoit proposé de la part de la cour de Suède, S. M. suédoise consent à substituer auxdites franchises attachées au port de Wismar, la liberté d'entrepôt dans le port de Gothembourg, en la forme et aux clauses et conditions suivantes.

4. Les sujets de S. M. très-chrétienne auront à perpétuité le droit d'entreposer dans le port de Gothembourg, dans le lieu et avec les précautions qui seront déterminés, toutes les denrées, productions et marchandises, soit de la France, soit de ses colonies en Amérique, chargées sur des bâtiments français, de quelque port de France qu'ils viennent, sans qu'à raison de leur introduction, elles puissent être assujetties à aucune sorte de péage, impositions ou autres droits quelconques. Il leur

sera pareillement libre de les en réexporter, si bon leur semble, soit sur leurs propres navires, soit sur des bâtiments suédois, à telle autre destination que ce soit, sans qu'il en puisse être exigé, à raison de cette sortie et réexportation, aucuns droits de douane ou autres, quels qu'ils puissent être et sous quelque nom qu'ils puissent être désignés; et, dans le cas de l'introduction et de la réexportation, les bâtiments français ne seront pas tenus à de plus forts droits que ceux qu'acquittent les navires suédois.

5. Ledit entrepôt n'ayant point d'autre destination que de faciliter aux commerçants français le débit de leurs denrées et marchandises, soit dans les états de S. M. suédoise, soit dans ceux des autres puissances du nord, les objets qu'on y déposera seront constamment censés être à bord des bâtiments qui les auront apportés, par conséquent ils ne pourront être soumis à aucune visite jusqu'au moment où l'on voudroit les faire sortir dudit entrepôt pour les importer dans le royaume de Suède.

6. Les denrées et marchandises qu'on sortira de cet entrepôt pour les faire entrer en Suède, acquitteront sur le lieu, ou au premier bureau de ce royaume où elles se présenteront, tous et chacun les mêmes droits qui sont actuellement établis sur elles, ou qui pourront l'être par la suite, de la même manière et à la même quotité qu'elles auroient dû les acquitter si elles eussent été importées directement dans ledit royaume, sans passer par l'entrepôt de Gothembourg.

7. Le roi très-chrétien donnera les ordres les plus précis à ceux de ses sujets qui voudront profiter dudit entrepôt, de s'abstenir de toutes pratiques répréhensibles, soit en abusant eux-mêmes de sa franchise pour faire entrer en fraude leurs denrées et marchandises dans le royaume de Suède, soit en favorisant des manœuvres illicites de la part des sujets de S. M. suédoise, ou des étrangers qui fréquentent le port de Gothembourg.

8. En échange, et par forme de compensation des avantages résultants de l'établissement et de la concession de l'entrepôt de Gothembourg pour le commerce et la navigation de la France, le roi très-chrétien cède à perpétuité au roi et à la couronne de Suède, en toute propriété et souveraineté, l'île de Saint-Barthélemi aux Indes occidentales, avec toutes les terres, mer, ports, rades et baies qui en dépendent, aussi-bien que tous les édifices qui s'y trouvent construits, avec la souveraineté, propriété, possession, et tous droits acquis par

traités ou autrement, que le roi très-chrétien et la couronne de France ont eus jusqu'à présent sur ladite île, ses habitants et ses dépendances, S. M. très-chrétienne cédant et transportant le tout audit roi et à la couronne de Suède de la manière et dans la forme la plus ample, sans restrictions ni réserves (1).

9. La présente cession ne préjudiciera en rien aux droits de propriété ou de possession appartenants aux habitants français et autres qui jusqu'ici ont été sujets du roi très-chrétien en ladite île ; ils continueront à en jouir sous la souveraineté suédoise, conformément à leurs titres et aux lois et usages reçus dans ladite île, sans que, sous prétexte ou par une suite de ce changement de domination, il puisse leur être causé aucun trouble, gène ni dommage dans leur fortune particulière ou dans les droits dépendants de leur propriété.

10. S. M. suédoise promet et s'engage de conserver à jamais aux habitants de l'île de Saint-Barthélemi la liberté la plus illimitée de la religion catholique, d'en protéger le culte, et de ne rien faire ni permettre qu'il soit rien fait pour en gêner ou restreindre l'exercice.

11. Les habitants français ou autres qui ont été sujets du roi très-chrétien dans l'île de Saint-Barthélemi, et leurs descendants, pourront en tout temps se retirer en toute sûreté et liberté, en tel endroit de la domination du roi qu'il leur plaira, et pourront vendre leurs biens et transporter leurs effets, ainsi que leurs personnes, sans être gênés dans leur émigration, sous quelque prétexte que ce soit, hors le cas de dettes ou de procès-criminels, et il ne sera jamais rien exigé d'eux à titre de droit de détraction, ni autres quelconques.

12. La remise de l'île de Saint-Barthélemi à la personne qu'il plaira au roi de Suède de commettre pour en prendre possession, sera effectuée quatre mois après l'échange des ratifications que LL. MM. très-chrétienne et suédoise donneront sur la présente convention provisoire. Les commissaires qui, de part et d'autre, seront nommés pour cet effet, seront munis des instructions les plus précises pour constater, confirmer et conserver les droits des habitants de ladite île, et pour assurer leurs possessions. Ils seront aussi chargés de dresser des procès-verbaux concernant les effets appartenants au roi très-chrétien, s'il s'en trouve aucuns dans ladite île, et qui demeureront à la disposition de S. M. très-chrétienne.

---

(1) Maintenu par traité 6 janvier 1810.

13. Les articles ci-dessus ne devant être considérés que comme un supplément et une explication de la convention préliminaire du 25 avril 1741, seront insérés mot à mot dans le traité de navigation et de commerce qui sera conclu entre leursdites majestés. En attendant, ils sortiront leur plein et entier effet, et seront, pour le bien et l'avantage des sujets respectifs, exactement observés, suivis et exécutés de part et d'autre immédiatement après l'échange de leurs ratifications.

14. La présente convention provisoire sera ratifiée par les deux souverains; les lettres en seront expédiées en bonne et due forme, échangées dans l'espace de six semaines, ou plus tôt s'il est possible, à compter du jour de la signature.

N° 1946. — ORDONNANCE *concernant la composition des équipages des navires marchands.*

Versailles, 4 juillet 1784. (R. S. C.)

S. M. s'étant fait représenter les différentes lois concernant la composition des équipages des navires marchands, notamment l'ordonnance du 23 juillet 1745, par laquelle le nombre des novices qui doivent être embarqués sur lesdits navires est réglé au cinquième de la totalité des équipages, celle du 20 octobre 1723 et l'art. 16 de la déclaration du 21 octobre 1727, qui dérogeant au réglement du 1er mars 1716 et aux lettres patentes rendues sur icelui le 4 du même mois, permettent d'employer dans lesdits équipages jusqu'à la concurrence d'un tiers d'étrangers, et la déclaration du 15 novembre 1767, concernant les chirurgiens des navires marchands; elle a reconnu que l'obligation d'embarquer un cinquième de novices, est onéreuse au commerce; que cette proportion est plus grande qu'il n'est nécessaire pour l'entretien et le renouvellement des classes; que celle du dixième qui avoit été prescrite pour les armements faits à Bordeaux et à la Rochelle, par les ordonnances des 23 août 1630 et 22 décembre 1739, conviendroit mieux à l'état actuel des classes; mais qu'il seroit encore plus utile de laisser aux armateurs une entière liberté à cet égard, leur intérêt devant les engager à employer un nombre suffisant de novices; que la proportion du nombre des mousses déterminée au dixième, n'est pas trop grande pour fournir aux gens de mer les moyens de faire subsister leurs enfants et les former à la profession de matelot; que la permission d'admettre dans les équipages un tiers de matelots étrangers, peut être nuisible, en privant une partie des matelots français des moyens de s'employer utilement, ce qui tend à diminuer le nombre de ceux qui se destinent à la navigation; qu'il est par conséquent nécessaire de restreindre cette permission, en conservant néanmoins aux armateurs la liberté d'employer un petit nombre d'étrangers, lorsque cela pourra être utile à l'objet des expéditions; que la nécessité d'embarquer un chirurgien sur des bâtiments équipés d'un très-petit nombre d'hommes, produit une augmentation de dépense trop considérable par rapport à l'objet de ces armements; que dans le nombre des voyages désignés sous le nom de long cours, et qui, aux termes de l'ordonnance du 18 octobre 1740, sont tous ceux au-delà des détroits de Gibraltar et du Sund, il en est plusieurs qui, en les considérant relativement aux motifs qui déterminent à l'embarquement des chirurgiens, peuvent être assimilés malgré leur durée à ceux du grand cabotage: et S. M. voulant favoriser le commerce, le débarrasser de toutes les gênes qui nuisent à son extension en augmentant les frais des armements, et assurer de l'emploi à ceux de ses sujets qui ont embrassé la profession de matelot, a ordonné et ordonne ce qui suit:

1. Les armateurs et capitaines, maîtres et patrons des navires marchands, ne seront plus astreints à y embarquer un nombre déterminé de novices, et seront libres de n'en admettre qu'autant qu'ils le voudront, quelle que soit la destination de leurs bâtiments pour le commerce ou pour les pêches, et de quelque nombre d'hommes qu'ils soient équipés.

2. Il continuera d'être embarqué sur chacun des navires qui seront armés dans les ports du royaume, un mousse par dix hommes d'équipage, conformément aux ordonnances du 15 août 1732.

3. Il ne pourra à l'avenir être admis dans le nombre des matelots qui composeront les équipages desdits navires, qu'un sixième d'étrangers, au lieu du tiers qui étoit précédemment autorisé; et il ne pourra en être employé aucun comme officier et officier-marinier, sans une permission expresse de S. M.

4. Il ne sera embarqué de chirurgien sur les navires destinés aux voyages de long cours, que lorsque les équipages seront de quinze hommes et au-dessus, les mousses compris; et il n'en sera pareillement embarqué sur ceux expédiés pour toutes les côtes et îles de l'Europe, même au-delà du détroit du Sund dans la mer Baltique, ainsi que pour toutes celles de la Méditerranée et de la côte occidentale d'Afrique, jusques et compris les îles Canaries, que lorsque lesdits navires auront

vingt hommes d'équipage; sera d'ailleurs la déclaration du 15 novembre 1767 exécutée selon sa forme et teneur, en tout ce qui n'est pas contraire au présent article.

5. Veut S. M. que les ordonnances et réglements concernant l'équipement et expédition des bâtiments marchands et les rôles d'équipage, soient pareillement exécutés en ce qui n'y est pas dérogé par la présente : laissant d'ailleurs aux armateurs, capitaines et maitres une entière liberté sur la composition de leurs équipages, et sur les conditions des engagements de ceux qui en feront partie.

N° 1947. — LETTRES PATENTES *concernant les privilèges de la ville de Bayonne et du pays de Labourt, et réglement relatif à la franchise accordée au port de Bayonne.*

Versailles, 4 juillet 1784. Reg. à Bordeaux en la cour des aides et finances de Guyenne le 5 mars 1785. (R. S.)

N° 1948. — ARRÊT *du parlement concernant la vente et la livraison des bois dans les chantiers de la ville de Paris* (1).

Paris, 6 juillet 1784. (R. S. Mars, 2-30. Dupin, code du com. de bois et charbon, tom. 1, pag. 484.)

Savoir faisons, que sur ce qui nous a été remontré par le procureur du roi et de la ville, que l'instrument en bois appelé membrure, et dont la destination a pour objet le mesurage du bois de corde dans les chantiers, est tellement défectueux dans sa construction, qu'en supposant même aux dernières mesures toutes les dimensions, tant en largeur qu'en hauteur, prescrites par les ordonnances, il n'en seroit pas moins possible que les acheteurs fussent lésés malgré la bonne foi des marchands et la plus grande attention dans le procédé du mesurage; que la possibilité de cette lésion a été reconnue par différentes vérifications qui ont été faites en présence même du bureau, et démontrée d'ailleurs par les observations suivantes sur la forme et les proportions beaucoup trop foibles de cette mesure.

1° On a remarqué qu'en général les membrures actuellement existantes, étoient faites avec des bois d'une grosseur insuffisante; que par une conséquence nécessaire les montants de chacune d'elles étoient exposés à fléchir et à se rapprocher ou s'éloigner dans le haut suivant la manière dont la mesure étoit chargée et remplie, d'où résultoit l'inconvénient d'un

---

(1) V. arrêté 27 ventôse an x.

faux mesurage qui pouvoit être nuisible à l'acheteur plutôt qu'au vendeur; attendu la facilité qu'avoient les préposés audit mesurage d'y procéder de façon à produire dans le haut de la membrure le rapprochement plutôt que l'écartement desdits montants.

2° Que la semelle desdites membrures étoit pareillement trop foible et beaucoup trop étroite; que le défaut d'épaisseur suffisante, et l'impuissance de résister au poids, occasionoient une courbure au centre, lorsque surtout ladite semelle portoit sur un terrain inégal, et que de cette courbure devoit résulter l'effet inévitable du rapprochement des montants dont on vient de parler; que l'abus des semelles trop étroites n'étoit pas moins sensible en ce que les premières bûches jetées au hasard dans la membrure, ne pouvant d'elles-mêmes s'y placer dans l'équilibre nécessaire, on étoit forcé, pour empêcher qu'elles ne portassent à terre d'un côté et ne restassent suspendues de l'autre, de procurer auxdites semelles une largeur factice en posant à une certaine distance d'elles, tant en avant qu'en arrière, des pièces de bois désignées sous le nom de soustraits; mais que ces pièces étant plus élevées que les semelles, il étoit impossible alors que le premier rang de celles comprises dans la membrure touchât immédiatement lesdites semelles, et que le vide que laissoit ce premier rang diminuoit d'autant la continence de la mesure.

3° Que les membrures n'étant point étalonées, comme le sont les mesures des autres objets de consommation, et leur construction totale en bois exposant les bouts des deux montants à une prompte dégradation et réduction successive de hauteur que le temps et le service journalier rendoient inévitables, il en résultoit que plusieurs d'entre elles étoient employées au mesurage du bois, sans avoir exactement les dimensions prescrites par les ordonnances, et que l'usage abusif étoit continué jusqu'à ce que du moins la réparation ou la réforme totale en eût été ordonnée par les officiers du bureau à l'époque de leurs différentes visites dans les chantiers.

Que ces défectuosités nécessairement attachées à la construction des membrures actuelles et demi-membrures, exigeoient que les unes et les autres fussent incessamment remplacées par d'autres, dont les proportions plus fortes pussent en quelque sorte garantir l'exactitude et la durée de leurs dimensions conformément aux ordonnances; il espère en conséquence qu'en nous déterminant à pourvoir à ce changement, qui a pour objet de maintenir la fidélité d'un commerce très-intéressant pour le public, et dont la surveillance est spécialement confiée à nos soins, nous voudrons bien aussi ordonner que lesdites membrures et demi-membrures seront étalonées, et la marque imprimée sur de solides embrassures de fer, dont les bouts des deux montants de chacune d'elles seront armés et fortifiés, pour l'une desdites nouvelles membrures, tant grande que petite, être ensuite déposée à l'hôtel-de-ville, et servir de *mesure matrice*, destinée à vérifier et contrôler toutes celles qui seront employées au mesurage du bois dans les différents chantiers, à l'effet de quoi il sera dressé procès-verbal du dépôt desdites membrures, afin que la confiance publique soit justifiée par toutes les précautions dont cet objet important peut être susceptible, et qu'à l'avenir elle ne puisse être exposée à aucune surprise: pourquoi requéroit le procureur du roi et de la ville qu'il nous plût y pourvoir.

Nous, ayant égard aux remontrance et réquisitoire du procureur du roi et de la ville, et après avoir pris tous les renseignements qui pouvoient nous éclairer, tant sur la formation abusive des membrures actuelles, que sur les moyens d'en construire de nouvelles dont les proportions plus solides pussent remédier aux inconvénients des autres : disons que les ordonnances et réglements indicatifs des dimensions que doivent avoir les membrures destinées au mesurage du bois dans les chantiers, seront exécutés selon leur forme et teneur; et que, pour prévenir les inconvénients des mesures actuelles, il en sera construit de nouvelles dont les proportions seront conformes en tous points à la description suivante.

1. Chaque membrure aura la solle ou plate-forme de huit pieds six pouces de long, six pouces de large et quatre pouces et demi d'épaisseur; les deux montants espacés entre eux de quatre pieds dans œuvre, auront quatre pieds de hauteur, non compris le tenon assemblé dans la solle, cinq pouces de large, deux pouces et demi d'épaisseur par le haut et trois pouces dans le bas; lesdits montants seront retenus par une contre-fiche en dehors de trois pieds quatre pouces et demi de longueur sans les tenons, trois pouces d'épaisseur dans le haut, trois pouces et demi dans le bas ; et de quatre pouces de largeur posée de champ, et assemblée dans la plate-forme à la distance de sept pouces six lignes de son extrémité, et dans le montant à la distance d'un pied un pouce de sa sommité; le tout de bois de chêne bien dressé et corroyé, assemblé et chevillé, pour avoir dans le haut, ainsi que dans le bas, parallèlement et

exactement quatre pieds en hauteur et largeur, formant seize pieds en superficie.

2°. La demi-membrure sera de deux pieds huit pouces de largeur et trois pieds de hauteur dans œuvre, ce qui donnera huit pieds en superficie, ayant la solle, les montants et contrefiches assemblés de même qu'à la membrure, chacune desdites pièces ayant aussi une grosseur convenable et proportionnée.

3. Pour constater la hauteur des montants desdites membrures, et en assurer la durée et conservation, il sera placé une embrassure de fer au bout de chacun desdits montants, laquelle pour les membrures sera en fer de quatre lignes d'épaisseur, vingt-une lignes de largeur et quatorze portées de développement; elle sera contournée avec précision, et entaillée de toute son épaisseur dans le bois, les angles bien formés par dehors, et chacune d'elles attachée avec deux boulons à tête fraisée par un bout, et rivée par l'autre; le tout limé et équarri avec précision.

Les mêmes embrassures pour les demi-membrures seront en fer de deux lignes d'épaisseur, quinze lignes de largeur et dix pouces et demi de développement; chacune d'elles sera pareillement forgée, limée, entaillée et arrêtée avec un boulon à tête fraisée et rivure.

4. Il sera apposé à chacun des montants pour marque et étalon, une fleur-de-lis et un V dans la forme ci-contre, frappés avec un poinçon d'acier fait exprès, et chacune des pièces de bois dépendantes desdites membrures sera également marquée et étalonnée du même signe, avec un fer chaud pareillement forgé à cet effet et pour cet usage.

5. La force des montants et l'épaisseur de la solle ou semelle desdites membrures pouvant encore n'être pas suffisante pour prévenir l'effet du rapprochement ou de l'écartement desdits montants, et l'exactitude du mesurage exigeant qu'on pourvoie par une précaution nouvelle au moyen de la constater, il sera construit à cet effet quatre cents mesures de quatre pieds de longueur, en bois de chêne de six lignes d'épaisseur et d'un pouce seulement de largeur; et pour qu'elles puissent, dans les moments de vente, servir, tant au vendeur, à l'acheteur, qu'aux officiers-mouleurs, à vérifier le mesurage de la voie entière et celui de la demi-voie, à laquelle la demi-membrure est affectée, chacune desdites mesures sera divisée sur les deux côtés en pieds et en pouces, qui la rendront également propre à la double vérification des grandes et petites membrures.

6 JUILLET 1784.

6. Lesdites membrures, demi-membrures et mesures actuellement déposées à l'hôtel-de-ville y seront délivrées à chaque marchand, dans un lieu à ce destiné, et après avoir été vérifiées par les huissiers commissaire de police, étalonneurs de mesures, en présence de l'un de nous commis à cet effet, les embrassures seront marquées de l'étalon désigné; elles seront dans la même séance entaillées, attachées et rivées de toutes les pièces de bois dépendantes de chaque membrure marquées avec un fer chaud, ainsi qu'il est dit ci-dessus.

7. L'opération desdites vérification et marque consommée, et constatée par un procès-verbal qui en sera dressé, les marchands de bois neuf et flotté seront tenus de se rendre audit hôtel-de-ville, immédiatement après l'homologation et publication de la présente ordonnance, à l'effet de se pourvoir de quatre desdites mesures pour chaque chantier, et du nombre des membrures et demi-membrures nouvelles qui sera reconnu nécessaire à leur commerce; le tout en payant à leurs syndics le prix qui aura été réglé par le bureau pour chaque nouvelle membrure, demi-membrure et mesure.

8. Il est défendu à tous marchands de bois à brûler, à compter de la publication de la présente ordonnance, de se servir, pour la distribution et mesurage de leurs bois, d'autres membrures que celles de la nouvelle construction, sous peine de confiscation du bois qui sera trouvé dans des membrures non approuvées, et de 500 liv. d'amende, laquelle ne pourra être modérée pour quelque cause que ce puisse être (1).

9. L'abus des soustraits formés de pièces de bois prises au hasard, et souvent plus élevées que les semelles, ayant été considéré comme une des principales causes du faux mesurage, les marchands seront dorénavant tenus d'avoir à chaque membrure deux soustraits en bois de chêne ou de sapin de quatre pieds de longueur, et d'une épaisseur parfaitement égale à celle de la plate-forme ou semelle, lesquels seront marqués de la même manière que les mesures; défendons auxdits marchands ou leurs préposés au mesurage, de se servir pour corder leur bois, d'autres soustraits que ceux qui auront reçu l'authenticité de ladite marque, ni de placer aucunes cales ou coins dessous lesdites semelles, sous prétexte d'inégalité de terrain.

10. Lorsqu'une ou plusieurs pièces desdites nouvelles mem-

---

(1) Art. 479, C. P. 5e et 6e.

brures tiendront à manquer, les marchands propriétaires seront autorisés à les faire rétablir et renouveler à leurs dépens, dans les mêmes proportions et qualités de bois prescrites pour les membrures neuves, et chacune desdites nouvelles pièces sera vérifiée et étalonnée lors de la première visite qui sera faite dans les chantiers par l'un de nous, accompagné d'un huissier-commissaire-étalonneur, lesquelles visites seront sans frais renouvelées tous les deux mois, afin d'opposer par une surveillance plus habituelle un remède plus efficace aux abus.

11. Il sera déposé à l'hôtel-de-ville une des nouvelles membrures et demi-membrures duement marquées et étalonnées, et il sera dressé procès-verbal dudit dépôt, afin de donner toute l'authenticité nécessaire auxdites matrices, sur lesquelles seront vérifiées toutes les membrures qui seront construites dorénavant pour servir au mesurage du bois dans les chantiers.

12. Il sera établi dans chaque quartier un nombre suffisant, et proportionné à celui des chantiers y existant, de commis-mouleurs sermentés au bureau, chargés spécialement de surveiller la fidélité du mesurage, dresser procès-verbaux des abus qui pourroient s'y glisser, soit au profit du marchand, soit au profit du consommateur, pour iceux affirmer véritables et rapportés au bureau, être ordonné ce qu'il appartiendra.

13. Il sera établi neuf inspecteurs, lesquels seront pareillement sermentés au bureau, et chargés de surveiller journellement les commis-mouleurs dans les neuf quartiers de l'île Louvier, de la Tournelle, de Saint-Antoine, quai Malaquais, port Saint-Nicolas, porte Saint-Honoré, île des Cignes, Gros-Caillou et de la Grenouillère; d'y dresser procès-verbaux journaliers de leurs visites, à l'effet d'être chaque jour remis à un inspecteur général qui sera à ce préposé, et icelui tenu d'en faire rapport au bureau par chaque jour d'assemblée, et dans les jours intermédiaires, aux prévôt des marchands et procureur du roi, si le cas exige célérité.

14. Chacun desdits commis et inspecteurs changeront de quartier par chaque mois de l'année, et aucun desdits commis ne pourra se trouver avec les mêmes commis et inspecteurs que le mois précédent; ce qui sera réglé par un tableau particulier, arrêté au bureau, et déposé entre les mains de l'inspecteur général, qui n'instruira de sa destination chaque subordonné, qu'au premier de chaque mois.

N° 1949. — Déclaration *du roi portant réglement pour le mesurage et la qualité des bois à brûler destinés à l'approvisionnement de Paris.*

Versailles, 8 juillet 1784. (Dupin, Cod. du com. de bois et charbon, t. 1ᵉʳ, pag. 193.)

L'intention des rois nos prédécesseurs en ordonnant que dans l'espèce des bois connus aux chantiers sous la qualification de bois neuf, il seroit fait, par les marchands, un triage de tous ceux dont les dimensions auroient 18 pouces de grosseur et au-dessus, que la livraison en seroit faite à une mesure particulière communément appelée mesure à l'anneau, et qu'ils seroient distingués dans les tarifs par la dénomination de bois de compte, a été de procurer à ceux qui ne voudroient consommer que du bois d'une qualité supérieure, l'avantage de pouvoir s'en approvisionner, sans mélange d'aucun autre; mais nous sommes informés que cette disposition a donné naissance à plusieurs abus, et qu'aujourd'hui, parmi les voies de bois qui se délivrent dans les chantiers de notre bonne ville de Paris, celle de bois de compte est la plus incomplète; la lenteur du mesurage à l'anneau ayant servi de prétexte au marchand pour se dispenser d'en faire usage, ce qui a occasioné une livraison absolument arbitraire; que d'ailleurs la distribution établie par les tarifs entre les bois de différentes dimensions, et les prix réglés pour chacun d'eux, donne ouverture à plusieurs fraudes au préjudice du consommateur; qu'enfin le public est encore exposé à une autre lésion résultante, soit de la construction des membrures susceptibles de favoriser les fausses mesures, soit de l'insuffisance des précautions prises pour le contrôle du mesurage. En même temps que nous avons reconnu la nécessité de remédier à ces abus : à ces causes et autres, à ce nous mouvant, de l'avis de notre conseil, de notre certaine science, pleine puissance et autorité royale, nous avons dit, déclaré et ordonné; disons, déclarons et ordonnons, voulons et nous plaît ce qui suit :

1. Nous avons supprimé et supprimons la mesure à l'anneau servant au mesurage des bois communément appelés bois de compte, dont, à compter de la publication des présentes, la livraison au public cessera d'avoir lieu dans les chantiers de notre bonne ville, faubourgs et banlieue de Paris.

2. Voulons que la distinction faite jusqu'à ce jour dans tous les tarifs concernant la taxe des bois de corde, tant par rapport

à leur prix, qu'à leurs différentes dimensions en grosseur seulement, ne subsiste plus, et qu'à l'avenir les espèces de bois n'y soient indiquées que sous les trois dénominations de bois neuf, de bois flotté et de bois blanc.

3. Il sera établi un nombre suffisant d'inspecteurs et de commis-mouleurs, lesquels, avec serment préalablement prêté devant les prévôt des marchands et échevins, seront tenus de veiller à ce que les garçons de chantiers, préposés par les marchands pour placer le bois dans la membrure, procèdent au mesurage avec toute l'exactitude prescrite par les réglements.

4. Le mesurage de tous les bois qui seront délivrés sur les ports et quais, et dans tous les chantiers de notre bonne ville de Paris, sera fait dans les membrures nouvellement construites aux frais des marchands, dans les dimensions indiquées par l'ordonnance du bureau de la ville du 6 juillet présent mois.

5. Avons interdit et interdisons la faculté ci-devant accordée aux marchands de mêler un tiers de bois blanc dans chaque voie de bois neuf ou flotté; voulons qu'à l'avenir chaque voie de bois ne puisse être composée qu'en bois dur, des différentes dimensions, depuis le plus gros échantillon jusqu'au plus petit, qui ne pourra pas être moindre que de six pouces de circonférence; défendons aux marchands adjudicataires, ou leurs commis, de faire fendre par quartiers, soit dans les lieux mêmes d'exploitation, soit ailleurs, le bois de chauffage qui n'auroit pas plus de dix-huit pouces de circonférence.

N° 1950. — ARRÊT *du parlement portant réglement pour la discipline des classes et les congés dans les colléges de son ressort* (1).

Paris, 10 juillet 1784. (R. S.)

N° 1951. — RÉGLEMENT *sur le service respectif des troupes de terre et de mer dans les ville et port de Toulon* (2).

Versailles, 10 juillet 1784. (R. S.)

N° 1952. — LETTRES PATENTES *concernant les juifs d'Alsace.*

Versailles, 10 juillet 1784. Reg. au conseil supérieur d'Alsace le 26 avril 1785. (Merlin, v° juifs. Deboug. rec. des ord. d'Alsace.)

1. Les juifs répandus dans la province d'Alsace, qui, à l'époque de la publication des présentes, n'y auront aucun

---

(1) V. a. d. p. 29 janvier 1785, 3 juin 1783.
(2) V. 7 mars 1781 et 4 février 1792.

domicile fixe ni connu, et qui n'auront payé, ni le droit de protection à nous dû, ni ceux de réception et habitation appartenants aux seigneurs et aux villes, ni la contribution aux charges des communautés, seront tenus, dans trois mois, à compter du jour de ladite publication, de sortir de ladite province quand bien même ils offriroient de payer lesdits droits et ladite contribution. Voulons que ceux desdits juifs, qui, après l'expiration du terme fixé par le présent article, seroient trouvés dans ladite province, soient poursuivis et traités comme vagabonds et gens sans aveu, suivant la rigueur des ordonnances.

2. Faisons très-expresses inhibitions et défenses à tous seigneurs, et à toutes villes et communautés jouissant du droit de seigneurie, d'admettre à l'avenir aucun juif étranger, jusqu'à ce qu'il en ait été par nous autrement ordonné.

3. Les juifs étrangers qui se rendront en Alsace pour raison de commerce ou autres affaires, seront tenus de rapporter des certificats ou passe-ports, signés du magistrat des lieux où lesdits juifs résident ordinairement ; lesquels certificats contiendront leurs noms, qualités et professions, la désignation des lieux où ils devront se rendre, et le temps pendant lequel ils se proposeront d'y séjourner. Ces certificats ou passe-ports seront par eux représentés au magistrat de la première ville d'Alsace par laquelle ils passeront, lequel magistrat visera ces passe-ports. En vertu desdits passe-ports ainsi visés, lesdits juifs pourront séjourner pendant les trois mois dans les lieux de la province qui y seront spécifiés. Ils pourront, au surplus, si les circonstances l'exigent, obtenir du magistrat desdits lieux la permission d'y prolonger leur séjour pendant six semaines. S'il ne se trouve point de magistrat dans l'endroit, ladite permission pourra leur être délivrée par le juge.

4. Tous les juifs étrangers qui s'introduiront en Alsace sans avoir satisfait à ce qui est prescrit par l'article précédent, seront arrêtés et punis suivant la rigueur des ordonnances concernant les vagabonds et gens sans aveu.

5. Faisons très-expresses inhibitions et défenses à tous rabbins et autres juifs de donner à l'avenir des billets d'étape ou logement, en vertu desquels un juif puisse aller loger dans la maison d'un autre et de s'y faire nourrir. Défendons pareillement à tous juifs résidants en Alsace de fournir aucune retraite aux juifs étrangers, et à tous aubergistes, cabaretiers et autres habitants, de les loger et recevoir, si, au préalable, ils ne leur ont représenté les passe-ports dont ils doivent être

munis; le tout, à peine de 300 liv. d'amende contre chacun des contrevenants.

6. Faisons très-expresses inhibitions et défenses à tous juifs et juives, actuellement résidants en Alsace, de contracter à l'avenir aucun mariage, sans notre permission expresse, même hors des états de notre domination, sous peine, contre les contractants, d'être incontinent expulsés de ladite province.

7. Défendons en conséquence aux rabbins de procéder à la célébration d'aucun desdits mariages, à moins qu'il ne leur soit apparu de notre permission, sous peine, contre lesdits rabbins, d'une amende de 3,000 liv., qui ne pourra être réputée comminatoire, et d'expulsion en cas de récidive.

8. Permettons aux juifs d'Alsace d'y prendre des fermes à bail dans les communautés où ils auront été admis, mais à condition qu'ils demeureront dans lesdites fermes, et qu'ils les exploiteront eux-mêmes. Les autorisons aussi à louer, mais pour les cultiver également eux-mêmes, des vignes, des terres, et généralement toute autre espèce de fonds. Leur défendons, au surplus, d'employer des domestiques chrétiens, soit à l'exploitation desdites fermes, soit à la culture desdites vignes et terres. Voulons en outre qu'ils aient la faculté d'entreprendre des défrichements, de se charger de l'exploitation des mines de charbon de terre ou autres; enfin, de traiter de toute espèce d'ouvrages, soit pour le service public, soit pour le compte des particuliers. Notre intention au reste est qu'ils ne puissent sous-traiter, ni pour lesdites entreprises et exploitations, ni pour lesdits ouvrages.

9. Nous avons permis et permettons aux juifs établis dans notre province d'Alsace d'y faire la banque, ainsi que toute sorte de négoce, trafic et commerce en gros et en détail, à la charge par eux de se conformer aux réglements concernant le commerce. Les autorisons, en outre, à y établir des manufactures et fabriques d'étoffes ou autres ouvrages, ainsi que des forges, verreries et faïenceries, à la charge par eux d'obtenir les permissions qui seroient requises pour nos sujets. Voulons, au surplus, que leurs livres et registres soient tenus en langue vulgaire. Leur défendons expressément de s'y servir de la langue hébraïque, à peine de 1,000 liv. d'amende.

10. Faisons très-expresses inhibitions et défenses à tout juif d'acquérir, sous son nom ou sous celui d'aucun autre particulier, soit par contrat de vente volontaire, soit par adjudication, soit à titre de cession en paiement de rentes ou extinction de capitaux, aucuns biens-fonds de quelque nature qu'ils soient,

même sous la condition de les revendre dans l'année. Déclarons dès à présent nulle et de nul effet toutes les ventes, adjudications ou cessions de biens-fonds qui pourroient leur être faites.

11. Pourront néanmoins les juifs continuer d'acquérir, à titre de propriété, les maisons nécessaires pour leur habitation personnelle seulement, ainsi que les jardins qui y seront contigus, pourvu néanmoins que ces maisons et jardins soient proportionnés à l'état et aux besoins de l'acquéreur, ce qui sera vérifié et réglé par le sieur intendant et commissaire départi, devant qui ils seront tenus de se pourvoir à cet effet.

12. Lorsque les juifs auront été reçus par les seigneurs qui auront le droit de les recevoir, et qu'après avoir payé le droit de réception ils auront acquitté exactement le droit annuel d'habitation, ils ne pourront être congédiés par lesdits seigneurs que pour méfaits ou mauvaise conduite duement constatés par les juges des lieux.

13. Les rabbins établis, soit par nous, soit par les seigneurs qui ont le droit d'en nommer, continueront de connoître, comme par le passé, de toutes les contestations qui pourront survenir entre juifs seulement, concernant l'observation de leurs lois, ainsi que de toutes les affaires de police civile dans lesquelles nos sujets ne seront point impliqués. Dans tout autre cas que ceux désignés par le présent article, tous les juifs établis dans toutes les communautés d'Alsace, seront et demeureront soumis aux officiers de justice et de police des lieux.

14. Ne pourront à l'avenir les juifs, contracter avec aucun de nos sujets, soit pour prêt d'argent, soit pour vente de grains, bestiaux et d'autres objets de quelque nature que ce soit, que par actes passés devant notaires, ou par billets et marchés rédigés en présence de deux préposés de la communauté, qui signeront lesdits billets et marché, et assisteront à la numération des deniers. Voulons qu'en cas de contravention au présent article, les billets ou marchés soient nuls, et que le juif qui les aura souscrits soit expulsé de notre royaume.

15. Exceptons néanmoins de la disposition portée par l'article précédent les lettres de change, billets à ordre et autres écrits usités entre les juifs et ceux de nos sujets qui exercent la profession de banquier ou de négociants, pourvu que les écrits dont il s'agit ne soient relatifs qu'au fait de la banque et du commerce.

16. Faisons défenses à tous juifs d'écrire et signer en caractères hébraïques les quittances qu'ils donneront à leurs débi-

teurs et les écrits qu'ils feront avec eux. Déclarons nuls et de nulle valeur tous écrits et toutes quittances de cette espèce qui seront rédigés autrement qu'en français, ou dans la langue vulgaire usitée en Alsace; sauf, lorsqu'un juif ne saura ni écrire ni signer son nom en français ni en allemand, à y suppléer, en observant les formalités que les ordonnances prescrivent à cet égard.

17. Leur faisons pareillement défenses de stipuler dans les billets qui seront faits à leur profit, des fournitures de grains et autres denrées et marchandises, pour le paiement des intérêts et capitaux par eux prêtés, à peine de nullité desdits billets. Voulons que lesdits intérêts ne puissent être stipulés qu'en deniers et au taux ordinaire.

18. Les juifs qui seront admis à rendre témoignage, soit au civil, soit au criminel, et auxquels le serment aura été déféré, seront tenus de le prêter de la même manière que font les juifs établis en Allemagne, et de suivre à cet égard le formulaire qui sera prescrit par notre conseil souverain d'Alsace, et envoyé dans les sièges de son ressort pour y être observé.

19. Les juifs ne pourront être admis au bénéfice de cession de biens que du consentement des trois quarts de leurs créanciers chrétiens. Leurs femmes ne pourront user du bénéfice de séparation de biens au préjudice des créanciers chrétiens de leurs maris. Permettons toutefois aux femmes juives de stipuler, par leurs contrats de mariage, qu'elles ne seront pas communes en biens avec leurs maris, et qu'elles pourront administrer et gérer, sous leur propre nom, leurs apports présent et à venir, à condition qu'en ce cas les contrats de mariage seront insinués au greffe de la juridiction du domicile des maris.

20. Les juifs ne pourront agir en justice qu'en leur propre et privé nom, sauf à ceux qui résideroient dans un même lieu à plaider en nom collectif lorsqu'ils auront un intérêt commun. Voulons au surplus que les affaires qui concerneront les juifs en général continuent d'être traitées et suivies par des agents qu'ils auront dans la province, lesquels seront désignés sous le nom de syndics des juifs, et seront élus par eux sous l'autorité du commissaire départi.

21. Défendons aux juifs de s'assembler en aucun cas sans y avoir été autorisés par le commissaire départi. Voulons que lorsque lesdits syndics auront dressé les rôles de répartition des sommes que les juifs seront dans le cas de lever sur eux-mêmes, soit pour leurs besoins, soit pour le soulagement de

leurs pauvres, lesdits rôles ne puissent être exécutoires qu'autant qu'ils auront été approuvés par le commissaire départi.

22. Autorisons lesdits syndics à faire, toujours avec l'autorisation du commissaire départi, la répartition des impositions royales auxquelles les juifs sont assujettis en Alsace, et toutes les autres fonctions remplies jusqu'ici par les préposés généraux.

23. Les préposés particuliers élus par les communautés des juifs seront et demeureront chargés privativement à tous autres du soin de veiller et tenir la main à l'exécution des ordres qui pourront être adressés auxdites communautés relativement au recouvrement des sommes dont nous aurons ordonné l'imposition sur elles, ainsi qu'à la levée des deniers destinés à acquitter tant les dépenses communes à tous les juifs de la province que celles qui sont particulières à chaque communauté. Lesdits préposés auront pareillement le droit de convoquer des assemblées lorsque les circonstances le requerront, et de présider celles dans lesquelles se feront les élections du chantre et du sergent. Ils dresseront les rôles de la répartition à faire entre tous les contribuables, des sommes destinées à acquitter les salaires desdits chantre et sergent. S'il s'élevoit dans l'intérieur des synagogues quelques contestations qui pussent troubler l'ordre et la tranquillité qui doivent régner dans ces assemblées, ils prescriront provisoirement tout ce qui leur paroîtra convenable pour arrêter sur-le-champ le désordre et prévenir de nouveaux troubles jusqu'à ce qu'il y ait été autrement pourvu en la forme ordinaire; et si quelques-uns desdits juifs refusent d'obéir auxdits préposés, ceux-ci auront le droit de prononcer contre eux des amendes, lesquelles ne pourront toutefois excéder la somme de 3 liv.

24. Les juifs et juives mariés légitimement ne pourront, s'ils viennent à se convertir, se remarier avec des catholiques qu'autant qu'ils seront veufs. Déclarons nuls tous mariages de cette espèce qui auront été contractés postérieurement à la publication du présent réglement, et bâtards tous les enfants qui naîtront desdits mariages.

25. Lorsque les juifs d'Alsace se marieront, qu'il leur naîtra un enfant, ou qu'ils viendront à mourir, ceux qui auront contracté lesdits mariages, les parents de l'enfant, ceux du mort, et, à leur défaut, ses amis ou voisins, seront tenus, deux jours au plus tard après lesdites naissances, mariages ou morts, d'en faire leur déclaration par-devant le juge du lieu, et ce, à peine de 100 liv. d'amende, laquelle déclaration, duement

signée tant par le déclarant que par ledit juge, spécifiera la date exacte desdits mariages, naissances ou morts, ainsi que les noms, surnoms et qualités de ceux sur lesquels elle portera, et sera inscrite dans deux registres cotés et paraphés, dont l'un restera entre les mains dudit juge, et l'autre sera par lui envoyé au greffe de notre conseil souverain d'Alsace, pour y rester déposé, et pour qu'on puisse y recourir, le cas échéant. Il ne pourra être exigé qu'un droit de 5 s. pour chaque déclaration, et pour chaque extrait qui en sera délivré.

N° 1953. — ORDONNANCE *concernant la formation et la solde de l'infanterie française* (1).

Versailles, 12 juillet 1784. (Coll. d'ord. mil. Metz, 1785.)

N° 1954. — ARRÊT *du conseil qui permet la sortie des cuirs et peaux secs et en poil, venant de l'étranger en exemption des droits, et qui prescrit les conditions et formalités à observer à cet égard.*

Versailles, 14 juillet 1784. (R. S.)

N° 1955. — ARRÊT *du conseil sur les maladies des animaux, la morve et autres* (2).

Versailles, 16 juillet 1784. (R. S. C. Mars, 1—542.)

Le roi étant informé des ravages qu'occasionent sur les animaux, dans différentes provinces de son royaume, les maladies contagieuses dont ils sont attaqués, notamment celle de la morve; et considérant que cette maladie, contre laquelle on n'a trouvé jusqu'à présent aucun remède curatif, se communique, se propage et se perpétue par toutes sortes de voies; que l'écurie où un cheval atteint de la morve n'a fait que passer, les harnois et tout ce qui lui a servi, reçoivent et communiquent ce vice épidémique, qui ne tarde pas à se développer; qu'une des causes principales de la contagion ne peut être attribuée qu'à la négligence et à un intérêt mal entendu des propriétaires, marchands de chevaux et bestiaux, qui, au lieu de déclarer le mal dès son principe, cherchent à le déguiser jus-

---

(1) Le même jour parut 1° une ord. concernant le régiment de colonel général de l'infanterie française et étrangère en supplément à l'ord. ci-dessus; 2° une ord. concernant la fonction et la solde de l'infant. étrangère.

(2) En vigueur. V. ord. 27 janvier 1815; ord. de pol. 21 février 1820; a. d. p. 14 mars 1745; a. d. c. 19 juillet 1746, art. 459, 460, 461, 462, 484, C. P.

qu'à ce que les animaux qui en sont atteints soient absolument hors d'état de service; que des écarisseurs et autres, après avoir acheté des chevaux et bêtes frappés de mal, sous prétexte de les guérir ou les abattre, en font un trafic funeste, même dans la vente des parties mortes. S. M. jugeant nécessaire de réprimer des abus aussi contraires à l'agriculture et au commerce, et voulant y pourvoir : ouï le rapport, etc.

1. Toutes personnes, de quelque qualité et condition qu'elles soient, qui auront des chevaux et bestiaux atteints ou soupçonnés de la morve ou de toute autre maladie contagieuse, telles que le charbon, la gale, la clavelée, le farcin et la rage, seront tenus, à peine de 500 liv. d'amende, d'en faire sur-le-champ leur déclaration aux maires, échevins ou syndics des villes, bourgs et paroisses de leur résidence, pour être lesdits chevaux et bestiaux vus et visités sans délai, en la présence desdits officiers, par les experts vétérinaires les plus prochains, lesquels se transporteront à cet effet dans les écuries, étables et bergeries pour reconnoître et constater exactement l'état des chevaux et animaux qui leur auront été déclarés.

2. Autorise S. M. les sieurs intendants et commissaires départis dans les différentes provinces du royaume, à nommer autant d'experts qu'ils le jugeront à propos pour lesdites visites, choisis par préférence parmi les élèves des écoles vétérinaires, à leur défaut, parmi les maréchaux ou autres qui auront les certificats d'étude et de capacité du directeur de l'école vétérinaire, ou qui auront subi un examen sur les demandes qui leur seront faites en présence dudit sieur commissaire par deux artistes vétérinaires du département.

3. Seront tenus lesdits experts de prêter leur ministère toutes fois et quantes ils en seront requis par les officiers de maréchaussée, subdélégués, officiers municipaux et syndics, pour examiner les chevaux et bestiaux suspects; comme aussi de se transporter à cet effet dans les marchés publics et dans les écuries des maîtres de postes, des entrepreneurs de messageries ou roulage et loueurs de chevaux, même aussi dans les écuries, bergeries et étables des particuliers, sur les déclarations et dénonciations de mal contagieux qui auroient été faites à leur égard, en se faisant toutefois, audit cas, autoriser par le juge du lieu, et accompagner d'un officier municipal ou du syndic de la paroisse. Fait défenses S. M. à toutes personnes de refuser l'entrée de leurs écuries, étables et bergeries auxdits experts ainsi assistés, et d'apporter aucun obstacle à ce qu'il soit procédé, conformément à ce que dessus, aux-

dites visites, dont il sera dressé procès-verbal, lors duquel, en cas de difficultés, les parties intéressées pourront faire tels dires et réquisitions qu'elles aviseront, et il y sera statué provisoirement et sans aucun délai par le juge qui aura autorisé la visite.

4. Défenses sont faites à tous maréchaux, bergers et autres, de traiter aucun animal attaqué de la maladie contagieuse et pestilentielle sans en avoir fait la déclaration aux officiers municipaux et syndics de leur résidence, lesquels en rendront compte sur-le-champ au subdélégué, qui fera appliquer sans délai sur le front de la bête malade un cachet en cire verte portant ces mots : *animal suspect*, pour, dès cet instant, être les chevaux ou autres animaux qui auront été ainsi marqués, conduits et enfermés dans des lieux séparés et isolés. Fait pareillement défenses S. M. à toutes personnes de les laisser communiquer avec d'autres animaux, ni de les laisser vaguer dans des pâturages communs; le tout sous la même peine d'amende.

5. Les chevaux qui auront été attaqués de la morve, et les autres bestiaux dont la maladie contagieuse aura été reconnue incurable par les experts, seront abattus sans délai, ensuite ouverts par lesdits experts, lesquels appelleront à l'abattage et ouverture desdits animaux un officier municipal ou syndic, qui en dressera procès-verbal, pour être envoyé audit sieur commissaire départi ou à son subdélégué; et ce procès-verbal contiendra en détail le caractère de la maladie de l'animal et les précautions pour éviter la contagion.

6. Les chevaux et bestiaux morts et abattus pour cause de morve ou de toute autre maladie contagieuse pestilentielle seront enterrés (chairs et ossements) dans des fosses de dix pieds de profondeur, qui ne pourront être ouvertes plus près de cent toises de toute habitation, et les peaux en seront tailladées; les écuries dans lesquelles auront séjourné des chevaux morveux, ainsi que les étables et bergeries qui auront servi aux animaux attaqués de maladies contagieuses, seront, à la diligence des officiers municipaux et experts, aérées et purifiées; lesdits lieux ne pourront être occupés par aucuns autres animaux que lorsqu'ils auront été purifiés et qu'il se sera écoulé un temps suffisant pour en ôter l'infection; les équipages, harnois, colliers seront brûlés ou échaudés, conformément à ce qui sera prescrit par le procès-verbal d'abattage qui aura été dressé, et dont sera laissé copie, pour par les propriétaires ou autres s'y conformer, ainsi qu'à toutes les précautions qui

auront été indiquées par les experts, à l'effet d'éviter la contagion, le tout sous la même peine de 500 liv. d'amende.

7. Fait S. M. défenses, sous les mêmes peines, à tous marchands de chevaux et autres, de détourner, sous quelque prétexte que ce soit, vendre ou exposer en vente dans les foires et marchés ou partout ailleurs, des chevaux et bestiaux atteints ou suspectés de morve ou de maladies contagieuses, et aux hôteliers, cabaretiers, laboureurs et autres, de recevoir dans leurs écuries ou étables ordinaires, aucuns chevaux ou animaux soupçonnés de semblables maladies, auquel cas il seront tenus d'en faire aussitôt la déclaration ci-dessus prescrite.

8. Autorise S. M. lesdits sieurs commissaires départis et leurs subdélégués à commettre dans les villes, bourgs et villages de leurs généralités tel nombre d'écarisseurs qui sera jugé nécessaire, lesquels seuls pourront faire l'enlèvement et écarissage des animaux morts dans les arrondissements qui leur seront prescrits, auxquels il sera délivré sans frais une commission par lesdits sieurs intendants et subdélégués, sans qu'aucuns autres puissent s'immiscer dans l'écarissage des chevaux et bestiaux, à peine de prison.

9. Les écarisseurs ne pourront, sous peine d'être déchus de leur commission, d'amende ou de telle autre punition qu'il appartiendra, vendre et débiter aucune viande qui proviendra des chevaux ou animaux qui, suivant l'art. 2, auront été abattus pour être enterrés.

10. Autorise S. M. toutes personnes à dénoncer les contraventions qui pourront être faites aux dispositions du présent arrêt; et lorsqu'elles auront été bien et duement constatées, le tiers des amendes qui auront été prononcées et qui seront payables sans déport, appartiendra au dénonciateur, auquel il sera en outre accordé une récompense proportionnée au mérite de la dénonciation.

11. Seront tenus les maires et échevins dans les villes, et les syndics dans les campagnes, d'informer, au premier avis qu'ils en auront, les intendants et leurs subdélégués, des maladies contagieuses ou épizootiques qui se manifesteront dans l'étendue de leur arrondissement, à peine d'être rendus personnellement responsables de tous dommages qui pourroient résulter de leur négligence.

12. Toutes les amendes encourues, aux termes des articles ci-dessus, seront payées sans déport, et les contrevenants y seront contraints par toutes voies dues et raisonnables, même par emprisonnement de leurs personnes.

13. Et seront les ordonnances rendues pour la police du marché aux chevaux, et notamment celle du 8 juillet 1763, exécutées en leur contenu.

14. Ordonne S. M., que conformément aux attributions ci-devant données tant au sieur lieutenant général de police de la ville de Paris, qu'aux sieurs commissaires départis dans les provinces du royaume, chacun en droit soi, ils continuent d'avoir exclusivement à tous autres juges, la connoissance des contestations qui pourroient survenir sur l'exécution du présent arrêt, ainsi que des précédents réglements et ordonnances intervenus au même sujet, sauf l'appel au conseil : leur enjoint, ainsi qu'aux maires, échevins et syndics, de tenir la main à l'exécution du présent arrêt, et aux officiers et cavaliers de maréchaussée et tous autres, de prêter la main-forte et l'assistance nécessaires à cet effet.

N° 1956. — LETTRES PATENTES *concernant le droit de noblesse héréditaire, et les privilèges attribués aux quatre offices de secrétaires des finances et greffiers du conseil privé* (1).

Versailles, 18 juillet 1784. Reg. au parlement le 3 septembre. (R. S.)

N° 1957. — RÉGLEMENT *sur la réunion de la compagnie de maréchaussée de l'île de France au corps de ce nom, son organisation, etc.* (2).

Versailles, 18 juillet 1784. (R. S.)

N° 1958. — LETTRES PATENTES *sur arrêt portant exemption de droit pour les eaux-de-vie qui sortiront du royaume, avec liberté de distiller les lies, les baissières de vin et les marcs de raisin* (3).

Versailles, 21 juillet 1784. Reg. en parlement le 20 août. (R. S.)

N° 1959. — ORDONNANCE *concernant la formation et la solde de la cavalerie* (4).

Versailles, 25 juillet 1784. (Coll. d'ord. mil. Metz, 1785.)

---

(1) V. décl. 27 août 1747.
(2) V. a. d. c. 8 juin 1770; ord. du 28 avril 1778, n° 866, t. 3 du règne, p. 280.
(3) V. 3 juillet et 10 novembre 1785.
(4) Le même jour parut, 1° une ord. sur la fonction et la solde des régi... hussards; 2° une ord. concernant le régiment de colonel général ...ards.
Le 17 novembre fut rendue une ord. en supplément à celle ci-dessus.

29 JUILLET 1784.

N° 1960. — ARRÊT du conseil portant différents encouragements à la fabrication de la faïence, de la poterie et des tuiles ou briques en Corse, et notamment la concession gratuite pendant quinze ans, des terrains appartenant au roi, propres à ladite fabrication, l'exemption des droits de sortie sur les ouvrages en terre cuite, et même une prime pendant cinq ans du vingtième de la valeur de ceux qui seront exportés à l'étranger.

Versailles, 26 juillet 1784. (Code Corse, tom. 5, pag. 540.)

N° 1961. — ARRÊT du conseil portant exemption pendant vingt années de toute imposition en faveur des terrains incultes qui seront cultivés en chenevières ou linières, exemption du droit de sortie jusqu'à nouvel ordre, sur les chanvres, lins et toiles fabriqués en Corse, et autres encouragements aux frais de S. M., pour la fabrique des toiles.

Versailles, 26 juillet 1784. (Code Corse, tom. 5, pag. 547.)

N° 1962. — LETTRES PATENTES qui autorisent les administrateurs du Mont-de-Piété de la ville de Metz, à faire vendre publiquement les vaisselles et argenteries mises en nantissement, qui n'auront pas été retirés dans le délai fixé par l'art. 5 des lettres patentes de septembre 1781 (1).

Versailles, 27 juillet 1784. Reg. en la cour des monnoies le 4 septembre.
(R. S.)

N° 1963. — ARRÊT du parlement qui défend, sous peine de 10 liv. d'amende, de sonner les cloches pendant l'orage (2).

Versailles, 29 juillet 1784. (R. S. Mars, 1—702.)

Vu par la cour la requête présentée par le procureur général du roi, contenant qu'il lui a été adressé différents mémoires pour empêcher de sonner les cloches pendant le temps des orages, par rapport aux inconvénients qui en résultent; que la cour, par arrêt du 21 mai 1784, a homologué une ordonnance rendue à cet effet par les officiers du bailliage de Langres; que le procureur général a encore été informé que dans plusieurs paroisses on sonne sans nécessité les cloches, tant de jour que

---

(1) V. décl. 14 décembre 1689, lett. pat. 27 mars 1779.
(2) V. 21 mai 1784, § 5, art. 3 et 5, loi des 16-24 août 1790, App. du C. P.

de nuit; et comme il est important de prévenir les événements fâcheux qui peuvent arriver par la sonnerie des cloches pendant le temps des orages, et de pourvoir à ce que les cloches ne soient pas sonnées de jour et de nuit sans motif légitime : à ces causes réquéroit le procureur général du roi, etc. Ouï le rapport de M° Pierre Lattaignant, conseiller. Tout considéré.

La cour fait défenses aux marguilliers et bedeaux des paroisses, et à tous autres, de sonner ou de faire sonner les cloches dans les temps d'orage, à peine de 10 liv. d'amende contre chacun des contrevenants, et de 5o liv. en cas de récidive, même de plus grande peine s'il y échet : ordonne que les cloches ne pourront être sonnées que pour les différents offices de l'église, messes et prières, suivant l'usage et les rits des diocèses; ordonne, en outre, qu'il sera seulement sonné une cloche pour la tenue des assemblées, tant de la fabrique que de la communauté des habitants; et que, dans les cas extraordinaires qui pourront exiger une sonnerie, elle ne sera faite qu'après en avoir prévenu les curés, et leur en avoir déclaré le motif, à peine de 20 liv. d'amende contre chacun des contrevenants, et de plus grande peine s'il y échet; enjoint aux substituts du procureur général du roi dans les sièges royaux du ressort de la cour, et aux officiers des justices subalternes, de tenir la main à l'exécution du présent arrêt, lequel sera imprimé, publié et affiché partout où besoin sera.

N° 1964. — ARRÊT *du conseil concernant les anoblis depuis* 1715, *en retard du paiement des sommes auxquels ils ont été taxés par l'édit d'avril* 1771, *pour droit de confirmation.*

Versailles, 29 juillet 1784. (R. S.)

N° 1965. — ARRÊT *du conseil qui permet aux gardes généraux et particuliers des maîtrises de l'apanage de* Monsieur *frère de S. M., de porter des fusils.*

Versailles, 31 juillet 1784. (Baudrillard.)

N° 1966. — ORDONNANCE *du bureau de la ville portant instruction pour les commis mouleurs des bois à brûler.*

Paris 6 août 1784. (Dupin, code du comm. de bois et charbon.)

1° Chacun des commis-mesureurs recevra de l'inspecteur chargé de le surveiller dans ses fonctions, la note indicative du bateau ou place de vente qui lui sera assigné pour y contrôler le mesurage du charbon.

2° Il se rendra tous les jours, le matin et le soir, au bateau ou place de vente désigné, et avant l'heure de la distribution, pour n'en sortir qu'à celle fixée pour la cessation de la vente.

3° Lorsqu'il aura été attaché à un bateau de charbon, pour en surveiller le mesurage, il ne pourra, sous aucun prétexte, passer dudit bateau sur un autre, qu'après la vente totale des charbons dont il aura été chargé.

4° Il veillera à ce que le mesurage ne soit fait qu'en sa présence par les garçons de la pelle, et seulement dans des mesures duement étalonnées.

5° Il tiendra pareillement à ce que lesdits garçons de la pelle ne placent aucuns charbons dans lesdites mesures pendant son absence, et dans les heures intermédiaires de la vente.

6° Il observera qu'en conformité des ordonnances, la mesure doit être chargée de charbons sur bord, sans qu'on puisse exiger qu'elle soit comble.

7° Chacun desdits commis-mesureurs sera tenu de recevoir les déclarations des marchands à l'instant de l'arrivée de leurs charbons, d'en tenir registre, ainsi que des lettres de voitures, et de tout il fera chaque soir un relevé qu'il remettra à son inspecteur, pour être, par lui et sur-le-champ, déposé entre les mains de l'inspecteur général qui en rendra compte à M. le prévôt des marchands.

8° Il aura la plus grande attention à ne laisser jamais entrer dans le bateau les plumets-porteurs en plus grand nombre que celui de deux à la fois; et dans le cas où quelques-uns desdits plumets, sans égard à la défense précise qui leur en est faite, s'obstineroient à vouloir monter sur ledit bateau, le commis-mouleur sera alors autorisé à requérir la garde pour les faire retirer; il constatera leur mutinerie par un procès-verbal qu'il remettra à l'inspecteur, pour, sur le rapport qui en sera fait au bureau, être ordonné ce qu'il appartiendra.

9° Il veillera pareillement à ce qu'aucuns desdits plumets-porteurs ne s'immisce à placer lui-même des charbons dans la mesure, personne ne devant procéder à l'opération du mesurage que les seuls garçons de la pelle, lesquels seront tenus de se soumettre à cet égard à ce qui leur sera prescrit par le commis-mesureur.

10° Dans le cas où quelques parties de charbon seroient reconnues pour être défectueuses et de mauvaise qualité, le commis, chargé d'en surveiller la vente et le mesurage, sera tenu d'en avertir sur-le-champ l'inspecteur, pour, sur le rapport qui en sera fait au bureau, être par lui pourvu et statué ainsi qu'il appartiendra.

11° Il sera pareillement tenu de veiller à ce qu'aucuns plumets-porteurs ne rassemblent plusieurs voies de charbons en sacs dans le bateau ou sur la levée du bateau; il aura au contraire attention à ce que les sacs soient enlevés au fur et à mesure de leur remplissage.

12° Il se conduira avec honnêteté et modération dans l'exercice de ses fonctions, et lorsque les marchands, les garçons de pelle, les plumets-porteurs ou même les acheteurs, se comporteront mal à son égard ou envers le public, il s'abstiendra de toute réponse qui pourroit le compromettre, et il constatera le tout par un procès-verbal qu'il affirmera véritable pour, sur le rapport qui en sera fait au bureau, être par ledit bureau ordonné en ce qu'il appartiendra.

13° Il observera de ne jamais quitter son poste pour se rendre aux cabarets, ni dans les cafés, et y boire, soit avec les marchands, soit avec les acheteurs ni tous autres; son unique soin devant être d'éviter toutes liaisons qui pourroient le rendre suspect, et de veiller avec exactitude au service qui lui est confié.

14° Il ne pourra s'absenter, ni se dispenser de l'exercice de ses fonctions journalières, à moins qu'il n'y soit forcé pour cause de maladie, ou par quelque autre motif légitime; auquel cas il sera tenu d'en prévenir l'inspecteur général, afin qu'il puisse le faire remplacer, et que le service ne soit pas exposé à souffrir de son absence.

15° Il s'abstiendra de faire, pour tel consommateur que ce puisse être, la provision de charbons dont il pourroit être prié de se charger, afin que sa surveillance ne soit distraite par aucun autre soin.

16° Il observera surtout que ses fonctions doivent être bornées au seul objet du mesurage de charbons, sans qu'il puisse être permis de les étendre au-delà, et de se mêler notamment de tout ce qui concerne le paiement des droits établis sur les charbons, dont le détail et la surveillance sont exclusivement confiés aux commis et préposés de la ferme générale.

17° Chacun des commis-mesureurs est averti qu'il ne peut manquer à tout ce qui lui est prescrit par la présente instruction, sans s'exposer au risque certain de perdre son emploi, qu'aucune considération, en ce cas, ne sauroit engager le bureau à lui conserver.

N° 1967. — Arrêt du conseil qui ordonne l'établissement d'un canal de flottage pour les bois de la forêt de Sénonches et autres bois voisins, et le paiement de ces ouvrages et des terrains qui seront pris.

Versailles, 7 août 1784. (Baudrillart, tom. 1, pag. 465.)

N° 1968. — Arrêt du conseil qui défend de créer du papier monnaie dans les colonies (1).

Versailles, 8 août 1784. (R. S.)

N° 1969. — Ordonnance concernant la formation et la solde des régiments de dragons (2).

Versailles, 8 août 1784. (Coll. mil. d'ord. Metz, 1785.)

N° 1970. — Déclaration concernant les causes d'appellation comme d'abus et toutes celles de régale (3).

Versailles, 9 août 1784. Reg. en parlement le 3 septembre. (R. S.)

N° 1971. — Arrêt du parlement sur le pâturage.

Paris, 10 août 1784. (R. S.)

La cour fait défenses aux propriétaires et fermiers et à tous bergers, gardes-troupeaux et autres personnes demeurants dans l'étendue des justices de Saulzet, Beauverges et Listenois, d'envoyer ou mener paître, dans aucuns temps de l'année, leurs vaches, chevaux, moutons et autres animaux dans les vignes, de les mener paître dans les champs, sinon après trois jours que la récolte aura été enlevée desdits champs,

---

(1) V. édit de mars 1781, ci-dessus n° 1430, pag. 6.
(2) Le même jour fut rendue une pareille ord. pour les régiments de chasseurs, à laquelle on adjoignait le 10, un règlement et un supplément. Le 15 de ce mois parut 1° une ord. concernant les régiments de colonel général et de mestre-de-camp général des dragons; 2° une ord. concernant les régiments de colonel général, mestre-de-camp général et commissaire général de la cavalerie. V. ci-dessus 25 juillet, pag. 445.
(3) Une décl. est rendue le même jour sur les requêtes civiles.
V. décl. 15 mars 1773, 24 août 1775, 12 mai 1776, 28 août 1781, 17 août 1783.

sous peine des amendes portées par les ordonnances et arrêt de règlement contre les contrevenants, même d'être poursuivis extraordinairement, suivant l'exigence des cas, desquelles amendes les pères et mères, maîtres et maîtresses seront responsables pour leurs enfants ou domestiques; fait défenses, sous les mêmes peines, à toutes personnes de ramasser de l'herbe dans les terres ensemencées après le temps prohibé par les ordonnances; fait pareillement défenses de ramasser de l'herbe dans les vignes, et de couper ou tailler les haies qui bornent les héritages, sans le consentement des propriétaires; ordonne qu'il sera nommé chaque année un garde-messier pour les paroisses étant dans l'étendue des justices de Saulzet, Beauverges et Listenois, lequel sera tenu de faire son rapport au greffe desdites justices contre les contrevenants, et de l'affirmer véritable devant le juge des lieux; fait défenses audit garde-messier d'exiger aucune chose des personnes qui se trouveront en contravention, à peine de restitution, d'interdiction, même d'être poursuivi, si le cas y échet, comme concussionnaire; ordonne que les métayers et locataires seront tenus de payer chaque année audit messier la rétribution qui sera convenue et fixée par le juge des lieux.

N° 1972. — ARRÊT *du conseil qui défend d'exercer les greffes sans avoir obtenu des provisions ou des lettres de ratifications* (1).

Versailles, 12 août 1784. (R. S. C. Rec. du parlement de Toulouse Dupleix, 1785.)

N° 1973. — LETTRES PATENTES *qui accordent aux états de la Flandre maritime, la régie et perception des droits des quatre membres, par bail de dix années; et leur permettent d'emprunter la somme de* 10,000,000 *remboursable dans le même terme* (2).

Versailles, août 1784. Reg. en parlement de Douai le 13. (R. S.)

N° 1974. — ARRÊT *du conseil portant règlement pour les bois des communautés du Nivernois* (3).

Versailles, 14 août 1784. (Baudrillart.)

----

(1) V. édit de juin 1653, avril 1664; décl. de décembre 1656; a. d. c. 16 décembre 1647, 12 janvier 1650, 9 septembre 1654, 12 novembre 1657, 30 avril 1668, 1er mars 1686, 2 juillet 1689, 25 septembre 1718.
(2) V. a. d. c. 13 novembre 1759, ord. du 8 février 1816, art. 13.
(3) V. 14 mai 1789, et 25 avril 1793.

N° 1975. — Arrêt du conseil ordonnant que toutes les rentes constituées sur le roi et autres charges annuelles de même nature soient payées à l'hôtel-de-ville de Paris, et réglant la comptabilité du trésorier de cette caisse (1).

Versailles, 14 août 1784.

N° 1976. — Déclaration concernant les maîtres des communautés de Paris qui vont s'établir dans les villes du royaume (2).

Versailles, 15 août 1784. Reg. en parlement le 3 septembre. (R. S.)

N° 1977. — Déclaration ordonnant qu'aucun Suisse ne sera admis au concours dans les faillites en France, sans administrer la preuve que la réciprocité est observée dans son canton (3).

Versailles, 20 août 1784. Reg. au conseil de Corse le 23 septembre (Martens, Code Corse, tom. 5, pag. 553. Kock, 2—567.)

N° 1978. — Arrêt du conseil portant réglement pour la perception du droit d'indult (4).

Versailles, 25 août 1784. (R. S.)

N° 1979. — Déclaration sur les précautions à prendre et les formalités à remplir par ceux qui fondent ou travaillent les matières d'or et d'argent (5).

Versailles, 25 août 1784. Reg. en la cour des monnoies le 4 décemb. (R. S.)

N° 1980. — Lettres patentes concernant la hauteur des maisons de Paris (6).

Versailles, 25 août 1784. (R. S. C. Mars, 2—474.)

Louis, etc. Par l'art. 5 de notre déclaration du 10 avril 1783,

---

(1) V. édit de mai 1772; lett. pat. 1ᵉʳ mai 1773, 21 décembre 1776; décl. 30 juillet 1775, 10 août 1780: a. d. c. 14 septembre 1786.
(2) Edit d'août 1776, n° 517, tom. 2 du règne, pag. 74.
(3) V. lett. pat. interprétatives 4 octobre 1779. la réciprocité rétablie conformément au traité de 1516, par l'art. 12 du traité du 20 août 1798; v. art. 16 du traité du 27 septembre 1803.
(4) V. a. d. c. 6 septembre 1769.
(5) V. ord. 1506, régl. 1554, 30 décembre 1679; a. d. c. des monnoies 31 janvier 1785.
(6) V. édit de 1783, 23 octobre 1785. V. ci-dessus n° 1777, pag. 270.

nous avons fixé la hauteur des maisons et bâtiments en la ville et faubourgs de Paris, autres que les édifices publics, dans une proportion qui nous a paru convenable à la largeur des différentes rues, non-seulement pour rendre l'air plus salubre, en facilitant sa circulation, mais encore pour la sûreté des habitants, surtout en cas d'incendie; étant informé que l'exécution de cet article présente des difficultés qu'il est à propos de résoudre, en prévoyant les différents cas résultant des dispositions différentes des emplacements à bâtir, soit dans les rues fixées à trente pieds de largeur, soit dans celles plus étroites, soit enfin aux encoignures des rues d'inégale largeur; en conséquence, nous avons cru devoir expliquer, à ce sujet, nos intentions. A ces causes, etc.

1. Ordonnons qu'à l'avenir, la hauteur des façades des maisons et bâtiments, en la ville et faubourgs de Paris, autres que celles des édifices publics, sera et demeurera fixée à raison de la largeur des différentes rues; savoir, dans les rues de 30 pieds de largeur et au-dessus, à 54 pieds; dans les rues depuis 24 jusques et y compris 29 pieds de largeur, à 45 pieds; et dans toutes celles au-dessous de 23 pieds de largeur, à 36 pieds; le tout mesuré du pavé des rues, jusques et compris les corniches ou entablements, même les corniches des attiques, ainsi que la hauteur des étages en mansarde, qui tiendroient lieu desdites attiques; voulons que les façades, ci-dessus fixées, ne puissent jamais être surmontées que d'un comble, lequel aura dix pieds d'élévation, du dessus des corniches ou entablement jusqu'à son faîte, pour les corps-de-logis simples en profondeur; de 15 pieds pour les corps-de-logis doubles: défendons d'y contrevenir, sous quelque prétexte que ce soit, sous les peines portées par notre déclaration du 10 avril 1783.

2. Permettons à tous propriétaires de maisons et bâtiments situés à l'encoignure de deux rues d'inégale largeur, de la reconstruire, en suivant, du côté de la rue la plus étroite, la hauteur fixée pour la rue la plus large, et ce, dans l'étendue seulement de la profondeur du corps de bâtiment ayant face sur la plus grande rue, soit que ledit corps de bâtiment soit simple ou double en profondeur, passé laquelle étendue, la partie restante de la maison ayant façade sur la rue la moins large, sera assujettie aux hauteurs fixées par l'article précédent.

3. Ordonnons au surplus, que notre déclaration du 10 avril 1783, sera exécutée selon sa forme et teneur, en ce qui n'y est pas dérogé. Si vous mandons, etc.

28 août 1784. 457

N° 1981. — LETTRES PATENTES *portant qu'il sera fait des visites dans les boutiques et magasins des négociants pour vérifier la marque des étoffes de toile* (1).

Versailles, 26 août 1784. Reg. au parlement le 10 décembre. (R. S.)

N° 1982. — RÉGLEMENT *concernant les capitaines de vaisseaux en non activité* (2).

Versailles, 28 août 1784. (R. S. C.)

S. M. considérant que les services que les capitaines de ses vaisseaux ont à remplir dans ses ports et arsenaux, n'exigent pas que la totalité des officiers de ce grade réside dans les départements auxquels ils sont attachés; et voulant procurer à ceux qui n'y seront pas retenus par des fonctions ou des ordres particuliers, la faculté de vaquer à leurs affaires lorsqu'ils ne seront pas employés à la mer, elle a ordonné et ordonne ce qui suit :

1. Les capitaines, lorsqu'ils ne seront pas employés, ne jouiront que des deux tiers des appointements qu'ils recevroient étant en activité.

2. S. M. arrêtera la liste des capitaines de ses vaisseaux, qui devront être employés annuellement dans ses ports et arsenaux, soit en activité simple de service, soit comme attachés aux directions et aux différents détails.

3. Les capitaines qui ne seront pas compris dans ladite liste, ne seront plus tenus à la résidence dans leur département respectif, et seront libres de se retirer chez eux ou de demeurer dans le port.

4. Les appointements des capitaines qui ne seront pas employés, soit qu'ils résident chez eux, soit dans le port, leur seront payés dans le département auquel ils sont attachés, en certifiant par eux de leur existence et de leur résidence, par les lettres qu'ils seront tenus d'écrire tous les deux mois au commandant de leur département respectif, auxquelles seront joints leurs certificats de vie, dressés dans les formes ordinaires.

---

(1) V. lett. pat. des 1er, 4 et 28 juin 1780.
(2) V. ord. du 27 juillet 1814.

5. Le commandant de chaque port fera dresser par le major de la marine un état nominatif des capitaines absents du port et des lieux de leur résidence, et des capitaines qui, résident dans le port, n'y seront pas en activité de service; ledit état signé du major et visé dudit commandant, sera remis à l'intendant ou ordonnateur, avec les certificats de vie; et le double sera adressé au secrétaire d'état ayant le département de la marine.

6. L'intendant de chaque port emploiera tous les capitaines de vaisseaux dans l'état des appointements à payer, d'après les états que le commandant lui en fera remettre dans la forme indiquée par l'article précédent; et il enverra tous les deux mois au secrétaire d'état de la marine, les états d'appointements et de revue, en observant de désigner les capitaines en activité de service, ceux qui n'y sont pas, et les lieux de résidence de ceux-ci.

7. Les capitaines qui ne seront pas en activité, ne pourront s'absenter du royaume sans la permission de S. M., et ne seront payés de leurs appointements qu'à leur retour dans le royaume; et s'ils changent seulement de résidence dans l'intérieur, ils ne le pourront qu'après en avoir préalablement prévenu le commandant de leur département, qui fera apostiller leur changement de résidence, sur l'état tenu par le major, et en rendra compte au secrétaire d'état ayant le département de la marine.

8. Il sera payé une conduite conformément à ce qui est réglé à cet égard, à tous les capitaines de vaisseaux qui auront reçu des ordres, soit pour rejoindre leur département, soit pour se transporter d'un lieu dans un autre, lorsque le service de S. M. exigera ce mouvement; mais il ne sera payé aucune conduite à ceux des capitaines non employés, qui ayant choisi le port pour leur résidence, y seroient mis en activité de service.

9. Les capitaines qui seront mis en activité, commenceront à jouir des appointements attachés à cette activité, du jour qu'ils se seront présentés au commandant de leur département, et qu'ils auront pris acte de leur arrivée, en se faisant inscrire au bureau de la majorité de la marine.

10. Veut S. M. que la présente ordonnance ait son exécution, à commencer du 1er octobre prochain.

N° 1983. — **Arrêt du conseil qui casse un arrêt du parlement de Dijon, qui avait ordonné une taxe du bois** (1).

Versailles, 29 août 1784. (Rec. des arr. du conseil aux archives des fin. Baudrillart, tom. 1er, pag. 469.)

N° 1984. — **Arrêt du conseil concernant le commerce étranger dans les îles françaises de l'Amérique** (2).

Versailles, 30 août 1784. (R. S. C. Code de la Martinique, t. 3, pag. 539.)

Le roi, toujours occupé du soin de concilier l'accroissement des cultures de ses colonies d'Amérique, avec l'extension du commerce général de son royaume, n'a jamais perdu de vue les moyens qui pouvoient contribuer à la prospérité de ses possessions au-delà des mers, sans diminuer les avantages que la métropole devoit retirer de ses établissements; mais les principes à suivre pour parvenir à ce but, présentoient des difficultés qui ne pouvoient être vaincues qu'à mesure que l'expérience auroit éclairé sur les changements à introduire dans cette partie importante de l'administration. Par le compte que S. M. s'est fait rendre de ceux qui ont eu lieu jusqu'à présent, elle a reconnu qu'il avoit été nécessaire de tempérer successivement la rigueur primitive des lettres patentes du mois d'octobre 1727, dont les dispositions écartent absolument l'étranger du commerce de ses colonies; et, que pour maintenir dans un juste équilibre des intérêts qui doivent se favoriser mutuellement, il avoit fallu en différents temps apporter des modifications à la sévérité des règlements prohibitifs. Considérant que les circonstances actuelles sollicitent de nouveaux adoucissements, elle a jugé qu'en les accordant, il convenoit encore de multiplier les ports d'entrepôt dans les îles françaises du vent et sous le vent, d'en rectifier le choix, et de les ouvrir dans des lieux où ils fussent sous la main du gouvernement et sous l'inspection du commerce national, afin de prévenir l'abus d'une contrebande destructive, et de la réprimer avec

---

(1) Autres arrêts analogues des 25 septemb. 1784, 1er déc. 1785. (R. S.) Le conseil avoit reconnu l'inconvénient de la taxe des bois.
(2) En vigueur. Ord. de février 1826.
V. 23, 25 septembre 1785; 10 septembre, 28 décembre 1786; 2 mai, 22 juillet 1789; 29 novembre 1790; 6 mars 1793, art. 1er; 21 septembre 1793, art. 3; 4 messidor an x; 23 juin 1802.

d'autant plus de sévérité, que S. M. ayant pourvu aux besoins de ses colonies, les infracteurs de ses lois en deviendroient plus inexcusables. A quoi voulant pourvoir: ouï le rapport; le roi étant en son conseil, S. M. a ordonné et ordonne ce qui suit:

1. L'entrepôt ci-devant assigné au carénage de Sainte-Lucie, sera maintenu pour ladite île seulement, et il en sera établi trois nouveaux aux îles du vent; savoir, un à Saint-Pierre pour la Martinique, un à la Pointe-à-Pitre pour la Guadeloupe et dépendances, un à Scarborough pour Tabago. Il en sera pareillement ouvert trois pour Saint-Domingue, savoir, un au cap Français, un au Port-au-Prince, un aux cayes Saint-Louis: celui qui existe au môle Saint-Nicolas dans la même colonie, sera et demeurera supprimé.

2. Permet S. M., par provision et jusqu'à ce qu'il lui plaise d'en ordonner autrement, aux navires étrangers, du port de soixante tonneaux au moins, uniquement chargés de bois de toute espèce, même de bois de teinture, de charbon de terre, d'animaux et bestiaux vivants de toute nature, de salaisons de bœufs et non de porcs, de morue et poisson salés, de riz, maïs, légumes; de cuirs verts en poil ou tannés, de pelleteries, de résines et goudron, d'aller dans les seuls ports d'entrepôt désignés par l'article précédent, et d'y décharger et commercer lesdites marchandises.

3. Il sera permis aux navires étrangers qui iront dans les ports d'entrepôt, soit pour y porter les marchandises permises par l'art. 2, soit à vide, d'y charger pour l'étranger, uniquement des sirops et taffias, et des marchandises venues de France.

4. Toutes les marchandises dont l'importation et l'exportation sont permises à l'étranger dans lesdits ports d'entrepôt, seront soumises aux droits locaux, établis ou à établir dans chaque colonie, et paieront en outre un pour cent de leur valeur.

5. Indépendamment du droit d'un pour cent, porté en l'article ci-dessus, les bœufs salés, la morue et le poisson salés, paieront 3 liv. par quintal; et sera le produit dudit droit de 3 liv., converti en primes d'encouragement pour l'introduction de la morue et du poisson salés, provenant de la pêche française.

6. Les chairs salées étrangères qui seront introduites dans les colonies par des bâtiments français, expédiés directement des ports du royaume, ne seront point assujetties au paiement

des droits mentionnés dans les deux articles précédents.

7. Il sera établi dans chaque port d'entrepôt un nombre suffisant de commis, pour veiller à ce qu'il ne soit introduit ni exporté d'autres marchandises que celles qui sont spécifiées dans les art. 2 et 3 du présent arrêt; et afin qu'il ne reste aucun soupçon d'inexactitude dans cette surveillance, autorise S. M. les négociants français résidant dans chacun desdits ports d'entrepôt, ainsi que les capitaines de navires qui pourront s'y trouver, à nommer respectivement entre eux des commissaires, lesquels seront chargés de dénoncer les négligences ou abus qu'ils pourroient reconnoître, et assisteront, lorsqu'ils l'estimeront convenable, à toutes les visites qui auront lieu, soit à l'arrivée, soit au départ des navires étrangers.

8. Les capitaines desdits navires étrangers, qui iront dans les ports d'entrepôt, seront tenus, sous peine de confiscation desdits navires et de leurs cargaisons, et de 1000 liv. d'amende, de se signaler au large, et d'avertir dans l'instant de leur arrivée, pour qu'il soit sur-le-champ envoyé deux commis, et autant que faire se pourra, une garde à leur bord, à l'effet d'empêcher qu'il ne soit rien déchargé avant la visite. Si lesdits capitaines arrivent le matin, ils feront dans le jour, et s'ils arrivent le soir, au plus tard dans la matinée du lendemain, une déclaration exacte, tant au bureau de S. M. qu'au greffe de l'amirauté, où ils rempliront d'ailleurs toutes formalités d'ordonnance, de l'espèce et de la quantité des marchandises dont les chargements seront composés, représenteront leurs connoissements et charte-parties, et ne pourront procéder au déchargement que sur le congé ou permis du bureau, en présence de deux commis qui visiteront les marchandises et dresseront procès-verbal de leur assistance audit déchargement. Lorsque lesdits navires s'expédieront en retour, il ne pourra être fait aucun chargement sans une pareille déclaration, sans la présence d'un nombre égal de commis, sans un semblable procès-verbal d'assistance audit chargement, et sans un permis du bureau pour le départ du bâtiment.

9. Si, lors de la visite, avant, pendant ou après le chargement ou déchargement il se trouvoit sur les navires étrangers, venus dans les ports d'entrepôts ou partant desdits ports, d'autres marchandises que celles dont l'importation et l'exportation sont permises par les articles 2 et 3, les commis en dresseront procès-verbal et le remettront sur-le-champ au greffe de l'amirauté, pour être, à la diligence du procureur de S. M., procédé par les officiers dudit siège à la saisie des

navires et de leur chargement dont la confiscation sera prononcée, avec amende de 1,000 liv., sauf l'appel au conseil ou autre tribunal supérieur du ressort.

10. Les armateurs français, soit du royaume, soit des îles et colonies françaises, qui voudront concourir à l'importation des marchandises étrangères permises par l'article 2, comme aussi à l'exportation dans les ports étrangers des marchandises pareillement permises par l'art. 3, seront soumis aux mêmes précautions, aux mêmes formalités et visites qui sont ordonnées pour les navires étrangers, subiront les mêmes peines en cas de contravention, et supporteront les mêmes droits, à l'exception seulement du droit d'un pour cent, fixé par l'article 4, dont ils seront dispensés.

11. Tous capitaines et patrons de bâtiments français armés, soit dans les ports du royaume, soit dans ceux des colonies françaises, qui voudroient s'expédier esdites colonies pour aller aux mers de l'Amérique, même à Saint-Pierre et Miquelon, ne pourront partir que d'un des ports d'entrepôt, sous peine de confiscation des bâtiments et de leurs cargaisons, et de 1,000 liv. d'amende. Lesdits capitaines et patrons seront tenus de prendre, ainsi qu'il est d'usage, la permission limitée du gouverneur et de l'intendant, et le passe-port de l'amiral, qui seront enregistrés au greffe de l'amirauté; ils fourniront en outre toutes les déclarations, et subiront toutes les visites nécessaires pour constater l'état de leurs chargements, lesquels ne pourront consister qu'en sirops, taffias et marchandises venues de France, ainsi et de la même manière que s'ils étoient étrangers.

12. Les expéditions vers des ports étrangers ne seront délivrées que pour ceux où S. M. entretient des consuls, vice-consuls ou agents auxquels elles seront présentées, tant à l'arrivée qu'au départ, pour être par eux visées, et par les capitaines exhibées au retour, soit en France ou dans les colonies.

13. Les bâtiments français qui seront partis d'un des ports d'entrepôt pour aller aux mers de l'Amérique, même à Saint-Pierre et Miquelon, comme aussi ceux qui étant expédiés des ports du royaume, auront touché à un port étranger, ou même auxdites îles de Saint-Pierre et Miquelon, ne pourront, sous pareilles peines de confiscation des bâtiments et de leurs cargaisons, ensemble de 1,000 liv. d'amende, rentrer ou entrer dans les îles et colonies françaises que par l'un des ports d'entrepôt, à l'effet d'y subir les visites et inspections auxquelles

sont assujettis les bâtiments étrangers. Ils seront tenus aux mêmes déclarations et formalités, et ne pourront introduire que les mêmes marchandises dont l'importation est permise. Après lesdites visites et inspections pour lesquelles le déchargement aura toujours lieu, et dont il sera délivré certificat aux capitaines et patrons par le directeur du bureau de S. M., il sera libre auxdits bâtiments de passer dans tel port ou rade de la colonie qu'ils jugeront à propos.

14. Lesdits bâtiments français, expédiés soit des îles françaises, soit des ports du royaume, qui, ayant touché à un port étranger, ou à Saint-Pierre et Miquelon, entreront dans un des ports d'entrepôt, seront tenus, sous les mêmes peines de confiscation et d'amende, d'arborer, à trois lieues au large, une flamme ou marque distinctive, telle qu'elle sera indiquée par l'Amirauté, afin qu'au moment de leur arrivée il puisse être envoyé des commis à bord par le bureau de S. M.

15. Veut S. M., toujours sous les mêmes peines, que les bâtiments étrangers auxquels il a été permis pour un temps déterminé, d'introduire aux îles du vent seulement, des cargaisons de noirs, dans les différents ports d'amirauté desdites îles, ne puissent plus dorénavant les introduire pendant ledit temps, que dans les ports du carénage, de Saint-Pierre, de la Pointe-à-Pitre et de Scarboroug uniquement ; dérogeant, quant à ce, à l'arrêt de son conseil du 28 juin 1783, lequel au surplus continuera d'être exécuté suivant sa forme et teneur.

16. Le produit des amendes et confiscations prononcées, sera attribué en totalité aux commis des bureaux de S. M., qui auront fait ou provoqué la saisie ; à l'égard des navires qui auront été pris en fraude, par les vaisseaux et bâtiments gardes-côtes de S. M., la totalité dudit produit appartiendra aux commandants, états-majors et équipages-preneurs, à la seule déduction des frais de justice, du dixième de l'amiral, et de 6 deniers pour livre au profit des invalides de la marine : lorsqu'il y aura des dénonciateurs, un tiers du même produit sera prélevé à leur profit.

17. Fait S. M. très-expresses inhibitions et défenses à tous Français de prêter leur nom à des francisations simulées de bâtiments étrangers, sous peines de 3,000 liv. d'amende, applicables aux hôpitaux des lieux, sans préjudice de la confiscation du bâtiment, ordonnée par les divers réglements intervenus sur le fait de la navigation : enjoint à ses procureurs ès sièges des amirautés, de faire à ce sujet toutes poursuites et diligences contre les contrevenants, à peine d'en répondre.

18. Se réserve S. M. d'ouvrir à l'avenir, s'il y a lieu, un entrepôt pour Cayenne et la Guiane française, après l'expiration du temps qu'elle a fixé par l'arrêt de son conseil du 15 mai dernier, pour la liberté générale du commerce dans ladite colonie; veut et entend que jusqu'à la révolution de ladite époque, les bâtiments étrangers ou français qui auront touché à quelque port ou rade de Cayenne et de la Guiane française, ne puissent aborder que dans les seuls ports d'entrepôt des îles du vent ou sous le vent, aux mêmes conditions, précautions, règles et peines qui sont énoncées dans les art. 13 et 14 ci-dessus.

19. Seront au surplus exécutées les dispositions des lettres-patentes du mois d'octobre 1727, et des ordonnances et règlements subséquents, concernant le commerce étranger dans les îles des colonies françaises, en ce qui n'y est pas dérogé par le présent arrêt.

N° 1985. — ÉDIT *portant établissement d'une nouvelle caisse d'amortissement* (1).

Versailles, août 1784. Reg. au parlement le 31 août. (R. S. C.)

Louis, etc. Les soulagements que nous voulons procurer à nos peuples ne pourroient être réels et solides, si le bon ordre dans l'administration de nos finances n'en étoit le principe et le moyen préparatoire. Pour y parvenir, après avoir donné nos premiers soins à ranimer la circulation et affermir le crédit, nous nous sommes occupé non-seulement de rendre plus prompt et plus régulier le paiement des rentes, qui forment une branche important de la fortune de nos sujets, et d'assurer l'acquittement exact des effets remboursables à termes fixes; mais aussi d'établir enfin sur des fondements inébranlables l'amortissement successif des capitaux constitués.

Dans cette vue, nous avons porté un regard attentif sur la masse entière de la dette publique, nous en avons considéré toutes les parties pour en bien connoître l'ensemble, et après avoir fait discuter en notre conseil le compte détaillé que nous nous en sommes fait rendre, nous avons reconnu, avec grande satisfaction, que cette dette s'éteindra facilement dans un période déterminé, par des moyens d'autant sûrs qu'ils sont gradués de manière à ne déranger en rien les destinations ordinaires de nos finances, et qu'ils pourront être maintenus en

---

(1) V. 26 décembre 1784, 14 septembre 1786, 28 août, 31 octobre 1787.

tous temps, même dans le cas de guerre, dont nous espérons qu'une paix durable préservera notre royaume.

En examinant ce qui s'est opposé jusqu'à présent au projet d'une libération si nécessaire, toujours désirée, souvent entreprise, jamais effectuée, nous avons observé que les principales causes du peu de succès qu'ont eu les caisses d'amortissement établies en 1749 et en 1764, provenoient, d'un côté, de ce qu'on y avoit affecté, dès leur origine, des fonds trop considérables pour qu'il fût possible de les y employer toujours, et d'un autre côté, de ce qu'on les avoit surchargées d'opérations compliquées, étrangères à leur objet, et qui avoient fait perdre de vue le vrai but de leur institution.

Nous éviterons ces deux écueils par l'exécution d'un plan simple dans sa marche et modéré dans ses moyens. Le seul produit de l'extinction des rentes viagères, évalué à 1,200,000 liv. par an, auquel nous n'ajouterons qu'une somme annuelle de 3,000,000, sera le fonds de la nouvelle caisse d'amortissement, et ce fonds modique, au premier aspect, mais qui prendra de la valeur par sa durée, et se renforcera sans cesse par la progression croissante et rapide de l'intérêt composé, suffira pour opérer dans l'espace de vingt-cinq ans, une diminution de près de 800,000,000 sur la dette constituée.

Afin d'assurer la destination de ce produit, et pour que ceux qui seront chargés d'en diriger l'emploi, puissent toujours connoître, sans aucune discussion, le montant des intérêts éteints par mort ou par remboursement, et s'en trouver nantis sans être obligés d'en demander la délivrance; nous avons jugé nécessaire de faire verser dans la caisse d'amortissement, pendant les vingt-cinq années, la totalité des arrérages, tant viagers que perpétuels, tels qu'ils existent aujourd'hui, et sans avoir égard à leur décroissement. Le montant des rentes dues présentement par l'état, étant ainsi fourni tous les ans à cette caisse, comme s'il étoit fixe et invariable, la somme résultante des extinctions successives s'y trouvera placée d'elle-même, ne pourra en être détournée, et y deviendra la source d'une augmentation continuelle de moyens et d'activité.

Cette disposition n'apportera aucun changement, ni dans l'assignat des fonds affectés au paiement des arrérages, ni dans le service des payeurs des rentes de l'hôtel-de-ville, lesquels recevront régulièrement du trésorier de la caisse d'amortissement les sommes qui leur seront nécessaires pour acquitter les rentes de toute nature, dont nous avons réglé les paiements par nos lettres patentes du 15 de ce mois.

Il nous a paru naturel et conséquent au même principe que les remboursements d'effets payables à époque fixe, qui se font actuellement, soit par le trésor royal, soit par la caisse des arrérages, n'ayant tous qu'une même source, et faisant également partie de la dette directe de l'état, s'opérassent aussi par la caisse d'amortissement, et qu'à cet effet les fonds qui ont été spécialement assignés à ce genre de remboursement, et qui continueront de l'être, y fussent versés sans aucune interruption. Nous y trouverons l'avantage de voir tout ce qui doit concourir à la libération générale, ne former qu'un seul ensemble et présenter, sous un même point de vue, les nouvelles facilités qui doivent en résulter pour l'assiette des emprunts que les circonstances pourront rendre nécessaires.

A l'égard des autres remboursements qui sont assignés sur des caisses particulières, telles que celles du clergé, des différents pays d'états, du domaine de notre bonne ville de Paris, et de l'ordre du Saint-Esprit, quoiqu'ils tendent également à la libération de l'état, comme ils se rapportent à des crédits intermédiaires, et qu'ils doivent se faire sur des recettes distinctes des nôtres, ils continueront de s'effectuer comme par le passé, et sans aucun changement au local de leur paiement.

De toutes ces opérations constamment suivies, il résultera que dans l'espace de vingt-cinq années il sera remboursé plus de 1,264,000,000 de la dette publique, dont 783,000,000 par le fonds progressif destiné à l'amortissement des contrats, et 481,500,000 liv. par les paiements d'effets assignés à époques fixes; ce qui produira par an une diminution de 59,000,000 sur les rentes perpétuelles, et de 22,000,000 pour les intérêts d'effets remboursés aux termes de leur assignat; il se sera éteint en outre, dans le même espace, 30,000,000 de rentes viagères, d'après l'évaluation de 1,200,000 liv. par an : ce sera donc un total de 91,000,000 de charges annuelles dont nous nous trouverons libérés à la fin de l'année 1809.

De tels avantages, démontrés par des calculs incontestables, dont les tableaux seront joints à notre présent édit, garantissent la stabilité des opérations qui doivent les procurer; leur nature exigera les soins et la surveillance d'une direction éclairée; la publicité que nous leur donnerons constatera leur exactitude en même temps qu'elle mettra leur utilité en évidence; et comme nous sommes convaincus que cette institution, la seule qui puisse conduire avec certitude à la libération de notre état, ne peut produire son effet qu'autant que la totalité de ces moyens sera employée sans interruption, et que rien n'arrêtera le cours des accroissements progressifs qui doivent s'accumuler continuellement par la marche des intérêts composés, nous déclarons solennellement que nous regardons les fonds assignés par notre présent édit à la caisse des amortissements, comme la propriété imperturbable des créanciers de l'état, et que nul motif, nulle circonstance ne pourra jamais nous faire départir, en aucune sorte, de l'exécution d'un plan qui mettra l'ordre dans toutes les parties de nos finances, donnera au crédit de l'état toute la force qu'il doit avoir, étendra, par son influence sur le taux de l'intérêt, les progrès de l'agriculture, l'essor du commerce et l'énergie de l'industrie nationale; enfin, qui, rendant tous les soulagements possibles et toutes les améliorations faciles, mettra dans nos mains les moyens de remplir le vœu de notre cœur, et d'augmenter la prospérité de notre empire. A ces causes, etc.

1. Nous avons supprimé et supprimons, à compter du 1ᵉʳ janvier 1785, la caisse des amortissements instituée par l'édit du mois de mai 1749, et nous avons créé et créons une nouvelle caisse des amortissements, dont les fonctions, qui seront réglées ci-après, commenceront à compter du même jour 1ᵉʳ janvier 1785, et seront suivies, sans interruption, pendant vingt-cinq années consécutives.

2. Voulons que le trésorier général et le contrôleur de la caisse actuelle le soient pareillement de celle que nous venons de créer, et qu'ils exercent sur les commissions qu'ils ont de nous, sans être tenus de se faire recevoir, ni de prêter un nouveau serment en notre chambre des comptes, de quoi nous les avons dispensés et dispensons.

3. Il sera nommé par nous deux directeurs de la nouvelle caisse d'amortissement, pour en suivre et régir les opérations; ils prêteront en notredite chambre des comptes, le serment d'administrer fidèlement, et de se conformer dans leur gestion aux dispositions de notre présent édit.

4. Cette caisse sera essentiellement destinée à amortir successivement les dettes de l'état, et spécialement les rentes constituées, en y employant le montant des extinctions des rentes viagères, ainsi que les intérêts des contrats remboursés, et en outre une somme de 3,000,000 de liv., que nous ferons verser dans ladite caisse pendant chacune des vingt-cinq années de sa durée.

5. Pour assurer l'exécution de la précédente disposition, nous ordonnons que le montant des arrérages et intérêts de toutes les rentes, tant perpétuelles que viagères, et autres

parties dont nous avons ordonné que le paiement se feroit pareillement à l'hôtel-de-ville, et aussi le supplément de fonds qui pourroit être nécessaire pour de nouvelles constitutions, sera versé chaque année en totalité, et sans aucun décroissement, dans la caisse d'amortissement, en sorte que, la somme destinée à cet objet, demeurant toujours la même, les arrérages et intérêts des parties éteintes ou remboursées resteront à ladite caisse, pour être entièrement employés aux opérations d'amortissement pendant les vingt-cinq années consécutives de sa durée.

6. Le montant desdits arrérages et intérêts ainsi rendu fixe et constaté invariablement par l'état arrêté en notre conseil, sera remis au trésorier de ladite caisse, en cinquante-deux paiements égaux, de semaine en semaine, tant par les receveurs-généraux de nos finances, que par l'adjudicataire de la ferme générale et les régisseurs de nos droits, à commencer au 1er juillet 1785, pour l'exercice de ladite année, et continuant dans le même ordre pour les années suivantes.

7. Le trésorier de ladite caisse remettra chaque semaine aux payeurs des rentes de l'hôtel-de-ville, les sommes nécessaires pour le paiement des arrérages desdites rentes : voulons qu'à dater de l'exercice 1786, les rentes de chaque semestre soient toujours acquittées en entier, dans le semestre suivant, ainsi qu'il a été par nous réglé.

8. La nouvelle caisse d'amortissement sera chargée à l'avenir, et à compter de l'échéance du 1er janvier 1785, des remboursements ainsi que du paiement des coupons de tous effets au porteur, directement à la charge de nos finances, et remboursables à époques fixes qui se paient actuellement, tant au trésor royal qu'à la caisse des arrérages, et leur acquittement sera désormais effectué par ladite caisse aux mêmes échéances et dans les mêmes formes prescrites pour chacun desdits effets, lors de leurs créations respectives; à l'effet de quoi les fonds qui y sont destinés seront remis annuellement au trésorier de ladite caisse, par le garde de notre trésor royal, de même que les autres fonds qu'il seroit nécessaire d'y ajouter pour de semblables paiements à termes, qui pourroient être ordonnés par la suite, tels que le remboursement des offices supprimés depuis 1770, qui n'a point encore d'assignat spécial, et auquel nous nous réservons de pourvoir particulièrement.

9. Quant aux autres remboursements, pareillement à époques, mais qui s'opèrent, soit par le clergé, soit par les pays d'états, le domaine de la ville de Paris, l'ordre du Saint-Esprit et autres intermédiaires, ils continueront d'être acquittés par

les mêmes caisses et dans les mêmes formes qu'ils l'ont été jusqu'à présent, sans qu'il y ait, à leur égard, aucun changement, non plus que pour les rescriptions qui se paient par le sieur Geoffroy d'Assi, caissier de la recette générale de nos finances.

10. Les directeurs de la caisse d'amortissement seront chargés d'en suivre les opérations, et de veiller à ce que le produit des extinctions viagères, ainsi que les 3,000,000 qui y seront joints, et le montant des arrérages amortis par remboursement de contrats et effets constitués, soient exactement employés aux amortissements les plus utiles à la libération de l'état, suivant l'ordre qui en sera par nous arrêté chaque année, lequel indiquera l'espèce de rentes et autres effets qui seront remboursés successivement.

11. Les remboursements, ainsi indiqués, se feront sur le pied du denier vingt de la rente actuelle, et il ne sera fait aucune déduction sur le capital, pour raison des retenues auxquelles lesdites rentes seroient sujettes. Ceux qui voudront être remboursés rapporteront leurs contrats et titres de propriété, avec certificat des conservateurs des hypothèques, qu'il ne subsiste aucune opposition au remboursement desdites rentes. Pourront en outre être faits des remboursements sur le pied de la valeur publique des contrats, lorsque les propriétaires le désireront, et pour le plus grand avantage de la libération.

12. Il sera dressé tous les ans, par les directeurs de la caisse d'amortissement, un état des remboursements en tout genre qu'elle aura effectués, ainsi que des fonds et accroissements progressifs qu'elle y aura employés. Les contrats de rentes et autres effets qui auront été remboursés, seront à l'instant par eux anéantis, à peine de concussion, et il en sera fait mention détaillée dans ledit état, lequel sera remis chaque année au contrôleur-général de nos finances, pour nous être présenté, et ensuite rendu public par la voie de l'impression.

13. Les fonds nécessaires aux opérations de ladite caisse d'amortissement, et que nous lui avons assignés par notre présent édit, y demeureront spécialement et invariablement affectés par préférence à toute autre destination, et comme étant totalement séparés de nos revenus; ils ne pourront être alloués en dépenses par notre chambre des comptes, dans les différents comptes de ceux par qui nous avons ordonné qu'ils seroient versés dans notredite caisse des amortissements, qu'en rapportant par eux les quittances comptables du trésorier de ladite caisse; et seront tellement réputés appartenir aux créan-

ciers de notre état, qu'ils ne pourront en aucun cas, même celui de guerre, ni pour aucune cause ou raison quelconque, être employés à aucun autre usage, dérogeant à toute loi à ce contraire, notamment à la déclaration du 11 novembre 1765. Si donnons, etc.

N° 1986. — ÉDIT *portant réglement pour les offices de grands-maîtres des eaux et forêts.*

Versailles, août 1784. Reg. en parlement le 3 septembre. (R. S.)

N° 1987. — ÉDIT *portant suppression et réunion d'un office de maître particulier des eaux et forêts d'Orléans.*

Versailles, août 1784. Reg. en parlement le 3 septembre. (R. S.)

N° 1988. — LETTRES PATENTES *relatives à la Flandre maritime* (1).

Versailles, août 1784. (R. S.)

N° 1989. — ÉDIT *sur l'administration de la justice dans les établissements français de l'Inde.*

Août 1784.

N° 1990. — RÉGLEMENT *sur les agents-de-change et les courtiers de Paris* (2).

Versailles, 5 septembre 1784. (R. S. C.)

1. Les agents-de-change et les courtiers, admis à suivre la bourse, seront tenus, chacun en droit soi, de se conformer particulièrement dans le fait des négociations et du cours des effets, aux ordonnances et réglements; en cas de contestations entre eux, ils se retireront devant les syndic et adjoint pour les régler, sauf en cas de difficultés, à en référer devant le lieutenant-général de police.

2. Lorsqu'il y aura un nouveau cours des effets, les agents-de-change, vendeur et acheteur, seront tenus, à la première réquisition de leurs confrères, de se nommer.

3. Les agents-de-change ne pourront faire aucune société entre eux, ni avec aucun marchand; se servir de commis, facteur et entremetteur; faire aucun commerce, directement ou indirectement, de lettres, billets, marchandises, papiers commerçables et autres effets pour leur compte, suivant et aux

---

(1) V. ord. du 8 février 1816, art. 13.
(2) V. a. d. c. 26 novembre 1781, ci-dessus n° 1583, pag. 119.

termes des articles 32, 33 et 34 de l'arrêt du conseil du 24 septembre 1724.

4. Tous ceux qui voudront être admis à suivre la bourse, seront tenus de se faire inscrire; pour cet effet ils présenteront un mémoire au lieutenant-général de police, concernant leurs services et travaux dans le notariat ou la banque : ce mémoire sera communiqué aux syndic et adjoint de la compagnie des agents-de-change, pour avoir leur avis; ils seront ensuite inscrits, s'il y a lieu, sur un registre paraphé par le lieutenant-général de police : en cas de refus, il leur sera défendu de se présenter à la bourse, et s'ils parvenoient à s'y introduire, ils en seront expulsés.

5. Attendu le défaut d'inscription depuis plusieurs années, de la part du plus grand nombre de ceux qui présentement fréquentent la bourse, et qui ne doivent être admis à la suivre, qu'après avoir obtenu ladite inscription, il est ordonné que tous ceux déjà inscrits ou non inscrits, seront tenus de se présenter devant le lieutenant-général de police, à l'effet d'obtenir une nouvelle inscription.

6. Il sera donné note aux syndic et adjoint de la compagnie, et aux officiers chargés de la police de la bourse, des courtiers qui auront été admis.

7. Le courtier qui aura commis quelque infidélité, qui aura abusé de la confiance de ses commettants, ou qui se sera écarté de l'usage reçu dans les négociations, sera expulsé de la bourse, sans espérance de pouvoir y rentrer, ni de parvenir à une place d'agent-de-change.

8. Tous ceux qui auront obtenu l'inscription et qui auront rapporté le certificat des syndic et adjoint, agents-de-change, ordonné par l'art. 4 ci-dessus, pourront aspirer aux places d'agent-de-change vacantes, et y être nommés par le contrôleur général des finances, sur la présentation qui en sera faite par le lieutenant général de police, sans qu'il soit besoin d'être précédemment compris au nombre des dix aspirants, condition dont S. M. les dispense, au moyen des formalités ordonnées pour l'inscription.

9. Nul ne pourra en aucun cas, se qualifier agent-de-change s'il n'en a le droit et qualité, et s'il n'a été reçu en ladite compagnie, à peine d'être privé pour toujours, de toutes prétentions à ladite place, même de l'entrée à la bourse.

10. Il sera nommé tous les ans, par le lieutenant-général de police, un comité de six agents-de-change, pour aider de leurs conseils les syndic et adjoint, lorsqu'ils en auront besoin;

lequel comité pourra être continué avec l'agrément du lieutenant-général de police.

11. Lorsqu'il sera procédé à la nomination annuelle d'un nouveau syndic, la présente instruction sera lue par le syndic sortant, au syndic entrant, dans l'assemblée de la compagnie, et il en sera fait mention expresse dans la délibération qui contiendra sa nomination.

N° 1991. — ARRÊT *du parlement sur l'incompatibilité de places de professeurs et régents de collèges avec celles de curé ou de vicaire.*

Paris, 7 septembre 1784. (R. S. C.)

N° 1992. — ARRÊT *du conseil souverain concernant les femmes et les filles qui cèlent leurs grossesses et détruisent leurs enfants* (1).

8 septembre 1784. (Code de la Martinique, tom. 3, pag. 597.)

N° 1993. — ARRÊT *du parlement sur l'âge fixé pour le concours aux prix de l'université.*

Paris, 7 septembre 1784. (R. S.)

Vu par la cour la requête présentée par le procureur général du roi, contenant qu'étant instruit des abus qui avoient lieu lors de la composition pour la distribution des prix établis dans l'université par arrêt du 8 mars 1746, la cour a jugé à propos, le 2 avril 1784, de demander au tribunal de la faculté des arts, son avis sur la fixation de l'âge auquel il pourroit être permis aux étudiants de concourir pour le prix dans chaque classe, et de proposer en même temps les règlements qu'il croiroit convenables de faire à ce sujet; qu'en exécution de cet arrêt, le tribunal de la faculté des arts s'est assemblé, et par sa délibération du 27 avril 1784, a été d'avis de ne permettre de composer en sixième qu'aux écoliers qui n'auroient pas treize ans révolus le 23 juin de chaque année, jour où l'on indique l'ouverture des compositions, et de graduer les autres classes année par année, mais de ne fixer aucun âge pour les compositions en rhétorique; le tribunal de la faculté des arts a ajouté quelques dispositions nécessaires pour déterminer l'âge des écoliers, dispositions que le procureur général du roi adoptera avec très-peu de changement; mais que quant à l'âge pour

---

(1) V. édit de Henri II, de février 1556 et 1586; décl. 25 février 1708.

composer dans les différentes classes celui indiqué par le tribunal de la faculté des arts, paroit trop avancé; qu'en effet, l'âge fixé pour l'admission des écoliers en droit étant seize ans révolus, il paroîtroit nécessaire qu'ils eussent au moins fini leur rhétorique avant cet âge; qu'en fixant à douze ans révolus l'admission des écoliers pour la composition des prix en sixième, il sera permis de concourir pour ceux de rhétorique jusqu'à dix-sept ans révolus; que cependant pour se rapprocher de l'avis du tribunal de la faculté des arts, le procureur général du roi proposera à la cour de ne retarder que d'un an l'âge fixé par ce tribunal; qu'à l'égard des rhétoriciens, le procureur général du roi, pour adopter en partie l'avis dudit tribunal, croiroit convenable de distinguer ces étudiants en deux classes, ceux qui auront fait leur seconde l'année précédente, et les vétérans; qu'il paroîtroit au procureur général du roi que les premiers doivent être astreints aux mêmes lois que tous les autres écoliers; mais qu'à l'égard des vétérans, il n'y a point d'inconvénients à ne fixer aucun âge; que cette distinction nécessite seulement d'établir irrévocablement en rhétorique deux prix pour les seuls vétérans, et d'ordonner qu'ils ne concourront jamais avec les nouveaux pour les mêmes prix. A ces causes requéroit le procureur général du roi, etc. Ouï le rapport de M., etc.; la cour ordonne,

1. Qu'il sera établi en rhétorique, dans chaque faculté, deux prix pour les seuls vétérans, lesquels ne concourront pas avec les nouveaux, et qu'il pourra même être établi en faveur desdits vétérans, par l'université, si elle le juge à propos, deux accessit dans chaque faculté, et les vétérans pourront, quelque âge qu'ils aient, concourir pour ces prix et ces accessit.

2. Que nul étudiant ne sera admis dorénavant à la composition pour les prix de l'université, qu'à la charge de n'avoir point au 23 juin de chaque année; savoir, en sixième, douze ans; en cinquième, treize ans; en quatrième, quatorze ans; en troisième, quinze ans; en seconde, seize ans, et en rhétorique, dix-sept ans : le tout révolu au 23 juin de chaque année.

3. Que pour constater son âge, chaque écolier communiquera à son professeur son extrait baptistaire duement légalisé, et le professeur sera obligé d'ajouter, sur la liste qu'il est tenu d'envoyer au recteur, le jour et l'année de la naissance de chaque écolier, et de certifier qu'il a vu son extrait baptistaire.

4. Que l'âge de chaque écolier sera pareillement certifié par le principal du collège dont l'écolier suivra les classes, soit

à titre de pensionnaire, boursier ou externe; à l'effet de quoi ledit écolier remettra son extrait baptistaire audit principal.

5. Que dans le cas qu'un écolier produiroit un autre extrait baptistaire que le sien, il sera exclu à toujours des compositions.

6. Que les principaux seront obligés de conserver les extraits baptistaires qui leur auront été remis pour les représenter, s'il en est besoin.

7. Qu'il sera par la suite ajouté dans la liste imprimée, au nom de chacun de ceux qui seront nommés à la distribution générale des prix, leur âge, et ce, d'après ce qui sera marqué dans les états mentionnés art. 5 ci-dessus; et que les seuls vétérans en rhétorique seront exceptés des dispositions de cet article, d'après le contenu en l'article premier ci-dessus.

8. Que le présent arrêt sera imprimé, publié et affiché partout où besoin sera, et notamment dans tous les collèges de plein exercice de la ville de Paris, envoyé aux bailliages et sénéchaussées du ressort, pour y être lu, publié et registré, et qu'il en sera, par le procureur général du roi, adressé plusieurs exemplaires aux recteur et syndic de l'université, pour qu'ils aient à le faire inscrire sur les registres du tribunal de l'université, et en donner connoissance aux principaux, professeurs et régents des dix collèges de plein exercice de ladite université.

N° 1994. — ARRÊT *du conseil ordonnant que les veuves des agrégés aux communautés dans les villes du ressort du parlement de Paris, pourront êtres admises dans lesdites communautés dans l'année de leur veuvage, en payant seulement la moitié des droits de réception.*

Versailles, 13 septembre 1784. (R. S.)

N° 1995. — ARRÊT *du conseil suivi de lettres patentes qui ordonne une fabrication de 50,000 marcs d'espèces de cuivre en la Monnoie de Rouen* (1).

Versailles, 16 septembre 1784. Reg. en la cour des monnoies le 12 novemb. (R. S.)

N° 1996. — ORDONNANCE *de police concernant le débit et la livraison des bois et charbons à brûler.*

Paris, 22 septembre 1784. (Dupin, Code du comm. de bois et de charbon, tom. 1, pag. 501.)

---

(1) V. édit d'août 1763; a. d. c. 5 avril 1769; décl. 14 mars 1777, 22 mai 1789.

N° 1997. — **Lettres patentes** *qui ordonnent que la longueur des mouchoirs qui se fabriquent dans le royaume, sera égale à leur largeur.*

Versailles, 23 septembre 1784. Reg. au parlement le 10 décembre. (R. S.)

Louis, etc. Nous sommes informé que quoique les différents réglements, donnés pour la fabrication des mouchoirs, ordonnent expressément que la longueur desdits mouchoirs sera égale à leur largeur, la plupart des fabricants, et notamment ceux de Cholet, Vihiers et autres lieux, sont dans l'usage abusif de donner aux mouchoirs qu'ils fabriquent beaucoup plus de largeur que de longueur, sous prétexte que conformément à nos lettres patentes du 5 mai 1779, ils ont la liberté de les fabriquer dans les proportions prescrites, ou dans des combinaisons arbitraires. Nous sommes pareillement informé que ces fabriquants n'ont adopté cette manière de fabriquer lesdits mouchoirs que parce que, par une manœuvre contraire à la bonne foi, ils parviennent, lors des apprêts, à leur donner une extension qui fait disparoître cette disproportion; mais que ce n'est que momentanément, et qu'après un premier blanchissage il s'en trouve qui ont jusqu'à six pouces de plus sur la largeur que sur la longueur, et considérant qu'il y auroit le plus grand inconvénient à tolérer un genre de fabrication qui auroit pour objet de tromper le consommateur, nous avons jugé nécessaire d'y pourvoir. A ces causes, de l'avis de notre conseil et de notre certaine science, pleine puissance et autorité royale, nous avons ordonné et, par ces présentes signées de notre main, ordonnons que la longueur des mouchoirs qui se fabriquent, tant à Cholet, à Vihiers et aux environs, que dans les autres fabriques de notre royaume, sera égale à leur largeur, soit qu'ils soient fabriqués suivant les règles prescrites par les réglements, soit qu'ils le soient dans des combinaisons arbitraires, et ce, sous peine de confiscation et en 300 liv. d'amende. Si vous mandons, etc.

N° 1998. — **Lettres patentes** *concernant la coutume du Perche.*

Versailles, 23 septembre 1784 (R. S.)

N° 1999. — **Arrêt** *du conseil qui accorde différentes faveurs au commerce du Nord.*

Versailles, 25 septembre 1784. (R. S.)

Le roi voulant favoriser le commerce de ses sujets dans le

nord : ouï le rapport du sieur de Calonne, conseiller ordinaire au conseil royal, contrôleur général des finances; S. M. étant en son conseil, a ordonné et ordonne ce qui suit :

1. Les approvisionnements de bouche nécessaires à l'armement des vaisseaux destinés au commerce du nord, seront exempts de tous droits de sortie, en prenant un acquit à caution qui sera déchargé par les consuls ou vice-consuls de France dans les ports du nord où le roi entretient des consuls, et par les officiers municipaux desdits ports dans ceux où il n'y a point de consuls de France; à la charge que, pour les vins et liqueurs, ladite exemption ne s'étendra qu'à la quantité d'une pinte de vin, ou de deux pintes de bière ou de cidre, et d'un quart de pinte d'eau-de-vie, mesure de Paris, par homme d'équipage, pour chacun jour que le voyage sera censé devoir durer, selon l'estimation de la chambre du commerce dans le ressort de laquelle sera le port du départ, et que sur le surplus desdits vins et liqueurs acquittera les droits de sortie.

2. Les marchandises du nord apportées par vaisseaux français dans les ports de France où la police de l'entrepôt est établie, y jouiront pendant six mois dudit entrepôt en justifiant de leur origine, et pourront, dans ledit terme de six mois, être réexportées par mer à l'étranger sans payer aucuns droits.

3. Il sera payé pendant quatre années des primes aux capitaines ou armateurs des navires français qui feront le commerce du nord.

Ces primes seront durant la première année, à compter du jour de la publication du présent arrêt, de 10 liv. par tonneau du port des navires, lorsque lesdits navires auront été adressés à une maison française établie dans un port de la mer Baltique; et de 5 liv. pareillement par tonneau, lorsqu'ils l'auront été à une maison française établie dans un port de la mer d'Allemagne ou de la mer du Nord.

La seconde année, lesdites primes, dans ces mêmes cas, seront de 6 liv. par tonneau pour le voyage de la mer Baltique, et de 3 liv. par tonneau pour celui de la mer d'Allemagne ou de la mer du Nord.

La troisième année, elles seront de 4 liv. par tonneau pour la mer Baltique, et de 2 liv. par tonneau pour la mer d'Allemagne ou la mer du Nord.

La quatrième année, elles seront de 3 liv. par tonneau pour la mer Baltique, et de 1 liv. 10 sols pour la mer d'Allemagne ou pour la mer du Nord.

25 SEPTEMBRE 1784.   477

Lesdites primes seront payées au retour desdits bâtiments, par le receveur général des fermes dans le port où lesdits navires effectueront leur retour, sur le certificat du consul de S. M. dans le district où la marchandise portée par un navire français aura été adressée à une maison française.

4. Dans le cas où lesdits navires, ayant fait le commerce du nord, n'auront pas été adressés à une maison française, lesdites primes seront réduites à moitié.

N° 2000. — ARRÊT *du conseil qui ordonne que les rôles des tailles, capitation et autres impositions de la province de Languedoc, ainsi que les commandements, contraintes, procès-verbaux, saisies-arrêts, saisies-exécutions, etc., seront écrits sur papier libre et exempts du droit de contrôle, à l'exception des exploits contenant assignations, ventes de meubles, et toutes autres poursuites et procédures, lesquelles ne pourront être rédigées que sur papier timbré et seront contrôlées* (1).

Versailles, 28 septembre 1784. (R. S.)

N° 2001. — ORDONNANCE *de police concernant les marchandises de bois à brûler qui se débitent chez les regrattiers de cette ville, faubourgs et banlieue sous la dénomination de falourdes, fagots et cotrets* (2).

Paris, 29 septembre 1784. (Mars, tom. 2, pag. 300. Dupin, Code du com. de bois et charbon, tom. 1, pag. 503.)

2. Les autorisons (les regrattiers) à former chez eux, pour la plus grande commodité des consommateurs, une sorte de falourdes particulières non comprises jusqu'à ce jour dans les ordonnances de taxe des bois, lesquelles falourdes seront composées de bois blanc, dur, neuf ou flotté, et qui aura été acheté à la membrure, dans les chantiers, par lesdits regrattiers, sans toutefois qu'il puisse leur être permis, en procédant à la formation desdites falourdes, de faire, en chacune d'elles, aucun mélange de ces différentes sortes de bois, à peine de 100 liv. d'amende.

4. Leur faisons très-expresses inhibitions et défenses de vendre lesdites falourdes, formées, par eux-mêmes, dans les

---

(1) V. décl. et régl. 13 avril 1761, 1er juin 1771; a. d. c. 4 avril 1773; lett. 26 mars 1780, 19 juin 1784.
Le même jour pareil a. d. c. pour le Roussillon.
(2) V. ord. confirmative du 13 novembre 1787.

dimensions ci-dessus désignées, à un plus haut prix que celui réglé par chacune d'elles, à peine de 500 liv. d'amende.

5. Leur défendons pareillement d'approvisionner chez eux, pour la composition desdites falourdes, plus de huit voies à la fois, y compris le bois de leur propre consommation, à peine, contre ceux qui en auront acheté une plus forte quantité, de 300 liv. d'amende.

6. Défendons très-expressément auxdits regrattiers de vendre et de délivrer aucunes sortes de bois à brûler autre que celui désigné par les dénominations et dimensions annoncées ci-dessus, et de les vendre à plus haut prix que celui fixé par la présente ordonnance, à peine de 500 liv. d'amende.

7. Tous lesdits regrattiers seront tenus d'avoir une pancarte indicative des taxes, et de la tenir en lieu apparent de leurs boutiques et de leurs étalages, laquelle pancarte leur sera fournie *gratis* au greffe de la ville, et renouvelée aussi souvent que le besoin l'exigera, à peine de 100 liv. d'amende et de confiscation de leurs marchandises.

(*L'article 8 leur défend de vendre comme regrattiers, sans s'être fait reconnoître par l'autorité. L'article 9 leur prescrit d'avoir chez eux une chaine pour mesurer les cotrets, falourdes et fagots, sur la réquisition des acheteurs.*)

N° 2002. — ARRÊT *du conseil qui, en interprétant celui du 29 mai 1783, permet aux marchands de bois et adjudicataires pour l'approvisionnement de la ville de Paris, de convertir en charbon les bois blancs qui auront neuf pouces de tour et au-dessous* (1).

Versailles, 30 septembre 1784. (R. S. Mars, 2—343.)

Le roi s'étant fait représenter en son conseil l'arrêt rendu en icelui, S. M. y étant, le 29 mai 1783, par lequel S. M. auroit ordonné que tous les marchands, adjudicataires et autres exploitant des bois, qui par leur situation et leur proximité des rivières et ruisseaux navigables et flottables, pourroient servir à l'approvisionnement de Paris, seroient tenus, à commencer par les coupes qui seroient faites pour l'ordinaire de 1784, de convertir en bois de corde de la longueur prescrite par l'art. 15 du titre 27 de l'ordonnance des eaux et forêts du mois d'août 1669, tous les bois provenant

---

(1) V. ci-dessus n° 1792, pag. 282.

de leurs ventes et exploitations, de six pouces de tour et au-dessus, et de les faire conduire aux ports les plus prochains desdites exploitations : leur auroit fait très-expresses inhibitions et défenses de débiter en charbon aucuns bois de six pouces de tour et au-dessus, et qui pourroient être convertis en bois de corde, à peine, contre chacun contrevenant, de 500 liv. d'amende, qui ne pourroit être réputée comminatoire, et de confiscation desdits bois; S. M. n'auroit entendu cependant interdire auxdits adjudicataires et marchands la liberté de convertir en bois de charpente et autres ouvrages les arbres de leurs exploitations qui y seroient propres : S. M. auroit pareillement fait défenses à tous maîtres de forges, et autres propriétaires de fourneaux, martinets et verreries, de se servir pour le chauffage de leurs fours d'aucuns bois propres à être convertis en bois de corde de la longueur prescrite par ledit art. 15 du titre 27 de ladite ordonnance, et de ladite grosseur de six pouces, sous la même peine de 500 liv. d'amende, et en outre de démolition des fourneaux, forges, martinets et verreries, et de confiscation des bois et charbons : S. M. auroit voulu que, pour le service desdits fours, il ne fût employé que des bois au-dessous de six pouces; S. M. auroit enjoint aux sieurs grands-maîtres des eaux et forêts, chacun dans leur département, et aux officiers des maîtrises, chacun en droit soi, de tenir la main à l'exécution dudit arrêt, qui seroit lu, publié, affiché partout où besoin seroit, et exécuté nonobstant oppositions, appellations et autres empêchements quelconques, pour lesquels il ne seroit différé, et dont si aucuns intervenoient, S. M. s'en seroit et à son conseil réservé la connoissance, et icelle interdite à toutes ses cours et autres juges. Et sur ce qui a été représenté à S. M., que les défenses portées par ledit arrêt, de débiter en charbon aucuns bois de six pouces de tour et au-dessus, s'étendent sur toutes espèces de bois; que cependant il devient essentiel d'en excepter les bois blancs, attendu la difficulté qu'éprouvent les adjudicataires de se défaire de cette espèce de bois, depuis les défenses qui leur ont été faites par l'art. 8 de la déclaration du 8 juillet dernier, de les mêler avec les autres espèces de bois. Et S. M. désirant sur ce faire connoître ses intentions: ouï le rapport, etc.; le roi étant en son conseil, en interprétant en tant que besoin est ou seroit l'arrêt du conseil du 29 mai 1783, a permis et permet aux marchands de bois, adjudicataires et autres exploitants des bois, qui par leur situation et leur proximité des rivières et ruisseaux navigables, peuvent servir à l'approvisionnement de la ville de Paris seulement, de convertir en charbon les bois blancs qui auront neuf pouces de tour et au-dessous; et sera au surplus ledit arrêt du conseil du 29 mai 1785, exécuté selon sa forme et teneur: enjoint S. M. aux sieurs grands-maîtres des eaux et forêts, chacun dans leur département, et aux officiers des maîtrises, chacun en droit soi, de tenir la main à l'exécution du présent arrêt, qui sera lu, publié et affiché partout où besoin sera, et exécuté nonobstant oppositions, appellations ou autres empêchements quelconques, pour lesquels ne sera différé, et dont, si aucuns interviennent, S. M. s'en est réservé la connoissance, et icelle interdite à toutes ses cours et autres juges.

N° 2003. — LETTRE *du ministre à M. de Besner sur l'ordre successif des avancements dans les troupes.*

30 septembre 1784. (Coll. m. m. Code Cayenne, tom. 7, pag. 89.)

N° 2004. — ÉDIT *portant établissement de dix nouvelles parties de rentes, et création de vingt offices de payeurs, et de vingt offices de contrôleurs desdites rentes* (1).

Versailles, septembre 1784. Reg. en la chambre des comptes le 23 septembre. (R. S.)

N° 2005. — ARRÊT *du conseil portant réglement sur la franchise des port et ville de Lorient* (2).

Versailles, 3 octobre 1784. (R. S. C.)

N° 2006. — ARRÊT *du conseil du 6 octobre, suivi de lettres patentes qui établissent des droits sur les cuirs et peaux amenés à la nouvelle halle aux cuirs à Paris, pour rembourser le prix des terrain et construction.*

Versailles, 11 novembre 1784. Reg. en la cour des aides le 26 novembre. (R. S.)

N° 2007. — ARRÊT *du conseil concernant la vente et le débit du tabac* (3).

Versailles, 16 octobre 1784. (R. S.)

---

(1) V. édit d'août 1707, mars 1708, février 1716, mai 1772; décl. 28 février 1774; lett. pat. 22 décembre 1776; a. d. c. 14 août 1784.
(2) V. lett. pat. avril 1717; a. d. c. 14 mai 26 juin, 28 juillet 1784.
(3) V. a. d. c. 23 janvier 1717, 3 juin 1722, 25 août 1738, 26 décembre 1752, 27 octobre 1782, et 15 février 1783.

N° 2008. — ARRÊT *du conseil qui permet à toutes personnes d'exploiter la tourbe en se conformant à la police des lieux* (1).

Versailles, 22 octobre 1784. (R. S.)

N° 2009. — ORDONNANCE *portant création du corps royal de l'artillerie des colonies.*

Versailles, 24 octobre 1784. (Coll. d'ord. mil. Metz, 1785.)

N° 2010. — ARRÊT *du conseil qui ordonne que les étoffes et autres objets provenant du cru ou des manufactures du royaume, et qui jouissent de l'exemption des droits à la destination de l'étranger, ne seront admis au bénéfice de cette exemption qu'à la charge de faire au dernier bureau de la route la déclaration des marchandises par quantités et qualités, et de désigner le pays étranger pour lequel elles sont destinées, la route qu'elles doivent tenir, et le dernier bureau par lequel elles doivent sortir du royaume* (2).

Versailles, 25 octobre 1784. (R. S.)

N° 2011. — ARRÊT *du conseil qui convertit en gratifications et primes, l'exemption du demi-droit accordée aux denrées coloniales provenant de la traite des noirs* (3).

Versailles, 26 octobre 1784. (R. S.)

N° 2012. — ARRÊT *du conseil concernant les armements de commerce pour les îles et colonies françaises.*

Versailles, 31 octobre 1784. (R. S. C.)

Sur ce qui a été représenté au roi, étant en son conseil, par les négociants des différents ports de son royaume, que la faculté de faire le commerce des colonies françaises de l'Amérique, dont ils sont privés, seroit une nouvelle source de richesses pour l'état, en ce qu'elle multiplieroit les moyens d'exporter les denrées et marchandises du cru de son royaume, et de rapporter en retour celles des colonies françaises de l'A-

---

(1) A. d. c. 17 juillet 1744, 25 mars 1783.
(2) V. a. d. c. et lett. pat. 13 octobre, 19 novembre 1743, et 10 oct. 1744.
(3) V. lett. pat. janvier 1716, a. d. c. 27 septembre 1720; lett. pat. 7 septembre 1728; a. d. c. 17 mai 1734, 30 septembre 1741, 2 octobre 1742, 3 décembre 1748, 21 juillet 1767, et 28 juin 1783, 5 juin 1785, 10 septembre 1786.

mérique; qu'en conséquence, il seroit de la justice de S. M., et de l'intérêt public, de leur accorder pour ce commerce, les mêmes exemptions dont jouissent les négociants de différentes villes maritimes, en vertu des lettres patentes du mois d'avril 1717, et arrêts postérieurs; S. M. a résolu de faire participer à ce commerce et aux privilèges qui y sont attachés, tous les ports qui, par leur position, ont les moyens de faire des armements pour les colonies, et de recevoir les navires qui sont employés à cette navigation. A quoi voulant pourvoir : ouï le rapport, etc.

1. Les armements des navires destinés pour les îles et colonies françaises, continueront d'être faits dans les ports actuellement ouverts à ce commerce, conformément aux lettres patentes du mois d'avril 1717, et autres arrêts et règlements postérieurs.

2. Permet en outre S. M. aux armateurs et négociants de son royaume, de faire les armements des navires destinés pour les îles et colonies françaises, dans tous les ports qui pourront recevoir à moyennes marées, des navires de la continence de cent cinquante tonneaux : veut en conséquence S. M., qu'ils jouissent pour les armements qu'ils feront dans ces ports, du bénéfice de l'entrepôt, et des autres privilèges et exemptions portés par les lettres patentes du mois d'avril 1717, ainsi qu'en jouissent et doivent en jouir les négociants des ports admis à ce commerce, aux conditions de se conformer aux dispositions desdites lettres patentes et autres réglements postérieurs; et encore à la charge que les négociants des ports qui n'ont pas encore fait le commerce des colonies, et qui voudront profiter du bénéfice du présent arrêt, seront tenus d'avertir trois mois d'avance l'adjudicataire des fermes générales, de l'intention où ils sont de se prévaloir de la faculté qui leur est accordée.

3. Dispense S. M. les armateurs et négociants de son royaume, de l'obligation qui leur a été imposée par l'art. 2 des lettres patentes du mois d'avril 1717, de faire, dans le port de leur armement, le retour des navires qu'ils auront expédiés aux îles et colonies françaises; à la charge néanmoins que le retour desdits navires sera fait dans un des ports du royaume ouverts au commerce desdites colonies. Seront tenus à cet effet lesdits armateurs et négociants, de faire au greffe de l'amirauté, leur soumission, par laquelle ils s'obligeront, sous peine d'une amende de 3,000 liv., qui ne pourra être modérée, de faire revenir directement leurs vaisseaux desdites îles, dans l'un des ports ouverts au commerce des colonies, hors dans le

cas de relâche forcée, de naufrage, ou autre accident imprévu, qui sera justifié par des procès-verbaux; et les négociants fourniront au bureau des fermes du port de l'armement, une expédition de leurdite soumission, laquelle y sera retenue pour l'exécution du présent article, jusqu'au retour du vaisseau dans le même port, ou jusqu'à ce qu'on y rapporte le certificat des commis de l'un des autres ports dans lequel le navire aura fait son retour : et seront sur le présent arrêt, qui sera imprimé, lu, publié et affiché partout où besoin sera, toutes lettres nécessaires expédiées.

N° 2013. — LETTRES PATENTES *portant augmentation de finance de l'office de trésorier-général des dépenses diverses, et règlement sur la comptabilité* (1).

Versailles, 31 octobre 1784. Reg. en la chambre des comptes le 31 déc.
(R. S.)

N° 2014. — ORDONNANCE *concernant les classes* (2).

Versailles, 31 octobre 1784. (Lebeau, code des prises. Mars, 1—620. tom. 2, pag. 510.)

S. M. s'étant fait représenter les ordonnances et réglements concernant les classes, et ayant reconnu que la forme d'administration donnée à cet établissement dans son origine ne convenoit plus à son état actuel; qu'il étoit nécessaire d'y faire quelques changements, et d'ajouter aux anciennes lois les nouvelles dispositions dont l'expérience d'un siècle a fait reconnoître la nécessité : que les inspections momentanées prescrites par l'ordonnance du 27 septembre 1776 ne suffisant pas pour établir l'ordre et prévenir les abus, il est devenu nécessaire d'y substituer une inspection constante et suivie, confiée à des officiers préposés à des districts particuliers et résidants sur les côtes; de partager entre eux et les commissaires les fonctions que ceux-ci remplissent seuls actuellement; de régler l'administration des classes d'une manière semblable à celle des ports, et de la lier à toutes les autres parties du service de la marine. Ayant pareillement reconnu que les lois pour le classement des gens de mer n'étoient pas assez précises; que l'ordre

---

(1) V. 27 juin 1785; édit d'octobre 1778; lett. pat. 17 février 1770, 4 octobre 1772, 24 avril 1778.
(2) V. décret 16, 19, 21, 22 août 1790, 3-11 février 1791, arrêté 27 septembre 1792; ord. 9 décembre 1815, 28 février 1818, 27 mars 1823.

établi par l'ordonnance de 1689 pour les levées n'étoit pas suivi depuis long-temps et ne pouvoit plus l'être; que l'usage d'envoyer séparément et sans ordre dans les ports les gens de mer levés est sujet aux plus grands inconvénients; qu'il seroit par conséquent aussi conforme à ses vues de justice et de bienfaisance que convenable au bien du service de sa marine, de déterminer exactement ce qui doit servir à faire distinguer et reconnoître ceux qui seront dans le cas d'être classés; de fixer des règles pour les lever successivement et à tour de rôle, en accordant des avantages aux chefs de famille, et laissant aux matelots qui ne seront pas employés la plus entière liberté de s'occuper à la navigation marchande ou à la pêche; d'établir des moyens de conduire dans les ports ceux qui seront levés, en leur procurant dans leurs marches les secours dont ils ont besoin, de les réunir aux époques où ils sont nécessaires, et de concilier ainsi leur avantage particulier avec la sûreté du service: et S. M. voulant aussi régler les récompenses qu'elle se propose d'accorder aux gens de mer, ainsi qu'aux veuves et aux enfants qui seront morts sur ses vaisseaux; déterminer les cas où ils seront susceptibles des pensions d'invalides, la valeur de ces pensions, et l'ordre qui devra être suivi dans leur distribution; assurer la subsistance des familles des gens de mer employés à son service, en leur faisant payer des à-comptes sur les salaires, et faire connoître ses intentions sur tout ce qui concerne l'ordre, le régime et la police des classes, elle a ordonné et ordonne ce qui suit:

TITRE Ier. *De la division des classes en départements, quartiers et syndicats.*

1. Toute l'étendue des côtes maritimes et des rivières sujettes à l'ordre des classes continuera d'être divisée en six départements, savoir: Brest, Toulon, Rochefort, le Havre, Dunkerque et Bordeaux, conformément à l'ordonnance du 27 septembre 1776.

2. Les départements de Brest, du Havre et de Dunkerque seront attachés au port de Brest, et particulièrement destinés à fournir les gens de mer et les ouvriers nécessaires aux armements, constructions et travaux de ce port. Le département de Toulon sera pareillement attaché au port de Toulon, et ceux de Rochefort et de Bordeaux au port de Rochefort.

3. Chaque département sera divisé en quartiers, et chaque quartier en syndicats de gens de mer.

4. Le département de Brest comprendra vingt quartiers, savoir : Saint-Malo, Dinan, Saint-Brieuc, Tréguier, Morlaix, Brest, le Conquet, auquel sera réuni celui de Camaret, Quimper, auquel sera réuni celui de Concarneau, Lorient, Vannes, Belle-Ile, le Croisic, Paimbœuf, Nantes, Ingrande, Angers, Saumur, Tours, Orléans, Nevers.

Le département de Toulon comprendra douze quartiers, savoir : Antibes, auquel sera réuni celui de Cannes, Saint-Tropez, auquel sera réuni celui de Fréjus, Toulon, la Seine, la Ciotat, Marseille, le Martigues, Arles, Cette, Agde, Narbonne, l'île de Corse.

Le département de Rochefort comprendra dix quartiers, savoir : Noirmoutier, auquel sera réuni celui de l'Ile-Dieu, les Sables d'Olonne, la Rochelle, l'île de Ré, l'île d'Oleron, Rochefort, Saintes, Angoulème, Royan, Marennes.

Le département du Havre comprendra neuf quartiers, savoir : Dieppe, Fécamp, le Havre, Rouen, Honfleur, Caen, Cherbourg, la Hogue, Granville.

Le département de Dunkerque comprendra quatre quartiers, savoir : Dunkerque, Calais, Boulogne, Saint-Vallery-sur-Somme.

Le département de Bordeaux comprendra quinze quartiers, savoir : Bordeaux, Blaye, la Teste-de-Buch, Libourne, Bergerac, Souillac, Bayonne, Saint-Jean-de-Luz, Dax, Langon, Villeneuve d'Agénois, Cahors, Toulouse, auquel sera réuni celui de Cazères, Montauban, Auvillars.

5. La division de chaque quartier en syndicats de gens de mer sera réglée d'après leur étendue et le nombre de gens classés qu'ils contiennent, et il en sera arrêté des états particuliers par le secrétaire d'état ayant le département de la marine.

TITRE II. *Des officiers préposés à l'administration des classes.*

1. Il sera établi un inspecteur général des classes, qui sera toujours choisi parmi les officiers généraux de la marine.

2. Il sera pareillement établi quatre inspecteurs particuliers, dont un pour le département de Brest, un pour celui de Toulon, un pour ceux de Rochefort et de Bordeaux, et un pour ceux du Havre et de Dunkerque. Lesdits inspecteurs seront subordonnés à l'inspecteur général, et choisis parmi les capitaines de vaisseau retirés.

3. Les inspections seront divisées en arrondissements, com-

posés d'un ou de plusieurs quartiers, suivant l'état annexé au présent titre; et il sera préposé à chaque arrondissement un officier sous le titre de *chef des classes*, lequel sera subordonné à l'inspecteur, et sera toujours choisi parmi les capitaines ou les lieutenants de vaisseau retirés.

4. Il sera attaché à chaque arrondissement un officier retiré, pris dans les grades subalternes de la marine, pour aider le chef des classes et le suppléer en cas de besoin; et il en sera placé deux dans les arrondissements de Brest, de Nantes et de Bordeaux.

5. Il y aura un commissaire des classes dans chacun des soixante-dix quartiers dénommés dans le titre précédent, S. M. supprimant les syndics faisant fonctions de commissaire, ainsi que les syndics des classes. Lesdits commissaires seront choisis parmi les commis des bureaux de la marine, et ceux des bureaux des ports et des classes, sur les comptes qui en seront rendus par leurs chefs au secrétaire d'état ayant le département de la marine.

6. Les commissaires continueront à être sous les ordres des intendants ou ordonnateurs de leurs départements respectifs pour tout ce qui concerne la comptabilité, et tous les objets relatifs à la navigation marchande et aux rôles d'équipages: et quant à ce qui concerne le classement, les levées et les revues, ils se conformeront aux ordres qui leur seront donnés par les inspecteurs.

7. Il sera établi dans chaque syndicat, formant les sous-divisions des quartiers, un syndic des gens de mer, qui sera sous les ordres du chef des classes et du commissaire du quartier.

8. Lesdits syndics seront choisis, autant qu'il sera possible, parmi les maîtres et officiers mariniers hors de service, les capitaines et patrons retirés, et à leur défaut, parmi les sergents et bas officiers des troupes de la marine, s'il s'en trouve qui aient les qualités et les connoissances nécessaires, et ils seront nommés sur la présentation des chefs des classes et des commissaires, par les inspecteurs particuliers, qui en rendront compte au secrétaire d'état ayant le département de la marine.

9. Il y aura dans chaque quartier un trésorier chargé de la caisse des gens de mer, conformément au règlement du 1ᵉʳ juin 1782, et lesdits trésoriers demeureront sous l'inspection des commissaires des classes.

10. Les appointements des inspecteurs particuliers seront

fixés 3,600 liv. par an, et il leur sera payé en outre annuellement une somme de 1,000 liv. pour frais de secrétaire. Les appointements des chefs des classes seront de 1,500 liv., et il leur sera payé 500 liv. pour frais de secrétaire; et les appointements des officiers attachés aux arrondissements des classes seront de 900 liv.

11. Les commissaires des classes seront payés chacun sur le pied de 2,400 liv., ou de 2,000 liv., suivant les quartiers auxquels ils seront attachés, et conformément aux états qui seront arrêtés par S. M., lesquels fixeront pareillement les sommes qui devront leur être payées annuellement pour entretien de commis et frais de bureau.

12. Les syndics des gens de mer seront payés relativement à l'étendue des syndicats et au nombre de gens classés qu'ils contiendront, suivant les états qui seront pareillement arrêtés par S. M.

13. Les inspecteurs, chefs des classes et officiers attachés aux classes porteront l'uniforme de leur grade, et les commissaires des classes continueront à porter celui qui a été déterminé par l'ordonnance du 27 septembre 1776.

ÉTAT DES ARRONDISSEMENTS DES CLASSES.

INSPECTION DE BREST.		INSPECTION DE ROCHEFORT ET BORDEAUX.	
Noms les arrondiss.	Noms des quartiers.	Noms des arrondiss.	Noms des quartiers.
Saint-Malo.....	Saint Malo. Dinan.	Sables d'Olonne.	Sables-d'Olonne. Noirmoutier.
Saint-Brieuc.....	Saint-Brieuc. Tréguier.	La Rochelle....	La Rochelle. Ile-de-Ré.
Brest........	Morlaix. Brest. Le Conquet.	Rochefort......	Rochefort. Saintes. Angoulême.
Lorient.......	Quimper. Lorient.	Marennes......	Ile d'Oleron. Marennes. Royan.
Vannes.......	Vannes. Belle-Ile.	Bordeaux......	Bordeaux. Blaye. La Tête-de-Buch.
Nantes.......	Nantes. Le Croisic. Paimbœuf.	Libourne......	Libourne. Bergerac. Souillac.
Angers........	Ingrande. Angers. Saumur.	Langon.......	Langon. Villeneuve-d'Agenois. Cahors.
Orléans.......	Tours. Orléans. Nevers.	Toulouse......	Montauban. Toulouse. Au...lars.
		Bayonne......	Bayonne. Saint-Jean-de-Luz. Dax.
INSPECTION DE TOULON.		**INSPECTION DU HAVRE ET DUNKERQUE.**	
Cette........	Narbonne. Agde. Cette.	Dunkerque.....	Dunkerque. Calais.
Arles........	Arles. Le Martigues.	Boulogne......	Boulogne. St.-Valery-sur-Somme.
Marseille......	Marseille. La Ciotat.	Dieppe.......	Dieppe. Fécamp.
Toulon.......	Toulon. La Seine.	Le Havre......	Rouen. Le Havre.
Antibes.......	Antibes. Saint-Tropes.	Honfleur......	Honfleur. Caen.
Ile de Corse...	Bastia.	Cherbourg.....	Cherbourg. La Hougue.
		Granville.....	Granville.

Titre III. *De l'inspecteur général.*

1. L'inspecteur-général veillera à l'exécution de tout ce qui sera prescrit par la présente ordonnance, concernant le classement, les matricules, les levées, les marches et conduite des gens de mer et ouvriers, et suivra toutes ces parties du service des classes, d'après les comptes qui lui seront rendus et les états qui lui seront envoyés par les inspecteurs particuliers.

2. Il fera, dans l'espace de deux ans, la tournée entière des quatre inspections du royaume; il s'assurera, dans ces tournées, si les inspecteurs particuliers, les chefs des classes et officiers attachés aux arrondissements, les commissaires et les syndics remplissent exactement leurs fonctions, et si les matricules et états sont tenus conformément aux règles prescrites; il examinera les registres des trésoriers et l'état de leurs caisses, et rendra compte au secrétaire d'état ayant le département de la marine des observations qu'il aura faites dans chaque quartier.

3. Il donnera aux inspecteurs particuliers, aux chefs des classes et aux commissaires, les instructions nécessaires pour établir la plus grande uniformité dans le service et dans la police des classes, de manière que toutes les inspections et tous les quartiers soient conduits sur les mêmes principes et régis avec les mêmes formes dans les moindres détails.

4. Il dressera à la fin de chaque année les états des demandes de pensions ou soldes d'invalides, et gratifications de tous les gens de mer et ouvriers, à l'exception des maîtres entretenus dans les ports, et il arrêtera les rôles desdites soldes d'invalides et gratifications suivant les ordres du secrétaire d'état ayant le département de la marine, conformément à ce qui sera prescrit aux titres XV et XVII de la présente ordonnance.

Titre IV *Des inspecteurs.*

1. Les inspecteurs résideront dans l'étendue de leur inspection, et ne pourront s'en absenter sans un congé du secrétaire d'état ayant le département de la marine, lequel ne sera accordé que sur la demande de l'inspecteur général, et lesdits inspecteurs en informeront le commandant du port dans le district duquel se trouve leur inspection.

2. Ils ordonneront de tout ce qui concerne le classement,

les levées, les marches et conduites des gens commandés pour le service de S. M., et veilleront à ce que les chefs des classes, les officiers attachés aux arrondissements, les commissaires et les syndics se conforment à ce qui leur sera prescrit par la présente ordonnance.

3. Ils feront tous les ans la tournée entière de leur inspection, accompagnés dans chaque quartier par le chef des classes et le commissaire, et feront faire en leur présence, par lesdits commissaires, les revues des gens de mer classés.

4. Ils examineront, dans ces tournées, les matricules et états tenus par les commissaires, et les rôles de tour de service des syndicats; ils observeront si tous ceux qui doivent être inscrits sur lesdites matricules, rôles et états, y sont portés, et en la qualité qui leur convient, conformément à ce qui sera prescrit au *titre du classement*; ils détermineront quels sont les gens classés qui doivent être déclarés hors de service, et prendront des notes sur ceux qui peuvent prétendre aux pensions d'invalides, et ceux qui demandent à être déclassés.

5. Ils examineront pareillement les registres des trésoriers des gens de mer et les viseront; ils s'assureront si les sommes envoyées soit pour les levées, les soldes, les parts de prises, les à-comptes aux familles ou tout autre objet, ont été employées et distribuées promptement, et à qui de droit.

6. Ils recevront dans les revues les plaintes et réclamations qui pourront être faites par les gens de mer et ouvriers, et y feront droit si leur objet est relatif au classement, aux levées, ou à la police des classes.

7. S'il remarquent quelque omission ou négligence dans la comptabilité, ou s'il leur est porté quelque plainte à cet égard et qu'elle leur paroisse fondée, ils feront leurs observations aux commissaires des classes et aux trésoriers, et en écriront à l'intendant ou ordonnateur du département.

8. Ils rendront compte, après leurs tournées, au secrétaire d'état ayant le département de la marine, de toutes les observations qu'ils auront faites, relativement au service des classes et à l'état des quartiers, et ils en adresseront une copie à l'inspecteur général.

9. Ils dresseront tous les deux mois en temps de paix, et tous les mois en temps de guerre, l'état de situation de leur inspection, composé des états particuliers de chaque quartier, que les commissaires leur adresseront, ledit état contenant le nombre d'officiers-mariniers, matelots, novices et ouvriers de chacun desdits quartiers, en distinguant les gens hors de

service et ceux en état de servir, les présents, les absents, ceux qui seront employés au service du roi, et ceux qui seront embarqués sur les bâtiments de commerce, soit pour le long cours, soit pour le grand ou pour le petit cabotage.

10. Ils enverront ledit état de situation au secrétaire d'état ayant le département de la marine, à l'inspecteur général et au commandant du port, auquel leur inspection est attachée, en y ajoutant tous les éclaircissements qui seront demandés sur le nombre et l'espèce de gens de mer et ouvriers que renferment les quartiers, et sur les ressources qu'on peut y trouver pour les armements et les travaux dudit port.

11. Lorsqu'il leur sera adressé des ordres généraux de levée, ils feront la répartition du nombre d'hommes qui leur seront demandés entre les différents quartiers : ils enverront les ordres particuliers aux chefs des classes et aux commissaires, avec les états de route, et ils prendront les mesures convenables pour la marche et la conduite des hommes commandés, conformément à ce qui sera prescrit au *titre des conduites*.

12. Ils prendront connoissance de l'état du commerce et de la navigation dans les ports compris dans l'étendue de leur inspection, du nombre, de l'espèce et de l'état des navires appartenants à ces ports, et de tout ce qui intéresse la sûreté de la navigation ; mais ils ne pourront donner aucun ordre à cet égard, et ils se contenteront d'en rendre compte au secrétaire d'état ayant le département de la marine.

13. Ils tiendront un registre dans lequel seront transcrits tous les comptes qu'ils auront rendus au secrétaire d'état ayant le département de la marine, à l'inspecteur général et aux commandants des ports, ainsi que les ordres qu'ils recevront et ceux qu'ils auront donnés aux chefs des classes et aux commissaires.

TITRE V. *Des chefs des classes.*

1. Les chefs des classes feront leur résidence dans le cheflieu du quartier principal de leur arrondissement ; ils ne pourront s'absenter dudit arrondissement sans la permission de l'inspecteur particulier, ni sortir de l'étendue de l'inspection sans un congé du secrétaire d'état ayant le département de la marine, lequel ne sera accordé que sur la demande de l'inspecteur général et sur la proposition qui en sera faite par l'inspecteur particulier.

2. Ils tiendront un registre ou état nominatif de tous les

officiers-mariniers, matelots, novices et ouvriers des quartiers de leur arrondissement, et y noteront les gens en état de servir et les hors de service, les présents et les absents.

3. Ils pourront, lorsqu'ils le jugeront convenable, se transporter dans les bureaux des classes, y examiner, sans déplacer, les matricules, registres et états, et en prendre des notes et extraits.

4. S'ils reconnoissent quelque erreur ou omission dans lesdits registres, ils feront leurs observations au commissaire; et dans le cas où celui-ci n'y auroit pas égard, ils en rendront compte à l'inspecteur.

5. Ils veilleront à ce que les syndics remplissent exactement leurs fonctions et leurs devoirs, et tiennent régulièrement les états de leurs syndicats; et ils se feront rendre compte par lesdits syndics de tous les changements et des mouvements des gens de mer.

6. Ils viseront les états de situation qui seront dressés par les commissaires des classes, après avoir comparé lesdits états avec leurs registres, et s'ils y observent quelque différence, ils la feront remarquer au commissaire, afin que celui-ci réforme ces états s'il y a lieu, faute de quoi ils feront mention de leurs observations dans le *visa*.

7. Ils dresseront, de concert avec les commissaires des classes, les rôles de tour de service de chaque syndicat, et ils exécuteront aussi conjointement avec eux les ordres de levée qui leur seront adressés en la manière qui sera prescrite au *Titre des Levées*.

8. Ils feront toutes les dispositions nécessaires pour la marche des gens de mer et ouvriers commandés pour le service de S. M.; nommeront les chefs qui doivent les conduire, et fixeront le jour et le lieu du départ suivant les ordres qu'ils auront reçus, ainsi qu'il sera plus amplement déterminé au *Titre des Conduites*.

9. Ils feront observer les règles de la police des classes, prendront des informations sur ceux qui y auront contrevenu, sur les absents et les déserteurs, et aviseront aux moyens de les faire arrêter ou rentrer dans leurs quartiers; ils les puniront s'il y a lieu, les renverront aux commandants des ports ou les dénonceront aux amirautés, suivant l'exigence des cas, ainsi qu'il sera prescrit au *Titre des Déserteurs*.

10. Ils donneront les permissions de s'absenter des quartiers à ceux des gens de mer qui seront dans le cas de les obtenir, et se concerteront avec les commissaires pour le nombre et la

durée des permissions qui pourront être accordées dans chaque quartier.

11. Ils feront tous les ans la tournée générale de leur arrondissement conjointement avec les commissaires des classes, au temps de l'année où le plus grand nombre des gens de mer se trouve rassemblé dans les quartiers de leur arrondissement, et l'époque de ladite tournée sera fixée par l'inspecteur.

12. Ils s'assureront dans ces tournées de l'exactitude des états tenus par les syndics, s'informeront de l'état des gens de mer, de leurs familles, de leurs besoins et de leurs ressources; ils recevront les plaintes et réclamations qui pourront être faites, pour y avoir égard s'il y a lieu, ou pour en conférer avec le commissaire des classes, si elles ont pour objet des demandes en paiement de sommes dues relativement au service du roi, et ils en rendront compte à l'inspecteur.

13. Indépendamment desdites tournées, ils se transporteront dans les ports et lieux de leur arrondissement toutes les fois que le bien du service y exigera leur présence, ou qu'ils en recevront l'ordre de l'inspecteur.

14. Ils s'occuperont de tout ce qui peut intéresser le service des classes, et contribuer à l'augmentation du nombre des gens de mer; ils prendront des informations sur l'état du commerce maritime et de la pêche, sur le nombre et l'espèce de bâtiments employés, et sur tout ce qui a rapport à la sûreté de la navigation sur les côtes de leur arrondissement, pour en rendre compte à l'inspecteur, mais sans pouvoir rien ordonner à cet égard, ni sur tout ce qui concerne la police dans les ports, rades et côtes, et celle de la pêche, et en se renfermant dans les bornes des fonctions qui leur sont attribuées.

15. Ils accompagneront l'inspecteur dans la tournée de leur arrondissement, et lui communiqueront les observations qu'ils auront faites sur des objets relatifs au service ou qui intéresseront les gens de mer et ouvriers de leur arrondissement, particulièrement sur ceux qui pourront être déclarés hors de service, et ceux qui seront dans le cas de prétendre aux pensions d'invalides ou à quelque grace particulière.

TITRE VI. *Des officiers attachés aux arrondissements des classes.*

1. Les officiers attachés aux classes résideront dans le lieu de l'arrondissement qui sera déterminé par l'inspecteur, et ne pourront s'absenter dudit arrondissement sans sa permission, ni sortir de l'étendue de l'inspection sans un congé du secré-

taire d'état ayant le département de la marine, lequel ne sera accordé que sur la demande de l'inspecteur général, à qui l'inspecteur particulier fera passer celle qui lui aura été adressée par le chef des classes de l'arrondissement.

2. Ils tiendront des états des gens de mer et ouvriers du quartier dans lequel ils résideront, et ils enverront tous les mois aux chefs des classes les notes des changements et des mouvements desdits gens de mer, pour être portées sur l'état général de l'arrondissement.

3. Ils suppléeront le chef des classes dans ledit quartier, l'y représenteront, exerceront toutes ses fonctions, et donneront aux gens de mer des permissions de s'absenter, d'après les ordres particuliers ou généraux qu'ils recevront du chef, auquel ils enverront tous les mois l'état des permissions qu'ils auront accordées.

4. Ils veilleront sur la conduite des syndics et au maintien de la police des classes, exécuteront tous les ordres qui leur seront donnés par le chef des classes, et lui rendront compte de tout; et lorsqu'ils seront chargés de la conduite des levées, ils se conformeront à ce qui sera prescrit à cet égard au *Titre des Conduites*.

5. L'officier attaché aux classes, ou le plus ancien d'entre eux s'ils sont plusieurs, suppléera le chef en son absence, et remplira toutes ses fonctions dans l'étendue de l'arrondissement.

TITRE VII. *Des commissaires des classes.*

1. Les commissaires des classes résideront dans le chef-lieu de leurs quartiers, et ne pourront s'absenter sans un congé du secrétaire d'état ayant le département de la marine, lequel sera demandé par l'intendant ou ordonnateur du département, qui pourvoira aux moyens de remplacer lesdits commissaires pendant leur absence.

2. Ils tiendront la matricule des gens de mer classés, inscriront sur ladite matricule les noms, âges, lieux de naissance, demeures et signalement de tous lesdits gens de mer, y noteront tous leurs services, tant sur les vaisseaux de S. M. que sur les bâtiments marchands, et successivement les augmentations de grade et de paie qui leur seront accordées aux désarmements des vaisseaux, et rayeront les noms de ceux qui auront été déclarés hors de service par les inspecteurs, conformément à ce qui sera prescrit au titre XV.

3. Ils tiendront un rôle particulier des volontaires, un autre

des hors de service, un troisième des invalides, et un quatrième des capitaines, maîtres et pilotes-lamaneurs reçus en la manière prescrite par les réglements.

4. Ils tiendront pareillement le rôle des ouvriers non navigants qui seront dans le cas d'être commandés pour les travaux des ports et arsenaux, et y noteront tous leurs services.

5. Ils tiendront aussi des états, contenant les noms, âges, demeures et signalements de ceux qui commencent à naviguer ou à exercer des professions relatives à la marine dans l'étendue de leurs quartiers, conformément à ce qui sera prescrit au *Titre du Classement*.

6. Ils remettront à chacun de ceux qui seront inscrits sur les états et matricules, les bulletins et livrets dont il sera fait mention ci-après au *Titre du Classement*, et ils noteront sur les livrets les avancements, les mouvements et les permissions de s'absenter.

7. Ils tiendront des états des bâtiments de commerce appartenants aux ports de leur quartier, en désignant leurs espèces, noms et ports en tonneaux, et y feront mention de tous leurs armements et désarmements, ainsi que de leur état, et des changements de propriétaires et de capitaines, en suivant lesdits navires depuis leur construction ou leur première entrée dans les ports du quartier jusqu'à leur naufrage, prise ou destruction, ou jusqu'à ce qu'ils aient cessé d'appartenir à ces ports.

8. Ils dresseront tous les deux mois en temps de paix, et tous les mois en temps de guerre, un état de situation contenant le nombre d'officiers-mariniers, matelots, novices et ouvriers de leur quartier, en distinguant les présents, les absents, ceux qui sont employés au service du roi, ceux qui sont embarqués sur les bâtiments du commerce, soit au long cours, soit au grand ou au petit cabotage, les gens en état de servir et les hors de service.

9. Ils y joindront l'état des changements arrivés pendant la durée de ces deux mois, comprenant le nombre des nouveaux classés, celui des morts, des hommes déclarés hors de service passés au rôle des invalides, établis dans un autre quartier, absents sans nouvelle, ainsi que de ceux qui auront été reçus capitaines ou pilotes-lamaneurs, et ils feront, à la fin de chaque année, un résumé de ces états, et la balance des acquisitions et pertes de leurs quartiers.

10. Ils feront deux copies de l'état de situation et de celui des changements, ils les communiqueront au chef des classes

de l'arrondissement, pour être visées par lui, et en adresseront ensuite une à l'intendant ou ordonnateur du département, et l'autre à l'inspecteur des classes.

11. Ils enverront aussi tous les trois mois en temps de paix, et tous les mois en temps de guerre, au secrétaire d'état ayant le département de la marine, un extrait de l'état des vaisseaux et autres bâtiments de leurs quartiers, dans lequels ils noteront s'ils sont en construction, désarmés, en radoub, en armement ou à la mer, et ils y joindront des observations sur l'état de ces navires.

12. Ils se conformeront, pour la tenue et la forme des registres, matricules et états, à l'instruction particulière et aux modèles qui seront envoyés par le secrétaire d'état ayant le département de la marine.

13. Ils feront tous les ans, à l'époque qui aura été fixée par l'inspecteur, la tournée de leur quartier, conjointement avec le chef des classes ou avec l'officier qui le représentera, et feront en sa présence la revue de tous les gens de mer de chaque syndicat.

14. Ils surveilleront la conduite des syndics, s'assureront s'ils tiennent les états et rôle en la forme et de la manière qui sera prescrite, et ils se feront représenter lesdits états toutes les fois qu'ils le jugeront convenable, pour les comparer aux matricules et les corriger s'il y a lieu.

15. Ils accompagneront l'inspecteur dans la tournée de leur quartier, feront en sa présence la revue générale des gens de mer, et lui donneront tous les éclaircissements, notes et mémoires qu'il leur demandera.

16. Ils se conformeront, pour tout ce qui concerne l'exécution des ordres de levée, et les rôles de tour de service des syndicats, à ce qui sera prescrit au *Titre des Levées*.

17. Ils suivront la comptabilité des trésoriers des invalides et des trésoriers des gens de mer, parapheront et arrêteront leurs registres, vérifieront l'état de leurs caisses, et se feront remettre dans les premiers jours de chaque mois l'état ou bordereau de leur situation, qu'ils adresseront, après l'avoir vérifié et visé, au secrétaire d'état ayant le département de la marine.

18. Lorsqu'il leur sera envoyé des ordres de paiement, ils les feront parvenir aux trésoriers avec les lettres de change qui leur seront adressées, conformément au règlement du 1er juin 1782; ils tiendront la main à l'exécution de ces ordres, feront prévenir les gens de mer de l'époque des paiements

feront publier l'avis, expédieront des mandats sur le trésorier à chacune des parties prenantes, s'assureront s'ils ont été acquittés, et arrêteront les états généraux des paiements faits en conséquence desdits ordres.

19. Lesdits commissaires prendront des informations sur les gens classés qui se seront absentés des quartiers sans permission ou qui auront déserté, et ils se concerteront avec les chefs des classes sur les moyens de les faire rentrer dans leurs quartiers.

20. Ils expédieront les rôles d'équipages des navires en armement dans les ports de leurs quartiers, suivant la forme actuellement établie, et ils feront quatre expéditions desdits rôles, l'une pour être remise au capitaine du navire, la seconde pour être déposée à l'amirauté, la troisième pour être remise au trésorier des invalides, et la quatrième pour demeurer au bureau des classes.

21. Lors des désarmements, ils feront la liquidation des salaires ou parts pour régler les sommes à payer à la caisse des invalides; et ils dresseront les rôles de désarmement, dont une expédition demeurera au bureau, et l'autre sera remise au trésorier des invalides.

22. Ne pourront néanmoins, à raison de ladite liquidation, décider les contestations qui s'élèveront entre les capitaines et les gens de leurs équipages, soit relativement aux salaires et parts, soit pour toute autre cause quelconque, mais ils renverront les parties à se pourvoir par-devant l'amirauté.

23. Ils enverront à la fin de chaque mois au secrétaire d'état ayant le département de la marine un état des armements et désarmements des navires marchands, avec les rôles d'équipage, lesquels leur seront ensuite renvoyés.

24. Ils se feront représenter les rôles d'équipage des navires français qui entreront dans les ports de leurs quartiers pour les vérifier et viser; et s'ils reconnoissoient que les capitaines aient embarqué ou débarqué quelque matelot ou passager sans qu'il en ait été fait note sur le rôle, ou soient tombés dans quelque autre contravention aux réglements, ils les dénonceront aux officiers des amirautés.

TITRE VIII. *Des syndics des gens de mer.*

1. Les syndics des gens de mer résideront dans l'étendue de leur syndicat, et ne pourront s'en absenter sans la permis-

sion du chef des classes, ou de l'officier qui le représentera en son absence, et sans celle du commissaire des classes.

2. Ils s'occuperont particulièrement à connoître les gens de mer et ouvriers de leur syndicat, afin de pouvoir donner au chef des classes et au commissaire toutes les notes et renseignements qui leur seront demandés.

3. Ils tiendront un état desdits gens de mer et ouvriers, contenant leurs nom, âge, signalement, qualité et solde au service, et la désignation particulière de leur domicile.

4. Cet état sera conforme au modèle qui leur sera remis par le commissaire des classes, et divisé en deux rôles, l'un des gens en état de servir, l'autre des hors de service, et chacun de ces rôles divisé en deux parties, la première contenant les gens de mer, la seconde les ouvriers non navigants.

5. Ils y noteront les mouvements desdits gens de mer et ouvriers, les permissions de s'absenter qui leur seront accordées, leurs passages dans un autre syndicat, et leurs changements de domicile.

6. Ils représenteront lesdits états au chef des classes et au commissaire lorsque ceux-ci feront leurs tournées et toutes les fois qu'ils le demanderont, et ils leur enverront tous les deux mois une note des morts, des absents, de ceux qui seront rentrés dans leurs paroisses, de ceux qui seront venus nouvellement s'y établir, de ceux qui auront passé dans d'autres syndicats, et de tous les changements qui y seront survenus.

7. Lorsqu'ils seront informés que quelqu'un desdits hommes classés est absent depuis plus de huit jours sans permission, ils le noteront sur l'état et en donneront avis sur-le-champ au chef des classes et au commissaire, ainsi que de tout ce qu'ils pourront découvrir concernant les absents sans nouvelles et les déserteurs.

8. Ils prendront les informations nécessaires pour connoître ceux des habitants des paroisses comprises dans le district de leur syndicat, qui commenceront à exercer des professions relatives à la marine, et ils en instruiront le chef des classes et le commissaire.

9. Ils garderont le rôle de tour de service qui leur sera remis par le chef des classes; ils afficheront ce rôle dans un lieu apparent de leur maison, et en laisseront prendre des copies, qu'ils ne pourront refuser de collationner, s'ils en sont requis, aux officiers municipaux des lieux, et à toutes autres personnes, suivant ce qui sera prescrit au *titre des levées*.

10. Ils exécuteront ponctuellement tous les ordres qui leur

seront donnés par le chef des classes et par le commissaire pour les levées et conduites, et pour tous autres objets relatifs au service et à la police des classes.

11. Ils jouiront, pendant la durée de leur syndicat, des privilèges et exemptions accordés aux syndics des classes par l'article 9 de la déclaration du 21 mars 1778.

12. Fait S. M. très-expresses inhibitions et défenses auxdits syndics des gens de mer de prendre ou de recevoir directement ou indirectement, de quelque manière et sous quelque prétexte que ce soit, aucun présent, soit en argent ou en denrées comestibles, ou autre chose quelconque, des gens de mer et ouvriers, à peine de concussion : enjoint aux chefs des classes, officiers attachés aux arrondissements et commissaires des classes, d'y tenir exactement la main.

TITRE IX. *Des trésoriers des gens de mer.*

1. Les trésoriers des gens de mer demeureront chargés de tous les paiements qui devront être faits dans les quartiers aux gens de mer et ouvriers à raison du service de S. M., conformément au réglement du 1er juin 1782.

2. Ils se conformeront aux ordres de paiement et états de distribution qui leur seront remis par les commissaires des classes pour les avances, conduites, à-comptes aux familles, décomptes de campagnes, parts de prises, gratifications et autres objets.

3. Ils tiendront un registre coté et paraphé par le commissaire, sur lequel ils inscriront, jour par jour et de suite, leur recette et dépense.

4. Les commissaires leur remettront les rescriptions et lettres de change envoyées par l'intendant ou ordonnateur du département, lesquelles seront passées à leur ordre, et ils s'occuperont à en faire le recouvrement le plus promptement qu'il sera possible.

5. Ils feront les paiements aux jours qui seront indiqués par les commissaires des classes, conformément aux états généraux de distribution et sur les mandats particuliers explicatifs de l'objet de ces paiements, lesquels seront délivrés par lesdits commissaires à chacune des parties prenantes.

6. Ils noteront les paiements en marge des états de distribution, y joindront les mandats acquittés par les parties prenantes, ou signés par deux témoins domiciliés comme pièces justificatives, et les présenteront tous les mois au commissaire

pour les vérifier, arrêter et viser, ainsi que les mandats pour conduites de marins naufragés, et autres paiements extraordinaires dont ils feront un rôle particulier.

7. Lors des levées, ils délivreront à chacun des syndics, sur les mandats du commissaire, les sommes qui seront ordonnées, et ils formeront l'état général des dépenses de ladite levée, d'après les états particuliers des paiements faits dans les syndicats, lesquels états leur seront remis signés par les syndics et visés par le commissaire.

8. Lesdits trésoriers représenteront leurs registres à l'inspecteur et au commissaire des classes toutes les fois qu'ils en seront requis, et ils remettront audit commissaire, tous les mois, un état ou bordereau de leur caisse, signé et certifié par eux.

9. Ils lui remettront pareillement tous les six mois un état des sommes non réclamées, lequel sera communiqué au chef des classes, qui fera, conjointement avec le commissaire, les recherches nécessaires pour découvrir ceux qui ont droit d'y prétendre.

10. Ils formeront un état particulier de celles desdites sommes qui auront demeuré pendant deux ans sans réclamations, et le remettront au commissaire, pour être par lui envoyé au secrétaire d'état ayant le département de la marine, conformément à l'article 8 du règlement du 1er juin 1782.

11. Les trésoriers des gens de mer ne pourront s'absenter plus de huit jours de leur résidence sans en prévenir le commissaire des classes et sans qu'il ait agréé celui qu'ils chargeront de les remplacer, et duquel lesdits trésoriers demeureront responsables.

Titre X. *Du classement.*

1. Tous ceux qui commenceront à naviguer ou à exercer des professions relatives à la marine, dans les lieux soumis au régime des classes, seront inscrits sur des états particuliers, conformément à l'article 5 du *titre des commissaires des classes*.

2. Lesdits états seront au nombre de trois, savoir : un pour les mousses et novices, un pour les pêcheurs et bateliers et un pour les apprentis-ouvriers.

3. L'état des mousses et novices comprendra les noms de tous ceux qui, n'étant point encore classés, s'embarqueront comme gens de mer sur les navires expédiés pour le commerce ou la pêche, et se présenteront pour être inscrits sur les rôles d'équipage desdits navires.

4. Seront inscrits dans l'état des pêcheurs et bateliers tous ceux qui s'occuperont de la pêche du poisson frais, soit à la mer, soit sur les côtes, dans les rades, étangs, canaux et rivières compris dans l'étendue des quartiers des classes, les préposés au service des pêcheries, parcs, bordigues, maniguières et madragues, et les haleurs de Seine, ainsi que les bateliers, radeliers, patrons, conducteurs et mariniers des bateaux, barques, bacs, allèges et autres bâtiments auxquels il n'est point délivré de rôle d'équipage, et qui ne naviguent que dans l'intérieur des rades, rivières, canaux et étangs compris dans ladite étendue des quartiers des classes, et ne seront point exceptés les matelots des pataches des fermes de S. M., non plus que ceux des canots des gouverneurs et commandants des places, ni de toutes autres personnes de quelque qualité et condition qu'elles soient.

5. L'état des apprentis-ouvriers comprendra ceux des professions de charpentiers de navires, perceurs, poulieurs, calfats, voiliers, cordiers, tonneliers et scieurs de long établis dans les ports, villes et lieux assujettis aux classes.

6. Il sera délivré *gratis* par le commissaire des classes, à chacun de ceux qui seront inscrits sur les deux derniers états, un bulletin portant certificat de leur enregistrement et contenant leurs nom, âge, demeure et signalement. Enjoint S. M. à tous maîtres et patrons de bateaux-pêcheurs, conducteurs de bateaux de rivière, et maîtres-ouvriers des professions relatives à la marine, de déclarer aux commissaires des classes ou syndics les noms de tous les mariniers, garçons et apprentis qui se présenteront pour être employés par eux sans être munis dudit bulletin, et ce à peine de huit jours de prison.

7. Tous ceux qui, ayant atteint l'âge de dix-huit ans, auront navigué pendant l'espace d'un an sur les vaisseaux de S. M. ou sur les navires marchands, et qui déclareront vouloir continuer à naviguer, ou se présenteront pour être inscrits de nouveau sur un rôle d'équipage, seront portés sur la matricule et classés comme matelots, et ne pourront être employés dans les levées qu'en ladite qualité.

8. Seront pareillement classés ceux qui se trouveront inscrits depuis plus d'un an sur l'état des pêcheurs et bateliers, et qui ayant atteint ledit âge de dix-huit ans, déclareront qu'ils veulent continuer à exercer leurs professions; mais ils ne seront notés sur la matricule que comme novices, et ne seront employés dans les levées qu'en ladite qualité, jusqu'à ce qu'ils

aient fait six mois de navigation, soit sur les vaisseaux de S. M., soit sur les navires marchands.

9. Seront pareillement inscrits sur le rôle des ouvriers non navigants ceux desdits ouvriers âgés de dix-huit ans qui auront été compris dans l'état des apprentis depuis plus d'un an et qui voudront continuer à exercer leurs professions; quant à ceux de ces ouvriers qui, ayant navigué, se trouveront dans le cas d'être classés comme matelots, ils seront inscrits en ladite qualité, sur la matricule des gens de mer, et il sera seulement fait note à leur article de la profession qu'ils exercent.

10. Les commissaires avertiront ceux qui seront dans le cas d'être classés par l'article 7 du présent titre, lorsqu'ils se présenteront pour être portés sur un rôle d'équipage, et inscriront en leur présence sur le registre des matricules leurs nom, âge, demeure et signalement, ainsi que la note de leurs navigations et services antérieurs à cette époque, et lesdits gens de mer seront réputés classés par ladite inscription et sujets à être commandés pour le service de S. M.

11. Les commissaires feront avertir les pêcheurs et bateliers qui devront être classés, conformément à l'article 8, lesquels seront tenus de se présenter au bureau aux jour et heure désignés dans l'avis par écrit qui leur sera remis par le syndic, et d'y déclarer s'ils veulent continuer à naviguer ou à faire la pêche, auquel cas ils seront inscrits sur le registre des matricules, et ceux qui ne se présenteront pas sur l'avis qu'ils en auront reçu seront pareillement classés s'ils continuent à exercer leurs professions.

12. Il sera délivré *gratis* par le commissaire à chacun des nouveaux classés un livret sur lequel sera transcrit l'article de leur classement pris du registre de la matricule; ledit livret contiendra une instruction sur les obligations et devoirs des gens de mer, leurs privilèges et exemptions.

13. Les augmentations de grade et de paie que les matelots acquerront au service de S. M., et qui leur seront accordées aux désarmements des vaisseaux sur lesquels ils auront servi, seront notées successivement sur la matricule et sur leur livret; et il y sera pareillement fait note de tous leurs services, tant sur les vaisseaux de S. M. que sur les navires marchands, ainsi que des congés qui leur seront accordés. Enjoint S. M. à tous les gens classés de porter toujours sur eux ledit livret, et au cas qu'ils le perdent, il leur en sera délivré un second, contenant l'extrait de leur article pris de la matricule, et certifié

par le commissaire, pour lequel ils paieront 5 s. au trésorier des gens de mer.

14. Ne pourront être rayés des matricules que ceux qui auront été déclassés en la manière qui sera réglée par les articles ci-après, ceux dont la mort aura été constatée, ceux qui auront changé de quartier, ceux qui seront déclarés hors de service ou admis aux pensions d'invalides, et ceux qui seront reçus capitaines ou pilotes-lamaneurs, dont les noms seront portés sur les rôles particuliers tenus à cet effet.

15. Ceux qui, ayant commencé à naviguer ou à faire la pêche, auront été inscrits sur les états mentionnés aux articles 3 et 4 du présent titre, mais qui ne seront point encore classés et portés sur les matricules, pourront renoncer auxdites professions en le délarant aux commissaires, qui les rayeront des états.

16. Ceux qui étant classés voudront renoncer à la navigation et à la pêche, le déclareront aux chefs des classes et aux commissaires, et il en sera fait note sur les registres de la matricule et sur leur livret; ils continueront néanmoins à être soumis à la police des classes et aux ordres de levées pendant un an; et si pendant ce délai ils continuent à exercer ou reprennent quelques-unes des professions maritimes, leur déclaration sera rayée; mais s'ils persistent pendant un an, ils seront déclassés et rayés des matricules par les ordres de l'inspecteur, qui en rendra compte au secrétaire d'état ayant le département de la marine.

17. Les chefs des classes et les commissaires ne recevront pendant la guerre aucune déclaration des gens de mer pour renoncer à leurs professions, et celles qui auroient été faites avant la guerre, mais dont les délais ne seroient pas expirés, seront renvoyées, quant à leur exécution, à l'époque de la paix, et on n'y aura aucun égard lors des levées.

18. Ceux qui, après avoir été déclassés, reprendront l'exercice des professions auxquelles ils auront renoncé, seront classés de nouveau en la qualité qu'ils avoient précédemment.

19. Les gens de mer classés jouiront des exemptions et privilèges qui leur ont été accordés par la déclaration du 21 mars 1778. Enjoint S. M. aux inspecteurs, chefs des classes, officiers attachés aux arrondissements, et aux commissaires des classes de veiller au maintien desdits privilèges, et de rendre compte au secrétaire d'état ayant le département de la marine de toutes les atteintes qui pourroient y être portées.

TITRE XI. *Des devoirs des gens classés, et de la police des classes.*

1. Les gens de mer classés ne pourront s'absenter de leur quartier pendant plus de huit jours sans une permission expresse et par écrit du chef des classes ou de l'officier qui le remplacera, et ce, à peine de trois jours de prison, laquelle punition pourra être prolongée proportionnellement à la durée de leur absence.

2. Lesdites permissions, qui seront délivrées *gratis*, ne porteront congé que pour un temps limité ou pour des voyages désignés; il en sera fait note sur le livret de celui auquel elles seront accordées, et elles seront représentées au commissaire des classes.

3. Tous ceux des gens de mer qui ne seront pas actuellement commandés pour le service de S. M., ou qui ne seront pas dans le cas d'être compris dans les levées dont les ordres auront été annoncés, seront libres de s'embarquer en temps de paix sur les bâtiments armés dans les ports de leurs quartiers, pour le commerce ou la pêche, sans être obligés de demander des permissions particulières.

4. Ne pourront, même pendant la paix, lesdits gens de mer s'embarquer sur les bâtiments qui seront armés dans les ports d'un autre quartier que celui où ils sont classés, ni dans le leur pendant la guerre, s'ils n'en ont obtenu la permission du chef des classes ou de l'officier qui en remplira les fonctions, et lesdites permissions porteront congé pour un temps limité ou spécifieront l'espèce des voyages que lesdits gens de mer pourront entreprendre.

5. Les chefs des classes s'entendront avec les commissaires des classes pour déterminer le nombre et la durée des permissions de s'absenter des quartiers qui pourront être accordées, et ils se concerteront pareillement lorsqu'ils auront reçu avis d'ordre de levée, pour déterminer provisoirement le nombre de gens de chaque syndicat qui, se trouvant dans le cas d'être commandés suivant leur tour de rôle, doivent être retenus dans le quartier jusqu'à nouvel ordre, et ils en feront passer une note aux syndics.

6. Fait S. M. très-expresses inhibitions et défenses à tous gens de mer de passer en pays étranger ou de s'embarquer sur des navires étrangers, sous les peines qui seront prononcées au titre *des déserteurs;* pourront néanmoins les inspecteurs accorder en temps de paix à quelques matelots ou autres gens

de mer, des permissions de s'embarquer sur des navires étrangers pour apprendre les langues ou acquérir des connoissances particulières relatives à la navigation.

7. Tous ceux qui auront obtenu des permissions de s'absenter de leurs quartiers, de naviguer sur les bâtiments de commerce, ou de s'embarquer sur les navires étrangers, seront tenus de rentrer dans lesdits quartiers à l'expiration du terme porté par ces congés, à moins qu'ils n'aient été retenus par force majeure, ce dont ils justifieront, et ils se présenteront au commissaire des classes ou à leurs syndics lorsqu'ils rentreront dans leurs paroisses.

8. Les chefs des classes, les officiers attachés aux arrondissements et les commissaires des classes feront arrêter ceux des gens de mer qui seront trouvés hors de leurs quartiers après l'expiration du terme de leurs permissions ou congés, ainsi que ceux qui ne pourront représenter lesdites permissions et congés ou en justifier par les notes de leur livret; ils en donneront avis au chef de l'arrondissement ou au commissaire du quartier auquel lesdits gens de mer appartiennent, et les feront rentrer dans lesdits quartiers le plus promptement qu'il sera possible.

9. Les bateliers, radeliers, mariniers et autres classés sur les rivières et canaux pourront naviguer dans toute l'étendue desdites rivières et canaux, quoique hors des limites de leur quartier, sans être obligés d'obtenir une permission particulière.

10. Seront seulement tenus lesdits bateliers, ainsi que les ouvriers non navigants, sujets à être commandés pour les travaux des ports, de se représenter tous les ans au commissaire des classes de leur quartier ou au syndic dans le district duquel ils sont compris, lesquels en feront note sur le livret desdits bateliers et ouvriers.

11. Ceux des gens classés qui voudront quitter leur quartier pour s'établir dans un autre, seront tenus, à peine de trois jours de prison, d'en prévenir le chef des classes de l'arrondissement et le commissaire du quartier, qui en fera note sur sa matricule et sur leur livret, et qui les rayera de ladite matricule lorsqu'ils auront apporté le certificat de leur inscription sur celle d'un autre quartier.

12. Ceux qui voudront transporter leur domicile d'un syndicat dans un autre du même quartier, seront pareillement obligés, et sous la même peine, d'en prévenir leur syndic et de se présenter à celui dans le syndicat duquel ils vont s'établir.

13. Les propriétaires et principaux locataires des maisons, dans les villes et lieux sujets aux classes, seront tenus de remettre aux syndics des gens de mer la liste des gens classés logés chez eux, et de l'avertir, dans le délai de huit jours, de leur déménagement, absence ou mort.

14. Enjoint S. M. à tous les gens de mer classés et ouvriers non navigants de se présenter, soit pour les levées, revues ou toute autre cause quelconque relatives au service, toutes les fois qu'il leur sera ainsi ordonné par le chef ou autre officier des classes, le commissaire des classes ou les syndics, à peine de huit jours de prison.

TITRE XII. *Des levées.*

1. Tous les gens de mer classés seront obligés de marcher successivement et à tour de rôle lorsqu'ils seront commandés pour le service de S. M., et ils ne seront plus divisés en classes pour servir alternativement, ainsi qu'ils l'avoient été par l'ordonnance de 1689.

2. Le chef des classes et le commissaire dresseront de concert, pour chaque syndicat, un rôle nominatif des gens de mer de service, et un autre des ouvriers non navigants; ces rôles seront divisés en deux colonnes, l'une contenant les noms des garçons, l'autre les noms des gens mariés. Les garçons qui tiennent lieu de chefs de famille et la soutiennent par leur travail seront portés dans la colonne des gens mariés.

3. Ils régleront le rapport suivant lequel chaque colonne doit fournir aux levées dans chacun des syndicats, de manière que le tour des garçons revenant plus souvent, ils soient un tiers de temps de plus au service ou à peu près que les gens mariés.

4. Les gens d'une même famille ne seront point inscrits à la suite les uns des autres sur lesdits états, en sorte qu'autant qu'il sera possible ils soient rarement obligés de marcher tous à la même levée.

5. Ne seront pas compris dans lesdits rôles de service les capitaines au grand cabotage reçus conformément aux règlements. Pourront néanmoins être commandés ceux qui n'auront pas navigué depuis un an en leurdite qualité de capitaine, à moins qu'ils n'eussent, lors de la levée, un navire en armement.

6. Les maîtres au petit cabotage ne seront exempts des levées qu'autant qu'ils commanderont actuellement un bâtiment, et depuis un an au moins.

7. Les pilotes-lamaneurs reçus en la manière prescrite par le réglement du 10 mars 1784 ne seront pas compris non plus dans lesdits rôles, et ne seront pas soumis aux ordres de levée.

8. Les maîtres de bateaux et autres bâtiments de pêche dont les équipages seront de huit hommes au moins, et qui commanderont lesdits bateaux depuis plus d'un an, ne seront pas inscrits sur les rôles de service, et ne pourront être levés que par un ordre particulier du secrétaire d'état ayant le département de la marine.

9. Quant aux maîtres et patrons des bateaux et autres bâtiments qui naviguent sur les rivières et canaux, les inspecteurs examineront l'état desdites navigations, prendront les avis des chefs des classes et des commissaires sur les exemptions qu'il convient d'accorder pour l'avantage du commerce de ces rivières, et en rendront compte au secrétaire d'état ayant le département de la marine, qui prononcera sur lesdites exemptions pour chaque rivière ou canal, en distinguant, par leurs dénominations, le port en tonneaux et l'emploi, les bâtiments dont les maîtres seront dispensés des ordres de levée.

10. Tout homme de mer ayant trois fils actuellement classés sera exempt des levées et ne sera point compris dans les rôles de service. Ceux de ses enfants qui auront été tués sur les vaisseaux de S. M., qui seront morts au service, ou qui auront été déclarés invalides à raison de leurs blessures, seront considérés comme existants.

11. Le chef des classes et les commissaires se communiqueront respectivement, tous les ans après les tournées, leurs observations sur les changements à faire dans ces rôles, suivant les notes qu'ils auront prises sur les lieux, et ils se concerteront pour lesdits changements, s'ils jugent à propos d'en faire.

12. Le rôle particulier de chaque syndicat, visé par le chef des classes et par le commissaire, sera remis au syndic des gens de mer et affiché dans un lieu apparent de sa maison. Les officiers municipaux des lieux, les curés des paroisses, les chefs de corps et communautés de pêcheurs, bateliers et ouvriers, pourront en prendre des copies, lesquelles seront collationnées par les syndics.

13. Les ordres de levée seront envoyés par le secrétaire d'état ayant le département de la marine, ou par le commandant et l'intendant du port, et seront adressés aux inspecteurs et aux ordonnateurs des départements, qui les feront passer aux

chefs des classes et aux commissaires; et dans des cas particuliers, lesdits ordres pourront être adressés directement auxdits chefs des classes et aux commissaires.

14. Les chefs des classes feront une répartition du nombre et de l'espèce d'hommes demandés par syndicat, suivant la proportion qu'ils auront réglée de concert avec les commissaires des classes, de manière que chaque syndicat ne fournisse, autant qu'il sera possible, que proportionnellement au nombre de gens de mer ou d'ouvriers qu'il contient.

15. Ils dresseront les états nominatifs des levées de chaque syndicat, en suivant la proportion des colonnes et l'ordre des rôles depuis les derniers commandés dans la levée précédente, et en recommençant par la tête de la colonne lorsqu'elle aura été parcourue en entier.

16. Ces états seront envoyés aux commissaires, qui pourront faire telles observations qu'ils jugeront convenables, mais sans que la levée puisse être arrêtée ou retardée, et si les chefs des classes n'ont pas égard à ces observations, lesdits commissaires pourront les adresser à l'inspecteur, et lui demander sa décision.

17. Les ordres de marcher pour le service seront signés par le chef des classes ou par l'officier attaché au quartier, et remis à chacun de ceux qui doivent être levés, ou, en leur absence, laissés à leur domicile, et il leur sera enjoint dans lesdits ordres de se trouver aux jour et lieu qui auront été fixés pour le départ.

18. Lorsque la levée excèdera le quart de la totalité du nombre des hommes en état de servir dans le quartier, le chef des classes, où l'officier attaché au quartier, et le commissaire, se transporteront dans les paroisses pour faire ladite levée; et si elle est moins considérable, ils la feront faire par les syndics, en envoyant à chacun d'eux l'état nominatif de la levée de leur syndicat et les ordres signés.

19. Les commissaires régleront sur les états de levée le montant des avances qui auront été ordonnées, et le feront remettre aux syndics, par les trésoriers des gens de mer, sur les mandats qu'ils délivreront à cet effet auxdits syndics, lesquels feront inscrire en marge des états de levée les quittances des avances qu'ils paieront, et lesdites quittances seront signées par ceux qui auront reçu ces avances, ou s'ils ne savent point écrire, par deux témoins domiciliés.

20. Les syndics présenteront, après la levée, ces états quittancés au commissaire des classes, qui les vérifiera, les visera

et les remettra ensuite au trésorier pour servir de pièces justificatives au compte général des dépenses de ladite levée.

21. Si quelqu'un des gens de mer et ouvriers commandés croit avoir des raisons légitimes pour être dispensé de marcher à cette levée, ils les exposera à l'officier et au commissaire qui feront la levée, ou au syndic, pour les leur faire parvenir, et ledit officier se concertera avec le commissaire pour prononcer sur lesdites représentations. Dans le cas où ils se trouveroient d'avis différent, le chef des classes ou l'officier qui le remplacera décidera provisoirement, sauf à en rendre compte à l'inspecteur.

22. Si les représentations sont admises, ceux qui suivent immédiatement dans l'ordre du rôle et qui n'auront pas des raisons légitimes de dispense, seront commandés.

23. Les gens de mer levés pourront se faire substituer avec l'agrément du chef des classes, mais seulement par d'autres gens de mer de la même qualité qu'eux au service de S. M., et portés sur le rôle du même syndicat, et à charge de marcher à la place de ceux qui les auront remplacés lorsque le tour de service de ceux-ci arrivera, après quoi ils reprendront leur tour primitivement réglé; mais ne pourront lesdits gens de mer se faire ainsi substituer dans deux levées de suite.

24. Les pères pourront toujours se faire substituer par leurs enfants, quels que soient leurs grades, pourvu que lesdits enfants soient classés comme matelots au moins, et s'ils y consentent librement.

25. Les gens de mer qui se trouveront absens par congé lorsque leur tour de service sera arrivé, seront commandés pour la levée suivante, et reprendront ensuite leur tour ordinaire de service.

TITRE XIII. *De la conduite des gens de mer qui se rendent de leurs quartiers dans les ports.*

1. Il sera dressé des états généraux des routes qui doivent être suivies par les gens de mer et ouvriers levés pour se rendre de leurs quartiers aux ports pour lesquels ils seront destinés; ces routes seront divisées en journées réglées à six lieues autant qu'il sera possible; les villes et lieux de logement y seront désignés, et elles seront rapportées sur une carte générale des classes.

2. Les ordres de levée adressés, soit aux inspecteurs et ordonnateurs, soit aux chefs des classes et commissaires des

quartiers, par le secrétaire d'état ayant le département de la marine, ou par les commandants et intendants des ports, détermineront et fixeront les époques de l'arrivée des levées au port pour lequel elles seront destinées.

3. Il sera joint aux ordres de levée des ordres de route détaillés pour les levées de chaque quartier, lesquels détermineront les journées de marche et celles de séjour, en sorte qu'il y ait un séjour après trois ou quatre jours de marche, et détermineront pareillement les réunions desdites levées entre elles, s'il y a lieu.

4. Dans le cas où lesdits ordres de route ne seront point envoyés avec ceux de levée, les inspecteurs les dresseront, fixeront les jours du départ des levées de chaque quartier, et nommeront les officiers qui devront les commander si elles sont nombreuses.

5. Les inspecteurs enverront les ordres de route aux chefs des classes et aux commissaires des quartiers où les levées devront être faites, et en donneront avis aux chefs des classes et aux commissaires de ceux par lesquels elles devront passer. en les informant des époques auxquelles elles arriveront, et du nombre d'hommes dont elles seront composées; ils en informeront aussi l'inspecteur voisin, si elles doivent passer par des quartiers dépendant de son inspection.

6. Les chefs des classes feront les dispositions nécessaires pour le départ des levées de leurs arrondissements, conformément aux ordres qu'ils auront reçus, indiqueront le jour et le lieu où les hommes commandés devront se rassembler, nommeront les chefs sous la conduite desquels ils devront partir s'ils ne sont pas nommés dans les ordres, et leur remettront l'état de levée avec l'ordre de route.

7. Les levées de chaque quartier se rendront séparément au port de leur destination, ou se réuniront entre elles, conformément à ce qui sera prescrit par les ordres de route qui fixeront les jours et lieux où ces réunions devront se faire.

8. Si la levée est de cent cinquante hommes et au-dessus, ou que par sa réunion avec celles de quelques autres quartiers, elle se trouve composer ce nombre de cent cinquante hommes, elle sera commandée par un officier, et celui-ci sera chargé de la conduire jusqu'au port pour lequel elle est destinée, à moins qu'il n'ait ordre de la remettre sur sa route à quelque autre officier nommé à cet effet : lorsque ladite levée sera moindre que de cent cinquante hommes, elle sera conduite par un syndic des gens de mer ou par un maître, s'il

s'en trouve dans la levée qui mérite cette marque de confiance, et si le nombre n'excède pas vingt hommes, par un officier-marinier, ou à son défaut par un ancien matelot compris dans la levée.

9. Dans le cas où les levées seront nombreuses, elles seront partagées par les conducteurs en divisions, commandées chacune par un officier-marinier ou ancien matelot, lequel aura autorité sur sa division et en répondra.

10. Les conduites continueront être payées en hiver, et depuis le 15 octobre jusqu'au 14 avril, sur le pied de 6 s. par lieue aux officiers-mariniers, et de 5 s. aux matelots; et en été, du 15 avril au 14 octobre, sur le pied de 5 s. par lieue aux officiers-mariniers, et de 4 s. aux matelots.

11. Le total du montant de la conduite de chaque levée, réglé par le commissaire, sera remis au conducteur de ladite levée par le trésorier du quartier, partie en espèces et partie en mandats sur les trésoriers de la route, conformément à l'instruction qui sera jointe au tarif général des routes; et lesdits conducteurs distribueront, tous les quatre jours et par avance, aux hommes composant la levée, le montant de la conduite pour lesdits quatre jours.

12. Les officiers municipaux des lieux de logement qui seront prévenus par le commissaire des classes du quartier du passage des troupes des gens de mer trois jours à l'avance au moins, les logeront par billets chez les habitants, comme on le pratique pour les troupes de S. M., et l'ustensile leur sera fourni de la même manière.

13. Lesdits officiers municipaux prendront aussi les mesures convenables pour procurer aux gens de mer, lors de leur passage, les vivres nécessaires, de bonne qualité et à des prix modérés par eux fixés; ils s'entendront à cet effet avec les chefs des classes et les commissaires, et donneront les indications qui pourront être utiles à cet égard aux conducteurs des levées, lesquels veilleront à ce que les gens de mer qu'ils conduisent paient exactement et aux prix fixés les vivres qui leur seront vendus par les habitants.

14. Lesdits officiers municipaux feront fournir les voitures, chevaux, bêtes de trait ou de charge nécessaires pour le transport des hardes sur les états, présentés par les conducteurs des levées, et conformément aux tarifs qui seront arrêtés par les intendants des provinces, et ce, sur le pied d'une charrette ou chariot du port de deux mille livres pour cent hommes, ou l'équivalent, soit en voitures d'une plus grande ou moindre

portée, soit en chevaux ou mulets de bât, si le transport par voitures n'est pas possible, et il sera fourni de plus deux chevaux de selle au conducteur de la levée, si c'est un officier, et un seul si c'est un syndic ou maître.

15. Le nombre desdites voitures et chevaux pourra néanmoins être augmenté dans le cas de nécessité, comme pour le transport des convalescents revenant des ports; et il sera donné alors des ordres particuliers par les intendants des provinces ou leurs subdélégués, sur la demande des inspecteurs ou des chefs des classes.

16. Les conducteurs des levées se conformeront, quant à la charge des voitures, à ce qui sera porté dans les réglements particuliers, ou dans les tarifs arrêtés par les intendants des provinces; ils ne pourront demander que le nombre de voitures fixé, ni les employer à d'autres usages qu'au transport des hardes des gens de mer, ou les faire conduire plus loin qu'aux lieux déterminés, à peine d'en répondre personnellement.

17. Ils délivreront aux officiers municipaux des reçus des voitures, chevaux, bêtes de trait ou de charge qui auront été fournis, sur le vu desquels reçus le commissaire des classes du quartier fera payer lesdites fournitures par le trésorier des gens de mer, aux prix fixés par les intendants des provinces et mentionnés dans les tarifs.

18. Pourront les premiers maîtres compris dans les levées, demander chacun un cheval, qu'ils seront tenus de payer eux-mêmes chaque jour avant le départ, et au prix fixé.

19. Si quelqu'un des gens de mer tombe malade en route, il sera laissé par le conducteur de la levée dans l'hôpital du lieu, dans lequel il sera reçu au moyen d'un billet du commissaire des classes, ou du syndic des gens de mer, ou, à leur défaut des officiers municipaux, visé par le conducteur de la levée, et à sa sortie il lui sera délivré un billet de continuation de route par ledit commissaire des classes ou syndic, ou par lesdits officiers municipaux, au moyen duquel billet les logements lui seront fournis dans les villes et lieux de route.

20. Enjoint S. M. aux officiers, syndics, maîtres et autres conducteurs des levées, d'y maintenir une discipline exacte, et de veiller à ce qu'aucun des gens de mer qui les composent ne s'écarte, ne s'arrête ou ne commette quelque désordre sur la route et dans les villes de logement et de séjour.

21. Dans les lieux où il seroit possible et convenable de faire

en certaines circonstances les conduites des gens de mer par les rivières, canaux, ou même par mer, les inspecteurs feront les dispositions qui leur paroîtront utiles au bien du service et avantageuses aux gens de mer.

22. Lorsque les matelots, après les désarmements, partiront pour retourner dans leurs quartiers, les commandants des ports décideront s'il convient de les faire partir par petites troupes commandées par des officiers-mariniers ou anciens matelots, ou de les réunir en troupes nombreuses commandées par des officiers qu'ils nommeront à cet effet; dans l'un et l'autre cas, il sera délivré des ordres de route aux conducteurs : la conduite se fera comme il a été dit ci-dessus, et il en sera donné avis aux inspecteurs.

23. Tout ce qui a été prescrit dans le présent titre, par rapport aux conduites des gens de mer, aura pareillement lieu pour les conduites des ouvriers non navigants, lorsqu'il en sera fait des levées.

Titre XIV. *Des gens de mer employés pour le commerce.*

1. Les capitaines, maîtres et patrons des bâtiments qui seront armés pour la course, le commerce ou la pêche, présenteront aux bureaux des classes les gens de mer qu'ils auront engagés, pour être inscrits sur les rôles d'équipages, et ne pourront embarquer que ceux qui y auront été portés, à peine de 500 liv. d'amende pour chaque homme non compris dans lesdits rôles.

2. Ne pourront les commissaires des classes refuser d'inscrire sur lesdits rôles en temps de paix les gens de mer de leurs quartiers qui n'auront pas reçu d'ordres de service ou qui ne seront point compris dans les états dressés provisoirement avec le chef des classes pour les levées qui auront été annoncées, conformément à l'article 5, titre XI de la présente ordonnance.

3. Ne pourront pareillement refuser d'inscrire sur lesdits rôles les gens de mer appartenants à d'autres quartiers qui auront des congés du chef des classes de leur arrondissement, portant permission de s'embarquer hors de leur quartier.

4. Lesdits commissaires retiendront pendant la guerre tous ceux des gens de mer de leurs quartiers qui n'auront pas de congés, et ne les inscriront point sur les rôles d'équipage des navires armés pour la course, le commerce ou la pêche.

5. Ils examineront les livrets de tous les gens de mer qui

33

leur seront présentés par les capitaines et maîtres, et reconnoîtront s'il y a été fait note de leur congé du dernier navire sur lequel ils étoient embarqués; ils feront arrêter ceux qui auront déserté et qui ne pourront pas prouver leurs congés par lesdites notes, et ils les feront rentrer dans leurs quartiers le plus promptement qu'il sera possible.

6. Fait S. M. très-expresses défenses à tout capitaine de navire d'engager, sans la permission du commissaire des classes, aucun matelot ou autre homme de mer avant que de s'être assuré par l'inspection de son livret qu'il a été congédié du dernier navire sur lequel il étoit embarqué, à peine de 300 liv. d'amende et trois mois d'interdiction; de plus grande peine en cas de récidive, et même d'être dégradé de la qualité de capitaine, maître ou patron, s'il est convaincu d'avoir débauché les matelots des autres navires, et de les avoir portés à la désertion.

7. Les commissaires des classes tiendront la main à l'exécution des réglements concernant la composition des équipages des navires marchands, et dénonceront aux officiers des amirautés les armateurs et capitaines qui y auront contrevenu.

8. Dans les ports où il n'y aura pas de commissaires des classes, leurs fonctions seront remplies, quant aux rôles d'équipage, par les syndics qui y auront été particulièrement autorisés par le secrétaire d'état ayant le département de la marine.

9. Les capitaines des navires en armement qui présenteront au bureau des classes les gens de mer par eux engagés pour former leur équipage, présenteront en même temps les conventions qu'ils auront faites avec eux relativement à leurs salaires ou parts, lesquelles seront rédigées par acte public, ou sous seing-privé en double original, dont l'un demeurera au pouvoir desdits gens de mer, ou s'ils ne savent point écrire, lesdites conventions seront portées sur le livre de bord, tenu conformément à ce qui est prescrit par l'ordonnance de 1681, et paraphé par le lieutenant de l'amirauté.

10. Les commissaires des classes feront faire lecture desdites conventions en présence des gens de l'équipage, et en feront note sur leurs livrets, si aucun d'eux ne réclame; ces notes seront certifiées et signées par le capitaine du navire et par lesdits commissaires, qui noteront pareillement les salaires sur les rôles d'équipages, et liquideront aux désarmements les retenues pour les invalides de la marine, relativement auxdites conventions.

11. Ne pourront néanmoins les commissaires des classes régler les conditions des engagements, ni exercer aucune autorité à cet égard, mais ils laisseront une entière liberté aux capitaines et gens de mer de faire entre eux telles conventions qu'ils jugeront à propos, et en cas de contestation sur lesdites conventions ou leur exécution, s'ils ne peuvent accorder les parties et les concilier, ils les renverront à se pourvoir par les voies de droit devant les amirautés.

12. A défaut de conventions rédigées par acte public ou sous seing-privé en double original, les notes des livrets feront foi en justice dans les contestations qui pourront s'élever entre les capitaines et maîtres, et les gens de leurs équipages, relativement à l'exécution de leurs conventions respectives; et au cas que lesdits capitaines et maîtres aient négligé de faire faire lesdites notes sur les livrets, les matelots en seront crus à leur serment.

13. Lorsque les capitaines engageront des gens de mer pendant le cours d'un voyage, en remplacement des déserteurs, morts ou malades laissés dans les hôpitaux, ou par toute autre raison, les mêmes formalités seront observées quant aux conventions des engagements, et seront remplies, dans les ports du royaume et des colonies, par les commissaires des classes, et dans les ports étrangers, par les consuls ou vice-consuls de S. M. Il sera fait note des remplacements ou nouveaux engagements sur les rôles d'équipage et sur les livrets; et au cas qu'il ne se trouvât ni consul ni vice-consul dans lesdits ports étrangers, les capitaines ou maîtres feront faire ces notes aussitôt après leur arrivée ou relâche dans un port du royaume, ou dans un port étranger, résidence d'un consul ou vice-consul.

14. Les gens de mer rempliront, sous les peines portées dans la présente ordonnance au titre *des Déserteurs*, les engagements qu'ils auront contractés, et ne pourront quitter pendant le voyage le vaisseau sur lequel ils se seront embarqués, sans un congé exprès et par écrit du capitaine, maître ou patron, duquel congé il sera fait note par le commissaire des classes sur le rôle d'équipage et sur le livret du matelot congédié.

15. Ne pourront lesdits capitaines et maîtres congédier pendant le voyage et débarquer aucun des gens de leur équipage sans cause valable, à moins que lesdits gens de mer n'y consentent librement, et il ne pourra être donné aucun congé sans la permission du commissaire des classes dans les ports

du royaume et des colonies, ou des consuls dans les ports étrangers, à peine de 300 liv. d'amende pour chaque homme débarqué sans permission.

16. Enjoint expressément S. M. aux commissaires des classes des ports du royaume et des colonies, ainsi qu'aux consuls et vice-consuls de France dans les ports étrangers, de faire rentrer, le plus promptement possible dans leurs quartiers, les gens de mer qui auront été débarqués des navires marchands laissés malades dans les hôpitaux ou qui faisoient partie des équipages des navires désarmés ou condamnés, ainsi que les déserteurs, et ils y feront embarquer lesdits gens de mer en remplacement sur les navires marchands qui auront besoin d'hommes et qui seront destinés pour les ports des quartiers desdits gens de mer ou pour les ports voisins. Ne pourront les capitaines desdits navires refuser de recevoir ceux qui leur seront ainsi donnés par les commissaires et les consuls, lesquels régleront les salaires desdits matelots, en sorte que, dans aucun cas, ces salaires ne puissent excéder ceux qu'ils avoient sur les navires desquels ils auront déserté, ou dont ils auront été débarqués ou congédiés, et il en sera fait note sur les rôles d'équipage, S. M. interdisant, dans ce cas seulement, aux matelots la liberté de faire des conventions avec les capitaines et maîtres relativement à leurs salaires, et déclarant nulles toutes lesdites conventions contraires aux notes du rôle d'équipage.

17. Lors du désarmement d'un navire marchand, le commissaire des classes notera sur les livrets des gens de mer composant l'équipage le jour et le lieu du désarmement, et il en fera pareillement note sur la matricule pour ceux qui seront de son quartier. Quant aux gens de mer dudit équipage qui dépendront d'un autre quartier, ils seront tenus, en y rentrant, de représenter leurs livrets au bureau des classes, afin que l'extrait des notes qui s'y trouveront puisse être porté sur la matricule.

18. Enjoint S. M. aux capitaines et maîtres de veiller à la conservation des gens de leur équipage, de les représenter au désarmement ou d'administrer des preuves de la désertion de ceux qui auront abandonné le navire, et dans le cas de mort de quelqu'un des gens de l'équipage, d'en remettre les preuves légales aux greffes des amirautés, en se conformant d'ailleurs aux ordonnances quant à ce qui regarde les effets des morts.

19. Fait S. M. très-expresses défenses aux commissaires des classes, ainsi qu'aux chefs des classes et officiers attachés, de prendre directement ou indirectement aucun intérêt dans la

propriété des navires et dans les armements, soit pour la course, le commerce ou la pêche, non plus que dans les entreprises de commerce, de quelque espèce qu'elles soient, pêcheries, droits maritimes et fermes desdits droits.

TITRE XV. *Des gens hors de service et des invalides.*

1. Les gens de mer et ouvriers, âgés de plus de soixante ans, et ceux qui n'ayant pas encore atteint cet âge, ne seront plus en état de servir à raison de leurs blessures, de leurs infirmités, ou d'incommodités graves et constantes, seront déclarés hors de service; ils seront en conséquence rayés du registre de la matricule ou du rôle des ouvriers, ainsi que des rôles de service des syndicats, et portés sur un rôle particulier.

2. Il continuera à être accordé des pensions ou soldes d'invalides à ceux desdits gens de mer et ouvriers qui auront été blessés et estropiés, soit au service de S. M., soit sur les navires armés pour la course, le commerce ou la pêche, ainsi qu'à ceux que leurs infirmités ou leur âge avancé mettent hors d'état de travailler.

3. Les pensions ou soldes seront proportionnelles aux paies que lesdits gens de mer auront eues sur les vaisseaux de S. M. lors de leur dernière campagne, et qui seront inscrites sur les matricules: quant aux ouvriers non navigants, ceux qui auront été employés pendant moins de trois ans au service de S. M., seront considérés comme ayant 12 liv. de paie par mois; ceux qui auront servi plus de trois ans et moins de six comme matelots à 15 livres, et après six ans de service comme matelots à 18 liv., et les maîtres-ouvriers non entretenus, comme les officiers-mariniers aux grades desquels ils répondent.

4. Les gens de mer et ouvriers blessés et estropiés au service de S. M. auront la pension de deux tiers de solde, s'ils sont entièrement hors d'état de travailler, et celle de demi-solde, s'ils ont conservé des incommodités graves qui les obligent de renoncer à la navigation et aux travaux pénibles, mais qui leur permettent encore de travailler et de gagner une partie de leur subsistance.

5. Lesdites pensions seront augmentées d'un quart en sus pour ceux desdits gens de mer estropiés au service de S. M., lorsqu'ils l'auront été par des blessures reçues dans les combats.

6. Ceux qui auront été blessés et estropiés sur les bâtiments armés pour la course, le commerce ou la pêche, auront la pension de demi-solde, s'ils sont hors d'état de travailler, et

celle du tiers, s'ils peuvent gagner encore une partie de leur subsistance.

7. Les gens de mer âgés de plus de soixante ans, qui auront au moins dix ans de navigation sur les bâtiments de commerce, et trois ans au service de S. M., chaque mois de navigation sur les vaisseaux de guerre au-delà des trois ans, étant compté pour deux au commerce, ou ceux qui, avec le même temps de service sur les vaisseaux de S. M., auront exercé pendant vingt ans depuis leur classement les professions de pêcheur, batelier de rivière, et autres semblables, ainsi que les ouvriers non navigants qui auront vingt-cinq ans d'exercice de leurs professions depuis leur inscription sur le rôle, dont cinq ans au service de S. M., auront la pension de tiers de solde, et même celle de moitié, lorsque leurs infirmités et le défaut de ressources de la part de leurs familles les mettront hors d'état de subsister.

8. Les demandes pour être déclaré hors de service ou admis aux pensions d'invalides ne pourront être adressées qu'à l'inspecteur lors de ses tournées, et celles desdites demandes qui ne seront point faites dans cette forme seront rejetées, à l'exception néanmoins de celles relatives aux maîtres entretenus dans les ports de Brest, Toulon et Rochefort, lesquelles seront faites par les conseils de marine desdits ports.

9. L'inspecteur prendra les informations nécessaires pour s'assurer de la vérité des faits qui lui auront été exposés, fera visiter par les chirurgiens commis à cet effet, ceux qui prétendront être blessés ou incommodés, examinera les états de leurs services, et les pièces qui seront présentées comme preuves, et s'informera de l'état des familles desdits gens de mer et ouvriers, et des ressources qu'ils peuvent avoir.

10. Les chefs des classes et les commissaires lui donneront tous les éclaircissements nécessaires pour juger desdites demandes; et il décidera, après avoir pris leur avis, quelles sont celles qui sont dans le cas d'être admises.

11. Il dressera, dans chaque quartier, un état des gens de mer et ouvriers qui devront être déclarés hors de service, conformément à l'article 1er du présent titre; sera noté en marge du nom de chacun, des preuves qui lui auront été données, et des motifs qui auront déterminé sa décision, et il remettra ledit état, signé de lui, au commissaire des classes, qui rayera de la matricule tous ceux qui seront dénommés dans ledit état, et les portera sur les rôles des hors de service.

12. Ledit inspecteur dressera un autre état de ceux qu'il

jugera pouvoir être admis aux pensions d'invalides, énoncera les motifs de sa proposition, et y joindra les états de leurs services et les extraits des articles les concernant, pris de la matricule et de leur livret, signés par le commissaire, ainsi que les certificats des capitaines des vaisseaux sur lesquels ils auront servi, extraits baptistaires, attestations de chirurgiens et et autres pièces justificatives.

13. Lorsqu'il aura achevé sa tournée, il formera, de tous les états particuliers faits dans les quartiers, le rôle général de de ceux qui auront droit de prétendre aux pensions d'invalides dans l'étendue de son inspection, en les divisant en plusieurs classes, suivant les distinctions établies dans les art. 4, 5, 6 et 7 du présent titre.

14. Dans chaque division ou classe, il inscrira les premiers ceux qui seront les plus incommodés et dont les besoins seront les plus pressants par les circonstances particulières et l'état de leurs familles; les besoins étant égaux, il aura égard à la durée des services sur les vaisseaux du roi et à l'âge.

15. Les inspecteurs particuliers adresseront tous les ans, au mois de décembre, à l'inspecteur général l'état des invalides à admettre dans l'étendue de leur inspection, avec l'extrait des pièces justificatives; ils lui enverront pareillement un mémoire d'observations sur ceux que leurs services, leurs actions et des circonstances particulières peuvent mettre dans le cas de prétendre à des graces extraordinaires, ainsi que sur les gens de mer et ouvriers âgés de plus de soixante ans, et formant la dernière division ou classe, qu'ils croiront mériter la pension de demi-solde au lieu de celle du tiers, et sur ceux qui pourront mériter aussi d'être admis comme invalides, quoiqu'ils n'aient pu être portés sur l'état par défaut d'un temps suffisant de service, ou parce qu'ils ne se seront trouvés dans aucun des cas prévus par les articles ci-dessus.

16. L'inspecteur général examinera lesdits états des invalides à admettre, observera si les motifs énoncés sont conformes aux règles prescrites, et si les preuves sont suffisantes, et il en supprimera les noms de ceux qu'il jugera y avoir été portés mal à propos.

17. Il prendra les ordres du secrétaire d'état ayant le département de la marine sur la somme qui pourra être donnée en pension, et fera le projet de l'emploi de ladite somme, en suivant l'ordre des états, en sorte que les blessés et estropiés sur les vaisseaux de S. M. dans les combats, formant la première classe dans chacun des états des quatre inspections,

soient admis les premiers, ensuite ceux de la seconde classe, et ainsi des autres successivement, jusqu'à ce que ladite somme soit entièrement employée; et si une classe ne peut être admise qu'en partie, les premiers inscrits dans ladite classe sur chaque état seront préférés.

18. Il présentera lesdits états au secrétaire d'état ayant le département de la marine, avec ses observations et les notes relatives aux graces particulières qui auront été demandées, dressera, d'après ses ordres, les états des invalides qui seront admis pour chaque inspection, et les enverra aux inspecteurs particuliers avec les brevets expédiés en la forme ordinaire.

19. Lesdits inspecteurs formeront les états particuliers des invalides admis dans chaque quartier, les enverront avec les brevets aux chefs des classes, qui distriburont lesdits brevets aux invalides admis, et remettront lesdits états aux commissaires des classes, après en avoir pris note.

20. L'inspecteur général s'occupera, dans ses tournées, à établir des principes constants et uniformes sur les motifs qui doivent déterminer à déclarer hors de service les gens de mer et ouvriers, et sur la manière de dresser les états des invalides à admettre; il donnera les instructions qu'il jugera nécessaires, et rendra compte au secrétaire d'état ayant le département de la marine de toutes les observations qu'il aura faites à cet égard.

Titre XVI. *Des à-comptes à payer aux familles des gens de mer employés au service du roi.*

1. Il sera fait fonds tous les trois mois, dans la caisse des gens de mer de chaque quartier, du tiers des salaires qui se trouveront dus à cette époque aux gens de mer employés sur les vaisseaux de S. M., déduction faite des avances, conformément aux états qui seront dressés dans les bureaux des armements.

2. Les sommes portées sur ces états seront payées, par àcompte, aux familles desdits gens de mer pour aider à leur subsistance.

3. Lors des levées, chacun de ceux qui seront commandés, déclarera au commissaire des classes ou syndic le nom de la personne à laquelle il veut que les à-comptes sur ses salaires soient remis pendant son absence, et il en sera fait note sur l'état de levée; et ceux desdits gens de mer qui ne voudront en faire aucune destination, pourront les laisser en dépôt à la caisse pour les retirer à leur retour.

4. Ceux néanmoins qui ne destineront pas leurs à-comptes à leurs femmes et enfants seront tenus d'exposer leurs motifs au chef des classes et au commissaire, lesquels pourront, s'ils ne jugent pas ces motifs raisonnables, faire eux-mêmes la destination, en le déclarant auxdits gens de mer.

5. Les paiements de ces à-comptes seront faits par les trésoriers des gens de mer, conformément aux notes portées sur les états de levée et aux jours qui seront désignés par le chef des classes et le commissaire, lesquels feront publier et annoncer ces paiements, y assisteront, et en viseront et certifieront l'état.

6. Indépendamment des à-comptes payés aux familles, il pourra être fourni, pendant les campagnes, des hardes aux matelots embarqués sur les vaisseaux de S. M., jusqu'à la concurrence de la valeur du tiers des salaires qui leur seront dus.

7. Les familles de ceux desdits gens de mer qui seront morts au service du roi demeureront déchargées du remboursement des avances et à-comptes qu'elles auront reçus, et qui excéderoient les soldes qui leur seront dues à l'époque de leur mort, conformément à l'ordonnance du 1er mai 1746.

8. Les gens de mer et ouvriers employés au service de S. M. qui voudront faire passer de l'argent à leurs familles, ou les personnes qui voudront en envoyer auxdits gens de mer et ouvriers, pourront le remettre au trésorier du quartier où ils se trouveront, lequel leur délivrera une rescription sur celui du quartier où lesdites sommes devront être comptées; et ces rescriptions seront payables, savoir, celles tirées d'un quartier à un autre du même département, dans vingt jours, et hors du département, dans quarante.

TITRE XVII. *Des gratifications qui seront accordées aux familles des gens de mer morts sur les vaisseaux de S. M.*

1. Il sera payé des gratifications sur les fonds de la caisse des invalides de la marine aux veuves et aux enfants des gens de mer tués dans les combats sur les vaisseaux de S. M., ou morts des suites des blessures qu'ils y auront reçues.

2. Ces gratifications seront fixées pour les veuves à une année de la solde qu'avoit leur mari lorsqu'il a été tué; pour chacun des enfants au-dessous de l'âge de quatorze ans qui auront encore leur mère, au quart de l'année de solde; et pour ceux desdits enfants qui se trouveront orphelins de père et de mère, à la moitié de l'année de solde.

3. Si lesdits hommes de mer n'ont ni femmes ni enfants, mais qu'ils laissent leurs mères veuves, âgées de plus de cinquante ans, hors d'état de subsister, et n'ayant pas d'autres fils en état de travailler, il sera accordé à ces mères une gratification égale à celle des veuves.

4. Il sera pareillement accordé des gratifications aux veuves, enfants et mères des gens de mer morts par accidents ou de maladies sur les vaisseaux de S. M. ou dans les hôpitaux, lorsqu'ils auront été débarqués malades; et lesdites gratifications seront fixées à la moitié de celles ci-dessus déterminées pour les familles des gens tués.

5. Les veuves, enfants et mères des gens de mer classés qui auront été tués dans les combats sur les bâtiments armés pour la course et sur les navires marchands, obtiendront les gratifications portées par l'article précédent.

6. Lors du désarmement des vaisseaux ou autres bâtiments de S. M., les capitaines et commandants desdits vaisseaux et bâtiments remettront au bureau des armements un état des gens de leur équipage tués dans les combats, et de ceux qui seront morts par accident ou de maladie pendant la campagne, en énonçant les causes de leur mort; et ils donneront pareillement l'état de ceux qui auront été débarqués malades et envoyés dans les hôpitaux. Et lesdits états seront signés par le capitaine, par l'officier chargé du détail, et par le chirurgien-major du vaisseau.

7. Il sera dressé dans les bureaux des armements des ports des états particuliers des gens de mer appartenants à chaque quartier des classes qui auront été tués dans les combats ou qui seront morts sur les vaisseaux de S. M., suivant les comptes rendus aux désarmements, ainsi que de ceux desdits gens de mer qui, ayant été débarqués malades, seront morts dans les hôpitaux des suites de leurs blessures ou de leurs maladies, conformément aux comptes qui auront été rendus par les officiers d'administration et de santé desdits hôpitaux, et ces états seront envoyés aux commissaires des classes, qui les communiqueront aux chefs des arrondissements.

8. Les chefs des classes et les commissaires prendront de concert des informations sur l'état des familles desdits gens de mer, dresseront l'état des demandes de gratification, conformément aux articles 2, 3 et 4 du présent titre, en y comprenant celles des familles des gens de mer tués sur les bâtiments armés pour la course et sur les navires marchands; et ils enverront ledit état à l'inspecteur, avec les certificats de

vie, extraits d'actes de mariage, de baptême, preuves de la mort des hommes tués sur les corsaires, et autres pièces justificatives.

9. L'inspecteur adressera l'état des demandes de gratification à l'inspecteur général, qui le présentera au secrétaire d'état ayant le département de la marine, lequel prononcera sur ces demandes et donnera les ordres nécessaires pour que les gratifications soient payées sans délai, et à qui de droit, par les trésoriers des invalides dans chaque amirauté.

Titre XVIII. *Des déserteurs.*

1. Les gens de mer qui s'absenteront de leurs quartiers lorsqu'une levée aura été annoncée, ou qui ayant été commandés pour le service, ne se rendront pas au jour et au lieu déterminés pour le départ de la levée, seront condamnés à huit jours de prison, et réduits à deux tiers de solde pour une campagne extraordinaire de six mois : ceux néanmoins qui rejoindront la levée en route, ou qui se rendront au port et se présenteront au bureau des armements dans les vingt-quatre heures de l'arrivée de ladite levée, ne seront condamnés qu'à huit jours de prison.

2. Ceux qui déserteront dans la route, ou qui après leur arrivée au port s'en écarteront de plus de deux lieues sans permission, seront condamnés à huit jours de prison et à une campagne extraordinaire d'un an à demi-solde, après laquelle campagne ils seront mis à la solde immédiatement inférieure à celle qu'ils avoient, jusqu'à ce qu'ils aient mérité par leurs services d'y être rétablis.

3. Ceux qui, ayant déserté en route ou du port, se présenteront au bureau des armements avant le temps où ils auroient pu être destinés ou employés sur les vaisseaux s'ils n'avoient pas déserté, ne seront condamnés qu'à huit jours de prison et à une campagne extraordinaire de trois mois à deux tiers de solde.

4. Les gens de mer condamnés à des campagnes extraordinaires avec diminution de solde, conformément aux articles précédents, ainsi que tous ceux qui le seront par les articles ci-après, serviront sur les vaisseaux de S. M. à ladite solde réduite, pendant le temps déterminé pour leur punition, sans que ces campagnes extraordinaires puissent tenir lieu de celles qu'ils auroient dû ou qu'ils devront faire à leur tour de rôle, ni être comptés parmi les services nécessaires pour être admis

à la qualité de capitaine ou maître de navire et de pilote-lamaneur, non plus que pour obtenir les pensions d'invalides, et pendant lesdites campagnes, ils ne seront susceptibles d'aucun avancement, ni en solde ni en grade.

5. Les ouvriers non navigants qui, ayant été commandés, ne se trouveront pas au lieu fixé pour le départ de la levée, seront condamnés à huit jours de prison, et ceux qui déserteront en route, ainsi que ceux qui déserteront de l'arsenal et s'écarteront du port de plus de deux lieues sans permission, seront condamnés à huit jours de prison et embarqués sur les vaisseaux de S. M. pour y faire une campagne de six mois à la paie de novice-matelot, mais ils ne seront cependant pas inscrits sur la matricule des gens de mer, et ils continueront, après ladite campagne, à être employés comme ouvriers non navigants.

6. Les gens de mer qui déserteront d'un bâtiment de S. M. perdront les salaires et parts de prises qui pourront leur être dus, et qui seront confisqués au profit de la caisse des invalides, seront condamnés à la cale, à être mis à la plus basse-paie et à servir extraordinairement pendant dix-huit mois à la moitié de ladite basse-paie, et ne pourront ensuite lesdits gens de mer être augmentés de solde ni de grade que successivement et lorsqu'ils l'auront mérité par de nouveaux services.

7. Ceux qui auront déserté des vaisseaux de S. M. dans un port étranger, ou qui ayant déserté dans un port du royaume, auront passé en pays étranger, ou qui se seront embarqués sur des bâtiments étrangers, seront condamnés à trois ans de galères.

8. Ceux qui par leur faute se seront trouvés absents du vaisseau lorsqu'il aura appareillé, seront réputés déserteurs et punis conformément à ce qui est porté par les deux articles précédents; et néanmoins s'ils se présentent volontairement dans l'espace de trois jours après le départ du vaisseau au bureau des armements ou aux commissaires des classes dans les ports du royaume ou des colonies, ou, dans les ports étrangers, aux consuls et vice-consuls de la nation, qui leur expédieront des certificats de leur retour, il leur sera fait grace desdites peines, et ils seront condamnés seulement à huit jours de prison, et à une campagne extraordinaire d'un an à demi-solde.

9. Tous les gens de mer qui, ayant été condamnés à des campagnes extraordinaires avec diminution de solde, déserte-

ront pendant lesdites campagnes, seront condamnés à trois ans de galères.

10. Les officiers commandant les vaisseaux de S. M. dénonceront ceux des gens de mer qui auront déserté de leurs vaisseaux au commandant du port, lequel assemblera un conseil de guerre pour juger les déserteurs en la manière prescrite par les ordonnances, et prononcer contre eux les peines portées par les articles 6, 7, et 9 du présent titre, à l'exception néanmoins de ceux desdits déserteurs qui se seront présentés volontairement dans l'espace de trois jours après le départ du vaisseau, et dont la peine sera prononcée par le commandant du port, lequel prononcera pareillement les peines portées par les articles 1, 2, 3 et 5 du présent titre, contre les gens de mer et ouvriers qui n'obéiront pas aux ordres de levée, et contre ceux qui déserteront en route ou du port.

11. Il sera envoyé dans les quartiers des listes des déserteurs dénoncés, et les chefs des classes, ainsi que les commissaires, feront toutes les recherches nécessaires pour parvenir à les découvrir, et feront conduire dans les ports ceux qu'ils auront pu faire arrêter.

12. Les gens de mer classés qui se seront engagés dans les troupes de terre ou de la marine seront punis de huit jours de prison et réduits à deux tiers de solde pour une campagne extraordinaire de six mois sur les vaisseaux de S. M., à laquelle ils seront condamnés par le chef des classes de l'arrondissement.

13. Les engagements qu'ils auront contractés seront nuls, sans que les officiers ou préposés aux recrues puissent exiger aucun remboursement, conformément à l'article 7 de l'ordonnance du 16 novembre 1759; mais il sera retenu sur les premiers salaires que lesdits hommes de mer gagneront, une somme égale à celle qu'ils auront reçue, laquelle sera versée à la caisse des invalides; et néanmoins ceux qui ayant contracté de pareils engagements, en auront obtenu le résiliement dans le délai de huit jours, en déclarant leur qualité et en restituant les sommes qu'ils auront reçues, ne seront condamnés qu'à huit jours de prison.

14. Les gens de mer engagés sur les bâtiments armés pour le commerce ou pour la pêche, qui auront déserté dans le port de l'armement, et qui pourront être arrêtés avant le départ desdits navires, seront remis aux capitaines pour faire le voyage auquel ils s'étoient engagés, et pendant lequel ils

n'auront que la moitié des salaires ou parts qu'ils auroient dû gagner.

15. Si lesdits déserteurs ne peuvent être arrêtés qu'après le départ du vaisseau, ils seront condamnés à huit jours de prison, à la restitution des avances, au paiement envers le capitaine ou les armateurs des dommages résultants de leur désertion, s'il y a lieu, et feront une campagne extraordinaire de trois mois sur les vaisseaux de S. M. à deux tiers de solde.

16. Ceux qui déserteront pendant le voyage ou dans les relâches, perdront les salaires, parts, et toutes les sommes qui pourront leur être dues, lesquelles seront confisquées au profit de la caisse des invalides. Lesdits déserteurs seront remis au capitaine pour achever le voyage à demi-salaire, et feront, après leur retour, une campagne extraordinaire de trois mois sur les vaisseaux de S. M., à deux tiers de solde. S'ils n'ont été arrêtés qu'après le départ du navire auquel ils appartenoient, ils seront condamnés à huit jours de prison, aux dommages envers le capitaine, s'il y a lieu, et à une campagne extraordinaire de six mois à deux tiers de solde.

17. Tout ce qui est prescrit par les articles ci-dessus par rapport aux déserteurs des navires marchands, sera pareillement exécuté par rapport à ceux des navires armés pour la course, quant à ce qui concerne l'exécution de leurs engagements, leurs salaires et parts, ainsi que les dommages envers les capitaines et armateurs; mais la durée des campagnes extraordinaires auxquelles ils pourront être condamnés sera double de celles qui seront prononcées contre les déserteurs des navires marchands.

18. Les capitaines des navires armés pour la course, le commerce ou la pêche, dénonceront, dans le délai de trois jours, au commissaire des classes les déserteurs de leurs équipages, et les déclareront pareillement et dans le même délai aux officiers des amirautés, ou dans les ports étrangers, aux consuls ou vice-consuls de la nation, en énonçant les circonstances et les preuves de la désertion, lesquelles déclarations seront certifiées par le témoignage de trois des principales personnes de l'équipage, et reçues sans frais.

19. Les capitaines qui n'auraient pas fait les déclarations prescrites par l'article précédent, et dénoncé les déserteurs, ne pourront former contre eux aucunes demandes, ni leur refuser leurs salaires ou parts, sous prétexte de désertion, et seront néanmoins condamnés à payer à la caisse des invalides en leur propre et privé nom les sommes qui se trouvoient dues

auxdits déserteurs lorsqu'ils ont abandonné le navire, sans pouvoir les répéter contre eux.

20. Tous ceux qui seront convaincus d'avoir engagé les matelots à déserter des navires marchands, et d'avoir aidé ou favorisé leur désertion, seront condamnés à 500 liv. d'amende, et seront tenus, solidairement avec le matelot déserteur, au remboursement des avances et au paiement des dommages envers le capitaine ou les armateurs.

21. Les gens de mer classés qui, en temps de paix, auront été trouvés servant sur des navires étrangers sans permission, seront condamnés à quinze jours de prison, réduits à la plus basse paie, et serviront extraordinairement pendant deux ans à la moitié de ladite basse paie; et ceux qui, en temps de guerre, seront arrêtés sur des navires étrangers, ou passant en pays étranger, seront condamnés à trois ans de galères.

22. Il sera néanmoins fait grace des peines portées par l'article précédent, à ceux qui, ayant passé en pays étranger, reviendront volontairement et se présenteront au bureau des classes de leur quartier dans le délai de six mois; ils seront seulement détenus en prison pendant huit jours, feront une campagne extraordinaire de six mois à deux tiers de solde, et seront mis ensuite à la paie immédiatement inférieure à celle qu'ils avoient précédemment.

23. Ceux qui, pendant la guerre, seront pris servant sur des vaisseaux ennemis, seront condamnés aux galères perpétuelles.

24. Toutes personnes, de quelque qualité et condition qu'elles soient, qui seront convaincues d'avoir enrôlé des matelots et autres gens de mer classés, pour les faire passer à l'étranger, ou de les avoir engagés à sortir du royaume, seront condamnées à trois ans de galères, et ceux qui auront engagé des gens de mer à passer en pays ennemi seront condamnés aux galères perpétuelles.

25. Les chefs des classes et les commissaires feront faire la recherche des déserteurs des navires marchands dénoncés en la manière prescrite par l'article 18 du présent titre, les feront arrêter, et les remettront aux officiers des amirautés; ils leur dénonceront pareillement ceux des gens classés qui auront passé en pays étranger et qui auront pu être arrêtés, les capitaines, maitres et patrons qui auront engagé des déserteurs, qui auront embarqué et débarqué des gens de mer ou passagers sans qu'il en ait été fait note sur le rôle d'équipage, et les personnes qui pourront être convaincues d'avoir débauché des matelots, de les avoir portés à la désertion, ou

d'en avoir engagé pour passer à l'étranger, pour leur procès leur être fait conformément aux ordonnances et aux articles ci-dessus.

26. Ne pourront néanmoins les officiers des amirautés, prononcer contre les déserteurs des navires marchands, et autres gens de mer, les peines de campagnes extraordinaires à solde réduite; mais ils renverront ceux qui les auront encourues à la discipline des classes, et les feront remettre au chef des classes, qui prononcera contre eux lesdites peines.

27. Les officiers commandant les vaisseaux du roi, les capitaines de corsaires et les capitaines de prises vérifieront si dans les équipages des vaisseaux ennemis qu'ils auront pris, il se trouve des gens de mer français; s'ils en ont découvert, ils en feront mention dans la déclaration de prise, et ces gens de mer seront remis aux prisons de l'amirauté.

28. Les commissaires des classes feront mention sur la matricule des punitions infligées et des condamnations prononcées contre les gens de mer, et y porteront les réductions de solde ordonnées, conformément aux notes qui seront envoyées par les commandants des ports, ou remises par les chefs des classes; mais il ne sera point fait note sur les livrets des campagnes extraordinaires qui ne sont point comptées parmi les services effectifs.

29. Les condamnations à des campagnes extraordinaires, à solde réduite, prononcées par les conseils de guerre, les commandants des ports ou les chefs des classes, seront exécutées sans qu'il puisse être accordé aucune augmentation de solde pendant la campagne ou au désarmement, ou que la durée du service extraordinaire puisse être abrégée, à moins d'un ordre exprès du secrétaire d'état ayant le département de la marine. Et il sera donné des congés à ceux qui auront fini lesdites campagnes.

30. Lorsque les vaisseaux sur lesquels lesdits gens de mer auront été embarqués pour des campagnes extraordinaires désarmeront avant le terme fixé pour la durée de ces campagnes, ils seront embarqués le plus tôt qu'il sera possible sur d'autres bâtiments de guerre pour les achever; et si lesdites campagnes se trouvoient au contraire finies avant le désarmement du vaisseau, l'excédant du temps pendant lequel lesdits gens de mer auront servi leur sera compté comme service effectif, et leur solde payée pour ledit temps comme elle le seroit s'ils avoient été commandés de nouveau.

Mande et ordonne, etc.

N° 2015. — Ordonnance *qui établit des intendans ou commissaires attachés aux armées navales, escadres ou divisions, et des commis aux revues et aux approvisionnements à bord de chaque vaisseau, frégate ou autre bâtiment* (1).

Versailles, 1er novembre 1784. (R. S.)

S. M. ayant reconnu que la comptabilité à bord de ses vaisseaux ne peut être suivie avec toute l'attention qu'elle exige par les officiers de sa marine, dont les fonctions militaires et la conduite du vaisseau doivent plus particulièrement occuper les soins. Et voulant donner à cette partie importante de son service une forme constante et sûre, elle a ordonné et ordonne ce qui suit :

1. Il sera à l'avenir embarqué sur chaque armée navale, escadre ou division, un intendant, commissaire général ou commissaire des ports et arsenaux, qui y remplira, sous les ordres du commandant de l'armée, escadre ou division, les fonctions attribuées par l'ordonnance du 27 septembre 1776, à l'officier chargé du détail général de l'armée, relativement aux consommations et remplacements des munitions et des effets, et aux revues des équipages, tant dans les ports du royaume et à la mer, que dans les relâches aux colonies et dans les ports étrangers où réside un consul de S. M.

2. Ledit intendant, commissaire général ou ordinaire des ports et arsenaux, fera partie de l'état-major de l'armée navale, escadre ou division : il sera en conséquence embarqué sur le vaisseau-commandant, et sera nourri à la table du général, conformément au règlement de S. M. du 7 décembre 1782.

3. L'intendant ou le commissaire général ou ordinaire sera logé à bord du vaisseau-commandant, immédiatement après le capitaine du pavillon, ou l'officier qui en remplira les fonctions.

4. Si le général est dans le cas de passer, pendant le combat, sur une frégate ou autre bâtiment, et d'y porter son pavillon, l'intendant ou le commissaire ne l'y suivra pas, et demeurera sur le vaisseau qui étoit monté par ce général; mais si, à la suite d'un combat, ou dans quelque autre circonstance, le général jugeoit à propos de changer de vaisseau, ledit intendant ou commissaire passeroit avec le commandant sur le vaisseau où celui-ci arboreroit son pavillon.

---

(1) En vigueur. V. ord. 1er juillet 1824.

5. A commencer du 1er décembre prochain, il sera établi dans chacun des trois ports de Brest, Toulon et Rochefort, des commis aux revues et aux approvisionnements, destinés à être embarqués, et dont le nombre sera fixé par S. M., relativement à celui de ses vaisseaux, frégates ou autres bâtiments.

6. S. M. voulant exciter l'émulation desdits commis, se propose de destiner à ceux d'entre eux qui auront fait un certain nombre de campagnes, et qui auront rendu leurs comptes d'une manière satisfaisante, les places de gardes-magasins dans les ports, et de commissaires des classes qui viendront à vaquer.

7. Les appointements desdits commis seront fixés à 1200 liv. et à 1500 liv., S. M. se réservant d'accorder des gratifications extraordinaires à ceux qui, par leur exactitude, auront contribué à l'économie des dépenses dans les campagnes, et desquels il aura été rendu des comptes avantageux.

8. Lorsque lesdits commis aux revues et aux approvisionnements ne seront pas embarqués, ils seront employés dans les bureaux des ports, sous les ordres des commissaires des ports et arsenaux, des commissaires des classes et des commis principaux desdits bureaux.

9. Il sera embarqué sur chacun des vaisseaux, frégates et autres bâtiments de S. M., un desdits commis, pour y remplir, sous les ordres du capitaine, ou autre officier commandant le bâtiment, tant pendant la campagne qu'à l'armement et au désarmement du vaisseau, les fonctions relatives aux consommations et remplacements des vivres, munitions et autres effets, aux revues des équipages, et à la comptabilité, lesquelles étoient attribuées par l'ordonnance du 27 septembre 1776, à l'officier chargé du détail; et se conformer au surplus à ce qui est prescrit par le réglement annexé à la présente ordonnance, lequel fixe les détails du service qu'il a à remplir.

10. Si le bâtiment fait partie d'une armée, escadre ou division, ledit commis sera subordonné à l'intendant ou commissaire, et lui rendra compte, aussi souvent qu'il le pourra, de ce qui concerne l'exercice de ses fonctions.

11. Le commis aux revues et aux approvisionnements sera porté sur le rôle d'équipage immédiatement après le dernier officier et avant l'aumônier et le chirurgien, et il sera logé à la sainte-barbe dans la chambre à bâbord; il mangera à la table des officiers du vaisseau, et jouira du traitement qui est accordé à cet égard auxdits officiers, par le réglement de S. M. du 7 décembre 1782.

12. Tous les comptes relatifs aux dépenses d'une armée,

escadre ou division, pour remplacement, vivres, munitions navales ou de guerre, appointements d'officiers, soldes d'équipages, journées d'hôpitaux, et autres dépenses, seront visés du commandant de ladite armée, escadre ou division.

13. Les registres que le commis tiendra pour inscrire toutes les consommations, tant de rations que de munitions, effets et ustensiles, seront signés par l'officier chargé du détail du vaisseau, à tous les endroits où ils doivent être arrêtés, conformément au réglement annexé à la présente ordonnance; et les procès-verbaux de consommations extraordinaires seront signés par les officiers ou autres personnes désignés dans les modèles qui sont à la suite dudit réglement.

14. Au retour des campagnes, les intendants ou commissaires rendront compte de leur administration au conseil de marine établi dans le port où se fera le désarmement.

15. Le commis aux revues et aux approvisionnements, embarqué sur un bâtiment de S. M., rendra pareillement compte audit conseil des consommations du bâtiment sur lequel il étoit employé.

16. Toutes dépenses extraordinaires, et autres que celles prévues et prescrites par les ordonnances, ne pourront être allouées dans les comptes de l'intendant ou commissaire, si elles n'ont été faites sur un ordre par écrit du commandant en chef, qui justifiera des raisons qui auront nécessité lesdites dépenses.

17. Le commis aux revues et aux approvisionnements, embarqué sur un vaisseau, frégate, ou autre bâtiment, ne pourra pareillement faire aucune dépense extraordinaire sans un ordre par écrit signé du commandant.

Veut S. M. que la présente ordonnance ait son exécution à commencer du 1er décembre prochain, dérogeant à toutes ordonnances et réglements à ce contraires.

N° 2016. — RÉGLEMENT *concernant le service des commis aux revues et aux approvisionnements à bord des vaisseaux de l'état.*

Versailles, 1er novembre 1784. (Lebeau, code des prises, t. 2, p. 520.)

N° 2017. — ÉDIT *concernant les offices de secrétaires du roi aux états de la province de Languedoc.*

Versailles, novembre 1784. Reg. au parlement de Toulouse le 23 décembre. (R. du parlement de Toulouse. Dupleix, 1785.)

N° 2018. — ORDONNANCE *concernant les procureurs et économes des habitations sises aux Îles sous le vent.*

Versailles, 3 décembre 1784. (R. S. C.)

S. M. s'étant fait rendre compte des abus qui se sont introduits dans la gestion des habitations situées à Saint-Domingue, elle a jugé qu'il étoit de sa sagesse d'y pourvoir; et, en conséquence, elle a ordonné et ordonne ce qui suit:

TITRE Ier. *Des procureurs et économes-gérants des habitations.*

1. Dans un an, à compter de l'enregistrement de la présente ordonnance, aucune personne ne pourra accepter à la fois plus de deux procurations lucratives, à l'effet de gérer et administrer les biens de deux propriétaires différents; sous la condition encore, et non autrement, que lesdits propriétaires y auront consenti par écrit, que les biens seront situés dans le même quartier, et qu'il n'y aura pas plus de trois lieues de distance de l'un à l'autre. Les personnes ainsi chargées de deux procurations seront tenues de résider sur l'une des deux habitations, et répondront civilement de la mauvaise administration des économes-gérants qu'elles auront placés sur celle où elles ne résideront pas, à moins que le propriétaire de cette dernière n'eût renoncé expressément à ladite garantie.

2. Il est recommandé aux propriétaires absents, pour la conservation de leur mobilier, de fixer à leurs procureurs ou économes-gérants, pour honoraires de leur gestion, une quotité déterminée sur le revenu net de l'habitation, comme dixième, quinzième ou autre proportion, d'après les conventions qui seront faites à cet égard entre eux, prélèvement fait de tous frais d'exploitation et d'entretien courant, ainsi que des mortalités de nègres et d'animaux. Ne pourront toutefois les procureurs et économes-gérants, entrer en partage pour les accroissements ou naissances, qu'en argent seulement, au prix de l'estimation qui en sera faite à leur première réquisition.

3. Les constructions nouvelles seront entièrement à la charge des propriétaires, lorsque lesdits propriétaires les auront ordonnées; et à celles des procureurs et économes-gérants, lorsque ceux-ci se seront permis de les faire sans ordre.

4. Tout procureur ou économe-gérant tiendra six registres particuliers d'habitation, lesquels seront cotés et paraphés par un habitant voisin, propriétaire en même genre de culture

autant que faire se pourra, n'ayant aucune gestion lucrative, et choisi par le propriétaire, savoir;

1° Le livre journal où il écrira, jour par jour, sans aucun blanc, les travaux de ladite habitation, chaque naissance et mortalité de noirs et d'animaux, le nombre d'esclaves au jardin ou à l'hôpital, les grains de pluie, les accidents et événements de toute nature, relatifs à l'administration;

2° Un registre contenant les plantations, roulaisons et récoltes en tout genre;

3° Un livre de facture de toutes les denrées qui seront vendues ou envoyées hors la colonie par quantités, poids, prix, noms et domicile d'acheteurs, noms de capitaines et navires;

4° Un registre contenant sur le *recto* l'état de tous les nègres et animaux, leurs achats, naissances et mortalité; et sur le *verso*, le nom des ouvriers blancs ou gens de couleur libres, qui travailleront sur l'habitation, avec les marchés qui auront été faits à cet égard;

5° Le registre de recette et dépense;

6° Le journal d'hôpital, contenant l'état nominatif des nègres malades, le nombre de jours de traitement, et l'extrait des ordonnances des chirurgiens.

5. Les procureurs et économes-gérants enverront tous les mois aux propriétaires qui ne résideront pas sur leurs habitations, ou même plus souvent, si lesdits propriétaires l'exigent, copie exacte et certifiée d'eux, du livre journal, sur lequel ils inscriront le nom des capitaines et navires chargés de leurs paquets.

6. Seront pareillement tenus lesdits procureurs et économes-gérants, de rendre un compte général de leur gestion à la première réquisition du propriétaire, ou aux époques qui seront par lui fixées.

TITRE II. *Nourriture, habillement, châtiment des nègres esclaves.*

1. Il est expressément défendu à tous propriétaires, procureurs et économes-gérants, de faire travailler les nègres les dimanches et fêtes. Leur défend pareillement S. M. de les faire travailler, dans les autres jours de la semaine, depuis midi jusqu'à deux heures, ni le matin avant le jour, ni le soir après le jour tombant, sous prétexte d'ouvrages pressés, de quelque nature qu'ils puissent être, si ce n'est pour le temps de roulaison seulement, dans les sucreries; et dans les autres manufactures, pour les cas extraordinaires; ce qui, dans ces

dernières, ne pourra être porté au-delà de huit heures du soir. Enjoint S. M. aux officiers de la maréchaussée, de constater par des procès-verbaux tous délits à ce sujet, et d'en rendre compte sur-le-champ aux gouverneur général et intendant, ou à leurs représentants, auxquels il est ordonné de tenir soigneusement la main à l'exécution du présent article; seront lesdits procès-verbaux remis, par lesdits gouverneur et intendant, aux procureurs du roi, pour être les délinquants poursuivis à leur requête, et condamnés suivant l'exigence du cas.

2. Il sera distribué à chaque nègre et négresse une petite portion de terre de l'habitation, pour être par eux cultivée, à leur profit, ainsi que bon leur semblera. Veilleront diligemment les propriétaires, procureurs et économes-gérants à ce que lesdits jardins à nègres soient tenus en bon état.

3. Indépendamment desdits jardins à nègres, chaque propriétaire, procureur ou économe-gérant, plantera et entretiendra les vivres nécessaires pour la nourriture abondante de l'atelier, de manière qu'il y en ait toujours une moitié en récolte ouverte, et l'autre en remplacement, le tout conformément aux réglements locaux, usages du pays, et qualités diverses du sol, sans que le produit des jardins à nègres mentionnés dans l'article précédent puisse, dans aucun cas, entrer en considération pour la nourriture dudit atelier : voulant S. M. que ledit produit tourne entièrement à l'aisance personnelle des esclaves.

4. Tous propriétaires, procureurs et économes-gérants établiront sur leurs recensements la quantité qu'ils auront de terres en vivres et l'espèce des vivres cultivés. Ordonne S. M. que, tous les ans, vérification en soit faite par le principal officier des milices de la paroisse, ou par celui qu'il députera. Sur l'état qui en sera envoyé aux gouverneur et intendant, et par eux remis aux procureurs du roi, lesdits propriétaires, procureurs et économes-gérants, en cas de contravention, fausse déclaration et négligence, seront condamnés, sans autre procédure que le réquisitoire du ministère public, à telle amende arbitraire qu'il appartiendra. Enjoint S. M. au gouverneur-lieutenant général, de se transporter de temps en temps lui-même, ou de faire transporter ses représentants sur les habitations qu'il jugera à propos, pour vérifier à l'improviste la sincérité des susdites déclarations et certifications. Lorsqu'elles se trouveront infidèles, S. M. autorise ledit gouverneur à ôter le commandement de la paroisse à l'officier qui en sera revêtu, si c'est ledit officier qui est en faute; à punir de la prison, ou à

casser les officiers de milices qui se seroient rendus coupables de négligence, de complaisance ou de faux dans leurs vérifications; et seront les propriétaires, procureurs et économes-gérants poursuivis et condamnés à la requête des procureurs de S. M.

5. Il sera fourni à tous nègres esclaves, sans exception, des rechanges de grosse toile deux fois par an, lesquels rechanges seront composés, pour les hommes, d'une chemise vulgairement nommée *vareuse*, et d'une culotte; pour les femmes, d'une chemise et d'une jupe, et pour les enfants, d'une chemise.

6. L'hôpital sera propre, aéré, meublé de lits-de-camp, nattes et grosses couvertures. Défend S. M. l'usage pernicieux de faire ou de laisser coucher les malades à terre.

7. Défend pareillement S. M. de faire travailler les négresses enceintes et les nourrices, si ce n'est modérément après le lever du soleil: veut qu'elles quittent le travail à onze heures du matin, qu'elles n'y retournent qu'à trois heures après midi, qu'elles en sortent demi-heure avant le soleil couchant; et que jamais, sous quelque prétexte que ce soit, même dans le temps des roulaisons de sucreries et travaux extraordinaires des autres manufactures, elles ne puissent être assujetties à faire des veillées.

8. Toute femme esclave, mère de six enfants, sera exempte, la première année, d'un jour de travail au jardin par semaine; de deux jours la seconde année; de trois jours la troisième, et ainsi de suite, jusqu'à ce qu'elle soit dispensée de tout travail audit jardin. Ladite exemption lui sera acquise en représentant ses six enfants à chaque premier jour de l'an; elle ne la perdra, qu'autant qu'un de ses enfants, jusqu'à l'âge de dix ans, auroit péri faute de soins de sa part.

9. Seront les édits des mois de mars 1685 et 1724, exécutés suivant leur forme et teneur: en conséquence, S. M. a fait et fait très-expresses inhibitions et défenses, sous les peines qui seront déclarées ci-après, à tous propriétaires, procureurs et économes-gérants, de traiter inhumainement leurs esclaves; en leur faisant donner plus de cinquante coups de fouet, en les frappant à coups de bâton; en les mutilant, ou enfin en les faisant périr de différents genres de mort.

TITRE III. *Ventes et envois de denrées.*

1. Tout habitant, propriétaire, procureur et économe-gé-

rant, sera marquer et numéroter de l'étampe à feu de l'habitation, les barriques, boucauts et barils à l'usage d'icelle, à peine de confiscation des barriques non étampées, et de leur contenu, dont la valeur sera remboursée au propriétaire, s'il ne réside pas sur ladite habitation, par ledit procureur et économe-gérant.

2. Les capitaines de navires, négociants, marchands ou autres qui achèteront des denrées d'habitations, ne pourront les recevoir si elles ne sont accompagnées d'une déclaration signée par quantités, poids, prix, nom et étampe de l'habitation, à peine de confiscation, sans aucun recours de l'acheteur contre le vendeur, malgré toutes conventions à ce contraires, que S. M. a déclarées et déclare nulles et de nul effet, avec défenses aux juges d'y avoir égard.

3. Sous les mêmes peines de confiscation et de non-recours, les négociants, marchands résidant dans les villes et bourgs, guildiviers, magasiniers des bords de mer, passagers, seront tenus de prendre pareille déclaration, et de l'inscrire sur leurs livres d'achat ou de transport, duement cotés et paraphés sans frais par les juges des lieux, ou autres officiers commis par eux. Les gouverneur général et intendant, ainsi que les officiers des états-majors et officiers de justice, feront faire fréquemment des visites exactes dans lesdites boutiques, magasins et dépôt, par le prévôt et exempts de maréchaussée, inspecteurs et exempts de police, afin de constater les contraventions par des procès-verbaux, sur lesquels, indépendamment de la confiscation qui sera prononcée, les contrevenants seront poursuivis extraordinairement à la requête des procureurs pour S. M., et punis comme receleurs, suivant la rigueur des ordonnances.

TITRE IV. *Révocation des procureurs et économes-gérants.*

1. Aussitôt qu'un propriétaire voudra, pour quelque cause que ce soit, révoquer son procureur ou économe-gérant, il pourra, si bon lui semble, requérir le commandant de la paroisse, de se transporter sur-le-champ sur l'habitation, et d'y apposer le scellé sur les papiers du gérant, et sur tous les livres de l'habitation, ce que le commandant ne pourra refuser, avec liberté néanmoins de se faire représenter par un officier de milice de la paroisse, propriétaire en même genre de culture, et n'ayant point eu de gestion lucrative depuis dix ans. Sera ledit scellé apposé en présence du gérant actuel et du porteur de procuration nouvelle, et à icelui établi gardien.

2. Dans les vingt-quatre heures ou dans trois jours au plus tard, il sera nommé trois propriétaires du même genre de culture, n'ayant ou n'ayant eu aucune gestion lucrative depuis dix années, et majeurs de vingt-cinq ans, lesquels seront choisis dans l'étendue de la paroisse, si faire se peut, sinon dans les paroisses les plus voisines, à l'effet d'examiner et arrêter les comptes du régisseur sortant; l'un sera nommé par le propriétaire ou son fondé de procuration, l'autre par le procureur ou l'économe ci-devant gérant, le troisième par les deux autres commissaires; et en cas de partage, par le commandant de la paroisse. Le propriétaire qui, sans des motifs valables, dont nos gouverneur général et intendant seront les seuls juges, s'excuseroit desdites fonctions de commissaire, sera exclu, en toutes occasions, de grace et d'avancement.

3. Aussitôt après ladite nomination, il sera procédé à la reconnoissance et levée des scellés, par le commandant de la paroisse, ou par son préposé. Les trois commissaires-examinateurs feront le tirage des papiers, en présence de toutes les parties; et le scellé sera réapposé, si besoin est, sur ceux qu'ils indiqueront, pour sûreté de la reddition du compte, avec reconstitution de gardien.

4. Pourra le propriétaire ou son représentant, ainsi que le gérant déplacé, requérir qu'il soit dressé procès-verbal de l'état de l'habitation dans toutes les parties qui peuvent constater une bonne ou mauvaise gestion. Lesdits commissaires ne pourront se dispenser d'y procéder; ils seront tenus, dans leur procès-verbal, de déclarer ce qu'ils auront reconnu, soit à la charge, soit à la décharge du procureur ou économe-gérant, avec mention des dires et observations des parties, sans leur permettre, ni encore moins se permettre à eux-mêmes aucunes qualifications injurieuses; ils se contenteront de déclarer les faits. Ils vérifieront avec le plus grand soin, et même d'office, l'état des places à vivres, les jardins à nègres, la tenue des livres, celle de l'hôpital, la fourniture des rechanges, et entendront l'atelier, sur les sentimens outrés, mutilation ou meurtres, travaux nocturnes, détournemens de nègres et d'animaux, ventes clandestines de denrées, injustices et vexations de l'ancien gérant, contravention aux adoucissemens prescrits en faveur des négresses enceintes, nourrices ou mères de six enfans; de laquelle partie de leur procès-verbal, ils adresseront extrait en forme aux gouverneur général et intendant, qui y auront tel égard que de raison pour faire poursuivre, s'il y a lieu, la punition des délits graves de gestion.

par-devant les juges ordinaires, à la requête du procureur du roi et aux frais de S. M., sauf à recouvrer. Lesdits commissaires appelleront, si besoin est, pour la rédaction dudit procès-verbal, un des notaires du lieu, dont les vacations seront payées par la partie qui, dans l'arrêté des comptes sera déclarée reliquataire. Ils veilleront à ce que ledit acte ne soit point grossi d'écritures inutiles; ils le signeront avec les parties et ledit notaire; si aucunes desdites parties étoit refusante de signer, il en sera fait mention. L'acte ainsi clos et rédigé, servira de prise de possession au nouveau procureur ou économe-gérant, à qui il en sera délivré expédition; il en sera pareillement délivré une au procureur ou économe sortant. La minute sera remise dans trois jours au greffe de la juridiction, soit que ledit procès-verbal ait été rédigé par lesdits commissaires-propriétaires, ou par ledit notaire.

5. Après un délai suffisant, tel que lesdits commissaires jugeront à propos de le régler, mais qui ne pourra être plus long de huitaine, l'ancien procureur ou économe-gérant sera tenu de présenter son compte de gestion, de lui certifié véritable, au nouveau procureur-gérant, pour être par ce dernier examiné. Dans la semaine suivante, lesdits commissaires se rassembleront sur l'habitation avec l'ancien et le nouveau procureur ou économe-gérant, et là, ledit compte sera discuté articles par articles, pour être lesdits articles alloués, réduits ou rejetés à la pluralité des voix par lesdits commissaires, lesquels fixeront ensuite l'arrêté. Seront au surplus lesdits comptes faits et arrêtés doubles, et chaque double signé, tant desdits trois commissaires, que desdits ancien et nouveau procureur ou économe-gérant; sauf, en cas de refus de signer de la part de l'une des parties, à en être fait mention par lesdits commissaires.

6. Ledit arrêté de compte demeurera définitif et sans appel, sauf erreur ou omission, même en cas de non-défense volontaire ou évasion du comptable.

7. Si l'un desdits commissaires venoit à être récusé par l'une des parties, la récusation seroit sur-le-champ jugée par les deux autres, et il sera de suite procédé, en cas de récusation fondée, à une nouvelle nomination, en la forme de l'article ci-dessus. S'il arrivoit partage, ou que ladite récusation portât sur plus d'un commissaire, il y sera statué sans délai par le commandant de la paroisse.

8. Ne seront reçues en justice aucunes plaintes en diffamation, ni demandes en réparations ou dommages et intérêts de

la part des anciens procureurs et économes-gérants, contre lesdits commissaires, ni même contre les propriétaires ou leurs nouveaux fondés de pouvoirs, sous prétexte du procès-verbal ordonné par l'art. 4, ainsi que des procédures qui auroient pu s'ensuivre, d'après les ordres du gouverneur général et intendant; n'entend néanmoins S. M. interdire les voies de droit auxdits anciens procureurs et économes-gérants, lorsqu'ils seront poursuivis en justice réglée par leurs constituants, et réciproquement.

9. Si dans le cours de l'instruction du compte et du procès-verbal concernant l'état de l'habitation, les commissaires estimoient qu'il fût essentiel pour l'ordre public, ou pour la sûreté des intérêts du propriétaire, de s'assurer de la personne du procureur ou économe-gérant déplacé, ils le feront garder à vue par deux cavaliers de maréchaussée, dont ils requerront à cet effet l'assistance auprès de l'officier qui commandera; et après le compte arrêté, ils le feront transporter, s'il y échet, dans les prisons du juge des lieux, en attendant les ordres du gouverneur général et intendant, à qui ils en rendront compte, en leur adressant l'extrait de leur procès-verbal, ainsi qu'il est ordonné par l'art. 4.

10. Si le propriétaire est déclaré débiteur par l'arrêté de compte, il sera tenu de payer le régisseur sortant, des premiers revenus de l'habitation, à peine contre ledit propriétaire ou son représentant, de tenir les arrêts ou le fort, suivant que les gouverneur général et intendant en ordonneront, sur un simple mémoire qui leur sera présenté, communication préalablement faite dudit mémoire par le commandant de la paroisse, audit propriétaire ou à son représentant, pour y répondre dans trois jours pour tout délai, passé lequel ladite peine sera prononcée et exécutée.

11. Défend S. M. à tous procureurs et économes-gérants, d'acheter en leur propre nom ou sous des noms empruntés, aucune créance sur le propriétaire de l'habitation, de quelque nature qu'elle soit, à peine de perte d'icelle. Défend pareillement aux commissaires-examinateurs du compte, de faire entrer lesdites créances en compensation, à moins que le transport n'en eût été consenti par ledit propriétaire lui-même.

12. Lorsque le propriétaire sera reliquataire, les papiers actifs du régisseur sortant de place seront, sur la représentation de l'arrêté de compte, remis audit régisseur par le gardien d'iceux, moyennant décharge.

13. Si au contraire, le procureur ou économe sortant, est

reconnu débiteur par ledit arrêté de compte, il sera contraint, même par corps, d'en payer sur-le-champ le reliquat au propriétaire; à l'effet de quoi, les gouverneur général et intendant, ou leurs représentants, accorderont main-forte, sur la simple signification de l'arrêté de compte. Ordonne S. M. qu'audit cas les scellés mis sur les papiers dudit régisseur sortant, soient convertis en saisies et arrêts entre les mains du gardien desdits scellés, et valent comme tels, en toutes cours et juridictions, sans qu'on puisse les arguer de nullité, malgré tous règlements contraires, auxquels S. M. a dérogé et déroge quant à ce.

14. Interdit expressément S. M. à ses conseils supérieurs des Iles sous le vent, à tous autres juges, la connoissance directe, ou indirecte, par voie d'appel ou autrement, des arrêtés de compte signés par les trois commissaires-examinateurs; voulant que lesdits arrêtés duement signifiés, aient force et exécution comme jugement en dernier ressort.

15. Les greffiers des jurisdictions tiendront un registre particulier, duement coté et paraphé, dans lequel seront inscrits, par ordre alphabétique, les noms des procureurs et économes-gérants, dont les procès-verbaux de gestion auront été déposés, conformément à l'art. 4; et sera fait mention, en marge, des jugements de condamnations qui auroient été rendus contre lesdits procureurs et économes-gérants, soit à la requête du ministère public, soit à celle de leurs constituants. Enjoint S. M. auxdits greffiers, de donner communication dudit registre, sans déplacer, sans frais et à première réquisition, à tous propriétaires d'habitation qui voudront en prendre connoissance.

16. Nul ne pourra être procureur ou économe-gérant d'habitation, s'il ne représente au propriétaire qui donnera sa procuration, une copie de la présente ordonnance, et il en sera fait mention dans la procuration. Dans le cas où le régisseur choisi seroit absent, et où la procuration seroit en blanc, il en sera usé de même, lors de l'acceptation, au bas de laquelle il sera constaté que ladite exhibition aura été faite. Tout régisseur qui aura manqué à cette formalité sera poursuivi à la requête des procureurs pour S. M., et déclaré pour cela seul incapable de gérer aucuns biens dans les colonies.

17. Tout régisseur qui aura été renvoyé d'une habitation, ne pourra être employé de nouveau par d'autres propriétaires ou leurs fondés de pouvoirs, s'il ne leur représente les procès-verbaux des commissaires-examinateurs, et l'arrêté de compte de ses précédentes gestions, ensemble copie de la présente

ordonnance. Ne seront réputés d'aucune valeur les lettres d'éloges et certificats donnés pendant, ou après lesdites régies, comme étant toujours prématurés, ou arrachés à la complaisance.

TITRE V. *Des délits et peines.*

1. Les procureurs et économes-gérants qui seront convaincus d'avoir changé de nom, après avoir régi des habitations, afin de se dérober aux recherches, et pouvoir se placer sur d'autres habitations comme régisseurs, seront condamnés à 1000 liv. d'amende, déclarés incapables de gérer à l'avenir aucuns biens dans les colonies, et renvoyés en France.

2. Tous propriétaires, procureurs et économes-gérants, convaincus d'avoir fait donner plus de cinquante coups de fouet à leurs esclaves, ou de les avoir frappés à coups de bâton, seront à l'avenir condamnés en 2000 liv. d'amende pour la première fois; et en cas de récidive, déclarés incapables de posséder des esclaves, et renvoyés en France.

3. Outre les peines ci-dessus, ils seront notés d'infamie lorsqu'ils auront fait mutiler des esclaves, et encourront la peine de mort, toutes les fois qu'ils en auront fait périr de leur propre autorité, pour quelque cause que ce soit : veut S. M. qu'ils soient, esdits cas, poursuivis comme meurtriers, à la diligence de ses procureurs, et enjoint aux gouverneur général et intendant d'y tenir sévèrement la main.

4. Les procureurs et économes-gérants qui se chargeront de plus de deux gestions, pour des biens appartenants à différents propriétaires, ou qui auront contrevenu aux dispositions de la présente ordonnance dans leur gestion, seront déclarés incapables d'en avoir d'autres à l'avenir; et les propriétaires ou procureurs d'habitations qui les emploieroient en cette qualité, condamnés à 500 liv. d'amende par chaque mois de service.

5. Ceux desdits procureurs et économes-gérants qui seront convaincus d'avoir détourné à leur profit ou au profit d'un tiers, les travaux des esclaves confiés à leurs soins, sans un consentement par écrit du propriétaire, ou qui auront distrait et vendu les denrées de l'habitation, sans en porter le montant sur le registre des recettes et des ventes, seront poursuivis extraordinairement, comme voleurs, à la diligence des procureurs de S. M., ou de la partie intéressée, et punis comme tels, suivant la rigueur des ordonnances.

6. Réserve S. M. à la disposition et arbitrage de ses juges, de prononcer, suivant leur conscience, les amendes dont pourroient être susceptibles les délits de gestion non prévus dans la présente ordonnance. Ordonne que la moitié des amendes qui seront prononcées appartiendra aux brigades de police ou de maréchaussée qui auront constaté les contraventions.

7. Tous gérants, économes, chirurgiens et autres personnes aux gages d'un propriétaire, qui pendant ou depuis leur commensalité, auroient insulté ou provoqué, soit le propriétaire même, soit son fondé de pouvoir, seront, de quelque qualité et condition qu'ils puissent être, poursuivis extraordinairement à la requête du ministère public, et aux frais de S. M., sauf à recouvrer. Enjoint aux juges d'avoir égard dans leurs jugements à ladite qualité de gagiste, pour condamner avec plus de sévérité en cas de simple injure, et selon toute la rigueur des ordonnances sur les duels, en cas de provocation. Ordonne à ses procureurs de veiller sans relâche et sans ménagement à l'exécution du présent article, à peine de destitution. Ordonne en outre aux gouverneur général et intendant, et à son procureur général, d'y apporter le zèle le plus soutenu et le plus inflexible.

TITRE VI. *De la police courante des habitations.*

1. La police courante sur les habitations, soit dans l'habitation même, soit d'habitation à habitation, appartiendra en commun aux gouverneur général et intendant, exclusivement à tous autres. Dans l'exercice de ladite police courante seront comprises toutes voies de fait, telles qu'irruption d'animaux, pillages de vivres, forcement de barrières et clôtures, introductions nocturnes de blancs ou gens de couleur dans l'intérieur des habitations, interruptions de chemins de communication, disputes d'ateliers à ateliers, rixes entre les économes-gérants et propriétaires, réclamations par des esclaves injustement maltraités, recélage de nègres-marrons, fêtes, assemblées, danses et autres objets semblables, pour lesquels il importe de pourvoir promptement.

2. Dans les circonstances ci-dessus et à la première réquisition, le commandant de la paroisse sera obligé de se transporter ou d'envoyer un officier de milice à l'effet de rétablir l'ordre; pour quoi il demeure autorisé à prendre main-forte au corps-de-garde le plus prochain, et à se saisir même des cou-

pables, s'ils ne sont propriétaires. En cas de main-mise sur la personne, il sera tenu de dresser procès-verbal qu'il signera. Il en donnera copie à la partie intéressée, et sur-le-champ il remettra le saisi à la disposition de l'officier qui commandera dans l'arrondissement, lequel ordonnera provisoirement ce qu'il trouvera juste et convenable, en attendant les ordres des gouverneur général et intendant à qui il sera incessamment rendu compte du tout.

3. Lesdits gouverneur général et intendant pourront, après vérification et en connoissance de cause, prononcer la peine des arrêts dans tel lieu qu'il leur plaira, s'il s'agit d'un propriétaire; de la prison, s'il s'agit de blancs à gages; de châtiments, s'il est question d'un esclave. Dans les faits de récidive ou de trouble en résultant pour le quartier, S. M. les autorise à renvoyer en France lesdits blancs à gages, après avoir donné aux propriétaires qui les employoient, le temps nécessaire pour régler de compte avec eux, et pour substituer d'autres personnes en leur lieu et place.

4. N'entend toutefois S. M. que sous prétexte de police et de simple correction, lesdits gouverneur général et intendant puissent s'immiscer dans le jugement des matières-contentieuses, pour lesquelles ils seront toujours tenus de renvoyer les parties en justice ordinaire. Défend pareillement à tous tribunaux, de connoître d'aucunes demandes ou actions en dommages et intérêts, relatives à l'exercice de ladite police, à peine de désobéissance. Pourront seulement les conseils supérieurs, remettre leurs observations aux gouverneur général et intendant à ce sujet, s'il y a lieu, et même adresser à S. M. les représentations qu'ils croiront devoir lui faire, après les leur avoir communiquées, pour y être par elle pourvu ainsi qu'il appartiendra.

N° 2019. — ARRÊT *du conseil ordonnant que le centième denier ne sera perçu sur les actes portant réunion de l'usufruit à la propriété d'un immeuble qu'autant qu'il n'auroit pas été payé lors de la séparation de la nue propriété* (1).

Versailles, 8 décembre 1784. (R. S. C.)

---

(1) V. a. d. c. 1ᵉʳ février 1746, 29 septembre 1772; décision 6 août 1746, 11 avril 1747, 25 mars 1751, 13 août 1771, 15 mai 1772, 8 décembre 1777.

N° 2020. — ARRÊT *du parlement qui ordonne qu'il sera libre aux parents et autres parties intéressées de se pourvoir comme bon leur semblera de cierges pour les inhumations.*

Paris, 10 décembre 1784. (R. S.)

N° 2021. — ORDONNANCE *du bureau des finances concernant la suppression des enseignes et étalages en saillie dans les villes et bourgs de la généralité.*

Paris, 10 décembre 1784. (R. S. Mars, tom. 2—475.)

Sur ce qui a été remontré par le procureur du roi, que le bureau ayant été convaincu par l'expérience et par les preuves écrites de plusieurs accidents, des inconvénients et même du danger des enseignes trop volumineuses et de saillies démesurées, qui existoient dans les rues, places et carrefours de la ville et faubourgs de Paris, en avoit prescrit la suppression totale par son ordonnance du 17 décembre 1761; que l'exécution de cette ordonnance, loin d'occasioner la plus légère réclamation, avoit été au contraire provoquée par les plaintes des six corps des marchands eux-mêmes, et en quelque sorte approuvée et fortifiée par l'opinion unanime du public; de manière qu'en très-peu de temps on avoit vu ces enseignes d'une saillie excessive disparoître, pour faire place à de simples tableaux appliqués sur le nu des murs de face des maisons, et certainement bien suffisants pour indiquer le nom et la profession de chacun des marchands et artisans; que le temps et l'expérience n'avoient pu faire applaudir à cette réforme salutaire de la saillie des enseignes dans la ville et faubourgs de Paris, sans faire désirer de la voir bientôt s'étendre plus loin, et notamment aux enseignes placées dans les traverses des autres villes, bourgs et villages, où ces saillies souvent plus considérables encore, et plus exposées aux vents, présentoient aussi plus de dangers et d'inconvénients; qu'en effet, d'après les renseignements pris à cet égard par le procureur du roi, et même d'après les plaintes qui en avoient été portées, il n'étoit presque plus de villes et de bourgs de la généralité de Paris, où l'on ne pût citer quelques accidents occasionés par la chute et la rupture de ces énormes enseignes, témoignages bien plus certains d'une sorte de jalousie entre les marchands et aubergistes que de la plus légère utilité réelle; que croyant enfin cet objet digne d'une police sage et prévoyante, qui en cette partie nous est attribuée, il requéroit qu'il y fût pourvu. Vu ledit réquisitoire, notre ordonnance du 17 décembre 1761, et ouï le rapport de M. Gissey, trésorier de France ; le bureau faisant droit sur le réquisitoire du procureur du roi, a ordonné et ordonne ce qui suit :

1. Tous particuliers, marchands, artisans, aubergistes, cabaretiers, et autres généralement quelconques, ayant sur les places et rues de traverses des villes, faubourgs, bourgs et villages de la généralité de Paris, et généralement sur toutes autres rues, places, carrefours et passages publics, dont le pavé a été ordonné par S. M., ou est entretenu à ses frais, des enseignes en saillie suspendues au bout d'une potence de fer ou autre matière, seront tenus, dans le délai du 1er avril 1785, de faire retirer et supprimer lesdites enseignes, sauf à eux à les faire appliquer sur le nu des murs de face de leurs maisons, magasins et boutiques.

2. Les enseignes ou tableaux ainsi appliqués ne pourront avoir, sous quelque prétexte que ce soit, plus de six pouces d'épaisseur ou de saillie du nu desdits murs de face, y compris les bordures, chapiteaux et tous autres ornements indicatifs de l'état ou profession de ceux qui les feront poser.

3. Tous étalages désignant leur commerce ou profession qui seront placés au-dessus des auvents ou au-dessus du rez-de-chaussée des maisons situées sur lesdites rues, places et carrefours, seront également supprimés ou appliqués sur le mur, sans pouvoir excéder la saillie de six pouces du nu du mur de face.

4. Toutes figures en relief formant massifs en fer, bois, pierres, ou toute autre matière, et servant d'enseignes, seront entièrement supprimés, sauf aux particuliers à les remplacer par des tableaux de la forme et dimension prescrites par l'art. 2 de la présente ordonnance.

5. Lesdits tableaux et étalages ci-dessus prescrits seront attachés avec crampons de fer haut et bas, scellés en plâtre dans le mur, et recouvrant les bords desdits tableaux et étalages, et non simplement accrochés ou suspendus.

6. Ne pourront être perçus aucuns droits utiles de la voirie, et salaires y attribués, pour raison des réformes et changements d'enseignes et étalages prescrits par la présente ordonnance, sinon dans le cas où lesdits tableaux et étalages seroient posés ès lieux et maisons où il n'y avoit précédemment aucunes enseignes, à peine de concussion.

7. Faute par les propriétaires, marchands, artisans, cabaretiers et tous autres, de satisfaire aux dispositions de la présente ordonnance, dans le délai ci-dessus fixé, il y sera pourvu

à la requête et diligence du procureur du roi, et à leurs frais, dont exécutoire sera délivré en la manière accoutumée. Seront en outre les contrevenants condamnés en 20 liv. d'amende pour la première contravention, et à plus forte peine en cas de récidive, lesquelles contraventions seront constatées par des procès-verbaux en bonne et due forme.

8. Mandons et, en tant que de besoin, enjoignons aux brigades de maréchaussée, et aux syndics des paroisses, des bourgs et villages traversés par les routes et chemins royaux de la généralité de Paris, de tenir, chacun en droit soi, la main à l'exécution de la présente ordonnance, laquelle sera imprimée et affichée partout où besoin sera, à la diligence du procureur du roi.

N° 2022. — ARRÊT *du conseil par lequel S. M. accorde diverses exemptions en faveur des terrains de Corse qui seront desséchés, défrichés ou convertis en prairies naturelles ou artificielles.*

Versailles, 18 décembre 1784. Code Corse, tom. 5, pag. 565.)

N° 2023. — ORDONNANCE *sur la fixation et l'administration de la masse destinée à l'habillement et à l'équipement des troupes* (1).

Versailles, 19 décembre 1784. (R. S. C.)

N° 2024. — RÈGLEMENT *concernant la régie de l'habillement et équipement des troupes* (2).

Versailles, 19 décembre 1784. (R. S.)

N° 2025. — ORDONNANCE *de police concernant la vente et achat du plomb.*

Paris, 21 décembre 1784. (R. S. Mars, 2—449.)

Sur ce qui nous a été remontré par le procureur du roi, que la multitude des vols de plomb, poursuivis à sa requête, et souvent sans preuve, lui a fait remarquer qu'une des causes plus capables de les multiplier, étoit la facilité que trouvent les voleurs de plomb à s'en défaire chez des marchands de cette ville, qui achètent sans information, et sans aucune des précautions prescrites par les réglements; que cet abus, en faisant

---

(1) V. Règlement du 21 février 1779, tom. 4, n° 1050 du règne.
(2) V. n° précédent.

bientôt perdre la trace du vol, rend plus difficiles les moyens que l'on pourroit mettre en usage pour en découvrir les auteurs: pourquoi il estime qu'il est du devoir de son ministère de requérir l'exécution des ordonnances et réglements de police intervenus au sujet de pareilles contraventions.

Sur quoi, nous, faisant droit sur le réquisitoire du procureur du roi, ordonnons que les arrêts, réglements et ordonnances de police, et notamment celle du 8 novembre 1780, concernant les potiers d'étain, fondeurs, plombiers, chaudronniers, vendeurs de vieux fers, et autres marchands, et tous artisans qui achètent, fondent et revendent du plomb en lame, en lingots, en balles, en grains de toute espèce, de l'étain, cuivre, ferraille, et autres effets et marchandises de hasard, seront exécutés selon leur forme et teneur; en conséquence qu'aucuns d'eux ne pourront faire ledit commerce, sans avoir et tenir deux registres, sur lesquels ils inscriront jour par jour, de suite et sans aucun blanc ni rature, les noms, surnoms, qualités et demeures de ceux de qui ils achèteront et avec qui ils échangeront et trafiqueront des effets et marchandises de hasard et des espèces ci-dessus, ensemble la nature, la qualité et le prix desdites marchandises, lesquels registres auront au premier feuillet l'ordonnance du commissaire ancien, préposé pour la police de leur quartier, et seront de lui cotés et paraphés par premier et dernier feuillet; seront tenus lesdits marchands de représenter leurs registres, au moins une fois le mois, savoir, l'un audit commissaire ancien, et l'autre à l'inspecteur de police de leur quartier, à l'effet d'être chaque fois paraphés par le commissaire, et visés par l'inspecteur; faisons très-expresses inhibitions et défenses auxdits marchands et artisans de cette ville et des faubourgs, même à ceux qui demeurent dans l'étendue des lieux privilégiés ou prétendus privilégiés, d'acheter lesdits plomb, étain, cuivre, ferraille et autres effets et marchandises de hasard d'aucunes personnes dont le nom et la demeure ne leur soient connus, ou qui ne leur donnent cautions et répondants d'une qualité non suspecte; le tout, à peine de 500 liv. d'amende, de répondre, en leur propre et privé nom, des choses volées, et même d'être poursuivis extraordinairement si le cas y échet.

Mandons aux commissaires au Châtelet, et enjoignons aux autres officiers de police, et notamment aux inspecteurs chargés du département du bureau de sûreté, de tenir la main à l'exécution de la présente ordonnance, qui sera imprimée, lue, publiée et affichée dans tous les lieux et endroits accoutumés de cette ville, et partout ailleurs où besoin sera, à ce que personne n'en ignore.

N° 2026. — Arrêt *du parlement sur la vente et distribution des drogues* (1).

Paris, 28 décembre 1784. R. S.

La cour fait défenses à tous marchands, de quelque nature et qualité que soit leur commerce, de vendre et débiter à l'avenir aucune drogue médicinale, simple ou composée; autorise les maîtres en chirurgie exerçant dans la ville de Dormans, et ceux qui s'y établiront à l'avenir, en justifiant par les uns et les autres de leurs lettres de réception, à tenir et distribuer, seuls et exclusivement à tous autres, toutes espèces de drogues simples et composées, pour la distribution et administration desquelles ils seront tenus de se conformer aux réglements; enjoint aux marchands de la ville de Dormans, ayant en leur boutique des drogues médicinales, de les remettre incessamment auxdits chirurgiens, qui leur en rendront le prix; le tout, à peine de 100 liv. d'amende contre les contrevenants, même d'être poursuivis extraordinairement en cas de récidive.

N° 2027. — Arrêt *du parlement portant réglement pour le ban de vendanges dans l'étendue du bailliage de Boiscommun.*

Paris, 28 décembre 1784. (R. S.)

La cour ordonne qu'à la requête du substitut du procureur général du roi au bailliage de Boiscommun, et par-devant le lieutenant-général audit siège, il sera convoqué chaque année une assemblée générale de tous les principaux propriétaires et détempteurs de vignes dans l'étendue dudit bailliage, à laquelle seront admis seulement ceux qui en possèderont trois arpents et au-dessus, à l'effet, par eux, de choisir et nommer six experts vignerons et gens à ce connoisseurs, lesquels seront tenus de faire l'examen de l'état des vignes, et d'indiquer l'époque à laquelle ils estimeront que les raisins seront en état d'être récoltés, dont et du tout ils dresseront leur procès-verbal de rapport, pour, sur ledit procès-verbal, être, par ledit lieutenant-général au bailliage de Boiscommun, proclamé le ban de vendanges en l'auditoire dudit bailliage; enjoint au substitut du procureur général du roi au bailliage de Boiscommun, de tenir la main à l'exécution du présent arrêt, lequel sera im-

(1) V. a. d. c. du 17 mars 1785.

primé, publié et affiché partout où besoin sera ; notamment en la ville de Boiscommun, et dans les villes, bourgs et villages situés dans l'étendue du ressort du bailliage de Boiscommun.

N° 2028. — ÉDIT *portant création d'un emprunt de* 125,000,000 *en cent vingt-cinq mille billets de* 1,000 *livres, portant intérêt à 5 pour* 100, *et remboursables en vingt-cinq ans, avec accroissement de capital* (1).

Versailles, décembre 1784. Reg. en parlement le 30 décembre. (R. S.)

N° 2029. — ORDONNANCE *décidant qu'une nouvelle autorisation pour défendre en appel un jugement favorable, n'est pas nécessaire à une commune antérieurement autorisée en première instance* (2).

1784.

---

(1) V. 10 janvier et 31 décembre 1785, 10 mai et 1ᵉʳ juin 1786.
(2) V. édit d'avril 1683 ; décl. de 1687 ; loi du 29 vendémiaire an V, arrêt de rejet du 2 mars 1815.

FIN DU TOME CINQUIÈME.

www.ingramcontent.com/pod-product-compliance
Lightning Source LLC
Chambersburg PA
CBHW070833230426

43667CB00011B/1784